THE STUDY OF
WESTERN POLITICAL
PSYCHOLOGY

西方政治
心理学研究

上

季乃礼 ◎ 著

天津出版传媒集团

天津人民出版社

图书在版编目（ＣＩＰ）数据

西方政治心理学研究 ：上、下 / 季乃礼著. -- 天
津 ：天津人民出版社，2023.10
ISBN 978-7-201-17794-6

Ⅰ．①西… Ⅱ．①季… Ⅲ. ①政治心理学－心理学史
－研究－西方国家 Ⅳ．①D0-05②C912.6-0

中国版本图书馆 CIP 数据核字（2021）第 228904 号

西方政治心理学研究：上、下
XIFANG ZHENGZHI XINLIXUE YANJIU：SHANG、XIA

出　　版	天津人民出版社
出 版 人	刘　庆
地　　址	天津市和平区西康路35号康岳大厦
邮政编码	300051
邮购电话	（022）23332469
电子信箱	reader@tjrmcbs.com
责任编辑	郑　玥　林　雨
装帧设计	明轩文化·王　烨
印　　刷	天津海顺印业包装有限公司
经　　销	新华书店
开　　本	710毫米×1000毫米　1/16
印　　张	46
插　　页	11
字　　数	800千字
版次印次	2023年10月第1版　2023年10月第1次印刷
定　　价	198.00元

目　录

上　册

下　册

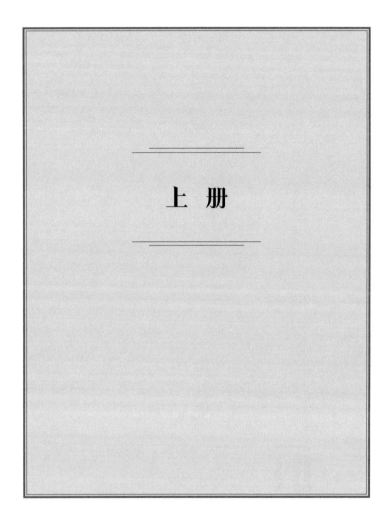

上　册

导　论

一、选题意义

本课题的研究具有前沿性与交叉性两大特点。前沿性在于政治心理学是国内关注较少的领域,本课题研究的内容在国内属于前沿;交叉性在于政治心理学综合了政治学和心理学的理论与概念。除此之外,本课题的研究在理论和实践方面均具有重要意义:

首先,把政治心理学这门学科的相关知识完整地介绍到中国来,推动这门学科在中国的发展。通过对西方政治心理学研究成果的介绍,使国内的政治心理学研究更加科学化、规范化,以便与世界研究接轨;详细探讨近百年的政治心理学发展,梳理其中的核心概念、主要理论,推动中国学者对政治心理学学科的全面了解。

其次,通过对政治心理学理论的介绍,试图让中国学者认识到政治心理学理论对政治科学本身的意义,为中国学者研究中国的一些政治现象提供理论视角。

再次,在介绍西方政治心理学理论的过程中,我们将注重对研究方法的介绍,这些方法不仅包括传统的哲学思辨方法,也包括调查方法、实验方法等,通过对这些方法的介绍,弥补传统政治学研究方法的不足。

最后,在应用价值方面,政治心理学提供了解决政治问题的新视角。本课题在介绍每一种理论时,专门设立一部分,介绍该理论对中国政治研究的启示,以及相应的理论局限;然后针对中国最为关注的一些政治现象,从政治心理学的视角进行探讨。

二、政治心理学的研究现状

(一)国内政治心理学的研究现状[①]

政治心理学作为政治学的一门新兴学科，形成于 20 世纪 20 年代的美国，芝加哥大学的拉斯韦尔(Harold D. Lasswell)在其老师梅里亚姆(Charles E. Merriam)的影响下，将精神分析学与政治学结合起来研究，被公认为是政治心理学的创始人。中国对政治心理学的关注几乎与此同步。20 世纪二三十年代，就有学者介绍和翻译西方的政治心理学著作，商务印书馆曾经翻译出版了勒庞的部分作品。[②]之后，中国的政治心理学研究长期沉寂。直到 20 世纪 60 年代，台湾学者马起华出版了一系列有关政治心理学的著作，带动了政治心理学在台湾的发展。[③]大陆对政治心理学的研究始于 20 世纪 80 年代，[④]到现在只有四十多年的历史。

近些年，在国内期刊上发表有对政治心理学研究现状的综述性文章，其中有侧重于按照时间顺序对主要研究成果进行简要梳理，[⑤]有侧重于按照研究对象对政治心理学研究成果的归纳，[⑥]也有从政治心理学基本问题和重要概念方面评述一段时期内国内研究的进展。[⑦]这些综述文章对政治心理学研究存在的问题和展望有一定的认识，但缺少对政治心理学领域内研究内容

① 有关此的详细介绍可参见季乃礼、阴玥：《30 余年来我国政治心理学研究述评》，《学习论坛》，2020 年第 3 期。

② 民国时期多次翻译出版了法国学者勒庞(G.Le Bon)的经典著作，主要有《革命心理》(1918 年版、1927 年第 8 版)，《政治心理》(1921 年版、1927 年版)，以及《群众心理》(1925 年版、1927 年版、1933 年版)，这一时期对其译名为黎朋和勒朋。

③ 马起华著有《心理学与政治行为》(台湾商务印书馆，1968 年)、《政治行为社会心理学》(台湾商务印书馆，1969 年)、《精神分析与政治行为》(华冈出版有限公司，1973 年)、《政治心理分析》(正中书局，1977 年)几部相关著作。

④ 20 世纪 80 年代初期，大陆学界译介了国外政治心理学研究的文献，填补了这一学科领域的空白，中期之后国内学者开始对政治心理学的相关内容作独立介绍，并出版有政治心理学教材。

⑤ 张海飞：《我国政治心理学研究现状浅析》，《前沿》，2005 年第 1 期；张海青：《国内政治心理学研究的现状与展望》，《知识经济》，2009 年第 10 期。

⑥ 沈传亮：《近二十年来国内政治心理学研究进展述评》，《教学与研究》，2007 年第 1 期；郭久闻：《我国政治心理学研究的现状及提高途径》，《学习月刊》，2010 年第 12 期。

⑦ 余珊珊：《近十年我国政治心理学研究综述》，《科技视界》，2016 年第 9 期。

的整体关注。政治心理学这一学科自引介以来已有四十余年,现如今发展状况如何是一个值得探究的问题,有一些学者对我国政治心理学学科的发展作了思考,[1]基本的共识是政治心理学在中国的研究中既有理论价值也有现实功用,在借鉴西方研究成果的同时正在做好本土化的工作。现有研究没有对国内政治心理学具体议题的研究状况作考量,由此本书为弥补欠缺,试图更为全面地梳理三十余年来国内政治心理学领域的研究情况,将从该领域现有文献的种类数量及其所反映的时间变化的宏观角度,以及从主要研究议题的微观角度来作梳理与述评。

为探讨国内政治心理学的研究现状,对研究热点有清晰直观的了解,本书以中文核心期刊的相关发文为量化分析的主要依据,并结合著作的发表情况,对我国三十余年来政治心理学的研究历程及重要议题进行综合述评。以中国知网(CNKI)全文数据库为研究数据来源,在高级检索中的期刊来源类别设定为北大中文核心期刊和CSSCI期刊,因国内学界首篇有关政治心理学的文章出现于1986年,而2019年的数据不全,因此将时间条件设置为从1986年—2018年间。根据政治心理学的研究内容,大致确定了"政治心理学""政治心理""政治态度"等13个检索词,[2]得到原始文献两千余篇,为确保研究主题的专业性及所得数据的可靠性与全面性,经过二次

---

① 张平等:《构建我国政治心理学学科体系的思考》,《沈阳工程学院学报(社会科学版)》,2008年第1期;季乃礼:《政治心理学的研究意义》,《湖南大学学报(社会科学版)》,2008年第2期;宋芊均:《政治心理学:内容、价值与方法》,《科技信息(学术研究)》,2008年第15期;季乃礼:《政治心理学发展中需要澄清的几点问题》,《湖南大学学报(社会科学版)》,2009年第3期;郑建君:《政治心理学研究的基本内容、方法与发展趋向》,《政治学研究》,2011年第4期;尹继武:《政治心理学的争辩议题述评》,《心理科学进展》,2011年第11期;季乃礼:《"政治心理学研究的中国化"专题》,《深圳大学学报(人文社会科学版)》,2013年第4期;王丽萍:《中国政治心理学发展趋向》,《人民日报》,2015年6月15日;李蓉蓉、段萌琦:《政治心理学的中国研究:价值、基础与议题》,《山西大学学报(哲学社会科学版)》,2019年第1期。

② 根据现有政治心理学研究成果,对其研究主题大致可归纳为:"政治心理学""政治心理""政治人格""政治动机""政治认知""政治情感""政治情绪""政治态度""政治认同""政治信任""政治信仰""政治价值观""政治效能感"。而与政治心理学研究相关的政治文化及政治社会化是相对独立又内涵宽泛的概念,因此不作为主题词进行专门检索。

筛选①得到有效数据 984 篇。

1.国内政治心理学的发展阶段

通过对检索得到的文献数据进行统计分析，绘制出国内核心期刊上政治心理学研究发文量的年份分布图(见图 0-1 和图 0-2)。

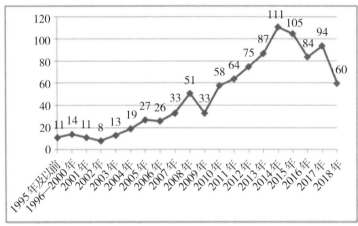

图0-1　国内核心期刊中有关政治心理学发文量的年份分布

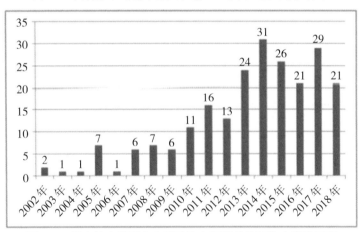

图 0-2　国内核心期刊中有关政治心理学的实证性文章数量图

---

①　剔除的文章主要有以下三方面的原因：其一，与学科不符，属于马克思主义、哲学等学科的；其二，重复的文章；其三，书评、会议综述等。新增的文章考虑到以下三个因素：其一，在上述检索条件下，对出现的政治冷漠、政治心态等主题词及政治行为的心理层面进行追踪式检索；其二，早期核心期刊评选之前的相关研究发文；其三，核心期刊之外的相关性强及高被引文章，主要是目前国内该研究领域的知名学者的相关发文。

从图 0-1 中可以直观看到发文的增长趋势，也可以比较出实证研究发文的占比情况。截至 2018 年，国内发文数量情况总体呈上升趋势，2000 年之前是初始阶段，发文数量很少，2001 年到 2010 年是平缓增长的起步阶段，在 2008 年到达一个小峰值，2010 年后进入发展阶段，发文数量增长迅速，在 2014 年达到顶峰，之后几年在数量上有所回落，但仍保持了较为稳定的发展。数量上的增长是研究发展的一方面，另一方面是研究深度与广度的发展。随着西方政治科学的引入，实证主义研究方法也在国内受到关注。从图 2 中可以看出，实证研究的发文数量走势与总发文年份分布情况相似，但其起步相对滞后于总体研究的进展，在 2000 年之前未涉及，2005 年发文较集中，大体来看在 2010 年之前实证发文量占该年代总量的占比较低，自 2010 年开始在占比中不断增大，基本达到了三分之一左右的比例，说明近年来国内学界对实证研究的关注明显增多。

为更清晰了解不同年份对应的主要研究内容，本书借助信息可视化工具 CiteSpace5.2.R1 对检索到的数据进行时区视图分析以讨论国内政治心理学研究的发展脉络，得到的调整后的时区视图见图 0-3。从图中可以直观地看到研究内容的时间演进，图中十字节点代表研究内容，点大小表示出现的频次，所在位置表示突现年份，连线代表共现关系，线粗细表示关联强度。图谱调整后只显示出现频次值大于 3 的重要节点信息。时区视图侧重展示了研究内容的增长情况，在某一时区节点的多少代表了该领域研究的繁荣与低谷时期，各时间段之间的连线反映了它们的传承关系。从图中可以看到有关政治心理学的发文量在 1992 年到 1998 年间较为集中地出现，2000 年是该领域研究的低谷时期，2001 年后发文量逐渐增多，2004 年到 2014 年间是该领域研究的繁荣时期。

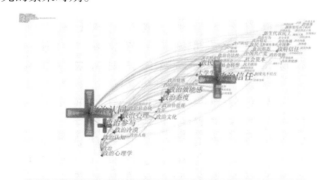

图 0-3　核心期刊论文研究内容的时区视图

从所发表的期刊论文来看，政治心理学在中国的发展以 2000 年为界，明显分为两个阶段：第一个阶段发文数量相对较少；第二个阶段发文相对较多，至 2014 年达到顶峰；从研究方法来说，第二个阶段实证性的研究方法才逐渐出现。从著作的发表来看，基本与期刊文章的发表趋势是相符的。基于此，我们将政治心理学在中国的发展划分为两个时期：形成阶段（2000 年以前）；初步发展阶段（2001 年至今）

（1）形成阶段（2000 年以前）。这一阶段是政治心理学学科确立时期，学者们通过一系列的工作让我们认识到了政治心理学这门学科。主要有以下工作：翻译国外相关的论著、编写教材。除此之外，也有部分学者进行了实证性的研究。

1982 年，首次有学者从《苏联的政治科学》一书中翻译了《政治心理学》，对弗洛伊德、马斯洛等学者作了介绍。①1984 年，《现代外国哲学社会科学文摘》连续发表了三篇翻译文章，②首次全面地向国内学术界介绍了政治心理学这门学科。之后，中国学者超越了单纯的翻译阶段，根据西方的成果结合自己的理解介绍政治心理学，探讨了政治心理学与心理政治学概念的区别，以及政治心理学研究的意义，并断言政治心理学是"一门有待开拓的新学科"③。也有学者介绍政治心理学的研究领域，辨析政治人格、政治认知等概念。④

在著作方面，美国学者斯通（W.F.Stone）的《政治心理学》⑤译著对中国政

---

① 佚名著、常文译：《政治心理学》（源自苏联的《政治科学问题》一书），《国外社会科学》，1982 年第 6 期。

② 多伊奇著、夏伯铭译：《什么是政治心理学》，《现代外国哲学社会科学文摘》，1984 年第 6 期；多伊奇著、夏伯铭译：《政治心理学的若干例证性研究》，《现代外国哲学社会科学文摘》，1984 年第 6 期；巴埃叶-卡特著、周琪译：《政治心理学的研究对象及其发展》，《现代外国哲学社会科学文摘》，1984 年第 6 期。

③ 蒋云根：《一门有待开拓的新学科——政治心理学》，《学术月刊》，1986 年第 4 期；袁振国、朱永新：《政治心理学和心理政治学》，《政治学研究》，1988 年第 5 期。

④ 具体可参见王树茂：《领导心理学与政治心理学的交叉》，《领导科学》，1994 年第 2 期；董敏志：《政治心理学视野：政治行为与人格》，《上海社会科学院学术季刊》，1995 年第 1 期；吴毅：《社会政治取向与政治稳定关系的结构分析》，《政治与法律》，1995 年第 4 期。

⑤ ［美］威廉·F.斯通：《政治心理学》，胡杰译，黑龙江人民出版社，1987 年。

治心理学发展的影响巨大。随后,国内相继出版了三本教材①,从总体上介绍了政治心理学研究的层次、主题和基本概念,为其后国内学者在政治心理学领域的研究奠定了初步基础,三本教材受斯通一书的影响较多,甚至许多内容直接来自斯通的《政治心理学》。

在对这门学科有所了解之后,有学者开始尝试将政治心理学与中国的政治研究结合起来。譬如,有学者提出应该研究国民的政治认同感,以及在中国的政治社会化中,社会、家庭和学校三种教育的作用;②也有学者列出了中国政治心理学研究的几大主题:政府形象心理背景,政府与公众间心理关系特征及发展规律;政治家个性心理特征;剖析滥用权力的心理根源;公民参政心理特点与发展规律;现代化过程中政治不服从现象的社会心理基础。③

总体来看,这一阶段介绍性的文章居多,也有少数著作进行了实证性的研究。1989 年,闵琦的《中国政治文化——民主政治难产的社会心理因素》④一书出版,该书虽然探讨的是政治文化,但是涉及的术语却是政治心理学的。书中涉及人格、认知、态度、取向等政治心理学范畴的术语,就民众的政治认同、政治信任、政治效能感进行了大量的调查。之后,也有学者对公民的心理、政治素质、青年的政治心理等做了大量问卷调查。⑤这些研究多采用问卷调查的方法,但缺少理论性的关注,尤其是对西方政治心理学的理论关注不多;调查问卷以单纯的描述为主,很少探讨各个影响因素之间的关系。

(2)初步发展阶段(2001 年至今)。与前一个时期相比,文章的发表和著作的出版均有了大幅度增长,主要有如下体现:对国外著作的出版和翻译的种类增多;对政治心理学的理论和概念的探讨已不仅仅局限于泛泛的介绍,而是着眼于前沿性理论的介绍和概念的辨析;针对中国的实证性研究稳步增加,学者们围绕着政治认同和政治信任做了大量研究;对国外的政治心理

①　王科编著:《政治心理学》,四川人民出版社,1988 年;袁振国、朱永新:《政治心理学》,知识出版社,1990 年;刘松阳、刘锋编著:《政治心理学》,河南人民出版社,1991 年。

②　邱柏生:《浅析我国政治心理学的发展现状与趋势》,《理论纵横》,1995 年第 3 期。

③　蒋云根:《我国政治心理学在当前应该着重研究的若干主题》,《政治学研究》,1999 年第 1 期。

④　闵琦:《中国政治文化——民主政治难产的社会心理因素》,云南人民出版社,1989 年版。

⑤　主要有张大钧、张庆林:《改革的社会心理研究》,四川大学出版社,1991 年;张明澍:《中国"政治人"——中国公民政治素质调查报告》,中国社会科学出版社,1994 年;张国清:《青年政治心理探索》,同济大学出版社,1994 年。

研究也逐渐增多。但总体来说,对政治心理学的研究仅限于几个领域,对于西方主流的政治认知研究几乎很少涉猎;从研究方法来讲,仅限于文献分析方法和问卷调查,几乎不用实验的方法。因此,与西方的政治心理学研究相比,仍然处于初步发展阶段。

期刊论文的增长情况从图 0-3 中可以直观地看到,得到学界特别关注的主要研究主题依照发文突现的年代依次是政治认同、政治态度、政治效能感和政治信任。这些主题较为集中地出现在 21 世纪第一个十年间,从图中的连线情况可以说明,近十年这些研究主题也得到了持续的关注,并且在具体研究内容上紧跟时代变化,凸显了时代发展的特征。国内学者对政治心理学的理论和概念的研究已经不仅仅局限于泛泛的介绍,而是着眼于对政治心理学涉及各个具体理论和概念的介绍和分析,包括了对政治人格的分析、政治态度的结构与测量,民意的概念与测量等。①

在著作方面,这一时期出版了一批政治心理学教材,既有对政治心理学的总体概括,也有专门对政治领导心理的分析。②译著大致可以分为三类:一是教材的翻译,国外最流行的政治心理学教材③相继被翻译出版;二是经典的翻译,主要有拉斯韦尔、埃里克森、勒庞的重要著作,以及杰维斯对国际政治心理的研究,乔治夫妇对威尔逊的研究,詹尼斯对群体思维研究的著作均已出版;三是前沿著作的翻译,有些著作在国外刚刚出版,国内就有学者对之进行翻译,包括政治领导的心理分析、政治情感、选民的心理,以及专家的政治判断等方面。

国内专著的种类与数量也逐渐增多,既有对政治心理学的总体考察,④也有对西方学者的理论的总体介绍,还有专注于某个学者理论的介绍。季乃礼所著《西方政治心理学史》对西方政治心理学在发展过程中的著名人物以

---

① 参见王丽萍在此方面发表的一系列文章,包括《人格与政治:政治心理学领域核心关系分析》,《北京大学学报》,2002 年第 2 期;《政治心理学中的态度研究》,《北京大学学报》,2006 年第 1 期;《认知民意:政治学学科触角下的社会皮肤》,《天津社会科学》,2017 年第 2 期,以及魏万磊、刘黎:《政治心理学中的态度研究》,《湖北社会科学》,2011 年第 4 期。

② 季乃礼:《政治心理学导论》,中国人民大学出版社,2010 年;尹继武、刘训练主编:《政治心理学》,高等教育出版社,2011 年;季乃礼:《领导心理学》,南开大学出版社,2015 年。

③ [美]马莎·L.科塔姆等:《政治心理学》,胡勇、陈刚译,中国人民大学出版社,2013 年;[美]戴维·P.霍顿:《政治心理学——情境、个人与案例》,尹继武、林民旺译,中央编译出版社,2013 年。

④ 蒋云根:《政治人的心理世界》,学林出版社,2002 年。

及他们的代表理论进行了详细介绍。①在诸多学者中,白鲁恂(Lucian Pye)受到的关注较多。有两本著作②较为系统全面地介绍了他对中国当时社会政治心理的研究理论与研究方法,为国内学界关注中国社会提供了一种视角与借鉴。在对国内政治现象研究的著作中,有一些主题得到了学者们的共同关注,与期刊论文发表情况相似,政治认同③、政治信任④的研究占据了大部分,也有少量有关政治认知⑤的研究。从研究对象来看,多数学者在探讨阶层的政治心理学,有对各个社会阶层作整体考察的著作,⑥但更多是对各个阶层的政治心理学的研究,既有商人的政治心理、中产阶层的政治心理、网民心理的研究,也有大学生心理的研究。⑦但更多的是有关农民政治心理的研究,

① 季乃礼:《西方政治心理学史》,天津人民出版社,2016年。

② 张英魁:《中国传统政治文化及其现代价值——以白鲁恂的研究为考察中心》,中央编译出版社,2009年;梅祖蓉:《历史、文化与人格——白鲁恂心理文化分析法研究》,天津人民出版社,2012年。

③ 诸如彭正德:《生存政治:国家整合中的农民认同》,中国社会科学出版社,2010年;李冰:《当代中国政治社会化中的公民认同研究》,中国社会科学出版社,2013年;陈锡喜:《政治认同的理论思辨》,上海人民出版社,2013年;史卫民:《政治认同与危机压力》,中国社会科学出版社,2014年;史卫民:《中国不同公民群体的政治认同与危机压力》,中国社会科学出版社,2014年;彭正德:《民生政治:新农村建设中的农民认同——湖南五县十村考察》,中央编译出版社,2014年;王茂美:《村落·国家:少数民族政治认同研究——以云南为例》,中国社会科学出版社,2015年;林少敏:《自我选择与政治认同:对自由与社群之争的反思》,人民出版社,2017年;赵滕:《构建的认同——政治合法性的"祛魅"分析》,社会科学文献出版社,2017年;方旭光:《政治认同的逻辑》,中国社会科学出版社,2018年。

④ 诸如上官酒瑞:《现代社会的政治信任逻辑》,上海人民出版社,2012年;上官酒瑞:《变革社会中的政治信任》,学林出版社,2013年;邱国良:《信任的网络与逻辑——转型时期中国农民的政治信任》,中国社会科学出版社,2013年;卢春龙、严挺:《中国农民政治信任的来源:文化、制度与传播》,社会科学文献出版社,2016年;熊美娟:《信任的度量:澳门居民政治信任的实证研究》,中国社会科学出版社,2016年;王正祥:《传媒对村民政治信任和社会信任的影响研究》,科学出版社,2017年;彭正德:《宗村政治:近代以来乡村社会政治信任的变迁》,人民出版社,2018年。

⑤ 郑建君:《社会政治决策中的选择偏差研究:"信息的选择性接触"视角》,中国社会科学出版社,2012年。

⑥ 孙永芬:《当前中国社会阶层政治心态与和谐政治的构建》,中国社会科学出版社,2011年。

⑦ 诸如王晓燕:《成长中的政治人:角色社会化与当代大学生政治心理变迁》,上海社会科学院出版社,2010年;卢春龙:《中国新兴中产阶级的政治态度与行为倾向》,知识产权出版社,2011年;赵跃先:《大学生政治心理发展研究》,人民出版社,2012年;姚丽霞:《浙商政治心理研究》,浙江工商大学出版社,2014年;张明新:《参与型政治的崛起——中国网民政治心理和行为的实证考察》,华中科技大学出版社,2015年;郭小安:《当代中国网络谣言的社会心理研究》,中国社会科学出版社,2015年;胡建国:《中国中产阶层社会政治态度研究》,社会科学文献出版社,2016年。

由于村民实行自治,有关他们参与政治的心理,包括政治参与、政治效能、政治认知等都成为学者们争相研究的对象。[①]国内学者有关国际政治心理的研究也初有成果,他们对欧盟的集体认同、英国国民的心理、战略心理等进行了研究。[②]总体来说,这些学者的研究多跟随国际政治的研究热点和主题,尚不具有共同研究某个问题的意识。

2.重点议题的研究综述

从知识理论的角度来说,频次代表了一定时间内研究内容出现的强度,中介中心度表示节点对连线数量的控制及在网络结构中的重要程度,频次和中心度较高的关键词代表了一段时间内研究者共同关注的问题,即研究热点。由此,重新绘制关键词共现图谱(见图0-4)。图中可以较清晰地看到各节点的大小及它们之间连线的粗细情况,这反映了关键词出现的频次强度及它们之间共现的频率高低,统计结果得到频次排名前10位的关键词和中介中心性较大(节点外围以紫圈标注)的关键词(见表0-1和表0-2)。可以发现,排名前位的高频次及高中心性的关键词是一样的,虽然在排序上有所差异,但是共同反映出了国内政治心理学领域的研究重点,大部分的发文以这几个关键词为中心展开。

图0-4 核心期刊论文中的关键词共现图

---

① 诸如徐勇:《中国农民的政治认知与参与》,中国社会科学出版社,2012年;李蓉蓉:《效能与参与视域下的中国基层民主政治——以山西城乡居民的调查为例》,中央编译出版社,2014年;刘伟:《普通人话语中的政治:转型中国的农民政治心理透视》,北京大学出版社,2015年;卢春龙、严挺:《中国农民政治信任的来源:文化、制度与传播》,社会科学文献出版社,2016年。

② 李明明:《超越与同一:欧盟的集体认同研究》,上海人民出版社,2009年;尹继武:《战略心理与国际政治》,北京大学出版社,2016年;崔金奇:《岛国心理与英国对外政策》,中国社会科学出版社,2017年。

表 0-1　频次排名前十的关键词

序号	频次	关键词
1	240	政治认同
2	195	政治信任
3	86	政治参与
4	46	政治心理
5	46	政治态度
6	42	政治效能感
7	33	农民
8	26	政治冷漠
9	25	政治心理学
10	24	大学生

表 0-2　中心性大于 0.1 的关键词

序号	中心性	关键词
1	0.63	政治信任
2	0.62	政治认同
3	0.49	政治参与
4	0.17	政治态度
5	0.15	政治效能感

为探析关键词之间的关联,发现其中的研究重点,调整阈值设置对关键词进行聚类分析,模块值和平均轮廓值(Q=0.5291,S=0.6463)达到了较优水平。①在自动生成的关键词网络聚类视图中,选择隐藏数值较小的聚类,得到的结果见图 0-5 和表 0-3。可以看出,四个主要聚类之间既有关联也有区分,说明聚类效果较好,也反映出国内在这一领域研究最多的议题分别是政治认同、政治信任、政治参与和政治心理学。

图 0-5　核心期刊论文中关键词的聚类知识图谱

① 模块性(Modularity)经验值 Q 值一般在区间[0,1]内,Q > 0.3 意味划分出来的结构是显著的。平均轮廓值(Mean Silhouette)S > 0.5,聚类一般被认为是合理的,在 0.7 时聚类是高效率令人信服的。参见陈悦等:《引文空间分析原理与应用:Citespace 实用指南》,科学出版社,2014 年。

表 0-3　关键词聚类统计表

聚类标号	聚类大小	聚类轮廓	据 LLR 选取相关性较强的十个标识词
0	25	0.703	政治认同、政治心理、农民、中国特色社会主义、社会发展、政治建设、社会转型、中国梦、政治稳定、政治合法性
1	18	0.847	政治信任、制度化不信任、威权主义、层级差异、政府信任、制度信任、理性怀疑、网络反腐、民主政治、政治效能感
2	13	0.649	政治参与、社会资本、外在效能感、内在效能感、政治心理、政治效能感、政治支持、政治冷漠、农民工、权威人格
3	12	0.738	政治心理学、政治态度、特朗普、人格、中美关系、中产阶级、政治社会化、民意、政治信仰、政治领袖

在前期检索时并没有将政治参与作为独立的研究主题,经由题录的数据分析发现,在有关政治参与的发文中,与政治效能感、政治信任和政治心理主题的相关性较大,与政治态度、政治认同和政治认知主题也有一定的关联,比照自动聚类结果也印证了政治参与作为一个包含政治心理、政治效能感等内容在内的重要研究议题的合理性。由此,从这四个方面对现有相关研究作具体述评。

(1)政治认同

何为政治认同?尽管学者们对政治认同探讨较多,但是对政治认同的内涵并没有形成一致意见,大体上可以归纳为三种:一是对政治系统的情感归属,多数学者持此意见。这一派学者认为政治认同是人们对其所在政治系统的情感上的归属或依附,是一种建立在情感基础上的政治身份的归属。[①]二是对政治权威的支持。这派将政治认同看作是对政治权威的认同和支持态度的体验,是对政治权力的承认和赞同。[②]三是将政治认同归属于实践范畴。[③]

---

① 孔德永:《农民政治认同的逻辑——以社会主义为对象分析》,《齐鲁学刊》,2006 年第 5 期;周敏凯:《和谐社会构建中政治认同的主要内容与面临的挑战》,《河南师范大学学报（哲学社会科学版）》,2007 年第 5 期;彭勃:《自我、集体与政权:"政治认同"的层次及其影响》,《上海交通大学学报（哲学社会科学版）》,2010 年第 1 期;唐斌:《概念之辨:政治信任、政治认同与政治合法性——以政治信任为中心的考察》,《云南行政学院学报》,2016 年第 2 期;桑玉成、梁海森《政治认同是如何形成的？》,《复旦学报(社会科学版)》,2017 年第 4 期。

② 邱柏生:《浅析我国政治心理学研究的现状》,《复旦学报（社会科学版）》,1996 年第 4 期;李素华:《政治认同的辨析》,《当代亚太》,2005 年第 12 期。

③ 方旭光:《政治认同——政治实践的范畴》,《兰州学刊》,2006 年第 9 期。

有学者将政治认同作为自变量,探讨政治认同对政治合法性的影响。目前,学术界已经基本达成共识,认为政治认同是政治合法性的前提与基础,合法性取得的核心即是获得社会公众对政治系统的认同。①但是有学者指出,政治合法性与政治认同存在本质的区别:前者主要探讨政治权力如何获得,如何维持政治权力的长久稳定;后者侧重于民众对政治体系的心理归属及所采取的支持行为。②也有学者将政治认同作为因变量,探讨影响政治认同的因素。史卫民在两本著作③中描述了六种危机压力,从理论和经验结果中勾勒出我国公民政治认同及危机压力的基本形态,也对不同公民群体身份在这一问题上的差异性作了分析,指出影响压力感强弱的因素主要有权利、利益、政治沟通、政治参与和公民满意度。

对于政治认同的建构与重构,从宏观角度来说可以归为两大类:文化层面及现实体制层面。文化层面又可以分为历史传统与现代政治文化。历史传统多归于传统的政治文化,譬如贵和精神,以及历史上多民族融合的记忆对政治认同的影响。④现代政治文化多强调现代公民文化体系的建立对政治认同的作用,更有学者将现代文化细分为体系、过程和政策三种文化。⑤现实体制层面主要是加强制度建设,在区分公私权利的基础上,打开公民参与公共事务的政策通道,建立以公众服务为本位的绩效评估系统,或发挥民意组织

① 唐玉环:《论构建促进农民政治认同的信息传播机制》,《湖南师范大学社会科学学报》,2006年第6期;陈黎东:《政治合法性在农村的困境分析》,《河南师范大学学报(哲学社会科学版)》,2008年第4期;房正宏:《政治认同的合法性价值:分析与建构》,《社会主义研究》,2010年第4期;喻包庆:《论当代中国的政治认同危机及其解决路径》,《广西师范大学学报(哲学社会科学版)》,2012年第48期;陈霞:《转型期中国公民政治认同困境的演变逻辑——以合法性理论为视角》,《黑龙江社会科学》,2015年第2期。

② 陈锋:《民族地区农民政治认同的机制和规律研究述评》,《广西社会科学》,2013年第1期;唐斌:《概念之辨:政治信任、政治认同与政治合法性——以政治信任为中心的考察》,《云南行政学院学报》,2016年第2期。

③ 史卫民:《政治认同与危机压力》,中国社会科学出版社,2014年;《中国不同公民群体的政治认同与危机压力》,中国社会科学出版社,2014年。

④ 常士闇:《贵和精神与当代中国政治认同建构》,《晋阳学刊》,2011年第6期;詹小美:《选择与建构:历史记忆固基政治认同的逻辑共生》,《思想理论教育》,2016年第12期。

⑤ 蔡文成:《论多民族国家视域中公民文化的成长与政治认同的建构》,《云南民族大学学报(哲学社会科学版)》,2013年第4期;曾楠:《转型与应对:当代中国政治认同的文化建构》,《中共福建省委党校学报》,2015年第5期。

在政治参与中的作用。①从微观的角度来说主要是通过教育等途径提高认同主体的身份意识和综合素质。②

在对政治认同的主体研究中，对农民的政治认同颇为关注，主要是从生存性即以利益认同为起点的政治认同视角和政治心理因素（包括政治态度、政治信任等）的视角来展开论述，对我国农民政治认同中存在的特点、问题及增进措施作出论述，其中也有少量专门对农民政治认同现状做调查分析的成果。多数考察农民政治认同情况的实证研究通常与政治信任的测量研究相关联。对我国农民政治认同现状的总体探讨可见于一些代表性的综述研究和著作成果中。③

近年来，在政治认同的研究中出现了一些新变化和新成果。从 2008 年开始，国内对社会转型中的政治现象关注迅速增多，其中与政治认同的研究相关性较大，并且有学者将社会转型看作是政治认同影响因素中最基本最核心的，④网络环境也成为影响政治认同的重要因素，⑤2015 年以"中国梦"为

① 孔德永：《对转型时期我国公民政治认同重构模式的思考》，《当代世界与社会主义》，2006 年第 6 期；董晓倩：《浅析政治认同与地方政府绩效的关系》，《学术交流》，2007 年第 8 期；张蕾蕾：《政治认同建构的空间逻辑——权利与权力的"非零和"博弈》，《求索》，2012 年第 9 期；张晋宏、李景平：《协商民主：当代中国政治认同培育的路径选择——以群体性事件为例》，《中共天津市委党校学报》，2018 年第 5 期。

② 吴文勤：《构建和谐社会视域中的政治认同重构》，《求实》，2008 年第 3 期；蔡文成、王婷鹤：《多民族国家的公民身份培育与政治认同建构》，《贵州民族研究》，2014 年第 10 期；任勇：《现代国家建构与边疆少数民族认同序列重构——基于政治社会化的角度》，《学习与探索》，2016 年第 7 期；唐慧玲、王锁明：《公民义务感激发与政治认同的生成》，《南京社会科学》，2016 年第 12 期。

③ 期刊文章有彭正德：《新中国成立以来农民政治认同的研究述评》，《政治学研究》，2010 年第 1 期；季丽新、刘庆东：《新时期农民对党政治认同的特点分析》，《中共中央党校学报》，2011 年第 1 期。专著有孙春鹏：《建国后的中国共产党和农民的关系研究——政治认同的视角》，中国矿业大学出版社，2006 年；彭正德：《民生政治：新农村建设中的农民认同——湖南五县十村考察》，中央编译出版社，2014 年。

④ 孔德永：《当代中国公民政治认同变化的原因初探》，《理论与改革》，2009 年第 4 期；陈霞：《转型期中国公民政治认同困境的演变逻辑——以合法性理论为视角》，《黑龙江社会科学》，2015 年第 2 期。

⑤ 徐家林：《网络政治舆论的极端情绪化与民众的政治认同》，《马克思主义与现实》，2011 年第 3 期；陶蕴芳：《网络社会中群体政治认同机制的发生与引导》，《中州学刊》，2012 年第 1 期；刘姗姗：《网络政治与少数民族农民政治认同的辩证分析》，《广西社会科学》，2014 年第 10 期；田启战、蒋杰：《网络反腐视域下的政治认同分析》，《重庆邮电大学学报（社会科学版）》，2016 年第 2 期。

视角谈构建政治认同的发文突增。①可以看出,国内学界对政治认同的研究从理论到现实有着广泛的关注,并且紧随时代发展,在研究内容上,出现了以农民工、新生代农民工为主体的研究;②对农民政治认同的研究出现了新尝试,即从以生存伦理为认同起点到提出了以日常生活为视角考察农民政治认同逻辑。③在以考察政治认同为主的实证研究中,以青年为对象的研究较多,近年来较大规模的研究成果是以政治认同、国家稳定、政治参与及政治沟通为测量变量,对全国 10 个省份的青年群体进行调查,结果分析得出了政治认同对国家稳定具有显著的正向预测作用等相关结论。④

　　总体来说,国内学界对政治认同的研究还是以规范性研究为主,实证研究虽然近年来有所增长,但专门对政治认同进行考察的实证成果占比仍然较低,这反映出在实际操作上存在难度,对国内政治认同的测量欠缺统一规范的标准。

　　(2)政治信任

　　对于政治信任的概念界定,国内学界大多沿用西方学者的研究成果,较为普遍接受的观点认为政治信任是公民对政府或政治系统将运作产生出与

---

　　① 曾楠:《式微与强基:当代政治认同的中国梦引领》,《青海社会科学》,2015 年第 1 期;梅萍、杨珍妮:《中国梦视域下的民众政治认同与道路自信的提升》,《当代世界与社会主义》,2015 年第 2 期;胡建、刘惠:《论"中国梦"与当代中国政治认同的构建》,《社会主义研究》,2015 年第 4 期;王淑琴:《执政党能力建设:政治认同的关键》,《理论探索》,2015 年第 6 期;龚柏松:《论中国梦语境下社会政治认同》,《湖北社会科学》,2015 年第 8 期;陈付龙:《政治认同的生成逻辑:中国梦的向度》,《长白学刊》,2016 年第 1 期。

　　② 刘春泽:《反思与回应:政治认同语境下的农民工群体性事件》,《湖北社会科学》,2013 年第 8 期;韩晓燕:《新生代农民工政治认同的困境》,《探索与争鸣》,2013 年第 9 期;唐兴军:《信任缺失:新生代农民工身份建构与政治认同》,《当代青年研究》,2014 年第 3 期;唐兴军、王可园:《新生代农民工的身份认同困境探析——基于信任的视角》,《华中农业大学学报(社会科学版)》,2014 年第 5 期;兰君、张旭:《新生代农民工政治认同研究》,《当代青年研究》,2014 年第 6 期;史向军、李洁:《共享发展理念下新生代农民工政治认同研究》,《学术论坛》,2016 年第 10 期;李奋生等:《新生代农民工政治认同研究》,《农业经济》,2016 年第 10 期。

　　③ 陈自强:《"创造性政治"视角下农民政治认同的现代性转换》,《理论导刊》,2013 年第 9 期;陈自强:《农民政治认同研究的传统及新尝试》,《广西社会科学》,2017 年第 1 期;陈自强:《生活境遇:农民日常化政治认同的内在逻辑》,《理论导刊》,2017 年第 6 期。

　　④ 郑建君:《青年政治认同与国家稳定的关系:政治参与和政治沟通的作用——基于 3323 份有效数据的实证分析》,《华中师范大学学报(人文社会科学版)》,2017 年第 5 期。

他们的期待相一致的结果的信念或信心。国内有学者在研究中作了进一步界定，大体可以分为两类：一类观点是将政治信任界定为公民对政府的信任，基本等同于政府信任，[①]这一类的界定中有学者表述为公民与政府之间的一种互动，[②]也有学者将公民对政府的政策及主要部门的信任落脚为认同和支持，[③]另一类观点是认为政治信任不局限于政府信任，还包括对政治体制的信任及公民相互间的信任，[④]有学者将其拓展为"民众对于政治组织（如政党）、政府机构（政府、国会）、军队等的信任"[⑤]。与政治认同的研究相比，学者们普遍对政治信任的定义、内涵以及如何测量无异议。

国内学界对政治信任的内涵、研究缘起及层次结构等学理方面的研究有一些较为专门系统的论述。[⑥]在政治信任的规范性研究中，有学者主要从

① 胡荣：《农民上访与政治信任的流失》，《社会学研究》，2007 年第 5 期；孙昕：《政治信任、社会资本和村民选举参与——基于全国代表性样本调查的实证分析》，《社会学研究》，2007 年第 7 期；邱国良：《政治信任：乡村治理的社会基础——以仲村"5·31"事件为个案》，《社会主义研究》，2009 年第 3 期。

② 闫健：《居于社会与政治之间的信任——兼论当代中国的政治信任》，《南昌大学学报（人文社会科学版）》，2008 年第 1 期。

③ 孟天广、杨明：《转型期中国县级政府的客观治理绩效与政治信任——从"经济增长合法性"到"公共产品合法性"》，《经济社会体制比较》，2012 年第 4 期；卢春龙：《我国新兴中产阶层的政治信任研究——基于 17 个城市的调研分析》，《江苏行政学院学报》，2013 年第 4 期。

④ 宋少鹏、麻宝斌：《政治信任的结构》，《行政与法》，2008 年第 8 期；马九福：《中西政治信任比较与借鉴》，《江汉论坛》，2007 年第 6 期。

⑤ 马得勇：《政治信任及其起源——对亚洲 8 个国家和地区的比较研究》，《经济社会体制比较》，2007 年第 5 期。

⑥ 闫健：《居于社会与政治之间的信任——兼论当代中国的政治信任》，《南昌大学学报（人文社会科学版）》，2008 年第 1 期；上官酒瑞、程竹汝：《政治信任研究兴起的学理基础与社会背景》，《江苏社会科学》，2009 年第 1 期；王子蕲、江远山：《如何重塑政治信任——"中国社会转型中的政治信任"理论研讨会综述》，《探索与争鸣》，2009 年第 7 期；熊美娟：《政治信任研究的理论综述》，《公共行政评论》，2010 年第 6 期；谢治菊：《政治信任的含义、层次（结构）与测量——对中西方学界相关研究的述评》，《南昌大学学报（人文社会科学版）》，2011 年第 4 期；上官酒瑞、程竹汝：《政治信任的研究缘起、逻辑基础及分析范式》，《广东行政学院学报》，2011 年第 6 期；唐斌：《政治信任的概念、特征与价值》，《理论月刊》，2011 年第 8 期；李佳佳：《政治信任起源：文化论与制度论的解释路径及其超越》，《中共天津市委党校学报》，2012 年第 3 期；刘建平、杨铖：《政治信任：心理学视角下的前因后果》，《心理学探新》，2018 年第 2 期。

制度和体制的角度探讨我国的政治信任并取得了丰硕的研究成果。①在对国
内政治信任状况的实证研究中,逐渐形成且被普遍接受的"层级差异"观点,
最早的研究成果出自李连江在 2004 年发表的文章中讨论了我国农民对五
级党委的信任程度,此后有学者分析了我国农民对不同层次政府信任差异
的影响因素,②在其他一些研究成果中也得出了类似的结论,比如有学者描
述了农民对不同机构的政治信任度有所区别,③有研究分析了"政治信任层
级差"心理存在的原因,④还有学者将这种状况表述为"央强地弱"⑤。近年来,
围绕这一现象的一个经典表述是"差序政府信任",国内学界对此开展了大
量实证性与规范性的研究。⑥其中,有学者对此问题进行了较为持续与深入
的探讨,分析了造成这种差异的影响因素及产生原因,对差序政府信任、反
差序政府信任及无差序政府信任影响公民对现有政治体制的支持水平进行

① 著作主要有上官酒瑞:《现代社会的政治信任逻辑》,上海人民出版社,2012 年;上官酒瑞:
《变革社会中的政治信任》,学林出版社,2013 年。期刊文章主要有上官酒瑞、程竹汝:《政治信任研究
兴起的学理基础与社会背景》,《江苏社会科学》,2009 年第 1 期;上官酒瑞:《制度化不信任:内涵、理
论原型和意义》,《云南行政学院学报》,2011 年第 4 期;上官酒瑞、程竹汝:《政治信任的结构序列及其
现实启示》,《江苏社会科学》,2011 年第 5 期;上官酒瑞:《从人格信任走向制度信任——当代中国政
治信任变迁的基本图式》,《学习与探索》,2011 年第 5 期;上官酒瑞:《民主体制下的理性怀疑与政治
信任》,《上海行政学院学报》,2012 年第 4 期;上官酒瑞:《级差政治信任的形成机理、风险及改革思
路——基于压力型体制的一种分析》,《中共中央党校学报》,2015 年第 5 期;等等。

② 胡荣:《农民上访与政治信任的流失》,《社会学研究》,2007 年第 3 期。

③ 肖唐镖、王欣:《中国农民政治信任的变迁——对五省份 60 个村的跟踪研究(1999—2008)》,
《管理世界》,2010 年第 9 期。

④ 沈士光:《论政治信任——改革开放前后比较的视角》,《学习与探索》,2010 年第 2 期。

⑤ 叶敏、彭妍:《"央强地弱"政治信任结构的解析——关于央地关系一个新的阐释框架》,《甘
肃行政学院学报》,2010 年第 3 期。

⑥ 这一表述出自李连江:《差序政府信任》,《(香港)二十一世纪》,2012 年 6 月刊。相关期刊文
章主要有管玥:《政治信任的层级差异及其解释:一项基于大学生群体的研究》,《公共行政评论》,
2012 年第 2 期;李思然:《我国政治信任的层级特征及其形成原因》,《学术交流》,2013 年第 8 期;耿
静:《政府信任的差序化:基层治理中的"塔西佗陷阱"及其矫治》,《理论导刊》,2013 年第 12 期;薛立
勇:《政府信任的层级差别及其原因解析》,《南京社会科学》,2014 年第 12 期;上官酒瑞:《级差政治信
任的形成机理、风险及改革思路——基于压力型体制的一种分析》,《中共中央党校学报》,2015 年第
5 期;璩甜甜、肖家美:《"央强地弱":农民政治信任的层级差异研究》,《领导科学》,2018 年第 2 期;梅
立润、陶建武:《中国政治信任实证研究:全景回顾与未来展望》,《社会主义研究》,2018 年第 3 期;胡
荣等:《主观绩效、社会信任与农村居民对乡镇政府信任》,《社会科学研究》,2018 年第 6 期。

了研究。①

影响政治信任的因素有哪些？可以大致归纳为政治文化,以及强调官员与公民互动的结构主义两种视角。在史天健参与及负责的数次调查研究中,将政治信任看作是当代中国政治的关键所在,并探究了政治文化对政治信任的影响,认为其中的道德标准和价值观是具有持久影响的因素。②肖唐镖及其团队用十余年对5省市60个村的跟踪研究,也发现传统政治文化对农民政治信任的正向推动作用,农民政治信任度的提高,会推动村民参与村内基层选举的积极和热情,而政治信任度越高的村民,就越倾向于选择体制内方式表达自己的意见。③学者们普遍采用的结构主义视角是强调政府行为差异、民众的特质差异,以及政府与民众的互动。从政府的角度来说,政府能否持公正的立场,以及能否积极回应民众的诉求,或者能否满足民众所需要的公共福利产品等都可能影响民众的政治信任程度。④民众的特质不同,也会影响政治信任的差异。譬如,年龄的因素,有学者发现我国公众政治信任水平呈现"代际递减"的特征。⑤对信息尤其是政治信息接触的差异,也会对政治信任产生影响,小道信息对于中央和地方政府信任均有显著负面影响,并对后者的负面作用更明显,而政府公共服务体验与中央和地方政府信任之间均呈正相关,且与后者关系更紧密。⑥

---

① 吕书鹏、肖唐镖:《政府评价层级差异与差序政府信任——基于2011年全国调查数据的实证研究》,《北京行政学院学报》,2015年第1期;吕书鹏:《差序政府信任:概念、现状及成因——基于三次全国调查数据的实证研究》,《学海》,2015年第4期;吕书鹏:《差序政府信任与政治体制支持》,《西安交通大学学报(社会科学版)》,2017年第6期。

② 王正绪等:《公民与民主:史天健对中国研究及政治学方面的贡献》,《开放时代》,2011年第9期。

③ 肖唐镖、王欣:《中国农民政治信任的变迁——对五省份60个村的跟踪研究(1999—2008)》,《管理世界》,2010年第9期;肖唐镖、余泓波:《农民政治价值观的变迁及其影响因素——五省(市)60村的跟踪研究(1999—2011)》,《华中师范大学学报(人文社会科学版)》,2014年第1期。

④ 孟天广、杨明:《转型期中国县级政府的客观治理绩效与政治信任——从"经济增长合法性"到"公共产品合法性"》,《经济社会体制比较》,2012年第4期;孟天广、李锋:《政府质量与政治信任:绩效合法性与制度合法性的假说》,《江苏行政学院学报》,2017年第6期。

⑤ 李艳霞:《"后物质主义"价值观与当代中国公众的政治信任——以代际差异为视角的比较分析》,《公共管理学报》,2017年第3期。

⑥ 吕书鹏:《差序政府信任:概念、现状及成因——基于三次全国调查数据的实证研究》,《学海》,2015年第4期。

在影响政治信任的诸多因素中，有学者引用了社会资本的概念作为政治信任的影响因素，两者并非简单直接的关系，[①]关系资本对政治信任有副作用，[②]社会资本中的不同维度对政治信任有不同的影响。[③]有学者在对农村社会的调查中，肯定了熟人社会的信任在解决乡村纠纷中的重要作用，同时也指出它在解决群体性事件上的不足。[④]在影响社会资本的因素中，学者们注意到了互联网的作用。有学者认为互联网新媒体的使用对公众政治信任水平有一定的消极影响，新媒体则一定程度上弱化了政治信任（负相关关系），也分析了我国民众政治信任的主要来源，从最早的"意识形态合法性"转变为"经济绩效合法性"，并进一步转变为"公共服务绩效合法性"。[⑤]

总体来说，国内的政治信任研究相较于其他研究主题更为成熟，在内涵界定及测量方式上受西方理论的影响较多，并在此基础上研究国内现象，形成了"层级差异"的创见性观点，对基层政治信任的实证研究逐渐成为研究热点。

（3）政治参与

政治参与的概念界定林林总总，十分复杂，不同的学者对其内涵有不同的理解。在现有的几篇综述性文章中对国内外政治参与的内涵、方式、类型、影响因素及功能作用等方面作了概述。政治参与在国内学界也是一个研究热点，以此为主题的经验研究成果颇丰，它常常被看作是一个心理学问题。[⑥]在

①　熊美娟：《社会资本与政治信任——以澳门为例》，《武汉大学学报（哲学社会科学版）》，2011年第4期。

②　陈云松、边燕杰：《饮食社交对政治信任的侵蚀及差异分析：关系资本的"副作用"》，《社会》，2015年第1期。

③　雷叙川、赵海堂：《中国公众的社会资本与政治信任——基于信任、规范和网络视角的实证分析》，《西南交通大学学报（社会科学版）》，2017年第2期。

④　邱国良：《政治信任：乡村治理的社会基础——以仲村"5·31"事件为个案》，《社会主义研究》，2009年第3期；邱国良：《宗族认同、政治信任与公共参与——宗族政治视阈下的农民政治信任》，《国家行政学院学报》，2011年第1期。

⑤　张明新、刘伟：《互联网的政治性使用与我国公众的政治信任——一项经验性研究》，《公共管理学报》，2014年第1期；卢春龙、张华：《公共文化服务与农村居民对基层政府的政治信任——来自"农村公共文化服务现状调查"的发现》，《政法论坛》，2014年第4期；苏振华、黄外斌：《互联网使用对政治信任与价值观的影响：基于CGSS数据的实证研究》，《经济社会体制比较》，2015年第5期。

⑥　王丽萍、方然：《参与还是不参与：中国公民政治参与的社会心理分析——基于一项调查的考察与分析》，《政治学研究》，2010年第2期。

有关政治参与的实证性研究中，基本离不开对政治效能感等心理性因素的考量，由此，本书对政治参与研究议题中与政治心理因素相关联的主要成果进行梳理。

政治心理是政治心理学的核心部分，也属于政治文化的研究范畴。在以国内政治心理为主题的发文中，一部分是从理论性研究的角度阐述个体或群体(如公民、农民、大学生等)的政治心理状况，这类文章侧重指出某些政治心理特征，其成因多受传统文化及现实体制的影响；另一部分的实证性文章中，政治心理很少单独出现，通常是作为一种涵盖人格、认知、态度、信任、政治效能感等因素在内的统称，且多同政治参与、政治信任、政治认同相关联。

政治效能感在国内学界被普遍认为是研究公民政治态度的重要变量，也是评估政治参与是否有效的指标之一。在其理论研究上，国内学者多沿用国外学者的观点及测量维度，李蓉蓉较早且系统介绍了国外政治效能感的研究进展，并论述了政治效能感的内涵与价值，认为它是公民对于自身在政治生活中影响力的心理感知，包括内在政治效能感和外在政治效能感两个面向，是公民参与政治生活的重要心理动力，并指出政治效能感与政治参与之间并非简单的因果关系。[1]有关政治参与和政治效能感的实证性研究中，有的学者将政治效能感作为因变量，[2]也有学者将其作为

---

[1]　李蓉蓉：《政治效能感：内涵与价值》，《晋阳学刊》，2010 年第 2 期；李蓉蓉：《海外政治效能感研究述评》，《国外理论动态》，2010 年第 9 期；李蓉蓉等：《论政治效能感》，《国外理论动态》，2015 年第 5 期。

[2]　朱妍：《中产阶层对于自身政治参与有效性的评价——比较中国与越南中产阶层的政治效能感》，《青年研究》，2011 年第 4 期；金姗姗：《政治参与行为对政治效能感的影响——基于浙江省间村基层民主选举投票的实证调研》，《甘肃行政学院学报》，2012 年第 2 期；丁百仁、王毅杰：《农村居民政治效能感及其影响因素分析》，《湖南农业大学学报(社会科学版)》，2014 年第 3 期；范柏乃、徐巍：《我国公民政治效能感的影响因素研究——基于CGSS2010 数据的多元回归分析》，《浙江社会科学》，2014 年第 11 期；胡荣、沈珊：《社会信任、政治参与和公众的政治效能感》，《东南学术》，2015 年第 3 期；刘伟：《城市居民政治效能感影响因素研究——基于 CGSS2010 数据的分析》，《中共福建省委党校学报》，2016 年第 8 期。

自变量,①在数据来源上,部分是以现有的全国性的调研数据(如 CGSS2010)为依托,部分学者专门为此在地方上开展问卷调查,得到的结论基本都显示出两者呈正相关关系。也有学者对这一议题进行了比较研究,诸如比较中国和越南中产阶级的政治效能感,②比较城乡居民政治效能感的差异。③

　　政治冷漠现象是国内学界关注较早且较多的话题,有学者指出政治冷漠是对政治参与的疏远和逃避,并提出应通过改革并完善经济政治体制等途径来克服;④但也有学者认为政治冷漠并非坏事,政治冷漠更有利于政治制度的运作,是一种再生的希望、发展的正道。⑤为何形成政治冷漠?一种观点归为体制,是压制下的无奈;⑥另一种归为个体,将深层原因归于狭隘的以个人利益为主导的价值取向。⑦

　　此外,国内有学者在研究中采用了政治支持这一提法,政治支持是反映政治系统与公民之间的关系变量,对当前中国政治支持现状的考察依赖于对政治参与状况的分析。⑧有学者对公共舆论中网民的政治支持做了实证分析,表明意识形态立场、媒体使用和政治认知均是影响舆论中政治支持倾向的基本因素。⑨也有学者利用最新的中国城乡社会治理调查数据分析得出了

---

① 李蓉蓉:《农民政治效能感对政治参与影响的实证研究》,《深圳大学学报(人文社会科学版)》,2013 年第 4 期;谢秋山、陈世香:《政治效能感与抗争性利益表达方式——基于 CGSS2010 的定量研究》,《甘肃行政学院学报》,2014 年第 3 期;胡荣:《中国人的政治效能感、政治参与和警察信任》,《社会学研究》,2015 年第 1 期;张剑等:《政治效能感、政治参与和家庭高风险投资决策——基于 CGSS 2010 的实证研究》,《当代经济科学》,2017 年第 1 期;黄少华、谢榕:《政治动机、政治技能和社团参与对网络政治参与行为的影响——基于公民自愿模型的分析》,《兰州大学学报(社会科学版)》,2017 年第 3 期。

② 朱妍:《中产阶层对于自身政治参与有效性的评价——比较中国与越南中产阶层的政治效能感》,《青年研究》,2011 年第 4 期。

③ 裴志军:《农村和城市居民政治效能感的比较研究》,《政治学研究》,2014 年第 4 期。

④ 赵海月:《政治冷漠现象探析》,《社会科学战线》,1995 年第 6 期。

⑤ 杨光斌:《政治冷漠论》,《中国人民大学学报》,1995 年第 3 期;燕继荣:《政治冷漠是不是坏事?》,《读书》,1995 年第 10 期。

⑥ 于建嵘:《沉默抑或暴力:警惕民众政治心态的两极化》,《探索与争鸣》,2015 年第 11 期。

⑦ 郭倩倩、秦龙:《政治冷漠与积极公民重塑》,《探索与争鸣》,2016 年第 3 期。

⑧ 苗红娜、王莲:《我国转型社会的政治支持探析》,《理论与现代化》,2008 年第 3 期。

⑨ 马得勇、王丽娜:《公共舆论倾向如何形成?——对网民政治支持的实证分析》,《探索》,2016 年第 6 期。

文化、制度和社会结构三个方面共同且有区别地影响了公众的政治支持。①

总的来说，政治参与是现代民主政治中一个非常重要的概念，在实际考察中往往会落脚到各种政治心理因素，国内学界对这一领域的研究也比较丰富，有不少相对规范、有价值的实证性研究文章。

（4）政治心理学

国内对于政治心理学的研究跨越了早期到近期，从图谱连线中可以看到几个重要节点分别是人格、政治态度、民意、特朗普及中美关系，这也说明了与之相应的研究内容在该学科研究领域中的重要性。有关人格与政治的关系在早期就有论述，有文章指出了人格是个体和集团政治行为的心理基础和内在根源，而其行为也会影响人格的发展，对政治行为理想的控制是人格控制。②也有从人格的基本概念出发，认为两者之间是一种特定的相关性，而不是仅指人格对政治的决定作用或政治对人格的类似作用，并指出两者关系的复杂性需要从专业角度进行概念的分类及采纳多元化的研究方法。③此后，有关政治心理学中政治态度的研究受到关注，有研究对政治心理学领域态度研究的来源与界定做了阐述，分析了态度的结构、基础、改变、结果及其测量，为认识政治态度提供了一个较为完整和全面的视角，④也有将态度与情感、信仰等其它心理层面概念加以区分并关联，认为政治态度具有感情、认知和行为三种面向。⑤政治心理学与民意是近年来被提及的研究内容，有学者认为民意（公众意见）已成为跨学科关注的一个独立研究领域，并通过对民意概念与测量的梳理，指出其在理论上的政治性与方法上的心理性，意寓为政治心理学领域今后研究的一个重要方向。⑥

国内有关政治态度的研究中，按研究对象可以分为个体和群体，对于个体的研究成果很少，且多与其政治思想挂钩；在对群体的研究中，中产阶级/中产阶层是国内学者关注的一个焦点，对其政治态度是保守还是激进，是否

---

① 郑振清等：《公众政治支持的社会来源及其变化——基于 2015 年"中国城乡社会治理调查"（CSGS）的实证研究》，《政治学研究》，2018 年第 3 期。

② 董敏志：《政治心理学的视野：政治行为与人格》，《上海社会科学院学术季刊》，1995 年第 1 期。

③ 王丽萍：《人格与政治：政治心理学领域核心关系分析》，《北京大学学报》，2002 年第 2 期。

④ 王丽萍：《政治心理学中的态度研究》，《北京大学学报》，2006 年第 1 期。

⑤ 魏万磊、刘黎：《政治心理学中的态度研究》，《湖北社会科学》，2011 年第 4 期。

⑥ 王丽萍：《认知民意：政治学学科触角下的社会皮肤》，《天津社会科学》，2017 年第 2 期。

益于增进政治稳定仍然存在争议，多数研究者认为我国中产阶层的政治态度具有一定复杂性，但总体上看是保守的，不会对政治稳定造成直接冲击；①也有研究者认为我国中产阶层比较激进，社会批判意识逐渐显化。②有学者认为中产阶级总体而言对我国民主政治体系的现状表现出很高程度的认可，其中在体制内部门工作的中产阶级比在体制外部门工作的中产阶级表现出更为积极的态度。③农民的政治态度也是关注较多的主题，在一些实证性研究中得出的结论基本是不乐观的，主要表现为对村民自治实际效果的总体评价不高。④随着互联网使用的普及，有学者通过实证方法探究了网络对政治态度的影响，认为互联网在对青年政治态度的影响方面有互相削弱的作用；政治态度在互联网使用与网民的非制度化政治参与之间中介效应非常显著。⑤

　　除了对国内政治现象的研究，我国学者对国外政治心理学领域的关注也在增加。主要涉及以下三个层面：一是对西方政治心理学及其基本理论的介绍。有部分学者梳理了国外政治心理学发展的状况，既涉及对国外政治心理学总体研究现状的描述，也关注到了西方政治心理学的各种理论：政治人格、政治认知、政治态度、政治动机、政治情感、政治认同和政治信任。二是对西方政治人物心理的描述。政治人物特别是国家领导人的政治心理关系着国家发展和国际关系的走向，目前关注最多的是特朗普的政治心理，有研究归纳特朗普的人格特质可以分为不羁善变、精干有为、逐利自我、好胜执着、

---

① 胡建国·《中国中产阶层社会政治态度研究》，社会科学文献出版社，2006 年相关期刊见孙龙：《当前城市中产阶层的政治态度——基于北京业主群体的调查与分析》，《江苏行政学院学报》，2010 年第 6 期；齐杏发：《当前中国中产阶层政治态度的实证研究》，《社会科学》，2010 年第 8 期；李春玲：《寻求变革还是安于现状：中产阶级社会政治态度测量》，《社会》，2011 年第 2 期。

② 张翼：《当前中国中产阶层的政治态度》，《中国社会科学》，2008 年第 2 期。

③ 卢春龙：《中国新兴中产阶级的政治态度与行为倾向》，知识产权出版社，2011 年。

④ 郭正林：《当代中国农民政治态度的定量研究》，《学术研究》，2005 年第 5 期；霍海燕：《现阶段中国农民阶层的政治态度与价值取向分析》，《郑州大学学报（哲学社会科学版）》，2007 年第 6 期；李婷玉：《上海农民的政治态度与基层社区治理——基于金山区吕巷镇问卷调查的思考》，《上海行政学院学报》，2013 年第 2 期。

⑤ 卢家银、段莉：《互联网对中国青年政治态度的影响研究》，《中国青年研究》，2015 年第 3 期；王衡、季程远：《互联网、政治态度与非制度化政治参与——基于 1953 名网民样本的实证分析》，《经济社会体制比较》，2017 年第 4 期。

积极外向五个维度，①也有研究表明特朗普具有自恋的人格特质②及双重矛盾性，③并且具有合作倾向、高转变倾向、投机倾向和易受他人影响等特点。④三是对国外群体政治心理的研究。囿于实践条件的限制，国内学者在这方面的研究采用了文献分析的手段。

　　总的来说，国内对政治心理学学科研究内容的探讨主要集中于政治态度这一层面，而有关国外政治心理学的研究则颇受国际关系和外交专业学者的青睐，关注的理论包括人格特质理论、领导风格理论以及政治认知领域中的一些理论。

　　3.结论和讨论

　　中国政治心理学的发展经历了2000年以前的形成阶段和2001年至今的初步发展阶段。文献的数量在不断增长，研究的方法也趋于多样，尤其是实证性的研究方法的比例逐年上升。通过学者们三十多年的努力，我们对政治心理学这门学科基本有所了解，并对西方政治心理学的最新发展成果加以翻译和介绍。同时，学者们尝试将西方的理论本土化，最突出的成果就是"差序政治信任"。

　　之所以将我国当前政治心理学的研究定位为发展的初步阶段，是以西方政治心理学的发展作为参照。西方的政治心理学自20世纪20年代兴起之后，大致经历了40年代和50年代的"人格与文化"时期，60年代和70年代的"态度和选举行为"时期，80年代的"政治认知"时期，一直到现在的"政治情感"研究时期。与此相比，目前中国的政治心理学研究基本处在西方的第一、第二个阶段，后两个阶段有关政治认知和政治情感的研究在中国少有涉及。在具体研究内容及方法上，西方政治心理学领域形成了许多理论，比如以巴伯为代表的领导人格分析理论、以埃特米耶为代表的右翼威权主义

---

①　尹继武等：《特朗普的政治人格特质及其政策偏好分析》，《现代国际关系》，2017年第2期；尹继武：《特朗普的个性特质对美国对华政策的影响分析》，《当代美国评论》，2018年第2期。

②　王一鸣、时殷弘：《特朗普行为的根源——人格特质与对外政策偏好》，《外交评论》，2018年第1期；季乃礼、张萌：《政治人物的自恋与政治行为研究——以美国总统特朗普为例》，《宜宾学院学报》，2018年第3期。

③　尹继武：《特朗普的人格画像：理解美国对外政策的微观基础》，《当代世界》，2018年第10期。

④　季乃礼、孙佳琪：《特朗普对华心理探析——基于信念体系操作码的解读》，《理论与改革》，2019年第3期。

理论等;研究方法以文献分析、问卷调查和实验为主,近年来引入了大数据的分析方法以及医学的研究方法;研究的议题也非常广泛,包括人格、认知、政治态度、情感、群体心理、领导心理、宽容、偏见、信任、认同等诸多方面。中国政治心理学的研究多集中于政治认同、政治信任和政治态度等少数几个维度上,近年来涌现了大量的实证性研究论文,但基本以问卷调查为主,对数据的分析尚处于浅层,研究主题侧重于大学生和农民。

总而言之,国内政治心理学研究发展起步比较晚,目前处于借鉴发展和本土发展的叠加期,受传统与现代政治文化研究的影响较大,政治心理学的理论体系尚未建构完成。就整体而言,中国的政治心理学研究仍然处于初步发展阶段,存在着比较大的问题:

其一,国内的政治学者只是把政治心理学作为副业,偶尔为之。

其二,掌握的资料不够充分。国内学者研究政治心理学时大多依据翻译过来的资料,尽管有些学者注意到了英文资料,但注意力仅限于有限的几本著作,许多文章、著作,尤其是英文文章都没有涉猎。有的学者甚至不参考西方人的研究成果,直接依靠逻辑推理、哲学思辨。

其三,对西方的政治心理学理论知之甚少,西方政治心理学中有许多成熟的理论,但这些理论国内的学术界不是知之甚少,就是一无所知。譬如,政治心理学的发展史上,有哪些流派,分别有哪些代表人物,他们的主要观点是什么?政治动机包括哪些方面?政治人格中有哪些理论?为什么说政治认知是当今政治心理学研究的核心领域?政治认知的研究体现在哪些方面?

其四,在研究方法和所运用的术语上也存在着问题。目前,中国研究政治心理学的学者多是依靠哲学的推理,而在西方学术界,文献研究、社会调查、实验方法已经成为政治心理学研究的主流。再者,国内学者所运用的政治心理学术语也有不规范之处。譬如,有的学者在研究邓小平政治人格时,提出邓小平有"科学明智的权力意识","胸怀广阔的政治气魄,体现邓小平的政治品格"。其中的"权力意识""政治品格"等看似像政治心理学的术语,但其实政治心理学中从来没有出现过这样的词语。有关权力,政治心理学经常谈到的是"权力动机";而政治品格,政治心理学中通常称之为"政治人格"。

(二)国外政治心理学的研究现状

政治心理学在西方已经有近百年的发展历史。如今在欧美各国,政治心理学是政治学专业一门重要的学科。而且有国际政治心理学学会这样的国际组织,每年召开年会专门探讨政治心理学问题,同时出版有专业期刊《政治心理学》。西方政治心理学的发展主要体现在以下几方面:

其一,涉及的范围广泛。西方学者几乎对政治心理学的各个方面都有所研究。包括政治人格、政治态度、政治情感、政治认知、政治社会化、领导心理、群体心理、国际政治心理、宽容、利他、说服、信任等。

其二,每个方面都形成了许多成熟的理论。譬如,仅就政治人格而言,就有威权主义人格、马基雅维利主义人格、民主人格、自恋人格、妄想狂、强迫症等许多人格理论。

其三,研究方法已经成型。目前,研究政治心理学的西方学者主要采用社会调查、实验方法和文献研究。

当然,国外政治心理学的研究也存在着一些问题,他们对专项问题研究较深,但很少做总结性、综述性的文章。国外学者的政治心理学研究大体可以分为两部分:

一是教材,对政治心理学涉及的各个方面进行总结。这方面的代表作有William F. Stone 出版的 *The Psychology of Politics*(1974),1988 年,他与 Paul E.Schaffner 对此书进行了修订;David Patrick Houghton 著有 *Political Psychology:Situations,Individuals and Cases* (2009);Martha L. Cottam 等出版有 *Political Psychology*(2010)。

二是有影响的论文集,由一个著名的学者做召集人,聚集政治心理学各个研究方面的专家,由他们对各自擅长的领域进行成果的梳理。这方面的代表作有 Greestein and Lerner 编写的 *A Source Book for the Study of Personality and Politics*(1973),Jeanne N. Knutson 主编的 *Handbook of Political Psychology*(1973),Margaret G. Hermann 主编的 *Poliitical Psychology*(1986),Shanto Iyengar and William J. McGuire 主编的 *Explorations in Political Psychology*(1993),James H. Kuklinski 主编了两本有关政治心理学的书,分别是 *Citizen and Politics:Perspectives from Political Psychology*(2001),*Thinking About Political Psychology*(2002),Kristen Renwick Monroe 主编的 *Political Psychology*(2002),David O. Sears 等主编的 *Oxford Handbook of Political Psychology*(2003),John T. Jost & Jim Sidanius 主编的 *Political Psychology*(2004),Howard Lavine 主编的四卷本 *Political Psychology*(2010),Leonie Huddy 等主编的 *Oxford Handbook of Political Psychology*(2013)。

以上这些教材和论文集均有一个共同的特点:只是对某个阶段的学术

成果进行归纳,使我们只识部分,不知全体。他们面对的对象是欧美等国的学术界,因此在做研究时,假定这些学者对某些理论和概念已经有所了解,只介绍最新的,不介绍整个发展过程。但对于中国的学者来说,阅读起来相对比较吃力。就研究对象来说,他们面对的是欧美等发达国家的政治现象,抛弃了一些旧有的理论,只发展对他们的政治现象有解释力的概念和理论。但中外面对的政治环境不同,以前的一些理论未必不对中国政治的研究具有启示意义。举例来说,20世纪五六十年代,由于青年学生运动的兴起,美国大兴对政治社会化的研究,探讨人们的政治态度是如何形成的。现在政治社会化的研究已经处于"熊市",但政治社会化的一些研究成果却对中国有重要的借鉴意义,譬如他们对家庭在政治社会化中的作用的研究,恰恰是我们的思想教育中被忽略的环节。

(三)本书的研究内容与研究方法

本书主要是对西方政治心理学研究成果的梳理,主要包括总论、具体的概念和相应的理论、方法。总论包括政治心理学的相关解释。具体的概念和相应的理论包括政治动机、政治人格、政治态度、政治情感、政治认知、政治社会化、领导心理、群体心理、国际政治心理、宽容、说服、信任等。其中,具体的概念和相应的理论介绍是本书的研究核心。

本书与笔者已完成的另一本政治心理学理论的著作《西方政治心理学史》[①]相互补,该书以历史为线索,重点介绍政治心理学发展过程中一些著名学者及其代表性理论,包括勒庞、弗洛伊德、拉斯韦尔、赖希、莱恩、阿多尔诺、弗洛姆、马尔库塞、温特、麦库姆斯、卡兰德曼斯、科尔曼、西尔斯、斯达纽斯等。而本书是以概念和理论引领篇章。为了避免重复,一些在前书所论的内容,本书只是略谈。但为了能够完整展现西方政治心理学的相关研究,本书仍会做简单介绍。

西方有关政治心理学理论的文章和著作很多,关键是要确定哪些属于权威性的、代表性的论著,只有做到此,才能把握西方政治心理学理论研究发展的基本脉络。搜集这些材料时,主要遵循了以下基本思路和方法:

一是搜集相关的政治心理学的课程大纲。课程大纲中所罗列的参考文章和著作一般来说都是比较经典的。笔者搜集了26份美国大学的"政治心

---

① 季乃礼:《西方政治心理学史》,天津人民出版社,2016年。

理学"课程大纲,对大纲中所列举的论著基本搜集完整。

二是以这些著作和文章为线索,搜集他们所引用的论著。经典著作所引用的论著应该也是比较有代表性的。

三是权威刊物上所发表的政治心理学的文章。本书参考了几十种刊物,其中的主要刊物除了《政治心理学》之外,还有美国三大政治学的权威杂志:《美国政治学评论》《美国政治科学》《政治学杂志》,以及美国社会心理学方面的权威杂志《人格和社会心理学杂志》。

四是许多有名的学者所编辑的政治心理学文集。

资料收集完之后,按照时间进行排列,按照观点进行分类,从而总结出相关的研究成果。

三、政治心理学释义、学科定位与研究核心

要了解政治心理学,我们首先要从宏观上对政治心理学有所把握,这包括什么是政治心理学? 作为综合政治学和心理学知识的学科,政治心理学是属于政治学还是心理学? 政治心理学研究的核心是什么?

(一)政治心理学释义

有关政治心理学学科的定义,国外研究政治心理学的学者多有争论,从而影响着学者们对政治心理学的理解。

美国学者威廉·F.斯通(William F. Stone)于 1974 年在其所著《政治心理学》中谈到:"我重视的是人类的个体。对我来说,政治心理学是要研究个体的忧虑、观念、反映和他对自己政治经验和行为的反应。但我并不认为,个体研究就足以解释政治系统的一切活动或变化,但是从心理方面了解政治,这对于彻底地弄清楚政府机构的运转是至关重要的。"斯通清醒地认识到自己的研究兴趣与作为政治心理学一般学科之间的差别。具体来说,他的研究兴趣限于个体的心理,但是作为政治心理学一门学科来说,仅仅研究个体的政治心理显然是不够的,而是应该从心理的方面对政治的运作做出解释。斯通尽管在这里没有给政治心理学下一个完整的定义,但是他抓住了政治心理学的本质,为以后政治心理学的阐释提供了思路。美国的政治学者杰克·普拉诺等也是从心理学的角度对政治心理学进行定义的:"政治心理学是运用心理学的概念如性格、态度和信念来说明政治行为的科学。政治心理学假

设,像其他行为形式一样,政治行为也产生于个人和外界环境的相互作用。因此,政治分析者必须注意人的心理因素:知觉、认识、期待和动机,并以此来说明个人对外界环境刺激的反映。政治心理学是政治科学中政治行为分支学科的主要组成部分。心理学概念广泛地用来研究行为、政治社会化、政治领导、公共舆论、政治态度、政治冲突和合作。"以上两者的解释都只是强调了心理过程对政治过程的作用, 而没有论及政治过程对心理过程的反作用。①

试图利用心理学的理论、方法对政治学进行研究,这一点也得到了其他学者的认同。西尔斯(David O.Sears)等认为:"政治心理学,在最广泛的意义上,指把所知的人类心理学运用到政治学的研究中。"②马库斯(George E. Marcus)认为:"政治心理学试图回答政治中的疑问,从对他们的心理的探询中理解人们怎样从事政治。"③

与这些观点单纯强调一方面相反, 许多学者强调了政治过程与心理过程的互动。斯通后来认识到这一点。在1981年出版的《政治行为手册》中,斯通专门写作了"政治心理学"一章,对"政治心理学"进行了详细的解释。他说:"政治心理学是心理学与政治学的综合学科。传统上,政治心理学研究的是政治活动中性格的决定因素。它有两层意思,一是指个人的心理因素对政治活动家的影响,如态度、理智、兴趣等心理因素;二是指环境对政治的影响,如政治事件的影响,长期所处的政治系统的影响等。因此,政治心理学的一般定义应包括以下两个方面:①心理过程对政治行为的影响;②周围政治系统与事件所产生的心理上的结果。"在这里,斯通不仅强调了从心理层面对政府运作做出解释,还强调了心理过程与政治过程的互动。美国的政治学家多伊奇(Morton Deutsch)基本上遵循这样的思路来解释政治心理学:"政治心理学领域所研究的是政治过程和心理过程的相互影响, 这是一种有双向作用的相互影响。正如认识能力限制和影响政治决策的性质一样,政治决策

---

① [美]威廉·F.斯通:《政治心理学》,胡杰译,黑龙江人民出版社,1987年,第17页;[美]杰克·普拉诺等:《政治学分析辞典》,胡杰译,张宝训校,中国社会科学出版社,1986年,第115~116页。

② David O. Sears, Leonie Huddy, and Robert Jervis, The Psychologies Underlying Political Psychology, In David O. Sears, Leonie Huddy, Robert Jervis eds., *Oxford Handbook of Political Psychology*, Oxford Press, 2003, p.3.

③ George E. Marcus, Political Psychology: A Personal View, In Kristen Renwick Monroe ed., *Political Psychology*, Lawrence Erlbaum Associate Publishers, 2002, p.96.

的结构和过程也影响认识能力。"①他和金瓦尔（Catarina Kinnvall）也下过类似的定义："政治心理学的领域是对政治和心理过程相互作用的研究，这是一种双向的互动……政治心理学的领域不仅仅被它的主题、政治和心理过程之间的关系所确定，而且被有关该主题的方法所确定。"②赫尔曼（Margaret G.Hermann）也表达了类似的看法："政治心理学是一种描述人们在政治中扮演角色的方式，同样地，代表着一种政治现实的建构。"③她认为政治心理学的核心是关于政治和心理现象的互动，这是一种双向的互动。具体来说：公民、领导、团体成员、官僚、恐怖分子或革命者的感觉、信念、动机、价值、兴趣、方式、防御，以及个人的经验将影响他们在政治上的所做所为；反之，政治文化、政治制度、政治社会化中的机构、政治运动和党派，以及国际制度也将对人们成长为什么样的人有影响。④

中国学者对政治心理学也有解释。马起华认为："政治心理学是从心理学研究政治现象的一种科学；也可说它是探求政治现象心理因素的原理原则之学。"他也强调了政治学和心理学的互动："一方面对政治现象予以心理的解释（或从心理学原理以解释政治现象）；此乃心理学原理在政治现象方面的一种应用；另一方面则从政治现象中发现、推敲或提炼出具有心理意义的原理原则或真理成分，或求出其理论的最大公约数。"刘松阳、刘锋也表达了类似的观点："我们认为，政治心理学是研究个体与群体的心理过程与政治过程的相互作用的科学。它包括两个方面的内容。一是个体心理和群体心理对个人和群体的政治行为，对既定的政治、法律机构的运转，对政治、法律制度和规范发挥作用，以及对重大的社会历史事件产生的影响；另一方面是，社会的政治法律机构、设施、政治法律制度、重大的政治事件、政治决策

———————————

① 潘世强摘编：《西方政治心理学概述》，《国外政治学》，1985 年第 2 期；[美]多伊奇：《什么是政治心理学》，《现代外国哲学社会科学文摘》，1984 年第 6 期。

② Morton Deutsch & Catarina Kinnvall, What is Political Psychology, In Kristen Renwick Monroe ed., *Political Psychology*, Lawrence Erlbaum Associate Publishers, 2002, p.17.

③ Margaret G. Hermann, Political Psychology as a Perspective in the Study of Politics, In Kristen Renwick Monroe ed., *Political Psychology*, Lawrence Erlbaum Associate Publishers, 2002, p.46.

④ Margaret G. Hermann, What Is Political Psychology, In Margaret G. Hermann ed., *Political Psychology*, Jossey-Bass Publishers, 1986, pp.1-2.

程序和过程以及政治运动对个人和群体心理的影响。"①

综上所述,强调政治过程和心理过程相互的定义是相对比较完整的。因此,可以给政治心理学下一个简明的定义:政治心理学是一门研究政治过程和心理过程相互作用、相互影响的学科,它既注重心理过程对政治过程的影响,也注重政治过程对心理过程的作用。

(二)学科定位

学者之间对政治心理学的定义为何有如此差别？这涉及政治心理学的定位问题。政治心理学是政治学和心理学相结合的产物,综合了政治学和心理学的一些概念术语和研究方法。那么政治心理学究竟是属于政治学还是属于心理学？在诸位学者的定义中,不管有何差别,基本都达成如下共识:用心理学的理论、方法对政治学进行研究。这是政治心理学研究的重点,换言之,在强调心理过程和政治过程中是有侧重点的,其中心理过程对政治过程的影响是重点。尽管学者们的定义有诸多差异,但他们只是有的在突出重点, 有的立足全面。克罗斯尼克(Jon A. Krosnick)和麦格罗(Kathleen M. McGraw)认为政治心理学者主要的兴趣在于为政治学的核心目标服务,从这个意义上说, 政治心理学应该是政治学的一个分支,并且它的突出特征是"政治现象的理论解释是根植于心理学的理解和概念",运用心理学的理论来理解政治过程。因此,他们指出,政治心理学称作心理政治学(Psychological Political Science)更为确切、合适些。②两位学者提出的所谓政治心理学服务于政治学的核心目标,指政治心理学的研究领域基本是在政治学的研究领域里,只是理解解释、研究方法借鉴了心理学。

许多学者指出了政治心理学的研究领域,从这些内容来看,基本属于政治学的领域。西尔斯总结了政治心理学形成以来的几个研究领域,包括:性格和政治(如精英人物的性格)、公众态度和投票、政治参与、政治社会化、国际冲突。多伊奇和金瓦尔的划分更为细致些,包括:作为政治演员的个体(个

---

① 马起华:《政治心理学》,台湾商务印书馆,1982 年,第 1~2 页;刘松阳、刘锋:《政治心理学》, 河南人民出版社,1991 年,第 12 页。

② Jon A. Krosnick & Kathleen M. McGraw, Psychological Political Science Versus Political Psychology True to Its Name: A Plea for Balance, In Kristen Renwick Monroe ed., *Political Psychology*, Lawrence Erl-baum Associate Publishers, 2002, p.82.

体的政治行为的决定因素和后果,这是政治心理学的核心,不同于霍布斯的理性动物)、政治运动、政治家或政治领导、政治联盟和政治结构、政治团体间的关系、政治过程、个案研究、人类发展和政治经济。[1]个案研究中如对某个领导个体的研究、某个政治事件的研究,而人类发展和政治经济主要涉及政治环境的研究。尽管两位学者归类有别,但是所归结的问题都属于政治学领域中的问题。

目前,欧美各重要院校都设有政治心理学课程,但是基本都设在政治学系,而不是心理学系。学会组织亦是如此。以美国为例,美国的心理学会中有教育心理学、宗教心理学、家庭心理学等 56 个分会,但是其中没有政治心理学。[2]相反,在美国政治学会中设有政治心理学分会。

从接受政治心理学学科训练的人数来说,政治学专业的人数要远远多于心理学专业的人数。从 1991 年开始,美国的俄亥俄州立大学每年的暑假都要举行为期一个月的政治心理专业的培训课程,这些参加培训的人员中,政治学专业的人员占据了大多数。以 1991—1997 年为例,可以明显看出这一点。(见表 0-4):

表 0-4　俄亥俄州立大学夏季协会政治心理学培养的登记情况[3]

学科	1991 年	1992 年	1993 年	1994 年	1995 年	1996 年	1997 年
政治科学	38	36	33	33	45	29	33
心理学	14	11	18	11	18	11	4
其它	11	2	9	1	1	6	2

在美国,如果学习了心理学的方法和理论来解释政治现象、研究政治问题,这点为美国政治学者所接受;如果学习了政治学的方法和理论来解释心

---

[1]　David O. Sears, Political Psychology, In Neil J. Kressel ed., *Political Psychology*(*Classic and Contemporary Readings*), Paragon House Publishers, 1993, pp.12–39; Morton Deutsch & Catarina Kinnvall, What is Political Psychology, In Kristen Renwick Monroe ed., *Political Psychology*, Lawrence Erlbaum Associate Publishers, 2002, pp.20–25.

[2]　相关资料可参见美国心理学会(APA)的网站:http://www.apa.org/about/division。

[3]　资料来源参见 Jon A. Krosinick, Is Political Psychology Sufficiently Psychological? Distinguishing Political Psychology from Psychology Political Science, In James H. Kuklinski ed., *Thinking About Political Psychology*, Cambridge University Press, 2002, p.192。

理现象、研究心理问题,虽然可以被政治学者所接受,但是心理学界对此持排斥态度。这点可以体现在以下两方面:一是心理学专业毕业的博士生,能够在美国的政治学系找到工作,成为非常有名的政治心理学研究专家。譬如金德(Donald Kinder)、赫尔曼(Margaret G. Hermann)和劳(Rick Lau)等都是学习了心理学而踏入政治学之门的。二是从发表文章来看,取得心理学专业博士的学者可以在美国政治学专业的杂志上发表文章,但是取得政治学专业博士的学者却很难在心理学专业的杂志上发表文章,只有扎勒(John Zaller)是例外。[1]

综上所述,政治心理学是政治学的一个分支,而不是心理学的一个分支。

(三)研究核心

有关政治心理学的研究核心,国内有的学者提出人格与政治是政治心理学的研究核心问题。[2]有关政治人格的研究一直是政治心理学学者研究较多的问题,人格与政治的研究属于核心问题之一当无疑问,但是称为研究核心问题是不确的。因为自20世纪40年代以来,政治心理学的发展出现了几个发展阶段,每个阶段都有不同的核心问题。麦圭尔(William J. McGuire)把政治心理学的发展分为三个时期:第一个时期兴盛于20世纪四五十年代,称作"人格和文化"时期;第二个时期为20世纪六七十年代,称作"态度和选举行为"时期,第三个时期为20世纪八九十年代,称作"意识形态和决策"时期。[3]拉恩(Wendy M. Rahn)等基本认同上述的划分,但是略有不同。他们认为上述的划分低估了特定问题和理论方法的延续性。譬如,对性格与政治关系的分析从20世纪40年代延续至60年代。而早在20世纪五六十年代,许多学者已经用社会心理学的方法研究选举模式,并在60年代把这些模式应用于信仰系统中。同时,他们认为,在第三个发展时期之后,第四个时期已经

① Jon A. Krosinick, Is Political Psychology Sufficiently Psychological? Distinguishing Political Psychology from Psychology Political Science, In James H. Kuklinski ed., *Thinking About Political Psychology*, Cambridge University Press, 2002, p.192.

② 王丽萍:《人格与政治:政治心理学领域核心关系分析》,《北京大学学报》,2002 年第 2 期。

③ William J. McGuire, The Poly-Psy Relationship: Three Phases of a Long Affair, In Shanto Iyengar & William J.McGuire ed., *Explorations in Political Psychology*, Duke University Press, 1993, p.9.

初露端倪,这就是有关政治认知在政治决策和政治行为中的影响。[1]由此可以看出,政治心理学的核心问题不是单一的,而是存在多个核心问题。政治心理学的核心问题研究也不是静止的,而是动态的,随着时代的发展,研究的问题也在不断变化。

　　这里要注意的是,麦圭尔将政治心理学第三个时期定为"意识形态和决策"。丹尼尔·贝尔(Daniel Bell)于20世纪50年代提出了"意识形态的终结"观点。他认为,在西方,大家达成了这样的共识:普遍地接受福利国家、权力分散、混合经济和多元政治概念。在此意义上,意识形态的论争时代业已结束。[2]贝尔的意思是当时西方国家不再执着于姓社姓资的争论,如果把意识形态分为左右的话,社会主义属于极左一方,资本主义属于极右一方,极左和极右在西方皆没有市场,政党要当选必须首先选择中间立场,然后偏左和偏右。但是在20世纪六七十年代,西方仍然有一些学者,包括弗洛姆、马尔库塞等主张西方国家未来之路应该是人道社会主义,尽管他们所说的社会主义与传统社会主义有着明显的不同,但是仍然带有激进的色彩。至90年代,福山发表了"历史终结论",认为自由资本主义制度将是人类最后一种统治形式。由此看来,意识形态的争论已经不是西方学术界所探讨的主流,这里仍然把政治心理学的第三个发展时期界定为"意识形态和决策"时期,可能性有二:其一,这里所说的意识形态已经不再具有极左和极右的区分,而是指中间偏左和偏右,或称为自由和保守,即人们在对一个议题进行判断时,用自由和保守的立场进行判断;其二,这里的界定似是笔误。麦格罗在引用该观点时修正为"政治认知和决策"时期。[3]麦库恩(Michael Mackuen)等在引述此时,也说是政治认识的结构分析时期。马库斯等认为,在第一个时期,政治情感的分析起了主要作用,第二个时期起了次要作用,第三个时期受

---

①　John L. Sullivan et al., The Contours of Political Psychology: Situating Research on Political Information Processing, In James H. Kuklinski ed., *Think About Psychology*, Cambridge University Press, 2002, p. 24, 40.

②　Daniel Bell, *The End of Ideology*: *On the Exhaustion of Political Ideas in the Fifties*, Free Press, 1965.

③　Kathleen M. McGraw, Contributions of the Cognitive Approach to Political Psychology, *Political Psychology*, Vol.21, No.4, 2000, pp.805–832.

"认知帝国主义"的排挤。[1]政治认知的研究依然占据着当今政治心理学的主导地位。许多概念和理论皆与政治认知相关。20世纪50年代末兴起的认知相符理论、平衡理论,以及当今的政治认知理论更是繁多,包括:整合复杂性、前景理论、操作码、启发、启动、图式、刻板印象、框架、议程设置、意象、即刻记忆等。这些理论部分会在笔者出版的他书中有所介绍,本书将解释启发、启动、框架、议程设置、刻板印象、记忆等。

　　但上述学者的划分有些偏颇。譬如20世纪六七十年代,有关政治社会化的研究是当时的热点之一,而政治认知的研究早在80年代就已经成为政治心理学研究的核心。而且在划分的过程中,有的是特指一定的政治行为,有的则是指政治心理学对行为的观察视角,两者并不矛盾。具体来说,政治人格、文化、政治认知等都会外显为一定的政治行为。最为严重的是,他们忽略了贯穿于四个时期的有一恒定的核心,那就是选民的投票行为。性格和文化的研究的最终目的是选民的投票,譬如对德国民众和希特勒的研究,他们其实想回答的是德国的民众为什么会投票给希特勒。冷战开始之后,欧美各国的民众是否还会选出希特勒式的领导。六七十年代的政治社会化研究,关注的是哪些渠道影响了选民的态度。意识形态和决策的研究中,决策主要指选民的决策,意识形态主要研究投票行为。政治认知的研究探讨选民对政治信息的解读方式。为什么政治心理学关注选民的投票行为?根本在于权力的争夺是政治学的核心,而在欧美代议制的体制下,权力的争夺最终是通过选民的投票完成的。因此,对选民的态度和投票行为的研究始终是西方政治心理学的核心。可以说,抓住了核心,也就抓住了政治心理学的生存根本,从而使政治心理学在欧美的政治学中始终占有一席之地。

　　自20世纪80年代末期开始,有关政治情感的研究逐渐受到重视,成为一个新的研究领域,譬如情智理论、热认知是其中突出的研究成果。此外,学者们还把情感的研究运用于政治广告、领导的面部表情等方面的研究中。另外一个研究的新趋势是生理学和医学方法逐渐运用于政治心理学的研究。譬如,探讨男女不同的生理需求对政治行为的影响,基因对人们的政治态度

[1] Michael Mackuen et al., The Third Way: The Theory of Affective Intelligence and American Democracy, In W. Russell Neuman et al eds., *The Affect Effect*: *Dynamics of Emotion in Political Thinking and Behavior*, The University of Chicago Press, 2007, pp.7-8.

的影响,根据大脑的结构判断情感和认知的不同作用,以及运用医学技术考察领导在辩论时的反应,或者选民在面对候选人或不同议题时的心跳、反应速度等。①

---

① 有关社会进化论与政治心理学的结合研究,参见 J. Sidanius & R. Kurzban, Toward an Evolutionary Informed Political Psychology, In L. Huddy, D. O. Sears, J. S. Levy eds., *The Oxford Handbook of Political Psychology*, Oxford University Press, 2013, pp. 207–236;有关医学、生理学与政治心理学的结合的研究成果,参见 P. K. Hatemi & R. McDermott, Broading Political Psychology, *Political Psychology*, 2012, Vol. 33, No.1, pp. 11–25; P. K. Hatemi & R. McDermott, The Political Psychology of Biology, Genetics, and Behavior, *Political Psychology*, 2012, Vol.33, No.3, pp. 307–312。

CHAPTER ONE

第一章
政治动机

动机(motivation，incentive)是推动个体活动以达到一定目的的内部直接动力，是一种内部刺激。动机能够唤起个人的行为，为个人的行为提出目标，提供力量使之实现目的，从而发挥维持体内平衡的作用。而政治动机是激励个体参与政治活动以达到一定目的的内在动力。佩恩(James L. Payne)等就谈到了从政过程中产生的各种问题：政治上的压力，面对来自选民和政敌的批评，甚至是敌意；时间上的被挤占，自己的时间变成开放式的，不但没有规律，而且无法控制；经济上的损失，有可能影响自己原来的生意，失去一部分顾客，而竞选过程也会耗费大量金钱；精神上的痛苦，对竞选结果的不确定、紧张、厌恶等。[1]尽管面临以上种种问题，但政治上的各种职位却追求者众多，如何解读这种现象？是动机促使许多人趋之若鹜。

政治动机能够影响领导者的一些决策行为，譬如影响他们对政府的解读以及政策的运用。温特(D.G. Winter)这样描述动机对政治领导的影响："动机为行为提供方向和能量。影响领导如何分析自己的地位，感知机遇和危机，影响接受不同的行为方式和技能，决定领导的满意、紧张、挫折和情感的易受触动的来源。"[2]

动机的产生较早，从而对其他的心理因素有着重要的影响。沃克(S.G. Walker)就谈到了人们的动机主要产生于儿童时期，也就是在人们的信仰系

---

① James L. Payne, et al., *The Motivation of Politicians*, Nelson-Hall Publishers, 1984, pp.1-4.

② D. G. Winter, Measuring the Motives of Political Actors at a Distance, In Jerrold M. Post, MD ed., *The Psychological Assessment of Political Leaders*: *With Profiles of Saddam Hussein and Bill Clinton*, The University of Michigan Press, 2003, p.153.

统没有建立之前,动机就已经存在了,从而要求以后所确立的信仰要与动机保持一致。他提出了四项命题:其一,占主导地位的动机形成于政治信仰系统之前。其二,信仰系统要与已有的动机相适应。其三,社会环境能够激活根植于信仰系统的动机,并运用信仰系统的各种因素对决策的环境进行解读。其四,在面对新的信息,或其他环境刺激时,动机一旦被唤起,能够导致信仰的僵化,解释认知不一致的强度和行为的不妥协。①

学者们根据不同的视角,对政治动机有不同的分类。佩恩等对美国的议员、城市委员、党的领导人等进行了访谈,并结合相关的自传材料,对政治人的动机进行了考察,最后归纳为七类:①职位激励(status incentive),强调公众对自己的认知,所谈议题离不开个人的升迁,与他人交往时,总是用地位的标准评价他人,解释他人时显示出对高位置的向往。②计划激励(Program Incentive),从政在于试图实现某种计划,在制定政策过程中就能够体会到满足,这种满足不是利他的,而是因为决策者本身就喜欢该政策和实施过程。③交往激励(Conviviality Incentive),避免更高的、更具有冲突性的职位,突出和谐、友谊,阻止敌意。之所以从政,在于他们有更多的机会帮助他人,赢得他们的赞扬。具有这种动机的人普遍害羞和谦虚,强烈需要被社会承认,敏感于别人对他的想法。④义务激励(Obligation Incentive),这种人有"良心",根据"良心"审视所做的决策和行为,最终都会归结为正确和错误两类。"应该……"是他们思维的程式。⑤博弈激励(Game Incentive),从政即是一个斗争的过程,把竞争看作是天经地义的,与天斗、与地斗是天性,与人斗也是天性。只有在斗争中才能体会激情和热情。他们把政治领域看作是一个舞台,自己与对手都是演员,敌我的斗争是每出戏中永恒的主题。⑥使命激励(Mission Incentive),与义务激励更多强调道德相比,该激励带有更多宗教的意味。具有这种动机的人信奉超越性的理由,把从政与对生命的意义和目的追寻联系起来,试图把"天堂"置于地上,并之为而奋斗。信仰集体主义的学说和意识形态,认为在人间建立"天堂"时可以忽略细节。⑦求表扬激励(Adulation Incentive),从政的目的是希望听到赞扬的声音,受到群众的拥戴。②

尽管政治动机的种类很多,但是真正能够形成影响的有如下几种:逐利

---

① S. G. Walker, The Motivational Foundations of Political Belief Systems: A Re-Analysis of the Operational Code Construct, *International Studies Quarterly*, 1983, Vol.27, No.2, p.188.

② James L. Payne, et al., *The Motivation of Politicians*, Nelson-Hall Publishers, 1984, pp.1-4.

的动机、性本能、自尊,以及温特所探讨的三种动机(权力、归属和成就)。

一、自利还是利他?

人们的行为动机是自利的还是利他的,这是几千年来学者们一直争论的议题,主要体现在对人性论的讨论上。

(一)自利的普适性论证

西方学者认为,求生、自保是人之本性,这种求生和自保本身是中性的,并没有善恶之分。亚里士多德认为,人人都爱自己,这种自爱是出自于人的天赋。伊壁鸠鲁说:"获得相对于别人而使自己得到安全的任何手段,都是自然的善。有些人设法使自己有名望,觉得这样他们就可以在与别人相对对立中得到安全。那么,如果这种人生活安全了,他们就得到了自然的善;可是如果不安全,他们就没有达到本性所要求的、他们最初所寻求的目的。"①求生必求自保,自保必求安全,安全乃自保的首要条件。因此,凡能增进安全的各种因素,都与人性相符,因而都是自然的善。名望、财富等均能增进安全、有益自保,所以都是善,都与道德相符。西方思想家自古以来就已经形成了这样的认识。

求生、自保虽系人之本性,但并非只是人类独一无二的本性,一切动物皆有此本性,但人的求生、自保以及由此引发的安全、享乐等情感,与其他动物的求生自保的本能,不仅有层次的差异,而且有性质的不同。这就是人有理性,能够对自身的利益进行调节。对此论述最为详细的是荷兰的斯宾诺莎,他提出:"每个个体应竭力以保存其自身,不顾一切,只有自己,这是自然的最高的律法与权利。"他认为,对人来说,人性的第一条普遍规律是:凡认定对人有利的,他必不会等闲视之,他必要去夺取,除非是希望得到更大的好处,或是出于害怕更大的祸患。反之,人也不会忍受祸患,除非是为了避免更大的祸患,或希望获得更大的好处。②在肯定了人的这种好利、自保的本性

---

① [古希腊]亚里士多德:《政治学》,吴寿彭译,商务印书馆,1997 年,第 55 页;北京大学哲学系、外国哲学史教研室编译:《古希腊罗马哲学》,商务印书馆,1961 年,第 343~344 页。

② [古希腊]亚里士多德:《政治学》,吴寿彭译,商务印书馆,1997 年,第 55 页;[荷]斯宾诺莎:《神学政治论》,温锡增译,商务印书馆,1982 年,第 212、214 页。

之后,斯宾诺莎将人们对利益的追逐看作是构建有关国家理论的基础。斯宾诺莎指出,理性不要求做违反自然的事,符合自然的便是符合理性的,所以理性所要求的东西,就是人人都爱自己,都寻求自己的利益,寻求在总体上对自己真正有益的东西。"人类的理智的规律,其目的只在求人的真正的利益与保存。"①寻求自身的利益是为了自保、安全,是出于自爱,是人类的自然天性,因而也便是人类道德的基础。

值得注意的是,西方学者对个人利益的肯定,其间是无任何过渡环节的。换言之,个人是直面社会、直面国家的,中间并无家庭或家族作为中介。中国古代社会中,一般倡导修身、齐家、治国、平天下,而在西方则没有齐家这一环节,个人的利益是在直接参与政治的过程中得到实现的,而政府也是以直接保护个人利益为主旨的。亚里士多德认为,城邦虽然在人类社会的发展过程中要晚于个人和家庭,但是在本性上应该先于个人和家庭。每个个体是直接与城邦对话的,人类从本性上说就是一个城邦动物。"凡人由于本性或由于偶然而不归属于任何城邦的,他如果不是一个鄙夫,那就是一个超人。"因此,国家中的公民教育应该由国家承担,而不是父亲按照自己的理解来教育子女,亚里士多德认为父亲教育子女的做法实际上是不适宜的。②

对个人利益的重视是批判君主专制合法性的一个重要理由。法国大革命期间发表的《人权宣言》宣布人人都有天赋的不可剥夺的权利,这些权利包括自由、财产、安全和反抗压迫等。值得注意的是,有的学者也用人性论为君主专制作论证。但他们同样把个人的权利看作神圣不可侵犯的领域。如霍布斯认为,自然状态是人人相互为战的状态,为了防范人的恶性的膨胀造成的混乱,就必须建立一个不受法律和其他力量限制、不可分割的国家权力。但他将人们的经济生活自由看作是人民的一项基本权利,另一项自由权利就是自我保存的权利。他把后者看作是国家不得侵犯、不得剥夺的基本权利。如果主权者侵害了这一权利,对主权者的命令,个人有拒绝服从的自由,以至抵抗的权利。③由此可以看出,对基本权利的保证,导致了即使有些学者赞成君主制也是有限的君主专制。

趋利的人性论导致了法治的理论。这基于两方面的原因:一是他们把人

① [荷]斯宾诺莎:《神学政治论》,温锡增译,商务印书馆,1982年,第213页。
② [古希腊]亚里士多德:《政治学》,吴寿彭译,商务印书馆,1997年,第7、406页。
③ [英]霍布斯:《利维坦》,黎思复、黎廷弼译,商务印书馆,1985年,第94、131~132页。

们的基本权利看作是神圣不可侵犯的,因此统治者在统治时,必须照顾到人们的这些权利。大多数学者把国家权力的产生看作是民众的基本权利与统治者的讨价还价,即在契约中建立的,这种契约需要用法律确定下来。二是他们也认识到人的好利本性无限膨胀就会造成混乱。亚里士多德说:"让一个个人来统治,这就在政治中混入了兽性的因素。常人既不能完全消除兽欲,虽最好的人们(贤良)也未免有热忱,这就往往在执政的时候引起偏向。法律恰恰正是免除一切情欲影响的神祇和理智的体现。"[①]这说明,在人治状态下,人的恶性更易于扩张并给社会造成祸害。因此,必须用法治来代替人治。

(二)自利与投票行为的争议

心理学兴起以后,逐渐有学者探讨自利对人们态度的影响。何谓自利?丹尼斯·张(Dennis Chong)解释为一个政策所带来的可感觉的、相对近期的对于个人或家庭的好处。该定义排除了长期的收益,也弱化了自利与意识形态、价值、政党等的关系。[②]达克(Peter R. Darke)和柴肯(Shelly Chaiken)解释为个人自身所经历的物质或经济利益的得失。通过实验,他们论证了自利在态度判断和说服中的作用。自利是防御性动机的首要来源,驱使自身持有的态度与自利一致。防御性动机是指个人重要的价值和信念受到威胁时产生的自我保护的心理,人们的利益得失是驱动防御性动机的关键,利益获得时就会产生积极的态度,受损时就会产生消极的态度,启动自我保护。他们发现,在有明确的观点,同时进行讨论的环境下,人们的自利会对信息的处理和说服有显著的影响;而在观点不明确,没有讨论的情况下,人们的自利会对最终的态度判断有显著的影响。尤其是涉及与个人的利益直接相关且影响突出的议题时,这种影响最为明显。[③]

也有学者否定了自利在态度改变和说服中的作用。比姆(Daryl J. Bem)和麦康奈尔(H. Keith McConnell)提出了自我知觉理论, 这里所说的自我知

---

① [古希腊]亚里士多德:《政治学》,吴寿彭译,商务印书馆,1997年,第169页。

② Dennis Chong, Degrees of Rationality in Politics. In Leonie Huddy, David O. Sears, Jack S. Levy eds., *The Oxford Handbook of Political Psychology*, Oxford University Press, 2013, pp.96–129.

③ Peter R. Darke & Shelly Chaiken, The Pursuit of Self–Interest: Self–Interest Bias in Attitude Judgment and Persuasion, *Journal of Personality and Social Psychology*, 2005, Vol. 89, No. 6, pp.864–883.

觉是对自己行为的知觉,根据自己以前与此时的行为来确定自己的态度。当个体没有外在压力时做出的行为,通常认为该行为是表达真实的态度。相反,当存在明显的外在压力时,通过将自己的行为归为外部的压力而不是自己真实的态度。当因奖赏而从事某种活动时,个体会将行为归于外部;低奖赏时归于自身的态度。他们通过实验对自利的影响进行了验证,实验设计为写一篇反对自己态度的文章,然后有一定的补偿。结果发现,那些补偿很少或没有补偿的后来表达的态度与文章的立场一致。相反,巨大补偿的改变与没有写文章的控制组没有本质的差异,即他们认为反对自己原来的态度并不是自己真实所想,而是压力所致。[①]伍德(Wendy Wood)的研究也得出了类似的结论,人们在接触大量的信息之后形成的态度,不管奖励出现与否,都会保持很久。而那些奖励之后形成态度的被试者在解释他们的决策时很少根据他们自己所支持的信息。[②]也就是说,尽管他们的态度发生了改变,但内在信念依然未变,这样的态度只是表面的。

这种有关自利与人们行为的争议,也影响到政治学领域。有关自利与政治行为间的关系,最好的体现是自利与投票行为间的关系。关于此,有着种种的争议,具体可以划分为以下三种观点:

1.肯定自利

肯定自利与投票行为间的关系,即选民根据自己经济条件的好坏决定把选票投给谁。这就是所谓的钱袋政治学,即根据自己口袋里钱的多少决定自己的投票。在此方面,波普金(Samuel Popkin)等提出了"投资选民"(investment voter)的理论,认为:"有用的政治信息是在个体打个人的经济算盘的过程中获得的:家庭主妇依靠零售价的不断上涨,购房者发现抵押贷款的利息不断提高的趋势,以及股民跟随道琼斯的指数。"[③]这种投票无关乎个人

① Daryl J. Bem & H. Keith McConnell, Testing The Self-Perception Explanation of Dissonance Phenomena: On The Salience of Premanipulation Attitudes, *Journal of Personality and Social Psychology*, 1970, Vol. 14, No. 1, pp.23-31.

② Wendy Wood, Retrieval of Attitude-Relevant Information From Memory: Effects on Susceptibility to Persuasion and on Intrinsic Motivation, *Journal of Personality and Social Psychology*, 1982, Vol. 42, No. 5, pp.798-810.

③ Samuel Popkin et al., Comment: What Have You Done for Me Lately? Toward an Investment Theory of Voting, *American Political Science Review*, 1976, Vol.70, pp.779-805.

在政治上有无专长，只要知道谁是在位者与自己的经济感受如何就可以了。

另一位代表人物是唐斯（Anthony Downs）。唐斯认为选民在投票时是理性的，考虑的是从政府的行为中能够得到的收益，追求利益的最大化，投入的最小化。他认为一个理性的选民，其实不是对政治，而是对自己的收益感兴趣，如果他们觉得目前的收益是低的，他们就会寻求政治上的改变以提高自己的收入。因此，唐斯认为，如果选民基于此反对现任领导人的话，不能不说是一种理性的行为。[①]与此类似的，还有《美国的选民》的作者，他们认为工人阶级和中产阶级都关注自利，譬如工人阶级关注福利政策，是因为福利项目会给他们带来收入的增长。公众平常对政治是冷漠的，那是因为他们觉得政治离他很遥远，一旦一些政治议题侵犯了他们的私人生活，立刻就会变成"门槛内议题"（doorstep issues），引起他们的兴趣和关注。[②]

2.肯定社会利益而非个人利益

有学者认为，选民是社会倾向性的（sociotropic）。所谓社会倾向性的选民即他们受国家经济的影响，根据国家的钱包而不是自己的钱包进行投票。金德（Donald R. Kinder）和基威特（D. Roderick Kiewiet）利用 1972 年、1974 年和 1976 年的 CPS 和 NES 调查数据对此问题进行了探讨，调查关注个人经济和国家，考察他们在议会选举、总统选举以及选民对政党的认同等议题上的态度，结果发现，对个人经济的不满与上述三者之间的关系不大，个人的利益并不形成政治偏好，相反对国家的经济评估与三者关系密切。譬如，人们在 1976 年把票投给卡特主要是认为失业和通胀已经成为最严重的国家问题。在总统的选举中，人们对待总统候选人的评估因在位者和挑战者而有异。对在位的总统候选人的评估主要来自对其在职期间的政府绩效和经济走势，而对挑战者来说因其没有执政的记录，更多依赖于政党的经济表现以及对他的期望，这些都是社会倾向性的。

至于选民为什么是社会倾向的，而不是自利的，作者也给出了解释：其一，与他们探讨的议题相关，这些议题皆是国家层面的，其影响自然是全国

---

① Anthony Downs, *An Economic Theory of Democracy*, Harper & Row Publishers, 1957, p. 42.

② Angus Campbell et al., *The American Voter*, Wiley, 1960, p. 205. 也有文章表达类似的观点，参见 Norman Nie & Kristi Andersen, Mass Belief Systems Revisited: Political Change and Attitude Structure, *Journal of Politics*, 1974, Vol. 36, No.3, pp.540–591。

的,与自己境遇的好坏无关。相反,地方的领导以及特殊的工作环境对自己的影响则是直接的。其二,美国的个人主义文化的影响,若遇到经济困难,多归于自己而不是国家。其三,个人的经济经历与国家的经济经历的差异。个人的经济经历具有鲜活的、个体的、主观的表征,同时经历的碎片化使之不可能作为更广泛的(如政治或其他方面的)解释。相反,国家的经济问题,通过媒体对信息进行预先的编排,形成了相对一致的和抽象的解释,很难与个人的经历整合在一起,从而形成两种不同的信息处理方式。[①]在之后的研究中,金德与同事对1984年美国总统选举进行了考察,对原来的结论进行了修正。他们探讨了三种选举的模式:选民最关注自身的经济条件(钱口袋假设),或主要关注自己群体的经济状况(群体假设),或关注国家的经济状况(社会性假设),最终发现三者属于不同领域的经济评估,但互相关联。三者对选民的投票皆有影响,但对国家经济状况的评估对选民的投票决策影响最大。[②]

究竟是个人利益还是社会利益对个人的投票起着决定性的作用? 有学者提供了另外的思路。韦瑟福德(M. Stephen Weatherford)对社会倾向性的观点提出了反驳。他肯定了个人利益在选举中的作用。个人经济条件对选举的影响有时是间接的,譬如个人经济条件的改变会相应地改变对政党的认同;个人对经济条件的影响有时也是直接的, 譬如经济大萧条对个人的经济状况影响很大,这时选民就会根据自身的经济状况投票。尽管对社会利益的观点进行了批评,但他并不否认社会利益的作用。他把利益与选民的投票间的关系看作是连续统:连续统的一端是个人的利益,受他的社会经济地位的影响;另一端则是对国家经济的评估。在个人的利益和国家的经济评估之间存在着许多中间状态,需要个体去权衡。这依赖于国家的宏观经济对个体的影响程度,也依赖于个体如何接触媒体,以及从媒体获取国家经济信息的能力,最终体现为社会阶层。譬如,经济恶化时,最先受到冲击的是蓝领阶层,同时与中产阶级相比,蓝领阶层受教育程度普遍较低,利用媒体获取国家经济信息,要比中产阶层少得多,因此更可能从自身的利益角度考虑自己的选票。[③]

① Donald R. Kinder & D. Roderick Kiewiet, Sociotropic Politics: The American Case, *British Journal of Political Science*, 1981, Vol. 11, No. 2, pp.129–161.

② Donald R. Kinder et al., Economics and Politics in the 1984 American Presidential Election, *American Journal of Political Science*, 1989, Vol. 33, No. 2, pp.491–515.

③ M. Stephen Weatherford, Economic Voting and the "Symbolic Politics" Argument: A Reinterpretation and Synthesis, *The American Political Science Review*, 1983, Vol, 77, No. 1, pp.158–174.

3.肯定情感而不是利益

这一派学者认为选民依赖情感而不是利益进行投票。西尔斯是此方面的代表。他认为以前的学者对自利的界定过于宽泛。过去的研究中除了将物质利益的得失，还将人们的安全，甚至人们的情感或道德上的满足等都包括在内了。①西尔斯给出了自己的解释：与通常理解的"自私""贪婪"相近，强调自我中心的、物质的和短期的利益决定人们的行为。与自利相对的是象征政治。它强调在未成年时期人们获得了相对稳定的情感喜好，很少考虑将来的利益得失。这种稳定的行为倾向包括政党认同、种族偏见、自由和保守、民族主义等。将来遇到新的政策问题时，人们会以这些行为倾向作为参照框架，判断新的态度目标是否与其一致。②

康诺弗（Pamela J. Conover）同样肯定了情感对选举的影响。但与西尔斯不同的是，他对情感本身做了进一步的划分。他以电话访谈的形式对民众进行了三波调查，考察情感与认知对里根的表现、政府对经济的处理等方面的反应。结果显示，情感对经济的反应是稳定的，不是逐渐弱化的，在解释和预测总统和政府的表现方面发挥了重要作用。但是正面和负面的情感具有不同的影响，无论对个人还是国家的经济条件，正面的情感比负面的情感重要。负面情感中，不同类型的负面情感也有不同的影响。生气和厌恶比恐惧和不舒服对政治评估具有更强烈的影响。与西尔斯观点的另一个差别在于，他在肯定情感作用的同时，又调和了自利的观点。即个人的情感会影响选举行为，但个人的经济条件好坏会影响人们的情感，通过情感的中介影响选举的行为，尤其是对个人经济反应出来的正面情感在绩效评估中影响显著。③同时，他肯定了群体利益在选举中的作用。群体利益既不是个体利益也不是国家利益，尽管个体利益有时与自己所属群体的利益是重合的，但是在许多议题上两者是独立的，譬如失业问题。群体利益的考量对政府绩效的评

① David O. Sears et al.，Whites' Opposition to "Busing"：Self-Interest or Symbolic Politics? *The American Political Science Review*，1979，Vol. 73，No. 2，pp.369-384.

② David O. Sears et al.，Self-Interest vs. Symbolic Politics in Policy Attitudes and Presidential Voting，*The American Political Science Review*，1980，Vol. 74，No. 3，pp.670-684.

③ Pamela J. Conover & Stanley Feldman，Emotional Reactions to the Economy：I'm Mad as Hell and I'm Not Going to Take It Anymore，*American Journal of Political Science*，1986，Vol.30，No.1，pp.50-78.

估具有重要的、独立的影响。[①]

(三)自利与利他的关系争议

总体来说,有关自利的人性假设尽管在经济学界是主流,甚至在政治学界也占有极其重要的地位,但在政治心理学中,自利的主流地位受到了冲击。主要有以下几方面的原因:其一,人们可能对自己的利益看得不是太清楚,如在众多候选人和政策中,选民不知道谁和哪种政策对自己有利。其二,在这种情况下,人们可能选择有限理性,即找到一些认知的捷径。这点我们将在政治认知一章中介绍。其三,如张所说,与自利相比,人们的价值以及社会性的评估可能对候选人的偏好以及其他政治领域的判断具有更重要的影响。譬如,在投票中人们更看重候选人对国家利益而不是自己的利益的影响。[②]也就是说,人们在自利的同时,也有利他的一面。有些学者在肯定利己的同时,也肯定利他的存在。利他的心理是一种自觉自愿地帮助他人的心理,这种助人的心理是以不追求任何补偿为目的的,甚至有时可以牺牲自己的利益。自利与利他是一种什么样的关系?

有人在肯定个体对自我关注的同时,也肯定了利他的存在。巴特森(C. Daniel Batson)等指出,在看到他人痛苦时,一方面会唤起自我的动机,从他人的痛苦中产生减少自己痛苦的行为。但另一方面,也会由看到他人的痛苦衍生出同情,从而产生利他的动机,产生的路径是:他者的痛苦→间接体验同情的情感→利他的动机以减少他者的痛苦→减少他者痛苦的行为。[③]斯托克(Laura Stoker)认为"自我"这个概念本身即体现了自利和利他,此概念把每个公民描绘为具有独立的抱负和欲望的个体,同时与他者一起,不断对共享的社会和政治生活发挥作用。[④]

具体到政治领域来说,多数学者的观点是一致的:自利与利他的调和,

---

① Pamela J. Conover, The Impact of Group Economic Interests on Political Evaluations, *American Politics Quarterly*, 1985, Vol.13, No.2, pp.139–166.

② Dennis Chong, Degrees of Rationality in Politics, In Leonie Huddy, David O. Sears, Jack S. Levey eds., *The Oxford Handbook of Political Psychology*, Oxford University Press, 2013, pp.96–129.

③ C. Daniel Batson et al., Distress and Empathy: Two Qualitatively Distinct Vicarious Emotions with Different Motivational Consequences, *Journal of Personality*, 1987, Vol.55, No.1, pp.19–39.

④ Laura Stoker, Interests and Ethics in Politics, *The American Political Science Review*, 1992, Vol. 86, No. 2, pp.369–380.

肯定利他的存在,同时也承认自利的作用。泰丁(Kent L. Tedin)以得克萨斯高等法院判决公立学校的拨款应该平等为例,考察了政策受益和受损的两所学校,看看居民对此的反应,结果发现既有自利的影响,也有个人主义、平等主义等价值的作用,可以说是自利与核心价值的互动。[1]芬克(Carolyn L. Funk)探讨了对社会利益的支持强度在政策支持中的作用。美国流行两种核心价值观:平等与自由。具体来说,强调机遇的平等与个人主义的自由,前者与对社会的认同相关,后者则与自利相关,两种价值观对美国民众有着长期的影响。通过1990至1992年的NES数据的分析以及1992年的访谈,他们发现对社会利益支持度越强,越有可能对三项政策(社会福利、政府服务、健康保险)予以支持。同时,社会利益调节自我利益和政策支持,对社会利益的坚持能够弱化自利与政策之间的关系,尽管这种影响是适度的。因此,仅仅依赖政治行为很难完全被自我利益所解释。[2]

自我与利他尽管存在着张力,但两者并不是冲突的,并不是一方面的坚守必然导致另一方面弱化的关系。特斯克(Nathan Teske)对一些政治积极分子进行了访谈。他们分别来自于反贫困/社会正义群体,环境群体,反堕胎/支持生命群体,每个群体选取了20名被访谈者,共60名。结果发现,这些人并没有感到自利与利他之间的紧张。通过参与群体的活动,他们发现自己行为的好坏、事件的好坏,更重要的是生命的意义与某种运动或事业联系起来,即他们在创造历史,影响集体生活的规则和制度。他们在社会、历史或政治的更高层面实现了人生的意义,由此他们获得了心理的满足。这种对自己承诺和道德信念的关注,以及对生命意义的重视,严格来说,既不是自利,也不是利他。[3]仔细研究芬克与特斯克的结论,我们会发现,尽管结论是一致的,但是两者对自利概念的理解是不一致的。前者将利益限定在物质层面,后者则将道德的升华、心理的满足都视作利益的范围。

利他与投票行为之间处于何种关系? 福勒(James H. Fowler)认为,对自我利益的关注会导致人们参与投票,同样尽管个人利益受损,但能够促进他

---

① Kent L. Tedin, Self-Interest, Symbolic Values, and the Financial Equalization of the Public Schools, *The Journal of Politics*, 1994, Vol. 56, No. 3, pp.628-649.

② Carolyn L. Funk, The Dual Influence of Self-Interest and Societal Interest in Public Opinion, *Political Research Quarterly*, 2000, Vol. 53, No. 1, pp.37-62.

③ Nathan Teske, Beyond Altruism: Identity-Construction as Moral Motives in Political Explaination, *Political Psychology*, 1997, Vol. 18, No. 1, pp.71-91.

者福利的利他动机也会促使人们投票。他发现,强烈的政治认同者与关注他者幸福的变化是个人投票决策中的一个有意义的因素。[1]在另一篇文章中,他与凯姆(Cindy D. Kam)通过实验对此进行了考察。他们要验证的假设是:政治认同与利他的关系,如果对某个政党强烈认同,而已知对方是自己认同的政党的成员时,就会把利益让给对方,即使是牺牲自己的利益。对他者的关注归为两类:一类为社会认同,对某群体的利益以牺牲其他群体的利益为代价;另一种为利他,他者为泛指。

实验过程如下:2004 年 12 月,被试者是 350 名大学生,在计算机上完成调查问卷。最终选择了 306 名大学生参与实验。每个被试者回答系列标准性的问题,包括他们的经济地位、政治态度和参与行为,然后玩三个"独裁者"的游戏。一个游戏中,被试者被告知:"你对匿名的个体一无所知。"另外两个游戏中,被试者被告知:"你唯一知道的是该个体已经登记为共和党(民主党)。"被试者被分配在哪一个游戏中是随意安排的。分配在匿名组的多关注对方的健康,而分配在其他两组的多为社会认同所驱动。被试者得到 10 张彩票,每张都有机会赢取 100 美元。然后得到两个外表相同的不透明信封,他们可能按照自己的想法把彩票放入两个信封,一个是自己的,另一个是给他们希望分享的匿名的个体。封好信封后,把匿名者的信封放入在他们的计算机正面的一个密封的盒子中,另一个留给自己,然后把自己的彩票号码打到计算机中。计算机和密封的盒子被分离,以保护每个被试者所做选择的匿名性。研究结束后,三组游戏中奖结果会邮寄给被试者本人。

通过此实验,作者得出如下结论:其一,偏爱内群体超过了外群体。与相反的政党成员的分配相比,党派认同者在自己与他们的成员间分配奖品时显得更为慷慨。其二,社会认同的强度。政党归属感越强,内群体得到的奖励越多,外群体被剥夺得越多。其三,对共和党的偏见。一般认为共和党与商业利益集团和富人有联系,而民主党与工人阶级和弱势群体相关。平均而言,同面对一个共和党个体相比,对民主党个体要相对慷慨。其四,利他和认同促进了政治参与。那些被利他和认同所驱动者,与被自利所驱动者相比,政治参与更多。[2]

---

[1]　James H. Fowler, Altruism and Turnout, *The Journal of Politics*, 2006, Vol. 68, No. 3, pp.674–683.

[2]　James H. Fowler & Cindy D. Kam, Beyond the Self: Social Identity, Altruism, and Political Participation, *The Journal of Politics*, 2007, Vol. 69, No. 3, pp.813–827.

利他是如何形成的？有学者将其归为人们的早年和成年时期的经历。米库林克(Mario Mikulincer)等认为利他行为与人们的亲附行为系统相互补充。他们依据鲍尔比(John Bowlby)的依恋理论(attachment theory)，断定人类天生具有依恋和照顾的行为系统。依恋系统在于依附照顾者免受伤害。凡是在依恋系统中体会到安全感觉的个体，就会增加同情和亲社会的态度。相反，在依恋系统中，个体与照顾者的关系如果是逃避和焦虑，即逃避与照顾者的关系，或者害怕照顾者不提供帮助，就会出现有损利他的行为。作者以以色列和美国的被试者作为样本，通过五个实验得出了如下结论：强化的依恋安全对同情和利他行为有积极的影响，提供了利他的情感和行为基础；相反，焦虑和逃避对同情和利他行为产生负面影响，从中体会到的各种不安全压制和干扰了同情式的照顾。①沙勒哈默(Kristina E. Thalhammer)以阿根廷民众遭受军政权的镇压为例，肯定了成年之后的经历与利他的关系，即那些直接受军政权的迫害，由原来的沉默变得积极，变成对国家强烈的批评者。这些被迫害者为道德和原则、义务所驱使，而从事利他的行为。②

我们也可以把利他看作是一种道德，为他人奉献自己，可以说自古以来是各个国家都肯定的一种美德。但道德的概念可能相对更为宽泛一些，不仅包括利他，也包括了其他价值观。韦斯伯格(Herbert F. Weisberg)肯定了道德在选举中的作用。他认为，如果有关文化议题上的态度是价值表达类型的，那么这些态度应该是建立在道德价值而不是政治既定倾向的基础上。一些象征性的议题应该最有可能与价值相关，譬如同性恋、堕胎。影响政治态度的道德可以分为两类：道德传统主义(moral traditionalism)和道德判断(moral judgement)。道德传统主义指在传统家庭和社会组织影响下形成了人们的既定倾向。"对传统的家庭和社会组织模式的偏好，反映了对过去的尊重，以及对变化的抵制。"侧重于强调家庭结构，拥有父母的家庭是传统的。道德判断指对他人生活方式，譬如同居和同性恋等的谴责，主要是对婚前性行为和堕胎的反对。前者是对家庭纽带改变的反应，后者是对人际关系行为对错的判

---

① 　Mario Mikulincer et al., Attachment, Caregiving, and Altruism: Boosting Attachment Security Increases Compassion and Helping, *Journal of Personality and Social Psychology*, 2005, Vol.89, No.5, pp. 817–839.

② 　Kristina E. Thalhammer, I'll Take the High Road: Two Pathways to Altruistic Political Mobilization against Regime Repression in Argentina, *Political Psychology*, 2001, Vol. 22, No. 3, pp.493–519.

断。作者利用 1998 年和 2002 年的俄亥俄政治研究调查(Ohio Political Study Survey)数据对此进行了考察,结果发现:道德价值影响政治态度,道德传统和道德判断具有独立的影响,道德判断的影响更大。但文化的议题并没有影响 1998 年和 2002 年的俄亥俄州的选举结果,因为竞选并没有围绕这些问题展开,但直接影响对总统丑闻的看法。①

那么选民对利益的关注是否会对政治精英施加影响呢? 换言之,政治家是否考虑选民的反应呢? 有关此,有两种观点:一种强调经济的绝对性,认为政治家承受来自各个政党的经济的压力,对经济政策的支持限制了对选民偏好的反应。换言之,选民无法通过选举对政策施加影响。另一种观点对此进行了调和,认为经济发展不景气时,政治家最支持经济的政策;反之,经济繁荣时,即经济的压力不大时,则会顾及选民的反应。史密斯(Mark A. Smith)对这两种观点进行了验证,他以美国商会赞成或反对的议题作为样本,以美国立法机关通过对商业支持的表决相对比,同时测量了公众情感、公众对公司的态度、议会的政党构成,以及总统的反应等。最终得出了温和的观点:两者皆有影响,政治家有可能采取温和的政策,既照顾到公众的情绪,也照顾到商界的反应。②尤其是在经济发展很好之时,候选人受选民的影响最大,但此时也可能是选民对政治最不感兴趣之时。而真正经济萧条时,候选人受商界的影响很大,同时也是选民希望通过投票改变政策之时,积极性最大,但有可能影响最小。

二、性本能

19 世纪末 20 世纪初,西方的许多学者发展了人性的理论,人性理论的发展使他们对政治的解释也出现了明显的不同。作为精神分析的创始人,弗洛伊德认为人类有两种基本的本能——性本能和死亡本能——成为其精神分析学说的核心概念,特别是性本能。

---

① Herbert F. Weisberg, The Structure and Effects of Moral Predispositions in Contemporary American Politics, *The Journal of Politics*, 2005, Vol. 67, No. 3, pp.646–668.

② Mark A. Smith, Public Opinion, Elections, and Representation within a Market Economy: Does the Structural Power of Business Undermine Popular Sovereignty? *American Journal of Political Science*, 1999, Vol. 43, No. 3, pp. 842–863.

弗洛伊德认为，这两种本能在每个人身上都有所体现："生命现象产生于二者同时发生的事件或相互对抗的活动中。现在看来，一种本能似乎很难独立地发挥作用；它总是伴随着——或如我们所说——和具有一定分量的另一种本能合铸在一起，这种本能往往改变其目的；或者在某些情况下，使它能达到这一目的。"①其中，他又特别突出了人的性本能，提出了力比多（libido）②的概念，力比多取自情绪理论的一种表述，表示在"爱"这一词之下与一切东西有关的本能能量——以量的大小来考虑这一能量。这里所谓的爱是以性结合为目的的性爱。③

这种力比多的能量在发展的过程中，有些得到了释放，有些则受到了压抑。以此为基础，弗洛伊德提出了他的一系列理论。由释梦开始，弗洛伊德提出了意识、前意识与潜意识理论。他认为人的精神结构是由意识、前意识与潜意识（有时又称作无意识）三部分组成。意识与以前学者所认识的并无二致，弗洛伊德的特色在于前意识与潜意识的提出。他认为在意识的后面是前意识，如果畅通无阻或者说如果条件允许的话，它就会进入意识的层面。譬如说达到某种强度，或者那个被称为"注意力"的功能有特殊的分布等。而位于前意识背后的系统是潜意识，它必须通过前意识的协助，才能到达意识层，而且通过前意识这道关卡时，还要接受前意识的检查，潜意识由此也就改头换面。因此，弗洛伊德称前意识掌握了自主运动的钥匙，潜意识必须通过前意识才能进入意识层面。就梦而言，意识为梦的内容，即显意；而前意识则承担了检查者的角色；潜意识则是梦形成的起点，它反映了人最本能的原始需要。④

哪些本能被压抑在了潜意识的领域呢？弗洛伊德提出了俄狄浦斯情结。俄狄浦斯是古希腊底比斯国王的儿子，在他未出生之前神谕即已预言他长大后会弑父，所以一生下来就被国王抛弃于荒野。但是俄狄浦斯在长大之后最终还是无意之中杀死了他的父亲，当上了底比斯的国王，并娶了他的母亲为妻。当俄狄浦斯发现真相之后，不堪忍受现实的折磨，最后弄瞎了自己的

---

① 车文博主编：《弗洛伊德文集》（第5卷），长春出版社，1998年，第305页。

② 车文博主编：《弗洛伊德文集》（第4卷），长春出版社，1998年，第73页。

③ 车文博主编：《弗洛伊德文集》（第4卷），长春出版社，1998年，第73页。

④ ［奥地利］佛洛伊德：《梦的解析》，赖其万、符传孝译，中国民间文艺出版社，1986年，第450页。

眼睛,离开了底比斯。弗洛伊德认为,俄狄浦斯王弑父娶母就是一种愿望的达成——我们童年时期的愿望的达成。弗洛伊德将此现象普遍化,认为每个人均有俄狄浦斯情结,男孩(女孩)自其出生时就有性冲动,他(她)所接触的第一个异性对象就是母(父)亲,他(她)们很自然地把母(父)亲作为自己相恋的对象,从而对他(她)们的父(母)亲产生嫉妒:"一般而言,童年时'性'的选择爱好引起了男儿视父亲、女儿视母亲有如情敌,而惟有除去他(她)、他(她)们才能遂其所欲。"于是,我们会发现在古代家庭里,父亲越是残暴,他的儿子越与其敌对,并且巴不得其父早日归天,以便接掌父亲的大权;在现实社会中父母与子女之间确实隐含着不少的敌意,只是在很多情况下,这些敌意无法通过"检查制度"而已。但是这样的现象在梦中往往出现。这是童年性冲动在梦中的复活,因为"梦完全受儿时最初印象所左右,而往往把那段日子的细节,那些在醒觉时绝对记不起来的小事重翻旧账地搬出来"[1]。但是社会道德并不允许对父母的爱恋或仇恨,这种源于性本能的道德禁忌形成了超我。超我又称作自我理想,是生活和行为规范的内在标准。如果人们的行为与超我不相符合,就会产生内疚。[2]

超我(superego)是弗洛伊德提出的心理学术语。弗洛伊德认为人格由三部分组成:本我(id)、超我与自我(ego)。本我是人先天就有的本能,它力求满足自身的自然需要,追求快乐的原则。自我是本我的特定的一部分,"即通过前意识知觉——意识的媒介已被外部世界的直接影响所改变的那一部分;在一定意义上说它是表面——分化的一种扩展。再者,自我有一种把外界的影响施加给本我的倾向,并努力用现实原则代替在本我中占主导地位的快乐原则。在自我中,知觉起的作用就是在本我中转移给本能的作用。自我代表我们所谓的理性和常识的东西,它和含有热情的本我形成对照"。弗洛伊德把自我和本我的关系形容成骑手与马的关系:骑手控制马需要较大的力量,自我控制本我也是如此;骑手常常被迫被他的马引导到它想去的地方,同样自我经常把本我的希望付诸实施,好像是它自己的希望那样;这二者所不同的是,骑手寻求用自己的力量来控制马,而自我则借力。

超我又称作自我理想,是生活和行为规范的内在标准,也就是人们常说

---

① [奥地利]佛洛伊德:《梦的解析》,赖其万、符传孝译,中国民间文艺出版社,1986年,第182~189、93页。

② 车文博主编:《弗洛伊德文集》(第4卷),长春出版社,1998年,第161页。

的良心。超我形成的根源有二：一是源于童年时期的依赖和软弱无力，二是源于俄狄浦斯情结，是对父亲或母亲的认同。如一个男孩把父亲看作实现俄狄浦斯愿望的障碍；由此，儿童的自我得到了强化，在自身之内建立这个同样的障碍以帮助进行压抑。超我是自我的一种理想，在人的内心对自我进行监控，就像人体内部有一个更高级性质的人那样。可以这样说："千真万确，在这个自我理想或超我中，我们确有那种更高级性质，它是我们和父母关系的代表，当我们还是小孩子的时候，就知道这些更高级性质了。我们既羡慕这些高级性质又害怕它们；后来我们把它们纳入到我们自身中来了。"自我主要是外部世界的代表，是现实的代表，而超我则和它形成对照，是内部世界的代表，是良心的代表。自我和超我之间反映了真实的东西和心理的东西之间、外部世界和内部世界之间的对立。

自我在超我与本我之间起着调节作用。就本我而言，它是潜意识的，它的要求是非理性的，而它所引起的行为是盲目的。如果不予以指导，便可能走上错误的道路。就超我而言，如果盲目地发展，而不顾及其他二者的需要，具体言之，过多地以道德自律否定现实的需要以及自己本能的需要，常常会导致以理杀人。自我提醒二者要服从于"现实检验"，"就像君主立宪的地位一样，没有他的批准，什么法律也无法通过；但是，他对国会提出的任何议案行使否决权以前很久就犹豫不决"。另一方面，自我又是一个奴仆："自我看作是受三个主人的支使，因此便受到三种不同危险威胁的一个可怜的家伙：这三种危险分别来自外界，来自本我的力比多和来自超我的严厉性……自我在本我和现实之间的地位使它经常变成献媚的，机会主义和假惺惺的，就像一个政客，虽然看见了真理，却又想保持他的受大众欢迎的地位。"①

这些心理学理论提出之后，弗洛伊德试图用它们解释一些政治现象。他用俄狄浦斯情结解释国王与臣民之间的关系。他把社会的最初形态想象成一个父亲统治着众多儿子，同时霸占着所有的女人。由此引起了儿子们的仇恨，他们联合杀死了自己的父亲。但问题随之而来，兄弟们彼此之间为了争夺女人又发生了激烈的冲突。每一个人都希望像他们的父亲那样拥有所有的妇女。但是他们之中又没有任何一个人能够像父亲那样拥有绝对的权势，因此兄弟们争斗的结果只能是两败俱伤，同时整个社会制度面临重新瓦解

---

① 车文博主编：《弗洛伊德文集》(第 4 卷)，长春出版社，1998 年，第 147、155~157、175~176 页。

的危险。于是,他们为了和平居住在一起,只好共同制定乱伦的法律,宣布放弃那些与父亲有关系的妇女。但人们的心底依然涌动着对杀死父亲行为的内疚。在新形成的国家中,国王就是重新恢复权力的父亲,他对臣民的统治存在着一种报复心理,因此他的统治是非常严厉的。而被统治者即儿子们则潜意识里存在着杀父的悔恨,因而觉得自己的受压迫是罪有应得。①

1932年7月,作为国际知识分子合作协会委员的爱因斯坦,给弗洛伊德写信,向其请教人类为什么会有战争。弗洛伊德在回信中强调了仇恨和毁灭的本能迎合了战争贩子的努力。即战争的发生一方面在于宣传,另一方面唤起了人类心中的死亡本能导致的破坏性的冲动。当然,战争也可能与性本能相关。譬如,自我保存是爱的本能,但如果要实现,可能通过攻击性来实现。对于死亡本能,历史上和日常生活中各种残酷的行为已经证明了它的存在及其力量,但是"这些毁灭性的冲动的满足当然是由于它们和其他爱欲的或理想主义的冲动混合起来所导致的"。一些理想主义的动机背后也有毁灭的冲动作祟。那么如何防止战争?弗洛伊德主张唤起人们的爱欲,譬如倡导人们爱邻居,爱他者的大爱,或者引导人们共享重大利益也会使人们的情感趋于一致。②

弗洛伊德运用其理论对人类的文明进行了回顾和展望。他认为内疚感是文明的产物。自从人类反抗父亲的权威,杀死自己的父亲之后,超我就在人类的心灵中扎下了根,在以后的文明发展中,由于超我的存在,人类的内疚感一直延续着,并且越来越严重。内疚感的存在使个人得以节制自己的欲望,避免危害社会。但是内疚感的存在也使人产生焦虑,因不服从于权威而忧愁,因对不起自己的超我而痛苦。尤其是后者,因为外在的权威即使很严厉,但是有时我们仍可以逃避,但超我存在于人的内心,使人无法摆脱,而这一切都是文明惹的祸。

弗洛伊德之后,赖希、马尔库塞等学者继续用性本能的观点解释一些政治现象。赖希主张不但要在政治经济领域进行一场革命,而且也要在性领域进行一场革命。赖希认为,只对前者进行革命是不够的,还要对后者进行革命即"性革命"。要实现性革命的目标,就必须进行政治、经济革命,马克思主

---

① [奥地利]佛洛伊德:《图腾与禁忌》,杨庸一译,中国民间文艺出版社,1986年,第179、184~185页。

② 车文博主编:《弗洛伊德文集》(第5卷),长春出版社,1998年,第306~307页。

义的伟大贡献就在于此。但是政治、经济革命的最终完成,也要靠性革命的成功。赖希把政治、经济革命称为"宏观革命",把"性革命"称为"微观革命"。他认为"宏观革命"和"微观革命"应该相互作用,进行双向"革命":"最理想的革命应是把'宏观的'和'微观的'结合在一起,但如今,共产党人、社会民主党人、无政府主义者把注意力集中于推翻资产阶级国家和资本主义所有制。让我们在日常生活的天地里,在改变人的生活方式方面施展才能吧!历史赋予精神分析学家的使命是投身于这一领域的革命。"①

马尔库塞对弗洛伊德的理论进行了改造:将性欲改造成爱欲。他认识到性本能理论与人类社会的一些现象存在着明显的矛盾。如每个人都要求自己的性欲得到毫无节制的满足,那么势必导致社会的混乱。为了解决这些矛盾,马尔库塞抬出了弗洛伊德曾经提出的爱欲。马尔库塞一方面承认"弗洛伊德本身没有严格区分爱欲与性欲";另一方面,他又认为,弗洛伊德的爱欲与性欲还是有区别的,"爱欲是性欲本身的意义的扩大"。②爱欲是性欲的量的扩张和质的提高,也就是性欲的自我升华。他在给弗洛姆的一封信中断言,弗洛伊德没有把爱欲等同于性欲,而是将性欲看作爱欲向温柔和爱慕的自我升华。③马尔库塞描述了性欲与爱欲的转变过程:"正是从这种真正多形态的性欲中,产生了对使被欲求物充满生气的东西(精神及其诸表现)的欲望。在爱欲的实现中,从对一个人的肉体的爱到对其他人的肉体的爱,再到对美的作品和消遣的爱,最后到对美的知识的爱,乃是一个完整的上升路线。"④性欲仅仅体现在对异性的爱,而爱欲的对象要广泛得多,不但表现在对异性的爱,也表现在对同性的爱;不但表现在对人的爱,也表现在对一切美的东西的爱。

随着由性欲理论向爱欲理论的转变,马尔库塞对未来社会的判定也与弗洛伊德有了明显的差异。弗洛伊德认为,文明的发展与人性的压抑是一种正比的关系。也就是说文明程度越高,对人性的压抑越重。马尔库塞对此的

---

① 转引自陈学明:《西方马克思主义论》,辽宁教育出版社,1991 年,第 524 页。

② [美]马尔库塞:《爱欲与文明——对弗洛伊德思想的哲学批判》,黄勇、薛民译,上海译文出版社,1987 年,第 150 页。

③ [美]马尔库塞:《爱欲与文明——对弗洛伊德思想的哲学批判》,黄勇、薛民译,上海译文出版社,1987 年,译者的话。

④ [美]马尔库塞:《爱欲与文明——对弗洛伊德思想的哲学批判》,黄勇、薛民译,上海译文出版社,1987 年,第 154~155 页。

解释是,弗洛伊德的理论的基础在于缺乏和不足,缺乏和不足导致了快乐原则和现实原则的矛盾是不可避免的。譬如缺乏足够的资源供人来享受,那么也就要求人们对自己的本性进行压抑。马尔库塞对此反驳说,缺乏和不足并不是永恒的。因为许多缺乏和不足并不是必然的,而是人为的,是为维护现存的秩序而服务的。"由于分配和利用这些资源的方法不当",导致了现实社会当中的缺乏和不足。①既然是人为的,那就可以通过人类自身的努力去改变这种状况。一旦人类社会消除了缺乏和不足,非压抑性的社会自然也就会达到。而且随着由性欲向爱欲的转变,人们实现自己本能的方式更加多样化,如在对异性、同性、自己以及对美的作品的欣赏中都可以使自己的本能得到释放。因此,未来的社会是非压抑的文明社会。在这种非压抑生存的环境中,"工作时间(即苦役)被降低到了最低限度,而自由时间也摆脱了统治利益强加于它的所有闲暇活动和被动状态"②。

三、交流的欲望与政治

西方许多学者在探讨人的本能时,超出了性本能的学说。对人性的本能探讨最有影响的,至今为许多心理学者经常引用的是美国心理学家马斯洛的五种需求理论。马斯洛把人的需求归结为五种:生理需要、安全需要、爱的需要、尊重的需要和自我实现的需要。其中,生理需要和安全需要是人的基本需求。生理需要又包括如饥渴、性欲等。性欲仅仅是人类众多基本需要当中的一种。

但是马斯洛却很少把他的理论运用到对政治现象的解释上。对此作出巨大贡献的是美国的思想家弗洛姆。与马斯洛一样,弗洛姆认为人性的内容是丰富的、多样的。人类不仅有性的需求、安全的需求,也有爱的需求以及破坏性的冲动力。除此之外,弗洛姆还强调了人类有交流的需求。这种交流体现在两方面:

一是人与人之间的交流,具体表现在试图逃避孤独的需求。弗洛姆认为

---

① [美]马尔库塞:《爱欲与文明——对弗洛伊德思想的哲学批判》,黄勇、薛民译,上海译文出版社,1987年,第65页。

② [美]马尔库塞:《爱欲与文明——对弗洛伊德思想的哲学批判》,黄勇、薛民译,上海译文出版社,1987年,1961年标准版序言。

由生理条件所决定的需求并不是人性中唯一的具有强制性的需求。生活中经常会发生这样的情况，一个人生理上和生物学上的要求得到了满足，但他仍不满意，仍然不安宁。这是因为他还有其他的需求没有得到满足。其中有一种强制性的需求，它并不根植于肉体，而是根植于人的存在方式的本质和生活实践中。这种需求就是"想与自身之外的世界发生关系、逃避孤独的需求"。这种心理的需要也是人类生存的需要。"任何人都有这样的需要，而且这些需要的满足对于人保持健全的必要性，就如机体的内驱力的满足对于人维持生存的必要性一样。"它是超越功利的，也就是说人们需要把自己的能力与世界相联并不是追求物质上的满足。就像我有眼睛，就需要看；有耳朵，就需要听；有心灵，就需要思考。"总之，因为我是人，就需要人和世界。"逃避孤独的需求不仅仅体现为身体上的接触，更多地体现为一种精神上的需求。某个人虽然在身体方面，已经多年不与外界发生联系，但仍有可能同观念、价值或至少同社会形态发生关系，这些东西给予他一种"交流"和"归属"的感觉。反之，某个人即使生活在众人之中，但仍然感到十分孤独。这种孤独感超过了一定的限度，其后果就是患以精神分裂症为代表的精神病。"这种在价值、符号和模式方面失去联系的现象，我们可以称之为精神上的孤独，并且还要指出，精神上的孤独与身体上的孤独同样无法忍受，或者倒不如说，只有当身体方面的孤独也包含着精神上孤独的意义时，它才变得无法忍受。"①

二是人与世界的交流，具体表现在他对世界有自己的一套解释模式。这就是他的人生取向和信仰的框架(frames of orientation and devotion)。弗洛姆认为，人有一种想在自身和自然的其它事物间恢复平衡的动力，于是，"人首先在思想上进行了恢复统一和平衡的努力。他建构了一幅作为参照框架的包括精神在内的世界之图像，根据这个参照框架，人能回答关于他处在何种境地及他该干什么的问题"。这种一切试图对人追求意义做出解答的思想体系和使人自己的存在变得有意义的努力，就是取向和信仰的框架。没有它，人们将会不知所向，无法找到一个固定点，不能有目的和始终如一的行动。从这方面来说，这种框架的正确与否并不是主要的，满足心理的需要才是最

---

① ［德］埃里希·弗罗姆：《逃避自由》，陈学明译，工人出版社，1987年，第33~34页；*The Revolution of Hope*，Harper & Row Publisher，1968，p.72；黄颂杰主编：《弗洛姆著作精选》，上海人民出版社，1989年，第573页。

重要的。因此，"不管他是想念对任何事件做出最终解释的巫术和魔术，或相信主宰他生命与命运的上帝或相信能回答人类所有问题的科学力量——从他的定向框架需要的观点看，不会产生任何差异"。这种需要解释了为什么有些人受到非理性的、政治的或宗教的或任何其他性质教义影响而心安理得，因为这种取向和框架需要对于他来说是生死攸关的。在这种情况下，"意识形态越是自称回答了一切问题，就越是具有吸引力；这也可以解释为什么非理性或明显不健全的思想体系能够轻而易举地吸引的原因"①。

弗洛姆用这种人性论观点解释了当今法西斯为何会兴起的原因。他认为文艺复兴和资产阶级革命以前，由于君主制的权威尚未崩溃，宗教和道德的传统力量依然存在，尽管人们缺乏自由，但个人还是感觉到他属于一个稳定的社会文化制度，还存在着稳定感和归属感。人从出生那天起，就拥有一席明确的、不可改变的位置；一个人和他的社会角色完全一致，他是个农民、工匠、骑士，而不是偶尔具有这种或那种职业的个体；社会秩序是千年不变的，人必须适应它；这里也不存在竞争，人一出生便具有某种确定的经济地位，由传统习惯决定的人的经济地位保障了人的生计。因此，在中世纪，尽管个人缺乏自由，但他不会感到孤独。②另外，宗教也会给人以心灵的安慰，这一时期的教会不允许有异样的声音，即人们在教会的控制下精神是不自由的，但也有它的可取之处。弗洛姆认为，中世纪的教会强调人的尊严，强调人的意志自由，强调人靠自己的努力使自己获救。人们相信上帝与人之间没有不可逾越的鸿沟，人们始终有一份自信，相信自己能够获得上帝的爱。人与上帝的关系是平等的、情同手足的关系。③总之，在这一时期，人与人之间、人与上帝之间的关系是和睦的，人们在面对世界时也是有信心的，因为人们是以整体而不是以个体的力量面对这个世界的，整个世界都是按照上帝的意志安排好的，是为人服务的，人是世界的中心。因此，这个时期的人是安全的、不孤独的，但是缺少自由，他要时时刻刻考虑他所在的群体的利益，受群体的影响。

同时资本主义的发展打破了传统社会那种稳定的局面，使社会处于不

---

① [美]弗洛姆：《为自己的人》，孙依依译，生活·读书·新知三联书店，1987年，第61~62页；《弗洛姆著作精选》，上海人民出版社，1989年，第577~579页。

② [德]埃里希·弗罗姆：《逃避自由》，陈学明译，工人出版社，1987年，第60~64页。

③ [德]埃里希·弗罗姆：《逃避自由》，陈学明译，工人出版社，1987年，第101页。

断的动荡之中,人们的社会角色日益增多而且不断变换。"人们在经济体系中不可能再有一个固定的位置,而在此以前,有一个固定的位置则被认为是很自然的、理所当然的事。个人陷入了孤独之中,每一件事须靠自己的努力,传统身份已不足以维护其安全。"资本取得了决定性的重要地位,市场控制着人的命运,人们要想把握自己的命运,必须在市场上捞取更多的资本。竞争加剧,人们摆脱了封建行会、家族的约束,人在很大程度上获得了自由。资本"使人摆脱了大锅饭制度的统制,允许人自谋出路和自己去碰运气,人的命运掌握在自己手中,尽管在他们面前充满了艰险,但成功之神也在等待着他"。

人们所摆脱的这些纽带正是过去常常给予他们安全感的那些束缚,失去了这些,"人不再生活在一个以人为中心的封闭的世界里。世界已经变得无边无际,而同时又有威胁。由于人失去了他在一个封闭社会中的固定地位,所以也失去了生活意义。其结果是,他对自己和生活的目的产生了怀疑。他受到了强大的超人力量、资本和市场的威胁。所有人都成了他潜在的对手,他同他人的关系成了一种勾心斗角、尔虞我诈的关系。他自由了,但这也意味着:他是孤独的,他被隔离了,他受到了来自各方面的威胁"。对于他来说,天堂永远地远去了,个人孤苦伶仃地面对这个世界。因此,新的自由带来了深深的不安全、无力量、怀疑、孤独和忧虑感。①

与此相适应的是,这时的宗教观念也发生了变化。具体体现在路德和加尔文的宗教改革上。路德的宗教与传统的天主教相比,在宗教事务上给予人更多的独立性,"他剥夺了教会的权威,并使个人具有权威;他的信仰与拯救的观念是一种主观的个人经验的观念,根据这种观念,个人负有一切责任"。另一方面,他又宣扬人的孤独和无力。他认为人是邪恶的,没有能力从善,需要上帝赐恩于人。只有当人丢脸、意志及其傲气受挫时,上帝才有可能把恩赐降临于他。加尔文的教义与此基本相似,"加尔文也反对教会的权威,反对盲目接受教会的教义,但他也认为宗教根植于人的软弱无能,他的整个思想的宗旨也是自辱和摧毁人的尊严。只有对人世不屑一顾才能献身于为来世做准备的事业中去"②。

如何缓和这些感觉? 弗洛姆提出了以下两种途径:第一,积极的自由,又

---

① [德]埃里希·弗罗姆:《逃避自由》,陈学明译,工人出版社,1987年,第83~87、101页。
② [德]埃里希·弗罗姆:《逃避自由》,陈学明译,工人出版社,1987年,第102、115~116页。

称之为自发性的活动。它是一种人的自由意志的自由活动,是一种创造性活动。它强调人既自由又不孤独,既具有批判的眼光又不怀疑一切,既独立又不与世界相脱离。他关注的是活动本身,是过程而不是结果。

第二种途径是向后倒退,放弃自由,通过填平自我与世界之间已形成的鸿沟来克服孤独感。可以说,在他独立以前,他是与世界融为一体的,这第二条道路就是企图通过向后倒退来恢复与世界的统一性。但这是注定要失败的,因为他既然已经脱离出来了,就不可能再退回去。因此,这种摆脱只能称作逃避。这种逃避的道路具有以下特点:一是具有强制性,像任何逃避恐怖一样,它是万不得已的;二是个人完全放弃了自己的个性与完整性。[①]

逃避的方式也可分作三种:一是破坏。通过消灭任何来自外部的威胁来达到消除自己的孤独和不安全感,如战争。二是机械地自动适应。即个人不再是他自己,他完全承袭了现在文化模式所给予他的那种人格;他和其他人已经没有任何区别,完全按照他人的要求塑造自己。"我"和世界的矛盾消失了,随之也不再感到孤独和软弱无力了。三是极权主义。个人为了获取他已经丧失掉的力量,不惜放弃自我独立而使自己与外在的他人或他物凑合在一起的倾向。[②]法西斯的德国群众就是这样的心理,他们依附于一个专制的领导人和专制的政府来克服自己的孤独、无能。

四、自尊动机

自尊动机是"一种由自我评价所引起的自爱、自我尊重,并期望受到他人、集体和社会尊重的情感。它要求人们自己尊重自己、不容许别人歧视、侮辱,保持自己的人格和尊严"[③]。有关自尊与政治行为之间的关系,主要有以下几种观点:

(一)低自尊导致政治参与的理论

所谓低自尊,也就是自卑。这一派主张人们参与政治活动是为了克服自

---

① [德]埃里希·弗罗姆:《逃避自由》,陈学明译,工人出版社,1987 年,第 186~187 页。

② 以上两种逃避方式的详细论述参见[德]埃里希·弗罗姆:《逃避自由》,陈学明译,工人出版社,1987 年,第 237~273 页。

③ 刘松阳、刘锋:《政治心理学》,河南人民出版社,1991 年,第 178 页。

己的自卑。奥地利的心理学家阿德勒认为人们天生拥有自卑感，只是每个人自卑的程度有差异，因为每个人对自己所处的地位总有所不满，希望加以改进。人们总是设法采取各种努力克服自卑。"没有人能长期地忍受自卑之感，它一定会使他采取某种行动，来解除自己的紧张状态。"这种方式就是寻求一种优越感，感觉到自我超越于他人。追求优越感有一个共同目标——想要成为神的努力，自己成为上帝、超人、圣人，体现在政治活动中就是想成为皇帝。"他们希望能成为整个世界注意的中心，成为四面八方景仰膜拜的对象，成为掌握有超自然力量的主宰，并且能预言未来，能以无线电和整个世界联络并聆听他人所有的对话。"①阿德勒在此只是泛论了自卑与行为之间的关系，对于自卑与政治行为之间的关系并没有作明确的论述。

对此明确论述的是美国学者拉斯韦尔。拉斯韦尔并不把自卑看作是人类普遍存在的一种心理，而是认为人们的自卑与他早年的经历有着密切的关系。个人的自卑感源于软弱无力的自己面对强大的父亲。在儿童时代、少年时代，特别是在以后的阶段里，他们会通过追求权力来补偿这种感觉。正是运用权力控制他人的机会吸引着人们参与政治。权力给人的希望是："权力被期望为克服自我的低自尊，通过权力改变自我的特质，或者自我所作用的环境。"②也就是说，通过获得权力，人们重新获得了对自我的信心，或者通过改变周围的环境，使自我免受伤害。

低自尊导致政治参与的理论得到了许多传记学者的认可。他们在研究一些政治领袖时发现，他们中的许多人在早期自尊心曾经受到过某种程度的伤害。最典型的是美国前总统伍德罗·威尔逊。威尔逊的父亲是一位严厉的加尔文派教徒，对威尔逊从小就严加管束。美国的政治学者伯恩斯记载了这样一件事：年轻的威尔逊因为剪胡子，在参加一个婚宴时迟到了，他的父亲在大庭广众之下非要他向客人道歉，威尔逊内心受到了极大刺激，脸上掠过一丝痛苦的红晕。威尔逊一有错误，他的父亲就挖苦讽刺，使威尔逊感觉到自己十分普通、呆板、一钱不值。威尔逊童年时期所受到的精神创伤，导致其情感不足，促使他追求权力。"他对权力、对政治领导位置的兴趣，是以补

---

① ［奥］A.阿德勒：《自卑与超越》，黄光国译，作家出版社，1986年，第46~47、55页。

② H. D. Lasswell, *Power and Personality*, W. W. Norton & Company Inc., 1976, p.39.

偿损伤的自尊为需求的。"①

斯大林也是低自尊的典型。他的父亲是暴脾气和酒鬼,经常打他和妈妈。母亲虔诚、勤劳、严厉、果敢、不屈服。斯大林对父亲的仇恨延伸到对所有在其上的人的仇恨,从而促使他寻求心理的补偿。②

萨达姆的自我在早期也受到过伤害。在母亲怀孕期间,父亲死于癌症。他家的邻居,一家犹太人救了试图自杀的母亲,流产也得以制止。母亲不愿意看到他,萨达姆便由舅舅抚养。直到3岁时才回到母亲身边,与继父生活在一起,但却受到心理和身体的虐待。这些经历使他的自尊深受打击,无法同情别人。因而,萨达姆通过追求权力来克服自卑。③

有关低自尊与政治行为关系的探讨呈现出如下特色:其一,对自尊的探讨多与亲子关系间的俄狄浦斯情结联系在一起,也就是综合了弗洛伊德和阿德勒的理论,着重在领导的童年时期,从亲子关系的角度探讨这些领导的自尊。其二,这方面的研究多见于20世纪70年代以前,在70年代以后,对这方面的探讨文章逐渐减少,而且在理论方面鲜有建树。

当然,在运用自尊理论对领导的心理进行解读时也存在严重的问题,这就是材料的运用存在问题。这些领导早期的资料较少,仅有的一些资料也可能出现错误,但无法找领导来求证。而有的材料则是领导死亡之后才得到的,必然会出现一些失真的现象。④

(二)高自尊和低自尊都可能导致政治参与

巴伯(J.D.Barber)对美国康涅狄格州新当选的议员进行了研究,把他们归为四类:旁观者(Spectator,消极肯定型)、广而告之者(Advertisor,积极否定型)、非情非愿者(Reluctant,消极否定型)、立法者(Lawmaker,积极肯定型)。在访谈中,他发现,前三类在自尊方面都存在不足,而只有第四类立法者具

---

① A. L. George & J. L. George,*Woodrow Wilson and Colonel House*:*A Personality Study*,Dover Publications,Inc.,1964,p.114.

② Robert C. Tucker,*Stalin As Revolutionary*(1879–1929):*A Study in History and Personality*,W. W. Norton & Company,1974,p.76.

③ J. M. Pos,Saddam Hussein of Iraq:A Political Psychology Profile,*Political Psychology*,1991,Vol. 12,No.2,pp.279–289.

④ David Luck,APsycholinguistic Approach to Leader Personality:Hitler,Stalin,Mao,and Liu Sho-ch'I,*Studies in Comparative Communism*,1974,Vol. 7,No.4,pp.426–453.

有高自尊,"一个人越健康,越有效能感,越自信,就越愿意参与政治活动"①。

有关自尊和政治参与之间的关系,巴伯区分了两种价值:文化的普遍性和特殊性。普遍性是一个社会共享的价值,而特殊性指特殊的角色所适合的特质和技能及所需要的价值。低层次的参与中接受普遍性的价值。在这种情况下,需要高自尊者。但一旦竞选候选人,这时所需要的价值决不是公民政治的自然延伸,需要不同的参照框架,既有低自尊者也有高自尊者参与竞选。②

(三)自尊与政治参与的成功

低自尊者或高自尊者都可能从政。哪一种人能够获得成功呢?美国心理学者罗伯特·C.齐莱在自尊的基础上引入了复杂性的概念。这里所说的复杂性具体来说指自我复杂性,指个人认为自己所具有的许多不同侧面的数量。他建立了一个包含110个形容词的表格,被实验者可用此表格对自身特征进行核对,以测量自我看法的复杂性。从理论上说,自己是一个复杂的人更容易与他人交往。1969年,齐莱在对俄勒冈州91名候选人中当选和落选的议员情况作调查的过程中发现,18名高自尊-高复杂性的人只有28%当选,32名高自尊-低复杂性的人有69%当选,25名低自尊-低复杂性的人有56%当选,而16名低自尊-高复杂性的人有88%当选。由此,齐莱认为,高自尊-高复杂性的人因当选的成功率低,为非政治(apolitical)类型,原因就在于他们缺乏敏感性。成功者有两类:一类是低自尊-高复杂性,另一类是高自尊-低复杂性。这两种都被称为政治人,但在政治上成功的方式是不一的。

低自尊-高复杂性的人齐莱等称之为实用主义的政治人。齐莱对此解释说,自尊低的人对自我的评价是不稳定的,他特别想适应他人,并根据他所处的团体改变自己的表现,低自尊的人善于顺风使舵。他们能够赢得的选民范围较广,能够根据与选民的互动,不断调整自己的竞选策略,能够在各种利益集团之间达成妥协。高复杂性使人具有了与他人交往的能力,一个人越复杂,越能够找到与他人的共同之处,从而能够很好地协调与他人的关系。低自尊赋予了他们与他人交往的愿望,而且能够敏锐地感知他人的反应,而

①　J.D.Barber,The Lawmakers:*Recruitment and Adaptation to Legislative Life*,Yale University Press,1965,p.217.

②　J.D.Barber,The Lawmakers：*Recruitment and Adaptation to Legislative Life*,Yale University Press,1965,p.219.

高复杂性赋予了他们与他人交往的能力，能力与愿望的结合，齐莱称之为敏感性，正是这种敏感性使这种性格的人获得了巨大成功。

需要指出的是，齐莱等所说的这种类型的政治人适宜于民主选举的政治制度。在这样的制度下，候选人需要敏锐地感知选民的心态，从而提出合适的选举口号；也需要候选人能够很好地与选民以及各种利益集团交流。低自尊-高复杂性的人与这种制度设计是相适宜的。而那些依靠察举制度，或是血缘关系，或是传统方式选拔领导人的国家，低自尊-高复杂性的心理对于政治人来说是无足轻重的。

对于高自尊-低复杂性的政治人，齐莱等称之为意识形态类型。也就是说，他们对某种政治主张更加坚持自己的意见，怀有强烈的信仰，他们能够赢得那些关心同样问题的选民的支持，与前者相比，支持他们的选民范围要少得多，但这种支持更加坚定。①

尽管这两种类型的人都称为政治人，但是成功当选的概率还是有差异的，低自尊-高复杂性的人成功的概率要高于高自尊-低复杂性。高自尊-低复杂性的人要成功当选是需要特定条件的，齐莱的研究对象是州的议员，议员的选举是分选区的，即在某个选区赢得当地选民的支持即可以赢得大选，某个特定的选区中某种意识形态的选民占据多数的情况在美国是比较多见的，因此在这样的选区，坚定地坚持某种意识形态，就可能成功当选。但是如果放之整个美国，具有这种心理的政治家要想赢得总统大选的胜利可能具有相当的难度。以美国为例，无论是州还是联邦政府层面的议员，具有极端思想的政治家都会出现。如 20 世纪 50 年代的麦卡锡，强烈仇视共产主义。提出赫尔姆斯-伯顿法案的联邦参议员赫尔姆斯以反自由主义、反共产主义著称，任职三十余年，就在于以强烈的种族主义思想赢得了当地占选民多数的白人的支持。但是要赢得总统大位，不能仅赢得部分选民的支持，需要照顾到各方的利益，倾听来自各方的声音，因此齐莱所说的低自尊-高复杂性的政治家更可能当选总统。

---

① Robert C. Ziller, et al., Self-Other Orientations and Political Behavior, In M. G. Hermann, T. W. Milburn eds., *A Psychological Examination of Political Leaders*, Free Press, 1977, pp.174-204.

五、道德基础理论

20 世纪初年,学者们一直通过进化论寻找解释人们心理的灵感,这就是本能学派。该学派认为,每个人的行动都有其背后的动机,在任何情形下,那种动机是独立的固有的本能。就像动物一样,我们天生具有一些本能。本能论的代表人物有美国人威廉·詹姆斯(William James)、威廉·麦独孤(William Mcdougall)。

格雷厄姆·沃拉斯(Graham Wallas),英国政治学家和教育家。《政治中的人性》是沃拉斯研究政治心理学的代表作。在此书中,沃拉斯对"本能"做了解释:"我们从遗传得来的机体使我们倾向于以某种方式对某些刺激做出反应,因为这些反应过去时候对维护我们的物种起过作用。其中有些反应我们明确地称之为'本能',亦即对某些确切的行为或一系列行为的冲动,对行为可能产生的结果事先并不自觉地加以考虑。"本能是经过千百年来人类自然演化的结果,这些本能沃拉斯又称之为习惯、风俗等。他认为本能在政治中起着非常重要的作用,因为"大多数人的大多数政治见解并非是受经验检验的推理的结果,而是习惯所确定的无意识或半无意识推理的结果"[①]。这一时期,对群体心理学的研究形成了一股潮流。1890 年,法国的塔尔德(Tarde)提出了模仿定律,把人与人之间的各种互动关系都归之于模仿。[②]意大利的西格尔(Sighele)强调了群体心理中暗示的作用。他认为在群体犯罪形成的过程中,暗示是一个邪恶的因素。群体容易激动并接受暗示的作用,具有冲动、狂暴的性格。[③]英国的外科医生特罗特(Trotter)也从本能的角度对群体的心理进行了研究。这种群居本能就像其他动物种族一样,也为人类先天拥有,并和其他本能如自我保存本能、性本能常常相对立。罪恶感和责任感是群聚性动物的特有方面。[④]

本能心理学派尽管起源很早,但到 20 世纪 30 年代以后已经属于少数

---

① [英]沃拉斯:《政治中的人性》,朱曾汶译,商务印书馆,1995 年,第 15、66 页。

② 有关塔尔德思想的介绍,参见刘松阳、刘锋:《政治心理学》,河南人民出版社,1991 年,第 48 页。

③ 以上有关西格尔思想的介绍参见周晓虹:《现代心理学史》,中国人民大学出版社,1993 年,第 47 页。

④ 以上有关特罗特和麦独孤思想的介绍参见车文博主编:《弗洛伊德文集》(第 4 卷),长春出版社,1998 年,第 67~70、99 页。

派，在政治心理学上也鲜有贡献。本能心理学派的代表人物中，洛伦兹(Lorenz)最有影响。在洛伦兹的思想中，对后世最有吸引力也是遭受抨击最为猛烈的是他的攻击学说。他认定攻击是一种内在的和自发的本能性行为，是一种能量的集结。当这种集结的能量达到高峰时，即使没有适当的刺激作用，它也会如蓄满水库的水一样奔涌而出。在这里，洛伦兹的观点继承了传统的本能学派有关人类攻击的论述，同时也与弗洛伊德所提出的死亡本能学说有类似之处。但是与弗洛伊德不同的是，他对人的攻击本能持乐观态度，认为攻击并没有毁灭本能，反而是人类保存生命、获取配偶和滋生地盘的必要手段。如果人类的攻击本能不存在了，"人从早到晚，从刮胡子到艺术或科学的创作，都将缺乏推动力"①。

21世纪初，有些学者继续沿着该思路对人们的心理进行探讨，这就是道德基础理论(Moral Foundations Theory，MFT)，该理论结合了进化论以及文化心理学的理论，认为人们道德基础的形成是人在与自然互动中适应的结果，有着共同的道德基础；但在不同的文化环境中又有些变化，崇尚的价值有些差异，形成了不同的文化。该理论包括以下几个方面：

其一，内在性(nativism)。这是道德心灵的"初稿"。这里所说的内在性在经验之前就已经存在。尽管道德基础存在于人们的内心，但并不意味着面对环境的变化而一成不变，确切地来说，大自然只是提供了初稿，之后人生的经验会对它们进行修正。

其二，文化学习。初稿在每个具体的文化的发展中得以修正。道德基础提供了学习的本能，但并不是道德的终稿，只是为各种道德观念提供了各种准备，并最终在每个具体文化中得以发展。譬如，在印度宗教文化盛行的社会里，就会形成尊重权威的文化。但在世俗盛行的美国，儿童更有可能接受反威权主义的价值，直到成年。道德基础的"基础"如同建筑的地基一样，不是最终的建筑，但会对将来的建筑类型进行限定，使某类建筑建造起来更容易。道德基础也是如此，道德基础并不是最终的道德，需要与具体的文化相互动。

其三，直觉主义。人们进行信息分析时首先是直接的判断，然后才是策略性的推理。也就是说，道德的评估多是非常迅速的、自动的，信息分析不是

---

① [奥]康罗·洛伦兹：《攻击与人性》，王守珍、吴月娇译，作家出版社，1987年，第291页。以上有关洛伦兹思想的详细论述参见周晓虹：《现代心理学史》，中国人民大学出版社，1993年，第364页。

对多个因素进行排列对比、利弊分析，而是多选择认知的捷径，是一种省力的分析。只有需要他者对自己所做的判断进行解释、辩护和论证时，才会启动策略性的推理，也就是理性的推理。

其四，多元主义。社会中所面临的挑战可能有许多，因此人类的道德基础并不是单一的，而是存在多个道德基础。道德基础理论试图将人们探讨的诸多道德进行简化，使之归为几种基本的道德。[①]

2004 年，海特(J. Haidt)和约瑟夫(C. Joseph)对人类学、心理学和进化论学者列举的诸多道德进行考察，要求这些道德在各个文化中具有普适性，最终归纳出了五种道德。[②]海特与格雷厄姆(J. Graham)在合作文章中对此做了详细列举：

其一，损害/保护(harm/care)。这里强调的是保护的品德，损害是被作为保护的反面提出的。保护指面对受伤害的人会同情，避免他者受伤害以及消除他者所受的伤害，将同情和爱他者看作善，将残酷和攻击看作恶。保护的道德来自于哺乳动物对自己后代遭受痛苦的敏感，人类由这种母子关系延伸到不喜欢看到他人遭受痛苦，会对他人的痛苦表示同情。

其二，公正/相互性(fairness/reciprocity)。许多灵长类动物中，不相关的个体会结成同盟相互合作，就会演化成相互性的利他的情感，包括愤怒、内疚和感激。人类是在互动中观察这些情感的。

其三，内群体/忠诚(ingroup/loyalty)。在很长的历史时期内，个体按照亲缘关系生活在一起，导致人们认识、信任和与自己所属群体成员合作，对外群体成员小心谨慎且不信任。人们看重内群体，并看重为内群体牺牲的人，蔑视那些背叛或对群体没有帮助的人，尤其是在冲突时期。忠诚、爱国主义、英雄主义的道德就是在此基础上建构的。批评自己的群体，从事与自己群体的军事对抗等被看作是背叛。

其四，权威/尊重(authority/respect)。长期以来，社会都是具有等级结构的，占主宰的男人和女人享有一些特权，也被预期提供一些保护或服务。灵长类动物的服务建立在身体的强壮和恐惧上，人类权威的建立比较微妙，依

---

① J. Graham et al., Moral Foundations Theory: The Pragmatic Validity of Moral Pluralism, *Advances in Experimental Social Psychology*, 2013, Vol. 47, pp.58–130.

② J. Haidt & C. Joseph, Intuitive Ethics: How Innately Prepared Intuitions Generate Culturally Variable Virtues, *Daedalus: Special Issue on Human Nature*, 2004, 133(4), pp.55–66.

赖声望和志愿式的服务,对合法的权威尊重、敬畏和崇拜。人们用宽宏大量、慈爱和睿智称赞好的领导,用残暴、剥削和无能形容坏的领导,用尊重、责任和服从形容服从者的品行。

其五,纯洁/神圣(purity/divinity)。人类吃肉以及大脑皮质的成长,发展出了厌恶(disgust)的情感。所有文化中厌恶的情况是对身体的保护,是对生理上或文化上与病症传播相关的刺激的反应。然而在多数人类社会逐渐演变为一种社会情感,最低限度上与那些外表(畸形、肥胖和病态)或职业(社会上低种姓,与处理粪便和尸体相关)联系在一起,使人看见就会呕吐。那些被肉欲、食欲、贪婪和愤怒支配的人被看作是卑微的、不洁净的,甚至是低于人类的。相反,那些被灵魂所支配的人,被人高看一等,并被神圣化。

他们将五种道德归为三类:前两类道德强调个人的自主,第三和第四类立足团体,最后一类则是神圣伦理。[1]在后来的研究中,格雷厄姆等将五种道德的名称进行了部分修正:保护/伤害、公正/欺骗、忠诚/背叛、服从权威/颠覆、纯洁/堕落。每一组的前面是赞美的品德,后面是品德的反面。然后将五种道德归为两类:"个人化的基础"(individualizing foundations),相信民众对个体的痛苦和公正对待保持敏感;相反后三类为"联系性的基础"(binding foundations),认为人们对集体的需求保持敏感。[2]

表 1-1 直觉伦理原初的五种基础[3]

基础	保护/损害	公正/欺骗	忠诚/背叛	服从权威/颠覆	纯洁/堕落
适应性挑战	保护和照顾儿童	相互合作中获取收益	建立紧密的同盟	在等级系统中形成利益关系	避免可传染的疾病
原初的推动因素	儿童表现出来的不幸、痛苦和贫困	欺骗、合作、欺诈	对群体的威胁或挑战	高和低阶层的标志	废弃的物品、病人

---

① J. Haidt & J. Graham, When Morality Opposes Justice: Conservatives Have Moral Intuitions that Liberals may not Recognize.*Social Justice Research*, 2007, Vol. 20, No.1, pp.98–113.

② J. Graham et al., Mapping the Moral Domain, *Journal of Personality and Social Psychology*, Vol. 101, No.2, 2011, pp.366–385.

③ See J. Graham et al., Moral Foundations Theory: The Pragmatic Validity of Moral Pluralism, *Advances in Experimental Social Psychology*, 2013, Vol. 47, p.68.

续表

基础	保护/损害	公正/欺骗	忠诚/背叛	服从权威/颠覆	纯洁/堕落
现在的推动因素	小海豹、可爱的卡通人物	婚姻的忠诚、被破坏的自动售货机	运动队、国家	老板、受尊敬的职业	移民、出轨的性关系
有特色的情感	对受害者的同情,对侵犯者的愤怒	愤怒、感激、内疚	团队荣耀、对背叛者的愤怒	尊敬、恐惧	厌恶
相关的品质	关照、和蔼	公正、正义、值得信任	忠诚、爱国主义、自我牺牲	服从、尊重	节制、纯洁、虔诚、干净

  道德基础理论在政治心理学中有诸多应用。学者们用该理论解释了意识形态、恐怖分子和人权等问题。按照道德基础理论的观点,相较于自由倾向的人来说,保守倾向的人更倾向于联系性基础的道德基础。但是也有学者提出不同意见。塔拉法尔(Sanaz Talaifar)和小斯万(William B. Swann,Jr.)指出,人们对联系性道德基础的坚守在于个体能否与他们所属的群体联系在一起,与自由和保守的倾向无关。如果将美国民众与美国融合的程度按照从弱到强来划分,据他们的调查结论显示,只有在从弱到中等的美国民众中,保守倾向的人比自由倾向的人更加支持联系性的道德基础。但对于与美国强烈融合的公民来说,意识形态的差别就会消失,即与保守倾向的人一样,自由倾向的人也支持联系性的道德基础。[1]

  有学者运用道德基础理论对恐怖分子进行了研究。有学者利用美国公布的恐怖分子以及恐怖组织的数据库进行分析,一些恐怖分子的活动被道德所驱动,将他们的行动解释为某种道德,或者为了更高层级的目标,譬如建立某个理想的国家等。但是恐怖分子道德驱使的类型却存在着差异。极右翼、宗教的、民族-国家/分裂主义的意识形态与联系性的驱动相关,具体来说与忠诚、服从权威和纯洁相关。而极左翼和单项议题的极端思想则与保护和公正等个人化的驱动有关。[2]

  也有学者将道德基础理论应用于人权的研究。有关人权的诸多观点更

  [1] S. Talaifar & W. B. Swann, Jr., Deep Alignment with Country Shrinks the Moral Gap Between Conservatives and Liberals, *Political Psychology*, 2019, Vol. 40, No. 3, pp.657–675.

  [2] L. Hahn et al., Applying Moral Foundations Theory to Identify Terrorist Group Motivations, *Political Psychology*, 2019, Vol. 40, No. 3, pp.507–522.

多与道德基础相关,支持人权的观点将立论建构在个人化的道德基础上。随着个人化道德基础的增加和联系性道德基础的减少，对人权的支持度也会随之增加。同时,道德基础与人权的关系受意识形态的调节,具体来说,在个人化和联系性道德基础同时起作用时，保守倾向的人比自由倾向的人更少支持人权。[1]

六、权力动机、归属动机、成就动机

20 世纪 80 年代以后,政治动机的研究渐成末流,占据主流的是政治认知的研究。但是也偶有学者涉足政治动机的研究,其中较为有名的是温特有关权力动机(Power Motive)、成就动机(Achievement Motive)、归属动机(Affiliation Motive)的研究。

(一)三种动机的解释

麦克利兰(D. McClelland)在对领导的研究过程中,把领导动机分为三种:权力动机、成就动机、归属动机,但是麦式的研究主要局限在经济领域。温特把三种动机进行了改造，运用于政治领域。他对三种动机做了如下解释:

第一,权力动机。权力动机的人关注如何影响、控制他人,关注自己的声望。对权力的渴求促使他们在社会稳定的情况下,通过竞争,按照规则获得权力;社会不稳定时,通过攻击获得权力。与他人交往时,喜欢与地位低的人为友。选择自己的下属时,选择生活经历不相同的专家,这些专家多具有司法和政治方面的经验。权力动机的人既能够在工作中全身心地投入,同时在工作中又能够获得情感的满足。[2]

第二,成就动机。成就动机的人关注的是在竞争中如何能够胜出,获得成功,或者能够取得独一无二的成绩。追求企业式的成功,并且为了成功会适度冒险。在选择自己的下属时,多选择某一领域的专家而不是朋友。为了成功可以不择手段，有必要的话在与人交往中可以不诚实。工作时不知疲

---

① D. Stolerman & D.Lagnado,The Moral Foundations of Human Rights Attitudes,*Political Psychology*, 2020,Vol. 41,No. 3,pp.439–459.

② David G. Winter, An Exploratory Study of the Motives of Southern African Political Leaders Measured at a Distance,*Political Psychology*,1980,Vol.2,No.2,pp.77–78.

倦,但从工作中所获得的情感满足却是极低的。

第三,归属动机。归属动机的人关注人与人之间的友谊和爱,培养友爱的行为。喜欢在从政的过程中营造轻松的环境,人与人之间的关系选择温暖的、朋友式的互动。在选择下属时多选择朋友或亲属,做决策时容易受朋友或亲属的影响。因此,具有这种动机的人往往是软弱的、顺风使舵的,自己的形象容易受下属的丑闻和错误言行的影响。

表1-2 有关成就动机、归属动机和权力动机的特征①

特征	成就动机	归属动机	权力动机
简短的定义	竞争中关注优秀、成功,或者史无前例的成绩。	关注友谊、爱或友爱行为;关注培养。	关注影响、控制或影响他人;关注在他人身上唤起的强烈的情感;关注声望。
实验研究中相关的行为	企业式的成功,适度冒险,或根据结果调整自己的绩效。任务的完成中,选择专家胜过朋友。不知疲倦。如果有必要可以不诚实。	轻松的环境中温暖的、朋友式的互动。同意或受朋友的影响,但对不喜欢的人不同意和不友好。任务完成中,选择朋友胜过专家。	条件稳定时通过比赛规则获得正规的社会权力,条件不稳定时通过攻击获得权力。喜欢声望、地位低的朋友,难以维持紧密的朋友关系。酒精、毒品,不加思考的高风险。喜欢向外开拓类型的个人挑战。
协商	(短期)合作的。(长期)如果他人合作他是非常合作。自我的行为是因为策略(与自私相对)的原因。积极的交往。(模仿国际间的环境)合作,军事方面的努力低。	(短期)如果是低风险是合作的;如果是高风险,恐惧式的防御或举棋不定。(长期)消极的,视他人是朋友或敌人而不断变化。(模仿国际间的环境)消极的。	(短期)剥削性的,尤其是他人是合作的。(长期)剥削性的。在为了获胜建立同盟或为了自己的优势打破同盟之间驾轻就熟。把他人看作是屈服的、抵抗的或竞争的。(模仿国际间的环境)冲突的、控制的,在军事方面努力多。
政治领导人相关的行为-行为模式	积极的和否定的。(巴伯)	消极的(巴伯)。软弱、顺风使舵和没有功绩的。	积极的和肯定的(巴伯)。强势的或巨大的功绩。

② See David G. Winter, An Exploratory Study of the Motives of Southern African Political Leaders Measured at a Distance, *Political Psychology*, 1980, Vol.2, No.2, pp.77–78.

续表

特征	成就动机	归属动机	权力动机
内在关系（同事或下属）	选择没有政治经历，但却是技术专家的顾问，不关注生活经历的相似性。顾问的轮换率高。	选择与自己生活经历相似的作为专家。受下属的丑闻或错误行为的影响。	选择生活经历不相同的作为专家，专家具有司法和政治(立法)方面的经验。
外在关系	致力于在限制武器方面达成协议。	致力于在限制武器方面而不是战争方面达成协议。外交方面强调互相依存，以及对国际方面，强调变化和维持现状方面的积极影响。	避免在限制武器方面达成协议。致力于战争。外交方面强调独立，对他国和现状方面强调强烈的消极的影响。

简言之，成就动机是对政绩的追求，归属动机顾及朋友、亲属的感受，而权力动机则是强调自己在政治系统中的地位，即如何影响和控制他人。那么为何温特会把三种动机放在一起研究？他没有明确解释，原因大致有二：一是当然受麦氏的影响，麦氏探讨经济领域的领导行为时，即是把三种动机放在一起研究；二是三种动机本身的解释，由解释可以看到，三种动机不但能够解释从政前的行为，更重要的是能够解释从政以后的行为。这点在与自尊的比较中可以看出，自尊主要探讨人们为何会从政，但是从政之后，自尊与领导的决策行为间是何种关系，解释得却相当模糊。但三种动机把主要的关注点放在了从政之后的行为上，解释了如何选择下属，如何确定目标，以及何种领导在从政道路上能够取得成功等。更重要的是，温特用三种动机预测了领导有可能做何种决策，譬如面对国际冲突，是喜欢协商还是通过战争解决(关于三种动机的基本特征以及各种行为表现见表1-2)。这是三种动机之所以受到青睐的原因，同时也可能是自尊研究衰落的原因。

(二)三种动机与政治行为的关系

三种动机的解释范围广泛，可以解释政治、经济领域的领导行为，也可以预测领导获得权力前后的行为。根据美国历届总统首次的就职演讲，温特分析了自华盛顿至克林顿的诸位总统的三种动机的得分。

表 1-3 美国历届总统的三种动机的得分[1]

历届总统		原始得分（意象 /1000 字）			标准化比数（M=50,SD=10）		
		成就	归属	权力	成就	归属	权力
华盛顿	1789	385	385	462	39	52	41
亚当斯,J	1797	389	303	476	39	48	41
杰斐逊	1801	565	330	659	48	49	51
麦迪逊	1809	684	342	769	54	50	56
门罗	1817	722	241	622	56	45	51
亚当斯,J.Q.	1825	543	340	374	47	50	56
杰克逊	1829	448	269	538	42	47	44
范布伦	1837	438	283	438	42	47	40
哈里森,W.H.	1841	256	152	431	32	41	39
波尔克	1845	265	143	632	33	41	49
泰勒	1849	639	365	456	52	51	40
皮尔斯	1853	572	211	633	48	44	49
布坎南	1857	505	253	469	45	46	41
林肯	1861	334	223	697	36	45	52
格兰特	1869	702	263	351	55	46	35
海斯	1877	607	283	607	50	47	48
加菲尔德	1881	509	034	610	45	36	48
克里夫兰	1885	652	237	889	52	45	62
哈里森,B.	1889	349	218	545	37	44	45
麦金莱	1897	530	151	555	46	41	45
罗斯福,T.	1905	814	102	407	61	39	38
塔夫脱	1909	479	092	793	44	39	57
威尔逊	1913	883	294	706	64	48	53
哈定	1921	541	451	481	47	55	42

---

[1] David G. Winter, Measuring the Motives of Political Actors at a Distance, In Jerrold M. Post ed., *The Psychological Assessment of Political Leaders*：*With Profiles of Saddam Hussein and Bill Clinton*, The University of Michigan Press, 2003, p.160.

历届总统		原始得分 （意象/1000字）			标准化比数 （M=50,SD=10）		
		成就	归属	权力	成就	归属	权力
柯立芝	1923	469	247	543	43	46	45
胡佛	1929	918	216	594	66	44	47
罗斯福,F.	1933	637	212	850	52	44	60
杜鲁门	1945	691	599	1198	54	61	77
艾森豪威尔	1953	450	450	614	42	55	48
肯尼迪	1961	590	959	1181	49	78	77
约翰逊,L.	1963	677	474	609	54	56	48
尼克松	1969	894	800	706	65	70	52
卡特	1977	1060	489	816	73	56	58
里根	1981	778	328	901	59	49	63
布什	1989	735	1081	735	57	83	54
克林顿	1993	1023	575	959	71	60	65
M		604	344	649	—	—	—
SD		197	223	201	—	—	—

三种动机与政治行为的关系表现如下：

1.从动机的角度可以解释和判断领导的言行

一个领导的动机可以解释他们的言行。有些看似矛盾的行为,可以从他们的动机中得到合理的解释。温特与莱兹·A.卡尔森（Lesie A. Carlson）发现尼克松在成就和归属动机方面高,在权力动机方面适度,以此解释了尼克松人生看似矛盾的五个方面：

其一,10岁时, 尼克松曾向母亲说,"我想成为一个律师——廉洁的律师,不会被骗子所收买的律师"。但51年后却因政治丑闻而辞职。成为"廉洁的律师"可以看作是他的成就动机的表现,同时也表达了对母亲强烈的归属动机。"水门事件"表明他不惜一切手段实现目标——重新当选总统——的成就动机。

其二,在大学毕业前,尼克松把自己的信仰描绘为"自由的,甚至是民粹主义的”,但 10 年之后,却攻击自由派和共产主义,25 年之后作为总统又访问中国。政治信仰的不断转变是他追求成就动机的表现。

其三,1960 年尼克松在总统选举中失败,1962 年在加州州长选举中又败北,两次打击之后尼克松宣布退出政坛,但 1968 年他又再次参与总统竞选,并最终获胜。违背承诺的背后是强烈的成就动机在作祟——当年宣布退出是看到肯尼迪会再次当选,自己没有希望成功,1968 年则看到了成功的希望,因为肯尼迪被暗杀,约翰逊总统在越南战争问题上遭到国内的强烈反对。

其四,1970 年,越战升级,扩大至柬埔寨,引起学生的强烈抗议。尼克松在记者招待会上为自己的行为辩护之后,夜里却会见学生,所谈论的不是战争,而是旅游、建筑、美国印第安人和橄榄球。越战的升级,似乎应该表现为高权力动机,其实反映了尼克松对单纯运用武力是犹豫不决的和不舒服的。进攻柬埔寨是强烈的权力动机的表现,在于“发现谁是我们的朋友”,而会见学生显示出强烈的归属动机。

其五,1971 年 2 月之后,尼克松对自己所有的会议和电话谈话都进行了录音,但当这些录音作为证据有可能导致他辞职时,为何没有销毁? 一是录音在于成就动机,想留名青史。没有销毁在于归属动机,受他人的劝说,销毁将会“留下给他人永不抹去的负罪的印象”。二是体现了高归属动机的“阴暗”的一面,在于即使最亲密的朋友背叛了,也会给他们一些保护。①

2.领导的动机分析要与社会环境联系起来

但是仅仅依据三种动机就对领导的行为做出判断往往是不准确的。温特提出,对领导动机的分析要与特殊的社会环境联系起来,三种动机所描绘的上述表现只是理论上的,在具体的环境中还会有所变化。

一是和平还是威胁的环境会影响领导的行为。在和平的环境下,可以仿照领导的三种动机判断领导的行为。但是在威胁的环境下,三种动机所导致的行为往往与和平时期相反。温特等把老布什与其他 53 位世界领导人的动机进行了比较, 发现他在归属动机方面高, 但在权力动机方面处于平均水平。如何解释他发动了海湾战争?温特的解释是:在有利的和安全的环境中,是

---

① David G. Winter & Lesie A. Carlson ,Using Motive Scores in the Psychobiographical Study of an In-dividual : The Case of Richard Nixon, *Journal of Personality* , 1988 , Vol.56 , No.1 , pp.75-103.

和平的倡导者;但在威胁的环境中,是最少合作、最怀疑和防御性的谈判者。[1]

二是领导在追求权力的过程中,处于不同的阶段,动机也会有所变化。温特在对克林顿的政治动机的考察中发现,1992年的竞选运动中,克林顿的成就和归属动机略高,权力动机略低;但在1993年就职演说中,三种动机都有所提升,尤其是成就动机和权力动机,不变的是成就动机依然高过权力动机;上任之后,他的动机有所变化,相对于成就动机,权力动机在增长。[2]

3.赢得权力的关键:动机必须与社会动机一致

在追求权力的过程中,具备什么样的动机对于能否成功起着重要的作用。温特在对此的探讨过程中,把动机与整个社会的动机联系起来,认为总统要想选举成功,必须与当时的社会动机一致。总统的吸引力导致选举的成功,而总统的吸引力很大程度上取决于总统的动机与当时的社会动机一致。不同时代,所需要的领导的动机也会有所差别。譬如,权力动机的总统出现在冲突时代的选举中,如剧烈的社会变动、战争,归属动机的总统则出现在调和的时代,成就动机的总统出现在人们的信念被唤起(Conscience)的时代。[3]

彼得·休德菲尔德(Peter Suedfeld)等的研究也得出了类似的结论。他们发现,报纸上所展示的动机和整合复杂性与获胜者之间的关联度相当高,这显示他们的动机形象与时代一致。[4]

但是对于上述结论,温特是相对谨慎的。他提出了两点限定:其一,民主的环境。在民主选举的体制下,权力来自于选民的选票,因此必须倾听选民的呼声,候选人要想赢得大选必须调整和改变自己的心态。但是在独裁体制下,是一个相反的过程。即领导人的权力获得来自于上层权力的争斗,与民

---

[1] David G. Winter et al., The Personality of Bush and Gorbachev at a Distance: Follow-Up on Predictions, *Political Psychology*, 1991, Vol. 12, No. 3, pp.457-464.

[2] David G. Winter, A Motivational Analysis of the Clinton First Term and the 1996 Presidential Campaign, *Leadership Quarterly*, 1998, Vol.9, No.3, pp. 367-376.

[3] David G. Winter, Leader Appeal, Leader Performance, and the Motive Profiles of Leaders and Follows: A Study of American Presidents and Elections, *Journal of Personality and Social Psychology*, 1987, Vol.52, No.1, pp.196-202.

[4] Peter Suedfeld et al., Studying Canadian Leaders at a Distance. In O. Feldman &L. O. Valenty eds., *Profiling Political Leaders: Cross-Cultural Studies of Personality and Behavior*, Praeger, 2001, pp.3-20.

众的心态无关。而且独裁者拥有过多的权力,自己的意志往往对社会施加影响,他们的动机反而会影响整个社会的动机。戴维·P.施密特(David P. Schmitt)和温特在对苏共的四位总书记在党代表大会上的发言考察后发现,两年前的社会动机与发言中表现出的动机有分歧,两年后趋向于靠拢。显示在苏联社会中,领导影响社会动机而不是反映社会动机。①其二,仅适用于选举。即与社会动机保持一致是选举的关键,但是否能够做出伟大的功绩,在历史上留名则与此无关。温特的研究发现被历史学家所评出的伟大总统,譬如林肯、罗斯福等,与总统自身的动机相关,而不取决于总统动机与社会动机的一致性。②即总统本身的动机影响着总统的政绩。

4.权力动机和成就动机是领导成功的核心动机

何种动机能够决定领导的成功?温特等学者基本达成共识:权力动机和成就动机是领导成功的核心动机。温特和阿比盖尔·J.斯图尔特(Abigail J. Stewart)对 1905—1974 年总统的就职演说进行考察得出了诸位总统的三种动机数据,然后与历史学家集体对总统做出的评价相比较,发现权力动机和成就动机与总统的评价呈正相关,而归属动机则呈负相关。③迪恩·K.西蒙顿(Dean K. Simonton)也谈到,总统之间人格的差别,其中动机的比较是核心。但总统的权力动机和成就动机能够区分开来是困难的,而伟大的总统总是权力动机高,归属动机低。④

为何权力和成就动机对于政治领导人来说是重要的?里查德·E.唐利(Richard E. Donley)和温特给出的答案是,它们联系着总统的两个重要任

① David P. Schmitt,David G. Winter ,Measuring the Motives of Soviet Leadership and Soviet Society:Congruence Reflected or Congruence Created? *Leadership Quarterly*,1998,Vol.9,No.3,pp. 293-307.

② David G. Winter,Leader Appeal,Leader Performance,and the Motive Profiles of Leaders and Fol-lows:A Study of American Presidents and Elections,*Journal of Personality and Social Psychology*,1987,Vol.52,No.1,pp.196-202.

③ David G. Winter and Abigail J. Stewart,Content Analysis as a Technique for Assessing Political Leaders,M. G. Hermann,T. W. Milburn eds.,*A Psychological Examination of Political Leaders*,Free Press,1977,pp. 55-61.

④ Dean K. Simonton,*Why Presidents Succeed:A Political Psychology of Leadership*,Yale Universi-ty Press,1987,pp. 230-231.

务:目标达成以及系统的维持。①即成就动机确定了政治领导任期的目标,没有目标的总统自然很难做出伟大的功绩;而权力动机在于能够控制、影响他人,有效运用政治系统,为目标的实现奠定基础。如同马基雅维利所说的君主要想成功,要具有狮子和狐狸的特质,其中狮子的特质强调的即是权威,也就是所说的权力动机。

玛格丽特·R.弗格森(Margaret R. Ferguson)和杰·巴茨(Jay Barth)在对美国各州州长的考察中也得出了类似的结论,与温特等的解释大致相同。他们发现成功的州长是权力动机和成就动机的结合,最有可能达到他们的目标,归属动机的州长则很少成功。他们判断成功的指标是每个州长提交的议案在各个州议会通过的数量,数量越多,表明议案成功得到实施,有可能取得更多的政绩。州长的权力动机和成就动机越高,通过的数量就越多,权力和成就结合的州长越容易在立法机构获得成功。权力动机表明州长关注名誉和声望,导致他们获得可见的成绩。成就动机表明州长有欲望在任期间做出更大的政绩,设定了优秀的标准,或在与他人竞争中鼓励成功,两者的结合才能获得成功。归属动机却起到了相反的作用:与他人维持长久的关系的欲望被看作是软弱的表现,导致立法者无惧州长。②

需要指出的是,温特等有关政治动机的研究是我们区分政治心理学与其他心理学,譬如管理心理学、社会心理学的重要标准。譬如在当今行政管理的课程中,设有管理心理学、领导心理学等,但是它们所讲基本与商业活动而不是政治活动相关,因为决定商业领域和政治领域成功的标准是不同的。温特对此有非常明确的阐述。他说,归属动机在商业上很成功,但在政治上却遇到困难。③因为在商业活动中,团队精神往往是很重要的,也是体现企业家的一项重要品质,因此归属动机是相当重要的。但归属动机在政治领域却有可能被人看作是软弱的表现。同时,成就动机在商业活动中是最重要的,成就动机与商业业绩密切相关,而业绩决定企业的生死。但在政治活动

① Richard E. Donley, David G. Winter, Measuring the Motives of Public Officals at a Distance: An Exploratory Study of American Presidents, *Behavioral Science*, 1970, Vol.15, No.3, p.229.

② Margaret R. Ferguson, Jay Barth, Governors in the Legislative Arena: The Importance of Personality in Shaping Success, *Political Psychology*, 2002, Vol.23, No.4, pp.787–808.

③ David G. Winter, Measuring the Motives of Political Actors at a Distance, Jerrold M. Post ed., *The Psychological Assessment of Political Leaders: With Profiles of Saddam Hussein and Bill Clinton*, The University of Michigan Press, 2003, p.159.

中却可能伤及同盟,异化支持者,给人一种不顾及原则的机会主义形象。[1]

有关三种动机的研究也存在一些问题。首先,三种动机的研究在政治心理学领域应和者不多。目前所见大多数文章是温特及其同事所写,很少有其他学者参与,难以在学术界形成研究政治动机的潮流。其次,三种动机的研究对政治领导人关注较多,但对选民的心理研究涉及不多,即对选民的动机与投票行为之间的关系探讨不多。最后,研究方法上也存在缺陷。温特等的研究样本多是历届总统的就职演说,这些演说能否体现总统的动机,本身就存在着争议,因为他们多是总统后面的"幽灵"作者所为;即使这些就职演说休现了总统的动机,但仅就职演说是否能全面了解总统的动机也存在着疑问。

(三)测量方法的具体操作:以特朗普为例

我们的研究团队利用温特的理论,对特朗普的政治动机进行了测量。通过翻译温特的《连续文本中动机意象计分手册》,可以准确理解动机意象的定义及如何在文本中测量个人的权力、归属、成就三种动机。

一般而言,动机意象可以指一种行为(这种行为可以是过去的、现在的、未来的或者是假设的),可以指一种希望或忧虑性的情绪,也可以指一种内部状态,这种动机意向必须有较为明确的目的性或能够清晰地表达个体的情绪。权力动机、归属动机和成就动机这三种具体概念,都有其侧重。权力动机强调如何影响、控制他人,想要拥有权力;归属动机的重点在于人际关系的处理;成就动机则关注如何胜出,如何取得成绩。由于每一种动机所涉及的词句可能是不计其数的,在连续文本中划分哪些句子归于哪一种动机,温特提出了具体的规则。

第一,权力动机意象。主要体现为具有强有力的行为,这些行为本身会对他人或世界造成影响,如攻击、袭击、威胁、控诉、追逐、羞辱、利用、指挥等对他人造成影响的行为;想要操控或者制定规则,尤其是通过搜集信息或检查他人而做到有效地控制和制定规则;尝试去影响他人、劝说他人、说服他人,参与争论,提出一种观点或证明一种观点,只要这些行为能够对他人造成影响;在涉及名誉、威望、名望等问题上,对他人施加压力;对他人的行为表现出强烈的反应。

---

[1]　David G. Winter, A Motivational Analysis of The Clinton First Term And The 1996 Presidential Campaign, *Leadership Quarterly*, 1998, Vol.9, No.3, pp. 367–376.

第二,归属动机意象。主要体现为向他人或国家表达自己一种积极的、友爱的、亲密的感受,如包含"朋友""友谊""爱人"的文句,往往体现了自身的归属动机;由于友谊的破裂和瓦解或者为了维护友谊而产生的一种悲观或消极的情绪,如"孤独"等词语;向往温馨的或伙伴式的活动,如花时间与朋友相处,举行聚会或者其他社交活动;具有能够培育友谊的行为,如明确地帮助他人、同情他人或安慰他人。

第三,成就动机意象。主要体现为积极地评价某种表现的形容词,如"好""更好""最好"等词语;以一种积极评价的方式描述目标或表现,如某些行为或表现带来了非常好的结果,而且这种因果关系十分明显;涉及赢得胜利,与他人竞争,强调获胜带来了好的结果而不是带来权力;负面情绪导致不能取得成绩;独一无二的成就等。

在文本的选取上,为了尽可能全面和准确地测量特朗普的政治动机,我们选取了特朗普就任总统第一年(2017 年 1 月至 12 月)的讲话作为测量文本。主要是以特朗普就职演说为核心的 90 篇重要演讲和从 1 月到 12 月的每周电台讲话 40 篇,这些演说和讲话涉及内政、外交、军事、安全、民生等各个领域。如《特朗普就职演说》《特朗普对联盟代表和美国高级指挥官的讲话》《特朗普在全国祈祷早餐会上的讲话》《特朗普在希腊独立日庆典上的讲话》《特朗普 2017.1.28 电台讲话》等共 130 个文本。之所以选取特朗普就任总统以后的演说,是因为要考虑不同时期人物的政治动机可能会发生变化。显然,研究特朗普担任总统以来的政治动机,对于研究美国未来的外交政策走向要更有意义一些,因此排除了特朗普就任总统之前的演说文本。

在具体测量方式上,有人工测量和计算机测量两种。人工测量烦琐且易有遗漏,而计算机机械化的特征也会造成某些结果不准确,由此我们采取计算机测量和人工校验相结合的方式,首先运用计算机测量将所有文本中符合动机意象的文句依次罗列出来,再通过人工将少数错误的文句剔除,最后计算得出特朗普在三种政治动机上的得分。

(四)结果及分析

通过计算机平台导出文本的动机意象,能够分别获取每一个文本所包含的三种动机意象的数量。由于每一个文本的篇幅大小不同,利用计算公式对初步结果进行相应修正后,分别得到三种动机的一系列最终得分及其平均值。

　　通过计算和观察特朗普三种动机的结果,能够得到一个初步结论:特朗普是一个以归属动机占主导的政治家。尤其是在最具代表性的总统就职演说中,特朗普表现出很高的归属动机,而权力动机和成就动机则相对较低且平均。计算其所有文本中三种动机的平均值,也能发现,特朗普的归属动机最高,达到15.6,而权力动机和成就动机分别是10.3和11.1。

表1-4　特朗普130篇演讲中的政治动机平均值

指标	权力动机	归属动机	成就动机
意象/1000字词	10.3	15.6	11.1

表1-5　特朗普就职演说中的政治动机数据

指标	权力动机	归属动机	成就动机
意象/1000字词	10.4	22.2	13.9

　　由于特朗普的成就动机和权力动机的平均数值相近且分数较高,那么可能存在两种不同的结论:其一,特朗普是一个以归属动机为主导的领导人,而其成就动机和权力动机比较低;其二,特朗普的权力、成就和归属动机都很高,其中归属动机最高。通过进一步的研究分析,能够基本确定,结论一更符合事实,即特朗普是以归属动机为主导,权力动机和成就动机相对较低的领导人。理由主要有两点:第一,权力动机、成就动机和归属动机三者之间具有一定的逻辑互斥性。绝大多数领导人以其中一种动机为主,部分领导人两种动机都高,但是绝对不会存在三种动机都很高或者三种动机都很低的政治人物。第二,温特测量了从华盛顿到克林顿之间所有美国总统在就职演说中的政治动机得分,不存在三种动机都很高的总统,从经验上来说,这种领导人应该不存在。通过分析比较特朗普之前十任美国总统的政治动机,能发现政治动机相似的总统往往在政治态度和执政决策等方面也有一定的相似之处。

表1-6 美国近十任总统在就职演说中的政治动机得分①

总统	权力动机	归属动机	成就动机
肯尼迪	15.4	12.6	9.8
约翰逊	15.6	11.2	13.8
尼克松	10.4	14.0	13.0
卡特	11.6	11.2	14.6
里根	12.6	9.8	11.8
老布什	10.8	16.6	11.4
克林顿	13.0	7.8	14.2
小布什	13.8	23.9	6.3
奥巴马	13.7	6.3	7.4
特朗普	10.4	22.2	13.9

通过观察和比较近十任美国总统政治动机的得分,可以发现肯尼迪、约翰逊和奥巴马是以权力动机为主导的领导人;卡特、里根和克林顿是成就动机和权力动机都较高的领导人;尼克松、老布什、小布什和特朗普都是高归属动机的领导人。通过分析比较四位高归属动机总统执政后的表现,可以进一步印证温特的政治动机理论。

高归属动机的领导人易受家庭亲人和朋友的影响。尼克松听从朋友的建议保留了1971年以来的所有会议和电话录音,尽管后来朋友背叛了他导致其辞职,但是尼克松依旧尽可能地给朋友提供保护。老布什和小布什两位总统无论在政治倾向还是执政决策等方面都存在家庭式的传承关系。特朗普自宣布参选总统以来,他的子女们就参与其中且发挥了很大作用,当选总统后,其女儿伊万卡成为白宫非正式顾问,女婿贾里德·库什纳是特朗普最信任的幕僚和顾问。

高归属动机的领导人对国际形势的判断持消极态度,因此对外政策上往往遵循单边主义外交原则,采取保守的防御性策略。特朗普自参选以来就高举"美国优先"的旗号,执政后坚持单边主义,退出各种国际组织和协议;

① 肯尼迪至克林顿的动机得分源于温特研究中的数据,小布什、奥巴马和特朗普的动机测量均以第一任期的就职演说为文本。由于杰拉尔德·福特于1974年接替尼克松继任总统而非民选总统,因此在表中忽略了福特的政治动机得分。

小布什执政时期多次越过联合国发动侵略战争，被称为最具代表性的单边主义领导人。

七、基因与政治心理

在欧美国家，选举成为政治学者关注的中心，其中对选民心理的探讨成为重中之重。如何探测选民的心理，涉及探测什么和用什么探测的问题。探测什么指探测选民心理的哪些方面，具体来说可以分两个方面：一是选民的意识形态，即自由或保守的心理；二是选民的投票行为。用什么探测，涉及用什么研究方法测量选民的心理。最常规的方法就是通过问卷调查的方法进行考察。譬如康沃斯（Philip Converse）通过问卷调查，得出了精英具有的意识形态和普通民众的意识形态不一致的结论，从而引起了学术界的极大争议。[①]

另一种则是自然科学技术和概念的引入。在探讨人们的政治心理过程中，尤其是随着计算机技术的发展，学者们可以对人们的政治心理进行数据分析，然后根据数据分析结果。譬如利用操作码理论，对领导人物发表的言论进行编码，然后与他们的行为相对应。[②]再如，随着传播技术的兴起，对政治人物进行脸部识别，主要分析他们的表情，并与他们发表的观点相对应，以考察他们对哪种议题相对比较熟悉。[③]

在技术发展中，生命科学技术的发展是一个值得关注的方面。与计算机技术相比，生命科学介入政治心理学的研究要早很多。精神分析的创始人弗洛伊德提出了用性本能与死亡本能解释是要和平还是要战争。他的弟子赖希则将性本能与政治联系，认为革命成功与否，性心理的健康很重要，无产阶级革命要想成功，必须发动一场性革命。[④]可以说，早期的学者建立起了生理、心理与政治的联系。问题在于，这种联系并没有与生命科学技术的发展

①　Philip Convers, The Nature of Belief Systems in Mass Publics, *Ideology and Discontent*, Free Press, 1964, pp.206–226.

②　季乃礼、孙佳琪：《特朗普对华心理探析——基于信念体系操作码的解读》，《理论与改革》，2019 年第 3 期。

③　Gregory J. McHugo et al., Emotional Reactions to a Political Leader's Expressive Displays, *Journal of Personality and Social Psychology*, 1985, Vol.49, No.6, pp.1513–1529; Gregory J. Mchugo et al., The Effect of Attitudes on Emotional Reactions to Expressive Displays of Political Leaders, *Journal of Nonverbal Behavior*, 1991, Vol.15, No.1, pp.19–41.

④　[美]赖希：《性革命：走向自我调节的性格结构》，陈学明等译，东方出版社，2010 年，第三版（1945 年）序言。

联系起来。譬如,既没有就性满足本身提供翔实的科学实验结果,也没有对性问题引起的心理与哪种政治行为建立起联系。随着生命科学技术的发展,学者们逐渐将相关的技术引入政治心理学的研究。譬如,在通过实验对政治情感的考察中,将被试者内在的身体反应、面部表情,以及情感导致的行为倾向结合起来进行研究。[①]生命技术的发展中,基因是其中一个重要的方面。自 20 世纪六七十年代,基因技术的发展逐渐与政治心理学的研究结合起来。

(一)XYY 基因与攻击行为研究

自 20 世纪初期开始,学者们一直试图对攻击行为进行解释。如弗洛伊德将攻击行为归为人们的死亡本能。20 世纪 60 年代兴起了相对剥夺理论,认为相对剥夺感越大,产生的攻击越大,这就是挫折–攻击机制。[②]也有从动物的本能来推断人们的攻击心理,如洛伦兹认为动物因为对自我保护、资源的占有、赢得交配会产生攻击,人类也具有同样的心理。[③]

英国学者帕特里夏·雅各布把人类犯罪的行为归结为人类具有犯罪的基因。20 世纪 60 年代早期,她和同事们在对苏格兰一座精神病院的男病人的研究中发现,XYY 基因型的男人是普通人预期中的 12 倍。这种基因类型的男人大都患有精神疾病、智力迟钝、身高超常,同时伴有攻击行为。正因为这些人具有犯罪基因,才导致了他们攻击行为的发生。[④]

人类是否有犯罪基因呢? 帕特里夏·雅各布的诊断存在着明显的错误。错误之一,精神疾病和攻击行为之间并不存在着必然的联系。也就是说,她调查的精神病人,XYY 基因类型的人数较多,只能证明他们患精神疾病的概率偏高,并不能证明攻击别人的行为也偏高。有的人尽管患有精神疾病,但是并不攻击别人。错误之二,抽取的样本存在问题。她没有照顾到这种基因类型的大多数,没有对普通人群的 XYY 基因类型的人做调查研究。在现实

---

① Ruta L. Atkinson et al.,*Hilgard's Introduction to Psychology*,Harcout Brace College Publishers,1996,p. 378.

② 有关此方面的论述参见赵鼎新:《西方社会运动与革命理论发展之述评——站在中国的角度思考》,《社会学研究》,2005 年第 1 期;裴宜理文、阎小骏译:《社会运动理论的发展》,《当代世界社会主义问题》,2006 年第 3 期。

③ [奥]洛伦兹:《攻击与人性》,王守珍、吴雪娇译,作家出版社,1987 年,第 291 页。

④ [美]露丝·哈伯德、埃里加·沃尔德:《基因神话揭谜》,陈建华、李美华、邵承工译,复旦大学出版社,2001 年,第 117 页。

生活中,这种基因类型的男人除了一小部分之外,全都过着正常的生活,并没有异常的攻击行为。这种错误就像一个人到监狱中调查,发现男性犯人居多数,由此得出男人就有犯罪的本能一样,而实际上大多数的男人都是本分的,遵守秩序的。

(二)双胞胎研究引起的争论

20世纪80年代,基因的概念和技术重新引入政治心理学的研究,兴起了一股研究热潮。热潮的推动是由明尼苏达大学的双胞胎研究开始的。

20世纪80年代初期,明尼苏达大学的研究者们以双胞胎作为研究基础,收集了明尼苏达州登记在册的8000对双胞胎,出生日期为1936年至1955年。他们的研究跨度为1983年至1990年,也就是说这些研究对象多数处于中年时期,试图探讨基因对人们的心理与行为的影响。他们收集了大量双胞胎被分离抚养,以及同时抚养的例子,通过不同条件的比较,探讨基因在人们性格中的作用。这项研究涉及人格、智力等方面,也涉及有关社会的态度,如有关宗教、离婚等问题,同时也涉及对行为的考察,譬如人们的冒险行为。[①]按照他们的观点,影响上述方面的因素,如果按照基因与环境来划分的话,基因所起的作用是决定性的。至于基因在政治心理中的作用如何,并不是双胞胎研究关注的焦点。

但是他们的兴趣很快突破了传统的研究领域,逐渐延伸到政治心理领域。当时,政治心学研究的热点之一是威权主义人格。威权主义人格涉及对上服从、对下奴役以及因袭权威所认可的价值观等维度。威权主义人格研究的代表人物是埃特米耶(Bob Altemeyer),提出了右翼威权主义(Right Wing Authoritarianism,RWA)人格,强调社会环境对人们心理的影响。譬如生长于天主教环境的孩子威权主义水平较高。明尼苏达大学的研究者在对双胞胎的研究中,则强调了基因对人格的影响,由此推论开去,作为人格的一部分,威权主义人格自然也是受基因的影响。基于此,1988年,明尼苏达大学研究团队中的代表人物莱肯(David Lykken)给埃特米耶写了一封信,提出在RWA中变化的主要来源是基因。埃特米耶对此提出了质疑,他认为如果说是基因决定人们的性格的话,与生物父母抚养的孩子相比,收养的孩子不应

---

① David Lykken et al., The Minnesota Twin Family Registry: Some Initial Findings, *Acta Geneticae Medicae et Gemellologiae*, 1990, 39, pp.35–70.

该与他们的养父母有相似之处。他对这种理论进行了验证,收集了44个学生的75份养父母(35份母亲和40份父亲)RWA测试样本。结果显示,母子之间的相关度是.61,父子之间的相关度是.50,父母与孩子相关度平均为.55,而一般父母与孩子的相关度平均为.40。这些数据表明基因并不是RWA的决定因素,而是来自于社会环境。[①]

孰是孰非?莱肯的研究是有问题的,他的观点是推论性的,并没有真正测量基因与威权主义人格之间的关系。埃特米耶的结论也值得商榷,威权主义人格的形成不受基因的影响,并不意味着基因与政治心理之间毫无关系。威权主义属于意识形态的一部分,按照意识形态的光谱来划分的话,一端是极左,另一端是极右。威权主义人格者多出现在极左和极右人群中,尤其是极右翼人群,因此埃特米耶将威权主义人格又称之为右翼威权主义人格。但在二战后,随着意识形态的终结,极左和极右者成为少数人群,自由和保守者成为欧美各国的主流人群。因此,对于威权主义得分较低的人群,试图测量其基因的影响,得出的结论可能是偏颇的。如果将双胞胎研究对准政治心理学的其他领域,或许会发现两者之间的联系。

遵循此思路,学者们对此展开了研究,修正了埃特米耶的结论,达成了如下共识:基因对政治心理的影响是存在的。基于此,学者们展开了两方面的研究:一是基因对哪些方面有影响,主要集中在意识形态和投票行为两个层面展开;二是哪一种基因对政治心理产生影响,该研究探讨某种基因对投票行为的影响。

(三)基因与意识形态的研究

在政治社会化的研究中,家庭一直是学术界关注的焦点。家庭中亲子关系的血缘性、情感的深厚性等是其他社会机构所无法比拟的。[②]家庭对人们的政治心理影响是多方面的,譬如父母的意识形态、政党趋向等都会对子女产生重要的影响。[③]但是学者们在研究中也面临一些困惑,发现大量子女完

---

① Bob Altemeyer, *The Authoritarian Specter*, Harvard University Press, 1996, pp.69-75.

② Richard Dawson & Kenneth Prewitt, *Political Socialization*, Little, Brown and Company, 1969, pp.107-108.

③ D. Cundy, Affect, Cue-Giving, and Political Attitude Information: Survey Evidence in Support of a Social Conditioning Interpretation, *Journal of Politics*, 1979, Vol.41, No.1, p.98.

全不受上述条件的影响，仍然与父母的意识形态、政党认同等有相关性。[1]于是，有学者将这种现象归为基因的作用，这些子女更多源于继承了父母的基因而不是家庭的结构。[2]

阿尔福德(John R. Alford)等以美国和澳大利亚有关同卵双生和异卵双生的双胞胎的调查数据为基础，对基因和环境在政治取向中的传递进行了探讨，结果他们发现，基因在政治态度、政治意识形态形成方面起了重要作用，在政党形成方面也有适度的影响。因此，他们认为，政治取向的传递是基因和社会环境互动的结果。他们关注较多的是意识形态与基因的关系，具体来说，是表现型(phenotype)与意识形态的关系。他们把表现型划分为"绝对主义"(absolutist)和"情境主义"(contextualist)两种类型，在不同领域有着不同展现。譬如，法律领域展现为程序正义还是实质正义，宗教领域体现为基本教义派与世俗人文主义，而政治领域则体现为保守主义与自由主义。前者受环境的变化不大，后者则受环境的变化较大。之所以有些人遇到一些政治议题容易受到影响，另外一些人变化不大，关键在于环境与内心的回应(gut response)，如果环境与人们的基因相符，引起内心的反应，自然变化就会很容易。[3]

之后，阿尔福德的研究团队与史密斯(K.Smith)等人对此问题做了进一步的研究。他们列举了强调政治社会化作用的学者对他们的反击，这些学者认为，所谓得出基因对意识形态具有影响的结论，有可能来自于他们的社会化过程。譬如，他们相似的经历、相互的影响、父母对待他们相同的教育方式、提供相同的成长环境，由于基因学者没有认识到这些因素，导致了他们对基因作用的夸大。为了反驳这些观点，他们重新验证了原有的证据，同时又补充了新的证据。他们对明尼苏达双胞胎数据库出生于1947年至1956年的1349个样本进行了问卷调查，同时增加了弗吉尼亚双胞胎的样本，结论基本是一致的：强调基因与环境在意识形态形成中的共同作用，但又认为基因所起的作用更大。具体来说，成年人的政治趋向中变量的40%~60%都

[1]　Jennings, M. Kent., & Richard G. Niemi, The Transmission of Political Values from Parent to Child, American Political Science Review, 1968, 62, pp.169-183.

[2]　Steven A. Peterson, Biology and Political Socialization: ACognitive Developmental Link? Political Psychology, 1983, Vol.4, No.2, pp.265-288.

[3]　John R. Alford et al., Are Political Orientations Genetically Transmitted? The American Political Science Review, 2005, Vol.99, No.2, p.153.

是可遗传的。同卵双生的人因为基因相似,不管环境如何变化,必然导致意识形态的相似性,而异卵双生的人们之间意识形态的相似,则是基因与环境共同作用,即基因作为中介变量,影响人们的政治气质,影响的程度受家庭和社会环境的影响。由此,他们提出在政治科学的研究中,必须将生理的变量考虑进来,否则传统有关政治社会化的解释就是不完整的。①

可以说,承认基因和社会环境对儿童政治取向的影响成为当今许多学者的共识。但有的学者在谈到此时,并不是泛泛而谈。伊文斯(Lindon Eaves)等认为,在 20 岁(包括 20 岁)前,社会环境对人们的社会态度中的保守倾向居于绝对主导地位。他们考察的双胞胎涉及的年龄段为 9 岁至 75 岁,一共3416 对同卵双胞胎和 3780 对异卵双胞胎。他们发现,在 20 岁(包括 20 岁)前,同卵双胞胎和异卵双胞胎在保守倾向上没有什么差别,但之后随着年龄的增长,同卵双胞胎之间在保守态度上的相似性要大于异卵双胞胎,这显然是基因在起作用。②艾布拉姆森(Amy C. Abrahamson)等认同伊文斯等的部分论断,基因不同,智力、气质以及身体特征都有着显著的不同,这些方面在人们年幼时受制于当时的社会环境,他们的这些特征无法自由发展,因此基因的作用不大。但随着年龄的增长,人们选择的自由度增加,基因的这些方面所导致的人们的差别就越来越明显, 尤其是人们的智商对于态度的发展起着重要的作用。但是他们又不同意伊文斯等有关 20 岁的分界。通过对 654名收养和没有收养的孩子,以及他们的生物父母和养父母的调查,最终进行比较发现,早在 12 岁时,基因对子女的保守态度就有所影响。但是基因对子女的宗教态度却没有影响。③

(四)基因与政治行为

有关基因与意识形态的关系的研究也存在一些问题。欧美国家普遍实行代议制,权力来自于选民的选票。选民的投票行为受意识形态的影响,但

---

① K. Smith et al., Biology, Ideology, and Epistemology: How Do We Know Political Attitudes Are Inherited and Why Should We Care? *American Journal of Political Science*, 2012, Vol. 56, No. 1, pp. 17–33.

② Lindon Eaves et al., Age Changes in the Causes of Individual Differences in Conservatism, *Behavior Genetics*, 1997, Vol. 27, No. 2, pp.121–124.

③ Amy C. Abrahamson et al., Rebellious Teens? Genetic and Environmental Influences on the Social Attitudes of Adolescents, *Journal of Personality and Social Psychology*, 2002, Vol. 83, No. 6, pp.1392–1408.

意识形态毕竟只是一个中介变量，要想准确预测选民的投票行为面临着以下困难：其一，个人可能同时具有自由或保守的意识形态。当代选民的意识形态面临着议题化的倾向，譬如在经济议题上有可能保守，但在社会议题上有可能自由。单纯从个人的意识形态去判断选民会将选票投给哪个候选人，会带来极大的不确定性。其二，除了意识形态，选民的投票行为可能还受其他因素的影响，譬如政党的认同，所认可权威的意识形态倾向、民调，甚至是候选人的长相都可能对选民的投票行为产生影响。[①]因此，最好的办法是发现基因与人们政治行为之间的关系。

有学者探讨了基因与亲社会行为之间的关系。奈福（Ariel Knafo）和普罗敏（Robert Plomin）在对英格兰和威尔士 9319 对 3 岁、4 岁、7 岁的双胞胎的研究中，发现基因和社会环境对于儿童的亲社会行为都有所影响。如果父母总是以积极的情感面对子女，以民主的方式教育子女，那么无论基因如何变化，孩子将来的行为就可能是亲社会的。但是如果父母总是以负面的情感面对子女，教育子女的方式也是简单、粗暴的，那么子女是否出现亲社会的行为，就受基因的影响较大，基因作为一个中介变量对此进行调节。[②]他们尽管建立起了基因与行为之间的联系，亲社会行为的人一般也可能参与社会活动，包括投票，但是这种联系毕竟不是直接的。福勒（J.H.Fowler）与同事的研究直接将基因与投票行为研究联系起来，同时扩展了研究的数据，不仅分析双胞胎的相关数据，也研究其他不同条件对投票行为的影响。他们以洛杉矶登记的双胞胎作为考察对象，分析了同卵双生和异卵双生的选民在投票中的行为，肯定了基因与投票间的关系。为了进一步验证他们的结论，他们又进行了"国家青少年纵向研究"（National Longitudinal Study of Adolescent Health，ADD health）。具体来说，他们考察了影响投票行为的三个因素，基因（A）、共同的环境（C）和非共享的环境（E）三种，一种是 ACE 模式，即对投票考察了上述三种因素，另一种是 AE 模式，即只考察基因和非共享环境对投票行为的影响。他们发现 AE 模式的解释要优于 ACE 模式，即把子女成长的

---

① Richard R. Lau & David P. Redlawsk, Advantages and Disadvantages of Cognitive Heuristics in Political Decision Making, *American Journal of Political Science*, 2001, Vol. 45, No. 4, pp. 951–971.

② Ariel Knafo & Robert Plomin, Parental Discipline and Affection and Children's Prosocial Behavior: Genetic and Environmental Links, *Journal of Personality and Social Psychology*, 2006, Vol. 90, No.1, pp. 147–164.

相似环境排除在了影响投票的行为之外。[①]

无论是前面对意识形态的研究,还是亲社会行为、投票行为的研究,均存在一个问题:把基因看作是一个黑箱,通过将光线投射到黑箱上,观看透射出来的光线进行分析,却没有对黑箱本身进行分析。也就是说,学者们通过对同卵双生和异卵双生,以及抚养条件的差异,探讨基因与政治心理之间的关系,而没有对基因本身进行分析。福勒与其同事在此方面作了初步的尝试,他们分析了哪些基因究竟与选民的行为有关系,数据同样来自"国家青少年纵向研究"所提供的数据。他们考察了两种候选基因:单胺氧化酶 A (monoamine oxidaseA, MAOA)和 5HTT 的多态性基因[②]。他们发现拥有单胺氧化酶 A 的多态性基因的选民更有可能参与投票,5HTT 的多态性基因也与参与投票的行为有着密切的关系, 也就是高 MAOA 多形态与长 5HTT 多形态可能更会参加投票。但他们同时又认为,基因能否发挥作用,与环境的互动是分开的。以选民为例,他们可能是被动员参加的,或者有可能受其所归属的宗教群体的影响,也可能受其接触的人群的影响等。他们选取了所归属宗教群体的活动作为中介变量,以此考察两种基因与投票行为的关系。经过验证,他们发现 MAOA 多形态并不受参加教会活动的影响,随着人们的该基因由低到高,投票参与的概率就会增加。5HTT 则需要宗教活动的调节,但这种影响是间接的,需要宗教的参与活动作为调节。简言之,投票概率增高只会出现在以下人群:那些对宗教活动强烈感知的,同时又能够应对社会风险所带来的潜在的痛苦的(长 5HTT 等位基因很好地完成 5-羟色胺新陈代谢)。[③]

---

① J. H. Fowler, L. A. Baker, C. T. Dawes, Genetic Variation in Political Participation, *American Political Science Review*, 2008, Vol. 102, No.2, pp. 233-248.

② 按,5HTT 基因的官方名字为 SLC6A4 溶质携带家族 6(神经递质转运蛋白,羟色胺)成员 4。与 MAOA 一起对 5-羟色胺在大脑中的新陈代谢起着关键作用。5-羟色胺是一种化学物质,当一个神经元"着火"时就会释放,被接受神经元上的受体感觉到,将一种电势传递到神经元突触的缝隙。当个体经历紧张时,会导致神经活动增加,刺激过多的 5-羟色胺释放到神经元突触的缝隙。如果 5-羟色胺停留在细胞之外,就会氧化成一种毒素杀死前突触和后突触的神经元。人体对于这种多余的 5-羟色胺自我平衡的反应就是重新吸收到前突触神经元, 这需要一位身处细胞墙的运输者, 这就是 5HTT。一旦这种吸收完成,它就会回到神经元,这时一种酶 MAOA 会对 5-羟色胺进行降解,这样它就会被细胞吸收。

③ J. H. Fowler & C. T. Dawes, Two Genes Predict Voter Turnout, *The Journal of Politics*, 2008, Vol. 70, No. 3, pp.579-594.

他们的观点遭到了查尼（E.Charney）和英格利希（W. English）的批评,他们认为福勒等运用的调查数据无法准确测量选民的投票行为，譬如无法描述选民投票的频率,对样本类别的区分存在问题,可能是种族的问题而不是基因的问题在起作用,对基因的划分与以往的划分也有所不同。同时,运用的数据库主要以青少年为主,也不具有代表性。总之,他们并不认为存在一种投票基因,至少应该是两种基因以上,存在一个系列,同时与环境作用,才能导致政治行为。他们列举了果蝇的例子,导致果蝇的攻击行为的蛋白质被至少 266 种基因编码之后才会产生，这还要看具体的环境。但果蝇只有 10 万个神经元,而人类的大脑有 1000 亿个神经元。因此,他们认为要准确预测基因与人们的政治行为,应该是对负责可观察的基因的表现型的构成部分与联结线计算之后的结果。基于此,他们认为富勒的结论是有问题的。①

两者究竟孰是孰非? 2010 年,德珀（K. D. Deppe）等根据查尼与英格利希提出的几个方面的问题,重新做了修正,招募了 342 名美国成年人,其中非白人有 29 名。结果发现富勒的研究尽管存在或多或少的问题,基本的结论是正确的,但是这种影响效果又是不太突出的。如果加入更多的变量,就可能使结论出现偏差。作者中和了两方的结论,认为福勒等的研究如果按照他们的实验流程来做是可以重复的,但又承认了批评者观点的合理性。②

福勒的研究团队似乎也认识到了这样的问题。2012 年，克莱门森（R. Klemmensen）等人在对美国和丹麦的双胞胎研究中发现,基因能够对政治行为施加影响,可能需要一个中介变量。具体来说,基因影响人们的政治性情（dispostion）,包括认知能力、个人控制能力以及外在影响,这里所说的认知能力包括对文本的理解力、表达能力、空间感觉以及技术的掌握能力等,个人控制力考察对命运或结果的解释归为自己的能力和努力，还是归为外在的影响。由此影响了人们的政治参与。③受此启发,福勒的研究团队以瑞典的双胞胎作为研究样本,对 2346 对同卵双胞胎进行了问卷调查,同时将政治

---

①　E. Charney,& W. English,Candidate Genes and Political Behavior,*American Political Science Review*,2012,106（1）,pp.1–34.

②　K. D. Deppe et al. ,Candidate Genes and Voter Turnout:Further Evidence on the Role of 5–HTTL-PR,*American Political Science Review*,2013,Vol. 107,No.2,pp.375–381.

③　Klemmensen et al.,The Genetics of Political Participation,Civic Duty,and Political Efficacy across Cultures: Denmark and the United States,*Journal of Theoretical Politics*,2012,24（3）,pp.409–427.

行为归为了三类：一是与政治人物的联系，向政治人物写信或成为政府雇员；二是投票；三是游行、示威、请愿等。结果他们发现，相同的基因能够解释多数心理因素与政治行为之间的关系，人们的政治性情与政治行为相关。[①]

　　将基因引入政治心理学的研究，除了较早的犯罪基因研究外，多数是借鉴了基因的概念和相关原理，而研究方法依然是政治心理学的研究方法，即选择特殊的研究对象——双胞胎——通过不同条件的比较，以凸显基因与意识形态和政治行为的因果关系。为了更准确地预测基因与政治行为之间的关系，学者们的做法是加入更多的中介变量进行考察，基因对人们的诸多心理特质产生影响，进而影响人们的政治行为。同时，他们强调了社会环境的变化对基因作用的影响。但是多数学者的基因研究只是将基因看作一个"黑箱"，没有建立起基因与政治行为的直接联系。这无疑是将来政治心理学的一个重要研究方向。如德珀所评论的，该研究在政治科学的研究中只是萌芽阶段，放弃以前的努力是不明智的。[②]这需要丰富原有的理论基础，提出假定，然后不断验证，最终可能会发现基因与政治行为的真正关系。

---

① C. Dawes et al., The Relationship between Genes, Psychological Traits, and Political Participation, *American Journal of Political Science*, 2014, Vol. 58, No. 4, pp.888–903.

② K. D. Deppe et al., Candidate Genes and Voter Turnout: Further Evidence on the Role of 5–HTTL-PR, *American Political Science Review*, 2013, Vol. 107, No.2, pp.375–381.

CHAPTER TWO

第二章
政治人格

一、政治人格研究总论

人格一词英文为 Personality，原意指假面具，后来它的意义有所延伸，指人的外表，也指剧中人或角色，或指有个性的演员。迪伦佐（Gordon J. Direnzo）把人格定义为"个体获得的独特的、动态的，然而相对持久的内在既定倾向系统"①。具体到政治心理学中，格林斯坦认为人格有广义和狭义之分，狭义的人格排除了人们的政治态度、观点，仅用于非政治领域中人们之间的差异，甚至仅仅局限在临床心理学的领域。而广义的人格则是一个综合的、无所不包的概念。②卡普拉拉（Gian V. Caprara）和维奇奥尼（Michele Vecchione）认为人格有主观和客观之分，主观聚焦于个人的情感、思维，专注于对自我和他者生活的描述，持久地聚合个人的特质、属性和倾向，以此传递个人的身份感。从客观角度来说，人格是心理特征的整个架构，使每个个体相互区别开来。③

总的说来，一个人的人格由内在的思虑与外在的行为、表我与真我、身

---

①　Gordon J. Direnzo, Socialization for Citizenship in Modern Democratic Society, In Orit Ichilov ed., *Political Socialization, Citiizenship Education, and Democracy*, Teacher College Press, 1990, p.26.

②　F. Greenstein, Can Personality and Politics be Studied Systematically? *Political Psychology*, 1992, Vol.13, pp.105–128.

③　Gian V. Caprara & Michele Vecchione, Pesonality Approaches to Political Behavior, In Leonie Huddy, David O. Sears, Jack S. Levey eds., *The Oxford Handbook of Political Psychology*, Oxford University Press, 2013, pp.96–129.

与心综合而成，它是一个人之所以异于他人的各种特质及行为倾向的统一体。心理学有各种各样的人格，我们所探讨的是与政治领域有关的人格，因此称之为政治人格。

在对政治人格的研究中，探讨最多的是威权主义人格，因此本章的设置基本围绕着威权主义来设定，在对其他几种人格研究介绍过后，详细介绍威权主义人格的研究历程。

(一)传统、内在与他人导向的性格

美国学者大卫·理斯曼依据人口在不同历史时期的变化，将社会分为三种不同性格的社会。在"人口高增长潜力"社会中，社会成员的顺承性来源于遵循传统的内在倾向，因此他们是"传统导向"性格的人，这样的社会是一个依赖传统导向的社会。在"人口过度增长"的社会中，社会成员的顺承性来源于早年生活的内心目标，因此他们是"内在导向"性格的人，这样的社会是一个依赖内在导向的社会。在"初期人口减少"的社会中，社会成员的顺承性来源于对他人期望和喜爱的敏感，因此他们是"他人导向"性格的人，这样的社会是他人导向的社会。①

根据这种人格理论，大卫·理斯曼将政治人划分为三种：传统导向性格的人在政治态度上的倾向表现为"政治冷漠者"，内在导向性格的人在政治态度上的倾向表现为"道德说教者"，他人导向性格的人在政治态度上的倾向表现为"内幕消息预测专家"。

理斯曼所说的政治冷漠者与我们通常所理解的政治冷漠者在内涵上有着明显的差别。一般政治冷漠者包括那些排除在权力体系之外的人，而理斯曼认为这些人并不属于政治冷漠者。确切地说，这些人应该是"政治沉睡者"。因此，按照广泛的政治人含义，理斯曼所说的政治人应该是四类：政治沉睡者、政治冷漠者、道德说教者和内幕消息预测专家。

政治冷漠者应该是那些有资格进入权力体系之中，但是却对政治不感兴趣的人。譬如，古代希腊雅典的公民才有可能产生政治冷漠的问题。政治冷漠者是以传统为导向的，其特征是将政治视为他人的事务，他们不直接参与政治，但却从不感到怅然若失，他们缺少政治责任感，而且很少因为政治而怀有挫折感和内疚感。产生这种政治冷漠的原因与其传统导向性格、低社

---

① [美]大卫·理斯曼：《孤独的人群》，王崑、朱虹译，南京大学出版社，2002年，第8页。

会地位、贫穷和政治训练不足密切相关。

但是理斯曼指出，当今社会中也存在另一种政治冷漠者。这些政治冷漠者并不属于传统导向性格的人，他们受过良好的教育，也具有一定的组织能力，但是这些人"了解政治生活却拒绝参与政治，洞悉政治内幕但从不发表议论，明白作为一个公民的政治责任却逃避责任"。这些人不参与政治的理由很简单，认为现在的社会已经很好了，自己对此很满意，没有必要涉足政治。这些人由于在政治活动中是不动感情的，也没有强烈的是非观念，因此这些人反而适合一些政治活动的需要，"他们很容易被训练成为政治活动的骨干分子，就如同他们容易被训练成为现代机械化和专业化的部队一样"。因此，理斯曼认为这种形式的政治冷漠导致了正反两方面的效果："它剥夺了新式冷漠者的政治热情和真正的参政能力，同时它有助于人们免于受到许多政治谣言的蛊惑。"[①]

内在导向的人把所有的情感和才能投入到工作中，以这种方式看待政治的人就是道德说教者。道德说教者一个显著的风格是"将自我完善的性格倾向投射到政治生活中；他想改进所有的人和所有的制度"。道德说教者往往是理想主义者，关注于未来远景的建设，却忽略了现实政治如何操作。最典型的例子就是威尔逊，他提出了建立国际联盟的构想，却忘记了如何说服国会同意美国参加国际联盟。道德说教者的另一个政治风格表现为"他试图发挥道德力量去阻止时常发生的罪恶，而很少身体力行地做善事。这种'抑恶'但不'扬善'的倾向反映了道德说教者的内心冲突"[②]。

道德说教者并不把政治活动看作有趣味的游戏，对于他们来说，参与政治是为了维护他的利益。追求自己的利益和道德化似乎是矛盾的，但在他们身上却能够有机地融合在一起。他们在媒体上不遗余力地向读者宣传要扮演好政治角色，让读者确立这样的政治观念——个人的政治首先是为了自己的需求，然后才是为了国家的利益。[③]

道德说教者可以分为两类：一类是义愤者。他们只要在政治上不如意，就容易产生失望和被侵犯的感觉。政治决策过程是多种力量较量的结果，而这些义愤者总是希望结果如自己所愿，一旦没有达到他的目标，他就会变得

① ［美］大卫·理斯曼：《孤独的人群》，王崑、朱虹译，南京大学出版社，2002年，第167~173页。

② ［美］大卫·理斯曼：《孤独的人群》，王崑、朱虹译，南京大学出版社，2002年，第174~175页。

③ ［美］大卫·理斯曼：《孤独的人群》，王崑、朱虹译，南京大学出版社，2002年，第175~176页。

十分脆弱。"一旦成功了,他就忘记了政治领域中那些无形的因素,而如果失败了,他就会追究无形的因素为自己的失败找借口。他的政治态度就像他的性格一样,一旦失败而又耿耿于怀,则会变得暴躁起来。"另一类是热心人,他们不受政治挫折的影响,而是满怀希望地处理最棘手的事务。他们和义愤者相似,往往政治情绪超过政治智慧,这使得他们容易卷入一些不成熟的政治活动。但他们的政治情绪的性质和义愤者又有所不同,他们的政治情绪是乐观的、明快的,而义愤者的政治情绪是阴沉的、灰暗的。[①]

他人导向型的兴起将"内幕消息预测"态度带入了政治生活。内幕消息预测者与道德说教者的感情冲动相反,他们能够克制自己的情绪,时刻提醒自己人人都具有同等重要性。内幕消息预测者注重社交技巧,他们把这些社交技巧运用到了政治生活中,努力追求生活的合作,因此能够克制自己的情绪,以免伤及合作的氛围。同时,他们也没有那种要改变人和制度的强烈愿望,他们认为自己无法改变政治,只能去了解。对于社交技巧与了解知识的不同侧重,内幕消息预测者可以分为两类人:一类非常渴望成为政治圈子的人,加入政治组织或创立政治组织;而另外一类人则是把探听到政治内幕新闻作为最高目的。无论是哪一类人都希望详尽了解他人对生活中重要或重大事情的想法和做法。了解这些想法和做法之后,就试图与他人的观点和做法一致,这样才有合作的机会。他可能试图说服他人改变他们的观点和做法,但是如果做不到,他就会妥协:"他的性格会促使他控制自己,模仿他们,而不是改变他们。他费尽心思,就是为了不让别人看出来或感觉到自己是一个不知情的旁观者。"说到底,这是他们获取群体一致的手段。为了达到这种目的,他们必须尽可能地掌握更多的政治信息,这样才能更好地预测政治的走向,从而不断地调整自己以达到与整个政治生活共同体的和谐。[②]

(二)马基雅维利主义人格

马基雅维利主义人格源自马基雅维利的《君主论》关于人性以及君主处理人际关系的理论。马基雅维利认为人是趋利的,忘恩负义的。他把君主比作狮子与狐狸,主张君主要像狮子那样威猛、具有权威,像狐狸那样狡猾。

最早对马基雅维利主义人格作研究的是美国心理学家克里斯蒂

---

① [美]大卫·理斯曼:《孤独的人群》,王崑、朱虹译,南京大学出版社,2002 年,第179~180 页。

② [美]大卫·理斯曼:《孤独的人群》,王崑、朱虹译,南京大学出版社,2002 年,第182~183 页。

(Rhichard Christie)和盖斯(Florence L.Geis),他们主编了《马基雅维利主义研究》(*Studies in Machiavellianism*),汇集了他们与同事对该人格研究的成果。马基雅维利主义人格的研究以马基雅维利的《君主论》中的思想为基础,从中总结出许多条目,组成了马基雅维利量表。其中一条就是:"大多数人较易忘记他们父亲的死亡,而不易忘记他们财产的丢失";还有"控制他人最好的办法就是对他们说好听的","患不治之症的人应该有权利选择没有痛苦的死亡"等条目。但是他们在最初制定的量表中存在一些问题:他们的量表不是从实验中得来,而是从马基雅维利的理论中总结出来的,因此先验性强;再者,量表所提问题很难测试出被试者的真实想法。这主要是有以下原因造成的:他们所提出的问题过于暴露,使被试者能够猜出实验者的想法;一些问题由于受舆论、道德的限制,被试者不愿意表达自己的真实思想,譬如人们一般不愿意承认容易忘记自己父亲的死亡。

根据政治心理学家多年的研究,马基雅维利主义人格具有以下几方面的特征:

1.马基雅维利主义者更喜欢并且善于操纵他人

克里斯蒂和盖斯经过实验表明:高马基者(在实验中得高分者)比低马基者使用的欺骗式的手段更多;高马基者比低马基者运用的暗示更多;高马基者在筹划新的和额外的打扰他人的活动时,更有创造性;高马基者更有可能举出操纵者方面的理由为他们在实验中的寻欢作乐进行辩解。

2.高马基者对违犯道德戒律所具有的犯罪感比低马基者要少

美国心理学者海莫弗认为,从理论上说,犯罪感越大,就越可能导致实验者做出进一步合作。在实验过程中,海莫弗发现,当测试被实验者的实验目的时,高马基者多能够准确作答,并且不太会说出他们从实验中知道了对自己有用的东西;而低马基者则断言通过参与学到了某些有用的东西。在对待父母的问题上,高马基者多与他们父母的政治观点不同,而低马基者则相对来说要少得多。[①]总之,高马基者往往为了达到自己的目的,不惜违反社会的道德规范而毫无愧疚之心;而低马基者则多能够遵守社会道德规范,即使稍有违犯,自己的内心也具有明显的罪感意识。

---

① 转载于[美]威廉·F.斯通:《政治心理学》,胡杰译,黑龙江人民出版社,1997年,第154~155页。

3.高马基者冷静,不容易上当

克里斯蒂和盖斯认为,高马基者是冷静的人,而低马基者则是容易上当的人。高马基者与他人交往时是冷静的和不动感情的;他被事实所指引,既不为情绪所动,也不为自己对事情的欲望所诱惑。因此,除非劝告有说服力,他是不会在一致的压力下或他人的催促面前动摇的。在与他人的竞争中,他的成功主要取决于他的冷静、理性和创造性。相反,低马基者则容易上当,因为他让每一个情景都蒙上了个人的色彩。他被具体的人所指引,而不是被抽象的目标所指引。他的情感会干扰他对事情做出符合理性的评估。①

高马基者与低马基者差异明显,而且在比较中给人一种这样的印象:高马基者更适合做领导人。但两位学者对此做了特别澄清,认为不能泛泛说高马基者比低马基者更具优势。他们认为任何低马基者如果在领导的位置上都必定是一个差的管理者,因为他们对自己的工作注入了过多的情感,当需要对面临的情况作理性分析时,却因陷于人际关系间的情感而不能自拔。几乎所有的组织中,都可能面临如下情况:一旦做出决定会对一些人带来消极的后果,譬如解雇一个品质很好却无能的下属,这样的情况下低马基者往往犹豫不决。极端的高马基者能够不顾及他们的感情而冷静地分析,但是由于他们的极端冷漠会影响一个组织的士气。他们认为高马基者适合如下的组织:组织本身迅速扩张时;组织本身稳定,但与外在的关系处于不断变动时。他们能够在这种情况下,在与外界的权威打交道时捞取更多的资源。但是当一个组织的结构紧密有致,组织中每个人的角色非常明确,组织程序非常清楚,这时主要的任务在于维持系统本身的运作时,高马基者往往无所适从,相反适度的低马基者却如鱼得水。②

需要指出的是,尽管马氏《君主论》的对象是针对政治领导人的,但马基雅维利主义人格的研究并不主要是针对政治领域的领导研究,而是泛指一切组织,既包括政治组织,也包括经济组织和大学组织等。

---

① 材料转载于〔美〕威廉·F. 斯通:《政治心理学》,胡杰译,黑龙江人民出版社,1997年,第156~157页。

② Rhichard Christie & Florence L. Geis, *Studies in Machiavellianism*, Academic Press, 1970, pp. 356–358.

（三）民主人格

根据拉斯韦尔的解释,民主人格至少包含以下因素:共享民主的原则,对人类的积极认同;要求社会分享权力,尊重多样的价值;相信人们在保持自己特色的同时会遵循普遍而永恒的原则;作为一个公民要对公共事务有一定程度的了解和参与。民主人格必须在自由社会中才能落实,所谓自由社会即权力要为人类尊严和共同富裕服务,在自由社会中,要求人们做一个积极和负责任的公民。①

阿尔蒙德曾如此描述现代化人:"他是一个消息灵通的参政的公民;有明显的个人效能感;在同传统的影响来源的关系上,他是高度独立和自主的,尤其在做出处理个人事务的基本决定时是如此;他乐于接受新经验和新观点,思想比较开放,头脑比较灵活"②。由此可以看出阿尔蒙德所认为的理想民主人格应该包括以下特征:独立的个体意识、主动的参与意识、开放创新的意识。

在这方面的研究中,科恩的研究最为细致。他把民主政治能否实施与其社会成员的素质和心态相联系,认为在建立一个民主社会所需的各项条件中,心理条件是最基本的。而心理条件就是社会成员实行民主时必须具备的性格特点和思维习惯与态度。如果这些气质在公民中达不到一定的普遍程度,那么教育机构也好,新闻媒介也好,交流艺术也好,都不会得到很大的发展机会。具体来说,民主心理条件包括以下内容:①相信错误难免。在实践中,绝不认为任何有关实施、主义或道德原则的见解是绝对正确,无改善的余地的。②重视实践的验证。民主国家的公民必须重视实践。公民必须乐意把各种各样的提供选择的解决办法付诸检验,首先是辩论的检验,适当时也诉诸实践的检验。③持批判态度。民主国家的公民对待他们的领导人应该持批判态度。成功的民主要求公民在民选官的信任中掺入一些批判精神,即对当局存在一定程度的不信任。目的是为了政府和官员免于常出错误,为了必要时可迅速挽回一些有害的影响。④要有灵活性。公民一方面在思想上应作好对各种改变的准备,而且更应积极地愿意看到社会处于不断改变之中,乐

---

① Harold Dwight Lasswell, *Power and Personality*, W.W. Norton & Company Inc., 1976, pp. 150–151.

② [美]加布里埃尔·A.阿尔蒙德、小 G.宾厄姆·鲍威尔:《比较政治学——体系、过程和政策》,曹沛霖、郑世平、公婷、陈峰译,东方出版社,2007 年,第 54 页。

于使自己的生活与之协调。⑤要有现实的态度。必须要认识到,社会问题不会有一了百了的解决办法,调整与改进人类制度将永无尽期。民主是建基于并非毫无瑕疵的人与制度之上的。⑥愿意妥协。民主国家的公民需乐于以妥协的办法解决他们的分歧,在民主的所有条件中,这是最重要的,因为没有妥协就没有民主。⑦能容忍。民主国家的公民必须能容忍。首先,最基本的是要容忍不守成规,即要保护社会中少数人的不合常规的行为。其次,民主国家的公民不仅乐于让别人过他们自己的生活而不加干涉,而且必须容忍别人直接反对自己的信念和原则。最后,民主国家的公民必须容忍哪怕是怀有恶意或出于愚蠢的反对。⑧要客观。社会成员要承认社会内部不同种类的利益集团。考虑任何具体争端时,必须权衡有关的不同层次的利益。⑨要有信心。民主国家的公民必须相信他们的集体能力能管理自己。社会成员都必须对他们自己怀有信心,必须乐于依照这种自信采取行动。①

总之,科恩的民主心理主要从公民的政治理性出发,强调公民重理智、重客观的意识行为,冷静考虑,不固执成见,要求公民都具有成熟的政治心理。另一方面,从操作的层面讲,科恩对民主心理的阐述总体上仍是描述性的,过多的维度会导致难以操作。

综观学术界对民主人格的研究,呈现出如下的特色:研究者相对较少,与威权主义人格研究持续几十年、论文几千篇相比,民主人格的研究只有为数不多的几人。而且学者们在谈论民主人格之时,多数并不直言"民主人格",譬如阿尔蒙德称为"现代化人",科恩称为"民主心理"等。最重要的是,民主人格的研究仅限于理论的层面,并没有一套成熟的量表对民主人格进行测量。

民主社会需要相应的民主心理,这就需要对民众的民主人格进行测量。但学者们在这方面的研究却是很少的。难道学者们没有看到这方面研究的重要性吗?显然不是,民主人格研究相对薄弱的原因是多方面的:其一,民主人格多是一种理想的人格,是对当今民主社会中公民提出的一种很高的要求,它的研究指向更多是未来而不是现在。其二,威权主义人格的研究限制了民主人格的研究。与民主人格研究相比,威权主义人格研究的现实感更强,它直面的是现代民主社会中是否还会出现具有法西斯心理的群体和领

① [美]科恩:《论民主》,聂崇信、朱秀贤译,商务印书馆,2005年,第173~195页。

导。同时,威权主义人格作为民主人格的反面,学者们形成了这样的思维:威权主义量表的测量中得分高者即为威权主义人格,得分低者即为民主人格。照此逻辑,民主人格的研究也就没有必要了。可以说,威权主义研究的发展严重限制了对民主心理的研究。

(四)格林斯坦的领导风格理论

格林斯坦(F.I.Greenstein),美国普林斯顿大学政治学教授,曾担任国际政治心理学学会主席,早期以研究儿童的政治社会化而闻名,之后转向对政治人格的研究,探讨政治环境对政治人格的影响,进而对政治决策的影响。近年来,致力于对领导的政治人格的研究,研究范围涉及美国自富兰克林·罗斯福以来的所有总统。

那么人格能否用于政治行为的研究? 回答是肯定的。格林斯坦指出,行为是受感受到的环境,而不是真实环境影响的。他引入拉斯维尔和卡普兰的"环境→既有倾向→反应"公式,提出了"政治行为者的环境→政治行为者的既定倾向→政治反应"公式,指出这是政治行动的基本规律。

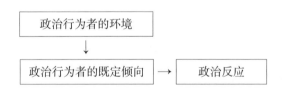

图 2-1　人格与政治的关系简图

图 2-1 表明了环境在既定倾向之上, 也就是说政治行为者是先通过所面临的环境,作用于其内心,进而依据他所感受到的环境去做出相应的政治反应。这里所说的既定倾向,即是格林斯坦前面所说的广义的人格。那么既定倾向又具体指什么? 格林斯坦对上述公式进行了扩展。

由图 2-2 可以看出, 格林斯坦的政治人格中包括人们通常所理解的基本人格结构,如认知与需要,自我与他者关系的调节、自我防御,也包括一般化的政治倾向,如人们所理解的态度、信仰等,还包括生理的部分,这些部分的共同作用形成了人们的既定倾向。

格林斯坦对政治人格关注的对象是儿童和领导。儿童的研究主要探讨儿童对领导的态度,通过考察他发现儿童以理想化的眼光看待领导,对领导尤其是总统多做正面的评价。可以说,格林斯坦早期对儿童的政治研究,就已经与领导的研究联系起来。同样,政治人格的研究也与领导的研究相关,这就是有关领导风格的研究。

早在 20 世纪 60 年代,格林斯坦就提出了研究领导应该涉及三方面的因素:现象、动力、发生。现象是指行为人在各种不同环境状况下所显示的行为模式。但仅有现象的解释是不够的,还要有动力的解释,即行为者的内心驱动力,这就涉及不同的心理学理论。此外,还要从领导个人的成长来探讨他的心路历程,这就是发生学。①按照他的理解,以上三方面都可以综合运用。

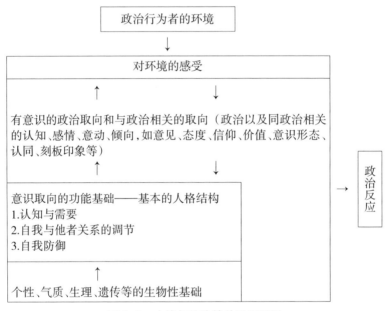

图 2-2　人格与政治的关系展开图

领导风格的研究是格林斯坦的政治人格研究与上述研究方法的综合运用。他仿照巴伯的领导性格研究范式,对从富兰克林·D.罗斯福到奥巴马诸位总统的领导风格进行了剖析。何谓领导风格? 他并没有作出明确的解释,但将领导风格归为六个方面:公众沟通者(public communicator);组织能力;政治技巧;政治远见;认知方式;情商。其中,公众沟通者体现领导对外的特质;

---

① Fed I. Greenstein, Personality and Political Socialization: The Theories of Authoritarian and Democratic Character, *The Annals of the American Academy of Political and Social Science*, 1965, Vol. 361, p. 85.

组织能力指领导有能力团结同僚,使之各安其位,工作高效,体现了领导对机构内控制的特质;政治技巧和政治远见体现领导的政治运作能力;认知方式指领导如何处理来自各方面的信息,特别是顾问和下属的建议;情商,指在处理问题时,情感是否会干扰他的决策。[①]

格林斯坦认为总统一职首要的特质是有效的公众沟通能力,但是在他考察的总统中,真正具有这种能力的出奇的少,只有罗斯福、肯尼迪和里根以及状态最好时的克林顿是例外。

组织能力体现了领导作为一个组织者的能力,包括组织一个团队,能够让下属知无不言,避免他们只说领导之所想,同时作为一个领导能够使每个人各尽其职。杜鲁门、艾森豪威尔、肯尼迪、福特和老布什在这方面堪称完美,相反约翰逊、卡特和克林顿的下属抱怨颇多,而尼克松的下属则因为"水门事件"而锒铛入狱。

政治技巧体现在制度运作陷入僵局之时如何运用技巧使之化险为夷,体现在运用总统权力时要果敢,赢得和维系公众的支持,在同僚的相争中能够驾轻就熟。这方面做得最差的是卡特,较好的是约翰逊。

政治远见指领导能够专注于政策内容的分析,分析其可行性,对系列目标了然于胸。同时,也体现为领导理念的一致性,对于自己的政策陈述能够清晰、明确。这方面做得最好的是艾森豪威尔,里根次之,老布什较差。

认知方式方面,不同的领导有不同的认知方式。卡特、艾森豪威尔、尼克松分别在戴维营会谈、越南战争、对苏联和中国外交上体现了智慧,克林顿综合有余理性分析不足,杜鲁门和里根都有认知的局限。杜鲁门阅读历史时无法分辨真伪,容易形成错误类比;而里根对政策的细节关注不够。

情商方面,根据情感对总统行为的干扰程度可以将总统划分为三类:一类是完全未受情感干扰者:艾森豪威尔、福特、老布什和小布什;二类是受干扰未造成严重影响者:罗斯福、杜鲁门、肯尼迪和里根;三类是严重受影响者:约翰逊、尼克松和克林顿。在作者看来,尼克松是情商缺陷最严重的总统。[②]

如果把格林斯坦所说的人格所包括的内容,与他所说的领导风格相对

① Fred I. Greenstein, *Presidential Difference: Leadership Style From FDR to George W. Bush*. Second Edition, Princeton University, 2004, pp. 5-6.

② Fred I. Greenstein, *Presidential Difference: Leadership Style From FDR to George W. Bush*. Second Edition, Princeton University, 2004, pp. 217-222.

照,我们会发现,他所说的领导风格,即是他所说的广义上的领导人格。在对领导风格分析时,较好地融入了他对政治人格的理解,注重环境对领导风格的影响,同时注重分析领导的人格、思想观念与生理的关系。格林斯坦的研究清晰地勾勒出了美国诸位总统的优缺点,而且语言通俗易懂。但存在的问题是缺少对概念的准确辨析,对有些概念和术语没有给予准确的解释;理论多是综合其他理论而来,原创性不足;所列总统的各个特质方面缺少应有的联系,体系构建方面存在严重不足。

二、威权主义的心理学研究的起源

有关 Authoritarianism,国内有三种译法:"权威主义"(李琼、郭永玉,2007)、"威权主义"(夏立安,2000)、"权力主义"(阿多诺等,2002)。那么这三种译法究竟哪一种比较合适? Authoritarianism 一词从 Authoritarian 延伸而来。①

美国学术界区分了三种父母与子女的关系:Permissive、Authoritarian 和 Authoritative。②其中,Permissive 指对子女溺爱,不加教育,任由子女的天性自由发展,这种教育子女的方式可翻译为"溺爱的"。Authoritarian 则走向了另一个极端,指不顾及子女特点,完全让子女依靠家长意愿行事,处处依赖父母。Authoritative 处于两者之间,对子女的天性因势利导,既注重孩子的个性,注重自我独立性的培养;同时又强调父母权威,以及父母在孩子成长过程中的指导作用。由此看来,在西方观念中,Authoritative 是一个积极、肯定的词,很难有一个准确的中文词与之相对应,可勉强译为"权威的"。Authoritarian 则是一个消极、否定的词,是贬义词。在中国,"权威""权力"皆是中性词,而"威权"是贬义词,翻译为"威权的"比较合适。"Authoritarianism"作为一种消极、否定的思想、观念,应翻译为"威权主义",相反将其翻译成"权威主义""权力主义"是不合适的。威权主义人格理论的产生受弗洛伊德精神分析理

---

① [美]西奥多·W.阿道诺等:《权力主义人格》,李维译,浙江教育出版社,2002 年;李琼、郭永玉:《作为偏见影响因素的权威主义人格》,《心理科学进展》,2007 年第 6 期;夏立安:《民众主义、威权主义、职团主义、民族主义——读〈剑桥拉丁美洲史〉第 8 卷》,《拉丁美洲研究》,2000 年第 5 期。

② D.Baumrind: Current Patterns of Parental Authority,*Developmental Psychological Monographs*,Vol.4,No.2,pp.1–103.

论的影响,认为威权主义心理产生于家庭,源于父母严厉地对待子女。譬如,霍克海默就认为威权类型的人格形成于早期家庭教育。①《威权主义人格》一书也强调父母严厉地对待子女导致亲子间交流困难,无法体会到父母的温情,无法感到安全,只有服从。②总之,翻译成"威权主义"取"威权"是一个贬义词,这种贬义来自于家庭中对亲子关系的考察,而延伸到政治上的含义。因此,本书赞同将"Authoritarianism"翻译成"威权主义"。

威权主义有两种含义。一种含义是指一种具有等级性的政治体制,在此体制下,个体服从于国家的权威或组织的权威,该权威通常通过压抑的措施实行和维持控制,这种控制没有经过被控制者的同意。另一种含义则是从心理的层面来解释的,它是指一种类型性格和态度的人。有关这种类型的人,德国思想家霍克海默在为阿多诺等所著的《威权主义人格》(The Authoritarian Personality)作序言时认为,所谓威权主义类型的人,"区别于旧有的顽固类型,他看来集合了以高度工业化社会的非理性和反理性的信念为特征的观念和技能。他是被启蒙过的,同时又是迷信的;为自己成为一个个人主义者而自豪;却又害怕与他人有所不同;自负于自己的独立性,却又倾向于盲目地屈从于权力和权威"。总之,这种心理结构是许多矛盾特征的集合体。正是这种矛盾的特征吸引了许多学者对威权主义进行研究。

有关威权主义的研究,中国的学术界多从政体的角度,譬如探讨某个国家的威权主义。在发表的近百篇有关威权主义的文章中,有相当多的篇幅在探讨俄罗斯、韩国、新加坡的威权主义,以及探讨威权主义与中国现代化的关系。没有学者从心理学的角度对威权主义进行研究。而在西方,有关威权主义的心理学研究,自1950年阿多诺等发表《威权主义人格》一书以来,已经有70多年的历史了。自此之后,学者们对威权主义进行了广泛的研究,截至1996年,在24个国家已经有2000多篇相关的论著发表。③因此,对威权主义研究的发展进行梳理,对其中的流派进行辨析,对于推动国内学术界对威权主义的认识、了解具有重要的作用。

威权主义的心理学最早可以追溯到弗洛伊德1927年发表的《一个幻觉

---

① [联邦德国]马克斯·霍克海默:《批判理论》,李小兵等译,重庆出版社,1995年,第95页。

② T.W.Adorno et al., *The Authoritarian Personality*, 1998, Harper & Brothers Press, p.482.

③ Jos D. Meloen et al., A Test of the Approaches of Adorno et al., Lederer and Altemeyer of Authoritarianism in Belgian Flanders: A Research Note, *Political Psychology*, 1996, Vol.17, No.4, p.644.

的未来》，在这本书中，他提出了强制与补偿原则。具体来说，一个社会中，尽管存在着等级，存在着强制和压迫，但该社会所代表的优越的文化、所倡导的社会理想，为所有社会成员所共享，从而为他们提供了自恋性的满足，尤其是防止对处于受强制压迫的社会成员的敌意时产生了巨大的作用。他说："由文化理想所提供的自恋满足也存在于能成功地防止在该文化社会内部对该文化产生敌意的那些力量之中，这种自恋性满足不仅可以被享有该文化之利益的受惠阶级所享有，而且为被压迫阶级所享有，因为蔑视异国他邦的正义感和公理补偿了他们在自己的社会内部所遭受的不公平待遇。"如一个古罗马的老百姓，尽管过着负债累累和抓夫当差的痛苦生活，但是作为一种补偿，他作为一个罗马市民，在统治其他国家和颁布他们的法律方面，有着自己的乐趣。①弗洛伊德的强制和补偿原则解释了民众为什么支持威权专制的统治，也就是说他们忍受压迫的同时，并不认为自己的生活最糟，他们拥有本社会文化的优越感。这一点，以后的弗洛姆概括为虐待狂和被虐待狂，他们遭受上层的虐待，却以虐待他国民众为乐。威权主义者的心理驱动即是虐待狂和被虐待狂，这点在弗洛伊德那里就有了这样的意识。

20世纪30年代初期，纳粹逐渐在德国兴盛起来，纳粹的思想、理念完全与学者所倡导的现代民主观念格格不入，但最终希特勒领导的纳粹在德国通过选举取得了政权。纳粹的上台，带给学者很多的思考：纳粹的主张受到了部分群众的追捧，并以选举的形式获得了政权，可见纳粹的上台是有群众基础的，究竟哪些群众支持纳粹？纳粹的领导者以及支持纳粹的群众有哪些特征？如何来识别他们？

可以说，对德国纳粹的思考是威权主义研究产生的现实基础。但从何种角度解读？当时最有说服力的当然是马克思的理论，它成功地预测了资本主义国家的经济危机。但在预测经济危机的后果时解释力稍嫌不足。按照马克思的理论，资本主义经济危机之后，应该出现无产阶级向左转的现象，无产阶级会行动起来，推翻本国的资产阶级政府，建立社会主义的国家。但事实却是在德国出现了向右转，民众选择了希特勒。因此，仅仅是按照马克思的理论从政治、经济的角度分析显然是不足的。在这种情况下，一些学者试图从心理学的角度对威权的体制进行解读。

这批学者主要来自于德国，基于对德国法西斯的最早感知，对自身以及

---

① 车文博主编：《弗洛伊德文集》（第5卷），长春出版社，1998年，第164页。

德国命运的忧虑,他们对法西斯最早进行了心理研究。1931 年,弗洛姆在法兰克福社会研究所期间与他的同事专门对德国工人的政治态度作了调查。这次调查共分发调查表 2000 份,收回了 600 份。该调查报告有两项研究成果值得注意:

一是该报告发现国家社会主义党受到了白领工人的欢迎。国家社会主义党即纳粹,主张绝不与资本主义社会妥协,但它并不认为资本主义社会的出路是社会主义,相反是法西斯专政。法西斯崇尚强权,主张社会成员对权威不加批判地服从;把经济危机的责任推给了国内的犹太人和其他国家,解决的途径就是对内迫害犹太人,对外通过武力解决国际冲突。一般学者认为,这种观念的支持者主要来自于中产阶级。但弗洛姆通过这次调查表明,白领工人的价值取向和中产阶级是相近的。譬如,他们也喜欢装饰房间,喜欢看文学书籍,也相信向上流动和成功是可能的。①

二是弗洛姆总结了四种政治态度类型:第一种是反权威的态度,为左翼所坚持,他们要求自己和所有人平等;第二种是权威类型,主张人屈从于外在的权力,强调牺牲和义务。另外两种是改革的态度和中性态度。弗洛姆又进一步根据人的情感态度和政治观点的差异对此作了详细的划分。R(radical)代表激进的态度,A(authoritarian)代表威权的态度,C(compromise)代表妥协和改革的态度,–代表中性的态度或其他。由此可分为 R--型、RR-型、AA-型、CA-型、RA-型、CAA 型、AAA 型、-A-型、RRR 型。其中第一项代表政治观点,包括:依你的观点,世界怎样才能发展? 历史上及现代的伟人是谁? 新的战争怎样才能避免? 谁应该对通货膨胀负责? 第二项代表对权威的态度,包括:你认为妇女应该出去工作吗? 为什么? 你认为完全不用肉体的惩罚就能够抚养孩子吗,并说出原因。你认为个人应该为他的命运负责吗? 为什么? 依你的观点,世界怎样才能发展? 第三项代表对同胞的态度,包括:你与同事在工作中是一种什么样的关系,还有你的上司,以及高过你的上司的人。你借钱给你的朋友吗? 为什么? 其中,AAA 型和 RRR 型是两极,前者代表在三个方向上都是威权的;后者代表在三个方向上都是激进的。从调查的结果来看,AAA 型在国家社会主义党中占有比例最高,为 29%;RRR 型在社会主义政党中所占比例则较小,如共产党中占 4%,社会民主党中占 2%;而

① Erich Fromm, *The Working Class in Weimar Germany: A Psychological and Sociological Study*, Harvard University, 1984, p.209.

其他几种类型在各个政党中所占比例均较小。①该研究报告所采用的问卷调查法，为以后威权主义的研究者所广泛采用。它所得出的纳粹在白领工人中很受欢迎的结论，不仅为以后纳粹的上台提出了预警，而且解释了纳粹上台的原因，自此之后，研究威权主义的学者开始关注中产阶层和工人阶层。在对政治态度的划分中，弗洛姆把法西斯主义者和社会主义者作为政治态度的两极，《威权主义人格》的作者们也采用了这样的划分，引起了以后学者关注威权主义是向左还是向右的激烈争论。

与弗洛姆关注工人阶级不同，赖希关注的是中产阶级。1933年，赖希发表了《法西斯主义群众心理学》一书，该书指出了法西斯的群众心理基础是中产阶级，具体来说是下中产阶级。下中产阶级的性格结构是因袭主义，当权威趋于专制时，他们多采取迎合的态度。赖希认为，"就其性格结构而言，中产阶级具有的社会权力大大超出了它在经济上的重要性。正是这个阶级，保存了几千年的父权制，保持着它的生命，连同它的一切矛盾"。法西斯主义之所以能够兴起，原因就在于中产阶级保存了父权制，从而能够对极权专制的法西斯提供群众的支持："法西斯主义运动的存在，无疑是民族主义的帝国主义的社会表现。然而，这个法西斯主义运动之所能成为一场群众运动并能确掌权力（只有这样才能实现它的帝国主义作用），这应归因于它从中产阶级那里获得充分的支持。"②此外，赖希不但从阶级本身的特征，而且从家庭以及宗教的角度探讨了法西斯群众心理形成的根源。可以说，赖希对中产阶级的论述，把中产阶级与法西斯的关系定位为因袭主义，以及从家庭与宗教的角度探讨群体的心理根源都对以后的威权主义研究有所影响。

1936年，德国法兰克福学派的代表人物霍克海默发表了《权威与家庭》一文。霍克海默认为，在影响人的心理性格的诸种关系中，家庭具有特殊的位置。它是塑造孩子性格的重要力量之一，这种影响甚至持续一生。纳粹能够实现独裁，与家庭的影响有着密切的关系："家庭，作为最重要的塑造力量之一，发现在自己中间出现了社会所需要的人格类型；而且在很大程度上给这个人以一种须臾不可缺少的适应性，让这个人去适应那种现存资产阶级十分依赖特定的听从权威的行为。"③按照霍克海默的看法，社会尽管经过几多

① Erich Fromm, *The Working Class in Weimar Germany: A Psychological and Sociological Study*, Harvard University, 1984, pp.223–230.

② ［美］赖希：《法西斯主义群众心理学》，张峰译，重庆出版社，1990年，第39页。

③ ［联邦德国］霍克海默：《批判理论》，李小兵等译，重庆出版社，1989年，第95页。

变迁,但是家庭的作用并没有改变。在这样的家庭中,孩子养成了依赖性的心理,他的一切思想和判断"都受到人支配他人的权力的思想、上级和下属的思想、命令和听从的思想的控制"。由此逐渐形成了他的思维定式,他所接受的教育就是要适应权威。这样当他由家庭走向社会时,当他对现有的权威存有不满和反叛之心时,家庭的记忆时刻在提醒他:要生存,必须与权威妥协。而且还会形成这样的想法,即社会是完美的,个人在社会中所遇到的一切并不是社会之错,而是错在自己。霍克海默说:"孩子在父亲的压力下,必须学会不要把每一过失都归结为社会原因,而是要在个人身上多找原因,要像宗教那样把过失假设为原罪,或以一种自然主义的方式,把过失看作是出于先天才智不足。在家庭中发展起来的这种坏心眼,消耗了个体的无数能量;而这些能量原本可以用来反抗在个人过失中起着作用的社会环境。这种家长制教育所产生的结果,就是那种毫不迟疑地在自己身上找错误的人。"①

同年,美国的心理学者斯塔格纳(Ross Stagner)对法西斯的态度进行了研究,在研究中首次用设计量表,对提出的理论假设进行验证,弥补了以往只注重理论论证的不足。他用数据证明了赖希提出的理论,即中产阶级是法西斯态度的主要体现者,他们更加注重因袭主义。②

1938年,德国的纳粹心理学者詹尼斯(Janensch)提出了两种人格类型:一种是Anti-Type,又称作S-Type,它是"自由"的观念,松散的、软弱的和女性化的,总体上是不稳定的,该类型人来自于种族混杂的遗传。与此相对的是J-Type,为鲜血、土地和民族的传统所固定,它是强硬的、男性化的、坚定的,该类型人的祖先来自于德国北部。詹尼斯对于两种类型人的认知方式的概括,以及类型的划分都与以后《威权主义人格》所探讨的问题相关。尤其是他对J-Type的描述,准确地把握住了威权主义人格的一些特征。与《威权主义人格》所不同的是研究的视角,詹尼斯是从法西斯的角度,而后者是从反法西斯的角度看问题的。与此相联的是评价的差异:两种划分类型与1950

---

① [联邦德国]霍克海默:《批判理论》,李小兵等译,重庆出版社,1989年,第102~103、104~105页。

② Ross Stagner, Fascist Attitude : An Exploratory Study, *Journal of Social Psychology*, 1936, Vol.7, pp.309–319.

年发表的《威权主义人格》所列举的类型相同,但是评价正好相反。①

1941 年,弗洛姆发表了其成名作《逃避自由》。在此书中他提出了极权主义人格(Totalitarian Personality)。他从历史的角度解释了这种人格的特征。在欧洲中世纪,人们尽管受着许多束缚,但是这种束缚也带来了安全。进入资本主义社会之后,束缚在人们身上的枷锁被打破了,获得了极大自由。但同时人们却孤独了,人与人之间变得冷漠,个人以自己的力量面对着外来的威胁,他感到了自己的软弱无力。为了摆脱这种孤独、无力状态,人们采取了种种方式,极权主义是其中重要的一种方式。所谓极权主义是指:"个人为了获取他已经丧失掉的力量,不惜放弃自我的独立而使自己与外在的他人或他物凑合在一起的倾向。换句话说,也就是指那种寻求新的'第二个枷锁'来代替业已摆脱掉的原始枷锁的倾向。"②这种倾向的动力是虐待狂与被虐待狂。被虐待狂的含义是:个人被一种不堪忍受的孤独感和无足轻重感所驱使,企图通过消灭他的自我(指心理上而不是肉体上的)来克服这种孤独感和无足轻重感。他用于达到这一目的的方法是:轻视自己,使自己蒙难,使自己变得完全无足轻重。对于被虐待狂来说,痛苦和不幸并不是他要达到的目的。痛苦和不幸只是为了达到他拼死拼活地追求的那种目的所付出的代价。被虐待狂冲动的另一方面是力图使自己成为自身以外的某个强有力整体的一部分。这种外在的势力也许是一个人、一种机构、上帝、国家、良心及某种心理强迫力。虐待狂冲动的本质则是:"完全绝对地控制他人,使他完全服从于我的意志,使自己成为他的绝对统治者,成为他的上帝,把他视为手中自己的坑物。"③

从心理学观点来看,这两种倾向均是由人的某种需求所产生的,这就是摆脱不堪忍受的孤独感、孱弱感的需求。弗洛姆把虐待狂和被虐待狂基于同一基础产生的现象叫作"共生"(symbiosis)。也就是说双方都使对方丧失了个人的完整性,一方离开了另一方不能独立存在。"在被虐待狂的情况下,我会发现自己已消失在某种外力之中,我已失去了我自己。在虐待狂的情况下,

① Else Frenkel-Brunswik, Further Explorations By A Contributor to "The Authoritarian Personality". In Richard Christie & Maria Jahoda eds., *Studies in the Scope and Method of "The Authoritarian Personality"*, The Free Press, 1954, pp.252-258; Roger Brown, The Authoritarian Personality and the Organization of Attitude. In John T. Jost and Jim Sidanius eds., *Political Psychology*, Psychology Press, 2004, p.39.

② [德]埃里希·弗罗姆:《逃避自由》,陈学明译,工人出版社,1987 年,第 188 页。

③ [德]埃里希·弗罗姆:《逃避自由》,陈学明译,工人出版社,1987 年,第 208 页。

我通过使他人成为我自己的一部分而扩充了自己，从而获得了当我作为一个独立的自我时所不可能有的力量，但同时已经丧失了自我的独立性。"①这种虐待狂-被虐待狂的性格就是极权主义性格。

弗洛姆认为极权主义性格的人有以下三方面的特征：第一，屈从权威又渴望成为权威。"他仰慕权威，愿意屈从权威，但同时又渴望着自己成为权威，迫使他人屈从于他。"②第二，具有造反的性格，而不具有革命的性格。极权主义性格的人有时蔑视权威，甚至反对或抵抗权威，特别是当他们被自己的无权折磨得悲观失望的时候。但是"与此同时或稍后些，他们却又服从另一序列的权威，这一序列的权威依靠强大的权力和信誓旦旦的诺言似乎安抚了他们的受虐待狂的冲动。最后，竟然出现了这样的局面：反抗的倾向完全被压抑下去了，只有当意识控制减弱之时它们才重新唤起，或者只有当权威手中的权力已削弱和开始旁落之时，他们才对之产生憎恶，才认识到要加以反抗"③。因此，他们的性格是"造反的"，而不是"革命的"。革命的结果是使自己的人格从权威的压迫中脱离出来，获得独立和完整，而造反的结果则是摆脱一个权威之后又屈从于另一个权威。第三，相信命运。"极权主义性格崇尚那些限制人自由的生活环境，崇尚人屈从于命运。极权主义性格强调人的命运取决于其社会地位。"④弗洛姆对极权主义人格的研究，为以后威权主义人格的研究提供了理论指导。

1943年，著名的心理学家马斯洛发表了《威权性格结构》一文，他反对把法西斯领导人视为怪人或疯子的判断，认为这些人也有自己的性格结构，他们认为自己的行为完全是可以理解的，有理有据的。具体来说，在他们的世界观（world view）中，把世界归为人与人的争斗，人们都是邪恶的、自私的，世界是危险的，人与人之间既没有爱也没有尊重。除了吓倒他人，就是被他人所吓倒。为了消除这种恐惧，强者控制别人，而弱者则依附于强者。整个社会是一个等级的社会，每个人都处于这个等级序列中，或者高贵，或者低贱。整个社会被划分成高贵者团体和低贱者团体。只要一个人在这个等级序列中高于自己，他们便会盲目地服从此人，不管对方是在什么领域，提出什么样的观点。凡是具有这种性格的人，对权力、地位以及名誉都有极强的冲动。他

---

① ［德］埃里希·弗罗姆：《逃避自由》，陈学明译，工人出版社，1987年，第209~210页。

② ［德］埃里希·弗罗姆：《逃避自由》，陈学明译，工人出版社，1987年，第217页。

③ ［德］埃里希·弗罗姆：《逃避自由》，陈学明译，工人出版社，1987年，第224页。

④ ［德］埃里希·弗罗姆：《逃避自由》，陈学明译，工人出版社，1987年，第225页。

们认为只有拥有这些才能高人一等,也就是他们的力量来自于外部,而不是来自于对自己能力的肯定。他们对外群体抱有仇恨和敌视的态度。他们把他人的友好视为软弱,在他们看来人与人只是互为工具,互相利用。他们具有虐待-受虐的趋势,他们的本性是永不满足的。①

以上诸研究成果,尽管得出的观点、研究的角度不一,但也拥有一些共同的特征。其一,从所运用的理论来说,基本采用的是弗洛伊德的精神分析理论,在分析人格的形成时,注重童年的作用,从家庭入手探讨其形成的根源。其二,此时所提出的一些观点为以后的《威权主义人格》一书所继承,而且成为以后探讨威权主义人格的热门话题。这些观点包括:社会威胁与威权主义人格的关系,社会控制(社会中人与人的统治与服从)与威权主义人格的关系,家庭与威权主义人格的关系,因袭主义对威权主义的作用等。其三,一些研究方法为以后的威权主义人格研究所继承。如弗洛姆所运用的社会调查方法和社会历史分析方法,斯塔格纳运用的实验方法。

三、《威权主义人格》的发表

1950年,阿多尔诺与弗兰克尔-布朗斯威克(Else Frenkel-Brunswik)、列文森(Daniel J.Levinson)、桑福德(R.Nevitt Sanford)合作发表了《威权主义人格》(*The Authoritarianism Personality*,简称 TAP)一书,对威权主义人格进行了详细的研究。

在《威权主义人格》中,设计了四个量表:A-S 量表(the Anti-Semitism scale, 反犹太主义量表),E 量表 (the Ethnocentrism scale, 种族中心主义量表),PEC 量表(the Politico-Economic Conservatism scale,政治经济保守主义量表)和 F 量表(the Fascism scale,法西斯主义量表)。这四种量表各有不同的功用。如 A-S 量表,注重测量反对犹太人的态度,因为对犹太人的迫害是法西斯很重要的方面;但是在其它一些国家如美国,可能对犹太人的敌意没有德国那样严重,相反对其他少数民族(如黑人)的歧视可能比对犹太人有过之而无不及,有些人可能有种族歧视的观点,但并不一定歧视犹太人,E 量表就是弥补 A-S 量表的缺陷;PEC 量表则主要测量人们墨守传统的程度,那

① Maslow,The Authoritarian Character Structure. *Journal of Social Psychology*,1943,Vol.18,No.2,pp.401-411.

些习惯于传统的人往往对法西斯所宣扬的观念更加容易接受；而 F 量表主要是对人们的法西斯潜能、反民主的程度加以测量，但它又综合了其他量表，具体来说，具有法西斯主义的态度与人们的反犹太主义、种族中心主义以及政治经济保守主义密切相关。在前三个量表的基础之上，阿多尔诺等提出了 F 量表，该量表可以说是对法西斯性格的综合测量，因此才冠之以法西斯主义量表。正因为这种综合特征，F 量表才比其他量表重要得多。

　　F 量表经过了几次修改，先后出现过 78 条目、60 条目、45 条目、40 条目等不同的样本。修改的原因有很多，或与制表的原则相违背；或是题目表述不清，导致被试者容易误读；或与时代的变化有关，如在二战期间设置的题目，随着战争的结束而失去了应有的意义。表 2-1 是从 45 条目和 40 条目中抽取出来的，在该表的不同题目之下呈现了一些典型的陈述或条目。这里值得注意的是，每个条目不一定表达一个维度的意义，往往代表两个甚至是三个维度的意义。如 25 条目既可以测试威权主义的攻击，也可以测试人们的性。该量表的条目是根据李克特量表中的数值顺序计分的。

表 2-1　F 量表中各组条目的样本[①]

（1）因袭主义：死板地固守因袭的、中产阶级的价值 12.一个没有好习惯、好举止和好教养的人很难与正派人合得来。 37.如果人们谈得少做得多，那么每个人将会更好。 41.商人和制造商对社会的重要性大于艺术家和教授。
（2）威权主义式的服从：对群体内理想化的道德权威采取服从的、无批评的态度 1.对权威的服从和尊敬是儿童应该学会的重要美德。 8.每个人应该完全相信某些超自然的力量，毫不犹豫地遵守它的决定。 23.国家最需要的不是法律和政治纲领，而是少数勇敢的、不知疲倦的和具有献身精神的领导者，在这些领导者身上人民可以寄托自己的信任。 42.健全、正常和正直的人从来不想去伤害亲密的朋友和亲戚。
（3）威权主义式的攻击：监视、谴责、拒绝和惩罚违犯了因袭价值行为的倾向性 13.年青人最需要的是严格的训练，严酷的决定，以及为家庭和国家工作与战斗的意志。 25.性犯罪，诸如强奸和对儿童的侵犯应该给予比监禁更多的惩罚；这样的犯罪应该被公开鞭打，或更厉害。 34.如果我们铲除了那些不道德的、欺诈的和低能的人，那么我们社会的大部分问题就解决了。
（4）反内感受主义：对主观的、想象的和空想的反对 9.如果有了困难或烦恼，最好的办法不是不去想它，而是忙于更高兴的事情。 31.现在，越来越多的人爱打听个人的和隐私的事情。 37.如果人们谈得少做得多，那么每个人将会更好。

---

　　① T.W.Adorno et al., *The Authoritarian Personality*, Harper & Brothers Press, 1998, p.255.按：此部分采用了［美］威廉·F.斯通：《政治心理学》，胡杰译，黑龙江人民出版社，1997 年，第 167~168 页的部分译文。

(5)迷信和刻板印象:相信个人的命运是由神秘的因素决定的;有按照严格的概念思维的倾向 4.科学有它的位置,但是有许多重要的事情人类仍然无法理解。 16.某些人生来就有从高处往下跳的冲动。 33.战争和社会问题可能某天随着地震和洪水毁灭整个世界而结束。
(6)权力和严酷:专心于支配—服从,强大—软弱,领导—追随者等维度,与权力人物认同;过分重视自我的因袭特性;夸张地评价实力和严酷 2.如果我们有足够的权力,没有任何弱点和困难不能克服。 19.污辱我们的荣誉应该受惩罚。 22.在德国为了保持秩序和防止战争,运用战前的权力是最好的。 26.人可以分成明显的两类:弱者和强者。
(7)破坏癖和犬儒主义:对人类的普遍敌意和污蔑 6.人类的本性按其所是,总是战争和冲突。 43.熟悉产生轻视。
(8)投射活动:有相信野蛮和危险的事情在世界上继续存在的倾向;无意识的感情冲动向外投射 18.现在,当如此多的不同的人群流动并混杂在一起时,一个人必须对自己加以保护,尤其小心从这些人那里受到传染或患病。 33.战争和社会问题可能某天随着地震和洪水毁灭整个世界而结束。 38.大多数人没有认识到我们如此多的生活被在密室策划的阴谋所控制。
(9)性:对性行为的过分忧虑 25.性犯罪,诸如强奸和对儿童的侵犯应该给予比监禁更多的惩罚;这样的犯罪应该被公开鞭打,或更厉害。 35.古希腊和罗马的野蛮和性生活,与今天这个国家的某些行为相比,是平淡无奇的,虽然生活在这里的人们并不希望这样。 39.同性恋与犯罪相比,好不了多少,应该受到严厉的惩罚。

表中所列出的九项特征是从以前关于反犹太主义、种族中心主义及政治经济保守主义的研究中总结出来的。为何列出这九项特征?阿多尔诺等对此做出了解释:

因袭主义是建立在这样一个众所周知的假设之上的, 即对法西斯最敏感的阶层是中产阶级,他们所具有的因袭特征导致他们是最有偏见的,与法西斯有着特殊的亲缘关系。当然,因袭主义与偏见之间的关系是肯定的,但也没有想象得那么高。没有因袭的人一般会对偏见有免疫力,而因袭的人也有所不同,有的是有偏见的,有的则没有。那么为什么说因袭的人具有法西斯的潜能呢? 阿多尔诺等说:"如果,在另一方面,对因袭的价值观的坚持是由当代外在的社会压力所决定的, 如果它是建立在个人与他暂时认同的集体权力的基础之上，那么我们应该期望它与对反民主的接受性具有密切的联系。"①因袭的人有可能随着社会的变化而变化，如果是在民主的社会中，这种因袭的价值可能就没有偏见，但是在法西斯文化的影响下，这种人所具有的因袭特性就有可能追随法西斯。换言之，就如中国所讲的"近朱者赤，近墨者黑"，因袭的人之所以会出现如此的不同，在于他们没有独立的自我，从而也就没有独立的判断意识，他们的判断受权威者的意见所左右。民主社会中，中产阶层就会形成民主的意识，成为支撑市民社会的中坚力量。但在专制社会则会形成专制意识，对独裁者言听计从。

威权主义的服从是一种对权威人物如父母、老人、领导、超自然的力量等的态度，它不但对外在的有效的权威顺从，而且表达了一种对服从的夸张的、竭尽全力的、情感的需求。之所以有这种需求，部分原因在于内在的权威良心在发展过程中受挫。它表达了对权威的矛盾的情感："潜在的敌意和反叛的冲动，因恐惧而受阻，从而导致了主体在诸如尊重、服从、感激等方面过分的举动。"②

威权主义的服从体现了被虐待狂的特征，而威权主义的攻击则体现了虐待狂的特点。他们本身的情感生活受到了限制，尤其是性和攻击性方面，这些方面停留在了无意识和自我异化的状态，但却可能是强烈的和狂暴的。他们并不是从积极的方面去释放这种本能，相反却压抑这种本能，并且对违反因袭价值的人如同性恋、性侵犯者、坏举止的人有一种惩罚的倾向。这就是一种"替罪羊"的机制，也就是说他们本身的需求受挫，但对此又无法做出合理的解释，于是他们把这种受挫的情感移置到了他人和外集团身上，他们只能这样做，因为不敢去攻击内群体的权威。③

反内感受主义即外感受，是与内感受主义相对的。所谓内感受，借用墨里的解释，代表一种"对情绪、幻想、沉思、渴望的控制，一种想象的、主观的人类观点"。反内感受主义则是用来描述具体的、能够清晰观察的、自然的条件(可触摸的、客观的事实等)的倾向。它对主观的和空想的思考显得不耐烦并表示反对。极端的反内感受主义的个人害怕思考人类现象，因为他可能害怕想错；他害怕真正的情感，因为他的情感可能失去控制。纳粹所做的即是如

---

① 　T.W.Adorno et al., *The Authoritarian Personality*, Harper & Brothers Press, 1998, pp.229–230.

② 　T.W.Adorno et al., *The Authoritarian Personality*, Harper & Brothers Press, 1998, pp.231–232.

③ 　T.W.Adorno et al., *The Authoritarian Personality*, Harper & Brothers Press, 1998, pp.232–234.

此,把每件事情都贬损一通,这样就使人们不再思考他自己及自己的问题。[①]

迷信和刻板印象是自我软弱的表达方式。刻板印象是一种迟钝的形式,尤其是在心理和社会问题上。阿多尔诺等认为,人们之所以求助于对人类事件原始的、简单化的解释,是因为有如此多的观念和发现需要进行充分的说明,但是如果考虑过多势必产生苦恼、焦虑,而遵循刻板印象则解决了上述烦恼。迷信则体现了"一种把责任从个人转移到超出个人控制的外部权力的倾向,它表明自我已经'放弃',也就是说,放弃了通过克服外在的力量可能决定自己命运的念头"[②]。

权力和严酷被阿多尔诺等描述为一种权力情结。它过于强调人与人之间权力的信条,"具有一种把人们之间所有的关系都依据强–弱、统治–服从,领导者–追随者、'铁锤–砸骨'这样的概念来判断"。它与种族中心主义有着某种联系,优越和低劣民族的划分即是这种思维方式的体现。具有这种情结的人想获得、拥有权力,一旦拥有就永不放弃,但同时又害怕抓住权力和使用权力。他看起来好像崇拜在他人身上的权力,并倾向于屈从于它,但同时害怕自己身上暗含着的软弱。也就是说,具有权力情结的人包含着本质上矛盾的因素。解决这种矛盾的办法就是与拥有权力的人物结盟,这样既可以满足他对权力的需求,同时又可以满足屈从的愿望。[③]

破坏癖和犬儒主义是基于这样的设想:人们有攻击性的冲动,但是外在的压力阻止满足这种欲望,满足这种欲望的出路在于移情,把它移置到引起道德义愤的集团身上。为此,他需要寻找一个理由为他的破坏行为辩护,如人类是该轻视的、人的本性就是剥削自己的邻居和向他们发动战争。[④]

投射是使本我的冲动异化的一种方式,它是自我不能充分发挥自身作用的征兆。从广泛的意义上说,威权主义所有的维度都是投射性的,是心理的强烈欲望对判断和解释扭曲的结果。阿多尔诺等认为,可以从以下现象判断一个人是否具有投射的倾向:如果个人坚持别人对他有敌意,但是我们发现没有证据证明这是真的,那么就有充分的理由怀疑他有攻击的意图,并寻求通过投射的方式为自己的行为作辩护。最明显的例子就是法西斯把犹太

① T.W.Adorno et al., *The Authoritarian Personality*, Harper & Brothers Press, 1998, p.235.

② T.W.Adorno et al., *The Authoritarian Personality*, Harper & Brothers Press, 1998, p.236.

③ T.W.Adorno et al., *The Authoritarian Personality*, Harper & Brothers Press, 1998, pp.237–238.

④ T.W.Adorno et al., *The Authoritarian Personality*, Harper & Brothers Press, 1998, pp.238–239.

人说成是"邪恶的力量"①。

对性行为过分忧虑的人,对性的道德观念违反的惩罚具有强烈的倾向,这种惩罚性的态度是建立在对内群体的权威认同的基础之上的, 但也暗示着这种人的性欲受到了压抑,并有失控的危险。②

有关威权主义人格的起源,《威权主义人格》的作者采用了精神分析理论,强调了威权主义人格的童年起源,威权主义人格的培养与家庭的偏见有关。弗兰克尔-布朗斯威克强调在威权主义家庭,子女会出现情感的困难,父母不能毫无保留地向孩子表达情感,对孩子好的行为是偶然的,亲子关系更多取决于物质层面。与之相反,非威权主义者更多表达爱和接受,在与父母的关系中子女会感到安全,亲子关系更多可能源于情感的需求。③她曾经把有偏见的儿童与无偏见的儿童作了对比:有偏见的儿童把父母描述成惩罚者、严厉的人、物质的供给者,而无偏见的儿童把父母形容为好交流的(companionable)、轻松的和对肯定的价值如和蔼、温和的强调。有偏见的儿童对父母要么好,要么坏,不允许有中间的模糊性,他们对父母的感觉是有成见的、夸大的。他们崇拜父母,以父母为荣,但如果假设在一个孤岛上,却不愿意选择与父母为伴。在主题知觉测验(Thematic Apperception Test)中,他们也是只强调父母的强制性和惩罚性的方面。无偏见的儿童没有焦虑和矛盾,既能看到父母积极和爱的方面,也能看到父母消极和恨的方面。有偏见的孩子用夸大的和僵化的概念描述男性和女性,认为一个有规律的男孩子,知道如何战斗,是刚强的,没有女人气,做父母和老师所要求的。有偏见的儿童性角色是两分的,拒绝女孩气的男子和男孩气的女孩。相反,无偏见的男孩强调两性价值的相似性并将价值真正的内在化, 但这往往被威权的团体看作是女人气的。有偏见的儿童根据声望和外在的成功确定职业的好坏,而无偏见的儿童根据兴趣。有无偏见的儿童都对成年人表现出服从。但无偏见的是真正的爱和认同,有偏见的是恐惧性的服从。④威权主义家庭成员间的地位是不对

① T.W.Adorno et al., *The Authoritarian Personality*, Harper & Brothers Press, 1998, p.240.

② T.W.Adorno et al., *The Authoritarian Personality*, Harper & Brothers Press, 1998, p.241.

③ T.W.Adorno et al., *The Authoritarian Personality*, Harper & Brothers Press, 1998, p.482, p.388.

④ Else Frenkel-Brunswik, Further Explorations By A Contributor to "The Authoritarian Personality", In Richard Christie & Marie Jahoda eds., *Studies in the Scope and Method of "The Authoritarian Personality"*, The Free Press, 1954, pp.238-242.

等的,或体现于父母之间,或体现于亲子之间。桑福德在访谈的基础上断言多数的威权主义者有一个统治性的父亲(或者强悍的、"惧内"的母亲),而在非威权主义家庭里,母亲是更重要的,或者父母之间是伙伴或平等关系。弗兰克尔–布朗斯威克则称母亲趋向对非威权主义倾向的发展是重要的。[①]

四、后来学者对伯克力研究的评价

《威权主义人格》一书发表之后,立刻引起了学术界的强烈争论,赞扬者有之,批评者也有之。

(一)对伯克力研究的积极评价

《威权主义人格》发表之后,学者们给予了极高的评价。施密斯(M. Brewster Smith)认为伯克力的研究是"社会心理学和性格研究发展过程中的里程碑"[②]。海曼(Herbert H. Hyman)和希茨利(Paul B.Sheatsley)认为这本著作已经达到了"经典"的地位,他们同样用"里程碑"来赞美这本书,是"社会研究的里程碑。在未来的许多年里将影响该领域的方法和内容的发展趋势"。他们对该书所采用的方法给予了高度的评价。《威权主义人格》采用了两种研究方法:一种是社会心理学的量化的、统计的或调查的方法;另一种是动态心理学的深度访谈、临床的、个案研究的方法。他们认为这两种方法各有所长,第一种研究方法能够得到精确的、严格的数据以及概括发现的能力。第二种方法能够达到深层的理解和观察。统计的方法因临床的方法而丰富,临床的发现受控于量化的数据。"两种方法有效地结合,《威权主义人格》是值得效仿的榜样,因为通过结合,我们能够获得一种结合这两种方法的更高级的方法。"[③]

威权主义人格中各种量表的设计,尤其是 F 量表对于测量当今人们的法西斯倾向有着积极的作用,它测量的数据可能不太精确,但对于法西斯的

---

① T.W.Adorno et al.,*The Authoritarian Personality*,Harper & Brothers Press,1998,p.363,p.370,p.382.

② M.Brewster Smith,Review: The Authoritarianism Personality,*Journal of Abnormal and Social Psychology*,1950,Vol.45,pp.775-776.

③ Herbert H. Hyman & Paul B.Sheatsley,"The Authoritarian Personality":A Methodological Critique,In Richard Christie and Marie Jahoda eds.,*Studies in the Scope and Method of "The Authoritarian Personality"*,The Free Press,1954,pp.51-53.

研究无疑具有重要的参考作用;另外它所列举的考察法西斯的九个维度,为人们研究法西斯提供了方向,具有理论的指导意义。不仅对法西斯的研究,而且对当今政治行为的研究也具有重要意义。美国心理学者斯通说:"它不仅可以预测参加法西斯政治运动的倾向,而且可以预测诸如政治参与、采取自由的或保守的意识形态等事情。"①在威权主义人格研究的发展过程中,提出右翼威权主义的理论,并设计出右翼威权主义量表(RWA)的加拿大学者埃特米耶在谈到自己所取得的研究成果时说:"他们的确给我提供了起点。如果没有伯克力的研究者们,我对威权主义就不会有任何发现,甚至对这个领域不会感兴趣。"②

那么威权主义人格在实践当中效果究竟如何? 当年的《威权主义人格》的作者之一桑福德在 1973 年撰文,一方面承认威权主义人格在量表中的一些条目随着时间的推移会过时,其中有的条目已经具有了意识形态的意义,因受意识形态的限制,人们在回答这类的问题时答案只能是唯一的,而无法选择。同时,威权主义的家庭已经发生变化或消失了。但另一方面,他认为,尽管时代在变化,但是人类仍然面临着希腊思想家或弗洛伊德等所面临的共同困境,威权主义仍然会卷土重来,威权主义人格的研究成果仍然适用。他认为直到他生活的 20 世纪 70 年代,并没有发现威权主义人格根本性的错误。③斯通、莱德勒(Gerda Lederer)和克里斯蒂对此表示赞同,认为 F 量表虽然存在着这样那样的缺点,但作为测量威权主义的工具,仍有大量证据显示有效。④荷兰学者梅洛恩(Jos D. Meloen)也持相同的观点:"大量的强有力证据所呈现的,我们可以断言 F 量表作为一种测量反民主和法西斯主义倾向的工具经过时间的考验仍然有效。"⑤后来,他与同事通过实验证明了阿多尔诺等威权主义人格研究的有效性。他们把 F 量表,与学者莱德勒的新威权

① [美]威廉·F.斯通:《政治心理学》,胡杰译,黑龙江人民出版社,1987 年,第 173 页。

② Bob Altemeyer,*The Authoritarian Specter*,Harvard University Press,1996,p.45.

③ Nevitt Sanford,Authoritarian Personality in Contemporary Perspective,In Jeanne N. Knutson eds.,*Handbook of Political Psychology*,Jossey-Bass Publishers,1973,p.161.

④ William F.Stone et al.,The Status of Authoritarianism,In William F. Stone,Gerda Lederer,Richard Christie eds.,Strength and Weakness:*The Authoritarian Personality Today*,Springer-verlag,1993,p.234.

⑤ Jos D. Meloen,The F Scale as a Predictor of Fascism:An Overview of 40 Years of Authoritarianism Research,In William F. Stone,Gerda Lederer,Richard Christie eds.,*Strength and Weakness:The Authoritarian Personality Today*,Springer-verlag,1993,p.61.

主义量表,埃特米耶提出的 RWA 量表,以及雷(Ray)的行为指向(behavior directiveness)应用于比利时佛兰德斯地区的高中生的调查研究,结果发现前三者测试方法没有优劣之分,得出了十分相似的结果,只有第四种方法是不充分的。[1]

《威权主义人格》被后人批评较多的是样本的选取问题,尤其是他们没有对法西斯主义者的原产地德国的法西斯主义者进行研究。伯克力的研究者所得出的结论是否适用于他们? 针对此,迪克斯(Henry V.Dicks)对 138 名原德国纳粹海陆空军的战争罪犯进行了深度访谈, 在之前他已经对他们的政治倾向进行了调查。其中,包括 65 名高法西斯主义者(狂热的和全身心投入的纳粹和有保留地相信纳粹),剩下的 73 名被认为是低法西斯主义者(非政治的,消极地反对纳粹和积极深信反纳粹)。通过对高和低的比较,高者对软心肠的禁忌(tenderness taboo)、虐待狂、同性恋倾向、投射、焦虑、对母亲的认同度低和对父亲很少反叛。这些研究与伯克力的研究者所描述的威权主义者的权力和严酷(toughness)、威权主义攻击、对性的忧虑、投射和威权主义的服从有共同之处。[2]

埃特米耶对伯克力的研究结论批评较多, 但是他也认可了其中的某些研究成果。譬如, 他认为威权主义人格与伯克力提出的 F 量表的前三项特征,即因袭主义、威权主义的服从、威权主义的攻击密切相关。同时,他认为,伯克力的研究者对威权主义攻击的基本判断是准确的,"总体来说, 当被谴责者的态度不同于自己的态度时,高 F 更加倾向于对被谴责者惩罚。态度相似性并不影响低 F 支持惩罚。高 F 和低 F 在对'相似'的学生惩罚时没有差别。如果我们设想高 F 倾向于把不同于他们态度的人看作是异端,这样结果支持了伯克力的模式"。在这里,他补充了观点的相似与否。另外,埃特米耶还补充了地位的高低。也就是在面对比自己地位低的攻击目标时,高 F 比低 F 更倾向于攻击目标。而面对比自己地位高者,高 F 者则表现出了服从的倾向,甚至是面对与自己态度不同的地位高者也是如此。因此,埃特米耶支持并修正了伯克力研究的假设,认为"即高 F 比低 F 更趋向于攻击异端的或

[1]　Jos D. Meloen et al., A Test of the Approaches of Adorno et al., Lederer and Altemeyer of Authoritarianism in Belgian Flanders: A Research Note, *Political Psychology*, 1996, Vol.17, No.4, pp.651–652.

[2]　Henry V.Dicks, Personality Traits and National Socialist Ideology: A War-Study of German Prisoners of War, *Human Relations*, 1950, Vol.3, pp.111–154.

低地位的目标"①。

(二)对伯克力研究的批评

《威权主义人格》发表之后,批评者也比较多。施密斯在肯定《威权主义人格》地位的同时,也指出该书卷帙浩繁,没有很简明地总结他们的中心观点,没有对理论的假设以及整个项目的结论作简洁地论述。②确实如此,该书近千页,运用了各种方法,但何为威权主义人格,该书并没有准确的定义,倒是霍克海默在为该书作序时给出了清晰的解释。再者,威权主义人格具有哪些特征?如该书归为九个方面的特征,根据非常全面,但容易淡化最为核心的特征。拉斯韦尔批评说"威权主义人格"的概念在某些方面太宽泛而无法为政治学提供一种发展模式。③

1.样本的选取局限和误读

在选取实验对象时,伯克利的研究者存在着严重的问题。研究者的实验对象包括伯克利大学的学生、监狱的犯人。犯人排除了 55 岁以上的,少于 8 年教育的犹太人、黑人和心理疾病者。其他样本几乎全部来自于中产阶层。其中一半的成员来自于联合电工(the United Electrical Workers),其余来自一个军事联合会、加利福尼亚工会学校、一个强烈左翼的组织,少数民族被排除在外。大多数被试者都住在加利福尼亚旧金山海湾地区,至少受过初中教育,否则填表困难。年龄基本在 20 岁至 35 岁之间。这种选取方法存在以下三个方面的问题:

一是几乎所有的样本来自于组织化的团体。布朗(Roger Brown)谈到了样本选取过程应该是任意的,而伯克利的研究者所选取的样本中,大学生和犯人都是具有组织化的,具体来说都是取自同一个机构的样本,这与无组织

---

① Bob Altemeyer, *Right-Wing Authoritarianism*, The University of Manitoba Press, 1981, pp.64–67.

② M Brewster Smith, Review: The Authoritarianism Personality, *Journal of Abnormal and Social Psychology*, 1950, Vol.45, p.776.

③ Harold D. Lasswell, The Selective Effect of Personality On Political Participation, In Richard Christie & Marie Jahoda eds, *Studies in the Scope and Method of "The Authoritarian Personality"*, The Free Press, 1954, p.216.

的人们的观点有着显著的区别。[1]埃特米耶也指出了样本选取方面的问题，他认为男人主要以监狱的犯人为主，不具有代表性，不能由此得出一个普遍性的结论。[2]海曼和希茨利除了指出样本的选取问题之外，还谈到了组织化成员和非组织化成员的政治态度的区别。"一个表明有充分的动机参与一个正式的组织的人更有可能把政治和社会问题作为关注的中心，生活的精力渗透在这些方面源于性格的更核心的因素。另一方面，一个具有政治惯性以避免或抑制自己成为团体成员的人，可能成为把政治和社会问题作为边缘的人，这样就不会被更多的价值和精力牵涉其中。"[3]

　　二是选取的样本排除了教育程度低的人。譬如监狱的犯人至少受过 8 年以上的教育，工人团体中至少是初中教育。尽管是为了填表的方便，但对于样本的选取方面存在着明显不足，斯通说："撇开个性差异不谈，受教育少的人可能呈现出同意专断主义或种族优越感陈述的倾向。"[4]而教育程度高的人则相反。受过大学教育的人更关心政治和社会问题，积极投票、参加联合会。阿多尔诺等人尽管注意到了这种差别，但问题依然存在。梅洛恩指出，学生群体并不是一个威权主义的样本，而是威权主义的反面，即非威权主义的样本。以学生群体作为样本所产生的问题，他称之为学生样本偏差（student sample bias）。[5]

　　三是选取的对象处于两个极端，很少有中间者。海曼和希茨利指出，参加深度访谈的都是在种族中心主义议题上持极端立场的人。但是要想反映总体，必须存在不是极端的样本。样本排除中等得分者，主要结论是基于两

---

　　① Roger Brown,The Authoritarian Personality and the Organization of Attitude,In John T. Jost & Jim Sidanius eds.,*Political Psychology*,Psychology Press,2004,p.54.

　　② Bob Altemeyer,*Right-Wing Authoritarianism*,The University of Manitoba Press,1981,p.37.

　　③ Herbert H. Hyman & Paul B.Sheatsley, "The Authoritarian Personality":A Methodological Critique,In Richard Christie & Marie Jahoda eds.,*Studies in the Scope and Method of"The Authoritarian Personality"*,The Free Press,p.51,p.63.

　　④ ［美］威廉·F.斯通：《政治心理学》，胡杰译，黑龙江人民出版社，1997 年，第 171~172 页。

　　⑤ Jos D. Meloen,The F Scale as a Predictor of Fascism:An Overview of 40 Years of Authoritarianism Research, In William F. Stone ,Gerda Lederer,Richard Christie eds.,*Strength and Weakness:The Authoritarian Personality Today*,Springer-verlag,1993,p.62.

个极端。这显然存在着不足。①

除此之外，选取的对象中排除了少数民族如犹太人、黑人和心理疾病者，而且大多数被试者都住在加利福尼亚旧金山海湾地区。犯人中排除了 55 岁以上的，工人和学生则主要是 20 岁至 35 岁之间。这些限制都妨碍了样本的广泛性、可代表性。

不但样本的选取存在问题，而且对样本也存在误读。误读的根源之一在于所采用的方法。海曼和希茨利在研究中指出，《威权主义人格》的研究中采用了深度访谈和量表的方法，这两种方法应该独立操作，然后互相论证。但在访谈中，访谈者事先已经知道了被访谈者在量表上的得分，以作为访谈的指导。但这样做暗含着以下危险：访谈者希望自己所采访的数据与量表的数据相一致。访谈后，存在一个对数据解读的问题。与访谈不同，解读应该是在无知状态下进行的。但是如果解读者回忆起所有有关被访谈者谈论的内容，一切预防都是徒劳。所有的系统性的偏见被整合到数据中都是解读者在工作时意识到被访者的意识形态的层次，也就是说知道被访者是高得分和低得分。两位学者认为这种方法上的问题，因概念解释上的歧义，而变得更加严重。伯克利的研究者将种族主义的个人定义为"美化父母（idealization of parents），过高估计他们的品质和地位"，非种族主义的个人则会"客观评价他们的父母"。另一个假设是在家庭中种族中心主义者表现为"欺负（victimization），被忽略，非正义的训教"，非种族主义者表现出"对父母真正的积极的影响"。但解读者容易将美化父母（高得分）和积极的影响（低得分），欺负（高得分）与客观评价（低得分）相混。即使他们是在"无知"状态下解读的，仍可以根据总体的形式来判断。因为受访者只有高和低两种，一些模糊的叙述也被解读为高和低。伯克利的研究者采取的另外两种方法——投射性的方法和主题感知测验——也都存在着因知道得分有意地解读的问题。②

埃特米耶也谈到了样本的误读问题。在访谈过程中，访谈者有机会接触

①　Herbert H. Hyman & Paul B.Sheatsley, "The Authoritarian Personality": A Methodological Critique, In Richard Christie & Marie Jahoda eds., *Studies in the Scope and Method of "The Authoritarian Personality"*, The Free Press, 1954, pp.51–122.

②　Herbert H. Hyman & Paul B.Sheatsley, "The Authoritarian Personality": A Methodological Critique, In Richard Christie & Marie Jahoda eds., *Studies in the Scope and Method of "The Authoritarian Personality"*, The Free Press, 1954, pp.77–86.

被访者在 F 量表中的得分，而且知道被试者调查表的答卷。访谈者速记被访者的答复，然后把笔记重复在录音机中。这样就有机会使访谈者根据他的设想，思考性地创造关于被试者应该说什么的预先概念，形成被试者"说"什么的记录。①

美国学者马丁（John Levin Martin）也谈到了在深度访谈中对高得分者和低得分者的误读情况。访谈者对那些在 F 量表中得高分者的访谈中的一些内容进行曲解，以迎合伯克利研究者的理论解释。他列举了高得分者麦克（Mack）的例子。麦克不同意下列条目：国家最需要的不是法律和政治纲领，而是少数勇敢的，不知疲倦的和具有奉献精神的领导者。但是伯克利的研究者却归结为是条目本身过于开放，从而使麦克做出了与他的深层次的情感相反的选择。在访谈中，麦克谈到崇拜他的父亲，因为自从他们的母亲去世之后，父亲一直关心着他们。但伯克利的研究者却把他的父亲解释为一位沉默的、疏远的父亲，是一位具有威权主义作风，试图把传统的价值标准强加给自己儿子的失败的父亲。尽管在妻子去世之后，试图承担起做母亲的部分职责，但却无法理解或向自己的儿子表达爱意。与此相反，拉里（Larry）是一位低得分者，但实际上她具有高得分者的许多特征，但伯克利的研究者视而不见，仍把她归入了低得分者的行列。可以说，伯克利的研究者给足了低得分者面子，一旦他们认定某人为低得分者，就把低得分者所陈述的具有高得分的许多特征归为自我承认弱点。即使低得分者没有暴露自己的弱点，他们也把低得分者看作为共同研究者而不是实验者。马丁把这种错误归为"运用唯名的类型学与假设的现实主义的类型学的结合"②。

2.F量表与其他量表之间的关系

伯克利的研究者最初研究的是偏见，《威权主义人格》一书即是偏见系列丛书中的一本。他们最初研究反对犹太人的态度，由此设计了 A–S 量表，然后逐渐探讨对其他民族的偏见研究，这就是 E 量表。按照他们的设想，法西斯主义者还与政治经济上的保守主义相关，这就是 PEC 量表，最终在此基础上设计出了 F 量表。但存在的问题是具有偏见的人是否就是威权主义者，

---

① Bob Altemeyer, *Right–Wing Authoritarianism*, The University of Manitoba Press, 1981, p.37.

② John Levin Martin, The Authoritarianism Personality, 50 Years Later: What Lessons Are There for Political Psychology, *Political Psychology*, 2001, Vol.22, No.1, pp.4–11.

保守主义者是否是威权主义者？洛奇赤（Milton Rokeach）认为威权主义根本无法与种族偏见和保守主义相联，甚至处于相反的关系。以下的现象经常能够在现实生活中发现："有些人在偏见上得分低但在威权主义上得分高，也能发现有些人在偏见上得分高但在威权主义上得低分。"[①]

　　实验证明，F量表与E量表和A-S量表的相关度最高，与PEC量表之间虽然有联系，但是这种关联度并不强。[②]这种联系也是有疑问的。海曼和希茨利于1954年指出，这种高度相关性更多地源于阿多尔诺等观察者的研究方法所遵循的程序而不是理论模式的有效性。他们把与两者相关性不大的条目剔除了出去。譬如，在F量表第1版中有这样的条目："书和电影不应该过多关注于肮脏的和丑恶的生活，而应该聚集于娱乐和让人振奋的主旨。"这是最具歧视性的条目之一，但是因为与反犹太主义量表的相关度太低而被舍弃了。16个条目的PEC量表中有8个条目更接近于F量表而不是PEC量表。在PEC量表和F量表之间许多条目几乎是互相交换的，因此两者之间能够发现相关度是不奇怪的。[③]对这种相关度进行批驳的第二个证据来自于历史背景。纳粹德国是威权主义理论构建的原型，在德国偏见和威权主义相联，但在意大利无论从理论上还是实践上前后15年却没有反犹太主义，直到希特勒向墨索里尼施压才对犹太人进行迫害。在奥地利和西班牙也没有对少数民族进行迫害。第三个证据来自于实验研究成果。埃特米耶引用了一些学者的研究成果，涉及黑人、日本人、犹太人、墨西哥人和英国人等，采用的研究方法是实验的方法，结果证明：没有发现仇外恐惧和F量表之间存在正向的联系。一些族群的偏见，譬如对非洲学生的偏见主要来自于文化学习而不是性格。[④]

　　①　Milton Rokeach, Political and Religious Dogmatism: An Alternative to the Authoritarian Personali-ty, *Psychological Monographs: General and Applied*, 1956, Vol.70, No.18(Whole No.425), p.2.

　　②　Roger Brown, The Authoritarian Personality and the Organization of Attitude. John T. Jost and Jim Sidanius editors, *Political Psychology*, Psychology Press, 2004, p.45.

　　③　Herbert H. Hyman & Paul B.Sheatsley, "The Authoritarian Personality": A Methodological Cri-tique, In Richard Christie & Marie Jahoda eds., *Studies in the Scope and Method of "The Authoritarian Per-sonality"*, The Free Press, 1954, p.74.

　　④　Bob Altemeyer, *Right-Wing Authoritarianism*, The University of Manitoba Press, 1981, pp.27-33.

3.量表的维度分类以及条目的设置问题

埃特米耶对 F 量表中分类项的设置提出了批评。他认为 F 量表所列举的威权主义人格的九个维度,有的内容存在明显区别,但却被伯克力的研究者勉强黏合在一起。譬如,迷信和偏见、权力和严酷、破坏癖和犬儒主义。而且在解释每种维度时太模糊,无法给出一个特定的描述,导致人们能够对这个九个维度没有清晰的认识,很难把它们区分出来。这样,在理解每个维度与所对应的条目的设置方面就出现了歧义,条目与所对应的维度之间出现错误。譬如,在 F 量表中有这样的条目:对他的父母不深爱、不感激和不尊重,几乎没有任何事情比此低劣的。按照 F 量表的设想,此条目只测量威权主义式的攻击,实际上至少可以对威权主义式的服从、因袭主义和威权主义式的攻击都可测量。这样对数据的误读将无法支持设想的模式。再者,"被设想测量威权主义人格九种不同维度的条目明显不是高度联系的"[1]。

有关量表条目的设置问题,海曼和希茨利说,A–S 量表和 E 量表中,包括只有同意或不同意的两个选项。但作者却把二选一作为反犹太主义的一个重要特征,这种设计使每一个答题者都无法逃避。[2]

更多的是有关 F 量表条目设置的问题。由于《威权主义人格》研究的最初目的是对偏见的研究,由对偏见的研究延伸到对威权主义人格的研究。应该说,偏见和威权主义有一致之处,但也有不同的地方。针对这种矛盾的地方,伯克力的研究者所采用的方法是照顾偏见的测量。海曼和希茨利举例说,在原来 F 量表中有三个测试性格非常好的条目,但与犹太主义关系不大而放弃了。因为他们提供了与理论相反的证据。四个测量反犹太主义的条目保留了,尽管测试性格不是很好。"换言之,运用这些条目为理论提供证据,而不管这样的事实:它们在测试威权主义时是最不合适的。"[3]斯通批评说:

① Bob Altemeyer, *Right-Wing Authoritarianism*, The University of Manitoba Press, 1981, pp.15–17.

② Herbert H. Hyman & Paul B.Sheatsley, The Authoritarian Personality: A Methodological Critique, In Richard Christie & Marie Jahoda eds., *Studies in the Scope and Method of "The Authoritarian Personality"*, The Free Press, 1954, pp.71–72.

③ Herbert H. Hyman & Paul B.Sheatsley, The Authoritarian Personality: A Methodological Critique, In Richard Christie & Marie Jahoda eds., *Studies in the Scope and Method of "The Authoritarian Personality"*, The Free Press, 1954, p.75.

"所有条目太精辟,以至于同意这些条目就会在 F 量表上得高分。"①

伯克力的研究者也意识到此, 即许多条目在客观事实和价值判断之间失去平衡,客观倾向太明显,使测试者不得不同意。F 量表之所以修改,很重要的原因也在于此,但这个问题直到最后依然存在,从而招致了一些学者的批评。另一个方面来自于伯克力的研究者采用的单维度的测试方法。即整个条目设置皆是肯定的,只要肯定的答复就会得高分,反之就会得低分。但这样就会出现以下问题:一个人可能对量表一无所知,只要对答案默认,此人就可能得高分, 由此推断出此人是威权主义者, 显然是不准确的。达基特(John Duckitt)说:"广泛的心理研究已经支持了这样的结论:默认的确是严重影响 F 量表有效性的一个问题。"他指出,F 量表缺少对威权主义概念清晰的辨析,只是凭着直觉感觉像是威权主义者来解释,这样就无法预测个体的行为。②伯克力的研究者也认识到了此问题。在 PEC 量表中包含了保守主义和自由主义的条目。后来的学者在对此提出批评的同时,也对这种测试方法进行了改进。最常采用的一种方法是设计一种平衡量表,即构建与原先的条目相反的条目, 答案也相反, 以测试与原先量表的相关性。罗勒(Leonard Rorer)认为这种方法也有其局限性,就是相反条目的设定可能是不完全的,有可能导致人们对原先 F 量表中的条目与修改后的量表的条目之间做出相同的回答。埃特米耶也没有提出更好的方法,他采用的仍然是常用的方法:首先是发展出一系列与原先的 F 量表相反的条目; 其次用这些条目代替 F 量表中的条目,相应的答案也改变;再次用这两种量表进行测试;最后比较这两种结果的有效性。③但是这种方法也不是特别成功。达基特归结为三个方面的原因: 是原有的 F 量表过于复杂,二是这些方法也同样缺少对威权主义明确的界定,三是缺少与威权主义人格对立的人格的认定。④

4.对量表内容的批评

一些学者对伯克力的研究者得出的结论提出批评。伯克力的研究者把

① [美]威廉·F.斯通:《政治心理学》,胡杰译,黑龙江人民出版社,1997 年,第 171~172 页。

② John Duckitt, Authoritarianism and Group Identification: A New View of an Old Construct, *Political Psychology*, 1989, Vol.10, No.1, p.66.

③ Bob Altemeyer, *Right-Wing Authoritarianism*, The University of Manitoba Press, 1981, pp.120-123.

④ John Duckitt, Authoritarianism and Group Identification: A New View of an Old Construct, *Political Psychology*, 1989, Vol.10, No.1, p.66.

人们在量表中的得分归于人格问题。海曼和希茨利指出，在一些量表条目中，决定人们作出回答的不是人格，而是教育程度上的差异。教育的差别导致了回答结果的不同。譬如，对所崇拜的人物的回答，教育程度高者多选择思想文化领域的人物，这些人物不为大众所熟知。如惠特曼、伏尔泰、贝多芬。而教育程度低者多选择如马歇尔、麦克阿瑟等大众所熟知的人物。除此之外，他们列举了几个例子（见表2-2）。

表2-2 教育程度对答复效果的影响

序号	同意以下条目	大学%（n=217）	高中%（n=545）	初中%（n=504）
1	教育孩子最重要的事情是对父母的绝对服从	35	60	80
2	一个好的领导为了赢得在他之下的人民的尊重，应该对他们严格	36	51	66
3	监狱对性犯罪是非常好之地，他们应该公开被鞭打或更严酷的刑罚	18	31	45
4	世上有两种人：弱者和强者	30	53	71
5	没有正直的人会尊重婚前发生性关系的女人	14	26	39
6	相信癌症是传染的	9	12	27
7	知道一个核物理学者的所作所为	50	16	5
8	人们有能力利用核能，相信世界会更好	58	40	25
9	相信大多数人值得信任	77	70	52
10	说起读书，它是一项有益的活动	62	43	33
11	相信政府保证工作比保证机遇更重要	24	39	51
12	把兴趣作为选择工作时最重要的事情	44	34	21
13	把金钱的回报作为选择工作时最重要的事情	9	12	21

资料来源参见 Herbert H. Hyman & Paul B.Sheatsley, "The Authoritarian Personality": A Methodological Critique, In Richard Christie, and Marie Jahoda eds., *Studies in the Scope and Method of "The Authoritarian Personality"*, The Free Press, 1954, p.94。

其中批评最多的是有关威权主义的起源问题。伯克利的研究者继承了弗洛伊德的精神分析理论，把威权主义的起源归于童年。具体来说，他们认为威权主义主要来源于儿童在家庭里与父母之间的关系，家庭中有严厉的父亲和慈善的母亲。在这种情况下，儿童对父亲仇恨但又尊崇他们的父亲，尊崇父亲的结果是因袭了传统的价值观，仇恨父亲的结果使他们在成年后把仇恨移置到其他对象，如少数族裔身上。对于伯克利的这项研究成果，布朗认为这可能是最没有得到支持的研究成果。这项研究成果的证据来源于访谈,但他们的访谈方法却存在着许多缺点,从而导致了错误的结论。①埃特米耶通过引述五项研究成果,否定了威权主义有早期童年根源的结论。"最终显示的,这些研究结果无法为《威权主义人格》的模式提供支持,即使是非直接的。最好的可以说五项研究中的一项提供微弱的支持:高 F 量表的被试者'过于尊崇'他们的父亲。至于剩下的模式,根本无法提供支持,而且有时甚至是矛盾的。"他由此断言,威权主义源于童年经验的结果缺少实验支持。②

有关威权主义与阶级的关系。伯克力的研究者把威权主义与中产阶级相联,认为威权主义者"死板地固守因袭的、中产阶级的价值"。利皮兹(Lewis Lipsitz)则认为威权主义不是来自于中产阶级,而是来自于更底层的阶级,譬如蓝领工人。之所以形成这样的差异在于教育程度的差异。在教育程度相同的情况下,中产阶级和工人阶级在威权主义方面并没有多少差别。③

五、威权主义者是左翼还是右翼

威权主义针对的是左翼还是右翼?就《威权主义人格》的作者来说,他们的研究动力来自于德国的纳粹,所设计的量表主要针对法西斯主义者。而法西斯主义的思想理念是右翼。因此,他们所说的威权主义其实是指右翼威权主义。桑福德认为 F 量表作为一种工具测量左翼是毫无价值的。④但是对于此,以后的学者却存在两种不同的意见。

一种意见认为威权主义所针对的对象既包括右翼也包括左翼。希尔斯(Edward A.Shils)认为苏联共产主义和法西斯在威权主义人格方面是相似的。"他们都对公民自由、政治民主敌视,都对议会体制、个人主义、私营企业反感,他们想象的政治世界都是作为一个道德上互不相融的力量在争斗,相信他们的敌人秘密联合起来反对他们,而且他们本身也行踪诡秘,深信所有

①　Roger Brown,The Authoritarian Personality and the Organization of Attitude,In John T. Jost and Jim Sidanius eds.,*Political Psychology*,Psychology Press,2004,p.63.

②　Bob Altemeyer,*Right-Wing Authoritarianism*,The University of Manitoba Press,1981,pp.38-48.

③　Lewis Lipsitz,Working-Class Authoritarianism:*A Re-valuation*,*American Sociological Review*,1965,Vol.30,No.1,p.109.

④　Nevitt Sanford,Authoritarian Personality in Contemporary Perspective,In Jeanne N. Knutson ed.,*Handbook of Political Psychology*,Jossey-Bass Publishers,1973,p.169.

的权力在敌意的世界里集中在少数人手里，他们自己也渴望集中的和全部的权力。所有以上显示的就是这两种极端分子所具有的共同点。"[1]尽管两者的观念和行动具有以上的共性,但信仰他们的人是否都属于威权主义者？希尔斯没有提供相关的数据或者实验来证明。艾森克(H. J. Eysenck)和库尔特(Thelma T. Coulter)认为态度有两个主要的维度：激进-保守的和硬心肠的(radical-conservative and tough-minded)与软心肠的(tender-minded)。前者可用 R 表示,后来可用 T 表示。R 存在着两极,一极以法西斯主义者为代表,是保守的和硬心肠的;另一极以共产主义者为代表,是激进的和硬心肠的。法西斯主义者和共产主义者都是硬心肠的、僵化的、对模棱两可的不宽容和具有攻击性，也就是说两者都是威权主义式的。T 则主要以自由主义者为代表。[2]库尔特于 1953 年将 F 量表运用于英国,实验的对象是 43 名法西斯主义者、43 名共产主义者和 83 名不属于任何政治极端意识形态的士兵。结果法西斯主义者的平均得分是 159,共产主义者为 94,士兵为 75。由库尔特测得的数据,艾森克断言,共产主义者和法西斯主义者的得分几乎一样高,因此他认为 F 量表实际上既可以测量左翼也可以测量右翼。[3]雷对艾森克的结论进行了回应,他认为应该把 F 量表作为一种人格量表而不是态度和行为量表,它不能够预测当下的威权主义行为,但却能够对人们潜在的行为进行测量,以此来衡量,威权主义共同存在于左翼和右翼中,一半的威权主义者在选举时喜欢左翼。[4]

　　另一种意见则认为威权主义包括左和右，但是 F 量表所针对的只是右翼。洛奇赤认为 F 量表最大的缺陷之一就是只能测量右翼的威权主义,因此应该提出一种包括左中右的总体的威权主义,对所有的威权主义进行测试。这种总体的威权主义他称之为教条主义,包括三个变量:封闭的认知系统、总体的威权主义和总体的不宽容。他设计了两个量表:教条主义量表(Dogmatism Scale)、固执己见量表(Opionation Scale),其中教条主义量表是对威

　　① Edward A. Shils,*Authoritarianism*:"*Right*"*and*"*Left*",Richard Christie and Marie Jahoda eds.,Studies in the Scope and Method of "The Authoritarian Personality",The Free Press,1954,pp.27-28.

　　② H.J.Eysenck & Thelma T.Coulter,The Personality and Attitude of Working-Class British Communists and Fascists,*The Journal of Social Psychology*,1972,Vol.87,p.59,pp.70-71.

　　③ H.J.Eysenck,*The Psychology of Politics*,Routledge & Kegan Paul Ltd.,1954,p.149,pp.152-153.

　　④ John J. Ray,Half of All Authoritarianism Are Left Wing: A Reply to Eysenck and Stone,*Political Psychology*,1983,Vol.4,No.1,pp.140-141.

权主义的总体测量,而固执己见量表是专门侧重于测量总体的不宽容。他分别用上述量表以及伯克力的 F 量表和 E 量表测量美国密歇根州立大学、纽约两所大学的大学生,英国的大学生和一个汽车厂的工人。通过实验发现,保守主义者在 F 量表和 E 量表中得分最高,而共产主义者则相反。这说明 F 量表所针对的是保守的右翼,而不是左翼。F 量表的条目三分之一测量右翼威权主义,三分之一测量总体威权主义,另外三分之一测量右翼和总体的威权主义,也就是 F 量表主要测量右翼威权主义。但左翼和右翼在教条主义量表和固执己见量表中是同一方向的, 他们在教条主义方面都相对较高。因此,他认为 F 量表所针对的是右翼威权主义,但左翼在教条主义量表中得分高的事实证明左翼属于总体上的威权主义。[①]

　　之后,洛奇赤又对这一结论进行了详细的阐述,样本是 13 名英国共产主义信仰的大学生与其他四个政治团体人士[②],结果发现,共产主义者和保守主义者都是教条主义者,只是共产主义在左翼的固执己见者中得分最高,而保守主义者在右翼的固执己见中得分最高。他把共产主义与法西斯的思想作了比较, 认为两者之间差别明显。共产主义就其思想来说是人道主义的,反威权主义的。它的思想目的是建立一个无阶层的社会,最终是国家的消亡,在共产主义社会信奉"各尽所能,各取所需"的原则。与此相反,法西斯主义的思想内容是公开反人道主义的, 其目的是建立以雅利安民族为统治民族的社会, 让剩余的人类接受统治和屈从。尽管二者的思想内容有所不同,但是二者的思想结构却具有共性,都是循规蹈矩式的思维(formula think-ing),追求的目标都是建立起等级性的权威体系,因此二者的思想结构都是威权主义式的。总之,两者在教条主义量表的测试中表现出左翼和右翼的差异,是因为他们思想内容的差异,而两者在教条主义量表中得分都很高,表明两者都属于总体上的威权主义。[③]

　　另一种意见认为威权主义所针对的对象是右翼。研究右翼威权主义的埃特米耶说:"我不知道左翼是否有威权主义者……但我和其他人在右翼毫

---

①　Milton Rokeach, Political and Religious Dogmatism: An Alternative to the Authoritarian Personality, *Psychological Monographs: General and Applied*, 1956, Vol.70, No.18(Whole No.425), p.4, p.35, p.41.

②　其他四个团体分别是保守党(Conservatives)、自由党(Liberals)、工党中的艾德礼派(Attleeites)、工党中的贝万派(Bevanites)。

③　Milton Rokeach, *The Open and Closed Mind–Investigations Into The Nature of Belief Systems and Personality Systems*, Basic Books, Inc Publishers, 1960, pp.115–116, p.127.

不费力地发现了他。并且当我在这本书中用威权主义者这个术语,指的是通往法西斯主义之路的右翼威权主义者。"①梅洛恩认为,F 量表与右翼权威极端主义强相关,作为一个潜在的法西斯量表的 F 量表是有效的。②布朗也得出了相同的结论:"没有证据显示法西斯主义和共产主义在威权主义或任何其他意识形态的维度上的彼此相似。"③斯通和施密斯认为,不仅在威权主义和意识形态方面,而且在性格方面,法西斯主义和共产主义都没有相似之处。④

　　克里斯蒂和布朗同样依据库尔特的实验结果,但得出了与艾森克不同的结论。克里斯蒂认为根据数据的结果把共产主义者和法西斯主义者归在一起,然后与中间群体相分离,并不如单独把法西斯主义者与中间群体分离的理由更充分。他认为艾森克所下结论是武断的。有关 F 量表和威权主义之间的观点与库尔特所提供的数据不一致。⑤布朗认为从数值上看共产主义者的得分略高于持中间态度的士兵,远低于法西斯主义者。因此,应该得出 F 量表主要是测量右翼威权主义的结论。他引用了许多研究共产主义者的研究成果,认为这些研究样本虽然较少,可能代表不了全体共产主义者,但却一致性的得分低, 由此可以证明在民主国家的共产主义者是不会产生威权主义量表的高得分者。⑥布朗的结论是比较严谨的,他的结论只限于西方的民主国家,其他作者则没有作这样的划分。

　　麦克法兰(Sam G.McFarland)等在 1992 年发表的文章中也指出了这一点。他们认为研究者错误地把西方左翼的思想和共产主义与社会主义国家的意识形态等同。他们相信苏联的共产主义和西方的威权主义具有共同的

　　①　Bob Altemeyer,*Enemies of Freedom*,Jossey-Bass Publishers,1988,p.7.

　　②　Jos D. Meloen,The F Scale as a Predictor of Fascism: An Overview of 40 Years of Authoritarianism Research,In William F. Stone,Gerda Lederer,Richard Christie eds.,*Strength and Weakness：The Authoritarian Personality Today*,Springer-verlag,1993,p.67.

　　③　Roger Brown,*Social Psychology*,Free Press,1965,p.542.

　　④　William F. Stone & L. D. Smith. Authoritarianism: Left and Right,In William F. Stone,Gerda Lederer,Richard Christie eds.,*Strength and Weakness：The Authoritarian Personality Today*,Springer-verlag,p.156.

　　⑤　Richard Christie,Eysenck's Treatment of the Personality of Communists,*Psychological Bulletin*,1956,Vol.53,No.6,pp.424-425; Richard Christie,Eysenck's Some Abuses of Psychology,*Psychological Bulletin*,1956,Vol.53,No.6,p.446.

　　⑥　Roger Brown,The Authoritarian Personality and the Organization of Attitude,In John T. Jost & Jim Sidanius eds.,*Political Psychology*,Psychology Press,2004,p.65.

心理,都具有因袭主义、威权主义的屈从和威权主义的攻击。与西方的右翼威权主义者一样,苏联的威权主义人格是种族中心主义和偏见的重要源泉。1989 年,他们在莫斯科用 F 量表按照比例抽样的形式对 347 名成年人进行了调查,其中的 5 个条目针对苏联的文化环境进行了修改。与此同时,他们在美国的肯塔基用同样的方法对 463 名成年人进行了调查,其中的 5 个条目针对美国的文化环境进行了修改。结果发现,两者的威权主义者都支持权威,反对敌人。1991 年,苏联局势发生重大变化,共产党不再是唯一合法的政党,苏联政府允许通过投票竞选国家以及各个加盟共和国的领导人,一些共和国开始谋求脱离苏联。同年 5 月至 6 月,他们在莫斯科按照比例抽样调查的形式对莫斯科 163 名居民进行了威权主义量表的测试,量表中包括了 16 个条目,其中有 8 个有关苏联著名领导人的评价,另外 8 个条目是有关当时发生的事件的评价。数据显示在威权主义中得分越高者,越反对非俄罗斯的领导人,反对普选,越赞成运用军队镇压出现的分离运动、民主运动。他们反对叶利钦等的所谓进步主义活动。从以上这些结果来看,苏联的威权主义者具有右翼威权主义运动的特征。但苏联的威权主义者与美国的威权主义者又有所不同。苏联的威权主义者赞成平等和相对的分配正义,而美国正好相反。[1]

托多西耶维奇(B.Todosijevic)和恩尼迪格(Z. Enyedig)的观点与此相似。他们于 1994 年和 2002 年考察了匈牙利的意识形态与威权主义的关系,发现威权主义者在中–右者中居多数,但是也有少数威权主义者的意识形态是极左的,尤其是一些信仰多年的坚定的共产主义者。具有中–左意识形态的人或低于或接近威权主义的平均水平。因此,他们认为,认同左翼或社会主义,与威权主义不相关。[2]

泰特洛克(Philip E. Tetlock)同样从认知的角度对此问题进行考察,但得出的结论却有所不同。他关注的仍然是资本主义世界中的左翼和右翼。关注的对象不再是普通民众,而是美国和英国的议员。他认为,认知的结构有两种:区分和整合(differentiation and integration)。所谓区分的认知结构,目的简单,趋向于在少数突出的信息的基础上,依据固定的、单维度的评价标准解

①　Sam G. McFarland et al., Authoritarianism in the Former Soviet Union, *Journal of Personality and Social Psychology*, 1992, Vol.63, No.6, pp.1004–1010.

②　B. Todosijevic & Z. Enyedig, Authoritarianism without Dominant Ideology: Political Manifestations of Authoritarian Attitudes in Hungary, *Political Psychology*, 2008, Vol. 29, No. 5, pp.767–787.

释事件和作出决策。而整合的认知结构则恰恰相反,目的相对复杂,趋向于运用多种概念解读事件,整合各种证据做出决策。1983 年,在对美国的议员进行访谈中,泰特洛克发现极端的、保守的议员比温和的、自由的议员都更少整合的认知结构。1984 年,他又对英国下院的 89 名议员进行了访谈,所访谈的议员包括极端的社会主义者(赞成所有的商业和企业国家化)、温和的社会主义者(赞成国家对经济的有限控制)、温和的保守主义者(赞成有限的企业私有化)、极端的保守主义者(反对政府对经济的任何干预)。通过对访谈的结果进行数据分析,他发现温和的社会主义者最具有整合的认知模式,其次是温和的保守主义者,最后是极端的保守主义者和极端的社会主义者。之所以如此,他认为在于对自由和平等两种价值的看法上,对该两种价值的提倡比只提倡其中的一种价值来说,更具有整合的认知模式。四类议员中,温和的社会主义者最有可能尊崇这两种价值, 极端的社会主义者尊崇平等胜于自由,而温和的和极端的保守主义者尊崇自由胜于平等。[①]总之,在他看来,不能泛泛看待左翼和右翼,两者中有的可能是威权主义者,有的可能不是威权主义者。具体来说,极端的左翼和极端的右翼是威权主义者。

对于这种观点,麦克洛斯基(Herbert McClosky)和张也表示认同,与泰特洛克所采用的访谈法不同,他们更多的是理论的论证。他们认为尽管存在着左翼和右翼的差异, 但激进左派和激进右派有共同之处:都是极端压抑性的,都是一党独裁,都是警察国家,都拒绝公民自由,都宣传和维持一种信仰制度和官方正统,都显示了天启的因素,宣扬权力来自于某些更高的权力以拯救人民。具体来说,两者的相似性体现在以下两个层面:第一个层面是对现状的不满、对主流政治家及其实践的憎恨、支持大众运动。左派主张回归人民的权利,而右派主张回归普通民众。第二个层面的相似是对模糊性的无法容忍,对政治反对者的不宽容,被极权主义措施和策略所吸引,对人类软弱的不宽容,幻想狂的趋势——相信密谋和迫害的感觉。他们都不相信民主的运作,认为政治家是为了个人目的而获取权力,而不是为了公众利益。他们更加相信许多政治决定是秘密达成的。[②]

① Philip E. Tetlock, Cognitive Style and Political Belief System in the British House of Commons, *Journal of Personality and Social Psychology*, 1984, Vol.46, No.2, p.366, p.368, pp.371-372.

② Herbert McClosky & Dennis Chong, Similarities and Differences Between Left-Wing and Right-Wing Radicals, *British Journal of Political Science*, 1985, Vol.15, p.331, pp.343-344.

综上所述，可以看出学者们对威权主义的左右之争，一在于视角的差异，从而导致对威权主义的观察有所区别，导致结论的差异；二在于各自的信仰或偏见的差异，学者们用自己固有的信念和偏见看待研究对象，甚至直接影响对数据的解读；三是研究对象的复杂性，即研究对象不像理论的设定那样纯粹，而是复杂性。人们可能在威权主义的某个维度上得分比较高，但另一个维度上却可能比较低，从而导致了学者们在判断上的困难。譬如威权主义者对于违反传统道德的人多表现出不宽容的态度。但有些平等主义的威权主义者（egalitarian authoritarians），尽管在威权主义上的得分很高，但却持有平等的观点，与其他威权主义者相比，在对待性的少数群体（同性恋者）时，会更少持负面的态度，对他们也会更加宽容。[①]

六、右翼威权主义（RWA）

在对威权主义人格赞扬和批评的同时，一些学者试图在此基础上对此加以发展。譬如，前面提到的艾森克提出的 R-T 两个维度，洛奇赤提到的教条主义理论。此外，还有威尔逊根据保守主义理论设计了保守主义量表（Conservative-Scale）。他认为保守主义与右翼威权主义相关，把教条主义、法西斯主义和反民主态度都归入保守主义的概念下。李（Lee）和沃尔（Warr）针对 F 量表单维度的测试问题，设计了平衡 F 量表。科恩（Kohn）设计了威权主义-反叛量表（Authoritarianism-Rebellion Scale），[②]帕西尼（Stefano Passini）强调了威权主义各个维度的重要性的差异，以及各自不同的作用。他认为，威权主义量表中的前三个维度——因袭主义、威权主义的攻击、威权主义的服从——最重要，三个维度能够独立发挥作用。譬如，因袭主义主要与传统价值相关，攻击则主要与人们自身对自我是超越还是强化的价值相关，而服从则主要与面对变化，人们认知的开放程度、保守的价值相关。同时，他认为人们对族群的偏见主要与攻击相关。每个人都可能通过因袭主义、攻击和服从

---

① Clifton M.Oyamot Jr.,Social Norms and Egalitarian Values Mitigate Authoritarian Intolerance Toward Sexual Minority,*Political Psychology*,2017,Vol.38,No.5,pp.777-794.

② 以上有关威尔逊的保守主义量表、科恩的威权主义-反叛量表和李和沃尔的平衡量表的详细论述参见 Bob Altemeyer,*Right-Wing Authoritarianism*,The University of Manitoba Press,1981,pp.91-107.

三条不同的路径,坚守威权主义的价值,最终成为威权主义者。①

强调前三个特征最重要的学者并不是帕西尼,而是埃特米耶。埃特米耶提出了右翼威权主义(right-wing authoritarianism,简称 RWA),并在此基础上设计出了右翼威权主义量表。有关埃特米耶的右翼威权主义理论,主要见于他的三本主要著作:《右翼威权主义》(*Right-Wing Authoritarianism*,1981),《自由的敌人》(*Enemies of Freedom*,1988),《威权主义的幽灵》(*The Authoritarian Specter*,1996)。

埃特米耶认为以前对右翼威权主义的研究存在着一些问题。首先,概念非常随意地结合。提出的理论模式松散地结合在一起,并且有时明显是肤浅的。概念随意增加、删除、再增加,没有给出一个详细的说明使人相信探讨者本人对于他所探讨的对象有一个清晰的概念。其次,量表通常发展非常快,准备出版的时间长。出版的时候才发现原来的量表已经滞后。再次,对这些量表所做的研究方法存在明显不足:有时在这些研究中会发现最基本的错误。更常见的是,忽略了一些关键的研究细节:样本的选取、样本的构成、使用的命令、随后的程序、平均得分、运用的统计测试,诸如此类。他们有时依靠堆积以前的大量研究成果以论证自己理论的广泛有效性,却忽视了论证本身的细节。最后,有关这方面的多数文章所发表的都是一次的结果,无法重复研究。这些研究文章中所用的例证根本无法重复,或者比原来的设想更加受限,或者远比想象得要复杂。②

伯克力的研究者在 F 量表中设定了九个维度的特征。埃特米耶认为九个特征之间,有的特征明显与威权主义的关系不大,是勉强黏合在一起的。他把 F 量表中的九个维度缩减为了三个维度,具体来说保留了前三个维度,但却给予了明确的界定。

右翼威权主义指三种态度子集的共变。"第一,威权主义的服从,对所生活的社会所感知到的已经确立的和合法的权威的高度服从。第二,威权主义的攻击,对被感知到的权威许可的各种人的总体的攻击。第三,因袭主义,被感知到的社会和它的已经确立的权威所支持的社会习惯的高度坚持。"共变指三个子集都是必须的,缺一不可。③那么这种解释与伯克力的研究者的概

① Stefano Passini, Different Ways of Being Authoritarian: The Distinct Effects of Authoritarian Dimensions on Values and Prejudice, *Political Psychology*, 2017, Vol.39, No.1, pp.73-86.

② Bob Altemeyer, *Right-Wing Authoritarianism*, The University of Manitoba Press, 1981, pp.112-113.

③ Bob Altemeyer, *Right-Wing Authoritarianism*, The University of Manitoba Press, 1981, p.148.

念有什么区别呢？埃特米耶认为右翼威权主义对概念的解释更加明确，解释时也有着显著的不同。譬如，有关攻击的解释，伯克力认为攻击违反因袭的人，其实威权主义者可以对任何人发起攻击，只是某个领域可能稍微集中一点。有关因袭，伯克力的研究者定位于中产阶级，而右翼威权主义则定位于个人。再者，右翼威权主义中去除了一些伯克力的定义中尽管有但在论证中丢失的对象，譬如僵化（rigidity）。最后，伯克力的理论依据是弗洛伊德的理论，而右翼威权主义所依据的是社会学习理论。[1]社会学习理论探讨人们的态度是怎样形成的。它与精神分析理论都主张威权主义由人们的经历所决定，但是两者之间却有巨大的差别。

埃特米耶认为这种差别主要来自以下几方面：第一，有关父母的影响是不同的。精神分析设想一个严厉的、陌生的父亲和服从的、长期痛苦的、受道德约束的母亲。但埃特米耶认为父亲的严厉与否并不是形成威权主义的必要条件，也有可能亲子关系非常密切，但父母仍旧教育他遵从权威。第二，在于形成威权主义的年龄。伯克力的研究者归于早期儿童经历，而埃特米耶提出是在青春期。第三，在于解释的机制。精神分析归于本能，是自我、本我和超我斗争的机制，自我的防御机制等，而社会学习理论归于强化的概念。第四，在于"精神分析的解释没有机会积累科学的支持，因为该理论的许多方面是无法验证的，在这种意义上说他们是不能反驳的"。社会学习理论的解释"依靠大量事实和理论的积累，这些理论和事实已经证明在判断和控制行为方面是有用的。并且这种模式更多依靠可观察的、可量化的事件和提出能够验证的有关威权主义态度形成的独特的假设"。[2]

埃特米耶对其中的一些概念作了具体的解释。何谓服从，如何确定一个人服从于权威？他认为主要"指总体接受它的观点和行为，一种总体上不需要进一步的诱因就愿意服从它的命令"。他说："右翼威权主义者相信权威应该在相对很大程度上被信任，并赢得服从和尊重。他们相信这些是教给孩子们最重要的品德，如果孩子们偏离了这些准则，父母有责任把他们引回正轨。威权主义严格限制人们批评权威的权利。他们倾向于相信官员知道什么是最好的，批评者不懂得他们探讨的是什么。"已经确立合法性的权威"指在

---

[1]　Bob Altemeyer, *The Authoritarian Specter*, Harvard University Press, 1996, p.45.

[2]　Bob Altemeyer, *Right-Wing Authoritarianism*, The University of Manitoba Press, 1981, pp.258-259, p.272.

我们社会中通常认为拥有总体的合法的或道德的权威凌驾于他人的行为之上的人们"。譬如,父母、宗教官员、某些行政官员(警察、法官、立法者、政府的首脑)、军队中的上级。其他如公共汽车司机、救生员、雇主,心理实验者有时在特定条件下也是合法的权威。威权主义的服从不是绝对的,也不是盲目的。但是"右翼威权主义者比非威权主义者更有可能服从于已经确立的他喜欢的和不喜欢的权威"。也就是说,右翼威权主义并不是说政府一定是右翼的就服从。他们喜欢服从于右翼权威,但也尊重和服从中间政府,甚至已经确立的左翼政府,至少比非威权主义更加服从于他们不喜欢的政府。①而且即使权威做了违法的事件,"他们容忍甚至赞成政府的滥用权力,他们相对地愿意把反对这种滥用的宪法保护弃之一边"②,他们仍然相信权威。以尼克松政府为例,当"水门事件"发生之后,仍然有相当多的民众支持他。

威权主义的攻击"指导致他人伤害的一种行为倾向。这种伤害可能是身体的伤害,心理的痛苦,金钱的损失,社会的隔离或其他人们愿意通常逃避的否定的状态。当伴随着已经确立的权威所赞成的信念,或有助于保持已经确立的权威的信念,这时的攻击是威权主义的"。有威权主义攻击的行为倾向并不意味着一有机会就会出现攻击的行为,由于害怕报复,或者社会禁忌可能阻止他的行为。这就是为什么获得威权主义许可是重要的,它可以说是对攻击冲动的解禁。他们倾向于通过惩罚的方式控制他人的行为。威权主义攻击的目标可能是任何人,但异端的人(譬如"社会偏离者",如同性恋)和习惯性的作为被攻击目标的人(譬如一些少数族裔)比其他人更容易受攻击。威权主义者对攻击对象的标准是双重的,他们可以赞成对不受尊重对象的攻击,主张对他们判决更长的刑期,而当攻击的对象是权威人物时,则相对宽容。在这种情况下,正常的正向 RWA 量表相关度就会下降甚至可能变成负向。③右翼威权主义可能与种族和民族的偏见相关,但并不意味着任何偏见都与右翼威权主义相关,更不用说像伯克力所设想的那样,是由偏见所致。④

———————

① Bob Altemeyer,*Right-Wing Authoritarianism*,The University of Manitoba Press,1981,pp.151-152.

② Bob Altemeyer,*The Authoritarian Specter*,Harvard University Press,1996,p.22.

③ Bob Altemeyer,*The Authoritarian Specter*,Harvard University Press,1996,p.23.

④ Bob Altemeyer,*Right -Wing Authoritarianism*,The University of Manitoba Press,1981,pp. 152-153; Bob Altemeyer,*Enemies of Freedom*,Jossey-Bass Publishers,1988,p.111,p.19.

因袭主义是对社会习惯的坚持，"指对我们社会的传统社会规范的一种强烈的接受和奉献"。埃特米耶发现，高得分者趋向于坚守传统宗教的教义。在西方新教、天主教占主导地位的国家中，右翼威权主义通过相信耶稣–基督、上帝的法律，成为原教旨主义者。他们坚持儿时所接受的宗教，反对婚前性行为，认定裸体是邪恶的；赞成传统的家庭结构，以国旗、国歌、国家的领导人为荣。[1]

七、威权主义与威胁

许多学者探讨了威权主义与社会环境的关系，其中研究最多的是威胁与威权主义的关系，普遍达成了这样的共识：当处在威胁的社会环境下，人们的态度会倾向威权主义。

早在弗洛姆所著的《逃避自由》中就谈到了威胁与人们心理的关系。在资本主义社会中，以个人的力量面对来自社会的威胁，为了消除这种威胁，人们会选择依附于权威。在《威权主义人格》中，阿多尔诺等也谈到在 F 量表中得高分者家庭中容易把社会环境渲染成是威胁的。桑福德后来也说："在特定的社会条件下，譬如在现有的秩序中与经济危机相伴随的是自信心的下降，似乎比其他时期更有可能在社会的成员中培养威权主义。"[2]洛奇赤在1960 年所著《开放和封闭的心理》中，也把威胁看作是其教条主义理论中的一个核心部分，威胁的社会环境下会形成焦虑的心理，进而形成封闭的心理信仰体系，"一个社会的环境越具有威胁，他的信仰体系越倾向于变得越封闭"[3]。

塞尔斯（Stephen M. Sales）探讨了经济环境与威权主义的关系。他以1920 年至 1939 年作为考察的时间段，把经济环境从好到坏分为高中低三类，高的年份人均可支配收入在 625 美元~700 美元之间，中的年份人均可支配收入在 515 美元~625 美元之间，低的年份人均可支配收入在 350 美元~

[1]　Bob Altemeyer, *Right–Wing Authoritarianism*, The University of Manitoba Press, 1981, pp.153–154; Bob Altemeyer, *The Authoritarian Specter*, Harvard University Press, 1996, p.31.

[2]　Sanford, *Self and Society*, Atherton Press, 1966, p.138.

[3]　Milton Rokeach, *The Open and Closed Mind–Investigations Into The Nature of Belief Systems and Personality Systems*, Basic Books, Inc Publishers, 1960, p.377.

515 美元之间。在这 20 年中间,高和中的年份分别为 7 年,低的年份为 6 年。塞尔斯探讨了经济好的年份和经济差的年份与加入基督教、天主教共 8 个派别之间互相改变派别之间的关系,他把这 8 个派别按照它们的思想区分为威权主义和非威权主义。经济环境与宗教派别之间的转变关系见如下表格。他由此得出结论,认为经济艰难时期,个体会被威权主义的组织所吸引;经济良好时期,个体会被非威权主义的组织所吸引。因此,威胁有助于个体的威权主义水平。

表 2-3 可计算人均支配收入和威权主义与非威权主义宗教派别之间的相关度

派别		R 可计算人均可支配收入和可计算转变率
威权主义	末世圣徒教会(摩门会)	−.460***
	罗马天主教	−.456***
	基督复临安息日会	−.867****
	南方浸信会	−.193
非威权主义	公理会基督教会	.503***
	北方浸信会	.408**
	北美长老会	.533****
	新教美国圣公会	.312*
*p<.10		
**<.05		
***<.25		
****<.01		

表 2-4 威权主义与威权主义宗教派别之间转变者的统计人数(以百万计)

派别		人均可支配收入		
		$625 ~ $700 (7 年)	$515 ~ $625 (7 年)	$350 ~ $515 (6 年)
威权主义	末世圣徒教会(摩门会)	55	59	62
	罗马天主教会	314	376	378
	基督复临安息日会	59	71	99
	南方浸信会	1720	1874	1820

派别		人均可支配收入		
		$625～$700（7 年）	$515～$625（7 年）	$350～$515（6 年）
非威权主义	公理会基督会	351	324	282
	北方浸信会	568	512	480
	北美长老会	305	273	213
	新教美国圣公会	100	101	92

以上两表格资源来源参见 Stephen M. Sales, Economic Threat as a Determinant of Conversion Rates in Authoritarian and Nonauthoritarian Churches, *Journal of Personality and Social Psychology*, 1972, Vol.23, No.1, p.424。

之后，塞尔斯继续对威胁与威权主义之间的关系作了深入的探讨，所讨论的范围已经不仅仅局限于经济环境和人们宗教派别的转变率。他设计了两个比较时间段：20 世纪 20 年代与 30 年代，1959 年至 1964 年与 1967 年至 1970 年。对于 1920 至 1939 年，塞尔斯不再以年作为划分单位，而是把整个 20 年代和 30 年代分别作为两个时间段。20 世纪 20 年代的美国经济持续增长，国内以及国际局势稳定；而 30 年代陷入经济危机，而且面临着战争威胁，处于一个威胁的社会环境中。1959 年至 1964 年，经济增长，国际局势相对稳定，美国政府成功地化解了古巴导弹危机。但 1967 年至 1970 年，民权运动、反战风潮兴起，人们的收入水平也在不断下降，人们明显地感受到来自社会的威胁。塞尔斯选取了 F 量表中所设计的七个维度：权力和严酷、犬儒主义、迷信、威权主义式的服从、反内感受主义、威权主义式的攻击、性。根据两个威胁时期和两个非威胁时期的档案文献资料，就某一能够体现出人们的威权主义倾向的现象进行前后相连的两时期的比较。譬如，就权力和严酷方面，塞尔斯比较了 20 世纪 20 年代和 30 年代的连环画的主人公，发现 30 年代的主人公比 20 年代的更具有权力。在拳击方面，30 年代争夺冠军的比赛要多于 20 年代，尤其是重量级拳击冠军的比赛增长最快，30 年代以前的 20 年，只有 25 次重量级冠军比赛，而在 30 年代就有 17 次。在对 1959 年至 1964 年与 1967 年至 1970 年的比较中，除了继续运用拳击的数据进行论证外，这时连环画已经不流行，因此增加了别的数据，这就是养攻击性犬的数量。1959 至 1964 年，人们在美国犬业俱乐部(The American Kennel Club)登记的狗的数量中，有 9.8% 是攻击型犬，而 1967 至 1970 则上升至 13.5%。

因此,塞尔斯认为,威胁是威权主义的原因之一,不断增加的威胁会导致人们的威权主义水平不断增加。[1]

　　社会环境的威胁诚然能够导致个体的威权主义增加。同时,社会环境的威胁还与个体的内因有关。塞尔斯和弗伦德(Kenneth E. Friend)设定了两个独立的实验条件:在完成任务时不断失败与不断成功。这项研究支持了性格是开放的观点。在失败条件下,68%的被试者的威权主义水平在增加;在成功条件下,65%的被试者的威权主义水平却在减少。个体的成功和失败既与环境有关,也与个体有关。个体的内在因素对威权主义的态度变化是巨大的。[2]

　　多蒂(Richard M.Doty)等借鉴了塞尔斯等的研究维度,但是得出的结论却略有不同。他们选取了 1978 年至 1982 年作为高威胁时期和 1983 年至 1987 年作为低威胁时期。通过研究他们发现威权主义并不是简单地随着与威胁无关的人口膨胀、经济增长和其他世俗趋势而增长。极端主义的组织和有倾向性的威权主义者即使在社会威胁消退之后也会持续一段时期。温和的威权主义和非威权主义者随着威胁的环境的变化可能削弱或消除攻击,他们与威胁相适应,是条件性的威权主义。[3]也就是说,威胁的环境对温和的威权主义和非威权主义者影响最大。如果威胁存在,威权主义的需求也会持续存在。赫瑟林顿(M.J.Hetherington)和苏伊(E.Suhay)也表达了类似的观点,他们发现,"9·11"之后,对于来自恐怖分子的威胁,那些在威权主义上得高分者,并没有变得更加鹰派,以及更加不宽容。即他们原来的观点并没有改变。相反,那些得低分者,感觉到自己的安全受到威胁,支持攻击性的策略,即对恐怖分子发动战争。[4]

　　麦凯恩(Stewart J. H. McCann)和施特温(Leonard L. Stewin)探讨了总统的权力,获得选票的比例与总统大选之前社会、政治和经济威胁的程度之间的关系。从宏观的社会心理的角度来看,人口中威权主义程度的提高与具有

---

①　Stephen M. Sales,Threat As a Factor in Authoritarianism:An Analysis of Archival Data,*Journal of Personality and Social Psychology*,1972,Vol.28,No.1,p.44,p.46.

②　Stephen M. Sales & Kenneth E. Friend,Success and Failure as Determinants of Level of Authoritarianism,*Behavioral Science*,1973,Vol.18,No.3,p.163.

③　Richard M. Doty et al.,Threat and Authoritarianism in the Unite States,1978–1987,In John T. Jost & Jim Sidanius eds.,*Political Psychology*,Psychology Press,2004,p.82.

④　M.J.Hetherington & E. Suhay,Authoritarianism,Threat,and Americans' Support for the War on Terror,*American Journal of Political Science*,2011,Vol. 55,No. 3,pp. 546–560.

强权的(powerful)总统是相一致的。他提出了这样的假设:从 1924 年的总统柯立芝到 1980 年里根总统的权力分值与几个威胁指数呈正向关系。威胁指数建立在以下基础上:失业率、罢工率的变化、汽车登记数的变化及有关新车在汽车总数中的比例、消费价格指数的变化、国民生产总值的变化,以及三位历史教授和一位社会批评家分别做的在选举期间大量的有关社会、政治和经济威胁的主观评价。其中三位历史教授的评价取平均值。通过对这几个方面的数据分析,结果支持了最初的设想,具有权力动机的总统的获胜者和占主导地位的威胁之间呈正向关系。所有的相关度都在可预测的范围内,所有的指数都达到了可接受的具有统计意义的水平。[①]

可以说,有关威胁与威权主义之间的关系学者们基本达成了学术共识。之后的研究沿着两个维度展开:一是威胁的社会环境,一是民众,对威胁的社会环境和民众分别进行了不同类型的划分。即他们认为不能泛泛谈论威胁的社会环境对人们的威权主义的影响,不同类型的威胁的社会环境对不同特质的人的影响也会有所差异。

埃特米耶也谈到了威胁与威权主义之间的关系。"证据显示主要的社会事件在我们成年生活的任何一点上都能够形成我们的威权主义的水平。当危机之风吹过时,我们变得比以前减少或加重威权主义。"[②]埃特米耶划分威胁的社会环境的维度主要依据是来源,即谁导致的社会危机? 可分为左翼导致的危机和右翼导致的危机。左翼的暴力来自民间,主要表现为街头暴力和城市反叛,或示威游行;右翼的暴力来自政府,譬如镇压左翼极端分子和社会规范的偏离者等。两者与右翼威权主义的关系有两点:

第一点,"暴力的左翼威胁将驱使人们大量转向右翼,尤其是使他们更具有威权主义攻击性。对抗性的运动越小,对抗性的反应就越小"。当左翼暴力威胁存在时,人们会转向右翼威权主义,这点对于持中间态度的民众影响最为明显,而对于那些在 RWA 量表中得分低的人来说则影响不大。"对抗性的运动越小",指左翼反抗的暴力程度,左翼反抗越暴力,人们越会趋向于威权主义;反之,左翼反抗时,采用温和的、和平的方式,譬如只是上街示威游行,那么人们对他们的反感就越小,人们就会减少威权主义。

①　Stewart J. H. McCann & Leonard L. Stewin, Threat, Authoritarianism, and the Power of U.S. Presidents, *The Journal of Psychology*, 1987, Vol.121, No.2, p.151, p.155.

②　Bob Altemeyer, *The Authoritarian Specter*, Harvard University Press, 1996, p.89.

第二点,"右翼权威的威胁几乎不产生暴力的左翼威胁所导致的对抗性反应"。也就是说民众对左翼威胁与右翼威胁之间有一种不对称的关系:暴力的左翼会加重人们倾向于右翼,但是暴力的法西斯则会使人们更加变成右翼威权主义者。只有极端的严重的右翼威胁才能够降低 RWA 量表得分。简言之,埃特米耶认为,一般的暴力威胁,左右翼有别,最极端的暴力下都会产生逆反。当左翼发动的暴力导致社会消解,形成有组织的暴力,以及在大街上爆发了恐怖主义时,这时右翼的鼓动者谴责左翼的这些过火行动,人们认同右翼分子的行为就是十分自然的。左翼所采取的这些策略已经被他们的敌人玩弄于手掌之中。右翼诱使左翼反抗者变得暴力的方式,埃特米耶称之为"尼克松陷阱"。反之,由于政府极端的暴力行为也会使人们越来越同情左翼,变得越来越少威权主义。左翼诱使政府使用暴力镇压非暴力的反抗者,埃特米耶称之为"甘地陷阱"。①

费尔德曼(Stanley Feldman)和斯滕纳(Karen Stenner)则回到了学术界对环境常规的划分,即把威胁的社会环境区分为政治的和经济的。政治的威胁是最突出的,政治威胁包括感觉自己的思想观念与主流观念的格格不入,对总统选举作否定的反应,对党派的反应也是否定性的。其中,感觉到自己的思想观念与主流观念的格格不入对个体的威权主义的影响最大。经济的威胁不如政治威胁突出,经济威胁包括害怕失业,担心家庭的经济条件恶化,或者整个国家的经济条件恶化。其中,害怕失业以及担心家庭的经济条件恶化都属于个体的威胁,但个体的经济威胁并没有加重对个人的威权主义的影响。换言之,当国家经济形势大好,个人却失业在家,家庭的经济条件恶化,但这并不会影响个人走向威权主义。②

拉文(Howard Lavine)等则将研究推进了一步,即将威胁进行分类的同时与个人的性格结合起来,他们认为两者是一个互动的过程。在 1996 年美国总统选举的前 5 天,他们对明尼苏达大学的 86 名大学生进行了实验研究。实验之前,通过测试将被试者区分为高和低威权主义者。实验中向他们传输包含有威胁的和奖励的信息。结果发现高威权主义者感受威胁的信息

① Bob Altemeyer, *Enemies of Freedom*, Jossey-Bass Publishers, 1988, p.308, p.310; Bob Altemeyer, *The Authoritarian Specter*, Harvard University Press, 1996, p.92.

② Stanley Feldman & Karen Stenner, Perceived Threat and Authoritarianism, *Political Psychology*, 1997, Vol.18, No.4, pp.741-770.

比奖励的信息强烈,低威权主义者则感受奖励的信息比威胁的信息强烈。也就是说,在威胁的环境与威权主义的关系中,与费尔德曼和斯滕纳强调威胁的种类不同,他们要表明的是感受威胁的个体,高威权主义者容易感受到威胁的信息,他们往往容易看到事件的否定、消极的一面;而低威权主义者则容易感受到肯定、积极的一面,相对比较乐观。两种不同的态度直接影响到投票行为。用公式表示就是:信息类型×威权主义→信息质量的感觉→1996年投票选举的态度→投票的意向→投票行为。[1]在后期的研究中,拉文等对此结论进行了修正。他们区分了威胁和非威胁的环境对高威权主义者和低威权主义者的影响。经过实验他们发现,在威胁不存在的情况下,无论是高还是低威权主义,在信息的选择中都喜欢既肯定自己又批评自己的两面性态度的文章;而在威胁存在的情况下,高威权主义者更倾向于接触赞成自己态度的观点。[2]

此外,许多学者从群体认同的角度论述了威胁与威权主义之间的关系。萨姆纳(Sumner)的理论认为,外群体的敌意与内群体的认同之间是一种互为因果关系。具体来说,外群体的敌意能够增进群体内部的团结,反过来说,内部的团结也会导致排斥群体外之人,对他们存有敌意。萨姆纳的理论已经暗含着威胁的环境与威权主义之间的关系。外群体的威胁和竞争使内群体的人对外群体敌意和偏见不断增加,身处群体内部就可以对抗外来的威胁;反之,身处群体之外则会成为众矢之的。实验已经证明,社会分化的日益突出逐渐使人们更加认同内群体,对内群体规范的服从,排斥失范者和不遵从者,群体内部领导的权力日益集中,而对外群体的偏见也更加严重。贝里(Berry)对此则有不同意见,他认为内群体认同模式不同,对外群体的态度也会有所不同。一种情况是越是以本群体为荣,强烈的积极认同,越对外群体不宽容,把外群体看作是自己的社会认同的威胁。另一种情况是在群体中越非常自信和感到安全,越对外群体抱宽容和接受的态度。与此类似,塔吉菲尔(Tajfel)将认同按照安全的程度划分为安全的社会认同和不安全的社会认同。安全的认同是建立在内群体的分化和比较上,尤其是对地位的分化和比

---

① Howard Lavine et al., Threat, Authoritarianism, and Voting: An Investigation of Personality and Persuasion, *Personality and Social Psychology Bulletin*, 1999, Vol.25, No.3, p.337, pp.341–145.

② Howard Lavine et al., Threat, Authoritarianism, and Selective Exposure to Information, *Political Psychology*, 2005, Vol.26, No,2, p.219, p.223.

较上,群体成员认为地位是稳定的和不变的。不安全的认同也源于地位的分化,但群体成员认为自己的地位是不稳定的并容易变化,正是对地位的忧虑强化了内团体的偏见和歧视。达基特对上述理论作了总结:在安全的情况下,无论对内还是对外,都会伴随一种总体轻松的、宽容的和自由的趋向;相反在不安全和威胁的情况下,不仅对外群体产生敌意,而且在群体内部强调凝聚力,并产生威权主义式的突出和强迫性的需求,它是以牺牲个体的自主和自我管理为代价的。[①]

　　总之,学术界对威胁与威权主义之间的关系基本达到一致,即威胁水平的上升,会导致威权主义水平的上升。其中的逻辑是威胁程度的增加,会威胁到个人的安全,因此会寻求集权式的领导以消除威胁,个体的依附性程度增加,从而导致威权主义水平的上升。近年来,也有学者对此提出不同的看法。邓伍迪(Philip T. Dunwoody)和麦克法兰以2015年法国巴黎发生的恐怖主义袭击作为背景,考察了法国人对威权主义、威胁和反穆斯林政策之间的关系。他们发现,在威胁的环境下,威权主义与社会支配理论等都会影响对反穆斯林政策的支持,同时这种影响也与人们普遍的偏见、世界主义的倾向以及是否将穆斯林看作威胁之源有关。他们认为,威胁既可以作为一种中介变量,影响着威权主义与反穆斯林政策之间的关系,但同时威胁也会缓解两者之间的关系。具体来说,当威权主义和反穆斯林政策与威胁等处于反向的互动,即威权主义者并不把威胁的形成归于穆斯林教徒,在这种情况下就会调和反穆斯林的政策。相反,如果将威胁的来源归于穆斯林教徒,两者处于正向的互动,就会形成极端的反穆斯林的政策。[②]亨利(P. J. Henry)在探讨黑人的威权主义水平时,引入了"污名"的解释框架,发现对黑人的污名,导致了他们自身价值的降低,导致黑人比白人具有更高的威权主义水平。但是一旦给予黑人肯定价值的机会,他们的威权主义水平便变得与白人没有差异。[③]

　　最后需要指出的是,威权主义心理的研究与时代的发展是密不可分的。

[①] John Duckitt, Authoritarianism and Group Identification: A New View of an Old Construct, *Political Psychology*, 1989, Vol.10, No.1, pp.76–77.

[②] Philip T. Dunwoody & Sam G. McFarland, Support for Anti-Muslim Policies: The Role of Political Traits and Threat Perception, *Political Psychology*, 2018, Vol. 39, No.1, pp.89–106.

[③] P. J. Henry, The Role of Stigma in Understanding Ethnicity Differences in Authoritarianism, *Political Psychology*, 2011, Vol. 32, No. 3, pp. 419–438.

《威权主义人格》发表以前的研究，是直接以德国法西斯为样本的。《威权主义人格》一书写作之时，德国法西斯的种种表现成为该书作者创造的动力，但其研究样本来自于美国本土，同时防止法西斯的死灰复燃成为他们关注的首要问题。冷战之后，学者们除了关注防止本国民众的法西斯化之外，也加入了对苏联的关注。《威权主义人格》及以前的学者，提到威权主义心理的代表人物时，基本是一致的，都认为是社会中的极右派。冷战开始之后，一些学者受意识形态的影响开始把社会的左派以及苏联都归入威权主义一类。对此，一些非常理性的学者如埃特米耶等保持着清醒的头脑，坚称威权主义者只存在于右翼。两种观点的互相碰撞推动了威权主义心理学研究的不断发展，大量的文章涌现。但随着20世纪80年代末90年代初，苏联解体，冷战结束，法西斯重现的恐惧也渐渐离人们远去，学者们的研究重心出现了转移，对威权主义心理学的研究逐渐衰落。

CHAPTER THREE

第三章
政治态度

20 世纪 20 年代奥尔波特提出了政治态度的概念。但是有关政治态度的研究在学术界形成潮流却是在 20 世纪五六十年代。较有代表性的有卡茨（Daniel Katz）提出态度的功能论，把态度归为四种功能：工具性、自我防御性、自我表达性和知识功能。科尔曼（Herbert C. Kelman）提出了人们的态度由表及里转变所经历的三个层次。这一时期，对态度的研究也与当时的认知研究结合起来，学者们运用认知相符论探讨态度的转变。这些理论尽管产生较早，但至今仍然具有极强的解释力，对政治心理学的研究具有重要影响。

进入 20 世纪 70 年代以后，学者们对政治态度的研究转到了政治态度的转变上，究竟哪些因素影响着人们的政治态度的转变？民众具有的特质对于态度的形成和转变有何影响？基于对这些问题的考察形成了多种理论，譬如政治说明、框架理论、启动理论、结构主义理论等。

由此，我们对政治态度的研究划分两章：一章从总体上探讨政治态度，对政治态度的概念进行辨析，重点梳理政治态度的早期研究；另一章着重探讨政治态度的改变。

一、政治态度释义

要了解政治态度，首先要了解什么是态度？卡茨将态度解释为个体的行为倾向，以一种赞成或反对的方式用来评判他的世界中的某些象征、目标或方面。态度包括三方面：情感（喜欢或不喜欢的感觉）、认知（或信念）、行为倾向(有的满足于说说,有的满足于具体的行动)。①洛德(Charles G. Lord)等也表达了类似的看法,他们认为,在现代理论中,态度经常被比作房子,有地基和内部结构。态度是一种心理趋势,在面对一个特殊的存在时表达某种程度的支持或反对。②

需要注意的是,态度和我们所理解的公众舆论有所区别。舆论是态度的言语表达,但舆论也可能通过非言语的方式表达。态度指个体层面,公众舆论指集体层面。公众舆论包括四个阶段:问题提出、讨论、形成路径、解决。③布鲁姆(Herbert Blumer)认为,公众围绕某个议题而形成看法,他们对该议题产生不同的意见和主张,最终经过讨论达成一致,一致性的结论即是公众舆论。讨论的过程意味着争议的各方对议题本身的理解,意味着共享他人的经历,愿意做出妥协和让步。经过讨论之后所形成的对该议题的共识不一定是明智的,但一定是理性的。布鲁姆指出,公众舆论最终有效与否,取决于传媒机构能否提供充足的信息,提供信息的角度,以及人们能否自由讨论这些信息。④

政治态度(political attitude)一词来源于社会心理学。1929年,心理学家奥尔波特(G.W.Allport)首先提出政治态度的概念。他认为政治态度是由政治认知、政治感情与政治行为所共同组成的一种心理或生理组织,用以引导或影响个人对有关政治目标、政治情境的反应。此后,政治学者对于政治态度的定义也多倾向于强调政治态度的组成因素、特性和功能。阿尔蒙德和维巴(Verba)认为:"政治态度是指个人对政治系统、系统中各种角色、角色任职者、系统中自己的角色、政治系统中的输入和输出的认知、感情与行为倾向。"⑤威廉·斯通将政治态度定义为:"政治态度是有组织的信仰,政治态度长久的持续,能够有效地解释个人的反应倾向。"⑥马起华认为政治态度可以

① Daniel Katz,The Functional Approach to the Study of Attitudes,*The Public Opinion Quarterly*,Vol. 24,No. 2,1960,pp.163–204.

② Charles G. Lord et al.,Houses Built on Sand:Effects of Exemplar Stability on Susceptibility to Attitude Change,*Journal of Personality and Social Psychology*,Vol. 87,No. 6,2004,pp.733–749.

③ Daniel Katz,Supplement:Attitude Formation and Public Opinion,*Annals of the American Academy of Political and Social Science*,Vol. 367,1966,pp.150–162.

④ Herbert Blumer,The Mass,The Public,and Public Opinion,In Bernard Berelson & Morris Janowitz eds.,*Reader in Public Opinion and Communication*,The Free Press of Glencoe,1955,pp. 43–49.

⑤ [美]加布里埃尔·A.阿尔蒙德、西德尼·维巴:《公民文化——五国的政治态度和民主》,马殿君、阎华江、郑孝华、黄素娟译,浙江人民出版社,1989年,第17页。

⑥ [美]威廉·F.斯通:《政治心理学》,胡杰译,黑龙江人民出版社,1987年,第85页。

说是"政治行为人对于一定政治目标或政治情境刺激所引发的反应和政治行为的一种心理准备状态或倾向"[①]。

总而言之,政治学者对于政治态度的界定可以归纳为三个组成要素:认知、情感和行为倾向。政治态度就是指个人对于政治系统、系统中的各种角色、政治系统中的输入和输出的认知、情感与行为倾向。政治认知是指人们对于政治系统、政治角色以及政治系统中的输入输出等所形成的持久性的知识和信仰。政治情感是指人们对于政治事件、政治人物等所产生的内心体验,如人们对于政治对象的喜好、评价和情绪反应。政治行为倾向是指人们在特定的情景下,对于达成政治目标而准备采取行动的倾向。[②]譬如,以 A 对某官员的态度为例,他的认知性成分即是指他对官员所持有的观念、想法以及知识,如他认为该官员是贪污或是清廉的;至于其情感性的成分,则是指此人对该官员的情感反应而言,如他可能对该官员怀有恶感;A 对该官员态度的行为性成分则指他对该官员的实际行为,如他看见该官员就会避而远之。

但是也有学者对态度的构成提出了不同的意见。与上述主流观点相对的观点认为态度是两极维度中的一点,立场是重要的锚定。主要以 M.谢里夫(M.Sherif)和 C.W.谢里夫(C.W.Sherif)的社会判断理论为代表。近年来,学者们在探讨记忆时对态度有了重新的定位。他们把态度的结构看作有联结的网络,态度目标为每个节点,以概括性的评价作为联结线。目标和评价节点联系越密切,反应越快。[③]

二、态度的功能论与层次论

(一)政治态度的功能论

在早期的态度研究中,许多学者坚持功能论,认为态度承担着许多功能,功能如果改变,态度也会因之而改变。卡茨就是这方面最著名的代表。他反对过去态度研究中理性与非理性的争论。非理性模式论者认为人们的理

① 马起华:《政治行为》,台湾商务印书馆,1977 年,第 121 页。

② 林嘉诚:《政治心理形成与政治参与行为》,台湾商务印书馆,1988 年,第 164 页。

③ John N. Bassili & Jean-Paul Roy, On the Representation of Strong and Weak Attitudes About Policy in Memory, *Political Psychology*, Vol. 19, No.4, 1998, pp. 669-681.

性以及反思的能力有限,鉴别能力和自我观察能力很弱,被情感、自私和虚荣心所支配,容易受暗示的影响,为权威人物所操纵。以《隐秘的说服者》(*The Hidden Persuaders*)为代表。理性模式论者正好相反,认为人们试图不断地感知和理解周围的世界,经过磨炼,就会拥有鉴别能力和推理能力,能够自我批评和自我观察。卡茨认为,这两种观点都存在问题,都没有明确指出人们在哪一种条件下会出现理性的行为或非理性的行为。第二个问题在于他们把理性与非理性置于两个极端,多数情况下两者是共存的。他主张利用功能的方法对两者进行调和,要理解态度的改变,必须理解态度承担何种功能。①

卡茨指出,从功能的视角对态度进行研究有三重好处:其一,许多研究态度变化的方法并不是心理的,运用功能研究能够对人类的行为进行归纳。其二,根据态度的功能进行研究可以避免简单化。譬如,群体中的偏见态度容易释放无意识的愤怒。其三,对行为的复杂的动机来源的重新认识能够修正理论所忽略之处。那么个体的态度有哪些功能呢?卡茨归结了四点:工具性(调适性)、自我防御性、价值表达性和知识性功能。

工具性,或称调适性功能,或功利主义功能,在边沁和功利主义学派中有所论述。现代的描述可以在行为主义学习理论那里找到答案,是对人们试图使奖赏最大化、惩罚最小化的事实的重新认识。依赖于对态度目标的功利的过去和现在的感觉,越接近需求的满足,肯定的态度越有可能形成。奖惩有助于分清态度达成的工具性目标。如果现有的态度无法满足其原来的需求,或者自己的需求提高了,譬如自己有了更为远大的理想或抱负,都会导致态度的改变。

自我防御性,指人们出于自我保护的角度考虑,承认有关他自身的基本事实以及周围严酷的现实,弗洛伊德的理论以及新弗洛伊德理论对此有所论述。自我防御功能产生的条件有四个:第一,内在焦虑或外在威胁都会导致自我的防御。譬如竞争的环境,失败的经历,以及毁损性的评价,夸大的危险。第二,某些形式的社会支持的鼓动。第三,对权威的诉求。第四,被禁止的冲动,譬如性冲动的聚积。由此,卡茨提出了三种改变自我防御态度的方式:第一,消除威胁不是充分条件,但却是必要条件。第二,情感的释放。譬如

---

① 以上三种划分的总结参见 Daniel Katz, Supplement: Attitude Formation and Public Opinion, *Annals of the American Academy of Political and Social Science*, Vol. 367, 1966, pp. 150–162。

运用幽默以缓解紧张的情绪,使内在冲突的本性表现出来。第三,对其内在的防御机制有深刻的观察。①

价值表达性,个体表达的态度与个人的价值和自我的概念恰如其分,个人从中获得满足感。态度表达自己的核心价值以及想象的自我。满足可能来自于他所钟爱的核心价值和自我形象。这已经超出了自我身份的肯定和奖惩,而是表达与自我相关的属性。卡茨提出了两种改变价值态度的条件:其一,对自我概念或相关价值的不满引起本质的改变;其二,旧有的态度与自己的价值不符导致改变。

知识性功能基于个体的世界需要适当的解释框架,譬如对意义的寻求,对理解的需求,知觉和信念如何更好地组织以便为个体提供清晰和一致性的解释。知识的需求被态度相关的刺激所激发。当原有的态度无法应对复杂的和不断变换的现实时,就会导致态度的改变。②

(二)态度的层次论

有关政治态度的不同层次,科尔曼提出了三阶段论。他依据从个体形成一定的态度到社会化的过程做一些分类。在他看来,态度的改变不是一蹴而就的,而要经过模仿或服从、同化与内化三个阶段。③

1.模仿或服从阶段

这一阶段又称作表层的政治社会化,指一个人在政治环境的影响下,从外在行为上改变了自己的政治态度。在科尔曼看来,态度的形成和改变始于两个方面:一是出于自愿,不知不觉地开始模仿。每一个人都有模仿和认同他人的倾向,尤其是倾向于认同他所敬爱崇拜的对象,在模仿的过程中,也就会认同不同的对象而习得不同的态度,这是人们形成和改变自己态度过程最常见的一个途径。如儿童模仿成年人尤其是父母的政治行为,吸取父母的政治观点;或者民众对某个政治人物的崇拜,从而不知不觉模仿他的行为以及思维方式。

---

① 以上四项功能总的论述参见 Daniel Katz, Irving Sarnoff, Charles McClintock, Ego Defense and Attitude Change, *Human Relations*, Vol.9, 1956, pp.27–46。

② Daniel Katz, The Functional Approach to the Study of Attitudes, *The Public Opinion Quarterly*, Vol. 24, No. 2, 1960, pp.163–204.

③ 乐国安、钟元俊主编:《社会心理学》,中国物资出版社,1988 年,第 178~179 页。

二是产生于受到一定压力后的服从。服从是指人们为了获得某种物质或精神上的满足,或为了避免惩罚而表现出来的一种行为,在服从过程中,也就产生相应的态度。但是此时人们的政治态度并没有发生实质性的改变,只是在行为上表现为服从。一旦这种外在的压力消失,政治服从行为就会停止。

无论是模仿或服从,都有一个共同的特点,即他们对所遵守的政治观点和行为并没有真正的理解,只是机械地或被迫地服从他人。

2.同化阶段

又称作中层的政治社会化。指人们自愿接受他人的观点、信念、行为或新的信息,使自己的态度与所要形成的态度相接近。在这一阶段,个体由于在同化过程中主动地确定了自己与所要认同的群体的关系,因而采取一种与他人相同的态度和行为,但这时新的态度还没有同自己原有的全部态度体系相融合。

这一阶段与表层的政治社会化不同之处在于两点:一是对遵从的政治观点和行为的理解。这不但体现为外在行为上的遵从,而且他能够知道为什么会遵从,理解这样做的必要性和正义性。二是主动性。他不再是被迫的顺从,而是主动地、自愿地接受他人的政治观点和行为。这种理解和主动性地参与从而使他能够很好吸收他人的观点,遵从政治规范。

3.内化阶段

指个体的内心已经真正发生了变化,接受了新的政治观点,具有了新的政治情感,并将其纳入自己的价值体系之中,彻底形成了新的政治态度,并融合、积淀在自己的灵魂深处。判断内化阶段与同化阶段重要的区别在于政治态度与生命个体的合二为一。在同化阶段中,一个人可能认识到某种观点和行为的必要性,但是一旦与自己的利益相矛盾,尤其是对自己的生命有威胁时,他就会自动放弃原有的观点和行为,从而退回到第一个阶段,也就是顺从阶段。但在内化阶段中,一个人为了自己的政治观点,不但可以抛弃财富、家庭,甚至是自己的生命。对于到达这个阶段的人来说,政治信仰是大于生命本身的。

处在这种阶段的人,已经具有了坚定的政治信仰,除非社会发生特别剧烈的变动,有大量确凿的事实,否则是很难改变的。达到内化阶段的人,对社会的影响取决于他所坚持的政治态度的内容,如果他坚持的内容是顺应时代潮流的、先进的,自然能够在困难、挫折面前依然坚持自己的理想;但是如果坚持错误的、落后的态度,就会成为社会中的顽固不化分子。

三、认知相符论及其在政治领域的应用

认知相符论(cognitive consistency)流行于 20 世纪五六十年代,直到现在仍然具有重要的影响,是学者们解释人们的政治行为的一种重要理论。该理论认为人们有寻求一致性的倾向,这种倾向是决定人们态度的一个主要决定因素。如果一个人与他人的观念或准则有出入,他会努力寻求一致。在他们的认识达到一致之后,又出现新的差异,他会努力把这种差异减小到最低程度。认知相符论又可分为平衡理论和认知失调理论:

平衡理论是由美国心理学者海德(F.Heider)于 1958 年提出的有关人际关系和态度变化的理论。这种理论包含着三种基本因素,两个人对一个态度对象,这个态度对象既可以是人,也可以是事物或行为等。两个人或者同时对态度对象持积极性的评价,或者同时持消极性的评价,那么这三者之间就处于平衡状态。

海德提出了一个著名的"P-O-X"模型,以最简单的形式体现平衡理论的基本原则。模型中的 P 代表认知主体;O 为与 P 发生联系的另一个人;X 则为与 P 和 O 发生联系的另一个对象。以 P 为主体的 P-O-X 模型的关系状态包括八种,+代表正向的关系,−代表负向的关系,如下图所示:

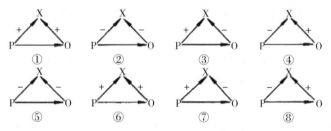

图 3-1　海德的八种认知状态图

但是如果两者中一人对态度对象持积极性的评价,而另一人持消极性的评价,这样三者之间就出现了不平衡。不平衡状态的出现,就会导致人与人之间关系的紧张、焦虑。为了恢复平衡的状态,其中一方必须发生改变,或者通过说服的方式改变对方对态度的看法,或者自己改变对态度对象的看法。当然,恢复两人之间的平衡也可采用其他方式。一种方式是把两人之

间的关系变为无关联，另一种方式是在两种因素之间加入新的归因或新的解释。[①]

与海德平衡理论相关的另一种理论是认知失调理论（cognitive dissonance theory）。认知失调理论是美国学者费斯汀格（F.Festinger）于1957年提出的。他认为认知所涉及的基本单位是认知元素，它是指有关环境、个人以及个人行为的任何知识、意见及信念。换言之，一个人的任何一种想法、看法、意见、信念或态度都被视作一个认知元素。当一个人觉得自己与两个或两个以上的认知元素发生矛盾、产生不一致时，就会产生认知失调。具体来说，可体现在以下两方面：一方面是两种观念的冲突，一个人对两种观念都持肯定态度，但这两种观念之间本身会发生冲突，从而导致了认知的不一致。另一方面是态度与行为的不一致。譬如一个人是和平主义者，但是国家却征召他当兵去侵略他国。如何恢复认知的一致？费斯汀格提供了以下三条途径：其一，改变或否定矛盾的一方。其二，减弱或同时改变矛盾双方的重要性。通过降低矛盾双方的规定值，从而使矛盾的双方得到缓和。其三，矛盾的双方维持不变，增加新的认知因素来弥补双方的冲突。[②]

认知相符论在1968年达到了研究的鼎盛时期，当时由阿贝尔森（Abelson）等6位学者共同编辑的920页《认知相符理论：资料汇编》（*Theories of Cognitive Consistency: A Sourcebook*）包含84章75位作者。但是之后走向了衰落。巴纳吉（Mahzarin R. Banaji）等探讨了衰落的原因：其一，认知相符理论本身包括各种理论，这几种理论之间互相争论；其二，出现了与其相竞争的理论，譬如归因理论；其三，理论与实践的局限，即与现实的结合方面存在一些不足；其四，方法上的问题，过于依赖自我报告的测量方法。除了以上原因外，巴纳吉认为首要的原因是，认知相符论提出的基本理论在学术界已经达成共识，许多学者认为已经没有再进一步研究的必要，这也直接导致了认知相符论研究的衰落。[③]

认知相符论在心理学领域的衰落，并不意味着失去了其应用的价值，也并不意味着在其他领域的衰落。杰维斯（Robert Jervis）对此谈到："政治学者

---

① F. Heider, *The Psychology of Interpersonal Relations*, John Wiley & Sons, Inc., 1958, pp. 187–217.

② L. Festinger, *A Theory of Cognitive Dissonance*, Stanford University Press, 1957, pp. 1–31.

③ Mahzarin R. Banaji et al., A Unified Theory of Implicit Attitudes, Stereotypes, Self-Esteem, and Self-Concept, *Psychological Review*, Vol. 109, No. 1, 2002, pp.3–25.

的危险在于相信只有最近的观点才值得征引。这种危险在心理学者那里尤其严重，因为他们比政治学者更加健忘……较早的一些观点（譬如认知失调）并不是失去了其应用的价值，但是心理学者已经不再对它们感兴趣了。"①可以说，对认知相符的重视程度的差异，成为社会心理学和政治心理学区分的显著标志。

认知相符论在政治学领域的表现，是政治领导的丑闻对民众态度影响的研究。迪莫克（Michael A. Dimock）和雅各布森（Gary C. Jacobson）用认知失调理论解释了选民对众议员银行透支丑闻的反应。1991 年 9 月，美国审计署（General Accounting Office）披露了，在过去的 1 年里有 100 多位众议员从银行透支。1992 年 3 月 13 日，所有透支的议员名单被公布，仅有 17%保证清白的记录。作者通过 1992 年的 NES 数据，考察了丑闻对大选的影响。对象是参加投票的 1007 名受访者。结果 94%听说此事，对投票确实有影响。丑闻的累积性影响导致现议员投票下降 5%。但是最坚持主张对透支行为惩罚的选民，同时也很少相信他们选区的议员会做此事，尽管事实上他们已经做了。主要原因在于他们面临着如下的选择：对曾经支持的议员进行谴责，或者对他们的行为进行消解，多数选择后者。这种破坏性后果也因党派而调和。认同议员所在政党的选民，有一种强烈的趋势，认为在议员丑闻的事件中审计署弄错了，这印证了传统的认知失调理论的解释价值。②

另一项研究来自菲施勒（Mark Fischle）对克林顿绯闻案的研究。丑闻发生后，公众对克林顿的支持率依然很高。媒体的报道和公众的舆论出现了差异，媒体多是负面的报道，但是公众的反应却出现了分化。作者的第一波调查在 1997 年，以邮寄问卷的形式对杜伦（Durham）地区的成年居民进行调查，问卷中涉及对总统的评估，最终 425 名完成了问卷。第二波在丑闻发生后的 1998 年的 1 月和 2 月，425 名第一波接受访谈者中，179 名接受了电话访谈。访谈的内容是对总统前途的评估，指控的可信度和重要性，对与错，以及对丑闻报道的关注度。结果显示 49%认为是阴谋，43%认为指控是真，只有35%认为指控是重要的。公众的反应与以前对克林顿的态度有着密切关系，

①　Robert Jervis, Cogntion and Political Behavior, In Richard R. Lau, David O. Sears, eds., *Political Cognition*, Lawrence Erlbaum Associates, Publishers, 1986, p. 321.

②　Michael A. Dimock & Gary C. Jacobson, Checks and Choices: The House Bank Scandal's Impact on Voters in 1992, *The Journal of Politics*, Vol. 57, No. 4, 1995, pp.1143-1159.

阴谋论者多是以前支持克林顿者，克林顿的丑闻与以前他们对克林顿的态度产生了不一致，从而使他们选择坚持以前的态度。当然，作者认为丑闻本身的复杂性也为支持阴谋论者坚持以前的态度创造了空间。[①]

四、有无真正的政治态度

争论的缘起始于 1964 年，康弗斯(Philip Converse)发表了《民众信念系统的本质》一文，根据访谈的结果，他把人们运用意识形态解读议题的程度划分为五个层级：第一层级为意识形态者(ideologues)，能够运用自由与保守的维度评估政治目标和不断变化的政策。第二层级为近乎意识形态者(near-ideologues)，包括两类人：一类人尽管表面上不谈自由或保守，但已经意识到这些维度；另一类则是对自由或保守的理解存在争议，但实际上已经运用这些维度评估政治目标。第三层级为群体利益者(group interest)，他们并不依赖意识形态评估政党和候选人，而是根据群体的利益做出判断。第四层级为政策的思考者，这些人对某些政策有自己的看法，然后运用这些看法对政党或候选人做出判断。包括两类人：一类是受时代特征的影响者(nature of the times)，对政党或候选人的批评主要依据社会的一些基本特征，譬如战争或和平，繁荣或萧条；另一类是议题的思考者，只是依据狭隘的议题，对政党或候选人表达满意或愤慨。第五层级为无议题内容者(no issue content)，对政策的意义一无所知，不关注候选人或政党所说的内容。在康弗斯看来，前两个层级的人可以划入具有意识形态之列，而后三个层级则没有意识形态。通过调查他发现，选民在五个层级的比例分别为 3.5%、12%、45%、22%、17.5%。也就是说，大多数选民并没有意识到意识形态的存在，他们的思考并不具有持久性。[②]

之后，学者围绕两方面展开讨论：一是选民的态度与调查问卷形式之间的关系，是选民的问题还是调查问卷的问题导致了每次调查结论的差异？二是态度是否应该分层次？

[①] Mark Fischle, Mass Response to the Lewinsky Scandal: Motivated Reasoning or Bayesian Updating? *Political Psychology*, Vol, 21, No. 1, 2000, pp.135-159.

[②] Philip Converse, The Nature of Belief Systems in Mass Publics, In David E. Apter ed., *Ideology and Discontent*, Free Press, 1964, pp. 206-226.

(一)答复的效果

调查的措辞、询问问题的顺序等能否导致态度的改变？对此学术界有争论。大致可以分为三种观点：一是支持康弗斯的观点，坚持精英与普通选民的划分，认为普通选民本身没有真正的态度；二是认为调查问卷存在差异导致选民态度的不一致；三是认为选民本身与调查问卷皆存在问题，从而影响调查结果的不一致。

一些学者承认调查问卷中所问问题的措辞、问题的结构，以及问题的语境等都会影响选民的态度。影响的原因在于措辞的差异所传递的信息也会随之改变。福西(C. M. Fausey)和马特洛克(T. Matlock)以一个参议员的再次当选作为实验材料，该参议员的信息分为了正面和负面的信息，但在描述时措辞略有改变，分为未完成的(V+ing)和完成的(V+)两方面。结果发现，如果向被试者同时提供正面和负面的信息，负面的信息要大于正面的信息。但负面的信息中，未完成的行为，即正在发生的行为的信息大于已经完成的信息。[1]未完成的负面信息，所呈现的是候选人如下的印象：即使正在选举，仍然做着错误的事。完成的负面信息传递的是，过去错了，但是不意味着现在错，只要知错就改即可。

与上述学者关注到传递信息的内容不同。有些学者则关注到受众的差异，他们主张要注意到选民的层次，措辞的差异对于政治经验丰富的选民来说影响不大。克罗斯尼克(John A. Krosnick)和舒曼特(Howard Schumant)认为，调查问卷的影响仅限于那些态度未形成，或者所持态度并不强烈的，或者非核心态度的受访者，这些人身上都可能出现这种答复效应(response effect)，但如果一个人持强烈的态度时这种效果就不会出现。通过对美国调查中设计的27项实验结果进行归纳，他们发现态度的强度、重要性和确定性(certainty)等对答复效应并不产生实质的影响，无法将答复效应有无区分开来。[2]毕晓普(George F. Bishop)重复了克罗斯尼克的结论，但与之不同的是，他们的研究发现议题的参与程度依赖于答复效应的类型。在对一些议题的考察中，

---

① C. M. Fausey & T. Matlock, Can Grammar Win Elections? *Political Psychology*, Vol. 32, No. 4, 2011, pp.563–574.

② John A. Krosnick & Howard Schumant, Attitude Intensity, Importance, and Certainty and Susceptibility to Response Effects, *Journal of Personality and Social Psychology*, Vol. 54, No.6, 1988, pp.940–952.

参与议题越少,越容易受答复类型的影响。①两位学者的观点尽管存在差异,但是他们的结论基本是一致的,即调查问卷设计的影响仅限于那些对政治议题不感兴趣,或者不熟悉,或者参与政治较少的选民,但对于积极了解政治和政治参与较多的选民来说,这种影响不大。

但有些学者对此提出不同意见,他们强调了调查问卷设计本身的重要性。措辞改变导致态度改变最典型的研究是伯登(Barry C. Burden)和克洛夫斯塔德(Casey A. Klofstad)对政党认同的研究。他们认为政党认同基本上是一种情感认同,过去用"think"提问题的方式有问题,它测量的是对政党的认知方面而不是情感方面,因此他们用"feel"代替"think",通过电话访谈成年人,一半用"think"的提问方式,另一半用"feel"的提问方式,以比较两种方式的差异,结果验证了这种差异:用"think"调查显示民主党居于优势,但用"feel"调查的结果却显示共和党占优。这可以解释,部分选民头脑中是民主党,但内心是共和党,这也解释了1954年以后,共和党多获胜的原因。因此,原先的调查结果和实际的结果的偏差在于测量方法的错误。②

值得注意的是,毕晓普尽管主张选民分层次,但在其较早发表的文章中却与伯登的观点相似。与20世纪50年代相比,60年代各种运动云涌,许多学者认为公众的态度发生了剧烈的变化。毕晓普与同事合作的文章中对于持选民态度变化的两种观点提出了批评,一种观点认为是60年代各种议题的"突出性",促使人们有兴趣参与政治,因此对政治信息更加关注;另一种观点则认为是时代的差异。毕晓普等对此反驳道,在所有描述议题投票和态度一致性的文章中,政治兴趣并没有发生根本的变化。之所以导致结论的差异在于问题措辞变化的结果。五六十年代,都是罗斯福新政时期的意识形态的延续,选民在议题方面的观点和投票方面并没有明显的变化。那么为何结论会出现差异? 他们认为可能是问卷中措辞以及问卷的形式变化所导致的。1964年把"好的生活标准"归入自由派的回应,更重要的是保守派的选项中,条目的表述很少模糊,而且非常吸引人。譬如,"路是自己走出来的",你能表示不同意,或强烈不同意吗? 这些变化改变了有关经济福利问题的含义。另

① George F. Bishop, Issue Involvement and Response Effects in Public Opinion Surveys, *The Public Opinion Quarterly*, Vol. 54, No. 2, 1990, pp.209–218.

② Barry C. Burden & Casey A. Klofstad, Affect and Cognition in Party Identification, *Political Psychology*, Vol. 26, No. 6, 2005, pp.869–886.

外,问卷选项中强烈的同意与强烈不同意的形式影响了默许的态度。尽管都是针对政府,但 1964 年涉及政府的议题要广,涉及政府权力的运用。另外,他们认为一些问法看似类似,其实存在差异。1956 年是"没有看法",1964 年是"不感兴趣"。与后者相比,前者多把受教育少和政治参与少的过滤掉,结果夸大了一致性的程度。①

有些学者对上述两种观点进行了调和,在影响选民态度变化的过程中,选民本身与问卷的设计都具有重要性。但与康弗斯等不同的是,他们并不强调选民层次的划分。他们认为人们的头脑中存在着各种态度,不同情况下他们对问题的考虑的视角是不同的,提问问题的差异启动了人们考察问题的不同视角,从而导致了态度的变化。

早在 20 世纪 70 年代,阿亨(Christopher H. Achen)就撰文指出,在多数的决策环境中,人们没有单一的喜好。态度的随机性,在于决策目标,以及决策者本身的变化。选民的态度围绕核心的立场而波动,选民态度的不稳定在于问卷本身就存在问题,各个问卷之间的信度低。②作者强调了选民态度与问卷的互动。

扎勒(John R. Zaller)也是从此视角入手,但与之不同的是,他并没有强调人们的态度是否核心。在其成名作《民众舆论的本性及其起源》(*The Nature and Origins of Mass Opinion*)中,对大众回答舆论调查所存在的问题进行了归纳,譬如在不同的时间段询问同样的问题,会做出不一样的答复;访谈场景、问卷中所提问题的顺序不同,甚至只是简单地改变一两个词语就会导致人们在回答问题时出现很大的差异。那么人们面对问卷的调查为何反复无常? 他并没有像康弗斯那样归为人们没有真正的态度,早在 1984 年的博士论文中他就意识到公众的政治态度具有如下特征:人们不断接受各种各样的政治新闻和信息流,它们的效价却可能不同,甚至是相互矛盾的。但对于大多数民众来说,他们对于国家的政治信息并不太关注,因此对于接触到的信息往往不加批判就会全盘接受,结果他们大脑中储存的政治观念、主张和考虑事项,可能只有部分一致。当他们接受问卷调查时,这些信息不可能

---

① George F. Bishop et al.,Change in the Structure of American Political Attitudes:The Nagging Question of Question Wording,*American Journal of Political Science*,Vol. 22,No. 2,1978,pp.250–269.

② Christopher H. Achen,Mass Political Attitudes and the Survey Response,*The American Political Science Review*,Vol. 69,No. 4,1975,pp.1218–1231.

项项都考虑到,只有那些在记忆系统中即刻获得的(immediately accessible)信息,即最先跃入脑海的信息才能成为决策的依据。因此,公众在回答问题时在不同时间内出现不一致的情况,那是因为在不同时期内,考虑的突出事项是不同的;提问问题顺序的改变或措辞的改变会影响公众答复的不同,也是因为它们导致了回答问题时考虑的突出事项的改变。[①]简言之,他把观点反复的原因归为易得性(accessibility),调查语境的改变导致人们大脑中政治信息易得性的差异。

扎勒还与费尔德曼(Stanley Feldman)合作对此做了进一步的解释。他们不同意康弗斯所说的人们对政府态度不稳定的观点,而是认为多数公民并没有形成明确的态度,头脑中混有各种观念和多种考量。多数人对待同一问题持模棱两可的态度,都有正反两方面的考量,表达何种态度取决于当时哪种因素变得突出,或者说哪种因素被优先考虑,即最先映入公众脑海的因素在做决策时起着关键作用,这就是易得性。[②]

调查环境的改变影响人们记忆中的哪一种态度能够容易获得,这种观点得到了许多学者的认同。罗奇克(A. M. Rutchick)发现人们在接受问卷调查时,处于不同的环境中,面对同样的问卷,得到的结论会有所不同。譬如,一个基督徒在填写有关同性恋和堕胎之类的问卷时,是在教堂中还是在普通建筑中,结果会有明显的差异。身处教堂之中,启动了他的宗教信仰,多会对此持否定态度;而在普通建筑中则会按照自己的想法来填写。[③]态度的改变与否也与周围人所持的观点相同与否相关。维瑟(Penny S. Visser)和米拉比(Robert R. Mirabile)通过实验发现,与不一致的社会网络相比(不同的观点构成),一致的社会网络(相同的观点组成)抵制态度改变,态度一致的社会网络增加态度的强度,减少态度模糊性,增加持有他们态度的确定性。[④]

洛德(Charles G. Lord)等提出了态度表征理论,意指遇到态度目标时,人

① John R. Zaller, *The Nature and Origins of Mass Opinion*, Cambridge University Press, 1992, pp. 30–36.

② John Zaller & Stanley Feldman, A Simple Theory of the Survey Response: Answering Questions versus Revealing Preferences, *American Journal of Political Science*, Vol. 36, No. 3, 1992, pp. 579–616.

③ A. M. Rutchick, Deus Ex Machina: The Influence of Polling Place on Voting Behavior, *Political Psychology*, Vol. 31, No. 2, 2010, pp. 209–225.

④ Penny S. Visser & Robert R. Mirabile, Attitudes in the Social Context: The Impact of Social Network Composition on Individual–Level Attitude Strength, *Journal of Personality and Social Psychology*, Vol. 87, No. 6, 2004, pp. 779–795.

们激活有关态度目标的心理标准,从而影响他们的评估。激活的因素可能很多,譬如态度目标可能的身份和特征,对态度目标过去的行为和情感,社会环境因素等。在某些态度相关的条件下(尤其是仅仅对态度问卷中的词做出回应时),人们会基于他们的心理表征做出回应和评估。在其他态度相关的条件下(譬如对现实中少数族裔成员的态度),他们会把相关知觉的假设与当时的刺激结合起来。态度表征的主张即是态度相关的条件激起态度目标的模板,模板会影响评价反应。如果把态度比作房子,有地基和内部结构,那么模板就是房子的地基,如果态度具有不稳定的模板,就像房子建立在沙子上一样,很容易改变。①

图兰古(Roger Tourangeau)和拉辛斯基(Kenneth A. Rasinski)认为对此问题的最好阐释,应该首先假定态度存在于长期的记忆结构中,然后在该视角下探讨态度调查中回应的过程。态度调查中对一个态度的回答包括四个阶段:受访者首先对有关态度的提问进行解释,决定这个提问与什么态度相关;然后检索相关的信念和情感;接下来,把这些信念和情感应用于合适的判断;最后运用这种判断选择一个进行回应。所有的四个阶段都可能受前面条目的影响,以前的条目为后面的条目提供解释框架,也可能因前面的回答使后面的回应显得多余。以前的条目能够启动一些信念,使它们更容易接近检索信息的过程,提供一种可以进行比较的标准,以及能够产生一致性的压力。②纳多(Richard Nadeau)和尼米(Richard G. Niemi)提出了新态度理论,强调对问题的回答不是已有观点的表达,而是更多来自记忆、提示以及"易得性"。他们发现,男性、受教育程度高者以及对政治感兴趣者可能回答所有问题,并可能正确,他们更可能运用各种线索回答问题。各种线索中,突出性的、对自己或国家有威胁的可能会被运用到。③

(二)核心的态度不易改变

谈到态度的改变时,一些学者主张核心的态度不易改变。认为只要在一

---

① Charles G. Lord et al., Houses Built on Sand: Effects of Exemplar Stability on Susceptibility to Attitude Change, *Journal of Personality and Social Psychology*, Vol. 87, No. 6, 2004, pp.733–749.

② Roger Tourangeau & Kenneth A. Rasinski, Cognitive Processes Underlying Context Effects in Attitude Measurement, *Psychological Bulletin*, Vol. 103, No. 3, 1988, pp.299–314.

③ Richard Nadeau & Richard G. Niemi, Educated Guesses: The Process of Answering Factual Knowledge Questions in Surveys, *The Public Opinion Quarterly*, Vol. 59, No. 3, 1995, pp.323–346.

个人的信仰体系中处于核心的态度,就不会受各种因素的干扰,保持相当的稳定性。

对于核心的态度,学者们给予了不同的称谓。贾德(Charles M. Judd)和克罗斯尼克(Jon A. Krosnick)直接称核心的态度。与非核心的态度相比,核心的态度具有以下特征:越核心的态度越容易极化,并且在调查中更少受到问卷设计的影响。①之后,克罗斯尼克对核心的态度又做了进一步的阐述,归为六方面的特征:其一,与更强烈的情感反应相关;其二,对于信息处理具有更强烈的影响;其三,有大量的知识支撑;其四,与其他态度和价值更趋一致;其五,更加抵制改变;其六,更有可能影响对他者的知觉和看法。在对一些社会政治性议题的调查中,他考察了态度的四个方面:态度的重要性、态度的强烈程度、议论每项议题时援引态度的频率、议题影响受访者个人的程度等,通过在每项议题上核心与非核心态度的比较,他发现核心的态度更稳定,对总统候选人在具体议题上的立场有着更清晰的知觉,核心的态度对候选人的评估有更重要的影响。而且如果一种态度对于受访者是核心,那么这种态度的核心性是高度限定在某个具体议题上,即对于一个受访者来说,在一个议题上属于高度核心性的态度并不必然在另一个议题上显示出高度核心性。

艾贝尔森(Robert P. Abelson)将核心的态度称为信仰(conviction)。他认为如果能够很好地甄别信仰,那么困惑态度研究的许多问题,譬如从态度无法预测行为,受访者在访谈时敷衍了事,以及实验室中许多态度的研究成果无法在现实中复制等就会得到解决。一些人没有态度在于他们缺少信仰,只要具有坚定的信仰,我们就能够从人们的态度中预测其行为。一些人对总统的投票犹豫不决,反复无常,也可能是因为缺少信仰,从而导致态度的不稳定。信仰一旦拥有就属于身体的一部分。态度逐渐确立的过程即是拥有信仰的过程。经过考察,他发现信仰是多维度的,包括情感的承诺,自我的关注以及认知的精心思考,人们一旦拥有信念即具有高度的稳定性。②戴维斯(Martin E. Davies)也发表了类似的观点。他说,教条主义者的态度很难改变,在于他们很早就形成了某种信仰,而且真诚地相信该信仰是正确的,即使后

---

① Charles M. Judd & Jon A. Krosnick, Attitude Centrality, Organization, and Measurement, *Journal of Personality and Social Psychology*, Vol. 42, No. 3, 1982, pp.436–447.

② Robert P. Abelson, Conviction, *American Psychologist*, Vol.43, No.4, 1988, pp.267–275.

来证明是假的,也可能坚持。教条的人们更加倾向于采取极端的态度。①

　　教条主义者的观点最不容易调和,因此也就很难改变。态度改变与否,也与人们心理可接受改变的范围大小相关。阿特金森(Alyin L. Atkins)等招募了 54 位被试者,考察他们对兄弟会的态度,发现说服性信息落入他们可接受的范围之外,会更容易导致态度改变。②艾格雷(Alice H. Eagly)和泰拉在(Kathleen Telaak)也发表了类似的观点。他们以 124 名大学生为被试者,考察了三项议题:生育控制、大麻的合法化、枪的控制。发现态度是否改变首先在于要接受的态度与原有的态度差距有多大。在稍微偏差的情况下,被试者均会接受;而在强烈偏差的情况下,被试者均会拒绝。这实际上论证了认知相符理论的部分结论。但在适度偏差的情况下,被试者心理接受程度的差异影响态度改变。③艾格雷和马尼斯(Melvin Manis)则把涉及自身的态度称作核心态度。他们认为,属于他的自我观念的核心,人们观点的改变最小。心理的参与依赖于给定议题的重要性或个体的自我概念的重要性。是否涉及自身议题在自我感知方面具有决定作用,涉及自身的议题限定了接受的程度,同时扩大了拒绝的程度。④霍尔布鲁克(Allyson L. Holbrook)等表达了类似的观点。他们强调了与个人重要性的程度在政策议题态度方面的作用,议题对个人的重要性促进知识的积累,强化对相关信息有选择性地曝光和有选择性地吸收。譬如,人们看完总统的电视辩论后,能够很好地记住他们与个人重要态度相关的政策议题。⑤

---

　　① Martin E Davies,Dogmatism and Belief Formation:Output Interference in the Processing of Supporting and Contradictory Cognition,*Journal of Personality and Social Psychology*,Vol. 75,No.2,1998,pp. 456–466.

　　② Alyin L. Atkins et al.,Latitude of Acceptance and Attitude Change:Empirical Evidence for a Reformulation,*Journal of Personality and Social Psychology*,Vol. 6,No. 1,1967,pp.47–54.

　　③ Alice H. Eagly & Kathleen Telaak,Width of Latitude of Acceptance As a Determinant of Attitude Change,*Journal of Personality and Social Psychology*,Vol. 23,No. 3,1972,pp.388–397.

　　④ Alice H. Eagly & Melvin Manis,Evaluation of Message and Communicator As a Function of Involvement,*Journal of Personality and Social Psychology*,Vol. 3,No. 4,1966,pp.483–485.

　　⑤ Allyson L. Holbrook,Matthew K. Berent. Jon A. Krosnick. Penny S. Visser. David S. Boninger,Attitude Importance and the Accumulation of Attitude-Relevant Knowledge in Memory,*Journal of Personality and Social Psychology*,Vol. 88,No. 5,2005,pp.749–769.

五、态度的负面效应

面对一个态度目标时,人们或支持或反对,与个人所掌握的有关态度目标的知识相关。对态度目标知识掌握的程度也会影响态度的改变。威尔逊(Timothy D. Wilson)等在考察选民对 1984 年的总统候选人蒙代尔的态度时发现,有关态度目标的知识多少影响着人们态度的稳定与否。对蒙代尔了解不多的人,对他的评价不稳定,在听到别人的劝说之后最容易改变自己的观点;而对蒙代尔有充分了解的人,对自己为何采取某种态度比较自信,不容易受别人解释的影响。[①]

但在多数情况下,支持或反对并不是一个互相排斥的关系,往往支持和反对同时存在,也就是对态度目标处于模糊的情况。拉文(Howard Lavine)的研究发现,政治观点并不是简单的正面或负面,而是同时正面和负面,或者说"模糊性的"。尽管有证据表明模糊性态度会影响公众判断,但很少探讨模糊性态度对选举的影响。通过运用 1980—1996 年的 NES 数据,他探讨了态度的模糊性对总统候选人选举判断和选择的后果。结果显示模糊性导致了候选人评估的不稳定性,实质上推迟了公民的投票意识的形成,限制了在候选人评价中人格评估和议题相似性的影响,最终削弱了投票选举的预测。他的结论是,模糊性的效果独立于且明显大于政党强度、信息、教育等。[②]

模糊性态度的形成是多方面的,康诺弗(Pamela J. Conover)和费尔德曼归纳了以下三个方面:一是候选人。候选人在议题表达上最好的方式是不明确自己的立场。尽管他们内心有清晰的立场,但并不意味着要非常详尽地把自己的立场传递给公众。二是媒体。媒体在竞选中过多关注竞选人的人格方面,以及竞选人之间的竞争,很少关注候选人在议题上的立场。三是选民。选民也不愿意搜集有关候选人立场的各种信息,即使在竞选达到高潮时。面对模糊性的情况,选民往往采取两种方式:一种是推论,这是最简单的方式。推论是建立在已有的知识结构上,譬如有关政治和政治议题的信息以及自己

① Timothy D. Wilson et al., The Disruptive Effects of Explaining Attitudes: The Moderating Effect of Knowledge about the Attitude Object, *Journal of Experimental Social Psychology*, Vol.25, 1989, pp.379–400.

② Howard Lavine, The Electoral Consequences of Ambivalence toward Presidential Candidates, *American Journal of Political Science*, Vol. 45, No. 4, 2001, pp. 915–929.

的信息,具体来说,或依据自己的喜好,或相关的知识,即线索进行推论。选民根据自己的立场判断候选人的议题立场,将自己的立场投射到候选人身上,以避免认知的不平衡。判断他者与我们采取同样的维度,同样的价值,采取简单的"虚假同感"(false consensus)的形式,以自我为基础推论候选人与自己的立场相似。另一种基本的认知行为是归类,归为某种原型或某类成员。譬如新观察到的某人,有类于自己以前遇到的某类成员。

当然,选民运用哪一个线索进行推论依赖于当时的环境。其一,环境的不同,运用的推论和归类的数量都有所差异。这种差异有多种原因,譬如,候选人的少数族裔地位,可体现在意识形态、党派、种族、性别等,会启动选民依据一种特殊的类别做出判断。再如,联结候选人与线索之间的强弱也会有所差异。其二,不同的议题依据的推论也有差异。有些议题可能被选民频繁地提及,这可能与个体的差异相关,也与环境因素相关。譬如,候选人与媒体共同建构的非意识形态议题,不会引起意识形态的争论;而堕胎和社会福利则容易引起意识形态的争论。其三,竞选中呈现给选民的线索也有所差异。候选人的行为和媒体的报道影响不同议题的易获得性。通过对 1976 年总统选举的选民的问卷调查,他们发现选民的议题喜好是其中的首要来源,选民无法把大量的议题归入每个党派,只能依据自己的议题立场进行决策。但随着时间的推移,掌握的信息越来越多,党派的作用逐渐凸显。在税收、就业、国防和堕胎方面都有着明显的差异。就总统候选人来说,虚假同感用于未知的候选人,譬如卡特,而福特作为现任总统则没有这方面的影响。但随着竞选的逐步展开,虚假同感效应最终消失。[1]

在面对候选人时,尤其是在对候选人信息掌握很少的情况下,多运用自己的知识或立场进行推论。在支持或反对两方面的信息都缺少的情况下,这时多会对候选人持正面态度。即对候选人不了解的情况下,人们宁愿相信他是好的。但是同样多的正面或负面信息同时出现,负面效应就会出现。负面效应指在各种信息处理的任务中,相对于同样极端和同样可能的正面信息,会过于倚重负面信息。[2]负面的评价具有更大的比重,换言之,态度的形成不

---

[1]　Pamela Johnston Conover & Stanley Feldman, Candidate Perception in an Ambiguous World: Campaigns, Cues, and Inference Processes, *American Journal of Political Science*, Vol.33, No.4, 1989, pp. 912-940.

[2]　Richard R. Lau, Two Explanations for Negativity Effects in Political Behavior, *American Journal of Political Science*, Vol. 29, No. 1, 1985, pp.119-138.

是一个正反两方面态度简单的相减,负面的评价具有更大的比重。[1]公众的负面回应对政治的影响大致可分为两方面:一是竞选期间对候选人的回应,二是竞选之后对执政党的回应。

有关公众负面回应对候选人的影响,霍尔布鲁克等用公式说明了此问题。一种称之为直线对称性模式(SLM),这是以前的模式。主张态度来自于对候选人的赞成和反对的相减。公式表示 $A = \alpha_1(F - U) + I$。A 代表对候选人的态度,F 代表支持候选人的数量,U 代表反对候选人的数量,α_1 代表影响力,I 是截点,为中性,即对一个人的态度,既不赞成也不反对,根据 SLM 模式,α_1 是正向的,I 应该是中性点,态度是中性的。但是按照霍氏的理解,面对新的目标,一开始是正向的,首先接触的信息组成第一印象,如果没有明显和直接的威胁,对增加的信息就会放松警惕。但一旦不利的、威胁的信息出现,避免威胁大于获得的知觉就会出现,不利的信息比有利的信息作用更大。由此,霍氏列举了另一种模式,称之为非对称性非直线性模式(ANM),ANM 的公式是 $A = \alpha_1(F)^m + \alpha_2(U)^n + I$。m,n 代表减速,小于 1,反映了增加的信息的减速影响小于 1。I 代表没有正负信息时的态度。最初的稍微正面,称之为正向偏离。I 中间稍微偏向正方向。负向偏见有两种形式:α_2 比 α_1 大,或 n 比 m 大。通过 1972—1996 年的 NES 数据,霍氏认非对称非直线性模式(ANM)在对总统和政党态度的分析中,要优于直线对称性模式(SLM)。[2]

大量对负面效应的研究体现在对总统政绩的评价中。在《美国选民》(*American Voter*)一书中,作者把公众的负面效应看作是两党更替的重要原因,提出公众对于执政党的政绩多是负面的回应。选民选票的变化恰恰因执政党的负面反应而改变,一个党赢得多数获得执政权,但是执政之后并不会累积其选举的强势,公众对其政绩(譬如经济的衰退,发动错误的战争)的负面回应,会使其从执政党的地位再次变回在野党。[3]

劳(Richard R. Lau)运用 1968—1980 年的 NES/CPS 数据,也得出了类似的结果。通过选举前后的比较发现,选举后在对总统工作的评价中,不赞成

① Russell H. Fazio & J. Richard Eiser, Natalie J. Shook, Attitude Formation Through Exploration: Valence Asymmetries, *Journal of Personality and Social Psychology*, Vol. 87, No. 3, 2004, pp.293–311.

② Allyson L. Holbrook et al., Attitudes toward Presidential Candidates and Political Parties: Initial Optimism, Inertial First Impressions, and a Focus on Flaws, *American Journal of Political Science*, Vol. 45, No. 4, 2001, pp.930–950.

③ Augus Campbell et al., *The American Voter*, Wiley, 1960, pp. 554–556.

的投票数量要多于赞成的数量。这种负面效应发生在选举后的调查中,而不是发生在他们决定投哪一个总统候选人之前。对于负面效应,劳给出了两点解释:一是失大于得。政治远离人们的生活,但总统是例外,他能够影响人们的生活,影响人们对得失的感觉,但失的心理感觉通常大于得的感觉。二是熟悉的人物-场假设。熟悉的环境多以正面的形式出现,负面的不太常见,但一旦出现就变得突出。[1]前者归为动机的解释,后者归为知觉的解释。两种类型的负面效应对总统候选人的知觉都有影响,但是知觉的解释更加普遍。在议会的选举中所导致的负面效应完全是一个知觉的过程。即总统的行为能够影响人们的生活,导致得失的评估,而议会对人们生活的影响并不明显。之所以对总统的评价中出现负面的信息,劳认为一在于媒体,媒体充当了"看门狗"的角色,二在于候选人在竞选期间的互相攻击。[2]

克莱因(Jille G. Klein)利用 1992 年 NES 数据,考察了 980 名选民对老布什和克林顿的政治态度,结果发现民众总体上对政治领导的评价是正面的,但是在对总统的评估中拥有负面的特征,负面的评价所占的比重相对较大,对于总统的投票更具预测性。以克林顿为例,其人格当中很大的一个弱点就是不正直,因此正直在评价克林顿时要比老布什更重要。[3]

有关对政治领导的负面效应,其他学者也有研究。布鲁姆(H.S.Bloom)和普莱斯(H.D. Price)指出,总统可能因经济差而受惩罚,但不会因经济好而受奖励。[4]科奈尔(S. Kernell)提出了"有得必有失"(Surge and decline)的议会投票模式,指当选总统的政党赢得的议会席位,在两年以后的再次议会选举中就会丧失席位。他认为总统的政党因其支持者不赞成其工作而遭受的损失远大于反对党的支持者因赞成总统的工作而带来的收益。[5]

---

① Richard R. Lau, Negativity in Political Perception, *Political Behavior*, Vol.4, No.4, 1982, pp. 353–377.

② Richard R. Lau, Two Explanations for Negativity Effects in Political Behavior, *American Journal of Political Science*, Vol. 29, No.1, 1985, pp.119–138.

③ Jille Gabrielle Klein, Negativity in Impressions of Presidential Candidates Revisited: The 1992 Election, *PSPB*, Vol. 22, No.3, 1996, pp.288–295.

④ H. S.Bloom & H. D. Price, Voter Response to Short-run Economic Conditions: The asymmetric Effect of Prosperity and Recession, *The American Political Science Review*, Vol.69, 1975, pp.1240–1254.

⑤ S. Kernell., Presidential Popularity and Negative Voting, *The American Political Science Review*, Vol.71, 1977, pp.44–66.

　　综上所述,人们在日常生活中所面临的大量的政治信息是模糊的,这其中既有民众自身能力的问题,也有政治精英和媒体的作用。在政治信息模糊的情况下,或者在民众对评价的目标所掌握的信息很少的情况下,评价的正面略大于负面。但是随着掌握信息的增加,负面的效应开始显现。即面对评价目标同样多的政治信息的情况下, 负面信息的权重要大于正面信息的权重,这不仅体现在选举中,也体现在执政期间,负面效应甚至直接导致了执政党的更替。

第四章
政治态度的改变

政治态度的改变即指个体原先持有的政治态度发生了变化。态度的改变涉及三个方面：一是信息源，指能够引起人们的态度发生改变的最初策源地。信息源包括传播者及其传播的内容。二是传播，即通过何种渠道传达到态度改变者那里。三是受众，即态度改变者。

换言之，我们这里所说的政治态度的改变，与政治传播学所讲的内容有些重合。与政治传播不同的是，本章所探讨的是政治心理学与政治传播学交叉或重合的部分，具体来说，探讨政治传播学中所涉及的一些心理理论。

我们对政治态度改变的研究基本遵循信息源、传播的方式以及受众三方面展开。受众方面探讨两级传播理论，该理论既是一种传播方式，更是对受众心理特点的概括，因为这种理论产生较早，故把该理论置于第一节论述。信息源方面重点探讨政治说明，即领导面对不利事件时作何种回应，直接影响到受众对他们的评价。传播方式方面探讨框架理论、议程设置理论、启动理论。

一、选择性曝光和两级传播理论

受众研究一直是学术界关注的对象。有关受众与态度改变之间，学者们提出了大量的观点。从受众的视角研究态度改变最有名的理论当属选择性曝光和两级传播理论，它们兴起于 20 世纪四五十年代，直到现在仍然被奉为传播学的经典理论。尽管这两种理论关注的视角有异，但理论的提出者多有重合，理论之间多有联系，故放在一起论述。

大众传媒兴起之后，有关大众传媒效果最早的理论称为"魔弹论"。它是对大众传媒的力量充满恐怖感的一种理论。它把媒体受众描述成一群或多或少由共同的本能控制的毫无理性的生物;他们生活在大众社会中,彼此之间没有什么实质性的社会联系,十分依赖大众传媒的信息。由于这些个人与社会条件,他们被认为是可以被巧妙设计的大众传媒信息随意左右和控制的。20世纪初的人们相信,那些控制了媒体的人就可以有效地控制公众。由于这个原因,宣传被认为是弹无虚发;人们根本无法控制大众广告,煽动家可以通过媒体控制政治局势。

"魔弹论"有以下五点:其一,因为来自不同的背景,没有共同的规范、价值观和信仰,所以生活在大众社会中的人们过着相互隔绝的生活,彼此之间的社会控制极其有限。其二,像所有的动物一样,人生下来就具有一系列共同的本能,这决定他对周遭世界做出何种反应。其三,因为人们的活动不受社会关系影响,而受共同本能的牵引,所以个人对事件(如媒介信息)的参与方式是相似的。其四,人类的遗传天性和相互隔绝的社会状况使人们以相同的方式接受和理解媒介信息。其五,媒介信息就像符号"子弹"一样,击中每只眼睛和耳朵,对人类的思想和行为产生直接、迅速、一致,因而也是巨大的影响。[①]"魔弹论"没有有影响的代表人和代表作,是当时记者的"发明"。流行十年之后,该理论的影响逐渐消失。当时就有许多学者指出,受众面对大众传媒的宣传是不可抗拒的言论是没有根据的。"魔弹论"作为一种理论已经被抛弃。为该理论敲响丧钟的是1964年雷蒙德·鲍尔(Raymond Baurer)发表的《顽固的受众》(*The Obstinate Audience*)一文。该文认为民众并非射击场里的靶子,当宣传射向他们时,他们或者拒绝,或者奋起反抗,或者另作他解为自己所用,总之他们并没有倒下。[②]同时,宣传并非是简简单单就能发挥作用的,在射出魔弹之前,需要长期与复杂的规划,认真且细致的准备,只有做到以上这些方面,才能够收到符合自己预期的大规模的反应。[③]

选择性曝光理论和两级传播理论的观点与"魔弹论"相左,它们认为"魔弹论"忽略了受众的主动性,受众对媒体所传播的诸多内容是有选择的,同

---

① [美]希伦·A.洛厄里、梅尔文·L.德弗勒:《大众传播效果研究的里程碑》(第三版),刘海龙等译,中国人民大学,2009年,第8~9页。

② [美]威尔伯·施拉姆、威廉·波特:《传播学概论》(第2版),何道宽译,中国人民出版社,2010年,第189~190页。

③ [美]斯坦利·巴兰、丹尼斯·戴维斯:《大众传播理论:基础、争鸣与未来》(第三版),曹书乐译,清华大学出版社,2004年,第78、58页。

时他们有时也不是直接接触传播,而是通过舆论领导者,这样就缓解了媒体对受众的直接冲击。

(一)选择性曝光

大众传媒对人们的政治取向究竟有没有影响?答案是肯定的。几乎所有的学者对此都无疑义。争论发生在大众传媒是强化了原有的政治取向,还是能够改变人们的政治取向。

持强化观点的主要是一些美国学者。美国学者拉扎斯菲尔德(P. E. Lazarsfeld)、伯瑞森(B. Berelson)、高德特(H. Gaudet)于20世纪40年代对美国总统大选之前传媒对选民态度的影响进行了研究。他们选择的是俄亥俄州的一个小县——伊里县。之所以选择该县,是因为20世纪的每一次总统选举中,该县的结果和全国的结果基本一致。从该县居民中选择3000人作为样本,其中又抽出4个各600个的固定样本,每组样本进行配对,使其中每一个都代表整个县。固定样本,意味着从5月至11月选举结果出来之前,重复对样本进行访问。其中一组为中心组,每个月都访问一次。其他三组为对照组,分别于7月、8月和10月再访问一次。

他们发现,大部分美国人在各党全国性代表大会提名以后,已经决定要投哪一位总统候选人的票,而在11月前的几个月中候选人进行的宣传,对投票并没有产生多大影响,只有其中8%的人改变了想法,选了别的党。[1]他们详细论述了传媒对人们政治态度的影响过程。第一阶段,宣传培养人们的兴趣,在人们还没有形成特定的政治兴趣时,媒体的宣传会唤起人们的兴趣。第二阶段,不断增加的兴趣促使选民不断接触更多的信息,这时选民的主动性被激发起来,从而导致他们的兴趣进一步增加。由此,第一阶段和第二阶段形成了循环。第三阶段,选择性的曝光。他会按照自己的兴趣选择性地看一些节目,参加一些集会,理解一些演讲。由此,强化了选民原有的政治行为倾向。在这一阶段,主动权是掌握在选民而不是宣传者手中。第四阶段,选民做出自己的决定。[2]

拉扎斯菲尔德等观点可以归结为一点:大众传媒很少改变人们的政治态度,其原因在于人们按照自己的兴趣选择性曝光大众传媒所传播的内容。

---

[1]　P.E.Lazarsfeld et al.,*The People's Choice*,Columbia University Press,1948,p.66.

[2]　P.E.Lazarsfeld et al.,*The People's Choice*,Columbia University Press,1948,pp.75-76.

这种观点得到了许多学者的认同。克拉珀(Joseph T. Klapper)说:"大量的研究……表明说服性的大众传媒更多地常常用来作为强化的而不是改变的力量而起作用。在假设受众接触具体的传播的情况下,强化或者至少是坚持己见类型被发现是占主导地位的;在坚持自己的观点基础上做些微的改变,次之;改变的类型被发现是最少的。"[1]基(V. O. Key)也指出:"如下的结论是安全的:传媒对政治态度的主要影响基本上是对现状的强化……人们宁愿倾向于重新确认现有的价值,支持占据主导地位的机制和支持由来已久的做事方式。"[2]究其原因,道森(Richard Dawson)和普莱维特(Kenneth Prewitt)认为,从社会权力拥有者的角度来说,主要信息支持现有秩序以及传递维持现状的解释是合适的。从受众的角度来说,人们通常关注与他们观点相同的传媒。在竞选期间,人们注意他们支持的候选人的言论。与他们观点相左的,他们几乎不注意或者不受影响。传播媒介因此不是最有效的传递新观念的方式。[3]

拉扎斯菲尔德等把传播的有限归为选民的选择性曝光。但是也有学者对选择性曝光理论提出了质疑。查菲(Steven H. Chaffee)等认为克拉珀的大众传媒只是强化政治取向而不是改变的观点是短视的:首先,儿童一开始并没有政治行为倾向,因此也就谈不上强化。如果儿童政治上意识到曝光强化的信息,他已经被社会化了。其次,克拉珀的概括是基于有争议议题的研究,然而传媒最有可能的影响是接受政治知识和公事事务兴趣的积累。知识和兴趣是政治社会化最重要的指标,应该先于政治观点。[4]

白鲁恂(Lucian W. Pye)则从国家的不同发展阶段的角度对选择性曝光理论提出了质疑,他认为选择性曝光理论至少不能在同等程度上像工业国家那样适用于转型国家。在西方国家,大众传媒处于饱和的状态,个体为了避免各种各样不同形式的传播所带来的沉重的、无处不在的压力,必须发展出选择机制。因为很清楚,要想接触所有的传播内容是不可能的,作为一种自我防御,必须发展出忽略和选择的能力。而在新型国家,大众传播远没有饱和,传媒对于它们来说是新奇的,能够促进好奇心。在大众传媒非常有限

① Joseph T. Klapper, *The Effects of Mass Communication*, The Free Press, 1960, p.15.

② V. O. Key, *Public Opinion and American Democracy*, Alfred. A. Knopf, 1961, p.396.

③ Richard Dawson & Kenneth Prewitt, *Political Socialization*, Little, Brown and Company, 1969, pp. 198–199.

④ Steven H. Chaffee et al., Mass Communication and Political Socialization. In Jack Dennis ed., *Socialization to Politics: A Reader*, John Wiley and Sons, Inc, 1973, pp.392–393.

的情况下,人们无法发展出选择的态度。因此,在转型国家,大众传媒实际上起到了政治教育的作用,在公民训练方面具有巨大的潜能。①海曼表达了相似的观点。他认为在美国这样的社会中,媒体数量众多,包括数不清的电视和电台节目、好莱坞出产的电影以及其他无数纸面媒体,因此选择性曝光是生活的常态。相反,在非洲,有的国家只有一个广播电台,每天只播放四个小时。在这种情况下,选择性曝光根本没有必要。②

(二)两级传播及其批判

在《人民的选择》一书中,拉扎斯菲尔德等提出了两级传播理论,以解释传播的有限性。他们发现,选民对传媒的注意方式非常具有选择性,每个选民的注意力不是平均分配的。例如,在竞选的最后 12 天里,有 54%的受访者至少收听过一次广播中的政治谈话;有 51%至少读过一篇头版的竞选新闻报道;有 26%在杂志上读过一篇与竞选有关的文章。但在竞选刚开始时,有 1/2 到 3/4 的受访者对这类材料漠然视之。即使在竞选的最后时刻,也只有部分选民注意到这些材料,大部分人对媒体的宣传还是毫不关心。某些选民接触竞选宣传,而剩下的人则对同样的信息很少注意。具体来说,媒体接触程度较深的人是那些具有很高兴趣的人, 那些早就做出决定的人和那些社会经济地位较高的人。在这类人中,富裕的、学历高且年纪较长的城市男性接触的信息更多。在信息传播的过程中,有些人起到了"舆论领导者"的作用。这些人接触了大量的竞选信息,而那些媒介接触、知识水平和兴趣度较低的人,则会从舆论领导者那里获得信息和建议。舆论领导者会把他们从媒体得来的第一手信息, 连同他们自己对其意义的独特解释一起传播给其他人。"观点经常从广播和印刷媒体流向舆论领导者,然后再从他们流向不太活跃的人群。"③他们将此称之为两级传播。

舆论领导者之所以发挥作用,他们认为在于以下几点:其一,舆论领导者一般作为没有特定目的信息源和解释源而受到信任;与此相反,媒体的政

---

① Lucian W. Pye, Communication and Civic Training in Transitional Societies, In Lucian Pye ed., *Communications and Political Development*, Princeton University Press, 1963, pp.126–127.

② Herbert Hyman, Mass Media and Political Socialization: The Role of Pattern of Communication, In Lucian Pye ed., *Communications and Political Development*, Princeton University Press, 1963, pp.136–137.

③ [美]保罗·F. 拉扎斯菲尔德等:《人民的选择——选民如何在总统选战中做决定》(第三版),唐茜译,中国人民大学出版社,2012 年,第 128~133 页。

治宣传是经过精心设计的,容易引起人们的怀疑。其二,舆论领导者传播的灵活性。在非正式的讨论场合,一个人可以灵活地向其他人传递自己的意见,并抵消可能受到的抵抗。其三,回报。当一个人接受另一个想改善两者关系的人的意见或解释时,会产生相当数量的社会满意。接受人际影响可以获得回报;然而对一些正式的媒介来说,就没有这种回报。

1955年,卡茨和拉扎斯菲尔德合作出版了《私人影响》(*Personal Influence*)一书,对两级传播理论作了进一步的阐释。他们从小群体的视角对此问题进行了探讨。小群体即首属群体,主要指家庭和同辈群体。在总统的选举中,媒体所提供的有关候选人的事实经常是模棱两可和相互矛盾的,个人在投票时经常请教首属群体的成员以寻求解释。他们以迪凯地区(Decatur)的妇女为样本,考察了舆论领导者在市场营销、流行时尚、公共事件、看电影等方面对她们的影响。在公共事务问题上,他们得出了以下结论:其一,与其他方面相比,妇女中的舆论领导者人数要少得多,而且多集中于上层。具体来说,那些受过良好教育、较富有和在该地区联系较广的妇女。其二,受到影响的大部分来自于男性,这些男性一般是他们的家庭成员,譬如丈夫和父亲。[1]

卡茨对此观点做了进一步的明确:"舆论领导者和他们影响的人是非常相近的,最典型的属于家庭、朋友和同事等首属群体。"[2]在这个过程中,信息被舆论领导者做了重新解释和改变。西尔斯和惠特尼(Richard E. Whitney)提供的证据显示,多数人把政治看作是远离他们日常生活的事,对此并不感兴趣,只有少数人关注传媒中有关政治的报道。[3]多数人是从少数人那里获得政治信息的。安妮·E.弗里德曼(Anne E. Freedman)和P. E.弗里德曼(P. E. Freedman)也表达了类似的观点。他们认为人们可能很少接触到这些传媒,或者即使接触到了也可能很少看竞选类的节目,而是多选择娱乐类的节目。因此,如果信息没有传达到大多数那里,那么产生的影响也只是一般性的影响。有些人并不是通过传媒接触政治信息的,他们接受的信息是间接的,从那些接触过信息的人那里接受信息。这些接触信息的人就成为舆论领导者,二次性的信息传递容易使信息发生扭曲、失真或者减少,从而大大影

---

① Elihu Katz & Paul F. Lazarsfeld, *Personal Influence*, The Free Press, 1955, pp.21–22.

② Elihu Katz, The Two-Step Flow of Communication: An Up-to-Date Report on an Hypothesis, *Public Opinion Quarterly*, Vol. 21, No.1, 1957, p.77.

③ David O. Sears & Richard E. Whitney, *Political Persuasion*, General Learning Press, 1973, pp.3–8.

响传媒的作用。①

也有学者提出了不同意见。哈里克(Iliya F. Harik)在探讨大众传媒对埃及农村的影响时,指出两级传播的假设与事实不符。与此相反,人们越接触大众传媒,越有可能直接从传媒那里获得政治信息。而且随着接触传媒的频率增加,所谓舆论领导者在传递信息中的中介作用在下降。②查菲等也认为两级传播并不具有说服力。传媒不断被发现在提供信息方面的直接作用。如果大众传媒传播的信息导致年轻人之间,或年轻人与父母之间讨论公共事务,这实际上就是直接的影响。③弗里德曼等在肯定舆论领导者的作用的同时,也肯定了媒体的直接作用。多数人没有直接的国家和国际政治事件的经历,他们依赖于传媒给他们提供政治信息和对事件进行评析。④

其实,大众传媒究竟是直接还是间接地影响受众,是一个舆论领导者和大众传媒之间博弈的过程。受众如果接触舆论领导者的时间多,就会出现两级传播的形式。反之,如果接触大众传媒的时间少,影响就是直接的。一项在英国进行的有关儿童和电视的大规模的研究显示,当儿童从自己周围的环境、父母和朋友那里获取信息时,电视的影响是最小的。然而如果电视长期地以戏剧的形式宣扬一种价值,如果该价值儿童从情感上已经准备接受的话,电视对儿童就会产生直接影响。⑤

二、政治回应

大众传媒作为一个平台,对于政治精英和公众来说皆是可资利用的工具。即正面或负面事件通过媒介的传播会起到放大作用,把很小的事件无限

---

① [美]J.L.弗里德曼、D.O.西尔斯、J.M.卡尔史密斯:《社会心理学》,高地、高佳等译,黑龙江人民出版社,1984 年,第 402~405 页。

② Iliya F. Harik,Opinion Leaders and the Mass Media in Rural Egypt:A Reconsideration of the Two-Step Flow of Communications Hypothesis,*American Political Science Review*,Vol.65,No.2,1971,p.734.

③ Steven H. Chaffee et al.,Mass Communication and Political Socialization,In Jack Dennis ed.,*Socialization to Politics:A Reader*,John Wiley and Sons,Inc,1973,pp.392-393.

④ Anne E. Freedman & P. E. Freedman,*The Psychology of Political Control*,St. Martin's Press,1975,p.118.

⑤ Hilde Himmelweit et al.,Television and The Child,In Bernard Berelson & Morris Janowitz eds.,*Reader in Public Opinion and Communication*,Free Press,1966,p.424.

地夸大。一旦负面的事件出现,公众可以通过媒体向事件的当事官员施加压力;反之,当事官员也可以利用媒体为自己辩解,引导公众舆论。因此,面临负面或不利的事件时,官员的回应变得重要起来。西方学者对官员的回应做了大量研究,不但总结了回应的许多方式,而且突出了政治说明在回应中的重要性。

(一)负面事件回应的方式

1.理由

理由(excuse)在于承认事件本身是错误的,应该受到谴责,但试图弱化或否认自己与后果之间的关系,为自己的行为寻找合理的解释。譬如没有意识到或没有预见到外在事件的影响,权威的施压等,以此含蓄地或者明确地拒绝为行为后果承担部分或全部的责任。[①]

理由有几种?分别是什么?仁者见仁,智者见智。凯瑟琳·M.麦格罗(Kathleen M. McGraw)把官员提出的理由归纳为五种:过去的环境,现在的环境,同级的责任,上下级的责任,以及无知的辩解(没有预料到决策行为会导致恶劣的后果)。五种理由中,前两种归于环境,中间两种分散自己的责任,而最后一种归于自己的无知是一个差的理由。[②]

皮特·森巴赫(Peter Schonbach)也列举了各种理由,但理由的内容与上述有些差异:其一,诉诸自己人性的弱点,或知识、技能的不充分,或意志的薄弱。其二,诉诸自己的缺点,理由如下:或生理的因素,譬如生理的唤起;或疾病、成瘾、酗酒;或自己消极的过去;或其他人的挑衅;或权威部门的胁迫;或忠诚;或具体的外部环境。其三,诉诸失败事件前后自己尽力了也关注到了。其四,诉诸其他人的缺点或不当行为,以此作为参照,表明自己的错误并不严重。其五,诉诸其

① V. Chanley,J. et al.,,Lust and Avarice in Politics:Damage Control by Four Politicians Accused of Wrongdoings (or,Politics as Usual),*American Political Quarterly*,Vol.22,No.3,1994,pp.297–333; Kathleen M. McGraw & Managing Blame,An Experimental Test of the Effects of Political Accounts,*The American Political Science Review*,Vol. 85,No. 4,1991,p.1136; Margaret L. McLaughlin et al.,The Management of Failure Events: Some Contextual Determents of Accounting Behavior,*Human Communication Research*,Vol. 9,No.3,1983,pp.209–210.

② Kathleen M. McGraw,Managing Blame:An Experimental Test of the Effects of Political Accounts,*The American Political Science Review*,Vol. 85,No. 4,1991,p. 1136.

他人在失败事件中也有参与,指责事件的人也有参与。[①]

除此之外,有的学者还谈到另外一些理由,即事件发生时,自己也受到种种阻碍,爱莫能够;或者表示严重关切,但自己已经尽力了。[②]

不管列举何种理由,目的只有一个:试图弱化自己与不利事件之间的关系。这也是判定列举理由是否得当的最终依据。

2.论证

论证(justification)的方式,指愿意承担因不利事件导致的责任,但是对行为以及后果进行了重新解释,诠释为社会可以接受的方式。与理由的方式正好相反,论证方式,承认自己与该事件之间有关系,但是对事件本身进行了辩解,即千方百计论证该事件的正确性。譬如或认为事件本身并不严重,或表明自己有权利这样做,或与类似的错误行为比较,或谴责受害者,或表明自己用心良苦等。也就是说,与理由的方式正好相反,论证在于承认后果,但不承认后果很差;而理由承认后果很差,但否认自己和后果之间的关系。[③]

论证有多少种方式,学者们也有不同的意见。森巴赫列举了各种论证:其一,对损失的拒绝。其二,损失最小化。或认为环境导致事件失败,或诉诸失败事件后所产生的积极后果。其三,诉诸受害者的作用。或论证损失与受害者的特质相关,或与受害者的行为相关。其四,诉诸自我实现的正确性,譬如根据自己光辉的过去强调自我实现的正确性。其五,诉诸忠诚。其六,诉诸积极的意识。其七,诉诸他者的缺点或不当的行为,作为参照,表明应该承认

①　Peter Schonbach, A Category System for Account Phases, *European Journal of Social Psychology*, Vol. 10, 1980, pp.195–200.

②　Margaret L. McLaughlin et al., The Management of Failure Events: Some Contextual Determents of Accounting Behavior, *Human Communication Research*, Vol.9, No.3, 1983, pp.209–210.

③　V. Chanley, J. et al., Lust and Avarice in Politics: Damage Control by Four Politicians Accused of Wrongdoings (or, Politics as Usual), *American Political Quarterly*, Vol.22, No.3, 1994, pp.297–333; Kathleen M. McGraw, Managing Blame: An Experimental Test of the Effects of Political Accounts, *The American Political Science Review*, Vol. 85, No. 4, 1991, p. 1136; Margaret L. McLaughlin et al., The Management of Failure Events: Some Contextual Determents of Accounting Behavior, *Human Communication Research*, Vol. 9, No.3, 1983, pp.209–210.

自我还是有所节制的。譬如诉诸指责者的缺点或不当行为。[1]

麦格罗也把论证的方式归为七种,但是内容不尽相同。这七种分别是:现在的好处,将来的好处,与过去的比较,与他者的比较,与设想的比较,公正,良心。其中,前五种方式试图改变人们对结果差的印象,或通过一番说明指出过去和现在的好处,或通过比较向人们指出结果并不差。最后两种强调自己的道德以及所遵循的准则。[2]

3.承认

承认(Concession)的方式,是面对大家质疑的行为,明确表达自己愿意承担部分或全部责任,表达忏悔、内疚,表示要补偿。[3]与理由不同的是,承认自己与该事件之间是有关的;与论证不同的是,承认事件本身是错误的。即一旦负面的事件发生了,官员承认自己是有责任的。

森巴赫列举了承认的四方面内容:其一,明确承认自己的责任或罪责,不加保留地完全承认自己的罪责,或适当保留部分承认自己的罪责。其二,明确放弃理由和论证的方法, 承认在当前事件中运用理由和论证的方法是不合适的。其三,对涉及失败的事件表达悔意,包括对自己的责任和后果的悔意。其四,力求恢复原状或给予一定的补偿。[4]

4.拒绝

拒绝(refusal)指行为体拒绝为事件的失败而承担罪责,包括对自己行为的拒绝,或者对自己角色的拒绝,或者拒绝承认他人有批评自己的权利,或

---

① Peter Schonbach, A Category System for Account Phases, *European Journal of Social Psychology*, Vol. 10, 1980, pp.195–200.

② Kathleen M. McGraw, Managing Blame: An Experimental Test of the Effects of Political Accounts, *The American Political Science Review*, Vol. 85, No. 4, 1991, p. 1136.

③ V. Chanley, J. et al., Lust and Avarice in Politics: Damage Control by Four Politicians Accused of Wrongdoings (or, Politics as Usual), *American Political Quarterly*, Vol.22, No.3, 1994, pp.297–333; Margaret L. McLaughlin et al., The Management of Failure Events: Some Contextual Determents of Accounting Behavior, *Human Communication Research*, Vol.9, No.3, 1983, pp.209–210.

④ Peter Schonbach, A Category System for Account Phases, *European Journal of Social Psychology*, Vol. 10, 1980, pp.195–200.

者把责任转嫁到他人身上。①拒绝与承认的方式完全相反，完全把自己排除在外。

森巴赫列举了各种拒绝：其一，声称失败事件没有（如此）发生。其二，明确拒绝承认罪责。其三，无限地把罪责归于他者，譬如归于指责者。其四，拒绝指责的正确性。或基于与指责者相关的自己的身份或角色，或根据指责者负面的特质或行为。其五，归于其他信息源。其六，闪烁其词或神秘化。②

5.沉默

沉默（silence）发生在一定条件下，譬如当尴尬的程度与事件失败的程度密切相关，或者当行为体感到说明将会变得更糟，这时就会采取沉默的方式。③

(二)政治说明释义

上述五种回应方式，承认自己在负面事件中的责任，尽管可能赢得人们的信任，但事件可能会对官员带来负面影响。拒绝和沉默的方式更有可能给人一种高高在上的印象，用权力力压公众对此的批评。因此，当负面事件出现之后，官员应该提出一套合理的理由把自己从事件中解放出来，或者弱化自己与事件的关系才是明智之举，这两者都需要极高的"解释"艺术，学界多把理由和论证归为"政治说明"。

何为政治说明（political account）？政治说明是对"失败事件"的解释。何为"失败事件"？森巴赫判定标准有二：做出离轨的行为，忽略了承担的义务。④W.兰斯·本奈特（W. Lance Bennett）对"说明"做了更进一步的解释，认为说明属于解释的一种，它仅限于理由和论证，指行为体"给出理由或对行为加以

---

① V. Chanley, J. et al., Lust and Avarice in Politics: Damage Control by Four Politicians Accused of Wrongdoings(or, Politics as Usual), *American Political Quarterly*, Vol.22, No.3, 1994, pp.297–333; Margaret L. McLaughlin et al., The Management of Failure Events: Some Contextual Determents of Accounting Behavior, *Human Communication Research*, Vol.9, No.3, 1983, pp.209–210.

② Peter Schonbach, A Category System for Account Phases, *European Journal of Social Psychology*, Vol. 10, 1980, pp.195–200.

③ Margaret L. McLaughlin et al., The Management of Failure Events: Some Contextual Determents of Accounting Behavior, *Human Communication Research*, Vol.9, No.3, 1983, pp.209–210.

④ Peter Schonbach, A Category System for Account Phases, *European Journal of Social Psychology*, Vol. 10, 1980, pp. 195–200.

论证,以回应争议或质疑的行为"。他把"说明"与拒绝和反驳指责(counter charges)作了区别。拒绝指对不可接受的行为不承认是自己所为,或者说不知道。而反驳指责指并不对行为的正确性与否进行说明,而是质疑那些要求他做出的说明是否适当。[1]

斯坦福·M.莱曼(Stanford M. Lyman)和马文·B.司考特(Marvin B.Scott)的解释与本奈特有些类似。认为政治说明是"社会行为体面对没有预料到的,或者不利的行为(untoward behavior)所做的声明"[2]。这里,不管行为是行为体本身所做出的,还是其他行为体做出的,也不管行为体为自己或他者所做的解释。[3]

由此可以看出,"说明"是"解释"(explanation)的一种,但又不仅仅是解释。有两点与其他解释区分开来。第一,与对事件、过程、目标、议题或不受争议的行为的解释相比,说明在对不利行为的解释中具有特殊的地位。说明既可使不利的行为转变为有利, 也可能加重不利的行为。当逃避(avoidance)、拒绝和暴力之路都被堵死之时,说明是标准的选择方式。通过说明,不仅能够改变对手以及旁观者的看法,而且对于说明者本人的可信度,以及未来在群体中的地位都有着深远的影响。第二,说明所传递的信息对社会环境有独特的影响,它能够对冲突环境的规范、角色、环境和人际关系进行重新定位,在政治象征性的资源中具有核心地位。[4]

(三)政治说明的效果

我们可以作两方面的解读:一方面,说明所产生的压力会使官员对其行为判断产生影响,使之更能够消除偏见;另一方面,事件发生后,官员运用说明可缓解乃至于消除其所带来的不利影响。

---

[1] W. Lance Bennett, The Paradox of Public Discourse: A Framework for the Analysis of Political Accounts, *The Journal of Politics*, Vol. 42, No. 3, 1980, p. 793; W. Lance Bennett, The Paradox of Public Discourse: A Framework for the Analysis of Political Accounts, *The Journal of Politics*, Vol. 42, No. 3, 1980, pp. 793-794.

[2] Stanford M. Lyman & Marvin B. Scott, Accounts, *American Sociological Reciew*, Vol.33, 1968, p.47.

[3] W. Lance Bennett, The Paradox of Public Discourse: A Framework for the Analysis of Political Accounts, *The Journal of Politics*, Vol. 42, No. 3, 1980, p. 793.

[4] W. Lance Bennett, The Paradox of Public Discourse: A Framework for the Analysis of Political Accounts, *The Journal of Politics*, Vol. 42, No. 3, 1980, pp. 793-794.

1.说明对行为判断的影响

泰特洛克与理查德·波特格尔（Richard Boettger）合作，探讨了可说明性（accountability）所带来的消极影响。在某些情况下可说明性不仅不能够减少判断的偏见，反而能够夸大偏见，他们称作稀释效应（dilution effect），即可说明性导致对思考的信息量加大，从而无法从中区分出哪些有用，哪些无用。[①]

在多数情况下，泰特洛克等认为说明会起到积极的作用，他们曾经探讨可说明性对基本归因错误的影响。基本归因错误是指失败或错误事件，如果错误的主体是他者而非自己，人们往往把错误归于他者的态度和人格，即使在外因很明显的情况下。他们通过实验考察了可说明性对消除基本错误归因的作用。被试者接触一篇支持或反对平权法案的文章，被告知文章的作者可自由选择所采取的立场，或者被指使要采取何种立场。最后，被试者或不期望论证他们对文章作者的印象，或期望在接触刺激材料前或后论证对文章作者的印象。结果显示，在被试者不必对文章作者的印象做出说明，或者是在接触材料之后被要求做出说明时，被试者仍然存在基本归因错误，即把文章作者的态度归于作者自身，即使作者在被指使采取某种立场的情况下。相反，在他们接触刺激材料前，要求必须对文章作者的印象做出说明时，他们对文章作者行为的外在决定条件更加敏感。结果显示，可说明性能够消除人们过度归因的问题，影响人们最初如何解读和分析刺激材料。[②]

在另外一篇实验性的研究中，泰特洛克与同事得到了与上述相似的结论。在这项实验中，他们探讨了可说明性所造成的社会压力对于论证他人看法的影响，具体来说：第一，可说明性驱使被试者采取复杂性的分析的方式，从而能够从实质上减少判断的偏见，譬如信念上的固执己见、基本归因错误和过于自信等。第二，应该认识到可说明性在去除偏见方面的局限性。它在预防而不是使偏见出现逆转方面，在最初构建对一个人或事件的印象时，被要求可说明性，此时发挥的作用最显著；一旦被试者拥有了对一个人或事件的最初印象，他们便很难对最初的信息进行重新解释。即最初的信息处理完

---

① 　Philip E. Tetlock & Richard Boettger, Accountability: A Social Magnifier of the Dilution Effect, *Journal of Personality and Social Psychology*, Vol.57, No.3, 1989, pp.388–398.

② 　Philip E. Tetlock, Accountability: A Social Check on the Fundamental Attribution Error, *Social Psychology Quarterly*, Vol. 48, No. 3. 1985, pp. 227–236.

成之后,对已有的偏见已经形成保护机制,可说明性很难对其有影响。[1]

2.缓解、消除不利事件的影响

面对不利事件,政治说明所起的作用有多大,是否比拒绝、让步或沉默更有效果?

V.钱利(V. Chanley)等通过研究发现,官员面对不利的事件时,提出一定的理由,譬如说自己行为符合伦理,或者论证自己的行为所带来的好处,比单纯的拒绝效果要好得多。通过解释,一些官员能够赢得正面的评价。有些人因为自己的不道德行为而被赶下台,有些人却能够重新当选,依赖于说明水平的高低。单纯的拒绝无法缓和民众对官员的负面印象。[2]

麦格罗与同事做相关研究时,得出的结论自相矛盾。在与他人合作的一篇文章中,他们对理由和论证的效果做了进一步的研究,发现在论证自己行为的合理性时,强调行为对现在以及未来的收益,以及依据的规范判定行为是适当的,比那种纠缠于不利的情景中,作过多的辩护显然更有效。就理由来说,强调自己别无选择,如果选择其他行为将会使结果更糟,这种做法比那种承认自己没有注意到结果的发生,或者推卸部分责任的做法更好。[3]

但在另一篇文章中麦格罗等却部分否认了政治说明的作用。麦格罗通过实验,对当选的官员面对指责进行了研究。实验的参与者是475名本科生,实验材料是一名议员投票支持有争议的预算修正案,设定了该修正案的两种政策倾向,以及议员的12种说明方式,与此相对应的就有24个版本。其中的408名学生任意分组,接触到24个版本,然后用101情感温度计的测量方法,让他们评价对说明的满意度。剩余的67人作为控制组,不提供任何的说明性的信息。实验试图验证两项假设:其一,官员不是消极的旁观者,会通过对事件的说明影响选民对事件的感知。其二,当选的官员试图维持获得的支持,因为重新当选是一个支配性的目标,而说明能够达到。但是实验的结果确是令人沮丧的,他发现分散责任、对自己无知的辩解,以及通过比

---

① Philip E. Tetlock & Jae II Kim, Accountability and Judgment Processes in a Personality Prediction Task, *Journal of Personality and Social Psychology*, Vol.52, No.4, 1987, pp.700–709.

② V. Chanley et al., Lust and Avarice in Politics: Damage Control by Four Politicians Accused of Wrongdoings (or, Politics as Usual), *American Political Quarterly*, Vol.22, No.3, 1994, p.297.

③ V. Chanley et al., Lust and Avarice in Politics: Damage Control by Four Politicians Accused of Wrongdoings (or, Politics as Usual), *American Political Quarterly*, Vol.22, No.3, 1994, pp.297–333.

较改变后果的做法,所影响的官员评价比没有说明的评价还要低,其他几项说明的结果仅仅是与没有解释的评价相当。也就是说,这几种说明中,在运用理由的方法时,更多应该强调环境的影响。而运用论证时,应该强调过去和将来的好处,以及公正和良心。但他同时又认为,如果据此认为说明比没有说明会带来毁灭性的影响的结果,显然是错误的。他认为,对政策评估与说明的满意度呈正相关。而且对说明的满意会对官员的声誉产生积极的影响,不满意的说明,以及没有说明会对官员的声誉造成消极的或没有影响。声誉对于官员的重新当选是非常重要的。总之,按照他的观点,说明是必要的,但要讲究方法。值得注意的是,他把实验对象限定于选举的官员,而对于任命的官员,他认为由于他们的命运并不受选民的影响,因此民意可以忽略。①

　　里奥丹(C.A.Riordan)等探讨了理由和论证对减轻官员违法行为方面所起的作用。他们召集了48名大学生作为被试者,材料为一个假想的参议员,主要考察他的说明方式、犯法以及是否与工作有关三方面。设定了两种违法行为:受贿和招妓,设定工作时间和休闲时间两种状态,这样就出现四种情况,然后看参议员运用两种理由,以及两种论证方式为自己的两种违法行为辩护。譬如针对受贿设定了两种理由:我刚与最好的朋友大吵一顿,之后才接受的贿赂,我完全被气疯了没来得及多想;或说:我当时刚参加完一个酒会,喝醉了,无法控制自己的行为。而借口的两种方式:接受贿赂并不是为我自己,而是为了获得更多的调查信息迫不得已;或说:接受别人的小礼物是很正常的事情,每个人都可能会这样,不值得大惊小怪。而召妓的理由和论证与此类似,只是略加改变。然后,测量学生对参议员的喜好,参议员的行为是好是坏,是否正直。结果发现,与论证相比,理由能够减少对参议员的责任归因,而且参议员给出理由之后,受试者不愿意由此去推论他的人品问题。而论证能够影响受试者对错误行为的知觉。当然,两项结论有一定的限定条件,工作是其中的一个关键因素。与工作相关的违法行为,与工作无关相比,受试者会把更多的责任归因于参议员。②

　　由以上研究我们可以发现,政治说明要比单纯的拒绝、沉默或者让步要

---

　　①　Kathleen M. McGraw, Managing Blame: An Experimental Test of the Effects of Political Accounts, *The American Political Science Review*, Vol. 85, No. 4, 1991, pp. 1133–1157.

　　②　C. A. Riordan, et al., The Effectiveness of Accounts Following Transgression, *Social Psychology Quarterly*, Vol. 46, No. 3, 1983, pp. 213–219.

更有效果,或者改变民众对官员的责任归因,或者改变对他的知觉。更重要的是,能够改善民众对他的印象,表示他能够对不利的事件做出积极反应,这为他的声誉积累,以后身份的维持,乃至于升迁都发挥着重要作用。

(四)政治回应适用的不同条件

政治说明在 20 世纪 60 年代末期陆续有人提出,但直至 70 年代末期和 80 年代初期,才逐渐兴盛起来。在过去,大量的文章谈权力、权威及影响,但对政治说明的运用和有效性的理论归纳很少。其原因就在于多数学者关注政治概念的分析,而不是政治行为。另一个重要的原因在于政治说明本身,当面对负面事件时,多数政治家显得很笨拙,解释过于肤浅、陈词滥调。[①]不了解公众的心理,只是一味遵循旧有的一套说辞,这样的解释很难服人。政治说明的运用考虑到官员自身与受众的关系,以及是在一个什么背景下,究竟什么时候针对自己的错误行为给出何种回应? 学者们给予了论证。

马文·B. 司考特与斯坦福·M.莱曼认为说明有效与否的一个变量在于说明所处的社会圈,即文化、亚文化和群体认为哪些是习惯的,哪些是需要说明的。对于自我给出的解释和他者的接受在于背景预期,指那些系列性的理所当然的观念,它允许互动者首先按照说明来解释。一个单一的说明可以应对许多事件,它依赖于共享的背景预期,需要根据不同的角色调整自己的说明。一个人在说明时可能因其表情而使说明无效。说明不被接受被看作是不合法的或不合理的。不合法的,在于事情的严重性超过了说明本身,或者在他的社会圈中他的动机是不可接受的;不合理的,在于其宣称的理由不符合所有人都知道的背景预期。另外两种特殊的类型在于不正确地援引承诺和归属,但在社交场合或从演讲者那里获得信息时,要求说明是不合适的。

司考特与莱曼还论述了关系的亲疏与说明的关系。根据关系的密切性依次分为:亲密关系、随意关系、顾问关系、正式关系和僵化关系。如何避免要求被说明,除了行为体的地位之外,他们列举了以下三种策略:其一,神秘化。不能告诉询问者,最简单的表述是说来话长,或称事实是保密的,或太玄奥无法理解。其二,参照。说法是:"我知道我无法满足你的预期,如果你想知

---

① W. Lance Bennett, The Paradox of Public Discourse: A Framework for the Analysis of Political Accounts, *The Journal of Politics*, Vol. 42, No. 3, 1980, pp.793-794.

道为什么,请看……"其三,身份的转换。①

本奈特也认为,说明的合适与否依赖于内在的一致性和涉及的环境的匹配度,以及说明的规范性声明与面对的受众的相关性。行为与环境的匹配度指依据现实的世界环境为自己的行为辩护,标准在于行为和声称的环境是否相符。当信息是可控时,单纯的标准说明是最少风险的。即使与现有的证据相矛盾,也可转移到很少验证的因素,如道德、动机和目标。但是当无法掌握所有的信息时,单纯的标准性的说明就会导致严重的后果,"水门事件"即是如此。总统无法控制幕后信息,公众运用总统的私下和公开声明的比较,导致民调急剧下降。另外,说明要照顾到受众的差异:相似的说明面对不同的受众时,却会引起不同的反应。②

面对不同的受众和环境,应该采取不同的政治回应方式。马加利特·L.麦克劳克林(Margaret L. McLaughlin)等以对脸面或身份的威胁为视角,对五种回应方式进行了比较。如果让步、理由、论证、拒绝和沉默代表着采取的反应方式越来越加剧(aggravating),相反的方向则表明采取的方式越来越温和(mitigating)。③

麦氏等认为五种反应适用于不同的条件。主要涉及以下五个方面:

其一,解释者和受众之间的关系,主要体现为亲密型和支配型的关系。当两者之间关系越密切时,越有可能采取温和的方式,尽管有时会出现相反的情况。当谴责者处于高支配地位时,行为体采取温和的方式;当行为体处于高支配地位时,将采取加剧的方式。当然,两种类型的关系还要受第三变量的影响,这就是行为的相对后果。当密切的关系是短暂的,会导致采取的方式是加剧的;长期时则会采取温和的方式。当潜在的后果会使两者之间的关系更加恶化时,可能采取温和的方式。当然,当行为体觉得批评不公正时,即使是长期的关系,也可能采取加剧的方式。④

---

① Marvin B. Scott & Stanford M. Lyman, Accounts, *American Sociological Review*, Vol. 33, No. 1, 1968, pp. 46–62.

② W. Lance Bennett, The Paradox of Public Discourse: A Framework for the Analysis of Political Accounts, *The Journal of Politics*, Vol. 42, No. 3, 1980, pp.793–794.

③ Margaret L. McLaughlin et al., The Management of Failure Events: Some Contextual Determents of Accounting Behavior, *Human Communication Research*, Vol.9, No.3, 1983, pp.209–210.

④ Margaret L. McLaughlin et al., The Management of Failure Events: Some Contextual Determents of Accounting Behavior, *Human Communication Research*, Vol.9, No.3, 1983, p.213.

其二,事件的严重性。该事件行为体违反的程度越严重,人们越认为他应该为此负责,而且认为他毫无悔意。尽管提供了解释,但人们仍然会用抽象的道德对他进行批判。[①]

其三,传播的目标。一般来说,行为体通过解释试图达成以下三种目标中的一种或多种:关系的维持,身份或面子的维持,任务的完成、工具性成绩的实现。当行为体把其中任何一个设定为很高的目标,为了实现它,就会采取温和的方式。[②]

其四,谴责的特性。谴责主要有如下几种:沉默,用无声表达抗议;行为的暗示,通过非语言的行为表达不满;预期的让步;预期的理由;预期的论证;预期的拒绝。预期的拒绝是一种高度的谴责形式。[③]

其五,行为体对失败事件的态度。有如下几种态度:或表达愧疚、悔恨;或承认冒犯,但并没有悔意;感觉指责是不公正的,拒绝承担责任,或者拒绝指责者的权利。[④]

麦氏提出了五项假设,分别适用于以上五种对待失败事件的反应方式。

假设1,谴责者支配地位低,设定的目标低,同时失败事件非常严重的情况下,指责者选择使用沉默,或者行为的暗示,或者要求悔意的表达低。这种情况下,行为体可以不做公开的说明,即选择沉默。

假设2:行为体和受害者之间关系密切,谴责者支配地位高,设定的目标高,失败事件非常严重,谴责者选择沉默,或者行为的暗示,或者期望对方让步,或者要求悔意的表达强烈时,这时选择让步。

假设3:行为体和受害者之间的关系密切,后果是长期的,设定的目标是高度工具性的,事件是严重的,谴责者运用预期性的理由,以及要求悔意的表达强烈时,这时选择理由。

假设4:行为体与受害者之间的关系密切,后果是短期的,谴责者运用预

---

① Margaret L. McLaughlin et al., The Management of Failure Events: Some Contextual Determents of Accounting Behavior, *Human Communication Research*, Vol.9, No.3, 1983, p.213.

② Margaret L. McLaughlin et al., The Management of Failure Events: Some Contextual Determents of Accounting Behavior, *Human Communication Research*, Vol.9, No.3, 1983, pp.213–214.

③ Margaret L. McLaughlin et al., The Management of Failure Events: Some Contextual Determents of Accounting Behavior, *Human Communication Research*, Vol.9, No.3, 1983, pp.214–215.

④ Margaret L. McLaughlin et al., The Management of Failure Events: Some Contextual Determents of Accounting Behavior, *Human Communication Research*, Vol.9, No.3, 1983, p.215.

期性的论证,以及要求悔意的表达低的情况下,选择运用论证。

假设 5:谴责者的支配地位低,后果是长期的,两者的关系一般,以及行为体的目标设定为维持面子或身份,谴责者运用预期的让步、论证或拒绝方式,要求悔意的表达低,这时选择运用拒绝。[①]

麦氏通过由 278 名本科生参与的实验,设定的 14 个条目的测量发现,只有理由化的假设与数据不符,其他四项假设都获得了支持。这是因为人们往往把事件的失败并不归于自身的意图,多归于环境的制约,也就是心理学中常说的错误归因。[②]

综上所述,西方学者对官员的各种回应方式的研究,尤其是政治说明的研究深入而细致,不但用实验证明了政治说明的效果,而且详细列举了各种回应方式分别应用的不同条件。换言之,他们既突出了政治说明的重要性,同时又指出了政治说明的局限性,一些情况下运用政治说明,但在一些情况下也要选择其他回应方式。

政治回应的研究是基于西方民主体制下因大众传媒的发达而兴起,同时也说明了其研究的局限,即西方学者只关注到传媒发达的西方国家,没有关注到在传媒不甚发达的发展中国家、民众的选举权利受限的情况下,各种官员应该如何回应。同时,研究方法也存在严重的问题,多数有关政治说明的研究采用的是实验的方法,在实验中证明了政治说明的效果,但移置到现实环境中时,政治说明是否还有效果? 将会发生哪些变化? 学者们并未深入探讨。

三、框架

康弗斯等讨论了民众是否有真正的态度,在此基础上,有些学者进行了后续的研究。但研究的重点已经不再是态度有无的争论,而是在普遍认定问卷调查的设计差异会影响公众舆论的基础上, 探讨何种形式会影响人们的态度。研究对象也不再仅仅局限于问卷调查,而是大众传媒,认为大众媒体中对相同事件的描述不同, 对公众态度的影响也会不同。对问题解释的差异,这些学者称之为框架。

---

① Margaret L. McLaughlin et al., The Management of Failure Events: Some Contextual Determents of Accounting Behavior, *Human Communication Research*, Vol.9, No.3, 1983, pp.216–217.

② Margaret L. McLaughlin et al., The Management of Failure Events: Some Contextual Determents of Accounting Behavior, *Human Communication Research*, Vol.9, No.3, 1983, pp.218–222.

(一)框架释义

有关框架的解释,最早来自于加姆森(W.A.Gamson)和莫迪利安尼(A. Modigliani):"一种核心的、有条理的观念或故事线索,它为系列事件的展开提供了意义,并把各个事件编织起来。框架显示的是对议题本质的争议。"[1] 艾英戈(Shanto Iyengar)将解释判断或选择问题上微小的变化导致了判断的变化称为框架效应。[2]贝林斯基(Adam J. Berinsky)和金德(Donald R. Kinder),除了重复了加姆森的定义外,又强调框架绝不是中性的,它告诉人们事件的本质是什么,如何来思考,以及人们应该怎样做。[3]

根据诸位学者的解释,我们可以明确框架包括以下内容:其一,框架为事件提供系统的解释,把事件中的各个因素,或将系列事件通过解释编织起来。其二,框架是议题框架,是对某个争议的议题提供解释。换言之,议题本身可能会有两种乃至多种解释。其三,对判断或选择问题上解释的差异会导致判断的不同。这就是框架效应。

如何把握框架的特性? 许多学者将框架与其他相似的概念进行了比较。尼尔森(Thomas E. Nelson)和奥克斯利(Zoe M. Oxley)论证了框架与启动、议程设置等概念的区别。[4]三者都是在人们政治信仰未变的情况下,传播方式的微小改变就会影响个人的态度。而框架是议题式的,即有关政策议题提供了不同的解释、不同的结构或者不同的描述,这种改变不仅会影响个人的信念,也会影响个体对具体信念重要性的感觉。[5]

德鲁克曼(James N. Druckman)比较了同价框架效应(equivalency fram-

---

[1] W. A. Gamson & A. Modigliani, A., The Changing Culture of Affirmative Action, In R. Braungart-ed., *Research in Political Sociology*, JAI Press, 1987, p.143.

[2] Shanto Iyengar, Television News and Citizens' Explanations of National Affairs, *The American Political Science Review*, Vol. 81, No. 3, 1987, pp.815–832.

[3] Adam J. Berinsky & Donald R. Kinder, Making Sense of Issues Through Media Frames: Understanding the Kosovo Crisis, *The Journal of Politics*, Vol. 68, No. 3, 2006, pp.640–656.

[4] 有关启动和议程设置后面会详细介绍。启动关注的是哪一种信息最先映入脑海,人们作决策时,信息获取先后的差异会影响决策判断结果的差异。议程设置则关注媒介报道的篇幅、频次等影响人们的决策议程,譬如对某个事件的报道,导致人们在做决策时相关议题的权重上升,进而导致结果的差异。

[5] Thomas E. Nelson & Zoe M. Oxley, Issue Framing Effects on Belief Importance and Opinion, *The Journal of Politics*, Vol. 61, No. 4, 1999, pp. 1040–1067.

ing effect）与议题框架效应。同价框架指集中于周知的，在逻辑相同的情况下，表述的改变偏好。包括以正面或负面表述传递同样的信息会导致人们判断的差异。① 议题框架又称效价框架，指如下条件：只是强调所有可能相关考虑中的一部分，一个演讲者在组织他们的观点时，会引导个体关注这些强调的部分。它并不包括逻辑上相同的表述，而是聚焦于性质上截然不同的可能的相关考量（如言论自由与公共安全）。这是与同价框架最关键性的差异，两类框架相应具有不同的内涵，不同的心理过程，不同的调节变量。因此，两者共享"框架"的标签有些误解。另外一个重要的区别在于，同价框架挑战了理性模式的假设，由此挑战了民主理论。但议题框架并不挑战偏好不变的理论。②

（二）框架研究的认知视角

框架是否会有作用？金德和桑德斯（Lynn M. Sanders）的实验性研究向我们展示了框架如何影响公众对改善种族和社会政策的支持。在一项白人对平权法案（affirmative action）的态度研究中，他们设定了两种框架：对黑人不值得优待（undeserved advantage）和白人歧视的补偿（reverse discrimination）。第一种框架下，白人更有可能与种族态度相关。③

框架如何发挥作用？许多学者从认知的角度对此进行了探讨。艾英戈及其同事长期以来一直从事框架理论的研究。他认为框架给公民提供了归因：公民理解国家事务时，在于他运用什么样的因果解释，公民的解释方式影响对政府的态度，而因果解释受电视所提供的"框架"的影响，即电视的"框架"→公民的解释方式→对政府的态度。解释的知识对政治思维是重要的，原因有二：其一，大众文化中在试图回答一些因果性的问题时，解释的任务相对轻松。其二，也是最重要的是有内涵的知识（connotative knowledge）。譬

---

① 作者这里说的同价框架主要指前景理论（prospect theory）中所提出的参照框架，即基本的理论点是：人们在对每个问题作判断时，参考框架不同，得失的判断就会有所差异，但得失的感觉有别。同等效价情况下，失的感觉大于得，譬如捡到一万元与丢掉一万元的感觉是不一样的。这与理性人的假设也有差异，按照理性人的假设来说，两者既然量上是一样的，那么感觉也应该是一样的。

② James N. Druckman, Political Preference Formation: Competition, Deliberation, and the (Ir)relevance of Framing Effects, *American Political Science Review* Vol. 98, No. 4, 2004, pp.671–686.

③ Donald R. Kinder & Lynn M. Sanders, Mimicking Political Debate with Survey Questions: The Case of White Opinion on Affirmative Action for Blacks, *Social Cognition*, Vol.8, 1990, pp.73–103.

如,"知道"失业是因为人们的动机问题,就会直接影响到我们对失业者的态度,以及有关失业政策的偏好。换言之,解释性的知识是方便使用的知识,一般简单的事实知识却蕴含着政治态度和偏好。因此,从各个领域因果的解释中,我们会发现观点、态度、情感和行为是不奇怪的。

艾英戈以三个地方的居民作为考察对象,研究他们对新闻播报的反应。被试者们到实验时,填写同意表,以及个人背景的表格。看一段 20 分钟,含有过去 6 个月发生的 7 个新闻故事。平均每段观看者有两人。第四个故事设控制条件组。参与者任意分配,观看关于贫穷、失业和恐怖主义的新闻故事。有关贫穷的五种最重要原因:动机、技能、文化、经济和政府。当媒体把人们的注意力转移到国家的结果时, 解释就归为体制的;转移到穷人每个个体时,就归为本性;而归为体制的原因就会对里根作负面评价。失业的三种条件:高失业(社会的因素)、失业工人(个人)、钢铁业面临的经济困难(经济)。结果与前者不同,不管新闻的框架如何,人们多把失业归为体制的原因。但也发现,越把失业归于本性,对里根评价就越积极。恐怖主义的案例是 1985 年发生于黎巴嫩的劫持飞机、扣押人质事件,分为四组解释:归于对美国的对抗(美国的角色)、归于黎巴嫩的内政(当地政治)、人质释放前互相道别(人质释放)、观看电视不讲述劫机的故事(控制组)。三种归因:本性、环境和政策。本性把恐怖主义归于个人的特质;环境把恐怖主义归于当地政治的不稳定、政府的压迫、贫穷和不正义;政策归为美国偏袒以色列、打压阿拉伯世界,尤其是巴勒斯坦。结果发现美国的角色组,本性归因最大,其次没有框架组(人质组),当地的政治框架归因于环境,没有报道恐怖分子的新闻组倾向于把恐怖活动归因于环境而非本性因素, 最后把劫机解释为对抗美国也提高了政策归因的比例。本性的归因激起对恐怖分子的仇恨。当地政治的环境下,环境归因占主导。而在对抗美国的条件下既可归为本性,也可归为美国的政策,两种归类的差异导致对总统评价的差异。总之,他发现框架确实能够对人们的解释产生影响,进而影响对政府的评价。但在一些议题上,框架的影响有限,譬如失业问题。①

简单来说,在对议题的解释中,把原因归于个人会导致对政府的正面评价,把原因归于社会和政府就会导致对政府的负面评价。归于个人还是社会

---

① Shanto Iyengar, Television News and Citizens' Explanations of National Affairs, *The American Political Science Review*, Vol. 81, No. 3, 1987, pp. 815–832.

受到以下因素的影响。

一是叙述的方式。艾英戈区分了两种叙述性的框架:情景式(Episodic)和论题式(Thematic)。情景式框架指通过一个故事、案例的描述,或是事件的报道呈现议题。譬如通过对一个失业工人的困境报道展示失业。论题式框架把议题置于一个广泛的背景下。譬如报道最近的失业人数,经济学家或官员评论失业对经济的影响等。作为一般记者和候选人来说,都喜欢运用情景式的论证,因为通过一个故事对某类议题进行说明更容易让人理解。但是两者的影响究竟如何? 艾英戈探讨了两种框架在电视中运用的效果:情景式的框架能够转移人们对社会责任的注意力,避免政府的计划受到指责,从而保护了领导;但同时,情景式的框架粉碎了人们对政治的相关性理解。譬如,贫穷、种族歧视和犯罪之间的关系,因为一个情景的呈现,把三者之间的关系消解了。情景式的框架使人们把问题归之于个体。而论题式的框架正好相反,把问题归之于社会因素。譬如在论题式的框架下,人们把贫穷归之于社会因素,进而支持增加社会福利的开支。①在艾英戈与金德合著的《至关重要的新闻》(*News That Matters*)一书中,把框架划分为生动的(vivid)与枯燥的(pallid)两种,生动的指关注个人化的具体历史事件的信息,枯燥的主要是指抽象的概念和普遍的趋势。结果发现两个版本在影响观众决定什么是最重要的国内议题问题上几乎没有差别。在一些议题譬如失业,平实的叙述甚至比生动的讲述会产生更多的说服效果。②

二是受两种责任归因框架的影响。艾英戈探讨了两种责任归因对人们思维方式的影响。问题的提出是基于如下考虑:以前的研究认为人们对政治问题的判断依赖于普遍的视角, 即归于抽象的原因如自由–保守、党派、自利、文化等。他提出,公众对议题最首要的考量并不是普遍的视角,而是对责任分配的追问。由此,他区分了两种责任:原因责任(causal responsibility),集中于问题的根源;控制或应对责任(control or treatment responsibility),关注于谁有权力或什么权力能够使问题得到缓解,或者阻止问题的缓解。以失业为例,原因责任关注的是谁失去了工作,处理责任则试图找出谁有兴趣和能

---

① Shanto Iyengar, *Is Anyone Responsible? How Television Frames Political Issues*, University of Chicago Press, 1991, p. 136; Shanto Iyengar, Framing Responsibility for Political Issues:The Case of Poverty, *Political Behavior*, Vol. 12, No. 1, 1990, pp.19~40.

② [美]仙托·艾英戈、唐纳德·R.金德:《至关重要的新闻——电视与美国民意》,刘海龙译,新华出版社,2004 年,第 51~59 页。

力缓解失业,或加重了失业。责任归因对态度的影响很大,能够影响自我、人际评论以及情感唤醒。譬如把问题归于个人就会导致人们亲社会的态度,归于社会则导致相反的结果。艾英戈以某个县的居民作为被试者,考察两个议题:公共安全,或法律与秩序;重新分配,或社会福利。公共安全类别里包括了犯罪与恐怖主义议题,社会福利类别里包括了贫穷和种族不平等议题。结果显示责任的归因对某个议题观点的影响独立于党派、自由保守、信息和社会经济地位。归为原因责任的机构被否定地看待,归为应对责任则被正面地看待。[①]

三是普遍框架和具体的框架。雅各比(William G. Jacoby)指出框架作为一种工具会被政治家所利用。如何来利用?他区分了两种议题框架:普遍的框架和具体的框架。普遍的框架指解释关注争议的政府行为本身,很少关注到由议题的决策所产生的对策的潜在原因或结果。通常的表述是"联邦政府应该采取措施以保护环境"。具体的框架则明确把政府的行为与社会的目标联系起来。这类的陈述不仅推出一些政策、采取一些对策,而且找出采取这些措施的必要性的原因,以及政府行为中谁是受益者,谁是受害者。譬如政府应该保护环境,为了减少大气/水污染,保护人民的生命和财产,免受有毒废物的威胁。两种框架导致不同的心理过程。普遍性框架中,政府作为一个实体从事政策的行为,民众对议题的反应往往指向政府,导致对政府的负面反应。而具体议题中,政府政策与美国社会具体的部分相联,对议题的反应,部分受对议题目标的情感影响。譬如人们同情社会中的穷人群体,而穷人群体本身也是受益者,由此可能赢得广泛的支持。雅各比以政府的开支作为议题对此进行探讨,材料来自于老布什和克林顿的演讲,分析他们的差别:前者主张减少政府支出,而民主党增加政府的支出以帮助贫困人群。调查数据来自于1992年的NES,包括普遍和具体两种框架。结果论证了最初的假设:普遍框架下民众较少支持政府,具体框架能够赢得更多的支持。[②]

但普遍框架和具体框架又不是截然分开的,有时两者会互相掺杂在一起。洛克(Shamuel T.Lock)等探讨了具体框架与普遍框架相互影响的问题。

---

① Shanto Iyengar, How Citizens Think about National Issues: A Matter of Responsibility, *American Journal of Political Science*, Vol. 33, No. 4, 1989, pp.878–900.

② William G. Jacoby, Issue Framing and Public Opinion on Government Spending, *American Journal of Political Science*, Vol. 44, No. 4, 2000, pp. 750–767.

关于此有两种对立的解释：一种解释是先是一个具体框架，后普遍框架，会导致第二个框架迎合前面框架，产生一致、同化效应。譬如婚姻与总体幸福的比较。第二种解释认为框架顺序会产生比较和减法效应。比较效应产生于受访者改变了方向，源于感觉需要汇报新信息，或源于普遍框架的广泛和模糊的本性，从而在答复中不稳定和不一致。减法效应发生在回答第二个框架的反应时，要求排除回答第一个框架反应时的信息。他们考察了800个全国性的样本，内容是公众对政府表现的不满程度，对记忆的政府行为的敏感。一个普遍议题和五个具体议题，设置前后两个版本。五个具体议题涉及军事、社会安全、环境保护、医疗保险和帮助贫困家庭，考察涉及政治知识、意识形态和党派变量。结果论证了总体的环境影响，尤其是一致性效应的影响。当受访者首先回忆起政府在具体政策领域中的表现（版本2）时，他们就会显示出对联邦政府更多的信心，与首先被问及普遍议题相比（版本1）。结果也显示了比较的效应，尤其是在版本1的顺序中，与版本2相比，受访者更有可能在军事方面对政府有更大的信心。即当被问到对政府的普遍信心时，然后具体议题在后（军事列在首位），比相反的议题顺序比较效应更明显。当然对此结论应该慎重，因为军事政策在五个议题中排在首位。具体议题在前，产生新信息的作用，信息会适度增加。

有关政党和意识形态，洛克的发现排除了以下观点：民主党和自由人士对政府的信任最受议题或主要计划的影响，因为他们是最支持政府的。相反，证据支持了政党机遇论（the partisan opportunity argument），即对克林顿1994年冬季提出的方案的激烈争论提升了民主党对政府的信心，但降低了共和党对政府的信心。相反，如果是共和党总统执政，对共和党强烈认同者会启动他们的党员身份，进而激活对前政府行为的相关信息，提升他们对共和党政府的信心。即两种框架的交互作用受政党和意识形态的影响较大。作者的研究还挑战了政治知识和教育免受环境效应影响的观点，从版本1到版本2中，高知识群体信任度仅下降12%。高知识和低知识群体，版本1中和版本2中对美国军事政策的信心，比例相同，均为15%，而中等知识群体仅是其比例的一半。①

进一步言之，框架为何导致归因的改变？导致归因改变的心理过程是什

① Shamuel T. Lock et al., The Impact of Political Debate on Government Trust: Reminding the Public What the Federal Government Does, *Political Behavior*, Vol. 21, No. 3, 1999, pp.239-264.

么？艾英戈提出了两种心理机制：一是易得性(Accessibility)。易得性就是启发，强调信息的获得程度对决策的影响。当政治刺激模糊的情况下，无论是原则或事实，政治议题存在多种解释和多种视角，普通民众在这种情况下被要求表达自己的政治观点时，就会犹豫不决，甚至紧张，常常给出相互矛盾的观点。但哪种因素被考虑在内，哪种被忽略，在于易得性。在公众舆论领域，易得性依赖于新闻报道占优势的方式(pattern)。新闻报道的框架，以及公众舆论调查的用词和安排都有影响。以贫穷为例，如果传媒把它作为普遍的后果，那么责任在社会。如果把贫穷作为穷人的特例，那么责任归于个人。[1]框架的影响在于易得性，这点也得到了其他学者的认可。海德-马克尔(Donald P. Haider-Markel)和乔斯林(Mark R. Joslyn)也把框架的运作归入易得性。譬如是把艾滋病界定为公众健康还是道德沦丧，影响人们对艾滋病的解读以及最终的理解，并影响到政策的建议。[2]

二是启发。吉列姆(Franklin D. Gilliam, Jr.)和艾英戈在对美国地方新闻的考察中发现，围绕犯罪的新闻故事充斥着新闻节目，因为满足了"情节新闻"(action news)的要求。有关犯罪的叙述或"剧本"包括两点：犯罪是暴力，罪犯是非白人的男性。这导致了白人会运用启发来理解犯罪和种族。[3]

但是也有学者提出了不同意见。尼尔森(Thomas E. Nelson)等以三K党的集会为案例，考察了框架对人们宽容的影响。他们在实验过程中设置了两种不同的解读环境：一种新闻把三K党的集会解释为言论自由，另一种解释为扰乱公共秩序。他们运用反应时间程序以探讨替代性的框架是否影响了言论自由和公共秩序在认知上的易得性。结果显示两种框架并没有强化参与者识别与这些概念相关的单词的反应速度。因此，他们提出框架并没有强化相关联概念的易得性，易得性并不是框架效应的必然中介。[4]既然不是启

[1] Shanto Iyengar, Framing Responsibility for Political Issues: The Case of Poverty, *Political Behavior*, Vol. 12, No. 1, 1990, pp.19-40.

[2] Donald P. Haider-Markel & Mark R. Joslyn, Gun Policy, Opinion, Tragedy, and Blame Attribution: The Conditional Influence of Issue Frames, *The Journal of Politics*, Vol. 63, No. 2, 2001, pp.520-543.

[3] Franklin D. Gilliam, Jr.; Shanto Iyengar, Prime Suspects: The Influence of Local Television News on the Viewing Public, *American Journal of Political Science*, Vol. 44, No. 3, 2000, pp.560-573. 按，启发可以简单解释为认知捷径，具有简化思维、有限理性、认知上吝啬等特点。

[4] Thomas E. Nelson et al., Media Framing of a Civil Liberties Conflict and Its Effect on Tolerance, *The American Political Science Review*, Vol. 91, No. 3. 1997, pp. 567-583.

动,那么框架如何发挥作用?尼尔森与奥克斯利(Zoe M. Oxley)归为相关议题上信念的重要性、相关性和权重。在福利改革议题的实验研究中,他们发现,在儿童受到威胁框架下,被试者把保护儿童看作更重要的。但在个体责任框架下被试者的态度没有明显变化。在儿童受到威胁框架下,人们就会反对为对儿童的保护资助设限。但在个体责任的框架下,则正好相反。[1]

近年来,学者们对框架的认知心理作了更深入的探讨。贝林斯基和金德以科索沃危机为例,探讨了框架对人们的影响。他们通过广告招募了141名被试者,将他们分成三组:控制组、人道主义危机组和对美国有危险组。实验材料是来自《华盛顿邮报》的5篇文章,控制组中5篇文章随意排列;人道主义危机组突出了南联盟政府对阿尔巴尼亚族大屠杀的方面, 因此美国和联合国应该干预;美国有危险组突出了美国和联合国空袭南联盟造成的灾难,因此干预是危险的。在不同的框架模式下,被试者阅读完材料之后,让他们回忆相关的内容,然后设置了一些相关的术语,让他们进行归类,以此考察框架对人们的认知模式的影响。随后,他们又进行了类似的第二次实验,考察认知模式对人们态度的影响。结果发现,在人道主义危机组中,人们回忆最多的是美国应该干预的例子,他们把米洛舍维奇与希特勒、塞尔维亚族在科索沃的行动与德国二战屠杀犹太人并列。在美国有危险组中,人们回忆最多的是反对美国干预的例子,他们把米洛舍维奇与希特勒、塞尔维亚族在科索沃的行动与德国在二战中屠杀犹太人区分开来。该实验表明,阅读材料搭建的不同故事框架,导致了人们对事件理解的不同,这包括他们以不同的方式记忆、以不同的概念感知和以不同的态度表达。[2]

(三)框架研究的情感视角

框架不但影响人们的认知,也影响人们的情感。贾斯特(Marion R. Just)等区分了框架的两个维度:认知维度和情感维度。前者涉及信息的组织结构;后者涉及叙述式的语调、情感,代表了与目标的情感联系。在考察战略防御、南非的隔离政策、毒品泛滥,以及艾滋病等议题时,他们发现两种维度的

①　Thomas E. Nelson & Zoe M. Oxley,Issue Framing Effects on Belief Importance and Opinion,*The Journal of Politics*,Vol. 61,No. 4,1999,pp. 1040–1067.

②　Adam J. Berinsky & Donald R. Kinder,Making Sense of Issues Through Media Frames:Understanding the Kosovo Crisis,*The Journal of Politics*,Vol. 68,No. 3,2006,pp.640–656.

框架结构在理解政治方面具有非常关键的作用。[1]

格罗斯(Kimberly Gross)和德安布罗西奥(Lisa D'Ambrosio)以1992年洛杉矶骚乱为议题考察了框架中的情感反应。设置了三个条件组,材料均是一篇洛杉矶骚乱的新闻报道,并与其他两篇文章《核泄露导致的水污染》和《议会禁止半生产堕胎法》(partial-birth abortion)放在一起。样本来自于1998年密歇根两所公立大学的157名大学生,分为描述性框架,条件性框架和性情框架。描述性框架对整个骚乱事件过程进行了叙述,另外两个组则增加了原因分析,条件组即将骚乱的原因归于外在的条件,如洛杉矶中南部的贫穷、失业以及紧张的种族关系;性情组将骚乱的原因归于个体的责任和罪行。他们发现,在描述性或性情框架下,引发的是同情或怜悯,对象既是无辜的受害者,也是对骚乱者的同情。与描述性和既定倾向框架相比,条件性框架更可能引起愤怒和厌恶,体现为对种族主义者的愤怒和对暴力、毁灭的愤怒。情感反应的差异会导致对有关城市、种族、犯罪等相关议题上支持态度的很大差异。总之,他们给出的结论是,不但框架会对人们的认知产生影响,而且对人们的情感也会产生影响。不同的框架导致的情感反应也会有所差异,进而影响对相关政策的态度。[2]

格罗斯在另一项研究中,表达了同样的观点。2001年秋和2002年秋,他先后进行了两次实验。议题是关于反对刚性最低刑(mandatory minimum sentencing)的争议,以报纸专栏的形式提供了三种版本:论题式框架列举了判案的法律规定,目前人满为患的监狱人数,以及因禁一个犯人的花费。同时,引用了利益集团的代表以及最高法院法官反对该项政策。情景式框架是关于一个妇女帮助男友贩卖毒品,按照刚性最低刑,被判25年。但是她以前并没有犯罪记录,只是受当时环境的影响,而且她没有经手毒品。讲述完此故事后,同样引用了利益集团代表以及最高法院法官反对此项法规的言论。情景式框架中有关妇女的身份,又分为了白人和黑人两种。这样,情景式框架分为了白人妇女和黑人妇女组。第一次实验在2001年秋,首先测量有关

---

[1] Marion R. Just et al., Cognitive and Affective Dimensions of Political Conceptualization, In Ann N. Crigler ed., *The Psychology of Political Communication*, The University of Michigan Press, 2001, pp. 133-148.

[2] Kimberly Gross & Lisa D'Ambrosio, Framing Emotional Response, *Political Psychology*, Vol. 25, No. 1, 2004, pp. 1-29.

刚性最低刑的观点,以及对其他一些政策的观点。为防止以前的感染,两周后让被试者读三个不同的版本,以及控制组(阅读华盛顿特区的投票权)。所有参与者还要读两篇不相关的文章以分散注意力。然后通过问卷调查被试者对这些政策的观点,以及情感反应,包括愤怒、反感、同情或怜悯。第二次实验在 2002 年秋,三种版本一样,但没有控制组,增加了焦虑(害怕和担心)的情感,测量他们是否有情感反应以及强度。样本是大学生,第一次实验有163 名,第二次有 105 名。

研究结果发现,相对于论题式的框架,情景式更能够激起人们的情感反应。无论是白人妇女组还是黑人妇女组,参与者都表达了同情与怜悯。但是哪一种框架更能改变人们的观点呢?格罗斯发现情景式框架所表现出的说服力不如论题式框架。论题式框架下,人们的观点出现了改变,情景式框架下人们的观点改变不大,黑人妇女组甚至没有改变。也就是人们同情妇女,但并不会导致人们反对刚性最低刑。由此,他得出结论,情景式框架能够激起人们的情感反应,进而影响人们的观点,但是这种影响并不充分。[①]值得注意的是,此篇文章与前篇文章的发表相差 4 年,论证的逻辑基本相同,即框架的差异会导致人们情感反应的不同,但格罗斯修正了自己的结论,基本否认了情感对政策的影响。研究情感反应的学者注意到了情感的作用,但问题在于他们没有意识到情感与认知之间较为复杂的关系,即有些情感会导致人们的非理性反应,而有些情感则会导致人们更加理性地分析相关问题,这种复杂的关系自然会导致对政策支持度的差异。

论题式和情景式的划分是一种理想的状态,有时两者之间是相混的。有些议题,譬如堕胎、同性恋等,会激起人们有关道德争论的议题,不但争议多,而且容易极端化。这些议题为何会道德化和极端化?在于议题本身会引起人们的厌恶和愤怒的情感,尤其是愤怒的情感对议题的框架反应会极端化。[②]

(四)影响框架发挥的因素

影响框架发挥的重要因素是人们对相关议题的了解程度。加姆森以 188

---

①　Kimberly Gross,Framing Persuasive Appeals:Episodic and Thematic Framing,Emotional Response,and Policy Opinion,*Political Psychology*,Vol. 29,No. 2,2008,pp.169–192.

②　Scott Clifford,How Emotional Frames Moralize and Polarize Political Attitude,*Political Psychology*,Vol.40,No.1,2019,pp.75–91.

名工人为样本,考察媒介框架对他们的影响,发现诸如阿以冲突、核能这样的议题,因为人们没有接触过,或者受限于自己的专业知识,会基本依赖媒体提供的框架。但是在诸如平权法案这样的议题上,每个人都有自己的切身经历,形成了自己的看法,就很少受媒体的控制。[①]

德鲁克曼除了肯定议题了解程度的作用外,还强调了异质框架对原有框架的中和作用。具体来说,如果受众在接触媒介的框架之前,接触过另外的解释框架,或者与异质的群体对此议题有着广泛的探讨,则很少受框架效应的影响。[②]他与利珀(T. J. Leeper)研究发现,如果受众之前已经接触一种框架,同时这种框架是他自己自由选择的结果,经过多次曝光之后他的政治态度就会变得非常明确,而且不会随着时间的流逝而逐渐消退。即使以后他接触到了与之相反的解释框架,无论该框架以何种形式传递,都不会对他形成实质性的影响。他们会以自己以前的态度为基础,寻找相一致的而抛弃不一致的框架。[③]

受众的党派也会影响框架的效果。如果受众知道框架是由自己支持的政党提出的,可能更会接受框架的解释,尤其是在涉及一些核心争议的议题时,这种效果更为明显。[④]与此相关的是,受众的意识形态也会影响对框架的接受。如果框架所提出的经济立场与受众的立场相左的话,就会影响传播的效果。[⑤]

媒介对某个议题提供的框架,在传播的过程中,有时还存在其他解释的框架,人们在对某项议题讨论中会提供多种框架,每个受众在接受媒体的框架之前也有自己的框架,这些不同的解释模式均会影响着框架。如何协调这些解释模式之间的关系?尽管学者们做出了一些努力,但仍然有许多问题没

① William A. Gamson, Media Discourse as a Framing Resource, In Ann N. Crigler ed., *The Psychology of Political Communication*, The University of Michigan Press, 2001, pp. 111–132.

② James N. Druckman, Political Preference Formation: Competition, Deliberation, and the (Ir)relevance of Framing Effects, *American Political Science Review*, Vol. 98, No. 4, 2004, pp.671–686.

③ J. N. Druckman & T. J. Leeper, A Source of Bias in Public Opinion Stability, *American Political Science Review*, Vol. 106, No.2, 2012, pp.430–454.

④ R. Slothuus & C. H. de Vreese, Political Parties, Motivated Reasoning, and Issue Framing Effects, *The Journal of Politics*, Vol. 72, No. 3, 2010, pp.630–645.

⑤ N. Malhotra & Y. Margalit, Short-Term Communication Effects or Longstanding Dispositions? The Public's Response to the Financial Crisis of 2008, *The Journal of Politics*, Vol. 72, No. 3, 2010, pp.852–867.

有解决。金德就框架问题提出了以下疑问：框架同时存在于政治讨论和认知处理中吗？公民如何选择框架？公民如何逐渐理解政治议题？援引的框架差异导致舆论的改变，是否导致理解的系统改变，如果是，如何解释这些改变？

也有学者对框架理论提出了批评。库克林斯基（James H. Kuklinski）等指出了框架研究存在的三个问题：其一，框架的冲突并不如描绘得那样严重。除了改变很多，或者没有改变，还存在第三种情况：改变很小。其二，框架学者夸大了他们的案例，在现实政治中公民可能面对议题的正反两方面观点，他们采取与他们一致的观点。其三，一些框架是以具体目标、价值和问题为参考的，因此这种框架影响比现实的呈现更明显。[①]

四、议程设置

1968 年美国总统选举时，在北卡罗莱纳大学查普尔希分校的麦库姆斯（McCombs）和肖（Shaw）对犹豫不决的选民做了一次调查研究，调查基于如下假设：这些选民对选举感兴趣，但却仍然没有决定将选票投给谁，他们可能最容易受到媒介的影响。这就是公认的议程设置理论的起源。[②]

（一）何谓议程设置？

麦库姆斯和肖对议程设置作了如下解释："通过日复一日地选择和发布新闻，报纸编辑和广播导播集中了公众的注意力，影响他们对当天什么是最重要的议题的感觉。通过新闻工作者构造新闻消息的方法，我们的注意力进一步被集中。于是，我们对世界的图像形成了，并被修饰了。"[③]也就是说大众传媒影响新闻报道，聚焦公众的注意力，从而进一步影响公众舆论的形成，以及公众对周围环境的认知。

这种影响主要通过显要性的转移。麦克库姆解释道："议程设置是一个

---

①　James H. Kuklinski et al.,Misinformation and the Currency of Democratic Citizenship,*The Journal of Politics*,Vol. 62,No. 3,2000,pp.790–816.

②　[美]马克斯韦尔·麦库姆斯：《议程设置：大众媒介与舆论》，郭镇之、徐培喜译，北京大学出版社，2008 年，序言第 3 页。

③　Maxwell E. McCombs & Donald L. Shaw,The Agenda–Setting Function of Mass Media,*The Public Opinion Quarterly*,Vol. 36,No. 2,1972,pp.176–187.

关于显要性转移的理论，亦即大众传媒的关于世界的重要图画转移到我们头脑中,成为我们头脑中的图画。其核心观点是,媒介图画中的显著成分会成为受众图画中的显著成分。公众也会认为媒介议程上强调的这些成分重要。"①用简图来表示就是:

媒介议程　　　　　　公众议程
新闻报道模式　　　　公众的关注
最突出的公众议题 ——→ 最重要的公众议题
　　　　　议题显要性转移

图 4-1　大众媒介的议程设置作用②

议程设置包括两个层面。第一个层面指客体显要性的转移,第二个层面指属性显要性的转移。传统议程设置即属于第一个层面,获得注意。具体来说,某个议题、政治候选人或其他话题出现在公众议程上,引起公众的注意。第二个层面属性显要性关注的则是理解。前一个层面告诉人们想什么,第二层面告诉人们怎样想。以某个政治候选人为例,知道其名属于第一个层面,要构建对他的印象属于第二个层面。

媒介议程　　　　公众议程
　　　显要性转移
客体 ——→ 客体显要性
第一层面效果:传统议程设置
属性 ——→属性显要性
第二层面效果:属性议程设置

图 4-2　大众媒介的议程设置作用③

值得注意的是,议程设置与启动之间的区别。在麦库姆斯看来,大众传媒对某个议题的频繁报道, 会产生启动效应, 但公众是否提高该议题的权

---

① [美]马克斯韦尔·麦库姆斯:《议程设置:大众媒介与舆论》,郭镇之、徐培喜译,北京大学出版社,2008 年,第 81 页。

② [美]马克斯韦尔·麦库姆斯:《议程设置:大众媒介与舆论》,郭镇之、徐培喜译,北京大学出版社,2008 年,第 5 页。

③ [美]马克斯韦尔·麦库姆斯:《议程设置:大众媒介与舆论》,郭镇之、徐培喜译,北京大学出版社,2008 年,第 84 页。

重,即公众把该议题放在突出的位置则是另一回事。他说:"议程设置效果并不仅仅取决于在某个议题能否或在多大程度上可以进入公众的视野。虽然通常被用来预示这些效果的是某个议题在媒介议程上的新闻报道数量,但是议题在公众中的显要性并不仅仅表现为认知的可得性。"以莱温斯基丑闻案为例,丑闻一出,就占据各大报纸和电视的显要位置,但是媒介议程上的显要性并没有转移到公众议程,公众并不认为这是一个重要的公众议题。[①]

米勒(Joanne M. Miller)对此也有论述。在研究议程设置时,他发现情感,尤其是负面的情感对议程设置具有重要的影响,具体过程表现为:媒体曝光→消极情感→重要性(议程设置)→增加评估的权重(启动)。在有关犯罪的实验中,被试者被分作阅读犯罪率高和犯罪率低信息两组,尽管都出现了犯罪的议题,两组都显示了启动的效应,即都很自然地想到了犯罪,但在问及犯罪议题是否是最重要的议题时,两组出现了差异。阅读犯罪率高的一组唤起了强烈的负面情感,与阅读犯罪率低的一组相比,显示了更强的议程设置。[②]

由以上分析我们可以看出议程设置与启动间的关系。启动作为议程设置的一个必要条件,即人们在作政治判断时,决定判断的会有诸多因素,这些因素中究竟哪一种起着决定性作用? 应该是容易获得的因素,这就是启动的阶段。如果影响因素很难获得,也就谈不上影响。但容易获得的因素也很多,哪些因素起重要的作用呢? 是其中公众认为重要的因素,这就是议程设置。

---

① [美]马克斯韦尔·麦库姆斯:《议程设置:大众媒介与舆论》,郭镇之、徐培喜译,北京大学出版社,2008 年,第 67~68 页。

② Joanne M. Miller, Examining the Mediators of Agenda Setting: A New Experimental Paradigm Reveals the Role of Emotions, *Political Psychology*, Vol. 28, No. 6, 2007, pp. 689–717.

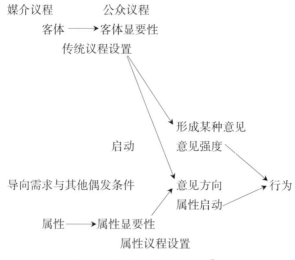

图 4-3　议程设置以及后果①

　　媒介议程对公众议程的影响并不是即刻产生效应的，而且这种影响也不是长期的。根据麦库姆斯的考察发现，公众议程受媒介议程的影响有一个滞后期,时间大约为四周至八周。互联网兴起以后,时间明显缩短。②

　　艾英戈与金德于 1987 年合作完成《至关重要的新闻》一书,该书被称赞为是政治认知的三本经典著作之一。在该书中,他们通过实验证明了议程设置的存在。他们将 14 组实验分为连续实验和组合实验两类,连续实验持续一周,每天观看半小时新闻节目。实验一开始和结束均回答什么是最重要的全国问题，对总统做出评估等。组合实验指观看三人电视新闻网采集的节目,数量 8 至 13 个不等,实验结束立即回答问题。他们最终要检验的理论是：那些在全国新闻中受到重视的议题也将成为观众心目中最重要的国家大事。他们的研究结果支持了议程设置假说,他们使用了不同的重要性程度测量方法检验了它的存在。从国防议题到社会保障等,通过重点报道一些议题,忽略另外一些议题,电视新闻左右了美国公众优先考虑的政治议题。这

---

　　① ［美］马克斯韦尔·麦库姆斯:《议程设置:大众媒介与舆论》,郭镇之、徐培喜译,北京大学出版社,2008 年,第 84 页。

　　② ［美］马克斯韦尔·麦库姆斯:《议程设置:大众媒介与舆论》,郭镇之、徐培喜译,北京大学出版社,2008 年,第 179 页。

些效果既不是短暂的,也不会长久保持不变。议程设置的作用在某种程度上是由新闻的形式造成的，他们发现头条新闻能够最有效地传递电视网的议程,观众从电视网那里得到暗示,赋予这些新闻以特殊的重要性。[①]

(二)第三层次议程设置理论

21 世纪以来,随着网络信息技术和社会科学研究的不断发展,传统议程设置研究受到了理论、认知和方法等方面的多重挑战。网络的兴起改变了信息的传播结构,呈现出主体多元化、信息碎片化和数据泛滥化的特点,公众从单向接受变为双向产出,对信息的获取也从线性模式变为网络模式。理论界对人类的认知结构也有了进一步的认识，提出人类对于信息的认知与记忆接近于网络结构而非传统议程设置理论所提出的线性认知结构。

由此，网络议程设置理论对传统议程设置理论的两个主要长期假设进行了重新审视。一是人类的心理认知主要在逻辑和线性模式中运行,而网络议程设置理论借鉴联想网络模型和认知网络模型，指出公众脑中的图景是一种类似于网络状的结构,将各种议题和属性相互联系起来,其中的任何特定节点都会与其他节点有着不同强度的关联。同时,公众网络状的认知结构中各个节点之间的联系又可以分为"内隐联系"(implicit connection)和"外显联系"(explicit connection)两种,前者是指个体的评估和行动是在自动激活的评估控制之下,无意识地建立起来的联系,而后者是指有意识地、明确地将两个要素联系在一起,对个体来说存在可以实现和解释的因果联系。[②]第二个长期假设是不同议程和属性的显要性转移是分散性的，即都是从新闻报道或公众采访中提取离散的对象或属性,并通过排序编制出顺序列表。而网络议程设置理论认为新闻媒体事实上可以通过"精细化"(elaboration)这一过程将新的信息和其他信息联系起来,并能捆绑不同的对象和属性,使其形成的集合同时在公众议程中显著。"精细化"的水平对于两个要素之间的联系强度都有着重要的影响，例如一篇新闻报道只是同时提到教育和经济两个概念就属于低水平的精细化,若再进一步阐述其因果关系,如教育促进了

---

①　[美]仙托·艾英戈、唐纳德·R.金德:《至关重要的新闻——电视与美国民意》,刘海龙译,新华出版社,2004 年,第 46、62~63、75、87 页。

②　Lei Guo,The Application of Social Network Analysis in Agenda Setting Research: A Methodological Exploration,*Journal of Broadcasting & Electronic Media*,2012,56(4).

经济的发展,则精细化的程度就比较高。

麦库姆斯提出了第三层议程设置效应,又称网络议程设置效应,该效应的理论基础根源于卡普兰(Kaplan)和安德森(Anderson)的相关性记忆网络模型,即卡普兰提出的"认知地图"和安德森提出的"认知结构"。记忆网络模型认为,人们在理解社会现实的时候,通常会将不同的事件元素在头脑当中联系起来,以形成李普曼所说的"我们的脑海中的图景"。从大众媒体那里,人们获取信息,体验新闻事件,这样在一天结束时,头脑当中所形成的关于新闻事件的图景是由各种零散信息拼接而成的格式塔。他的学生郭蕾做了两个图以理解网络议程设置与以前传统方法的区别。(见图4-4,图4-5)麦氏与学生、同事对此做了大量的理论和实践研究。他们于2007年对竞选候选人在报纸和选民心中形象的研究,在对这个起初是第二级议程设置效果的研究进行再次检验的时候,发现网络议程设置的效果统计关联性达到0.67,和原先所发现的第二级议程设置效果——特征关联性0.65的结果十分相近。①

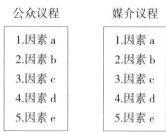

图4-4 传统的媒介议程方法

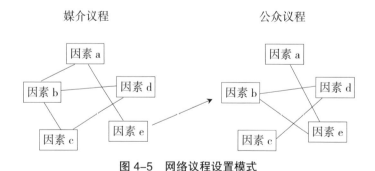

图4-5 网络议程设置模式

---

① 周树华、张雪莹:《网络议程设置、导向需求和议程熔合:三巨头畅谈议程设置理论》,http://www.chinamediaresearch.cn/article.php?id=6943,传媒学术网,2015年9月15日。

　　网络议程设置理论借鉴了社会网络的分析方法，这对于研究电子信息化环境中的媒介影响是十分有效的。其一,利用网络分析工具,可以对媒介议程或公共议程中单个议题和属性网络的度中心性(degree centrality)进行研究,即哪个要素与其他要素的联系最强,还可以与传统议程设置研究中的频率进行对比。其二,另一种重要的网络分析技术是探索网络中可能存在的子结构,即由两个以上节点组成的组,从而使研究者可以更深入地了解媒体或公众如何捆绑各种议题或属性。其三,除了对媒介议程和公共议程进行单独分析,还可以对两个议程网络的关联度进行研究,并通过因变量和自变量的设置得到更为丰富的视角。因为在每个矩阵中,同一行或同一列中的观测值彼此不独立,传统的相关或者回归分析难以适用,二次分配程序(QAP)则解决了这一问题,避免P值过于乐观,提高了检验的可信度。其四,在研究中常将可视化工具与社会网络分析技术结合，从而更为直观地呈现出两个议程网络的特点(如图4-5)。

　　由此,网络议程设置在继承传统议程设置理论的中心观点,即显要性从媒介议程向公众议程的转移之外，进一步回答了"公众脑海中的图景是什么"这一问题,体现出大众传媒从告诉公众"想什么""怎么想"到构建不同信息之间的联系,从而影响公众对社会现实的认知和判断的过程。面对理论和现实的挑战,研究者重新审视了传统议程设置理论的主要假设,着眼于要素之间的联系,提出了自己的观点,同时借助社会网络分析工具,拓展了议程设置研究的视野。

(三)议程设置发挥作用的条件

　　议程设置要发挥效应,需要许多条件。从大的角度来划分,可以分为宏观和微观。宏观涉及制度和文化,微观则涉及议题、受众的心理以及信息源的影响。

1.两个系统的开放性

　　议程设置要能够发挥作用需要一些限定条件。从宏观角度来讲,不同的政治系统和政治文化对议程设置会有影响。麦库姆斯提出了两个系统的开放性：一是政治系统的开放性，一个国家和地区的政治体系必须是民主选举,选民通过投票选举国家和地区的领导人;二是媒介系统的开放性,媒体不能操纵在政府、政党的手中。媒介系统的开放性保障了新闻与政治言论的独立性,只有具备两种开放性的地方,公众才会接受新闻传媒提出的议程设置。

2.民众的导向需求和具体议题

议程设置的产生在于受众的导向需求。麦库姆斯认为,当涉及一些无党派的议题,譬如全民公投,或基层组织选举时,而面对的候选人又十分陌生的情况下,选民通常转向大众传媒寻求指导,依赖传媒获取相关信息,或者直接采纳传媒的观点。

导向需求的条件有二:一是关联性,这是导向需求的初始界定条件。它是指人们感觉某个议题,或与个人或者社会有关系。譬如公民责任、情感激发、个人兴趣、同事影响以及自身利益等。相反,如果与个人或社会无关,就不会产生导向需求。

另一个条件是不确定性。一般来说,当个体获得了相关话题的所有想要知道的信息时,他们的不确定性知识就会很低。当高相关、低不确定性时,导向需求处于中等状态。当高相关和高不确定性时,譬如政党竞选时期,选民对许多候选人都不熟悉,或者进入公众议程的是新议题,这时公民的导向需求就很高。

哪些议题有可能由媒介议程转移到公众议程? 也与是具体的议题还是抽象的议题相关。具体议题是指个人亲身体验的,与人们的日常生活相关的议题。抽象议题指个体拥有很少或者没有亲身体验的议题。在具体议题上,大部分情况下,人们可以通过亲身体验为自己的决策提供指导,额外的需求比较低,譬如通胀。在抽象议题上,亲身体验不能提供充分的指导,那么媒介议程成为主要的导向来源。[①]当然,在具体和抽象议题上,每个个体有差异。譬如失业,对于那些失业者或认识失业者的人来说是个具体议题。但是对于大学终身教授、富裕人士来说却是个抽象议题。而且在具体议题上,如果亲身体验不能满足导向需求,会刺激他们使用大众媒介,进一步获得更多信息。即在某些情况下,具体议题会促进媒介议程的影响。[②]

---

① [美]马克斯韦尔·麦库姆斯:《议程设置:大众媒介与舆论》,郭镇之、徐培喜译,北京大学出版社,2008 年,第 71 页。

② [美]马克斯韦尔·麦库姆斯:《议程设置:大众媒介与舆论》,郭镇之、徐培喜译,北京大学出版社,2008 年,第 72~73 页。

受众的直接经历影响着议程设置的效果。艾英戈也有所论述,艾氏以研究框架理论而闻名,但同样对议程设置也有所涉猎。通过实验,他与同事们发现,议程设置的作用对于不同的受众,影响也有所不同。那些对新闻中所描述的故事没有亲身经历,或对相关的议题知之不多者,最容易受议程设置的影响。①之后,他与同事金德又作了进一步的阐述。他们指出:"当某一个问题开始上升并且引起媒体注意时, 议程设置效果很容易在那些直接受到该问题影响的人中观察到。因为电视新闻强化并证实了日常生活中的经验。但是如果新闻报道继续深入,该问题一直处于媒体议程的榜首(就像 1982 年上半年的失业问题一样),议程设置效果容易对那些私人生活中没有受到这些国家问题困扰的人产生影响。最后,因为真正的受害者对这些问题的关注程度已经达到最高点,所有这些没有受到直接影响的观众,可能在实际上受到了新闻报道的额外影响。也就是说,对那些在政治领域毫无预兆地突然出现,然后又突然消失的事件而言,议程设置效果对个人生活直接受到该问题影响的人影响最大。然而对于持续时间较长的问题,受影响的个人虽然会很快受到影响,但是其余的公众最终会追赶上来。"电视新闻也受教育程度、政党身份和政治参与程度的影响。电视新闻能够有效地影响缺乏政治信息资源和技能的公民的判断。那些不能跟上政治世界变化的人发现,电视网的新闻特别有说服力。另一方面,政党身份、积极参与政治者,以及通晓政治者则不会动摇立场。观众越是远离政治,电视新闻的议程设置效果就越大。②

3.媒介的"剥洋葱"

麦库姆斯把其他议程对媒介议程的影响比喻成"剥洋葱"的关系。最外层是外部新闻来源——美国总统、日常公关活动、政治宣传活动。其中,美国总统是媒介追逐的对象,是美国最大的新闻制造者。公关活动指公共信息官员以及其他代表重要信息来源的公关人员, 他们作为传播方面的专家有组织地向媒体提供信息。占领媒介议程指把大量金钱花费在政治广告上,这点在美国最为突出。再往里一层是媒介之间的互动与影响,即媒介间的议程设

---

① Shanto Iyengar et al., Experimental Demonstrations of the "Not-So-Minimal" Consequences of Television News Programs, *The American Political Science Review*, Vol. 76, No. 4, 1982, pp.848-858.

② [美]仙托·艾英戈、唐纳德·R.金德:《至关重要的新闻——电视与美国民意》,刘海龙译,新华出版社,2004 年,第 46、62~63、75、87 页。

置,再往里一层是社会规范与新闻传统,为媒介议程确定了基本的规则。麦库姆斯列举了英美媒介文化传统的差异:"美国选举新闻报道模式来自一种规范化的计量方式,这种方式每日严格地衡量选举新闻的价值与其他所有可能的新闻价值之间的竞争性。与此相反,英国记者的训导式规范导向认为选举活动本身就是重大新闻,是非常重要的活动,不能单单从新闻价值的角度来决定是否报道。"①

各个媒介均有自己的议程,但同时各个媒介议程之间也会互相影响。一般来说,全国性的媒介对地方媒介议程有影响。丹尼利恩(L. Danielian)和瑞斯(S. D.Reese)在对美国《纽约时报》和其他体量较小的报纸关于毒品问题的报道进行研究后,发现作为精英媒体的《纽约时报》充当了媒体序列中的舆论领导者,能够影响其他小报对问题的关注内容和关注程度,也就是说影响和被影响的媒介之间是一种"非对称性传播模式"。在此之后,媒介间议程设置理论被更多的实证研究所证实,成为议程设置理论的重要组成部分。②

(四)评价

议程设置详细分析了媒介议程与公众议程间的关系,指出媒体在传递信息时,可能不会改变人们的态度,但是却会影响人们对某些议题显要性的认识。随着某个或某些议题在公众议程中显要性的上升,进而会改变公众对政治人物或事件等的判断。

麦库姆斯等在传统议程设置的基础上,作了大量拓展性的研究。同时,麦库姆斯等在研究的时候,始终保持一份清醒,认识到议程设置影响的局限性,其效应不但受受众、媒体和信息源的影响,还指出了大环境的影响,提出了两个系统的开放性是议程设置产生效应的必要条件。但是否如麦库姆斯所说,在系统不开放的情况下,不存在议程设置效应呢?麦库姆斯等的结论过于简单化。政府和政党控制的媒体对受众的影响是复杂的,譬如对政府或政党强烈认同的受众,就不会因为该媒体受到控制而影响其观点。再者,受众可能对媒体所宣扬的部分议题持怀疑态度,但并不是对所有议题都持怀

---

① [美]马克斯韦尔·麦库姆斯:《议程设置:大众媒介与舆论》,郭镇之、徐培喜译,北京大学出版社,2008 年,第 127 页。

② L. Danielian & S. D.Reese, A Closer Look at Inter-media Influences in Agenda Setting:the Cocaine Issue of 1986, In P. J. Shoemaker ed., *Communication Campaigns about Drugs:Government,Media,and the Public*, Lawrence Erlbaum Associates, 1989, pp.47–66.

疑态度。

还要注意到,即使在系统不开放的情况下,各个媒体不开放的程度也会有差异,这种差异性对议程设置的效应会产生至关重要的影响。譬如,报纸和电视可能控制在政府和政党手中,但网络自由度较强,网络的议程设置就可能对公众舆论产生影响。

五、启动

有关政治态度, 学者们关注最多的还是态度如何维持、如何改变的问题。对此,学者们提出了许多理论。有关态度的改变,学术界有争论,传统的观点认为态度改变即是以一种态度代替另一种态度,旧的态度会消失,不再影响人们的行为。对此,佩蒂(Richard E. Petty)等提出了不同的意见,通过四个实验,向人们表明:当人们经历态度改变时,他们的新旧态度互相作用,导致对态度目标评估时,会产生内隐的矛盾性态度。[①]也就是人们的头脑中许多态度共存,这些态度有可能同时发挥作用,但哪一种发挥的作用更大,各个理论给出的答案是不一样的。议程设置理论认为媒介的议程对某个议题的报道,使该方面的决策权重增加;启发理论强调人们政治活动中形成的认知捷径。而启动(priming)则提供了另外一种解释,它强调影响决策的诸种因素次序的先后性,最先被人们获得的因素在决策中具有更大的权重。

(一)启动释义

何为启动?谢尔曼(Steven J. Sherman)等作了如下解释:作为一个过程,增加了记忆某种类型和某种结构的易得性(accessibility)。[②]他们强调了启动的过程性和信息的易得性。阿尔特豪斯(Scott L. Althaus)和金(Young Mie Kim)也发表了类似的观点:启动指储存在记忆中的知识,遇到刺激物而被激活。他们对这个过程作了具体的描述:人们的大脑中储存有许多知识,这些知识联结为知识结构,在外在的刺激下,有些知识结构比其他的知识结构更

① Richard E. Petty et al., Implicit Ambivalence From Attitude Change: An Exploration of the PAST Model, *Journal of Personality and Social Psychology*, Vol. 90, No. 1, 2006, pp.21–41.

② Steven J. Sherman et al., Priming and the Differential Use of Dimensions in Evaluation, *Personality and Social Psychology Bulletin*, Vol. 16, No.3, 1990, pp.405–418.

具易得性,但人们是否运用易得的知识结构作为评估的标准,要依赖于他们感知到知识结构与判断任务的适用性程度。一般而言,近期启动的或者频繁启动的知识结构能够增加结构的可适用性。[1]

根据以上两位作者的解释,启动与易得性密切相关。即启动了记忆中的知识,使之在判断时最容易获得。值得关注的是,近年来,学术界对易得性的探讨越来越多,甚至超过了对启动的研究,许多学者直接抛弃了启动,而直接谈易得性。因此,在我们的研究中,把启动与易得性归为一类。

那什么是易得性? 易得性,简单来说就是在决策时从记忆中容易获得的信息。[2]拉文(Howard Lavine)等做了如下解释:态度易得性指人们能够从记忆中容易和迅速检索到的一种态度,并用该态度做判断或决策。一种既定的结构,譬如人格特质、对政策的态度等必须储存在记忆中,然后信息处理时容易检索到,才能够指导信息处理,影响判断和决策。易得的态度与不易得的相比,更能够判断和决策。政治态度之所以能够影响政治判断,譬如候选人的评估、总统的政绩等,原因就在于它们是高度易得性的。[3]

法齐奥(R.H.Fazio)等强调只有被激活的态度才能指导信息处理和行为。这种激活取决于记忆中的态度与态度目标之间是否相关,以及相关的强度,一旦建立起强相关,这种激活就是自动的,不需要深度思考。[4]巴奇(John A. Bargh)等也发现多数评估储存在记忆中,在目标出现或注意到时就会被自动激活。[5]

皮特森(David A. M. Peterson)将易得性与确定性(certainty)作了区分。两者都体现了态度的强度,但还是有所区别的。确定性是清晰或模糊的量的

① Scott L. Althaus & Young Mie Kim,Priming Effects in Complex Information Environments:Reassessing the Impact of News Discourse on Presidential Approval,*The Journal of Politics*,Vol. 68,No. 4,2006,pp.960–976.

② Kathleen M. McGraw,Contributions of the Cognitive Approach to Political Psychology,*Political Psychology*,Vol.21,No.4,2000,pp.805–832.

③ Howard Lavine et al.,On the Relationship between Attitude Involvement and Attitude Accessibility:Toward a Cognitive-Motivational Model of Political Information Processing,*Political Psychology*,Vol. 21,No. 1,2000,pp.81–106.

④ R.H. Fazio et al.,On the Automatic Activation of Attitude,*Journal of Personality and Social Psychology*,Vol. 50,1986,pp.229–238.

⑤ John A. Bargh et al.,The Generality of the Automatic Attitude Activation Effect,*Journal of Personality and Social Psychology*,Vol. 62,No. 6,1992,pp.893–912.

结果,以及所提供的信息的一致性,是人们对思考的对象的衡量以及个人自信的感觉。而易得性是由态度所运用的长期性和近期性所决定的,体现为从记忆中获取和运用的信息频率和新近程度。两者涉及不同的测量方法,譬如态度的确定性可以用 1 至 10 来表示强度的差异,而易得性则主要通过计算机记录回答问题时反应的时间。[①]

因此,对启发和易得性的研究主要以实验为主,实验过程中通过测量人们对问题答复中的反应时间, 即记录受访者在回答两个相邻问题时所运用的时间。哪些知识结构或者态度容易形成启动的目标呢? 就美国而言,主要是政党和意识形态,两者既相关,又独立存在。哈克费尔特(Robert Huckfeldt)等通过实验发现, 易得性和政党的强烈认同及意识形态的极端性的相关度是突出的,越极端性的政治倾向,越容易被援引和越有效果。易得性不但会强化党派和意识形态方面的认同,并使这种认同变得持久,同时抵制相反的态度。[②]

(二)启动效应的实证性研究

多数对启动进行的心理学研究, 主要关注启动的概念对接下来模糊性陈述信息的影响。在一项实验中,辛吉斯(E. Tory Higgins)等探讨了不经意地曝光于人格特质的术语(如马虎的、坚毅的)对另一个人的判断和回忆信息的即刻和延迟的影响。这里的实验有两个关键:首先,在评价一个人之前给其提供反映积极或消极特质的概念,这些概念并没有指向某个人,只是泛泛地让被试者阅读;其次,提供某个人的相关信息,让被试对该人进行评估,这里所提供的信息是模糊的。他们考察的是,原先不经意地提供的、与评价目标无关的信息是否对态度目标会有影响,是即刻产生影响还是有延迟。结论也很明确,原先提供的积极或消极的概念,会运用到对该人的评价中。当然,以前词语的曝光对评估延迟的影响大于即刻的影响。[③]之后,也有学者做过类似的实验,均证实了启发的影响,同时这种影响是一种自发的,即被试

① David A. M. Peterson, Certainty or Accessibility: Attitude Strength in Candidate Evaluations, *American Journal of Political Science*, Vol. 48, No. 3, 2004, pp.513–520.

② Robert Huckfeldt et al., Accessibility and the Political Utility of Partisan and Ideological Orientations, *American Journal of Political Science*, Vol. 43, No.3, 1989, pp.888–911.

③ E. Tory Higgins et al., Category Accessibility and Impression Formation, *Journal of Experimental Social Psychology*, Vol.13, 1977, pp.141–154.

者本人原来接触到的一些带有判断的信息,在后来的判断中会起作用,但其本人并没有意识到。[①]

20世纪80年代以前的研究多局限于社会领域,将启动与政治现象结合的研究相对较少。自80年代开始,有学者有意识地把启动与政治现象结合起来研究。

1.选举研究

权力是政治的核心,在代议制国家,通过选举争夺权力成为政治学研究的核心。能否将所研究的概念和理论与选举研究结合起来,决定着概念和理论的生命力。启动也不例外。

艾英戈与金德在《至关重要的新闻》一书中探讨了新闻报道对启动效果的影响。如我们在前面介绍框架理论和议程设置时,也都介绍了他们的研究成果。如果综合来看艾英戈团队的观点,可以发现,他们将这种影响归为大众传媒对相关议题的解释,解释形成的逻辑链条会影响公众的判断,这就是框架的作用;或者媒体对某些议题的报道,决定了公众对影响议题诸因素的重要性判断,这就是议程设置的作用;或者影响了议题诸因素获取的难易程度,这就是启发。他们发现,通过报道国家生活的某些方面,忽略另外一些方面,影响着对总统进行评价的标准。譬如媒体大量地报道失业方面的问题,将会导致民众把失业问题看作评价总统最重要的标准。启动效果对总统各个方面的影响程度是不一样的,对总统政绩的影响最大,能力次之,品格方面的影响最弱。但在里根身上,启动效果在品格方面的效果大于能力方面。他们认为这是媒体在报道时,多集中在总统的弱点和有争议的地方。[②]启动效果对总统的另一个重要影响是责任的归因,即问题出现了,但是否把责任归为总统? 这其中与新闻媒体如何报道责任的归类密切相关。

电视新闻对总统政绩评价的影响,部分取决于新闻对其责任的描述,体

---

① 相关研究可参见以下两篇文章:Laraine Winter & James S. Uleman, When Are Social Judgments Made? Evidence for the Spontaneousness of Trait Inferences, *Journal of Personality and Social Psychology*, Vol 47. No 2, 1984, pp.237–252; Thomas K. Srull & Robert S. Wyer, Jr., The Role of Category Accessibility in the Interpretation of Information About Persons: Some Determinants and Implications, *Journal of Personality and Social Psychology*, Vol. 37, No. 10, 1979, pp.1660–1672。

② [美]仙托·艾英戈、唐纳德·R.金德:《至关重要的新闻——电视与美国民意》,刘海龙译,新华出版社,2004年,第116页。

现有二：第一，它们使得观众对总统在该问题上的表现更加确定；第二，它们使得观众在对总统进行总体评价时，认为该问题更加重要。尤其是新出现的问题，公众对该问题的信息了解很有限的情况下，这种效果更为明显。①最后，他们通过两个实验，验证了启动效果与选举的关系，分别是关于1982年的国会中期选举，以及1980年里根与卡特间进行的总统选举。两项实验均表明，在选民走向投票站选举总统或国会议员时，他们心目中最先想到的事物，在很大程度上受到最后一分钟接触的电视新闻的影响。譬如，1982年的中期选举，主要集中在候选人的人格与国家的经济状况。而1980年总统的选举，主要集中在卡特戴维营协议和伊朗人质危机，前者体现为卡特的成功，后者则体现为失败。由于艾英戈等将大众传媒对政治态度的影响作为核心进行研究，框架、议程设置和启动三种理论交互混用，难免会出现三种理论分辨不清的问题，譬如媒体大量报道失业、总统的评价问题，显然是媒介的议程设置在起作用。再如，责任归因与媒体提供的框架是密不可分的。从另一个角度来讲，艾英戈等也意识到，三种理论很难区分前后，很难对各种理论的作用做出明确的划分。

　　法齐奥与威廉姆斯（Carol J. Williams）的研究对象同样定位于选举，选取了1984年里根和蒙代尔的总统竞选，他们试图通过问卷调查验证以下假设：个体的态度指导下一步对态度目标的知觉和行为，指导的程度取决于哪些态度从记忆中更易获得。调查涉及对两位候选人的态度，通过对态度问询的回应时间来显示易得性，时间是选举前一个月，样本是一个镇的居民。通过观看两位候选人电视辩论，并对他们作出判断，然后测量下一步的知觉以及对投票行为的影响。最终他们发现，态度知觉和态度行为受态度易得性的影响。研究方法采用的是固定样本研究，分为两组，每组涉及三个议题，测量其中的三个，不断地对三个议题发表意见共三次，可能在不同的语义量表中测量。而让被试者知道另外三个，从而使前者形成易获得的记忆。议题以枪支控制、校园祈祷和联合国为一组，另一组为里根的经济、太空项目和法定退休年龄。结果显示易获得性的反应速度更快。在有关两个候选人的测量中，记忆中态度的易获得性对知觉和投票皆有影响，但里根作为现任总统，

①　[美]仙托·艾英戈、唐纳德·R.金德：《至关重要的新闻——电视与美国民意》，刘海龙译，新华出版社，2004年，第128页。

易得性的影响更强烈。①

劳(Richard R. Lau)探讨了长期的易得性(Chronic Accessibility)在选举中的作用。长期的易得性指对关注的事物、过程长期的偏好,尽管面对不同的环境中不同的刺激目标但总会回忆特定类型的信息,也就是我们通常所讲的以不变应万变。他们谈到了易得性与图式(schema)的关系。图式提供了"上层建筑"以解释新的信息,决定新的信息怎样被建构,哪些信息将被关注和处理,哪些被忽略。如果相比于其他人,一些人更容易长期获得某类信息,那是因为他们拥有特定的认知结构,有利于处理和获取那类信息。简言之,他们将是否拥有图式看作个人是否具有长期易得性的前提和基础。为了探讨长期易得性,他们选取了1956、1960、1972和1976年的调查,两组面板数据,以验证易得性的稳定性。四年中这些结构的易得性具有引人注目的和重要的效果,包括总统辩论中处理的信息类型,总统竞选中学习到的有关候选人个人特质的积累,政党认同的强度,对候选人进行评估时运用的信息类型。②

德鲁克曼首次利用真实的美国选举环境,结合民调,显示了启动改变了选民决策的标准,从而对选举产生影响。以前所有的研究运用模仿竞选运动的方法,或依赖于非直接的投票选举的测量。德鲁克曼的研究综合了媒体在竞选运动中的传播内容分析,和选举日的出口民调(exit poll),以探讨现实世界中竞选的影响,他以2000年明尼苏达参议员竞选为例,对选民的投票进行探讨。他选取了当地两家报纸,搜集两个竞选人的相关文章。结果发现启动对于经常接触和关注媒体的选民有影响,他们是基于竞选中媒体所突出的议题和形象进行投票决策,议题以医疗和社会安全居首,其次是税收。个人形象方面品德居首,次之为丑闻、领导力和同情。这种启动效应通过人际的讨论而强化。③

除了美国的竞选研究,门德尔松(M. Mendelsohn)对加拿大的竞选研究,

---

① Russell H. Fazio & Carol J. Williams, Attitude Accessibility as a Moderator of the Attitude-Perception and Attitude-Behavior Relations: An Investigation of the 1984 Presidential Election, *Journal of Personality and Social Psychology*, Vol. 51, No. 3, 1986, pp.505-514.

② Richard R. Lau, Construct Accessibility and Electoral Choice, *Political Behavior*, Vol. 11, No. 1, 1989, pp. 5-32.

③ James N. Druckman, Priming the Vote: Campaign Effects in a U.S. Senate Election, *Political Psychology*, Vol. 25, No. 4, 2004, pp.577-594.

同样发现了启动对选民态度的影响，同时也发现互相的讨论启动了最突出的议题。[1]

2.事件研究

民众对事件的评估也受启动的影响。学者们对启动的研究主要来自于美国 20 世纪 80 年代以来的外交事件。这些事件因为美国民众无法亲身经历，容易受媒体的影响，出现启动效应。这些事件包括：里根政府向伊朗秘密出售武器、海湾战争和"9·11"事件。

1986 年 11 月 25 日，美国里根政府秘密向伊朗出售武器，然后将获取的资金资助尼加拉瓜的反政府武装。克罗斯尼克和金德探讨了此事件被传媒曝光前后，选民对里根政府态度的前后变化。按照启动理论的解释，传媒对某个事件的集中大量报道，就会产生启动效应。具体来说，他们认为该事件的启动效应体现在以下三个方面：一是对里根政府的执政能力影响较大，但是对于他的人格（里根正直与否）评价影响不大。二是传统的研究认为，经济社会条件不变，对政府的评价也不会改变，但是如果传媒对一个事件进行持续不断的、铺天盖地的报道，那这样的结论就值得怀疑了。人们会把接收到的信息，整合到对总统的评价上。在曝光之前，人们在评价里根政府时，把外交事务放在不重要的位置上。而曝光之后，外交事务在对总统评价中的地位越来越重要。三是启动效应对掌握政治信息较多的内行（expert）和掌握政治信息较少的新手（novice）的影响是不同的。以该事件为例，启动效应对新手影响最大。他们因为掌握的是只言片语的信息，接触传媒的机会要少于内行，最容易受传媒的左右。[2]两位作者将民众对里根政府的态度归为启动，但从其解释来看，也受媒介的议程设置的影响，或者更多受议程设置的影响。媒介频繁的报道使此次丑闻被放在重要的位置上，影响了民众的决策议程。当然，这并不因此否认启动的影响，启动强调了决策因素的优先性，导致人们在评价里根政府时，首先想到的是该丑闻。

奥尔索斯（Scott L. Althaus）和金对海湾战争中启动的影响进行了研究。

---

① 　M.Mendelsohn,The Media and Interpersonal Communications:The Priming of Issues,Leaders,and Party Identification,*Journal of Politics*,1996,p.58.

② 　Jon A. Krosnick & Donald R. Kinder,Altering the Foundations of Support for the President Through Priming,*The American Political Science Review*,Vol. 84,No. 2,1990,pp.497–512.

他们对以前启动的研究方法提出了批评，以前有关启动结论的得出多数是在实验中完成的,但对事件的建构往往是不真实的。他们采用的方法近似实验研究,但场景和观点的设置是还原现实的。他们以海湾战争为例,考察民众对总统的评价。数据来自三大广播网每晚有关伊拉克的播报不仅关注内容,也关注框架,包括有关海湾战争故事的数量,政策的陈述量,以及相关的布什政府评价的数量。另一组数据来自于 1990 年 8 月 9 日至 1991 年 2 月 10 日的民调。议题涉及军队布置、军事攻击以及对海湾危机的支持。将民众对新闻的接触作为一个变量。结果显示,几乎所有的内容都与启动影响呈正相关,新闻启动效应会因民众相关知识结构适应性的变化而变化,不仅仅是长期记忆当时的易得性,以及对新闻报道的积累和近期的曝光。①

以上考察对启动的研究基本属于认知的研究范围,即启动的是某个议题或议题的知识结构等。斯莫尔(Deborah A. Small)等在对"9·11"事件的考察中,则将启动与情感联系起来,启动会启动何种情感,进而对归因有何种影响,他们的基本假设是:启动愤怒和悲伤会唤起不同的归因机制。2001 年 11 月 10 日,他们对 1786 名 13 岁至 88 岁美国公民进行问卷调查,去除了无效问卷 57 份。调查分为愤怒(anger)和悲伤(sadness)两组。被调查者阅读以下一则材料:"恐怖分子激起美国人许多情感。我们特别感兴趣的是什么促使你对攻击最愤怒。请描述一下该攻击导致你最愤怒的一件事。写得越详细越好。如果可能的话,要尽量使他人读了你的描述也会感到愤怒。"然后回答:恐怖分子哪一方面使你感到最愤怒,为什么? 悲伤组,把"愤怒"替换为"悲伤"。结果显示,愤怒组的参与者比悲伤组产生更多的归因,更多运用正义评估"9·11"事件,也更多运用谴责。悲伤组则归因于其他判断条件,与愤怒相比,会产生更多系统的思维。尽管两者有不同的归因方式,但两者也有共性:本性归因都比条件性归因常见。为何会形成这种现象? 他们归为媒体的报道,公众受传播内容的影响,媒体过多关注犯法者本身。恐怖主义相关新闻的报道因内容的差异会激起愤怒或悲伤的情感,与悲伤相比,愤怒增加了许多谴责的因素。②

---

① Scott L. Althaus & Young Mie Kim, Priming Effects in Complex Information Environments: Reassessing the Impact of News Discourse on Presidential Approval, *The Journal of Politics*, Vol. 68, No. 4, 2006, pp.960–976.

② Deborah A. Small et al., Emotion Priming and Attributions for Terrorism: Americans' Reactions in a National Field Experiment, *Political Psychology*, Vol. 27, No. 2, 2006, pp.289–298.

(三)启动的作用机制

那么信息是如何易得的？从以前论证启动的实验中,大体也可以看到:某种态度能够被启动,在于这些带有评判性的词语近期频繁在人们脑海里出现,也就是近期和频繁性是最重要的两个因素。易得性一是来自于评估性的概念和词语的近因效应,一些概念和词语是近期不断出现的,因此最容易在自己的脑海中检索到。至于评判性的词语是否与态度目标相关,则不是必要的条件。谢尔曼(Steven J. Sherman)等认为,启动发生的一种可能性就是:被启动的信息与没有被启动的信息相比较,会被知觉到并被优先处理,知觉者会不自觉关注到他们,因此在对目标的评估中启动的信息会发挥更大的影响。[1]也就是启动的发生是一种无意识的行为,人们并没有意识到这种影响的发生。

另一种被启动的可能性在于态度评估和态度目标存在着关联。在这种情况下,按照顺序来说,启动的因素可能并不具有优先性,即可能不是近期接触的,但在判断时却放在了优先的位置,在于被启动的信息与其他信息相比更重要,或者更相关。法齐奥等与谢尔曼等均用实验证明了这种机制的存在,这种相关性在以后反复演练、不断重复,强化了态度评估和态度目标之间的相关性。因此,目标与评估关联的强度是易得性的一个关键决定因素,而易得性作为此过程的一个核心因素,影响了下一步的行为。[2]

启动的另一个关键因素是启动者本人的特质。许多学者在谈到此时,谈到了个人直接参与的重要性。法齐奥等通过实验发现,当问及与被试者的直接的行为经历相关的态度目标时,与非行为的经历相比,能够迅速作答。相对于非直接经历,一旦态度形成,行为经历能够促进态度形成过程;一旦态度形成,能够增加态度易得性。[3]对此,也有学者提出不同的意见。艾英戈与

---

① Steven J. Sherman et al., Priming and the Differential Use of Dimensions in Evaluation, *Personality and Social Psychology Bulletin*, Vol. 16, No.3, 1990, pp.405–418.

② Russell H. Fazio et al., Attitude Accessibility, Attitude–Behavior Consistency, and the Strength of the Object–Evaluation Association, *Journal of Experimental Social Psychology*, Vol.18, 1982, pp.339–357.

③ Russell H. Fazio et al., Attitude Accessibility, Attitude–Behavior Consistency, and the Strength of the Object–Evaluation Association, *Journal of Experimental Social Psychology*, Vol.18, 1982, pp.339–357; Steven J. Sherman et al., Priming and the Differential Use of Dimensions in Evaluation, *Personality and Social Psychology Bulletin*, Vol. 16, No.3, 1990, pp.405–418.

金德的研究发现,政治参与度不是影响启动效果的一个指标,无论政治参与程度的高低,都受启动效果的影响。启动效果受政党认同的影响最大,对于民主党人来说,民主党议程中的重点问题所产生的启动效果增加,对于共和党来说,共和党议程中的首要问题所产生的启动效果增加。如果公众在国家问题与总统关系问题上形成一套成熟的看法,启动效果增加。①

拉文与其团队对此进行了系列研究。他们强调了议题的重要性或突出性(salience)与启动的关系,认为一种既定态度对候选人评估过程的影响依赖于它对个人的重要性或突出性。对于个人重要性的议题, 与不重要的相比,更易获得。他们对议题重要性做了区分:对个体的重要性和对国家的重要性。前者主要受个人利益所左右,后者则为媒体的报道所左右。前者对个人的重要性相对比较稳定,后者则变化比较大。哪种重要性的议题会导致启动呢? 通过实验研究,他们发现,对国家重要性的议题,如果按照高、中、低的程度划分,只有处于最高端,也就是那些极度重要性的议题会强化信息的易得性,相反中等和低端的议题与启动关系并没有出现本质性的差别。议题对于个人的重要性与对这些议题态度的易得性在整个连续统中有着更为密切的相互对应。即中等重要性的议题,与低等重要性的议题相比,更具易得性。这种差异对选举也有显著影响,对个人重要性的议题,与对国家重要性的议题相比,能够对候选人的评估和选举发挥更广泛的影响。一般而言,对个人重要性的议题多与国内议题有关,而对国家重要性的议题很多是外交议题。个人和国家重要性的差异直接影响着国内和国外议题与启动的关系, 进而影响着选举的决策。国内议题比国外议题更具长期易得性。国内议题的易得性在于与个人的直接经历相关,因而在选举中发挥着重要性的作用。国外议题因与个人的关系不大,因而并不具备长期的易得性,因此很难被媒体和政治精英所启动,而且变化比较大。态度易得性在建构候选人的形象方面发挥着重要的调节作用。在竞选运动中对议题易得性的态度会影响有关候选人的人格特质、品性等,选民对候选人的印象往往是核心的。譬如对一个选民来说,目前国际危机和外交政策的议题是最易获得的,对候选人的评估就会围绕此展开,以判断候选人的强弱和能力的高低。相反,如果医疗保险和失

---

① [美]仙托·艾英戈、唐纳德·R.金德:《至关重要的新闻——电视与美国民意》,刘海龙译,新华出版社,2004 年,第 139 页。

业是最易获得的,此方面就会成为构建候选人印象的核心。①

议题对个人的重要性是如何形成的,拉文等回到了法齐奥等的观点,将议题对个体的重要性与个人的直接参与联系起来。他们认为,政治议题对于个体重要或参与的程度, 在于涉及自我。高度参与的态度与人们切实的目标、核心的价值,以及社会交往中的重要个体和群体密切相关,他们是意识经常思考的目标。反之,态度相关性思考强化了态度目标和评估间记忆的相关性,由此强化了态度易得性。高度参与的态度也更有可能根植于更大的其他态度、信念和价值的结构,相关结构的激活会间接性地促进该态度的易得性。②

在认同法齐奥观点的同时,拉文等也并不反对艾英戈的观点,强调了政党、意识形态在启动中的作用。在另外一篇文章中,拉文根据物质、社会和精神的维度将自我与议题的相关性划分为三个方面: 与他的切实利益或物质目标(自我利益)相关,和该议题涉及对于他来说很重要的人和群体(社会认同),和该议题与他习得的喜爱的价值相关(价值相关性),三者都会独立地预测自我参与。不但如此,一项议题中自我参与的被唤起,是动机类型的重要决定因素,影响了有关此议题的信息处理。当个体首次遇到一项议题,知觉到与他的自我概念相关时,处理涉及该议题信息的动机就会增加。而且个体当对议题和其后果知之甚少,有可能在处理信息时采取客观的标准。但当相关知识和自我防御性动机增加时,个体就会由相对客观变得偏见。这时就会抵制改变,有选择性地处理信息。选择性处理信息的运用会导致单价的结构,即正反两方面的评价不会同时共存。与之相反,非选择性处理信息会导致双价结构,形成模糊性的态度。与客观评估相比,选择性处理信息导致评估的极端性。他们把单价的态度称为单方面评估的态度结构,非选择性的信息处理称为双面评估的态度结构。选择性过程导致对正面和负面的信息的不成比例地接受,导致极端。按照他们的解释,极端的和单一的态度容易从记忆中获得。相反,非选择性的信息导致的双面评估的结构会减少易得性,

---

① Howard Lavine et al., The Relationship of National and Personal Issue Salience to Attitude Accessibility on Foreign and Domestic Policy Issues, *Political Psychology*, Vol. 17, No. 2, 1996, pp.293–316.

② Howard Lavine et al., On the Relationship between Attitude Involvement and Attitude Accessibility: Toward a Cognitive-Motivational Model of Political Information Processing, *Political Psychology*, Vol. 21, No. 1, 2000, pp.81–106.

但在特定的条件下也会产生易得性,即当解读态度目标时费时费力,这时会简化矛盾,采取易得性的模式(见下图4-6)。[1]

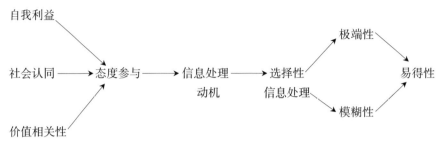

图 4-6　态度参与-易得性关系模式

　　哈克费尔特与其团队也对启动展开了系统研究。他们一些观点可与拉文等的观点相互印证。在一篇以堕胎议题与易得性关系的研究中,他们谈到了议题多个维度的争议会弱化该议题态度的易得性。面对同一议题可能采取不同的评估标准,两种相反的评估导致目标和任何单一价值的关系弱化,这样就不可能获得稳定的易获得的态度。如果自己所持的意识形态和对该议题上的态度是一致的,就会产生易得性,反之不易获得。如果一个持自由态度的人支持堕胎,态度会更稳定;或者保守态度的人反对堕胎,也会导致稳定的态度。可以看出,作者上述的解释引用了费斯汀格的认知失调理论。除此之外,他们还用平衡理论解释启动。如果持某种立场的人,周围的朋友和同事均与其观点相左,就不会形成稳定的态度和相关信息就不易获得。当然也有可能相反,成为最坚决的少数派。[2]

　　在另外一篇文章中,哈克费尔特等以1996年的竞选作为考察对象,论证了易得性与态度和自我认同的关系,进而论证了易得性与启发间的关系。他们测量受访者对政党和意识形态的自我认同,通过记录受访者在回答问题时的回应时间获得。基于他们的分析,他们认为态度和自我认同作为有用的启发工具使得个体能够感知复杂和混乱的政治。但一些公民比另外一些能够更好地运用这些工具,在这些公民中,易得性的概念已经成为解释政治

　　① 　Howard Lavine et al., On the Relationship between Attitude Involvement and Attitude Accessibility: Toward a Cognitive-Motivational Model of Political Information Processing, *Political Psychology*, Vol. 21, No. 1, 2000, pp.81-106.

　　② 　Robert Huckfeldt & John Sprague, Political Consequence of Inconsistency: The Accessibility and Stability of Abortion Attitudes, *Political Psychology*, Vol.21, No. 1, 2000, pp.57-79.

能力的一个重要因素。

实际上，公民会运用多种启发工具以感知政治、意识形态和政党的倾向。即使政治上很有经验的受访者，如果遇到在政治倾向上容易获得的观点时，在涉及不熟悉的领域时也会运用有用的启发性工具。易获得的观点之所以获得在于他们在个体的认知结构中（或图式）很容易得到，因此很容易被检索到。经常按照政党或意识形态思考的人们会从有关政党和意识形态的长期易得性中受益。譬如，习惯于按照自由和保守思考的人，就会有一种易得的自我认同，把自己归入到自由或保守的尺度。相反，从未如此思考者则很难把自己归为自由或保守。因此，他们认为易得性反映了记忆中两个不同目标之间相关性的强度，而且政党或意识形态认同的易得性能够直接作用于决策。当一个个体面对大量的政治信息时，首先映入脑海的是政治倾向中易获得的观点。易获得的倾向能够作为决策时的组织原则，频繁地用于构思政治观点。同时，在思考态度或倾向的强度时，易得性提供另外的构思。传统上用极端表示意识形态和政党的强度，极端性是影响易得性的重要因素。①

此外，启动效应与人们对某议题知识掌握的多少也有关系。启动效应对掌握政治信息较多的内行和掌握政治信息较少的新手的影响是不同的。启动效应对新手影响最大。他们因为掌握的只是只言片语的信息，接触传媒的机会要少于内行，最容易受传媒的左右。②

（四）对启动的评论

有关启动的理论及相关的研究，扎勒是启动的坚定支持者，在早期及后来的大量文章中都支持公众采取启动思考的观点。但是后来他的观点也有所修正。他对启动的研究结论结合了凯利（Kelly）的理论。凯利曾经提出，选民在做决策时，把支持候选人理由的数量减去反对候选人理由的数量，谁的正向值最高就投谁。③该观点后来受到研究政治认知的学者的批评，他们认为选民不可能如此理性把候选人的每个方面都考虑到，无论从精力还是能

---

① Robert Huckfeldt et al., Accessibility and the Political Utility of Partisan and Ideological Orientations, *American Journal of Political Science*, Vol. 43, No.3, 1999, pp.888-911.

② Jon A. Krosnick & Donald R. Kinder, Altering the Foundations of Support for the President Through Priming, *The American Political Science Review*, Vol. 84, No. 2, 1990, pp.497-512.

③ S. Jr. Kelly & T. W. Mirer, The Simple Act of Voting, *American Political Science Review*, 1974, Vol. 61, pp.572-591.

力上都不可能做到。但是扎勒认为不能对凯利的观点全盘否定,公众在考虑候选人时,尽管不可能考虑每个事项,但考虑几个是有可能的。由此,他提出一个问题–答复模式,包括四项基本原理:原理1,接受原理。一个人认知参与一项议题的层次越高,越有可能接受和理解——一句话,接受有关该议题的政治信息。原理2,抵制原理。人们倾向于抵制与他们的既有政治倾向不一致的主张,但有且只有在如下的程度下:他们拥有必要的背景信息,能够感知信息和既有倾向间的关系。原理3,易得性原理。回想到的考虑事项越是近期的,在记忆中搜索该考虑事项或与之相关的考虑事项,并把它们放置到"头顶上"来使用的时间越少。原理4,答复原理。个人在回答问卷调查,比较各个考虑事项时,选择当时突出的或易得的。[1]在原理4中,扎勒既结合了易得性的考虑事项,同时又与凯利的理论结合起来,即有时会存在一个以上突出性或易得性的考虑事项,这时就需要对各个考虑事项进行比较,换言之,公众尽管没有精力和能力分析每个考虑事项,但对突出性的考虑的比较还是可以做到的。

但是也有学者对易得性在选举中的作用持否定态度。拉特克利夫(R. Ratcliff)和麦肯恩(G. McKoon)认为启动会导致解释的偏见。[2]也有学者对两位学者的观点提出批评。鲍尔斯(Jeffrey S. Bowers)就指出启动并不是偏见,是知觉系统主要功能学习的副产品,是对输入进行分类。[3]

最后,需要指出的是,多数对启动研究针对的是选举研究,探讨公众舆论对候选人及相关事件的反应等。近年来,也有学者将启动理论运用于对政治精英的研究。米勒(K. Miler)在对美国国会议员的访谈中发现,这些政治精英有时也不是对所有的信息进行分析,而是运用容易掌握到的信息作为决策的依据。[4]

---

[1] John R. Zaller, *The Nature and Origins of Mass Opinion*, New York: Cambridge University Press, 1992, pp. 42–51.

[2] R. Ratcliff, & G. McKoon, A Counter Model for Implicit Priming in Perceptual Word Identification, *Psychological Review*, 1997, No.104, pp.319–343.

[3] Jeffrey S. Bowers, Theoretic Notes: Priming Is Not All Bias: Commentary on Ratcliff and McKoon, *Psychological Review*, Vol. 106, No. 3, 1997, pp.582–596.

[4] K. Miler., The Limitations of Heuristics for Political Elites, *Political Psychology*, Vol. 30, No. 6, 2009, pp.863–894.

CHAPTER FIVE

第五章
政治认知

一、政治认知总论

政治认知在当前政治心理学的研究中占据主导地位，这点已经得到许多学者的认同，[①]这种影响不但日趋明显，而且日益扩大。目前，多数政治心理学的研究都与认知相关，并出现了许多有影响的理论。政治认知占主导地位的影响来自于社会心理学中的社会认知——20世纪70年代末期爆发的认知革命。麦格罗将认知革命的爆发归为当时有影响的三本著作：*Social Cognition*, *The Ontario Symposium* （Higgins, Herman & Zanna, 1981）, *Human Inference*: *Strategies and Shortcomings of Social Judgement* （Nisbett & Ross, 1980）, *Social Cognition*(Fiske and Taylor, 1984)。奥斯特罗姆(T. Ostrom)甚至直接以"社会认知的统治"作为文章的标题。[②]作为一门深受社会心理学影响的学科，社会认知在社会心理学界的统治地位，必然影响到政治心理学界。

当然，政治认知在政治心理学界的主导地位也受政治学本身发展的影响。时代不同，政治心理学所研究的核心也随之转移。如麦格罗等将政治心理学的发展划分为三个时期：20世纪四五十年代是"人格与文化"的研究，

① John L.Sullivan et al., The Contours of Political Psychology: Situating Research on Political Information Processing, In James H.Kuklinski. ed., *Think About Psychology*, Cambridge University Press, 2002, p.24, p.40; Kathleen M. McGraw 也认同此论，参见 Kathleen M. McGraw, Contributions of the Cognitive Approach to Political Psychology, *Political Psychology*, Vol.21, No.4, 2000, pp.805–832。

② T. Ostrom, The Sovereignty of Social Cognition, In R. S. Wyer & T. K. Srull, *The Handbook of Social Cognition*, Erlbaum, 1994, pp.1–10。

六七十年代是"态度和投票行为"的研究,八九十年代是"政治认知和决策"的研究。[①]拉恩(Wendy M. Rahn)等基本认同上述的划分,同时他们认为,在第三个发展阶段之后,第四个阶段已经初露端倪,这就是有关政治认知在政治决策和政治行为中的影响。[②]之所以产生这种转移,与西方学者和政治家所关注的重点不同。20世纪40年代最大的威胁来自于法西斯,二战以后直到50年代,防止法西斯死灰复燃是人们最为关注的,同时冷战的形成使许多西方学者担心苏联能否成为法西斯,甚至直接以法西斯与苏联比附。在这种情况下推动了有关对法西斯的人格,即威权主义人格的研究,可以说人格与文化的研究核心即是围绕着威权主义人格展开的。一些观点,如法西斯兴起的基础在于国家的领导和群体都具有威权主义心理,苏联群众与西方左翼的心理同威权主义相关等都是在此背景下提出的。20世纪六七十年代,对法西斯的担忧渐渐远去,各国国内权力的争夺成为学者和政治学家关注的核心,在西方代议制的体制下,最高的权力来自于选民的投票,因此学者们开始对选民的政治态度以及投票行为进行研究。20世纪八九十年代,政治认知的兴起也是遵循此思路,只是研究更加精细化。论证的思路是:权力是政治学研究的核心→权力来源于选民的投票→选民的态度和投票行为→选民对政治信息的选择、分析和判断。也就是说,政治认知的研究是对态度和投票行为研究的延续和深入。它继续围绕政治学的核心权力做文章,但对选民心理的研究更加深入和专业化。因为政治态度,按照学术界的一般共识,包括政治认知、政治情感和政治行为,现有的研究突出了政治认知的核心地位,同时也意味着政治态度的研究更加深入。

麦格罗总结了认知对政治心理学两方面的贡献:其一,理论概括准确,可操作性强。政治认知在理解和描述不同类型的内在记忆结构和信息处理阶段时提供框架,同时用表征性的能力和计算复杂性等术语表示认知资源的有限性。譬如图式、易得性、节点等都是对信念系统的发展。其二,在方法方面,政治认知的研究大量依赖实验,而实验方法是对政治学研究的补充。[③]正

---

① William J. McGuire, The Poly-Psy Relationship: Three Phases of a Long Affair, In Shanto Iyengar & William J.McGuire eds., *Explorations in Political Psychology*, Duke University, 1993, p.9.

② John L.Sullivan et al., The Contours of Political Psychology: Situating Research on Political Information Processing. In James H.Kuklinski ed., *Think About Psychology*, Cambridge University Press, 2002, p.24, p.40.

③ Kathleen M. McGraw, Contributions of the Cognitive Approach to Political Psychology, *Political Psychology*, Vol.21, No.4, 2000, pp.805-832.

因为众多学者对政治认知的研究，使我们认识到人们面临大量的政治信息时，不可能完全对之进行系统的理性分析，而是采取认知的捷径，譬如图式、启发、刻板印象等，这种分析介于理性与非理性之间，是一种有限理性。

什么是政治认知？在了解政治认知之前，首先要了解什么是社会认知。一般来说，社会认知是有关社会领域信息的处理，包括对信息的解释、分析并储存在记忆中，记忆和分析的方式。彭宁顿（D. C. Pennington）对此作了如下说明：所谓"社会领域"包括他者以及我们自身；所谓的"解释"是指人们根据接收信息时的社会背景，以及自己的经历、文化价值等对信息做出解读，譬如可能根据该人所属的社会群体，以及对该群体的刻板印象来解读有关此人的信息；"分析"是指最初的解释可能要调整、改变甚至被抛弃。譬如对某人的刻板印象，但随着认识的不断深入可能改变印象；"储存在记忆中"指能够被回忆或检索到的社会信息。回忆可能需要付出极大努力，但有时不愿意付出。[①]谢尔曼（S. J. Sherman）等将社会认知归为三方面的内容：一是社会信息如何储存和组织在记忆中？二是储存在记忆中的信息如何影响新信息的处理和解释，以及其后的判断、决策和行为？三是新的信息和其他过程的反应如何引起心理表征的变化？总之，社会认知是心理上的倾向，关注认知行为（心理结构和过程），以及在形成判断和行为时的作用。[②]

值得关注的是，西方学者对政治认知并没有给出明确的定义。他们的许多文章和著作以政治认知为主旨，但是却在解释社会认知之后，直接谈政治认知。究其原因，这些学者普遍把政治认知看作是社会认知的理论和方法在政治领域的应用，知道了社会认知，也就了解了政治认知。政治认知无非是用"政治"替代社会认知的"社会"。在仔细比较西方诸家对社会认知的定义之后，会发现一些共同点：认知指信息的处理，即对接受信息进行解释、分析、记忆储存，同时也强调信息处理对判断、决策和行为的影响。"社会"二字是对信息的限定，指社会领域的信息，具体来说是指人，包括我们自身和他者的信息。由此，可以对政治认知做出如下解释：对政治领域的信息解释、分析和记忆方式，以及这些方式对判断、决策和行为的影响。政治领域涉及政治关系下的他者和我们自身。

既然政治认知是社会认知的理论和方法在政治领域中的运用，因此对

---

① D. C. Pennington, *Social Cognition*, Routlege, 2000, pp.1–2.

② S. J. Sherman et al., Social Cognition, *Annual Review of Psychology*, Vol.40, 1989, pp.281–326.

政治认知的研究,与社会认知相比有明显的滞后期。根据麦格罗的考察,政治认知作为一种元理论指导研究实质性的问题,其最早的特征是简约主义的,如李普曼在 1922 年发表的《公众舆论》中,就简单地把政治认知假设为,外在的政治世界信息经过梳理形成人们的内在记忆结构,影响人们对政治事件的理解和评估,直至最后的决策。即这种政治认知的研究停留在微观层面。麦格罗认为,尽管微观层面的研究是绝对必要的和不可避免的,但是政治认知的研究必须突破微观层面,对政治生活的宏观层面也要有所关注。在政治认知的发展过程中,可以追溯到康沃斯 1964 年有关信念系统的研究,但第一次把认知引入政治学的是阿克塞尔罗德(Robert Axelrod)于 1973 年有关外交决策的原因图式的研究。20 世纪 80 年代,有三本有影响力的著作,标志着政治认知在政治心理学的研究中已经处于核心地位,这三本著作是:《新闻的处理》(*Processing the News*,Graber,1984);《政治认知》(*Political Cognition*,Lau & Sears,1986),《至关重要的新闻》(*News that Matters*,Iyengar & Kinder,1987)。[1]

对政治认知最初的研究是冷认知,即它无法充分地对待情感、动机,单纯相信利用认知自身就能够分析一些行为。直到 90 年代这种现象才有所改观,学者开始探讨热认知,即把政治认知与情感、动机结合起来。政治认知的发展过程中有三个方面值得关注:其一,爆发的认知革命对各个学科都有影响,政治学也不例外。其二,政治学作为"拿来的学科",深受经济学和心理学的影响。经济学中的理性选择模式渐成流行,也影响到政治学,理性人的假设成为解释政治行为的主流。而认知对政治学的影响则体现在对理性选择模式的批评和修正,是理性选择模式的替代性解释。其三,一些学者在政治认知发展过程中的作用。政治认知的研究是政治心理学研究生培训项目的核心内容。几个学者在推动政治认知研究过程中做出了重要的贡献,如西尔斯(David O. Sears)、沙利文(John L. Sullivan)、洛奇(Milton Lodge)。[2]

政治心理学最大的问题在于无论其理论和方法都深受心理学的影响,阻碍了其独立性的发展。杰维斯(Robert Jervis)认识到了政治认知的研究受

---

[1]　Kathleen M. McGraw,Contributions of the Cognitive Approach to Political Psychology,*Political Psychology*,Vol.21,No.4,2000,pp.805-832.

[2]　Kathleen M. McGraw,Contributions of the Cognitive Approach to Political Psychology,*Political Psychology*,Vol.21,No.4,2000,pp.805-832.

社会心理学中认知研究的影响,但他指出这种现象是有问题的,即心理学和政治学之间不应该只是一个单向的关系,两者之间应该交流(trade),即在政治学界对认知的研究成果也应该反过来对社会认知有所影响。同时,他提醒在政治认知的研究中,应该与社会认知的研究有所不同,社会认知研究所存在的一些问题不应该带到政治认知的研究中。譬如心理学者喜新厌旧,喜欢征引近期的理论,抛弃旧有的理论;作为政治学者应该注意到旧有的理论,譬如认知失调理论等所具有的解释力。心理学者只识社会认知,不识心理学的其他方法,尤其是只知认知,不知情感。而政治学者应该对其他心理学的研究方法都有所关注,尤其是情感在政治中的作用。社会认知应用于政治领域时,要关注到该理论与制度、政策的互动,在互动过程中社会认知的一些理论有何变异。[1]

　　麦格罗也注意到了此问题,提出避免将心理学的研究成果直接运用到政治学中,政治心理学是被自己关注的问题所驱动,应该重新审视社会心理学方面的结果。然后他由宏观到微观提出了未来政治认知研究的系列问题:其一,政治经验什么时候重要,为什么? 有研究证明,人们政治经验的差异会导致信息处理水平的差异。但在启动的研究中,有学者主张阻止启动,有学者主张促进启动,有学者认为没有影响。有关其他认知研究中也存在类似的问题,需要我们对此作进一步探讨。其二,有关选择的表征。选择依赖于人们如何经历和感知政治信息的环境,但答案多样。其三,认知启发与认知过程的联系。其四,动机和认知的联系。其五,社会和政治认同下的认知过程。其六,社会和政治团体的表征。其七,社会环境下的政治认知。其八,政治认知的文化差异性。其九,政治心理学和理性选择的和谐关系。[2]

　　政治认知涉及的理论和概念很多,包括:认知相符理论、框架、启动、图式、启发、刻板印象、政治记忆、前景理论、国家形象理论、操作码等,但由于篇幅的关系,其中一些理论和概念的介绍散落到其他章。譬如认知相符论在政治态度一章,框架和启动在政治态度改变一章。同时,前景理论、国家形象理论和操作码的相关研究,主要与领导的心理相关,放在领导心理一章。本

---

　　[1]　Robert Jervis,Cogntion and Political Behavior. In Richard R. Lau,David O. Sears,eds.,*Political Cognition*,Lawrence Erlbaum Associates,Publishers,1986,p.321.

　　[2]　Kathleen M. McGraw,Contributions of the Cognitive Approach to Political Psychology,*Political Psychology*,Vol.21,No.4,2000,pp.805-832.

章只介绍图式、启发、刻板印象和政治记忆。

二、政治图式

图式(Schema)的引入为社会认知进入政治学铺平了道路,它与政治学现有的结构(信念系统、态度和刻板印象)天然契合。20 世纪 70 年代,阿克塞尔罗德就认识到图式理论的重要性,将其引入国际关系领域。[①]80 年代中期,四篇研究政治图式的文章发表在政治学顶级期刊 *American Political Science Review* 和 *American Journal of Political Science* 上,把政治图式的研究推向了鼎盛。上述政治认知的三本代表性的著作中,《新闻的处理》《政治认知》两书中探讨和运用的理论基本都是图式理论。

原来社会心理学的主流是认知相符理论,把追求一致看作人们行为的动机。但 70 年代末期兴起的社会心理学理论与此有些不同,他们认为人们在认知上是吝啬者,处理信息的能力有限,即人们会利用很少的证据做出判断。这种转变中,强调知识如何储存,以及储存的方式如何影响知觉的过程,其中"图式"的概念扮演了核心角色。

(一)图式释义

什么是图式?阿克塞尔罗德解释为案例中所有可能解释(specifications)的子集(subset),这种解释是呈系列的,并有些规定的特征。这里所说的案例指某个时间内具体的案例,所有可能解释指罗列该案例所有的因果解释。譬如给定一个群体,运用平衡图式分析群体成员的友好关系,即列举出所有人们喜欢和不喜欢的关系。[②]马库斯(Markus)将图式界定为"内在的认知结构,允许个体在处理……接受到的信息时一定程度上会提高效率"。他把在某个具体的领域拥有既定的知识结构者称为图式者,相反没有发展出精致的知识结构,不管是缺少兴趣、能力或经验,都被称为非图式者。[③]菲斯克(Susan

---

① Robert Axelrod,Schema Theory:An Information Processing Model of Perception and Cognition, *American Political Science Review*,Vol.67,1973,pp.1248–1266.

② Robert Axelrod,Schema Theory:An Information Processing Model of Perception and Cognition, *American Political Science Review*,Vol.67,1973,pp.1248–1266.

③ Markus,Self-schemata and Processing Information about the Self, *Journal of Personality and Social Psychology*,Vol.35,1977,pp.63–78.

T. Fishke)和林维尔(Patricia W. Linville)将图式解释为"从具体的例证的经验中抽象出来的,组织好的以前知识的认知结构",以指导"新的信息处理和储存信息的检索"。①

哈密尔(Ruth Hamill)等认为对某个领域以前的知识影响了人们看到和记忆的内容以及解释现实和指导行为的方式, 包括了陈述性和关联性的知识。陈述性知识指对世界某些具体方面的案例和属性的事实性信息的描述,关联性知识指语义的联系,具体来说指将案例和特征联结起来的组织关系网。②

由上述作者的解释,可以发现图式是在某具体领域呈组织化的知识结构,这些知识结构在处理、储存和组织信息上发挥着重要作用,尤其是在处理一些模糊的信息时发挥着关键作用。体现在政治领域,就是面对每个具体的政治议题, 一个图式者拥有一套固有的知识结构去解释和理解它。温特(Nicholas J. G. Winter)指出,当一个人遇到政治议题时,就会运用一些图式理解它,并给出评估。这些图式包括描述议题领域的属性以及结构,用来把各种属性互相关联,并提供判断的基础。譬如美国理解种族的图式包括各种种族群体的属性,白人是富人,黑人是运动员;白人是勤奋的,黑人是懒惰的。结构则是白人富因为他们是勤奋的等。③

(二)图式的功能

图式在政治领域有何作用? 对此许多学者进行了探讨。有的归为五方面,有的则归为了六方面、七方面。

康诺弗(Pamela J.Conover)和费尔德曼(Stanley Feldman)将政治图式的功能归纳为五方面:第一,组织个人的经验,即为他们环境的因素排序,以反映相关图式的结构;第二,图式影响"什么信息被解读,或从记忆中被检索";第三,图式结构是"填补"缺失信息的基础,因此超越了既定的信息;第四,图式提供了解决问题的方式, 通过提供捷径或启发的方式简化了解决问题的

① Susan T. Fishke & Patricia W. Linville,What does the Schema Concept Buy Us? *Personality and Social Psychology Bulletin*,Vol.6,1980,pp.543-547.

② Ruth Hamill et al.,The Breadth,Depth,and Utility of Class,Partisan,and Ideological Schemata, *American Journal of Political Science*,Vol.29,No.4,1985,pp.850-870.

③ Nicholas J. G. Winter,Beyond Welfare:Framing and the Racialization of White Opinion on Social Security,*American Journal of Political Science*,Vol.50,No.2,2006,pp.400-420.

过程;第五,根据现实的比较产生的期望,图式提供了评估人们经验的基础。[①]

泰勒(Shelley Taylor)和克罗克(Jennifer Crocker)将图式的功能归为六项:其一,对人、地点、事件、过程归类,简化环境;其二,影响对新信息的关注、解读和记忆中的回忆;其三,使个体从不完整的数据中做出推论,用最好的猜测填补缺失的信息;其四,为解决问题和做出有信心的决策提出计划;其五,决策和预测时影响证据的权重;其六,依据哪种现实,谁之经历进行比较而产生的预期。[②]

洛奇和哈密尔则将图式的功能归为七方面:其一,对人物、地点、事件和过程归类;其二,促进把信息组合成更大的、更有意义的和更容易检索的类别;其三,影响什么信息被关注、解读和从记忆中检索;其四,促进识别、回忆以及很容易检索与图式相关的信息;其五,能够使个体从不充分的数据中作推论,通过与图式相一致的猜测填补缺失的信息;其六,为更有信息的决策和预测提供基础;其七,作决策和评估概率时,为影响各种证据的权衡提供基础。[③]

尽管上述学者提出的功能数量不一,但所说的方面基本是一致的。其一,图式可以对接触到的信息进行排列组合,然后归类,形成解释的链条。其二,将这些编排好的信息储存在大脑里,影响新信息的关注和解释,也就是一旦遇到新的信息,大脑中已经有的图式就会影响对新信息的关注和解释。这里,所有的学者都提到了对缺失信息的填补,即当遇到一种信息是残缺的,已有的图式就会对缺失的信息进行补充。譬如在招工时,一个种族中心主义的白人经理面对一个黑人,现有的资料尤法证明该黑人是勤奋还是懒惰的,这时种族图式就会推定该黑人是懒惰的。其三,决策和预期。图式会影响哪种因素被考虑在内,以及被考虑的各种因素的权重,最终会影响决策的结果。同时,也会影响对评估对象的未来做出评估。

---

① Pamela J. Conover & Stanley Feldman, How People Organize the Political World: A Schematic Model, *American Journal of Political Science*, Vol.28, No.1, 1984, pp.95–126.

② Shelley Taylor & Jennifer Crocker, Schematic Basis of Social Information Processing, In E. T. Higgins, C. A. Herman, & M. P. Zanna, eds., *Social Cognition: The Ontario Symposium on Personality and Social Psychology*, Lawrence Erlbaum Associates, 1981, pp.89–127.

③ Milton Lodge & Ruth Hamill, A Partisan Schema for Political Information Processing, *The American Political Science Review*, Vol.80, No.2, 1986, pp.505–520.

(三)图式的特征

图式理论引入到政治领域中取得了哪些研究成果？阿克塞尔罗德将图式的形成过程用两个图加以说明。

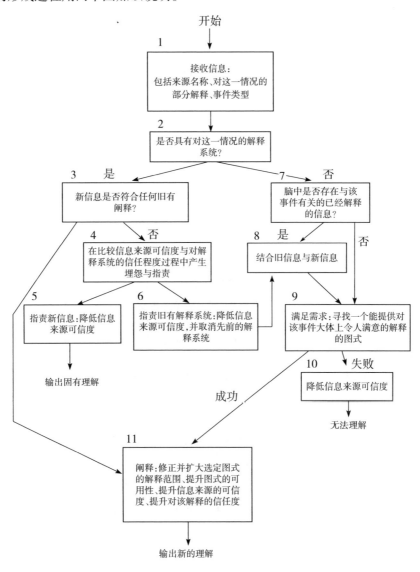

图 5-1　图式理论处理模型

See Robert Axelrod, Schema Theory: An Information Processing Model of Perception and Cognition, *American Political Science Review*, Vol.67, 1973, p.1251.

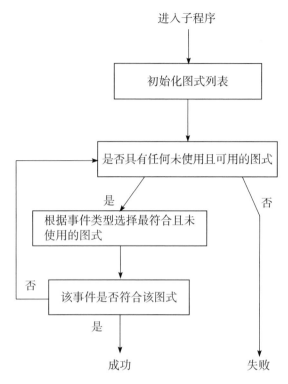

图 5-2　需求满足子系统

See Robert Axelrod, Schema theory: An Information Processing Model of Perception and Cognition, *American Political Science Review*, Vol.67, 1973, p.1252.

有关政治图式的研究,最经典的是康诺弗和费尔德曼,他们把图式的研究与政治信念系统结合起来。他们认为,将图式理论应用于信念系统的研究具有重要意义:首先,图式作为与环境互动的结果,同时作为内在结构影响着对信息的吸取。正是基于此特性,图式理论专注于认知过程,但解释该过程时具有社会学和心理学的视角,因此能够理解更广泛的现象。其次,集中于政治信仰的认知结构。最后,图式理论可以与多种的政治信仰的认知结构相比较。按照他们的理解,每个人有多种政治信仰,这些政治信仰分别可以用图式理论来解读,然后进行比较。政治图式的测量没有统一的方法,他们运用的是 Q 方法:从一堆陈述中进行归类,分为不同意到中立到同意。计算不同人的 Q 类型的相关性。样本来自于 59 名上政治学入门课程的大学生。运用 6 种 Q 类型 17 种图式(见表 5-1),采用强制的方式,表明自己的观点。

表 5-1　17 种政治图式及其相关解释

Q 类型	图式	具体的解释
基本的人类哲学	利他的 - 正面的	人类本性都是好的、值得信任的和愿意互相帮助的,利他被认为是重要的
	霍布斯式的 - 弗洛伊德式的	人类是自利的、不值得信任的、很难相互理解的
	个人主义的	生命中的成功和失败是个人主动性的重要因素,人们做值得做的
	利他的 - 复杂的	人类本质上是自利的,很能理解的,但仍然有义务维系共同体的完整性
意识形态原则	新保守主义	大政府是必要的邪恶,依靠它来维系法律和秩序,现有的习惯和机制是重要的
	自由 - 市场保守主义	基本观点是反对政府的,强调为追求商业利益,自由是必须的
	民主社会主义	主张变革是必须的,对社会是积极的,而社会阶级的存在对社会是有害的
经济信念	自由市场的价值	关注竞争、大公司和营利的积极价值
	社会为不平等负责	反对自由市场的观点,社会不平等人人有责。
	自我依赖的价值	保守的立场,强调贫困中的个人原因
种族信念	自由的融合	赞成公共和私人层面种族融合
	保守的融合	赞成公共层面的融合,反对私人层次的融合,而且倾向于认为并没有感觉到种族歧视的存在
社会信念	宗教的 - 自由的性角色	强调宗教信奉的重要的,倾向于认为性自由的态度
	自由的性角色 - 非宗教的	强调性自由的态度与宗教无关
国际事务信念	国际主义 - 非军事对抗的	强调世界而不是美国的利益,任何时候要尽可能避免战争
	国家主义 - 种族中心的	强调为了国家民族利益,某些情况下采取军事对抗
	孤立主义的 - 非军事对抗的	强调在世界事务中保持中立,与之相伴的是非军事对抗

　　See Pamela J. Conover;Stanley Feldman,How People Organize the Political World:A Schematic Model,*American Journal of Political Science*,Vol.28,No.1,1984,pp.122-124.

结果分析显示,尽管多数人不是政治精英,无论是从抽象的还是具体的层面均会运用政治图式分析政治信息。人们可能拥有几种政治图式,图式之间是相互区分、独立的,即使在分析同一信息时,也可能运用到不同的政治图式,换言之,人们可能运用不同的视角分析他们所接收到的政治信息,不同领域间的相互性依赖于所运用的具体图式。譬如经济和种族领域,运用的图式不一样,他们之间的联系也有所不同。社会为不平等负责的图式导致自由的立场,而自我依赖的图式则会持保守的立场。人们看待政治的角度有所不同,有的从各自独立的角度,有的从相互联系的角度,有的也从具有实质意义的和等级的模式看待。譬如,一个总体上保守主义的视角,对人性的看法是霍布斯式的-弗洛伊德式的图式,会逐渐采取"自由市场保守主义"的图式处理意识形态的信息,在更加具体的信念层面上会依据"自由进取的价值"组织相关的经济信息,会以"国家主义-种族中心的"处理外交事务。但有时图式也会负相关。"民主社会主义"的图式与前面所述诸多图式是负相关。居于最高层面的,在他们看来,有两种保守的视角和一种自由的视角,保守的视角包括霍布斯式的-弗洛伊德式的,以及个人主义的视角,自由的视角即民主社会主义的视角。然后有几种混有保守和自由观念的视角。①

在康诺弗与费尔德曼对政治图式的研究中,总结的图式过多,往往让人把握不住其要旨。哈密尔等的研究相对简化了许多,他们专注于富裕-贫穷的阶层图式、共和-民主的政党图式,以及自由-保守的意识形态三种图式。1982年,他们对纽约长岛的228名居民进行了问卷调查,涉及14项政策议题,即测量受访者的政治兴趣、应用的图式以及自己在议题上的自我定位。结果发现,在阶层图式中,多数访谈者在有效地处理"花费-节约"类型的议题上会运用,而在非经济议题上运用该图式则相对较少,同时运用阶层图式的多为普遍民众。而政党图式、意识形态图式,在政治上有经验的受访者运用较多,不仅体现在有效处理"花费-节约"的议题上,而且在更加抽象的非经济政策上提供了有效的分析框架,也就是说这两种图式具有更广泛的适用性,其中政党的运用范围最广。②之后,哈密尔的研究团队具体探讨了政党

① Pamela J. Conover & Stanley Feldman, How People Organize the Political World: A Schematic Model, American Journal of Political Science, Vol.28, No.1, 1984, pp.95-126.

② Ruth Hamill et al., The Breadth, Depth, and Utility of Class, Partisan, and Ideological Schemata, American Journal of Political Science, Vol.29, No.4, 1985, pp.850-870.

图式在选举中的作用。根据对政治的兴趣以及拥有的对领导的知识,个体被划分为三种层次:兴趣和知识皆高者称为政党图式;中间群体;兴趣和知识皆低者为非政党图式。他们提出了两项假设:假设 1,政党图式者比非图式者更能准确地对政党相关的信息进行归类。假设 2,政党图式者将更多记住与政党图式相一致的信息。调查的对象是 603 名长岛居民。结果显示,与认知和社会心理学的发现相一致,与非政党图式相比,政党图式者能够更好地将竞争中的主张归为共和党和民主党,以及更好地回忆虚拟的议员所持的立场。与此同时,图式者展示了"一致性的偏见",与议员的党派身份一致的政策(与不一致的相比)回忆得更多。对记忆的"重构"在图式者中更加突出,反映了政治信息处理中严重的偏见。①

自 20 世纪 50 年代以来,政党认同的作用在逐渐弱化,于是就有了政党认同和候选人的作用孰轻孰重的争论。米勒等对图式的研究着眼于总统候选人的人格。与传统的假设(人们运用人格判断是非理性的)相反,图式理论显示越通晓政治的选民,越会根据候选人内在的既定倾向和行为进行评论,这种评论是基于储存的有关目标的大量经历。另一方面,那些非图式者很少根据候选人的特征进行推论,很少做复杂性的推论。总之,对具体属性运用的程度反映了信息线索提供的总量,这些线索的个人相关性,以及个体对政治的知识。究竟是党派、议题还是人格在起主宰作用,他们根据 1952 至 1984 年的 NES 数据,分析发现候选人得到的关注最多,即人格起主宰作用。人格诸多要素中,他们又划分为以下五方面:能力、正直、可信、魅力、个体(包括年龄、人生的背景),能力、正直和可信始终关注度较高,尤其是能力。魅力和个体维度变化比较大。就民众来说,教育程度和政治兴趣,与总统的能力、正直和可信呈正相关,媒体的曝光与能力和魅力呈正相关。而学者们一直认同的政党认同则对总统的人格评估没有产生影响。②

温特(Nicholas J. G. Winter)探讨了白人种族的图式,对该图式的探讨是与框架联系在一起的。他首先解读了群体蕴含(group implication)的概念,指政治议题(共同存在于政治协商和公民的心中)与种族的考量相关的过程。

① Milton Lodge & Ruth Hamill, A Partisan Schema for Political Information Processing, *The American Political Science Review*, Vol.80, No.2, 1986, pp.505–520.

② Arthur H. Miller et al., Schematic Assessments of Presidential Candidates, *The American Political Science Review*, Vol.80, No.2, 1986, pp.521–540.

蕴含意味着现象的普遍性,对社会群体的种族化会影响公众舆论。其中协商议题时,不一定指出相关的术语,不一定公开说出种族二字,但却在舆论中发挥重要的作用,而主宰该过程的是图式与框架的互动。框架可以在蕴含的层面以唤起某种特别的图式,影响对议题的知觉和评估。一个成功的议题框架能够架构一个议题,使人们很有可能运用一种特别的图式来理解,当然失败的框架就无法做到。如果一个修辞的议题框架与某种特别的图式一致,框架就会起作用。

在此意义上,温特认为框架是认知图式修辞性的相似物,图式和框架应该共享同一结构,如果这样的话,图式就会主宰议题的知觉和评估。基于此,他把种族的图式划分为三部分:内外群体区分的核心、内外群体系列的特征,以及有关这些特征的属性的变化和相应的评估。首先,内外群体的划分核心是心理的,我们/他们的划分是重要的组成部分。其次,白-黑种族图式所显示的属性,黑人是懒惰的、依赖的、贫穷的,是潜在受歧视的对象。而白人是勤奋的、独立的、富裕的,是潜在实施偏见的对象。最后,有关工作、成功、歧视和偏见形成了系列的因果关系。一种是保守派,归于个人层面的品德和努力,认为黑人只要努力工作,就会和白人一样。自由派归于历史和黑人所面临的现有障碍。①

那么一个人在分析信息时,拥有相应的图式,处理信息的速度是快还是慢呢? 对此,学术界有不同的看法,这种争论围绕自我图式展开。费斯科等设立了一套测量自我图式的方法,包括参与者对政治的整体兴趣,政治兴趣对自我评估的重要性,自由-保守的意识形态对自我评估的重要性。他们发现政治的自我-图式与政治信息的慢处理相关,而且减少了对信息的回忆。②按照费斯科等的理解,所谓自我图式指自我卷入相关议题的程度,人们在面对涉及与自己相关的议题时,总是三思而后行,因此导致了信息处理速度慢。邓肯(Lauren E. Duncan)认同费斯科等关于自我图式的解释,但却对其结论有不同意见。他们认为,自我图式与个人的政治突出性(personal political salience,PPS)相关。所谓个人的自我突出性是指把个体的意义与社会和历史

① Nicholas J. G. Winter, Beyond Welfare: Framing and the Racialization of White Opinion on Social Security, *American Journal of Political Science*, Vol.50, No.2, 2006, pp.400-420.

② S.T. Fiske et al., On the Varieties and Utilities of Political Expertise, *Social Cognition*, Vol.8, 1990, pp.31-48.

事件密切相关的倾向，作为个体差异的变量，与公民参与和政治行为的参与相关。既可以与个体的身份相关，譬如有关女权的议题，或者有关种族的议题；也可能是情感的介入，譬如堕胎、同性恋等一些社会议题；也可能是自己对某些议题感兴趣，譬如经济大萧条。通过实验他们发现，凡是与个人身份突出性议题越相关，人们的信息处理速度越快。同时，由于个人介入议题越深，越会将议题与当时的社会、历史和政治背景联系起来考察，因此他们在态度、情感和行为反应上，与非自我图式者具有明显的差异，他们的态度也会更趋一致和稳定。[①]这与我们前面叙述政治态度改变时一些学者的观点是一致的：自我深度介入的政治态度会形成核心的态度，容易长期保持稳定。在另外一篇文章中，邓肯与斯图尔特（Abigail J. Stewart）探讨了个人的政治突出性作为一种人格特征，与政治事件、个人身份之间的关系，他们考察的是女权运动与女性身份，维权运动与种族身份之间的关系，发现个人政治突出性会促进政治化的集体身份的发展，进而推动相应的社会运动的兴起，并积极参与这些运动。也就是说，依赖个人的政治突出性，就能够预测人们的政治行为，发现群体成员身份、政治化的集体身份和政治参与之间的联系。[②]

（四）对图式的批评

有意思的是，"图式"的使用频率越来越少，在于容易引起歧义，充满不确定性。逐渐地，更多学者开始运用"联想网络模式"（associative network models）以取代图式，该模式指概念化记忆信息的表征，以节点和联结线组成的网络。[③]

库库林斯基（James H. Kuklinski）等更是提出了超越图式理论的观点。他们认为，尽管图式理论大量地运用于大众政治的研究，但是图式理论却难符其名。其一，方法的变化无常。无论是具体变量的确定，还是变量的正向和负向关系，以及图式内容的组织和多样性方面都存在大量的不确定性。把测量

---

①　Lauren E. Duncan, Personal Political Salience as a Self-Schema: Consequences for Political Information Processing, *Political Psychology*, Vol.26, No.6, 2005, pp.965–976.

②　Lauren E. Duncan & Abigail J. Stewart, Personal Political Salience: The Role of Personality in Collective Identity, *Political Psychology*, Vol.28, No.2, 2007, pp.143–164.

③　Kathleen M. McGraw, Contributions of the Cognitive Approach to Political Psychology, *Political Psychology*, Vol.21, No.4, 2000, pp.805–832.

图式的方法与其他概念的测量等同，一些明显不是图式的混同于图式。其二,图式理论应用过程中的装饰性(cosmetic applications)。测量与概念间的松散相关,导致许多分析与图式理论之间只是松散的关系,表面上宣称图式理论,实际上却不是。也就是说图式理论只是起到装饰作用,对分析的深入并无实质性的贡献。其三,理论的相似性。图式的研究只是将传统的态度研究装进新瓶,图式的发展与态度的形成以及结构相同。其四,理论的有限性。图式对认知和认知过程的描述是有限的,并不像图式研究者所宣称的那样能够用图式对信息的解释和储存做清晰的描述。同时,描述了太多的图式,但这些图式之间却缺少有机的联系。在情感的研究逐渐兴起时,图式理论也没有将情感整合进其理论中。其五,忽略了社会背景的考察。总之,图式理论在理解政治现象方面并没有走得太远,只是松散的运用,而根本的运用则没有。[①]

三、启发

政治认知主宰了现有的政治心理学研究。但是进一步问之,政治认知涉及的内容较多,政治认知中研究的核心是什么? 是政治启发(Heuristics)。我们在前面介绍过许多认知概念和理论:启动、框架、图式、议程设置。这些概念和理论关注的要素各异, 提出的观点也有所不同,但却共有以下基本特征:它们对信息的分析均不是系统的理性分析,都是对信息的化简去繁,都是认知的捷径。说到底,这些概念从某种程度上来说都是启发。可以说,启发概念的提出,更能够简单地概括当代认知的特征。

(一)启发的释义

什么是启发? 特沃斯基(Amos Tversky)和卡尼曼(Daniel Kahneman)认为, 启发就是把概率估计和数值预测等复杂的任务归为更为简单的判断操作。[②]即将复杂的任务进行简化。但是两位学者所谈的启发领域比较广泛,是

---

① James H. Kuklinski et al., Where is the Schema? Going Beyond the "S" World in Political Psychology, *The American Political Science Review*, Vol.85, No.4, 1991, pp.1341–1356.

② Amos Tversky & Daniel Kahneman, Judgment under Uncertainty: Heuristics and Biases, *Science*, Vol.185, No.4157, 1974, pp.1124–1131.

将其作为人类在解释社会现象时普遍运用的一种方式。斯奈德门（Paul M. Sniderman）等发表了类似的观点，但与之不同的是，将启发的对象限定在了政治领域。他们在提出选民如何了解和思考政治的问题时答复说，是启发决定选民在具体议题上的立场。关于启发，他们解释为简化的方式。[①]他们很明确地肯定了选民在选举中运用启发的方式以解读具体的议题，同时抓住了启发的重要特征——简化。

简化的方式只是启发的重要特征之一，如何更准确地把握启发的特征？有学者把启发与其他思维模式进行了对比。劳和雷德劳斯克（David P. Redlawsk）将人类决策过程分为简单、启发和系统三种思维方式。简单思维不需要理性思维。启发思维需要理性思维，但是这种努力尽管是成系统的但是有限的，依赖认知捷径，以避免在处理信息时耗费过多的精力。第三种是系统思维，在决策时，有意愿而且有能力进行认知上的深入思考，当面对重要的决策，包括对多个相互竞争的因素考量时，能够对之深入思考。具有系统思维者甚至能够根据不同的标准列出每种选择的利弊，不同标准的突出性的差异等。[②]由此可以看出，区分三者之间的最重要标准是理性的差异。简单的思维方式不需要理性，启发是有限的理性，而系统思维是一种理性的思考。

与此相联系，启发与系统思维的另一区别在于认知的努力与否。系统性的信息处理是最费力的思考模式，是"一种全面的分析倾向，知觉者接触所有与他们的判断任务相关和具有重要性的输入信息"。启发性处理则与此相反，"一种有限的处理方式，与系统处理相比，只要求很少的认知努力和能力"。[③]库库林斯基和赫尔利（Norman L. Hurley）举例到，采用启发的信息处理方式就能假定可依赖的领导者发表主张的真实性，因此不会花太多时间分析主张本身。可以说，启发的运用者作为信息的分析者是懒惰的，他们只是

①　Paul M. Sniderman et al., Reasoning Chains: Causal Models of Policy Reasoning in Mass Publics, *British Journal of Political Science*, Vol.16, No.4, 1986, pp.405–430.

②　David C. Barker & Susan B. Hansen, All Things Considered: Systematic Cognitive Processing and Electoral Decision-making, *The Journal of Politics*, Vol.67, No.2, 2005, pp.319–344.

③　S.Chaiken et al., Heuristic and Systematic Processing Within and Beyond the Persuasion Context, In J. S. Uleman & J. A. Bargh eds., *Unintended Thought*, Guilford, 1989, pp.212–213.

接受或拒绝信息的结论,而没有对结论本身进行很好地分析。[1]

由上述学者给出的解释,我们可以总结出启发的特征:一是简化的方式,面对复杂的问题化繁复为简单;二是有限理性,对信息的处理虽然有理性,但是有限的;三是认知上的吝啬者,对信息内容并不作过多地分析。

(二)启发提出的背景

为何启发会占据政治心理学的核心地位?

1.社会背景:选民的无知

传统的民主理论家(例如密尔和卢梭)认为,民主正常的功能如果能够得到发挥,公民应该对政治感兴趣,关注政治并积极参与政治,选民的决策是在理性的基础之上做出的,即基于自利和共同的善。[2]理性人假设是西方近代诸多政治制度的基础,如三权分立、代议制。譬如代议制即是基于如下假定:民众为什么选举国家领导人和议员等,是人们对自己的利益得失都能够清晰地判断,然后根据候选人所提出的主张来衡量自己的利益得失,争取实现自身利益最大化。直到现在依然有学者提出这种观点,美国政治学者夏皮罗(M. J. Shapiro)所提出的空间模式就是如此。空间模式指选民在接受有关候选人在议题上的信息后,根据每种议题评估候选人的立场,确定候选人与自我的距离,协调、权衡各种距离,排出顺序,然后投票。[3]安东尼·唐斯也概括了理性人的特点:①当他面临一系列可选择方案时,他总能够作出一个决定;②他根据他的偏好顺序按这样一种方式来排列所有可选择的方案,使得每一方案或者优于其他方案, 或者与其他方案无差异, 或者劣于其他方案;③他的偏好顺序是传递的;④他总是选择在他的偏好顺序中位置最高的可选方案;⑤每当他面临同一选择时他总是作出同一决定。[4]可以看出,这些学者的观点对选民提出了近乎苛刻的要求。

---

① James H. Kuklinski & Norman L. Hurley, On Hearing and Interpreting Political Messages:A Cautionary Tale of Citizen Cue-Taking, *The Journal of Politics*, Vol.56, No.3, 1994, pp.729-751.

② Richard R. Lau & David P. Redlawsk, Voting Correctly, *The American Political Science Review*, Vol.91, No.3, 1997, pp.585-598.

③ Michael J. Shapiro, Rational Political Man: A Synthesis of Economic and Social-Psychological Perspectives, *The American Political Science Review*, Vol.63, No.4, 1969, pp.1106-1119.

④ [美]安东尼·唐斯:《民主的经济理论》,姚洋等译,上海人民出版社,2005年,第5页。

　　但是学者们发现只有少数选民符合上述标准，多数情况下选民是无知的。一般情况下，他们对政治并不感兴趣，只是在竞选时期稍加关注，而且多数选民的政治知识严重缺乏。以美国为例，这种情况自 20 世纪 40 年代一直持续到现在：

　　20 世纪 40 年代，1/3 的美国公众对政治一无所知，他们对于大众传媒所传播的信息无动于衷；[①]60 年代，多数选民对政治的理解很差，许多人不知道国会中哪一个政党占多数，以及谁是在国会中代表他们选区的议员；[②]80 年代，29%的公众对政治一无所知，政治冷漠者在选民中占多数，尤其在国际政治方面，政治无知更加严重；[③]90 年代，1992 年的调查结果发现，只有 59%的美国人知道民主党控制众议院多数席位。1995 年末的调查发现，多数美国人相信联邦政府花费在对外援助上的费用多于国内医疗保险的费用。[④]

　　托马斯·戴伊和哈蒙·齐格勒指出，对政治的无知与冷漠是民众的主要特征。美国有近一半的合法选民不去投票站参加选举，即使总统选举也是如此。而在中期国会选举中，参加投票的选民更少，仅占合法选民的 35%。在同各州及全国大选分开进行的市、县选举中，实际投票者只占选民的 20%~35%。[⑤]民众对政治缺乏了解，既不了解政府的组织结构，也对行政管理程序缺乏认知。民众的政治知识可能仅限于知道每个州有两名参议员、国会成员的任期等政治常识。

　　进入 21 世纪，这种现象仍然没有改观。尽管几乎每个美国人都知道总统是谁，但近一半的公众不知道最知名的内阁成员的名字，仅三分之一的公众能叫出国会中本选区 2 名参议员或 3 名众议员的名字。多数人只是简单地

　　① 　Herbert H. Hyman & Paul B. Sheatsley, Some Reasons Why Information Campaigns Fail, *The Public Opinion Quarterly*, Vol.11, No.3, 1947, pp.412–423.

　　② 　Warren E. Miller & Donald E. Stokes, Constituency Influence in Congress, *The American Political Science Review*, Vol.57, No.1, 1963, pp.45–56; Philip Converse, The Nature of Belief Systems in Mass Publics, In David E. Apter ed., *Ideology and Discontent*, Free Press, 1964, pp.206–226.

　　③ 　Stephen E. Bennett, "Know–Nothings"Revisited: The Meaning of Political Ignorance Today, *Social Science Quarterly*, Vol.69, 1988, pp.476–490; Stephen Earl Bennett, "Know–Nothings"Revisited Again, *Political Behavior*, Vol.18, No.3, 1996, pp.219–233.

　　④ 　Donald R. Kinder, Communication and Opinion, *Annual Review of Political Science*, Vol.1, 1998, pp.167–197.

　　⑤ 　[美]托马斯·戴伊、哈蒙·齐格勒：《民主的嘲讽》，孙占平等译，世界知识出版社，1991 年，第 141 页。

知道政府如何运作,而对当时最重要的政治议题持"真实"态度的人则更少。[①]

综上所述,自 20 世纪 40 年代至今,在民主选举甚为发达的美国,不同学者在调查中均发现了选民的无知。那么如何看待选民的无知? 选民无知是否影响民主的实践,尤其是代议制的运行?

2. 理论背景:选民是理性还是非理性的争论

一种观点认为民众的无知是非理性的,选举的结果也是非理性的。他们主张,理论的设计与现实中调查所反映出来的数据差别如此之大,因此那些自诩为"民主"的政府并不是真正民主的。试想,一群冷漠的公众怎么可能对政府官员施加限制, 这样一群特权阶层就会利用民主体制及民众的冷漠来操纵政府以获得自己的私利。[②]托马斯·戴伊和哈蒙·齐格勒更是指出:"由于民众政治上普遍的无知和冷漠,所以民主观念的存在本身就是对民主的嘲讽。"[③]

以上观点的得出只是简单依据现实的证据进行理论推理, 即预设了选民是理性人,无知的选民会妨碍民主体制的运用。但是理论的推演并不等于能在实践中完整地再现。一些学者在对美国代议制的考察中发现了另外一个事实:美国民众的无知并不影响公众舆论和总统的选举结果。换言之,民众无知不一定导致公众舆论的不稳定和被操纵, 也不一定导致不正确的选举结果。在此种情况下,有的学者接受现有的证据,但修改了传统理论的标准,认为民主仍然在起作用,多数情况下现代政府仍是民主的。譬如有的学者认为公众舆论始终是稳定的、有意义的和理性的。[④]劳与雷德劳斯克于 1997 年的研究也表明,总统选举中大约 75%选民的投票是正确的,也就是说即使他们充分掌握所有的信息之后也是如此投票。同时,公众舆论也是稳定

---

① Richard R. Lau & David P. Redlawsk, Advantages and Disadvantages of Cognitive Heuristics in Political Decision Making, *American Journal of Political Science*, Vol.45, No.4, 2001, pp.951–971.

② W. L. Bennett, *News: The Politics of Illusion* (2th edition), Longman, 1988; Walter Dean Burnham, Theory and Voting Research: Some Reflections on Converse's "Change in the American Electorate", *The American Political Science Review*, Vol.68, No.3, 1974, pp.1002–1023.

③ [美]托马斯·戴伊、哈蒙·齐格勒:《民主的嘲讽》,孙占平等译,世界知识出版社,1991 年,第 144 页。

④ Benjamin I. Page & Robert Y. Shapiro, *The Rational Public: Fifty Years of Trends in Americans' Policy Preferences*, The University of Chicago Press, 1992, p.14.

和合理的。①无知并不等于投票不正确,也并不等于选举结果不正确。一些学者认为即使多数选民在接受政治信息方面严重缺乏,但只要个体的错误是随意的,公众舆论就是稳定和合理的。②

如何看待选民无知、舆论稳定和选举结果正确三者之间的关系,究竟是什么原因导致三者之间不是一种必然的关系? 显然非理性的解释无法给出满意的答复。

处在非理性另一极端的解释是理性的解释。理性选择理论家将选民的投票行为理解为市场交换行为,选民之所以投票给某一个候选人意在实现个人利益最大化。他们普遍接受以下假定:①理性的行动涉及效用最大化;②某些前后一致的要求必须是理性定义的一部分;③每一个个体通过对某些效用尺度的衡量来使自己付出而得到的期望值最大化;④相关的效用最大化的行动者是个人;⑤理性选择的模型能同等地应用于所有被研究的人群——决定、规则和判断力不因时而变、不因人而异。③

但理性人假设却带来了很多问题,其中一个重要问题就是集体行动困境和"搭便车"现象的产生。奥尔森指出,"除非一个集团中人数很少,或者除非存在强制或其他某些特殊手段以使个人按照他们的共同利益行事,有理性的、寻求自我利益的个人不会采取行动以实现他们共同的或集团的利益"④。也就是说,人们的利己倾向可能使得人们不必为公共产品付出成本而选择"搭便车"这种坐享其成的做法,这在唐斯的理论中也得到了印证。

唐斯把民众的无知看作是一种理性的行为,试图通过研究发现:"对于民主制度下的政府和公民,何种形式的政治行为都是合乎理性的。"⑤正是基于这种目的,他把民众的无知归为一种理性的行为,称为"理性的无知"。在

① Richard R. Lau & David P. Redlawsk, Voting Correctly, *The American Political Science Review*, Vol.91, No.3, 1997, pp.585–598.

② Nicholas R. Miller, Informaion, Electorates, and Domocracy: Some Extensions and Interpreations of the Condorcet Jury Theorem, In Bernard Grofman & Guillermo Owen, *Information Pooling and Group Decision Making*, Emerald Group Publishing Limited, 1986, p.86.

③ Donald P. Green & Ian Shapiro, *Pathologies of Rational Choice Theory: A Critique of Applications in Political Science*, Yale University Press, 1994, pp.14–17.

④ [美]曼瑟尔·奥尔森:《集体行动的逻辑》,陈郁等译,格致出版社、上海人民出版社,2014年,第2页。

⑤ [美]安东尼·唐斯:《民主的经济理论》,姚洋等译,上海人民出版社,2005年,第17页。

唐斯看来,判断一个人的理性行动有两项标准:行动指向某一目的;行动的收益必须超过它的成本,否则他便不会采取这一行动。[1]由此,理性的行动是"有效地用来实行行动者的自觉挑选的政治或经济目的的行动"[2]。具体到选民来说,"即使来自做出正确决策的收益是无限的, 理性人有时仍会把他们的政治决策的一部分或全部委托给其他人; 因此他们可能会对政治全然不知"[3]。在他看来,人们获取和分析政治信息都要付出成本,譬如时间、精力以及机会。理性的选民在投票时总要追求回报,但是自己的一票如沧海一粟,获利也是微小的。要做到理性的行动,不外乎两点:一是减少自己所收取信息的数量,但是有可能因数量掌握过少而导致判断的错误;二是减少获取知识成本的同时,保证结果的正确。按照他的说法,即把信息的收集、解释和判断部分或全部交给其他人,譬如政党、媒体、利益集团等,根据他们的判断做出自己的投票行为。[4]

因此,选民可以对政治知识保持无知,但只要找到可以依赖的信息源即可,然后根据这些信息做出自己的判断。这样既节省了自己的时间和精力,同时又保持了结果的正确。

(三)选民无知的有限理性解释:启发

有些学者与唐斯的解释类似,即无知的选民找到了到达目的的捷径,但他们并不认为选民是理性的,而是有限理性,确切来说是启发。

启发理论在对选民的定性上与理性和非理性的解释皆存在差异, 认为选民的无知既不是一种理性的行为,也不是一种非理性的行为,而是一种有限理性。但在具体解释无知与选举结果之间的关系上,却与唐斯的解读有些类似。赫斯腾(John A. Herstein)谈到,过去的研究没有考虑到信息处理者的能力和局限,由此他提出自己的观点:假定在对任何候选人都不存在否定性总体评估的情况下, 最初的投票决策过程可能包括对具体条目的评估和比较。具体来说,选民并不对每个候选人进行单独判断,然后对评估进行比较,而是对具体条目进行比较。但其中也只有少数条目能够在投票决策中被考

---

[1] [美]安东尼·唐斯:《民主的经济理论》,姚洋等译,上海人民出版社,2005年,第6页。

[2] [美]安东尼·唐斯:《民主的经济理论》,姚洋等译,上海人民出版社,2005年,第16~17页。

[3] [美]安东尼·唐斯:《民主的经济理论》,姚洋等译,上海人民出版社,2005年,第201页。

[4] [美]安东尼·唐斯:《民主的经济理论》,姚洋等译,上海人民出版社,2005年,第207~208页。

虑。譬如重要性、特殊性和否定性的条目。①即他们在信息处理上走了捷径。洛奇等也有类似的看法,也把对投票的研究归到认知的视角上,同样认为选民尽管是理性的,但是有限的。②

综上所述,在对投票模式的研究过程中,学者们逐渐将研究视角转换到对选民的信息处理过程,即认知的分析上来。同时,他们也认识到选民的理性是有限的,不可能对所有的信息进行分析,而是选择了捷径,采取了简化的方式,即启发。

尽管解释的路径与唐斯是类似的,但启发的研究重点却有所差异。唐斯只是简单地说选民把判断交给他人或群体,但是对这种过程如何完成的并没有详细论述。相反,启发的学者对此做了详细论证。劳与雷德劳斯克总结了前人对政治启发的研究,归为五种启发:第一种也可能是最重要的是候选人的党派归属。第二种是候选人的意识形态。以上两种是影响最大的启发方式。认可(Endorsements)是第三种方式,根据认可的相关利益群体(或个体)的态度投票。这种启发中,需要做的是自己对群体的认可程度,以及认可的群体对候选人的态度。或者受尊敬个体(譬如党派领导人,著名政治家或政治评论员,值得信任的报纸专栏的编辑)的认可或推荐。民调是第四种,民调提供可行性的信息,尤其是在候选人初选时期,在众多候选人中,民调能够帮助选民减少许多选项。候选人的外貌是最后一种,候选人的图像提供了大量的信息,包括性别、种族、年龄和总体的"可爱度"会同时发挥作用。外在的形象能够引发情感的反应,对候选人的评估产生影响。③

其实,启发的种类不止以上几种,上述分类中忽略了一个重要的类别:议题上的立场,即在一些关键或重要议题上的立场也往往是人们选择的认知捷径之一。以上几种方式中,前两种实际上依赖过去习惯的做法。如同中国人过去依赖祖宗之法一样,遇到现实中无法解决的问题,从过去成功的做法中寻找依赖。在选举社会中,政党和意识形态无疑是最重要的。第三种认可的方式,如同考场中作弊的考生一样,尽管他对该题不理解,但可以抄袭

① John A. Herstein, Keeping the Voter's Limits in Mind: A Cognitive Process Analysis of Decision Making in Voting, *Journal of Personality and Social Psychology*, Vol.40, 1981, pp.843–861.

② Milton Lodge et al., Black–Box Models of Candidate Evaluation, *Political Behavior*, Vol.12, No. 1, 1990, pp.5–18.

③ Richard R. Lau & David P. Redlawsk, Advantages and Disadvantages of Cognitive Heuristics in Political Decision Making, *American Journal of Political Science*, Vol.45, No.4, 2001, pp.951–971.

其他会做的同学,这种抄袭行为尽管不被认同,但在选举中却是允许的。与认可方式不同,民调并没有告诉考试的答案,但给出了该题的提示,告诉选民哪一个结果可能是最正确的。候选人的外貌,是电视等媒体兴起、总统辩论会举行之后出现的一种认知捷径,即根据候选人的外貌判断他的道德品质、领导能力等。候选人与选民的关系,变得如同明星与追随者之间的关系一样。

可以说,启发很好地解释了选民的无知与结果之间的关系。但是这种解释也存在缺陷:其一,捷径的运用有可能是行不通的。一般来说,在美国民主党倾向于自由派,而共和党是保守派。但也可能出现民主党持保守的立场,共和党持自由的立场,即党派和意识形态之间出现了不一致,可能导致选民无所适从。其二,依赖的捷径有可能是错误的。如同抄袭其他考生的答案一样,该考生的答案也可能是错误的,导致抄袭的结果是错误的。"人不可貌相","知人知面不知心",仅仅根据外貌判断人们的道德和品行也可能出现很大的偏差。其三,与上相关,他们并没有对启发运用的条件做出分析,即什么条件下启发的运用是正确的,什么条件下可能会出现问题。

(四)何时会运用启发

由上所述,许多选民是无知的,同时认知能力是有限的,由此决定了启发的出现。因此,启发的运用与此密切相关。

1.与政治知识相关

政治知识决定着选民的分析能力。政治知识越多,越有可能对接收到的信息进行系统分析。鲁皮亚(Arthur Lupia)根据知识与捷径的运用将选民分为三类:信息灵通者、不灵通但知道捷径者、不灵通不知捷径者。1988年,他对洛杉矶县的339名选民,就5种医疗保险改革的议题进行选举后的测试。结果显示,信息灵通者可能做出最好的决策,而信息不灵通但知道捷径者会有效运用他们的有限资源,以达到前者所取得的效果。信息灵通的选民是一种理想,面对选举信息繁多且时间有限的情况下,多数选民是做不到的。针对后两类选民,他提出,为了应对信息不灵通所带来的不利影响,应该在给他们提供易得的和值得信赖的捷径上下功夫。[①]

政治知识的高、中、低与系统思维、启发和简单思维分别对应。政治知识丰富者只是少数,选民能够理性思维也只是一种理想状态。但简单思维者因无捷径可走,也必然会导致决策质量的低下。按照鲁皮亚的设想,最好的状态应该是选民具有部分的政治经验和知识,同时外部要给他们提供可信赖的途径。这点已经得到了许多学者的认同,即政治知识是运用启发的必要条件,但不是充分条件。[②]

库库林斯基等也提出了类似的观点。他们提出了民主避免崩溃的两个条件:其一,公民必须很容易接触到反映客观事实的信息,从而能够对公共政策进行评估。这里的信息尤其指政治领导之间进行政策辩论的信息,譬如就有关某项具体的政策所进行的辩论。其二,公民必须运用这些事实以决定他们的偏好。他们必须运用这些事实以克服他们的无知或修正他们以前的偏见。如果两个条件都满足了,代议民主制就会稳固。他们提出应该把无知的(uniformed)和错误知识的(misinformed)的公民区分开来。无知是对政策一无所知,而错误知识的公民指拥有错误的知识,而且信心满满。无知的公民在知晓事实之后可能就会改变自己的态度,而错误知识的公民面对新的信息会抵制。[③]前者只需要提供第一个条件,即提供反映客观事实的信息即可;而后者则取决于公民的动机,即是否愿意接受新的信息。[④]对于选民来说,不但知道捷径,而且要保证选择的捷径是正确的,这样民主体制就不会出现问题。

---

① Arthur Lupia, Shortcuts Versus Encyclopedias: Information and Voting Behavior in California Insurance Reform Elections, *The American Political Science Review*, Vol.88, No.1, 1994, pp.63–76.

② 相关研究可参见以下文章:David C. Barker & Susan B. Hansen, All Things Considered: Systematic Cognitive Processing and Electoral Decision-making, *The Journal of Politics*, Vol.67, No.2, 2005, pp.319–344; Thomas J. Rudolph & Elizabeth Popp, An Information Processing Theory of Ambivalence, *Political Psychology*, Vol.28, No.5, 2007, pp.563–585; Richard R. Lau & David P. Redlawsk, Advantages and Disadvantages of Cognitive Heuristics in Political Decision Making, *American Journal of Political Science*, Vol.45, No.4, 2001, pp.951–971。

③ James H. Kuklinski et al., Misinformation and the Currency of Democratic Citizenship, *The Journal of Politics*, Vol.62, No.3, 2000, pp.790–816.

④ James H. Kuklinski et al., The Political Environment and Citizen Competence, *American Journal of Political Science*, Vol.45, No.2, 2001, pp.410–424.

2.动机

第二个影响启发运用的是动机。即人们试图通过分析信息达到什么目的,决定了他是否运用启发。

试图通过处理信息达到什么目的决定着人们是否运用启发。萨内蒂索(Rasyid Sanitioso)和昆达(Ziva Kunda)谈到了两种目标的差异对推理方式的影响。一是准确性目标,驱动人们得出最准确的结论;另一个是指示性目标,驱动人们因为某种或另一种原因得出他们想要的具体结论。前者需要关注大量有关判断决策的文献,准确性目标影响规则的选择,导致选择更为复杂的规则,为了追求准确性需要付出认知的努力。指示性目标并不需要关注大量的文献,更有可能获得和运用能够达到他们想要的结论的规则。①

驱动运用启发的另一种原则在于人们心中已经有习惯性的认知捷径,他们在遇到类似的议题或者决策行为时,如果认知对象表现出的一些特征与人们已有的认知捷径相一致,这时启发就会出现。譬如,在选择一个饭店时,有的人侧重于自己感官的满足(如味道、香气),他会关注饭店宣传的内容,尤其是感官方面的描述。相反,有的人侧重于饭店从业人员的形象,那么饭店广告中宣传者的形象就变得至关重要。②就选举而言,黑人由于自己的身份特征比较明显,他们在关注媒体对选举议题的描述时,多会关注领导人的肤色而不是言论;而白人则基本不太关注领导人的肤色,更多关注的是信息本身。③

3.政治信息

影响启发的另一因素是信息,如果处理的政治信息需要付出极大的代价,人们就会选择启发。与低代价相比,在高代价的情况下,人们会选择更少

---

① Rasyid Sanitioso & Ziva Kunda, Ducking the Collection of Costly Evidence: Motivated Use of Statistical Heuristics, *Journal of Behavioral Decision Making*, Vol.4, 1991, pp.161–178.

② Sharon Shavitt et al., The Interaction of Endorser Attractiveness and Involvement in Persuasion Depends on the Goal That Guides Message Processing, *Journal of Consumer Psychology*, Vol.3, No.2, 1994, pp. 137–162.

③ James H. Kuklinski & Norman L. Hurley, On Hearing and Interpreting Political Messages: A Cautionary Tale of Citizen Cue-Taking, *The Journal of Politics*, Vol.56, No.3, 1994, pp.729–751.

的例证得出结论。①

　　决定代价高和低的因素是什么？其中一个非常重要的因素是信息是模糊的还是准确的。在信息处于模糊的情况下，分析信息所付出的代价自然就高，这时就会运用启发。模糊的程度的影响，一般来说竞选期间选民在判断候选人的信息时，挑战者要大于现职，次要的要大于主要的候选人，候选人开始的信息要大于后来的信息。②也就是说，在竞选过程中，面对挑战者，人们多会运用启发。2005 年 8 月的卡特里娜飓风给美国的新奥尔良带来重大损害，导致人员伤亡，房屋被毁。谁该为此负责？马尔霍特拉（N. Malhotra）和郭（A.G. Kuo）通过调查发现，当信息处于模糊的情况下，人们一般按照自己的党派判断，把责任归于不喜欢的党派。但是在信息充分、责任明确的情况下，人们一般不会运用党派的形式，而是按照原则办事。③

　　个人的知识、动机和信息三者都不是孤立发挥作用的，而是相互影响的，甚至是互为条件的，或者说某一方面或两方面的变化，导致了另一方面的变化，进而影响着启发的运用。库库林斯基等通过研究发现，在没有信息和没有动机的情况下，选民本身的特质发挥了重要影响，政治知识多者，或者说受教育程度高者和在政治上有经验者决策的质量高。而在信息充足，或者动机强烈的情况下，个人的特性发挥的作用不大。信息和动机的关系是一种曲线式的关系，当信息少和信息非常充足且清晰的情况下，动机基本不发挥作用。当信息处于一种模糊的状态，动机发挥的作用最大。④

　　劳等在此基础上对所谓"正确投票"进行了论证。他们认为决定投票质量首先在于投票者的背景，尤其是他的政治倾向，具体体现为政治动机、政治经验，以及提供的政治启发和竞选中出现的各种因素。其中，启发是正确投票的一项重要因素。他们发现如果提供的启发越突出，正确投票的概率就会越高。同时，也与政治知识、政治经验密切相关。那些政治专家，运用政治启发的效果会更好。除此之外，他们认为正确的投票还需要另外的条件，提

　　①　Rasyid Sanitioso & Ziva Kunda, Ducking the Collection of Costly Evidence: Motivated Use of Statistical Heuristics, *Journal of Behavioral Decision Making*, Vol.4, 1991, pp.161–178 .

　　②　Donald R. Kinder, Communication and Opinion, *Annu. Rev. Polit. Sci.*1, 1998, pp.167–197.

　　③　N. Malhotra & A.G. Kuo, Attributing Blame: The Public's Response to Hurricane Katrina, *The Journal of Politics*, Vol.70, No.1, 2008, pp.120–135.

　　④　James H. Kuklinski et al., The Political Environment and Citizen Competence, *American Journal of Political Science*, Vol.45, No.2, 2001, pp.410–424.

出并验证了除启发之外的另外六项假定:假定1.对做好的决策的愿望越强烈,即认为候选人的输赢对他越至关重要,正确投票的概率会越高。假定2.政治专家和智力较高者正确投票的概率更高。假定3.在某州中总统候选人的竞争越激烈,总统竞选中正确投票的概率越高。假定4.某州中其他竞选的数量越多,正确投票的概率越低。假定5.导致投票困难的客观因素越多(如在两个以上的路径中做选择),正确投票的概率越低。假定6.导致正确投票变得容易的客观因素越多(如候选人的意识形态差别较大),正确投票的概率越高。①其中的假定1和假定2分别涉及动机和知识的问题,假定3涉及信息的分析代价和动机问题,如果某州举行的总统选举,只是涉及两个人,信息分析相对简单。而竞争激烈,则表明个人的投票对选举结果具有重要影响,从而驱动人们去参加投票。假定4则涉及分析的代价问题,其他竞选者不如总统选举重要,但涉及的数量却很多,就会影响投票的质量。假定5和假定6同样涉及信息分析的代价问题。

(五)对启发的批评

最早对启发提出批评的是特沃斯基和卡尼曼,作为前景理论的创始人,他们同样对启发有所研究。他们认为,总体上来说,启发是十分有用的,但有时会导致严重的和系统性的错误。他们论述了三种启发及其容易导致的偏见。第一,代表性启发。即A代表B的程度,或A像B的程度。譬如A高度代表B,A源于B的概率就很高,反之很低。以A的性格特征判断B是图书管理员还是农民,但这种判断有可能会出现问题。导致偏差的原因是忽略了结果的先验概率,或者基础概率。即在一个国家中,职业是农民的比图书管理员的人数要多得多,B是农民的可能性更大。第二,可获得性(Availability),能够记住的例证和事件。在许多条件下,人们评估一类的频繁程度或一事件的概率,根据事件被记住的程度来判断。譬如,通过回忆熟悉的人出现的情况评估中年人患心脏病的危险;通过想象遇到的各种困难评估一个公司所面临的危险。这种判断的启发称为可获得性。他们认为可获得性是有些道理的,因为频繁出现的事件能够更快和更好地被记忆。但是影响可获得性的因素并不是概率和频繁性,因此会出现一些偏差。第三,调整与锚定(Adjust-

---

① R. R. Lau et al., An Exploration of Correct Voting in Recent U.S. Presidential Elections, *American Journal of Political Science*, Vol.52, No.2, 2008, pp.395-411.

ment and Anchoring ）。许多情况下,人们做评估源于某个最初的价值或起点。不同起点产生不同的评估,最终导致对最初价值的偏离,称作现象的锚定。[①]需要指出的是,他们批评的启发,与我们所讲的启发概念并不严格对应,他们所说的启发概念是相对宽泛的, 指人们在分析信息时采用的认知的捷径,既包括启发,也包括启动等,譬如他们所讲的可获得性明显指的是启动。

在启发研究中, 其中的一个认知捷径是信息不灵通者可以模仿信息灵通者(如精英、舆论领导者、利益群体等)那里的决策行为。金德对此提出了质疑。他认为启发并不能解决信息各啬者问题。理由有四:其一,不能保证信息灵通者的判断是正确的,也不能保证选民对信息灵通者的理解是正确的。其二,模仿并不等同于他们常常这样做。信息灵通者与信息不灵通者在决策方面存在着系统性的差异,这些差异看似很小,但多个细微的差异聚集起来所形成的结果是不容忽视的。其三,认知捷径无法回答信息不平等的问题。信息灵通者更有可能表达观点,在讨论中征引事实,积极参与政治,吸收新的信息并很容易保存在记忆中。其四,捷径的选择有可能正确,也有可能错误。这里的问题不是知道的不多,而是知道或自认为知道,但事实上却是错的。因此,知识的捷径并不是真正的事实有效替代物。[②]

库库林斯基与其同事连续发表过多篇文章对启发进行反思。譬如人们从值得信任的领导者那里获取信息,许多学者认为是理性的和有效的,但结果有可能被精英所误导和操纵。[③]另外,如果依赖的捷径存在问题,即在信息本身是错误的情况下,选择这样的捷径只会使结果变得更坏。这种观点也得到了丹西(L. Dancey)和谢格利(G. Sheagley)的支持。他们根据 2006 年美国参议院的选举发现,启发对于那些信息不灵通者来说,是一个分析信息的好手段,但是对于那些信息灵通者来说,一旦他们掌握的信息与支持的参议员候选人本身的信息不一致,就会出现投票错误,这种错误率甚至高于运用认知捷径的信息不灵通者。因此,启发是一把双刃剑,当启发正确时是有利的,

①　Amos Tversky & Daniel Kahneman, Judgment under Uncertainty: Heuristics and Biases, *Science*, Vol.185, No.4157, 1974, pp.1124-1131.

②　Donald R. Kinder, Communication and Opinion, *Annu. Rev. Polit. Sci.* 1, 1998, pp.167-197.

③　James H. Kuklinski & Norman L. Hurley, On Hearing and Interpreting Political Messages: A Cautionary Tale of Citizen Cue-Taking, *The Journal of Politics*, Vol.56, No.3, 1994, pp.729-751.

不正确时是有害的。[1]

四、政治记忆:即时和记忆基础上的判断

有关记忆的研究,首因效应和近因效应最为人们所熟知。美国心理学者巴克对此解释说:"如果你给某人一张词汇表——类似于购物单之类的东西——让他记住,那么词在表上的位置是决定记住哪些单词的重要因素,这就是'顺序位置效应'。通常,一张表的第一条和最后一条记得最牢,这种情况分别被称为'首因效应'和'近因效应'。"[2]两种效应运用于政治学的研究时,有学者考虑到了正面信息和负面信息。在对候选人信息进行评估时,近因效应的作用明显。即近期的候选人信息不但能够被记忆,而且有影响。但是正面和负面信息的影响是不对称的,负面信息的权重往往比正面信息要大,负面信息比正面信息忘却的速度要快。正面信息中,与个人相关的信息最容易记忆,近因的效果最为明显。[3]

20世纪70年代有关记忆的研究,基本沿袭了认知相符理论,只是他们依据的基础有所差异。林格尔(John H. Lingle)和奥斯特罗姆认为,记忆以初步判断为基础,有选择地搜索否定的刺激信息。具体来说,尽管之后还会接触到新的信息,人们总会通过检索最初的判断,看看是否与新的信息有不一致之处,与旧有的信息一致的,则容易记忆。如果不一致的信息,则是有选择性的。[4]伍德(Wendy Wood)也表达了类似的观点。他说,在对某个议题作判断时,如果与该议题相关的信念和经历在记忆中有所储存,尽管可能遇到新的观点,但受到以前信念和经历的影响,往往很难改变。相反,那些与自己一致

---

① L. Dancey & G. Sheagley, Heuristics Behaving Badly:Party Cues and Voter Knowledge,*American Journal of Political Science*, Vol.57, No.2, 2013, pp.312–325.

② [美]克特·W.巴克主编:《社会心理学》,南开大学社会学系译,南开大学出版社,1984年,第291页。

③ Stephen N. Goggin, How Quickly We Selectively Forget:Experimental Tests of Information Order On Memory and Candidate Evaluation,*Political Psychology*, Vol.40, No.1, 2019, pp.125–140.

④ John H. Lingle & Thomas M. Ostrom, Retrieval Selectivity in Memory-Based Impression Judgments,*Journal of Personality and Social Psychology*, Vol.37, No.2, 1979, pp.180–194.

的观点,或者没有类似经历的人们则容易受到信息的影响。[1]在另一篇文章中,伍德与同事对此观点作了进一步的论证。接触相关内在线索的人们很明显地运用这些数据,批判性地评估行为的信息,最后新的信息对他们的观点没有影响。相反,没有接触这些信息的被试者显然更多依赖外在的线索,更有可能改变他们的观点。按照他们的说法,从记忆中获得的信息和以前的经验代表着高效的、值得信任的信息,他们的判断建立在符合实际的视角上,很难被反驳。相反,当受众者接收与记忆中的态度无关的数据,无法利用信息和以前的经验,无法进行批判性的评估时,他们的观点便是建立在对说服线索相对表面的评估基础上。[2]即使有许多信息被储存在了记忆中,但这些记忆众多,并不一定会发挥作用。西蒙(Herbert A.Simon)认为,在特定的条件下,只有少数信息能够引起我们的感觉,勾起我们的回忆。这里所说的特定条件指人们在较短的时间内被某种强烈的冲动所控制,不但决定了这一时刻的目标,而且决定了人们的感觉以及记忆的事实。[3]

更有学者发现,人们在大脑中储存了许多信息,譬如对某个政党或某个候选人的好感等,以后遇到该政党的候选人或某个候选人时,尽管可能回忆不起政党或候选人的信息,但是储存的信息依然会影响判断。科罗内尔(J.C. Coronel)等以一些严重失忆的病人作为实验对象,这些被试者已经记不起与候选人相关议题的信息,但是仍然能够把票投给原来与自己的议题立场相近的候选人。因此,他们认为正确的投票不一定要求回忆起相关的信息,然后与候选人的信息对照,判断是否一致。这并不是正确投票的必要条件。[4]他们的结论等于调和了认知相符论的解释,即人们的投票行为不一定是原有态度与现有目标所呈现出来的态度一致,或者说人们不是一种有意识的行为,有时这种联系变成了潜意识的,成为了一种自动反应。

---

① Wendy Wood, Retrieval of Attitude-Relevant Information From Memory: Effects on Susceptibility to Persuasion and on Intrinsic Motivation, *Journal of Personality and Social Psychology*, Vol.42, No.5, 1982, pp. 798-810.

② Wendy Wood et al., Access to Attitude-Relevant information in Memory as a Determinant of Persuasion: The Role of Message Attributes, *Journal of Experimental Social Psychology*, Vol.21, 1985, pp.73-85.

③ Herbert A. Simon, Human Nature in Politics: The Dialogue of Psychology with Political Science, *The American Political Science Review*, Vol.79, No.2, 1985, pp.293-304.

④ J. C. Coronel, et al., Remembering and Voting: Theory and Evidence from Amnesic Patients, *American Journal of Political Science*, Vol.56, No.4, 2012, pp.837-848.

有关记忆研究最多的，并在政治心理学领域产生重大影响的是学者们把判断区分为记忆基础上的判断和即时的判断。黑斯蒂(Reid Hastie)和帕克(Beraadette Park)首次对此进行了区分，他们认为记忆和判断的关系依赖于判断任务是记忆还是即时(online)。他们认识到判断的两种不同路径：一种是外在的刺激输入，然后从长期的记忆中搜索相关的信息，启动工作记忆(working memory)，最后做出判断；另一种则是由外在的刺激启动工作记忆，然后做出判断。[①]

(一)即时和记忆判断的解释

按照黑斯蒂和帕克的解释，两种判断方式的区别在于即时的记忆因为没有了从记忆中搜索的这一环节，所以信息处理速度快，可以达到即时处理。之后，学者们基本遵循此思路对两种判断进行解释。洛奇和麦格罗将记忆基础上的信息处理解释为：观点建构于表达判断时，从长期的记忆中检索到具体的信息，对检索到的信息进行综合评估、计算以得出判断。譬如，当一个人在投票或接受访谈时，需要做出评估，通常认为评估是基于记忆中提供的赞成和反对的证据，记忆的信息和判断是正相关的。这种信息处理模式耗时费力，而且与该模式联系的常识也是不靠谱的。即时的处理模式也称作印象驱动的信息处理模式。核心的概念或为"评估计算器"，或为"评估账本"，或为"判断操作器"等，即工作记忆中的计算器把新信息整合到某人现有印象的"流水账"(running tally)中。印象驱动的信息评价发生在当相关的信息被曝光时是即时的。当发表某一观点时，从记忆中搜索到的是总括性的记录而不是具体的信息。一个判断的操作器被激活，代表着一种计算器，体现在具有印象的流水账的工作记忆中。判断的操作器转换为长期的记忆，独立于对此有所贡献的具体信息。当被要求做一个评估时，判断操作器就会被检索到。这样，尽管人们能够检索到具体的信息，但是记忆和评估间并不是一个

① Reid Hastie &Beraadette Park,The Relationship Between Memory and Judgment Depends on Whether the Judgment Task is Memory–Based or On-Line,*Psychological Review*,Vol.93,No.3,1986,pp. 258–268.

必然的关系。①两位学者尽管解释较多,但有一点是清楚的,即记忆基础上的判断指人们在遇到分析对象时,需要在大脑里将信息搜索完毕,然后评估,最后做出判断;而即时的处理在遇到分析对象之前,已经心中有数,用他们的话说就是心中有一本流水账,不需要计算就可以做出判断。

拉恩对两种信息处理模式的划分有所批评,认为两种术语的引用有些误导,因为两种模式都是建立在记忆基础上的。但基本认可了两种模式的划分,同时归纳了两者的差别。即时的判断,指当选民需要对候选人做出总体的判断时(不管是在投票时还是在接受调查回答"情感温度计"的问题时),仅仅检索记录,不需要对信息进行重新评估然后再做出判断。相反,记忆基础上的判断,指选民还没有构建一个流水账,需要把各种信息从记忆中收集起来,在回答问题时整合为一个总体的判断。两者的区别在于:即时的信息处理是已经建构好的总体的判断;记忆基础上的判断,为了构建总体的判断,选民必须从记忆中获取具体的条目。②

(二)两种模式作用的条件

决定两种模式起作用的有三大因素:一是目标,二是动机,三是能力。

涉及有明确处理的目标时会用即时的处理模式,没有明确目标时用记忆处理模式。斯鲁尔(Thomas K.Srull)和怀尔(R.Wyer)在1986年就明确提出了这样的观点。③洛奇等明确指出,处理信息的目标决定着人们的信息处理模式。如果一个人获取信息、形成印象时带有目标,人们接受明确或暗含目标的情况做评估时,印象驱动发挥作用。另一方面,个体的目标在于记忆更多的信息,或没有接触具体目标的信息,后来被问及对信息作评价时,记忆

① 相关解释参见 Milton Lodge;Kathleen M. McGraw & Patrick Stroh,An Impression-Driven Model of Candidate Evaluation,*The American Political Science Review*,Vol.83,No.2,1989,pp.399-419;Kathleen M. McGraw et al.,On-Line Processing in Candidate Evaluation:The Effects of Issue Order,Issue Importance,and Sophistication,*Political Behavior*,Vol.12,No.1,1990,pp.41-58;Kathleen M. McGraw et al.,Ambivalence,Uncer tainty,and Processes of Candidate Evaluation,*Political Psychology*,Vol.24,No.3,2003,pp.421-448。

② Wendy M. Rahn et al.,Individual and Contextual Variations in Political Candidate Appraisal,*The American Political Science Review*,Vol.88,No.1,1994,pp.193-199.

③ Thomas K.Srull & R. Wyer,The Role of Chronic and Temporary Goals in Social Information Processing,In Richard M. Sorrentino & E. Tory Higgins eds.,*Handbook of Motivation and Cognition*,Guilford,1986,pp.503-549.

发挥作用。[1]相反,在模糊和不确定的情况下,人们则会运用记忆处理信息模式。[2]当然,也有学者对此持不同意见,黄(Li-Ning Huang)和普莱斯(Vincent Price)认为信息目标并不能产生候选人基础上的即时信息处理,结果是混和的。[3]

但是仅有目标是不够的,对目标的处理体现在动机的层面。麦格罗等肯定目标作用的同时,也肯定了动机的作用。对判断者来说,主观极度重要的运用即时的,不重要的运用记忆。[4]

除了动机外,在运用即时信息进行整合时,还需要有足够的信息处理能力。巴奇(John A.Bargh)和泰恩(Roman D.Thein)指出,如果能力有限,无法建构和储存即时的评估,在问及总体判断时,人们只能根据未加工过的信息做出判断,因此无法对信息即时处理。[5]这点得到许多学者的认同。麦格罗等也认为,政治经验的多少直接影响着两种模式的处理。政治上的有经验者,或者也叫有专长者,拥有大量对政治领域组织有序的知识,这些组织起来的知识结构源于他们有兴趣并关注政治。这些复杂的组织良好的政治知识结构不仅包括具体的概念以及概念之间的联系,也包括精致地和有效地利用那些概念的方法。结果,在面对政治任务或问题时,与无经验者相比,有经验者能够运用更加精致和有效的信息处理方法。[6]

拉恩等对上述观点作了进一步的限定。他们通过研究发现,信息的结构

---

① 相关解释参见 Milton Lodge et al., An Impression-Driven Model of Candidate Evaluation, *The American Political Science Review*, Vol.83, No.2, 1989, pp.399-419; Kathleen M. McGraw et al., On-Line Processing in Candidate Evaluation: The Effects of Issue Order, Issue Importance, and Sophistication, *Political Behavior*, Vol.12, No.1, 1990, pp.41-58。

② Kathleen M. McGraw et al., Ambivalence, Uncertainty, and Processes of Candidate Evaluation, *Political Psychology*, Vol.24, No.3, 2003, pp.421-448.

③ Li-Ning Huang & Vincent Price, Motivations, Goals, Information Search, and Memory about Political Candidates, *Political Psychology*, Vol.22, No.4, 2001, pp.665-692.

④ Kathleen M. McGraw, Contributions of the Cognitive Approach to Political Psychology, *Political Psychology*, Vol.21, No.4, 2000, pp.805-832.

⑤ John A. Bargh & Roman D. Thein, Individual Construct Accessibility, Person Memory, and the Recall-Judgment Link: The Case of Information Overload, *Journal of Personality and Social Psychology*, Vol.49, 1985, pp.1129-1146.

⑥ Kathleen M. McGraw et al., On-Line Processing in Candidate Evaluation: The Effects of Issue Order, Issue Importance, and Sophistication, *Political Behavior*, Vol.12, No.1, 1990, pp.41-58.

是一个重要的环境变量,影响选民对即时和记忆基础上方法的选择。尤其政治上缺少经验者,对政治信息环境中结构的差异敏感。在信息的建构中,以人为中心的信息建构比较简单,譬如候选人的信息。而两个或两个以上候选人的辩论比较复杂,提供了许多不同的维度。在相对比较简单的信息结构上,譬如以候选人为基础的判断,即使经验少者也会有即时的判断;但面对多个候选人参与的辩论会,就会出现明显的差异,这时个人的能力就发挥着重要的作用,即经经验少者采用记忆基础上的判断,而经验多者采用即时的判断。[①]

信息结构的简单与复杂和国家的决策类型也有着密切的关系。麦格罗与多兰(Thomas M. Dolan)在国家层面将此区分为机制化与人格化。机制化是指国家的信息发布由制度决定,权力是按照制度来划分的,不同决策过程决定着每个政治人物的作用是不一样的,有可能有一个或多个精英人物同时在起作用。人们在分析相关的信息时,不但要分析谁是重要的决策者,还要熟悉影响决策的机制,而后者往往更为关键。在这种情况下,能力的高低对信息的处理有着明显的影响,对于多数人来说多运用记忆基础上的信息处理方式。国家的人格化是指各种制度的设定均以独裁者或君主为核心,在决策过程中,制度往往是不重要的,重要的是最高决策者的意志。政治精英出现在每天践行的各种政治礼仪中,而各种带有意图的战略行动中也无不体现领导的意志。国家的人格化体现在儿童的政治社会化中,也体现在成年人的思想教育中,以及对其他国家的思考中。国家的人格化使得民众对国家容易理解,以及培养忠诚的意识。在这种情况下,信息的结构相对比较简单,所以在国家人格化的情况下,人们多用即时的信息处理方式。[②]

(三)即时和记忆孰轻孰重

洛奇和麦格罗等在谈到两种信息处理模式与选举的关系时,在最初的研究中,甚至否定了记忆基础上处理模式的存在。他们认为,选民在投票时,通常依赖刻板印象和投射偏见,记忆基础上的处理模式并没有真实地存在

---

①　Wendy M. Rahn et al.,Individual and Contextual Variations in Political Candidate Appraisal,*The American Political Science Review*,Vol.88,No.1,1994,pp.193-199.

②　Kathleen M. McGraw &Thomas M. Dolan,Personifying the State:Consequences for Attitude Formation,*Political Psychology*,Vol.28,No.3,2007,pp.299-327.

过。人们并不依赖记忆中所提供的具体候选人的信息,确切地说,人们对候选人的判断与印象驱动信息处理逻辑一致,当遇到信息时形成的"即时的"判断很好地预测了候选人的评估。选民并不典型地依赖他们对具体问题的记忆以构建他们对候选人的评价,而是问及一个评价时唤起他们短暂的记忆,然后寻求与总体的相符,从而获得即时的相符性。[1]

洛奇等设计了下图5-3,非常简洁地说明了即时的信息处理模式的作用。

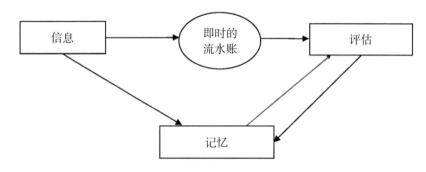

图 5-3 即时的候选人评估模式

参见 Milton Lodge;Marco R. Steenbergen;Shawn Brau,The Responsive Voter:Campaign Information and the Dynamics of Candidate Evaluation,*The American Political Science Review*,Vol.89,No.2,1995,p.311。

根据此图,选民面对接受到的信息,通过即时的流水账对此进行整合,然后对候选人进行评估。这种评估会储存在记忆中,对记忆有所影响,而记忆对评估的影响则是微弱的。

洛奇等为何提出即时的信息处理模式呢?主要是对两种理论的批评和修正。一是凯莱(Stanley Kelley)和米雷尔(Thad W. Mirer)投票中的记忆模式。他们在对 1952—1968 年五届总统选举数据的分析中发现,选民投票时首先根据喜好,然后根据党派。就前者而言,选民的投票来源于记忆,权衡喜欢与不喜欢的信息,然后投票给支持态度最大数的候选人。[2]二是针对如下

① 相关解释参见 Milton Lodge et al.,An Impression-Driven Model of Candidate Evaluation,*The American Political Science Review*,Vol.83,No.2,1989,pp.399-419;Kathleen M. McGraw et al.,On-Line Processing in Candidate Evaluation:The Effects of Issue Order,Issue Importance,and Sophistication,*Political Behavior*,Vol.12,No.1,1990,pp.41-58。

② Stanley Kelley Jr. & Thad W. Mirer,The Simple Act of Voting,*The American Political Science Review*,Vol.68,No.2,1974,pp.572-591.

假设：选民无法回忆选举事件是因为选民的漫不经心、无知，甚至是非理性。他们的回答则是：选民无法回忆基本的政治事实是因为人类的局限而不是政治上的不成熟，他们是通过构建对象的总体印象的方式处理信息，尽管无法回忆起所有的内容，但并不影响结论的得出。选民知道结果，但可能不知道为什么。①之后，他们也意识到了自己观点的局限，认为以上研究并没有置于动态的环境中，尤其在面对两个或三个候选人竞争的情况下，证据显示并不完全支持即时的处理模式，面对竞争，信息处理方式应该是混和的更为准确。②

五、刻板印象

与上述几种认知相比，刻板印象（stereotype）的概念出现得更早，直到现在仍然具有较强的解释力和影响力。

（一）刻板印象的解释

严格来说，刻板印象属于认知的捷径，即启发的一种方式，运用刻板印象分析接收到的信息省时省力。早在 1922 年，李普曼在其著作《公众舆论》（*Public Opinion*）中就谈到了刻板印象。尽管他没有解释什么是刻板印象，但解释了人们为什么会形成刻板印象。他认为个人的意见往往是媒体的报道和我们的想象拼凑而成。同时，作为目击者的描述也不一定准确，目击者在叙述事实时，既有相关事实的部分，同时根据自己的立场和旧有的眼光对事实做出了自己的解读。对大部分的事物人们总是先解释，后观察；只注意到熟悉的特性，而对于不熟悉的特性，则用刻板印象来解读。同时，李普曼指出了刻板印象的作用，将其定位为防御手段。刻板印象是认识的捷径，使人在认识事物时省时省力。更重要的是，刻板印象是对个人的自尊以及社会地位的防御。③

可以说，在心理学理论没有充分发展之前，尤其是在认知革命还没有到

①　Milton Lodge et al., The Responsive Voter: Campaign Information and the Dynamics of Candidate E-valuation, *The American Political Science Review*, Vol.89, No.2, 1995, pp.309-326.

②　David P. Redlawsk, You Must Remember This: A Test of On-Line Model of Voting, *The Journal of Politics*, Vol.63, No.1, 2001, pp.29-58.

③　Walter Lippmann, *Public Opinion*, Free Press, 1997, pp.85-100.

来之前,李普曼对刻板印象的一些认识已经相当深刻。譬如,他指出刻板印象是对混乱的世界省力的一种表现。同时,指出人们为自尊和社会地位而可能用刻板印象分析事物。后世的学者基本沿着这条思路展开对刻板印象的研究。刻板印象无处不在,是人类在分类过程中再平常不过的一次展示。①

1950 年,阿多尔诺等在出版的《威权主义人格》(*The Authoritarian Personality*)中,把刻板印象作为威权主义人格的一种重要特征,把刻板印象解释为"有按照严格的概念思维的倾向",认为刻板印象是一种迟钝的形式,尤其是在心理和社会问题上。世上有如此多的观念和发现需要进行充分的说明,但是如果考虑过多势必产生苦恼、焦虑,而遵循刻板印象则解决了上述烦恼。②在阿多尔诺等人的解释中,把刻板印象看作是省时省力的一种思维方式,这点基本沿袭了李普曼的看法。同时,从其把刻板印象看作威权主义人格的重要特征来看,显然是把刻板印象看作是一种负面的心理。

相反,斯塔利布拉斯(O. Stallybrass)对刻板印象的解释相对空泛一些:"一种过于简单化的心理意象(mental image),通常是指某类人、机构或事件,许多人所共有的一些本质特征……刻板印象一般(不是必然地)伴随着偏见。即对受质疑的任何某类成员的一种支持与否的心理倾向。"③

总之,刻板印象是一种固定化,或者说相对僵化的思维方式,是对人、机构或事件简单地归类。这点从对 Stereotype 的中文翻译也可知道一二,除了翻译成"刻板印象"外,还通常翻译为"老一套""旧框框""成见""模式化的见解"等。

刻板印象是人类面对纷繁复杂的世界自然选择的结果。史密斯(E.E. Smith)和梅丁(D.L. Medin)就认为如果把每个实体都看作是独特的,就会被我们经历的纯粹的多样性所湮没,无法记住哪怕是我们遇到的一小部分。如果每个个体均需要一个独特的名称,语言将会异常繁杂,交流变得不可能。很幸运的,我们知觉、记忆和讨论每个目标与事件时,并不把其看作是独特的,而是我们知道的某类的一例而已。④最终的结果是,我们只能对它们进行归

① S.Fiske,Stereotypes,prejudice,and discrimination,In D Gilbert,S Fiske,G Lindsey eds.,*Handbook of Social Psychology*(4th ed),McGraw-Hill,1998.

② T.W.Adorno et al.,*The Authoritarian Personality*,Harper & Brothers Press,1998,p.236.

③ O. Stallybrass,Stereotype,In A. Bullock & O. Stallybrass eds.,*The Fontana Dictionary of Modern Thought*,Fontana/Collins,1977,p.601.

④ E.E. Smith & D. L.Medin,*Categories and Concepts*,Harvard University Press,1981,p.203.

类,把遇到的新的情况看作是与过去某类情况类似,这就是刻板印象的由来。

总之,刻板印象可以归纳为启发的一种,刻板印象会节省人们的认知精力,对人们的判断起作用。[①]

(二)影响刻板印象的因素

刻板印象的形成,是人类自身的某些心理特征与环境相互作用的结果。有关刻板印象有两种争论:一是实体论。他们把人们的特质看作是固定不变的,基于此种理论,刻板印象就被认为是一种固定的、持久性的知识,即把对目标群体的刻板印象归于群体的内在特质,不会因环境的改变而变化。二是累积论。学者们相信人们的特质是变化的,受环境的影响而改变。现在多数学者支持第二种观点。加西亚-马克斯(Leonel Garcia-Marques)等的研究表明,刻板印象只保持低到中度的稳定,刻板印象是人们的核心特质和环境相互作用的结果。[②]列维(Sheri R. Levy)等也否认了刻板印象一成不变的观点,提出要改变人们的刻板印象, 只要改变人们对特质的本性和来源的信念即可。弱化他们认为特质一成不变的信念,会改变他们相信刻板印象是本性的程度。[③]

近年来,许多文章研究指出,人们的刻板印象受环境的影响,多是隐性的存在。隐性刻板印象,可以通过心理调查使之弱化,即告诉某人具有某种刻板印象,就会弱化他持有的刻板印象的强度。[④]另外,对环境的控制也会导致偏见和刻板印象隐性显现的减少。也就是说,人们接触到被污名化的群体时,刻板印象不会自动激活,在环境的控制下,人们的刻板印象不会显现出

① 相关的论述亦可参见 C. Neil Macrae et al., Stereotypes as Energy-Saving Devices: A Peek Inside the Cognitive Toolbox, *Journal of Personality and Social Psychology*, Vol.66, No.1, 1994, pp.37–47; Anthony G. Greenwald & Mahzarin R. Banaji, Implicit Social Cognition: Attitudes, Self-Esteem, and Stereotypes, *Psychological Review*, Vol.102, No.1, 1995, pp.4–27; Jeffrey W. Sherman et al., Stereotype Efficiency Reconsidered: Encoding Flexibility Under Cognitive Load, *Journal of Personality and Social Psychology*, Vol, 75, No. 3, 1998, pp.589–606。

② Leonel Garcia-Marques et al., Stereotypes: Static Abstractions or Dynamic Knowledge Structures? *Journal of Personality and Social Psychology*, Vol.91, No.5, 2006, pp.814–831.

③ Sheri R. Levy et al., Stereotype Formation and Endorsement: The Role of Implicit Theories, *Journal of Personality and Social Psychology*, Vol.74, No.6, 1998, pp.1421–1436.

④ Irene V. Blair et al., Imagining Stereotypes Away: The Moderation of Implicit Stereotypes Through Mental Imagery, *Journal of personality and social psychology*, Vol.81, No.5, 2001, pp.828–841.

来。①哪些环境下不会显现呢？譬如,公共场合与私人场合相比,人们更少能够显现自己的刻板印象。②再如,遇到中立和一致的信息时,刻板印象容易被激活,但在遇到与刻板印象不一致的信息时,刻板印象就会受到抑制。③当然,一致的信息和中立的信息对刻板印象的影响也有差异,中立的信息因为混杂有支持刻板印象和反对刻板印象的信息,会对刻板印象的信息进行"稀释",于是在混合信息的情况下,人们一般很少做出极端的预测,这就是"稀释效应"。④

1.刻板印象目标具有突出的特征

希尔顿(Perry R. Hiton)通过解释刻板印象的形成过程向我们展示了什么是刻板印象。从茫茫人海中把人区别开来,根据性格、国籍、宗教信仰、年龄、职业、头发对人们进行归类。然后根据区分的维度赋予额外的特征。譬如红头发的人是急脾气,英国人保守。最后,针对具体的人赋予他某方面的特征。譬如发现他是英国人,然后把刻板印象的特征归于他。同时,他也强调了不能简单地把刻板印象看作是对错,刻板印象只是对人们为什么是这样的一种理解。刻板印象提供了人们乐意接受的解释,而且这种解释看来还挺管用。⑤

达利(John M. Darley)和格罗斯(Paget H. Gross)也有类似的论述。他们探讨的是社会标签产生的对他人能力的预期。实验的被试者来自于普林斯顿大学的 70 名大学生,将他们自己假想成某联邦机构的研究助理,任务是测量学生的能力。实验材料是观看一个四年级的女生,评价她的学术能力。一半告知是城市、低收入地区,另一半告知是郊区、中产家庭;一半观看了能

① Patricia G. Devine, Implicit Prejudice and Stereotyping: How Automatic Are They? Introduction to the Special Section, *Journal of Personality and Social Psychology*, Vol.81, No.5, 2001, pp.757-759.

② Alan J. Lambert et al., Stereotypes as Dominant Responses: On the "Social Facilitation" of Prejudice in Anticipated Public Contexts, *Journal of Personality and Social Psychology*, Vol.84, No.2, 2003, pp.277-295.

③ Danie L H. J. Wigboldus et al., When Stereotypes Get in the Way: Stereotypes Obstruct Stereotype-Inconsistent Trait Inferences, *Journal of Personality and Social Psychology*, Vol.84, No.3, 2003, pp.470-484.

④ Richarde. Nisbett et al., The Dilution Effect: Nondiagnostic Information Weakens the Implications of Diagnostic Information, *Cognitive Psychology*, Vol.13, 1981, pp.248-277.

⑤ Perry R. Hiton, *Stereotypes, Cognition, and Culture*, Psychology Press, 2000.

力表现，一半没有。共四个方面：正面-负面的预期，能力有-无。第5组只看能力表现。然后评价她的成绩和学术能力。结果发现，被试者的预期判断并没有建立在客观的测试、专家的判断以及其他权威信息的基础之上，相反衣服、场地和家族背景等对他们的判断起到了至关重要的影响。[1]

2.时间压力和恐惧感

克鲁兰斯基（Arie W. Kruglanski）和弗罗因德（Tallie Freund）从世俗认识论（lay epistemology）角度探讨了种族刻板印象的产生。世俗认识论关注人们获得各种知识的过程。知识包括内容和持有的信心，前者需要假设的产生，后者需要假设的评价和确认。假设的产生必须应对各种相关因素，以及个人头脑中形成观念的方式；假设的评价和确认则根据逻辑一致性。所谓刻板印象就是假设中长期的信念与认知对象之间的逻辑"僵化"（freezing）：个体接受已有的假设作为事实，因为它是看似合理的可替代的假设，或逐渐意识到积累的证据不足以导致与原有的假设不一致。什么情况下会导致人们直接将头脑中假设的信念作为事实呢？他们发现，在做决策时面临时间的压力、恐惧感高的情况下，就会出现僵化的现象。而在恐惧感高、时间充沛，或者恐惧感低、时间压力小的情况下，均不会出现僵化现象。[2]

3.高偏见

阿多尔诺等在威权主义人格研究中，把刻板印象与偏见联系起来，这种观点为以后的学者所继承。许多学者认为高偏见者容易产生刻板印象。迪瓦恩（Patricia G. Devine）认为，对刻板群体的反应来自于信息处理工作，有自动性和控制性两种过程。自动性体现为无意识，不可避免；控制性体现为有意识和灵活性。在儿童发展认知能力和灵活性之前，刻板印象就在记忆中确立。以白人对黑人的刻板印象为例，高和低偏见者都认识到有关黑人的刻板印象，过去的经历不断被激活，无论高和低者都形成自动反应，无可逃避。区别在于对黑人的信念的差异。高偏见者与文化的刻板印象重叠，也就是说高

[1]　John M. Darley & Paget H. Gross, A Hypothesis-Confirming Bias in Labeling Effects, *Journal of Personality and Social Psychology*, Vol.44, No.I, 1983, pp.20–33.

[2]　Arie W. Kruglanski &Tallie Freund, The Freezing and Unfreezing of Lay-Inferences: Effects on Impressional Primacy, Ethnic Stereotyping, and Numerical Anchoring, *Journal of Experimental Social Psychology*, Vol.19, 1983, pp.448–468.

偏见者在于他们的偏见与信仰以及对信念的论证一致，即他们对黑人有偏见。低偏见者在于偏见与文化刻板印象的非重叠性，即他们不会寻求相关的信仰支持自己的偏见，反而会对遇到的现象进行仔细分析，这样就会对刻板印象进行控制。①

低偏见者会启动信息的公共检查。当遇到一个刻板印象的群体时，人们的头脑中启动公共检查，即寻找一个大家公认的理由对接受到的信息进行检查。这种公共检查自然就会减少刻板印象的影响。②佩蒂(Richard E. Petty)等通过实验也表明，面对一个污名群体的成员，譬如黑人、同性恋者时，来自高度偏见的主流群体的低偏见者，会对污名群体成员的信息更加仔细分析，以确保对污名群体没有歧视，这就是"看门狗"的假设。③

偏见与刻板印象间有着密切的关系，偏见的高低直接影响信息处理的速度。谢尔曼等也得出了类似的结论。他们的研究显示高偏见者犯有基本归因的错误，譬如面对有偏见的群体时，当对方的行为表现正面时，会归因于外在的力量；而当负面时，即与他们的刻板印象一致时，会归于内在的因素。因此，高偏见者会关注到不一致的信息和行为，但是他们更多选择的是为自己辩解。这种带有偏见的解读和判断过程，有助于维持刻板印象。④

4.孤立的内群体环境

偏见的解释仅仅是回答了刻板印象的部分问题，它只是提示了偏见与刻板印象之间的关系，但偏见又是如何形成的？因为人非生而具有偏见，从没有偏见到有偏见需要一个过程。因此，对刻板印象的探讨还需要再深入。基于此，一些学者从社会化的角度对偏见进行了探讨。

刻板印象形成于人与人的交流、互动。有研究显示，人际间的交流是偏见形成的一个重要来源，通过一连串人际的传播，与刻板印象相关的信息变

---

① Patricia G. Devine, Stereotypes and Prejudice: Their Automatic and Controlled Components, *Journal of Personality and Social Psychology*, Vol.56, No.1, 1989, pp.5–18.

② Barry R. Schlenker & Michael F. Weigold, Interpersonal Processes Involving Impression Regulation and Management, *Annu. Rev. Psychol*, 43, 1992, pp.133–68.

③ Richard E. Petty et al., Stigmatized Sources and Persuasion: Prejudice as a Determinant of Argument Scrutiny, *Journal of Personality and Social Psychology*, Vol.76, No.1, 1999, pp.19–34.

④ Jeffrey W. Sherman. et al., Prejudice and Stereotype Maintenance Processes: Attention, Attribution, and Individuation, *Journal of Personality and Social Psychology*, Vol.89, No.4, 2005, pp.607–622.

得更加刻板印象化,这样就固化了传播受众的刻板印象。通过实验表明,被试者通过四人间的传播,就会形成刻板印象。[1]

在刻板印象形成的过程中,一些有影响的人,譬如父母、同辈群体等往往起着很重要的作用。[2]通过与他者不断的互动和讨论,刻板印象成为共识。尤其是在群体讨论中,刻板印象容易被极化。但并不是所有的群体讨论都会形成刻板印象。布劳尔(Markus Brauer)等的研究表明,如果在一个群体讨论中,始终有一个人扮演反对者的角色,就不会导致刻板印象的极化。反之,在群体讨论中,反对的声音是零散的、断断续续的,这种声音最终就会被压制,导致刻板印象的极化。[3]而在一些没有反对声音的讨论上,这种极化的现象更是经常发生。尤其是讨论者具有一个共同的身份,譬如性别或者肤色,在讨论与该身份相关的议题时,就会极大地形成有偏见的刻板印象。[4]

这种群体讨论如果在一个孤立的环境中最容易形成刻板印象。也就是说,一个人所接触的都是内群体的成员,很少有与刻板印象的群体接触的机会,对目标群体的刻板印象均来自于内群体成员的传播。吉利厄姆(Franklin D. Gilliam Jr)等的研究发现,当曝光于刻板印象的故事时,白人受访者(如果邻居都是白人的环境),会更加支持惩罚性的政策以杜绝犯罪,表达了对黑人更加负面的刻板印象的评估,把黑人作为异类群体。如果邻居是异质化的,既有白人也有其他肤色者,这种情况下白人不受影响,或不为相反的信息所动,支持更少惩罚性的政策,更少负面的刻板印象,与黑人群体更为亲近。[5]也

① Anthony Lyons & Yoshihisa Kashima, How Are Stereotypes Maintained Through Communication? The Influence of Stereotype Sharedness, *Journal of Personality and Social Psychology*, Vol.85, No.6, 2003, pp.989–1005.

② Gretchen B. Sechrist & Charles Stangor, Perceived Consensus Influences Intergroup Behavior and Stereotype Accessibility, *Journal of Personality and Social Psychology*, Vol.80, No.4, 2001, pp.645–654.

③ Markus Brauer, et al., The Communication of Social Stereotypes: The Effects of Group Discussion and Information Distribution on Stereotypic Appraisals, *Journal of Personality and Social Psychology*, Vol. 81, No.3, 2001, pp.463–475.

④ Thorsten Meiser & Miles Hewstone, Cognitive Processes in Stereotype Formation: The Role of Correct: Contingency Learning for Biased Group Judgments, *Journal of Personality and Social Psychology*, Vol. 87, No.5, 2004, pp.599–614.

⑤ Franklin D. Gilliam Jr et al., Where You Live and What You Watch: The Impact of Racial Proximity and Local Television News on Attitudes about Race and Crime, *Political Research Quarterly*, Vol.55, No. 4, 2002, pp.755–780.

有学者得出了类似的结论,美国各个种族居住的空间相互区隔,相互孤立支撑了负面的外群体知觉。[1]当然,负面印象的形成也会对这种空间的隔离起到促进作用,有学者研究发现,当人们形成对某群体的刻板印象之后,就会缩小与刻板印象群体互动的概率。[2]

5.外群体的实体性

刻板印象的形成与外群体也有密切关系。总体来说,与内群体相比,人们对外群体更多刻板印象。[3]

除了孤立的环境能够形成刻板印象外,即使在与外群体的接触中也可能形成刻板印象。西克里斯特(Gretchen B. Sechrist)和斯坦戈(Charles Stangor)指出,在与外群体成员打交道的过程中,没有建立起积极的互动。或者即使建立起积极的互动,如果把这种积极的互动仅仅理解为个别孤立的现象,结果可能改变对某个个体的印象,但是对整个群体的印象可能不会改变。[4]

如果刻板印象的群体成员间同质性很强,人们对群体成员作判断时,很难把成员个体与群体区分开来,许多学者称之为群体的实体性(entitativity)。这个概念由坎贝尔(D.T. Campbell)于1958年首次使用,指个体成员的相邻、相似、集体的行动和共同的命运等形成实体的群体知觉。它是指一个实体的自然、真实的存在。[5]汉密尔顿(D. L. Hamilton)和谢尔曼于1996年对此概念重新引入,用以解释个人的印象处理和群体知觉之间的关系。根据他们的理解,对每个个体目标的信息处理是即时的,而群体目标处理是记忆式的。对群体的信息各自保存在相对独立的领域,以备分析判断之用。高度实体性群

① J. Eric Oliver & Janelle Wong, Intergroup Prejudice in Multiethnic Settings, *American Journal of Political Science*, Vol.47, No.4, 2003, pp.567–582.

② Jerker Denrell, Why Most People Disapprove of Me: Experience Sampling in Impression Formation, *Psychological Review*, Vol.112, No.4, 2005, pp.951–978.

③ Markus Brauer et al., The Communication of Social Stereotypes: The Effects of Group Discussion and Information Distribution on Stereotypic Appraisals, *Journal of Personality and Social Psychology*, Vol.81, No.3, 2001, pp.463–475.

④ Gretchen B. Sechrist & Charles Stangor, Perceived Consensus Influences Intergroup Behavior and Stereotype Accessibility, *Journal of Personality and Social Psychology*, Vol.80, No.4, 2001, pp.645–654.

⑤ D. T. Campbell, Common fate, Smilarity, and other Indices of the Status of Aggregates of Persons as Social Entities, *Behavioral Science*, Vol.3, 1958, pp.14–25.

体体现为一致性,对群体的处理就像对个体的处理那样采用即时的处理。他们提出,群体成员凝聚力增强、行动具有一致性,互相团结,这时个体和群体的目标等同,两种信息处理的差异就会消失。高实体性群体体现了刻板印象与归因间的联系,依赖于与刻板印象相关的期望的强度。[①]

克劳福德(Matthew T. Crawford)等列图详细说明了个体成员的特质如何转变为对一个群体的刻板印象,进而将此刻板印象应用到群体其他成员身上(见图5-4)。通过实验,他们发现,在群体实体性低,或者仅仅把群体看作是个体的聚合体情况下,对群体成员的判断是基于每个成员自身的行为。相反,在高实体性群体的情况下,就会完成图中所列举的由个体的行为特质到群体成员的刻板印象,再到群体成员的转化。[②]

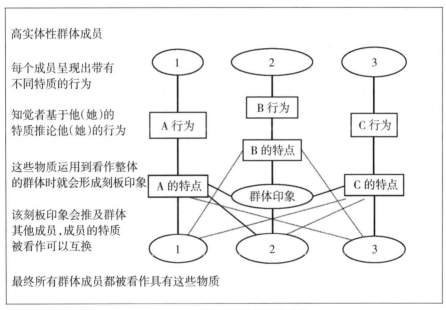

图 5-4 群体层次的特质转换模式

参见 Matthew T. Crawford, Steven J. Sherman, David L. Hamilton, Perceived Entitativity, Stereotype Formation, and the Interchangeability of Group Members, *Journal of Personality and Social Psychology*, Vol.83, No.5, 2002, p.1078。

---

① D. L. Hamilton & S. J. Sherman, Perceiving Persons and Groups, *Psycho logical Review*, Vol. 103, 1996, pp.336–355.

② Matthew T. Crawford et al., erceived Entitativity, Stereotype Formation, and the Interchangeability of Group Members, *Journal of Personality and Social Psychology*, Vol.83, No.5, 2002, pp.1076–1094.

(三)刻板印象威胁

一个群体一旦被刻板印象,就会妨碍群体成员潜能的发挥,斯蒂尔(M. Steel)及其同事称之为刻板印象威胁。1995年,他们就发现刻板印象在美国黑人智力测试中的影响。[①]之后,斯蒂尔在于2011年出版的《吹奏威瓦尔第:刻板印象如何影响我们,我们能够做什么》(*Whistling Vivaldi: How Stereotypes Affect Us and What We Can Do*)中,把刻板印象比作在耳边吹奏威瓦尔第的曲子一样,不断在提醒着你,从而使你担心刻板印象的预言被证实,越担心就越会影响能力的发挥。通过大量戏剧化的个人故事,以及前人的实验和研究,斯蒂尔向我们展示了仅仅向被试者曝光刻板印象,提醒一群女性参加一场有关数学的考试,刻板印象就会影响她们在数学考试方面的发挥。[②]

也就是说,负面的刻板印象对目标群体成员是一种威胁。何为刻板印象威胁?马克斯(David M. Marx)和施塔珀尔(Diederik A. Stapel)作了如下解释:刻板印象的目标,如果负面的刻板印象与他们的表现相关时,表现会很差。首要特征在于否定的刻板印象(譬如女人数学很差)被激活以至于损害到目标的测试表现(譬如女人在数学测试中的糟糕表现)。刻板印象威胁效应的出现取决于两点:一是知道群体的刻板印象,二是意识到自己是目标群体中的一员。[③]

刻板印象的威胁在于身份的比较中具有刻板印象的部分是否具有突出性,以及自身是否意识到这种刻板印象的存在。当人们把文化的刻板印象应用于自身时,也就出现了自我的刻板印象。譬如一个人拥有多种身份,可能有不同的刻板印象。妇女数学能力差,但语言能力强;欧洲裔美国人比非洲裔智力高,但不如亚洲裔美国人;非洲裔美国人智力差,但拥有运动的

---

① M. Steel, & J. Aronson, Stereotype Threat and the Intellectual Test Performance of African Americans, *Journal of Personality and Social Psychology*, Vol.69, 1995, pp.797–811.

② M. Steel, *Whistling Vivaldi: How Stereotypes Affect Us and What We Can Do*, W.W. Norton & Company Inc, 2011.

③ David M. Marx & Diederik A. Stapel, Distinguishing Stereotype Threat From Priming Effects: On the Role of the Social Self and Threat-Based Concerns, *Journal of Personality and Social Psychology*, Vol.91, No. 2, 2006, pp.243–254.

天赋。①辛克莱尔（Stacey Sinclair）等探讨了在多种社会认同背景下的自我刻板印象。他们通过实验表明亚洲裔美国妇女、欧洲裔美国人、非洲裔美国人如果知道刻板印象的社会预期，并拥有自我的刻板印象，就会影响潜能的发挥。换言之，如果亚洲裔妇女意识到妇女而不是亚洲裔的身份，妇女数学能力差的刻板印象就会对其有影响。②非洲裔美国受访者，面对一系列有关政治知识的问卷，如果意识到自己的非洲裔而不是美国人身份时，成绩就会更差。③

刻板印象威胁显示了刻板印象所导致的负面效果。如我们上面所指出的，刻板印象体现为老一套的思维方式，本身并无积极和消极的含义，尽管学者的研究中发现消极的含义较多。在有学者指出刻板印象威胁的同时，也有一些学者肯定了刻板印象的积极意义。如果是正面的刻板印象被激活，就会促进人们的积极性，使其潜能得到更大发挥。施（Margaret Shih）等的研究表明刻板印象的自我相关性的影响是混合的。亚洲裔妇女如果激活她们的亚洲裔身份，数学的表现能力好；如果激起妇女身份，数学的表现能力差。同样发现老年的参与者，以隐性的形式呈现"老年的""痴呆"等词语，记忆力衰退。反之，呈现"智慧的""经验丰富的"，记忆力增强。④如果妇女激起良好的语言能力，他们语言表达的积极性就会提高。⑤

（四）刻板印象在政治领域中的体现

刻板印象作为知识结构的一种，作用于人际关系，也主宰着人们对政治

---

①　William von Hippel et al., Coping With Stereotype Threat: Denial as an Impression Management Strategy, *Journal of Personality and Social Psychologypp*, Vol.89, No.1, 2005, pp.22–35.

②　Stacey Sinclair et al., Self-Stereotyping in the Context of Multiple Social Identities, *Journal of Personality and Social Psychology*, Vol.90, No.4, 2006, pp.529–542.

③　Darren W. Davis & Brian D. Silver, Stereotype Threat and Race of Interviewer Effects in a Survey on Political Knowledge, *American Journal of Political Science*, Vol.47, No.1, 2003, pp.33–45.

④　Margaret Shih et al., Stereotype Performance Boosts: The Impact of Self-Relevance and the Manner of Stereotype Activation, *Journal of Personality and Social Psychology*, Vol.83, No.3, 2002, pp.638–647.

⑤　Beate Seibt & Jens Fo rster, Stereotype Threat and Performance: How Self-Stereotypes Influence Processing by Inducing Regulatory Foci, *Journal of Personality and Social Psychology*, Vol.87, No.1, 2004, pp.38–56.

的理解。[1]政治领域的研究主要体现在种族、政党和性别三方面。

同样的犯罪事件,如果实施犯罪者是负面刻板印象群体的成员时,人们会主张用更加严厉的政策或法律对之进行惩罚。面对侵害性的案件,攻击者是美国人,或者是阿拉伯人时,人们的判断会出现差异。同样是美国人,如果攻击者是上层白人,或者是西班牙裔、非洲裔时,持负面刻板印象的白人就会用刻板印象进行判断,判断后者有罪,主张用惩罚性的手段或政策。在福利性政策方面,面对刻板印象的群体,譬如黑人妇女,持有刻板印象的白人主张政策趋于严厉。[2]两个国家如果在对美国民众采取了同等暴力的情况下,如果对方是穆斯林国家,公众会更加将该暴力视为恐怖活动,主张对该国家发动战争。[3]在面临模糊性的信息时,刻板印象所体现的作用尤其明显。

刻板印象也体现在选举中。其中一个就是有关政党的刻板印象。就美国人来说,政党刻板印象在政治讨论中是一个不断出现的突出的特征,在对候选人的判断中所起作用尤其重要。[4]拉恩探讨了政党的刻板印象在竞选中的作用。政党的刻板印象包含对两党的知识、信念和预期等认知结构。人们会根据假设-验证的方法对人物进行分析,具体来说有两种验证方式:一种为理论驱动。即源于刻板印象的预期不仅使注意力指向很大程度上验证的信息,而且输入的信息如果与以前的信念有冲突,不仅被轻视,而且被忽略,并把其同化到现有的概念类型中,或对信息进行有选择性地处理以与个体对群体特征的概念保持一致。与此相反的是,数据资料驱动模式并不必然受限于原来的预期,即使刻板印象或其他认知结构被唤起,个体判断他者主要依

---

① Philip E. Converse,The Nature of Belief Systems in Mass Publics. In D.E. Apter ed.,*Ideology and Discontent*,Free,1964,p.391.

② 相关性的论述较多, 参见 Galen V. Bodenhausen & Robert S. Wyer,Jr.,Effects of Stereotypes on Decision Making and Information-Processing Strategies,*Journal of Personality and Social Psychology*,Vol. 48,No.2,1985,pp.267-282;Galen V.Bodenhausen & Meryl Lichtenstein,Social Stereotypes and Informa-tion-Processing Strategies:The Impact of Task Complexity,*Journal of Personality and Social Psychology*, Vol.52,No.5,1987,pp.871-880;Mark Peffley et al.,Racial Stereotypes and Whites'Political Views of Blacks in the Context of Welfare and Crime,*American Journal of Political Science*,Vol.41,No.1,1997,pp.30-60; Jon Hurwitz & Mark Peffley,Public Perceptions of Race and Crime:The Role of Racial Stereotype,*American Journal of Political Science*,Vol.41,No.2,1997,pp.375-401。

③ J. Sides,& K. Gross,Stereotypes of Muslims and Support for the War on Terror,*The Journal of Politics*,Vol.75,No.3,2013,pp.583-598.

④ Donald R. Kinder,Communication and Opinion,*Annu. Rev. Polit. Sci.*,1,1998,pp.167-197.

靠呈现的数据。通过实验,他发现,政党的刻板印象提供了认知的捷径,在候选人的政党身份明显,同时其他信息又模糊的情况下,人们采取理论驱动的验证方式。[1]

性别的刻板印象在选举中也会发挥作用。通常情况下,男人在领导比例中占有多数。女性在竞争中失败的一个重要原因在于人们的偏见。男人通常更有权力和地位,女人更有责任。女人一旦拥有权力,责任使她们小心和受束缚。[2]艾利丝·H.伊格利(Alice H. Eagly)和斯蒂芬·J.卡劳(Steven J. Karau)认为性别偏见来自于人们对现实社会中性别角色的观察。人们往往把公共的(Communal)的角色归为妇女,把代理的(Agentic)角色归为男人。因此,履行领导角色的女人会激发否定的情感,称之为“母老虎”(Dragon lady)。作为妇女,与性别角色一致将无法满足领导角色,与领导角色一致将无法满足性别角色的要求。这样就产生了两种偏见:第一种偏见,女性不如男性适合做领导。因为代理的特质比公共的特质重要,尤其是更高层需要的是代理的特质。而女性的一些个体特征(如怀孕、打扮)增加了与女性角色的接近,不适合领导。第二种偏见,女性领导如果体现代理的要求会招致否定性的评价,相反公共的特征就会带来积极的评价。

基于此,有学者指出,女性要想参政,最好竞争与女性的刻板印象相一致的职位。譬如,人们一般认为女人是具有同情心的,在处理贫穷、教育、儿童保护以及老年人问题上具有巨大的优势。[3]因此,妇女可以竞争与此相关的职业。以美国的州长和参议员为例,前者关注教育和健康,后者关注外交、国家安全。前者女性较为适合,后者更适合男性。历史上,女性赢得州长比参议员更成功,但女性候选人在参议员的竞选中多处于不利地位。[4]

但是也有学者对此提出了不同的意见。施奈德(M. C. Schneider)和鲍斯

① Wendy M. Rahn, The Role of Partisan Stereotypes in Information Processing about Political Candidates, *American Journal of Political Science*, Vol.37, No.2, 1993, pp.472-496.

② David G. Winter & Nicole B.Barenbaum, Responsibility and the Power Motive in Women and Men, *Journal of Personality*, Vol.53, No.2, 1985, pp.335-355.

③ Leonie Huddy & Nayda Terkildsen, Gender Stereotypes and the Perception of Male and Female Candidates, *American Journal of Political Science*, Vol.37, No.1, 1993, pp.119-147.

④ Kim F. Kahn, Does Gender Make a Difference? An Experimental Examination of Sex Stereotypes and Press Patterns in Statewide Campaigns, *American Journal of Political Science*, Vol.38, No.1, 1994, pp.162-195.

(A. L. Bos)承认刻板印象在女性选举失败中的作用,但否认是对"女性"的刻板印象,而是对"女性政治家"的刻板印象。她们通过研究发现,女性政治家并不分享女性的一些特征,譬如温柔、热情等,因此她们并不同意上述女性具有公共特征的结论。在所谓一些带有女性色彩的岗位竞选中,她们并没有占得优势。同时,在一些男性色彩明显的岗位中,她们又处于明显的劣势。因此,导致她们参与竞选时多以失败告终。[1]

也有学者将女性候选人竞争的失败归为刻板印象威胁。福克斯(R.Fox)和劳利斯(J. L. Lawless)通过调查发现,同等条件下,女性候选人感觉自己更不能胜任她们正在竞选的职位,与男性相比,她们更少可能相信自身会符合公职所要求的标准,对自身的能力和特质多持怀疑态度。[2]正是这种不自信和怀疑,导致同等条件的竞选,男性候选人往往成为获胜者。

结语

政治认知理论在兴盛的同时带来了许多问题:一是许多理论只有一两个学者在研究,很难获得整个政治心理学界的认同。二是这些理论之间缺少必要的联系,即这些理论之间到底是什么样的关系? 能否对这些理论进行整合?三是政治认知的核心是什么?诸多理论中,哪一种能够占有核心地位?四是政治认知的发展趋势如何? 影响政治认知的影响因素有哪些,从而会影响政治认知的兴盛和衰落。

政治认知的研究源自于西方国内选举和国际冲突的需要。西方民主理论家普遍假定选民是理性的, 但现实的调查结果显示选民对选举知识的了解是有限的,政治认知的一些理论试图回答理论与现实的差距。另外一些理论则基于冷战的背景,以苏美关系为研究对象。政治认知是政治心理学的研究核心,政治认知的研究核心则是启发,这些认知理论具有共同的特点:认知捷径和有限理性,这是我们整合和重构诸多政治认知理论的标准。

---

[1]　M. C. Schneider & A. L. Bos, Measuring Stereotypes of Female Politicians, *Political Psychology*, Vol.35, No.2, 2014, pp.245-266.

[2]　R.Fox & J. L. Lawless, Gendered Perceptions and Political Candidacies: A Central Barrier to Women's Equality in Electoral Politics, *American Journal of Political Science*, Vol.55, No.1, 2011, pp.59-73.

CHAPTER SIX

第六章
政治情感

　　情感（affect）是感觉（feeling）、情绪（mood）、感情（emotion）的通称，泛指一种主观的状态，不仅包括喜怒哀乐，还包括神经系统自动的唤醒，或注意力的受干扰。①这些概念如何区分？韦（Baldwin M. Way）和马斯特（Roger D. Masters）对 emotion,affect,cognition 三者之间的关系进行了探讨。界定情感时，人们关注最多的是恐惧。他们认为意识到恐惧的经历，可以称为 emotion，而由恐惧所导致的身体反应，譬如扁桃体的激活，则属于 affect，affect 是可观察到的身体反应。emotion 是对自我的意识。认知包括对刺激的认知和归类，认识其含义，并与其他环境刺激联系起来，也包括对信息的记忆。认知属于理性和语言，affect 属于激情和感情。前者解读刺激是什么，后者解读刺激对于我来说是什么。②

　　布拉德尔（Ted Brader）对以上几种情感类型也作了相应的解释。emotion 是大脑引发的心理和精神变化的特殊表现。当大脑感觉到某种情况或某个事物对个人目标（不仅仅包含生存本能）的重要性时，就会作出反应。feeling 是一种主观的意识和某种感情体验，这种反应并不一定是连续的。譬如，恐惧是人们面对威胁时的反应，但具体谈到恐惧这种感觉时，指的就是人们主观的感觉。mood 会较长时间地处于积极或消极的状态。最后，affect 是一个涵盖性术语，指代这一类现象。它不仅包括情感、感觉和情绪，还包括痛苦、喜

　　① Pamela J. Conover & Stanley Feldman, Emotional Reactions to the Economy: I'm Mad as Hell and I'm Not Going to Take It Anymore, *American Journal of Political Science*, Vol.30, No.1, 1986, pp.50–78.

　　② Baldwin M. Way & Roger D. Masters, Political Attitudes: Interactions of Cognition and Affect, *Motivation and Emotion*, Vol.20, No.3, 1996, pp.205–236.

悦和基本的人性内驱。[1]

情感中,感情(emotion)是心理学经常运用的一个概念。有学者比较了感情与动机(motive)的区别。区别有二:其一,感情受外在的刺激而唤起,而动机则因内在的事件而引发,譬如动态的平衡被打破;其二,感情可能因受多种刺激而出现(譬如许多情况都可能使人生气),而动机则是某种具体的需求。当然这两种区分不是绝对的。感情的内容,包括主观的体验、内在的身体反应、对感情和相关条件的认知、面部表情、对感情的反应以及感情导致的行为倾向。[2]

总之,政治情感是指人们对于政治事件、政治人物等所产生的内心体验,是人们对于政治对象的感觉、感情和情绪反应。譬如,对态度目标的喜欢与厌恶,恐惧、焦虑还是平静、喜悦,情绪是好还是坏等。

政治情感的研究要晚于政治认知的研究。可以说,在政治心理学的诸多研究内容中,对政治情感的关注是最晚的。主要原因在于以下几方面:

其一,自从古希腊以来,传统的思想家多把情感与理性对立,认为情感如果不加控制就会导致严重的后果,需要用理性节制情感。自古希腊以来的大多数时间内,人们把情感等同于激情(passion),即一旦情感占据人们的心理,就会失去理性的控制,或疯狂,或陶醉。情感外露将是危险的,情感将会导致人们失去思考的能力,匆忙下结论;情感使人们精神纷扰,分散人们的注意力;使人执迷不悟,容易走极端;过于关注自己,忽略集体的利益。[3]学者们更是据此对人们的阶层做出划分,居于上层的理性占据主导,居于下层的相反。柏拉图认为当王的应该是哲学家,哲学家的一个重要标志即是依据理性生活。

其二,政治认知占据主流,排挤了有关政治情感的研究。政治心理学兴起以来,对政治情感的重视程度不同阶段有所差异。麦圭尔把政治心理学的发展分为三个时期:第一个时期兴盛于20世纪四五十年代,称作"人格和文化"时期;第二个时期为20世纪六七十年代,称作"态度和选举行为"时期,

---

① [美]泰德·布拉德尔:《政治广告》,乔木译,中国人民大学出版社,2013年,第72页。

② Ruta L. Atkinson et al., *Hilgard's Introduction to Psychology*, Harcout Brace College Publishers, 1996, p.378.

③ George E. Marcus et al., *Affective Intelligence and Political Judgment*, The University of Chicago Press, 2000, pp.14–20.

第三个时期为 20 世纪八九十年代,为"意识形态和决策"时期。[①]这里要注意的是,麦圭尔将政治心理学第三个时期定为"意识形态和决策"时期似是笔误。麦格罗在引用该观点时修正为 "政治认知和决策" 时期。[②]马库恩(Michael Mackuen)等在引述此时,也说是政治认识的分析阶段,然后分析了情感在不同阶段的地位:在第一阶段,政治情感的分析起了主要作用,第二阶段起了次要作用,第三阶段受"认知帝国主义"的排挤。[③]这里所说的 20 世纪四五十年代政治情感的作用,是指这时的研究方法受精神分析的影响,关注亲子关系对人们后来政治行为的影响。而自第一阶段开始,把选民投票模式多归于政党认同,本身就是一种深受政党情感影响的行为。第二阶段中,对政治社会化的探讨,除了继续关注亲子关系外,也关注了儿童对国家的认同等,这些研究都肯定了情感对人们的政治行为的影响。但 70 年代以后,政治认知是政治心理学研究的主流,多数学者的主要精力在政治认知,忽略了对政治情感的关注。政治认知早期的研究是冷认知,即关注政治认知的过程,但没有考虑情感在认知中的作用。

一、政治情感与政治认知的关系

20 世纪 80 年代以后,政治情感的研究逐渐兴起,到 90 年代,对政治情感的研究逐渐形成潮流。主要原因在于人们逐渐理清了政治情感与政治认知之间的关系,政治情感可以独立存在,对政治认知发挥着重大的影响,甚至政治情感的作用要超过政治认知。

就社会心理学来说,学者们在认知的研究中逐渐认识到情感对认知的影响。现代学者已经认识到,情感不但影响人的生理,也影响人们的行为和认知,譬如情感对于建构人们的经历起着重要作用。一个大脑损毁的人,往

---

① William J. McGuire, The Poly-Psy Relationship: Three Phases of a Long Affair, In Shanto Iyengar & William J. McGuire eds., *Explorations in Political Psychology*, Duke University, 1993, p.9.

② Kathleen M. McGraw, Contributions of the Cognitive Approach to Political Psychology, *Political Psychology*, Vol.21, No.4, 2000, pp.805-832.

③ Michael Mackuen et al., The Third Way: The Theory of Affective Intelligence and American Democracy, In W. Russell Neuman et al. eds., *The Affect Effect: Dynamics of Emotion in Political Thinking and Behavior*, The University of Chicago Press, 2007, pp.7-8.

往能够回忆起对其情感冲击最大的事件。[1]

马库斯引用了一个案例说明情感的作用。该案例来源于克拉帕雷德（Claparede）医生的发现，他收治了一个大脑受到损伤的女病人，该病人失去了记忆能力。每当克拉帕雷德离开病房之后不久再次返回时，她已经不认识他了，所以克拉帕雷德每次走进病房总要重新介绍一下自己。一天，像往常一样，医生问候她，与她握手，但与之前不同的是，医生提前在自己手里握了一枚图钉。因此，病人握手时感到了疼痛，很快把手抽回。再次见面时，有意思的事情发生了，病人依然不记得克拉帕雷德医生，但他与该女病人握手时，她却拒绝了。也就是说，她已经知道了她被伤害，谁伤害她，以及将来如何避免伤害。[2]

韦斯顿（Drew Western）从以下两方面肯定了情感的作用。一是从人的大脑结构来看，情感与认知分属不同的区域。额叶的前边侧区域叫作背外侧额叶皮质（dorsolateral frontal cortex），这是人们做出理智选择的区域，韦斯顿称为"前部分析系统"，或"蓝脑"，当人们有意识地思考和权衡证据时，这部分就会开启。另一部分叫作大脑正中前额叶皮层（ventromedial prefrontal cortex），又称"红脑"，当人们为情所困时，这部分区域就会被启动。[3]按照韦斯顿的观点，情感是人们无法否认的，它自然地存在于人类的大脑中。二是从自然演化的角度来说，情感也是非常重要的。受情感的引导人类能够实现生存、繁殖，以及对他者福利的关注方面实现最优化选择。同样，利他行为，友情、同情、怜悯等情感也是人类在基本生存方面的最佳选择。因此，"如果自然选择有利于那些能够生存、繁衍、照顾好孩子和亲属、在集体中行似'良民'的动物，那么在上百万年进化历程中不断演化的情感正起到了这些作用。在政治学上，这意味着我们进化史上这些核心主题——生存、繁衍、亲亲、关爱他人——理应成为与选民产生共鸣的主题"[4]。

---

① John T. Cacioppo & Wendi L. Gardner, The Experience of Emotion, *Annu. Rev. Psychol*, Vol. 50, 1999, pp.191-214.

② George E. Marcus et al., *Affective Intelligence and Political Judgment*, The University of Chicago Press, 2000, p.29.

③ Drew Western, *The Political Brain: The Role of Emotion in Deciding the Fate of the Nation*, Public Affairs, 2007, p.61.

④ Drew Western, *The Political Brain: The Role of Emotion in Deciding the Fate of the Nation*, Public Affairs, 2007, p.73.

　　20 世纪 80 年代初期,拉扎罗斯(Richard S. Lazarus)与扎伊翁茨(R.B. Zajonc)就情感与认知的关系有过激烈的争论。拉扎罗斯主张情感与认知之间,认知是首要的;而扎伊翁茨等持相反的观点,认为情感是首要的,即使没有认知的思考,情感也会出现,只需要最低限度的刺激输入就会引起情感的反应。[①]有关这两位学者的争论,大多数学者认为两者之间的关系取决于如何解释认知。"当一个人遇到关乎其个人利益的解释,大脑会进行评价,在这种情况下,情感才得以产生。如果我们视这种感觉信息的前意识过程为认知,那么认知的确先于情感而产生。如果我们认为认知与更高的功能或自觉思考相关,那么认知活动是情感产生的充分条件而非必要条件。"[②]不管两位学者作何争论,但双方都承认情感与认知之间有着密切的关系。更有意思的是,在认知占主导地位的情况下,学者们将情感与认知放在一起讨论,本身就说明了情感在学术研究中地位的提高。

　　情感是独立存在的,情感在人类的发展史上不可或缺。情感的重要作用在于情感对认知有着重要的影响。情感会对人们的记忆产生影响,譬如情绪会影响人们对自己童年和人生经历的回忆,人们更容易记忆与自己的情感相一致的叙事,情感影响人们对信息的关注。譬如一个生气的人在阅读一个充满敌意的故事时,会多关注故事中人物的缺点。[③]当人们接触外在的刺激时,与知觉者当时的情感状态相匹配的刺激比其他刺激知觉更有效。[④]这种密切关系体现在:积极的情绪会设定一个安全的环境,积极接近刺激,有利于目标的实现。同时,人们会努力地对自我进行控制,牺牲短期的利益以换

————————

　　①　有关两者争论的文章参见 R. B. Zajonc, Feeling and Thinking: Preferences Need No Inferences, *American Psychologist*, Vol.35, No.2, 1980, pp.151–175; R. B. Zajonc, On the Primacy of Affect, *American Psychologist*, Vol.39, No.2, 1984, pp.117–123; Sheila T. Murphy & R. B. Zajonc, Affect, Cognition, and Awareness: Affective Priming With Optimal and Suboptimal Stimulus Exposures, *Journal of Personality and Social Psychology*, Vol.64, No.5, 1993, pp.723–739; Richard S. Lazarus, On the Primacy of Cognition, *American Psychologist*, Vol.39, No.2, 1984, pp.124–129; Richard S. Lazarus, Thoughts on the Relations between Emotion and Cognition, *American Psychologist*, Vol.37, No.9, 1982, pp.1019–1024。

　　②　[美]泰德·布拉德尔:《政治广告》,乔木译,中国人民大学出版社,2013年,第 76 页。

　　③　Gordon H. Bower, Mood and Memory, *American Psychologist*, Vol.36, No.2, 1981, pp.129–148.

　　④　Paula M. Niedenthal & Marc B. Setterlund, Emotion Congruence in Perception, *Personality and Social Psychology Bulletin*, Vol.20, No.4, 1984, pp.401–411.

取长期的利益。①积极情感能够促进思考和问题解决的灵活性,抵制消极情感的心理效应,使个人容易承受压力,并从逆境中恢复。积极情感是心灵韧性的关键因素。②与悲伤情绪相比,人们在心情好的情况下更容易对信息进行思考,微弱的观点就会把他们说服;而悲伤的人,只有在强烈观点的影响下才会被说服。③

与此相联系,人们对政治认知的研究中,发现了政治情感与政治认知的关系。许多学者在研究政治认知时发现,政治情感在政治认知的研究中发挥着重要作用。如麦格罗所说:"在研究人们对政治世界的理解和反应时,如果把情感排除在外,这种研究几乎是不可能的,因为人们对政治的情感,不管是强是弱,也不管是发散的还是具体的,都不可避免地渗透于其中。"④马库斯以进化的眼光看待情感(emotion)与政治的关系,认为情感也具有适应性的功能,反对把情感看作倒退的和僵化的;他认为人类的奋斗历程更多地为情感,而不是由理性和认知过程所主宰。何为情感? 按照作者的解释,英文的emotion,是由"e"和"motion"构成,两者结合在一起,意为激励人们(move people),使人们付诸行动。理性和认知并不是理解人类行为和判断的全部,过于关注理性和认知能力,必然得出极少数人才能满足民主的要求,民主必将衰落的结论。得出这种错误结论的原因在于忽略了情感,情感能够加深我们对政治的理解。⑤

布拉德尔也指出:"情感是我们决策的重要部分,这与二元论坚称的'情感和理性相对并低于理性'的观点截然不同。如果不评论认为个人应该在理性而不是情感的基础上做决定时,我们应该对此进行反思。"他考察后发现美国的选民在积极情感的驱动下会依据习惯或自己的秉性做出决定, 这时

---

① Ayelet Fishbach & Aparna A. Labroo, Be Better or Be Merry: How Mood Affects Self-Control, *Journal of Personality and Social Psychology*, Vol.93, No.2, 2007, pp.158–173.

② Anthony D. Ong et al., Psychological Resilience, Positive Emotions, and Successful Adaptation to Stress in Later Life, *Journal of Personality and Social Psychology*, Vol.91, No.4, 2006, pp.730–749.

③ Herbert Bless et al., Mood and Persuasion: A Cognitive Response Analysis, *Personality and Social Psychology Bulletin*, Vol.16, No.2, 1990, pp.331–345.

④ Kathleen M. McGraw, Contributions of the Cognitive Approach to Political Psychology, *Political Psychology*, Vol.21, No.4, 2000, pp.805–832.

⑤ George E. Marcus, Emotion and Politics: Hot Cognitions and the Rediscovery of Passion, *Social Science Information*, Vol.30, No.2, 1991, pp.195–232.

他们并不对接受到的信息进行详细分析。但面临消极的情感,譬如焦虑时,则会仔细分析所接受到的信息。因此,美国选民的这种做法既是理性的,也是情绪化的表现。[①]

大量例证支持如下断言:情感在政治认知的研究中发挥着核心作用。布洛迪(Richard Brody)和佩奇(Benjamin Page)认为对总统候选人的情感等同于投票既定倾向。[②]阿贝尔森(Robert P. Abelson)等的研究发现,情感和认知的作用是相互独立的,情感与认知相比,具有自身的优势,即情感很少在信息处理时被过滤掉,很少受认知一致性的压力,恰恰相反,情感是人们行为重要的驱动力。他们在对 1980 年美国人口调查(Current population survey,CPS)数据分析的基础上,发现政党认同与对政党的正面还是负面情感相关。选民对总统候选人的情感反应,是决定选民投票的潜在指标,并且积极和消极的情感是独立的。[③]此观点一出,尽管引起强烈的争议,但是让人们认识到,在面临模糊性的判断时,情感发挥着重要的作用。贾德(C. Judd)围绕着评估的维度探讨了对候选人的印象,发现讨人喜欢的启发,尤其体现在更少经验的公民身上。即时的模式首先就是一种情感的模式。[④]

拉格斯代尔(Lyn Ragsdale)认为,情感与认知相比,具有如下特质:其一,与认知的收集和处理信息相比,情感构成人生体验中更为基本的部分。人们无法逃避情感,并随时可能干扰信息的处理。譬如,一辆车直接冲向某人,恐惧远大于对车的尺寸、颜色和类型的认知。相类似的是,在政治领域中,在越南战争中体验到的恐惧、愤怒和尴尬,在理解人们讨厌对外干预时,远大于对战争中利益得失以及人员伤亡的考量。其二,与认知对一个事件的印象相比,情感更持久。一个情节的细节可能在人们的记忆中慢慢退去,但是对该情节的情感却一如往昔。人们虽然记不住罗斯福"炉边谈话"的内容,但是依

①　[美]泰德·布拉德尔:《政治广告》,乔木译,中国人民大学出版社,2013 年,第 237~240 页。

②　Richard Brody & Benjamin Page, Indifference, Alienation, and Rational Decisions: The Effects of Candidate Evaluations on Turnout and the Vote, *Public Choice*, Vol.15, 1973, pp.1–17.

③　Robert P. Abelson et al., Affective and Semantic Components in Political Person Perception, *Journal of Personality and Social Psychology*, Vol.42, 1982, pp.619–630.

④　C. Judd & J. A. Krosnick, The Structural Bases of Consistence among Political Attitudes: Effects of Political Expertise and Attitude Importance, In A. R. Pratkanis et al. eds., Attitude Structure and Function, Erlbaum, 1989, pp.99–128; C. Judd, & J. Kulik, Schematic Effects of Social Attitudes on Information Processing and Recall, *Journal of Personality and Social Psychology*, 38, 1980, pp.569–578.

然能回想起他讲话时的自信。最后,在测量人们对环境的反应时,与认知对信息的处理相比,情感的反应更为准确。对堕胎的感觉远大于对堕胎正反两方面事实的掌握。由此,他比较了理性模式和情感模式在评估总统的表现时的作用。他发现,面对总统的表现,人们并不是理性的得失评估者,而是依赖于对总统所作所为的内在感觉。根据他们对总统的恐惧或信任,讨厌或自豪,焦虑或自信,情感在对总统的判断中可能是最捷径的。他通过运用 1980年和 1986 年的国家专家调查(National Expert Survey,NES)数据,探讨认知和情感对总统评估的影响。经过多次验证,结果显示情感模式优于任何一种理性模式。[①]

康诺弗以人们对经济的情感反应为例,探讨了情感与认知的关系。他认为两者可以独自发挥作用,有关人们对经济条件的反应,情感的反应可能提供新的和不同的信息。具体体现在以下三方面:其一,人们可能在没有处理实际信息的情况下,根据情感应对面临的经济信息。研究显示,人们面对传媒传播的政治信息,通常一扫而过,或者很少注意到政治故事,对于所见所闻很少回忆起来。也就是说,媒体曝光的认知后果影响很小,但有意义的情感反应仍旧可能出现。其二,即使同时有情感和认知反应,但原初的信息可能很快被忘记,只留下情感反应。其三,即使面对经济新信息,同时有认知和情感反应,但认知反应可能面临一致性的压力,从而导致其后信息处理的改变。因此,情感反应作为对经济的最初反应可能是比较准确的。如果忽略情感反应,经济条件对政治影响可能被低估。但另一方面,情感与认知也可能是相互作用的。如果认知在前,面对同一的经济条件,可能因对环境的不同解释,或路径选择的不同思考等而形成不同的情感。譬如,人们对高失业率,或生气,或恐惧,因为对失业原因的不同理解,从而影响对政府绩效的评估。如果情感在前,人们的情感会影响记忆或判断,会决定对认知的处理。为了研究人们对经济的情感反应,作者采用了电话访谈,对一个城市进行三波调查,然后又进行了二次回访,考察情感与认知对里根表现、政府对经济的处理等方面的反应。结果显示:其一,情感对经济的反应是稳定的,不是逐渐弱化的,在解释和预测总统和政府的表现方面发挥了重要作用。稳定的原因在于民众没有仔细关注经济信息,没有发展出有关经济信息的信仰。即使关注

[①]　Lyn Ragsdale, Strong Feelings: Emotional Responses to Presidents, *Political Behavior*, Vol.13, No. 1, 1991, pp.33–65.

过，也可能忘记了。其二，正面和负面的情感具有不同的影响，无论对个人还是国家的经济条件，正面情感比负面情感重要，当然负面情感也不能忽略。其三，负面情感也有不同的影响。生气和厌恶，比恐惧和不舒服对政治评估具有更强烈的影响。后者在于政府无法控制差的经济条件，因此并不谴责政府。对通胀表现为生气，失业表现为恐惧，这会导致失业在政府的评估上不如通胀重要。其四，情感反应证明了个人的经济条件对评估的重要性。从认知的角度来看，个人的经济条件对政治评估没有影响，但是从情感的角度来看，这种影响是显著的，对个人经济反应出来的正面情感在绩效评估中影响显著。[1]

进入 21 世纪以后，恐怖主义成为国际关系中的核心议题之一。对恐怖分子的行为分析促进了政治情感的研究。一种观点认为，恐怖分子之所以参加恐怖活动，是因为他们内心充满仇恨，但认知僵化、认知复杂性不高，也就是思维方式比较简单、不知变通。但也有学者通过对独狼式的恐怖分子（lone-actor terrorists）的研究发现，他们之所以采取恐怖活动是因为他们内心的仇恨，但其思维方式并不简单。也就是说，他们内心怀有仇恨，但是对这种仇恨已经从多个角度进行了论证，这就导致了他们的态度很难被说服，他们的信念很难被改变。[2]

二、马库斯的情智理论

在诸多政治情感的研究中，乔治·E.马库斯（George E. Marcus）与其同事提出的情智（affective intelligence）理论是最有影响的理论之一。所谓情智理论，是指探讨情感与理性如何互动，以促使公民如何对政治进行深入思考和广泛关注。该理论的中心思想是，在政治领域，当公民遇到新奇或威胁的人、事或议题时，引发新的评估和政治判断。马库斯坦承，情感与智力两个看似矛盾词的结合本身就具有挑衅的味道，意在强调情感和理性并不是截然相对的，两者是互补的、微妙的互动，保持高度功能性的平衡。[3]情智理论包括

---

[1]　Pamela J. Conover & Stanley Feldman, Emotional Reactions to the Economy: I'm Mad as Hell and I'm Not Going to Take It Anymore, *American Journal of Political Science*, Vol.30, No.1, 1986, pp.50–78.

[2]　Stephane J. Baele, Lone-Actor Terrorists' Emotion and Cognition: An Evaluation beyond Stereotypes, *Political Psychology*, Vol.38, No.3, 2017, pp.449–468.

[3]　George E. Marcus et al., *Affective Intelligence and Political Judgment*, The University of Chicago Press, 2000, pp.1–2.

以下三个关键点：其一，情感分为正面和负面，呈现循环模式；其二，在正面情感下，人们按照既定倾向行事，但在负面情感下监视系统就会启动；其三，焦虑是两套系统转换的关键，在焦虑的情况下人们多会抛弃原来的习惯，对遇到的政治信息进行理性思考。

(一)环形模式

情感的环形模式(circumplex models)由马库斯提出，指正面和负面的情感形成一个圆圈，循环往复。该模式建立在对以前的情感反应模式批评的基础上，以前有关情感的反应模式主要有两种：

其一，情感的价模式(valence models)。传统把情感看作态度的评估维度之一，态度包括情感、行为倾向和认知。价体现为正向(喜欢)和负向(不喜欢)，对人们的偏好进行解释。但是随着心理学者对情感问题的深入研究，认识到情感与认知是相互独立的，三分模式逐渐被抛弃。

其二，情感的不相关联模式(discrete models)。即存在互相独立的诸多情感，具有以下特征：不同的情感被看作"事件的相互替代性的评估"，对一个事件的情感反应不同会导致人们对事件判断的差异。学者们对基本情感包含的数量有不同的观点，譬如有学者认为有 7 种情感：道德的义愤、生气或厌恶、嫉妒或仇恨、害怕或怀疑、无力或幻灭、同情或怜悯，以及忠诚或自豪。此外，有的学者归为 10 种或 14 种。在这些模式中，不同的动机与不同的环境因素相结合会导致不同的解释，从而产生不同的情感（认同-引发的情感）。情感的不相关联模式向我们展示了情感具有适应性的功能，带有情感的概念储存在记忆中，提供了不同于传统认知过程的解释。

马库斯以 1984 年的总统选举为例，考察了美国选民对候选人里根和蒙代尔的情感评估，首次提出了环形模式。该模式源于两种情感评估的方法：一种是正面的情感，正面情感从低到高分别是 sadness,depression,hope,pride,elation,是对主观掌控行为的考察；另一种是负面的情感，负面情感从低到高分别是 calm,boredom,anger,fear,disgust,是对带有威胁性入侵信息的监控。每种情感的维度代表了不同的评估，具有不同的功能和适应性的收益。与前两种模式不同，环形模式对情感缺失的重要意义进行了阐释。缺少负面的情感意味着缺少外在的威胁。平静的情感代表自信，会全神贯注应对面前的任务。缺少正面的情感意味着内在控制的缺失，个人会面临麻烦，可能导致长期的抑郁。在该模式中，情感的反应被理解为持续的行为，各种情感若隐若现,人们的心理也随之不断地在外在威胁和内在控制间转换,尽管人们可能没有意识到。

马库斯在考察环形模式的同时,借鉴了前人提出的两种信息感应系统(signal sensitivity system):第一种为行为促进系统,或正面的情感(Behavioral Activation System,or positive emotionality)(见图6-1);第二种为行为禁止系统,或负面的情感(Behavioral Inhibition System,or negative emotionality)(见图6-2)。前者关注实践的成功、内在的控制,关注自我的想法。后者考虑外在的环境、危险的因素。当焦虑的情感出现时,两种情感就会出现转换。

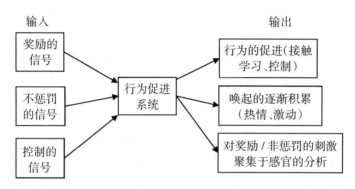

图6-1　行为促进系统——对任务绩效的评估

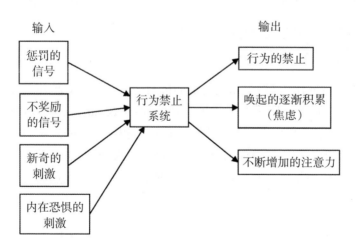

图6-2　行为禁止系统——对侵入信息的评估

情感存在两套系统,马尔库从神经系统科学中找到了证据。感觉信息沿路到达丘脑,然后分为两条路径:一条路径到达皮层的各个区域,处理人们所接受的听觉、视觉等信息,进行有意识的思维;另一条路径到达大脑边缘区域,以及扁桃体和海马区域,负责情感的处理。两条路径分别与两种记忆相关:前者与陈述性记忆(declarative memory)相关,后者与程序性记忆(procedural memory)相关。陈述性记忆能够使我们回忆事物"是什么",在"什么时候"。而程序性记忆管理已经习惯性行为的学习和实践。在马库斯看来,情感系统管理信息,促进人们的大脑对周围的环境、自己的身体和心理,甚至是否沿用习惯性做法的评估能力,这些都储存在程序性的记忆中。而陈述性记忆也很重要,通常以"语义记忆"的形式,把我们的信念、思想、价值和其他语义的理解储存起来,陈述性记忆能够使人们以有意识的思维方式回忆以前的事件、事实或思想。同时,我们的习惯也需要通过语义的形式进行论证。[①]

马库斯一再重申如下观点:情感先于意识而存在,情感的反应先于和低于意识。具体来说,人们在日常生活中,把已经习得的成功经验储存在程序性记忆中,面对生活中多次出现的、熟悉的政治现象,人们会利用他们的习惯、既有的倾向做出决策。人们通常说失败是成功之母,而马库斯说,人们过去的成功更容易成为人们将来行动时可以依赖的指标。面对所接受的信息,人们首先在程序性记忆中找寻,看看有无习惯性的行为与之相对应。在此过程中,人们的有意识思维并未启动,会不假思索地迅速做出反应。[②]

(二)焦虑:既定倾向和监视系统转移的关键

如马库斯所说,正面和负面包含许多情感,在决定人们的行为时是否会发挥同等程度的作用? 两套系统转换的机制是什么? 进入 20 世纪 90 年代之后,马库斯与同事对情感的关注集中到两种:焦虑(anxiety)和热情(enthusiasm)。他们发现,焦虑能够激起人们对候选人相关信息的思考,热情能够激起人们的政治参与。热情能够直接影响投票的喜好,而焦虑没有直接影响。那么焦虑的作用是什么呢? 在威胁的情况下,人们会产生焦虑,这时人们会

---

① George E. Marcus et al.,*Affective Intelligence and Political Judgment*,The University of Chicago Press,2000,pp.34-35.

② George E. Marcus et al.,*Affective Intelligence and Political Judgment*,The University of Chicago Press,2000,p.41.

停下原先思维的脚步,不再执着于原先的观点。譬如选民会仔细分析候选人或竞选的信息,分析的结果可能会坚持原来的观点,但也可能出现背叛,把票投给相反的政党或候选人。也就是说,选民是否理性思考依赖于他们的情感状态。①换言之,在马库斯看来,情感与理性并不是矛盾的、对立的,当积极的情感,尤其是热情出现时,情感就会处于主导地位,主宰人们的理性。相反,当焦虑出现时,人们则抛弃原有的认知方式,冷静地思考所面临的问题。

之后,马库斯等对他们提出的情感的环形模式又重新进行了命名,称为情智(affective intelligence),以更好地说明情感和理性之间并不是矛盾的。在他们看来,人们能够积极运用处于大脑边缘的两套情感体系:既定倾向(disposition)和监视系统。它们都属于评估的前意识,作为情感的评估,对思维和行为产生影响。平常情况下,运用既定倾向,而在新奇和危险的情况下,运用监视系统,以阻止、思考和调整他们的行为。焦虑作为特殊的情感使人们从一种判断模式转向另一种。焦虑低时,运用现有的认知启发和既定倾向。但焦虑高时,就会认识到完全信赖以前的行为过程可能存在潜在的危险。情智理论有两个基本的假设。假设1,人们自然倾向于维护自己的既定倾向,当拥有正面的既定倾向同时又没有其他选择时,情感启动增加人们的焦虑将导致更加依赖于长期以来的决策。然而当不存在正面的既定倾向时,情感启动增加焦虑将导致接受新的信息。假设2,拥有一种既定倾向的人们,感觉焦虑将弱化既定倾向的影响,增加现有信息的影响,譬如面对一个说服性的信息时。如果没有感到焦虑,他们将坚持原有的反应。具体解释可参见图6-3。②

---

①　George E. Marcus & Michael B. Mackuen, Anxiety, Enthusiasm, and the Vote: The Emotional Underpinnings of Learning and Involvement during Presidential Campaigns, *The American Political Science Review*, Vol.87, No.3, 1993, pp.672–685.

②　George E. Marcus et al., The Emotional Foundation of Political Cognition: The Impact of Extrinsic Anxiety on the Formation of Political Tolerance Judgments, *Political Psychology*, Vol.26, No.6, 2005, pp.949–963.

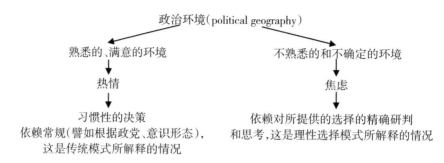

图 6-3　对政治环境的反应[①]

(三)学术界对马库斯理论的回应

马库斯等提出的理论得到了许多学者的支持。尼利（Francis Neely）在"9·11"刚刚发生的 2001 年,通过对一些人的调查发现,焦虑影响人们的思考和行为方式,即使不在选举时期。在面对执政党时,焦虑会启动大脑中的监视系统,迫使选民打破常规。具体到"9·11"之后来说,处于满意状态的共和党人仍然按照习惯性思维行事, 而处于焦虑状态的共和党人却没有保持政党一致性,其中一些人过去是共和党的坚定支持者,却出现了背叛。也有学者以全球气候变化为例,探讨了焦虑对人们说服的作用。全球气候变化引起的焦虑感会直接使人们不再对说服产生抵触心理。即使一个政治阅历丰富的人,自己原先的态度与全球变暖所表达的观点不一致,但全球气候变化所带来的焦虑感使其放弃抵抗,接受说服。[②]

一些学者在支持马库斯理论的同时又对其理论进行了修正。这些研究多是围绕焦虑与政治的关系展开的。其中,可分为以下三方面:

1.负面情感的细分

一些学者对焦虑与其他负面情感的关系进行了细致划分，探讨了它们之间的差异所引起的不同政治行为。瓦伦蒂诺(N. A. Valentino)等认同马库斯有关正面和负面情感的划分,但同时对负面情感的区分更加细致。譬如,

---

① 　Michael Mackuen,et al.,The Third Way:The Theory of Affective Intelligence and American Democracy,In W. Russell Neuman et al. eds.,*The Affect Effect:Dynamics of Emotion in Political Thinking and Behavior*,The University of Chicago Press,2007,p.128.

② 　Alessandro Nai et al.,Anxiety,Sophistication,and Resistance to Persuasion:Evidence from a Quasi-Experimental Survey on Global Climate Change,*Political Psychology*,Vol.38,No.1,2017,pp.137-156.

焦虑与恐惧会引起不同的动机和行为:前者源于确定的威胁,后者源于不确定的威胁;前者接受危险,后者逃避;前者运用认知启发,后者运用系统性思维。焦虑和生气都会促使人们对政治关注,但关注方式有异:焦虑使人们更多关注现有的信息,聚焦于威胁的刺激;生气则发生在个体确定威胁的原因,并决定是否有对之有所影响时,生气可能阻止收集和整合新的信息。与马库斯等肯定焦虑对理性的影响不同,他们关注到焦虑的消极影响。焦虑会干扰对信息的回忆,高程度的焦虑会使人精神涣散、注意力不集中。高程度的焦虑可能影响个体过滤不相关信息的能力, 以及影响解读记忆中的新材料的能力,极端情况下焦虑可能使人逃避任务的解决。通过实验,他们发现,焦虑能够导致对信息的广泛搜索。生气和热情同样能够引起选民对竞选活动的兴趣以及相关信息的关注, 但是它们会使人们运用更少的时间搜索信息,尤其是生气,会干扰人们对信息的搜索。①

赫迪(L. Huddy)等也分析了生气和焦虑等对人们分析政治信息的影响。他们发现"9·11"之后和伊拉克战争开始时,焦虑程度高者会更关注政治,但在回忆这些事件时却不太准确, 如果他们对战争的事实知之甚少反而更有可能支持战争的政策。生气导致人们低估军事介入伊拉克的危险,从而支持伊拉克战争。焦虑则会高估危险,从而导致减少对战争的支持。最后他们发现,焦虑和生气都会导致人们更加关注媒体,以及人际间的讨论。但生气会影响人们对事实信息的运用和支持,而焦虑对此的影响是适度的。②

赫迪等还利用"9·11"事件考察了焦虑和威胁的区别,二者会导致人们对恐怖分子的不同态度。威胁导致不宽容、偏见、种族主义、仇外,会限制威胁群体的权利和自由,增加内群体的团结和外群体的敌意,赞成对外群体惩罚。简言之,威胁是种族中心主义和报复之源。焦虑则有不同的效果。首先,焦虑削弱认知的功能,因为它使人的注意力关注到威胁的刺激信息,全身心投入到对威胁来源的分析,却忽略了对非威胁信息的关注。焦虑有时会促进

---

① 　Nicholas A. Valentino et al., Is a Worried Citizen a Good Citizen? Emotions Political Information Seeking, and Learning via the Internet, *Political Psychology*, Vol.29, No.2, 2008, pp.247–273.

② 　L.Huddy et al., Threat, Anxiety, and Support of Antiterrorism Politics, *American Journal of Political Science*, Vol.49, No.3, 2005, pp.593–608; Huddy, L., Feld man, S., & Cassese, E., On the Distinct Political Effects of Anxiety and Anger, In W. R. Neuman et al., eds., *The Affect Effect: Dynamics of Emotion in Political Thinking and Behavior*, Chicago University Press, 2007, pp.202–230.

有限的认知功能,譬如很容易注意到额外的环境威胁,但是总体来说,焦虑会导致认知能力的弱化,譬如焦虑会妨碍对相关信息的记忆和解读。其次,焦虑者知觉到的危险更高。焦虑者会感到无法把握和控制危险,夸大与个人相关的负面事件的危险。最后,增加逃避危险的倾向。如果人们感觉到威胁会采取报复行动,而感觉到焦虑则会选择逃避。"9·11"时,美国只有少数人经历了高度的焦虑,他们较少支持用攻击性的军事行动反恐,较少支持小布什,支持美国的孤立主义。相反,美国多数人将恐怖主义解读为高层次的威胁,支持政府国内外的反恐。[1]

2.焦虑的其他替代性作用

拉德(J. M. Ladd)与伦兹(G. S. Lenz)针对情智理论进行了修正,他们关注到另外两种有关焦虑的作用:第一种称为情感转换(affect transfer),即对

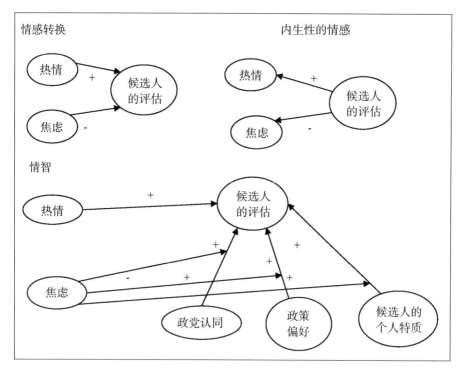

图6-4 情感和投票行为的替代性解释

① Leonie Huddy et al., Threat, Anxiety, and Support of Antiterrorism Policies, *American Journal of Political Science*, Vol.49, No.3, 2005, pp.593-608.

候选人的积极和消极情感直接转换为积极和消极的评价；第二种称为内生性的情感(endogenous affect)，即以前对候选人的评估导致了情感反应。两种解释见图6-4。通过对2004年美国总统选举调查(ANES)的数据分析，他们发现，既有情智模式在起作用，另外一些证据又显示情感直接影响候选人评估，更有强烈的证据显示候选人的评估直接影响情感。因此，他们提出不应该简单理解情智理论，应该结合以上两种模式。①

3.政治效能与焦虑的结合

鲁道夫（Thomas J. Rudolph）、冈尔（Amy Gangl）与斯蒂文森(Dan Stevens)通过政治效能对情智理论进行了修正。政治内在效能是个人能够理解政治和有充分的能力参与各种政治活动，譬如投票的自我知觉。他们提出，内在效能通过与个人焦虑的互动，会对竞选活动的参与发挥间接和积极的影响：高效能感的焦虑者能够减少恐惧，很少受限于焦虑，反而会更加迎接挑战，促进竞选的参与，而低效能感的焦虑者则没有影响。②

三、政治情感与选举

政治情感在选举中所起的作用近来越来越受到学者的重视。我们可以具体划分为以下三方面：一是对选民投票时的决策心理的研究，二是政党认同，三是政治广告的影响。

（一）选民的投票心理

有关选民的投票心理的研究，大多数关注的是空间理论，即根据候选人在某些议题上所持的立场，与自己在该议题上所持的立场相比较，根据比较的结果决定把票投给哪一位候选人。此方面最典型的代表人物是唐斯，其核心观点包括：其一，每个选民代表某假想空间中的一点，该点反映了个人有关政策的理想的部分；其二，每个候选人的政策立场也在同一的空间有一点；其三，选民投给与自己的观点最接近的候选人。拉比诺维茨（George Ra-

---

① Jonathan McDonald Ladd & Gabriel S. Lenz, Reassessing the Role of Anxiety in Vote Choice, *Political Psychology*, Vol.29, No.2, 2008, pp.275–296.

② Thomas J. Rudolph et al., The Effects of Efficacy and Emotions on Campaign Involvement, *The Journal of Politics*, Vol.62, No.4, 2000, pp.1189–1197.

binowitz)和麦克唐纳(Stuart E.Macdonald)对此提出了批评,提出了方向性的投票模式。该模式的表达式:(候选人的立场-中间点)×(选民的立场-中间点)。需要注意的是,如果选民和候选人在中性点的同一边,两者相乘的结果是正向的,分属不同的一边则是负向的。如果选民和候选人其中一方处于中性点,议题的净效应是零。如果选民和候选人变得越发极端,则方向性的效应是扩大的。[1]

佩奇(Benjamin I. Page)和布洛迪(Richard A. Brody)肯定了选民有能力根据议题进行投票。尽管一些议题在当时的选举中很有影响,但如果参与竞选的候选人在该议题上的立场接近,那么议题的影响可能作用不大。他们考察的样本来源于1968年的总统选举,议题是越南战争。通过调查发现,选民并不把1968年的总统选举看作是对越南问题的投票。主要在于尼克松和竞争对手汉弗莱,在越南战争中的态度是相似的,都反对即刻撤军,也反对征服北越。即议题的相似性导致选民并不根据议题来投票。相反,如果候选人议题立场分歧明显,议题就会成为重要的参考依据。[2]

上述两种观点看似是相同的,都属于议题投票,但艾英戈等认为两者存在本质的差异。他们将空间理论的投票模式称为预期一致假定(anticipated agreement hypothesis),选民以自己以前的观点为基础,判定候选人的观点与自己观点是否一致,他们者称之为议题公众假定(issue publics hypothesis),根据个人认定的议题重要程度来接触信息。通过对2000年小布什和戈尔的总统选举的考察,他们发现两种模式之间是独立的,互不相关。哪种模式更符合选举的实际情况呢?他们的结论是议题公众假定在2000年选举中得到了证实,而预期一致假定只是部分得到了证实。具体来说,共和党和保守人士一般喜欢接触小布什的竞选信息,但是民主党和自由人士并不喜欢接触戈尔的信息。[3]

自从政治情感的研究引入选举之后,学者们开始关注情感在其中的影响。拉恩等考察了情感对选举的影响。他们认为民众对候选人的评估建立在

---

[1] George Rabinowitz & Stuart E. Macdonald, A Directional Theory of Issue Voting, *The American Political Science Review*, Vol.83, No.1, 1989, pp.93–121.

[2] Benjamin I. Page & Richard A. Brody, Policy Voting and the Electoral Process: The Vietnam War Issue, *The American Political Science Review*, Vol.66, No.3, 1972, pp.979–995.

[3] S. Iyengar et al., Selective Exposure to Campaign Communication: The Role of Anticipated Agreement and Issue Public Membership, *The Journal of Politics*, Vol.70, No.1, 2008, pp.186–200.

喜欢和不喜欢的基础上,这个过程他们称为推导(derivation)。一般通过开放式问卷,询问受访者赞成还是反对候选人。受访者综合喜欢与不喜欢,形成总体的判断,然后支持最喜欢的。但开放式问卷也存在问题,即当被问及决定他们偏好的最重要原因时,他们避谈情感,而极力辩称他们的选择是理性的、深思熟虑的。拉恩等指出,有三种因素判断推导是否合理化:决策的时间、政治参与、媒体的曝光。如果竞选初期选民就已经做出决定,就会逃避媒体的信息,对他们的喜好合理化;积极参与者越运用即时的信息,就越会合理化他们的评估;政治参与和媒体的曝光呈正相关,接触媒体越多,越可能阻止选民对候选人态度的固化,从而减少合理化的运用;很少接触媒体的也就很少接触到与他们的信念相矛盾的信息,也就容易合理化。拉恩等通过对1990年俄亥俄州州长的选举调查发现,选民会对他们的喜好原因合理化,尤其是那些政治参与积极者和很少曝光于媒体者。①

把情感在竞选中的作用推到极致的是韦斯顿。他认为无论在竞选中,还是在各种政治决策中,情感与认知相比具有明显的优势地位。面对同样的政治事件,美国民众对两党的情感不同,可能得出的结论就会截然不同。参众两院面对同一事件,但对事件的解读却不一样。譬如面对克林顿的性丑闻,党派不同对于此事件的评判就会不同。在共和党主导的众议院,通过了对克林顿的弹劾案,但在民主党主导的参议院却没有通过。韦斯顿认为不是事件在起作用,起主导作用的是情感。他对三个颇受争议的政治事件——因克林顿的性丑闻而导致的弹劾、2000年总统大选,以及阿布格莱布监狱的虐囚丑闻——运用情感因素预测对民众的看法,准确率高达80%~85%。②以克林顿性丑闻为例,起作用的是对民主党的情感、对克林顿本人的情感,对婚外情的看法,以及对女权主义的看法。而原来人们所认为的认知因素在民众做决策时所起的作用很小。他认为自罗斯福以后,仅有一位共和党总统连任选举失败,民主党仅有一例成功,主要在于两党对情感的重视不同。共和党在竞选中善于编造情感故事,在这个故事中,有哪些要素构成、通过什么方式讲故事、运用什么语言、好人是谁、坏蛋是谁、在打败坏蛋时主人公面临哪些困

① Wendy M. Rahn et al., Rationalization and Derivation Processes in Survey Studies of Political Candidate Evaluation, *American Journal of Political Science*, Vol.38, No.3, 1994, pp.582–600.

② Drew Western, *The Political Brain: The Role of Emotion in Deciding the Fate of the Nation*, Public Affairs, 2007, p.104.

难、故事最想达到和最终的结局是什么等,都一清二楚。譬如在里根的描绘下,自由主义者就是坏蛋,他们悲观、不负责任,只想征税,不想投入。相反,民主党就像各个利益群体组成的松散联盟,只是简单地把自己的主张罗列到政党的纲领中,但这些纲领缺少统一的目的、原则,更确切说缺少叙事的主线。①

在韦斯顿看来,一个政党要想赢得大选,不能像以前的民主党所做的那样,只是精于认知的考量,用事实、数据说话,但却忽略了背后的情感故事。韦斯顿提醒人们道:"'合适的环境'多是情感性的。每一个理性决定背后必有一个决定的理由。我们并不会注意各种观点,除非它们激起我们的兴趣、激情、恐惧、愤怒和蔑视。如果从一个领导那里感觉不到共鸣,我们不会为其所动。如果政策触及不到与我们自身相关的情感,我们的家族或我们珍爱的事物,我们也不会觉得这样的政策值得讨论。"韦斯顿认为,每个理性行为几乎都是情感与认知的结合——最有威胁的竞选广告、最有效的演说;竞选辩论中最有效的时候等——都是情感和认知结合的产物。因此,总统要想赢得大选就要善于讲情感故事。譬如克林顿竞选中能够打动选民的,不是其政策,而是其竞选广告中所讲的未出生即遭遇父亲的去世,出身平凡,却通过自己的努力进入名校,得到了肯尼迪的接见,即他的竞选广告讲了一个美国梦的故事,引起了广大选民的共鸣。②

因此,韦斯顿认为,一个政党的候选人要想赢得大选,最重要的一点是必须制定不同层次的目标以指导竞选运动,这些目标一定要与选民的情感相呼应。具体来说,包含四个层次的目标:第一层次的目标是超越各个候选人的,为政党制定一个情感性的纲领,用能够打动选民的情感解释政党和它的原则,向人们讲述该党成员共同尊奉一个连贯性的情感故事。同样运用选民讨厌的情感解释其他政党和它们信奉的价值,以削弱其竞争力。第二层次的目标是针对候选人本身的,最大化选民对候选人的正面情感,最小化负面情感;运用相反策略针对竞选的对象,即最小化选民对竞争对象的正面情感,最大化负面情感。第三层次的目标与第二层次相关,管理对候选人个性

① Drew Western, *The Political Brain:The Role of Emotion in Deciding the Fate of the Nation*, Public Affairs, 2007, p.153, p.165.

② Drew Western, *The Political Brain:The Role of Emotion in Deciding the Fate of the Nation*, Public Affairs, 2007, pp.5–6.

特征的情感。即让选民相信你们的候选人是值得信任的，有能力的，具有同情心，具有强大的领导力，同时提升选民在这些维度上对竞争对手的怀疑。第四层次的目标是管理对候选人的政策和立场的正面及负面情感。[①]

(二)政党认同

政党认同一直以来是美国政治学者经常探讨的话题。在政党认同的研究中，贝尔纳普(George Belknap)和坎贝尔(Angus Campbell)于1952年提出了政党认同的概念。[②]1960年，坎贝尔等在《美国选民》(*The American Voter*)中对之进行了更为深入的研究，把政党认同看成是美国选民的一个普遍现象，在选民的投票中发挥着重要作用。继此之后，政党认同就成为预测选民投票的一个重要指标。

学者们探讨较多的一个话题就是政党认同的稳定性。格林(Donald P. Green)和帕姆奎斯特(Bradley Palmquist)对此予以了肯定，认为政党认同最显著的特征是持久性。[③]米勒(Warren E. Miller)也持类似的看法，他发现，政党领导的丑闻尽管在短期内有影响，但是这种影响是极其有限的。从长时段来看，在对总统的投票中，政党的投票并没有多大改变，并没有因种族、性别和地区的差异而有所不同。[④]

但是也有学者对此持有不同的看法，认为政党认同呈现出时代的差异。康沃斯和马库斯通过考察发现，1956—1960年，政党认同的稳定性超过了个人立场的稳定性。而在20世纪60年代，尤其是60年代中期，越来越多的人拒绝认同任何一个党派，宣布中立。与50年代相比，这时的选民能够分清政党的立场，把议题的喜好和政党联系起来。而对1972—1976年的考察发现，政党的稳定性又有所上升，类似于1956—1960年的数据。总体来说，过去25年，政党认同围绕着中心有些许震荡。而在过去10年，政党认同的下

① Drew Western, *The Political Brain: The Role of Emotion in Deciding the Fate of the Nation*, Public Affairs, 2007, pp.137–140.

② George Belknap & Angus Campbell, Political Party Identification and Attitudes toward Foreign Policy, *Public Opinion Quarterly*, Vol.15, 1952, pp.601–623.

③ Donald P. Green & Bradley Palmquist, Of Artifacts and Partisan Instability, *American Journal of Political Science*, Vol.34, No.3, 1990, pp.872–902.

④ Warren E. Miller, Party Identification, Realignment, and Party Voting: Back to the Basics, *The American Political Science Review*, Vol.85, No.2, 1991, pp.557–568.

降是重要的事实,背叛率逐渐上升。①之后,在对 1980 年总统选举前后固定
样本的调查中,马库斯发现,政党认同的作用明显,但与选民对候选人特质
的关注方面相比,作用很小。对候选人特质的评估是在比较中产生的,即对
候选人的总体特质的评估,是与对现任总统的评估同时发挥作用的。②按照
马库斯等人的研究,政党认同之前是稳定的,作用巨大。但是 20 世纪 80 年
代以后,作用较小,总统和候选人个人的特质逐渐明显。

政党认同稳定问题不仅来自于实证的研究,对政党认同的不同解读,也
会导致对政党认同稳定与否判断的差异。戈伯(Alan Gerber)和格林(Donald
P. Green)归纳了对政党认同的两种解读,如果从心理学的角度解读,学者们
将自我身份与政党相关联,脱离将会导致心理的不安。即将政党认同看作一
种情感的认同,时间越长,积累越深,自然就不会脱离所支持的政党。相反,
如果从理性的角度解读,选民依据概率论"更新"他们有关政党的信念,运用
他们生命历程中所接受到的有关政党的政治信息得出政治观点。根据哪个
政党能够提供譬如经济表现、意识形态的吸引力,对其进行比较,谁提供的
收益大,就投谁的票。他们则把政党认同看作简单的学习模式,政党提供的
政策是稳定的,时代不同,这些政策对选民的收益也有所不同,从而决定他们
的投票出现差异。这种模式,他们称为"静止的政党"模式(static party model)。
在这种情况下,选民就会根据政党提供政策的不同而作出调整。他们通过
1990—1992 年的 NES 调查发现,政党认同比政党绩效的前景评估更稳定,
但并不因此否定政党绩效的作用。他们发现,30 岁以下的选民非常关注政党
的政策,对政党的支持多与政党绩效联系起来。但在 30 岁以后,选民对所支
持的政党有了一定的情感,变化相对较小。③

另一个有关政党认同争论的焦点是政党认同是单维的还是多维的。一
种观点是两极说:对一个政党支持,对另一个政党就反对。另一种观点认为
对两个政党的态度是互相独立的,需要单独测量对两党的积极和消极态度。
格林(Steven Greene)通过调查发现,对政党的态度是单维的,选民态度呈强

① Philip E. Converse & Gregory B. Markus, The New CPS Election Study Panel, *The American Political Science Review*, Vol.73, No.1, 1979, pp.32–49.

② Gregory B. Markus, Political Attitudes during an Election Year: A Report on the 1980 NES Panel Study, *The American Political Science Review*, Vol.76, No.3, 1982, pp.538–560.

③ Alan Gerber & Donald P. Green, Rational Learning and Partisan Attitudes, *American Journal of Political Science*, Vol.42, No.3, 1998, pp.794–818.

烈的两极分布。①

过去对政党认同的研究,尽管有情感的因素,但多是局限在喜欢-不喜欢的维度上。自20世纪80年代政治情感的研究兴起之后,有学者开始探讨细微的情感、政治认同与政治参与之间的关系。格罗南迪克(E. W. Groenendyk)和班克斯(A. J. Banks)的研究发现,愤怒和热情尽管分属正负两种情感,但选民对政治认同强烈,就会促进人们的政治参与。相反,尽管选民对某政党持认同态度,但如果心怀恐惧的话,就会阻碍人们的政治参与。②

(三)政治广告

竞选中,候选人政治广告的设计对于竞选的成败很关键。布拉德尔对美国竞选的政治广告进行了考察,考察的重点是政治广告中的情感诉求,即情感诉求影响选民以及产生影响的方式。布拉德尔提出了如下观点:竞选广告通过运用画面和音乐暗示,引发观众的情感反应。他将竞选的情感诉求归为两类:一类是激情广告,以表达正面的情感为主,譬如希望、激情或自豪等,候选人的顾问们称之为"感觉良好"的广告;另一类是恐惧广告,提供令人忧虑的信息,运用画面、音乐和声效使选民忐忑不安。以上情感诉求的广告占据了竞选广告的主体,除此之外是"非激情广告",回避了夸张的渲染和情感诉求,突出了论点和信息。③情感广告可以通过色彩、音乐、画面、音效、视频剪辑的速度,以及一些人物(老人、小孩、家人等)和一些地方、事件来营造。④因此,在布拉德尔看来,文字和内容的组织在表达广告的情感方面是重要的,但上面所提到的因素在表达情感方面往往更重要。

两类情感广告的效果如何?布拉德尔于1998年就民主党马萨诸塞州长的初选进行了实验。让被试者在观察新闻时插入竞选广告,运用了激发情感较弱的广告、激情广告和恐惧广告三类。结果发现激发激情的广告在动员选民方面有效果,观看了引发激情广告的人对选举更有兴趣。"把振奋人心的

①　Steven Greene,The Structure of Partisan Attitudes:Reexamining Partisan Dimensionality and Ambivalence,*Political Psychology*,Vol.26,No.5,2005,pp.809~822.

②　E. W. Groenendyk & A. J. Banks,Emotional Rescue:How Affect Helps Partisans Overcome Collective Action Problems,*Political Psychology*,Vol.35,No.3,2014,pp.359~378.

③　[美]泰德·布拉德尔:《政治广告》,乔木译,中国人民大学出版社,2013年,第6~13页。

④　[美]泰德·布拉德尔:《政治广告》,乔木译,中国人民大学出版社,2013年,第198~205页。

音乐和光鲜的画面结合在一起的广告似乎比仅有积极信息的广告更能有效地将观众融入竞选中去。相反,激发恐惧的因素显然对增加竞选兴趣没有效果。即便是加入了紧张的音乐和严肃的画面,观众在观看了消极内容的广告后,回应也并没有变化。"①

恐惧广告的效果在于说服。恐惧刺激会对那些需要被说服的人产生作用。那些一开始不支持候选人或对候选人漠不关心的人,向该候选人倾斜的可能性上升了。因此,恐惧威胁的广告能够支援选民,让他们在情感和看法上向选择候选人方向转移,尤其对那些一开始不支持候选人的作用尤其明显。而激情广告只会强化原有选民的态度,导致喜欢候选人的更加喜欢,讨厌者更加讨厌,激情广告会导致选民的两极分化。②因此,在竞选激烈、胶着的情况下,使用恐惧广告;在大幅度领先的情况下使用激情广告;在对方支持者占优的选区竞选,使用恐惧广告,在自己占优的选区使用激情广告。

对于两类情感诉求广告的研究,可以说是马库斯的情智理论在政治广告中的具体应用,通过实验证明了马库斯所说的正面和负面情感的不同影响,在观点上并无新奇之处。布拉德尔观点的新奇之处在于对激情广告的受众-选民的研究上。激情广告的效果在哪些人群中影响最大? 布拉德尔的研究显示,时常关注政治的人,即政治上较为成熟的人能够受情感诉求影响,而那些不是很关注的人就难以被触及。所谓政治成熟的人,指对政治感兴趣、投票意愿、党派倾向、意识形态倾向更强的人。对政治较为了解的人对激情广告的回应要比那些不怎么了解的人强。这体现在志愿服务的意愿、在初选中投票的意愿、注册的意愿等方面。恐惧暗示同样能够激发政治上比较成熟的人们的投票意愿、注册意愿,以及对选举重要性的认同。③这种区别还体现在对于政治知识水平高的人来说,恐惧威胁对于改变态度、投票选举并激发对新信息关注的影响是最强的。在强化政治习惯、增加对投票选择的确定性及阻碍对新信息的关注方面,激情刺激的能力在那些对政治了解较多的选民当中效果最强。④

克鲁普尼科夫(Y. Krupnikov)对上述观点表达了谨慎的支持。他认为一

---

① [美]泰德·布拉德尔:《政治广告》,乔木译,中国人民大学出版社,2013年,第121页。

② [美]泰德·布拉德尔:《政治广告》,乔木译,中国人民大学出版社,2013年,第152~153页。

③ [美]泰德·布拉德尔:《政治广告》,乔木译,中国人民大学出版社,2013年,第135~138页。

④ [美]泰德·布拉德尔:《政治广告》,乔木译,中国人民大学出版社,2013年,第176~177页。

个候选人散播对手的负面信息只有在两个条件下才会起作用:其一,选民对某个候选人已经心有所属,即已经明显支持某个候选人,在此之后接触负面信息;其二,负面信息必须是针对自己喜欢的候选人。在此情况下,选民可能会抛弃原来支持的候选人。①

但是也有学者对政治广告持不同的看法。戈伯(A. S. Gerber)等的研究发现,政治广告虽然影响巨大,但却是短暂的。他们认为政治广告作用的心理机制应该是启动,而不是即刻的信息处理模式。即政治广告的作用在于选民做决策时,能够将广告的信息映入选民的脑海,仅此而已,并没有迅速到如广告所影响的那样拿出现成的结论。②甚至有学者得出了相反的结论。克拉斯诺(J. S. Krasno)和格林(D. P. Green)基本承袭了拉扎斯菲尔德等的传播效果有限论。在对 2000 年总统大选,两党总统候选人在竞选最后几周投放的广告量,以及广告内容的考察中,他们发现政治广告对选民是否参与投票的影响可以忽略,无论是正面还是负面的广告既不能促进也不能阻止选民参与投票。③

四、热认知

一些学者在探讨即时的信息处理时,引入了情感的因素,即热认知。最早提出热认知的是阿贝尔森(R. Abelson)。④热认知与冷认知相对,由"冷"变"热"是由对情感与认知重要程度的定位不同所引起的。过去的冷认知排除了情感的因素,而热认知则认识到情感对认知的影响。真正对之作出详细论证的是洛奇和泰伯(Charles Taber)等,他们认为所有的社会概念均有情感的负荷,所有的社会信息均有情感。具体到政治领域来说,热认知的假设是,人

①　Y. Krupnikov, When Does Negativity Demobilize? Tracing the Conditional Effect of Negative Campaigning on Voter Turnout, *American Journal of Political Science*, Vol.55, No.4, 2011, pp.796–812.

②　A. S. Gerber et al., How Large and Long-lasting Are the Persuasive Effects of Televised Campaign Ads? Results from a Randomized Field Experiment, *American Political Science Review*, Vol.105, No.1, 2011, pp.135–150.

③　J. S. Krasno & D. P. Green, Do Televised Presidential Ads Increase Voter Turnout? Evidence from a Natural Experiment, *The Journal of Politics*, Vol.70, No.1, 2008, pp.245–261.

④　R. Abelson, Computer Simulation of "Hot" Cognition, In S. S. Tomkins & S. Messick eds., *Computer Simulation of Personality*, Wiley, 1963, pp.277–298.

们过去思考和评估的所有的政治领导、群体、议题及观念均有情感的负荷（正向或负向,强烈或微弱）,这种情感的标记直接与概念一直储存在长期的记忆中。[1]这种评估的记载,在记忆中与目标的相关性是自发的和无可回避的,带有情感的色彩。一个人在大字新闻标题中读到"Bush",认识到是指总统而不是一个星球,伴随着强烈认知的是对"W.Bush"的记忆。情感伴随思考始终,渗透到所有的思考者和推理者。多数人多数时间都是有偏见的推理者,在评价新的、与态度相关的信息时无法做到公允。长时段的记忆（Long-Term Memory,LTM）是通过节点所组成的相互关联的网络,一个公民的政治知识结构,可能需要成千上万个概念节点,组成复杂的相互关联的网络。现有信念联系的强度有变化,而且记忆目标的易获得性也会有变化。

热认知强调的是带有情感的政治信息储存在记忆中,而要从记忆中延伸出来对决策形成影响,需要其他两种机制:即时的信息处理和启发。即时的信息处理是记忆中的一种更新机制,具体来说更新依附于概念之中的情感标记价值,主张人们在形成或修正对人物、地点、事件或者观念的印象时,自动地汲取有关信息的情感值,然后自然地（当信息就在眼前时）修正他们对目标的总体评价。[2]这种流水账会重新整合到概念中,作为长期记忆储存起来。启发确切来说是"我如何感觉"的启发,它捕捉到依附于概念中的情感流水账,然后由长期记忆移到工作记忆中,标示着对目标喜欢与否的程度。三者把情感与认知整合在一起,并解答了如何储存在记忆中,同时影响判断过程。简言之,热认知理论认为,所有的政治目标都有情感的负荷,即时的信息处理提供了更新情感流水账的机制,"我如何感觉"启发自动把情感融入判断过程。他们按照指向性目标（directional goals）和精确性目标（accuracy goals）两个维度把有驱动性的推理者划分为四种类型。第一种为弱精确性目标-弱指向性目标,称为低动机,特点是相对冷漠的,不愿意花费过多精力处理信息,最有可能在决策中依赖启发。第二种为强精确性目标-弱指向性目标,这是经典的理性思维方式。他们在处理信息时不带任何情感色彩,同时

---

[1] Milton Lodge & Charles Taber,Three Steps toward a Theory of Motivated Political Reasoning,In Arthur Lupia et al. eds.,*Elements of Reason:Cognition,Choice,and the Bounds of Rationality*,Cambridge University Press,2000,pp.183–213.

[2] 在洛奇和泰伯等看来,热认知完全是一个自发的过程,和以前学者所论述的理性推理完全相反。相关论证参见 Inna Burdein et al.,Experiments on the Automaticity of Political Beliefs and Attitudes,*Political Psychology*,Vol.27,No.3,2006,pp.359–371.

分析信息时也最为彻底。第三种为强精确性目标-强指向性目标,称为直觉的科学家(intuitive scientist)。他们对证据进行彻底的考察,并试图以公允的方式实现精确性的目标。但同时,受指向性目标的影响,他们很难摆脱偏见、先入为主的情感的影响。第四种是弱精确性目标-强指向性目标,称为偏袒的推理者(partisan reasoner)。他们极力寻求支持自己偏爱的目标或评估,反驳相矛盾的信息,轻易接受自己支持的信息。但是在这四种模式中,作者认为多数的公民都是有偏见的推理者(biased reasoner),以一种公允的方式看任何一种新的信息是不可能的。①

情感自发地形成于早期的信息处理中,因此对以后的信息处理具有“首要性效应”,但储存在记忆中的评估记录要没有偏见几乎是不可能的。洛奇等把情感在早期的影响称之为情感的感染,即记忆中的信息一旦有情感的负荷,就会对以后的记忆、判断有影响。人们会强烈抵制与态度不一致的事实、人物和解释,但无批评地接受与态度相一致的信息,此为肯定性偏见。即人们会根据早期的情感选择性地记忆信息以及对信息的建构,最终影响领导和政策的判断,他们称之为情感的中介。通过实验,他们发现了强烈的促进和禁止效应,这体现在对政治领导人、群体和议题的研究中,同时通过其他非政治性态度的自发性研究进行补充。结果发现,启动的效价与目标效价的互动,即使两者从语义上不相关,也很难被单纯的认知模式解释。这为热认知的政治信息处理提供了支持。②

除洛奇等外,雷德劳斯克与其团队也是热认知的坚定支持者,在理性的投票模式与热认知的比较中,他们肯定了热认知。他们发现,选民在选举过程中,更能够记住带有情感反应的信息。当涉及认知的节点时,这些带有情

---

① 参见 Milton Lodge & Charles S. Taber, Three Steps toward a Theory of Motivated Political Reasoning, In Arthur Lupia et al., *Elements of Reason: Cognition, Choice, and the Bounds of Rationality*, Cambridge University Press, 2000, pp.183–213; Charles S. Taber & Milton Lodge, Motivated Skepticism in the Evaluation of Political Beliefs, *American Journal of Political Science*, Vol.50, No.3, 2006, pp.755–769, 只是在此篇文章中,作者将“指向性目标”改为“偏袒性目标”(partisan goals)。

② Milton Lodge & Charles S. Taber, The Automaticity of Affect for Political Leaders, Groups, and Issues: An Experimental Test of the Hot Cognition Hypothesis, *Political Psychology*, Vol.26, No.3, 2005, pp.455–482; C. Erisen et al., Affective Contagion in Effortful Political Thinking, *Political Psychology*, Vol.35, No.2, 2015, pp.187–206.

感的信息会被自动激活。[1]他提供并验证了以下三项假设:假设1,即时的和对目标带有指向性的选民,对一个候选人已经有情感性的评价时,与那些对待同一候选人一致的信息相比,当遇到不一致的信息时将采用更长的时间。动机指向准确的目标和记忆式的处理信息者将不会出现此影响。假设2,对候选人最初的情感一旦确立,选民将花费更多的时间搜索有关偏好的候选人信息,同时对不喜欢的候选人的信息视而不见。假设3,如果遇到有关候选人不一致的信息时,即时处理信息的选民增加对喜好的候选人的支持。记忆处理者,对准确目标的驱动,在相同条件下不会增加支持。作为具有动机的思维者遇到大量对候选人否定的信息,强化了对候选人正面的情感,将导致低质量的投票。[2]当然,选民对偏好的候选人的支持也不是无限的,他们引入了马库斯的情智理论对此作出解释,即具有驱动性的选民多对偏好的候选人信息持肯定态度,对所支持候选人的批评多视而不见,但有一个忍耐的极限,即当支持的候选人信息使其焦虑上升时,会使其停下支持的脚步,理性地思考,从而可能导致对原来候选人的背叛。[3]

五、象征种族主义

对政治情感做出贡献的还有西尔斯(David O. Sears),他与同事提出的象征政治理论不但影响学术界对族群关系的研究,也影响选举行为的研究。

(一)象征政治释义

1978—1980年,西尔斯先后发表几篇探讨象征政治(symbolic politics)的文章。其中两篇在美国政治学的权威刊物《美国政治学评论》上发表。最初谈到象征政治时,西尔斯把其与自利与对政策的态度联系在一起,试图回答如下问题:美国政治中,权力来源于公民的投票,投票取决于公民对相关政策的

① A. J. W. Civettini & D. P. Redlawsk, Voters, Emotions, and Memory, *Political Psychology*, Vol.30, No.1, 2009, pp.126–151.

② D. P. Redlawsk, Hot Cognition or Cool Consideration? Testing the Effects of Motivated Reasoning on Political Decision Making, *The Journal of Politics*, Vol.64, No.4, 2000, pp.1021–1044.

③ D. P. Redlawsk et al., The Affective Tipping Point: Do Motivated Reasoners Ever "Get It"? *Political Psychology*, Vol.31, No.4, 2010, pp.563–593.

态度,态度是受象征的影响还是自利的影响?

1978 年,西尔斯与同事撰文,论证了象征与自利对有关越南战争的态度。在他们看来,象征激发了人们的情感,从而影响对相关政策的投票,以及候选人的投票。对投票的考量来自于早期社会化的结果,而不是自我利益的反映。[1] 可以说,在最早发表的有关象征政治的解释中,西尔斯明确提出了象征政治的三项特征:一是情感性,即某些象征附着一些情感,以越南战争为例,把战争象征为资本主义与共产主义的斗争,而美国民众对共产主义怀有恐惧、厌恶等负面的情感。二是来自于早期社会化的结果,对这些象征的接受来自于人生早期。仍以越南战争为例,对"共产主义"一词的情感来自于 20 岁左右,即青少年晚期和成年早期以前。三是与自利相比,在政策态度上象征对态度的影响是决定性的。即人们对越南战争的态度,不是基于自身的经历或利益的考虑,而是基于该战争所体现的象征:人们可能因对共产主义有负面的情感而支持越南战争。可以说,西尔斯对象征的解释基本确定了以后的研究方向,抓住了象征政治的基本特征。

1979 年,西尔斯在与同事所发表的文章中,对象征政治有了更为明确的解读。他们认为,早期生活中获得的性情影响了以后的态度和知觉。成年人面对态度目标时,以情感的方式应对该目标所体现的象征,类似的情感反应在早期生活中已经习惯化或相互关联。不管该问题对个人的生活后果有无影响,对于选民的选择来说都是无关紧要的。该问题所体现的象征激起了人们沉淀已久的、习惯性的情感反应。譬如"合校"和"黑人"相关,易激起人们的种族偏见。[2]1980 年,在与同事所发表的另一篇文章中,西尔斯等同样把象征与自利作比较。在该文中,他们对象征政治作了简单的概括:象征政治所强调的是政治态度的形成主要源于长期积淀的关于社会和政治的价值,而不是对个体需求短期的满足。[3]

总体来说,西尔斯的早期文章基本抓住了象征政治的基本特征,但他并

[1]　Richard R. Lau et al., Self-Interest and Civilians' Attitudes toward the Vietnam War, *The Public Opinion Quarterly*, Vol.42, No.4, 1978, pp.464-483.

[2]　David O. Sears et al., Whites' Opposition to "Busing": Self-Interest or Symbolic Politics? *The American Political Science Review*, Vol.73, No.2, 1979, pp.369-384.

[3]　David O. Sears et al., Self-Interest vs. Symbolic Politics in Policy Attitudes and Presidential Voting, *The American Political Science Review*, Vol.74, No.3, 1980, pp.670-684.

没有对"象征"一词作出准确的解释,也没有对"象征政治"一词作出明确说明。2001 年,西尔斯对"象征政治"作了较为清晰地阐述。首先,对"象征"作了详细地说明。西尔斯认为,人们有时会寄情于遥远的、抽象的政治事件,而很少考虑自己的得失,譬如那些毁灭性的社会、政治和宗教冲突。他认为政治象征能够唤起和激发人们的情感。美国参与的每次战争几乎都有某种象征,譬如越南战争的"毁灭是为了拯救",即消灭共产主义,使人民获得民主的新生。有些人物会作为革命的象征,有些则会作为邪恶的象征。所激发的情感一般限定在好–坏、喜欢–不喜欢的维度上,但有时也表现为其他的形式,譬如对外的仇恨,对少数族裔的厌恶、恐惧,对政府的愤怒等。尤其是在动荡年代,譬如革命和学生运动,情感完全主宰了人们的理性,一切变得皆有可能。①其次,对象征政治作了解释,指人们对一些特殊象征具有稳定的情感反应,它多数形成于早期的生活环境中。这些情感因素虽然形成于早期,但不一定影响人们的一生。当然,其中也有最强烈的、能够影响人们一生的情感,西尔斯称之为"象征性情"(symbolic predisposition),以美国为例,包括政党认同、意识形态、种族偏见等。人们面对日常生活的政治目标时,这些象征的性情就会决定人们的反应。当然,每一种政治态度目标,可能包含一种甚至以上的政治象征,每种象征都具有传达给个体的独特含义。因此,对一个目标的态度,可能综合了各种象征。最后,论证了政治象征发生作用的机制。他认为在一些政策中,政治象征变得突出时,人们通过移情或者认知相符,会做出一致的判断。两种象征之间出现相互关联时,移情就会出现。象征政治思维的过程是不假思索的、本能的、情感式的反应。②

西尔斯认为,这些性情的影响之所以是最强烈的、持久的,是因为它们是长期习得的,多发生于人们的早期,即在最容易受影响的时期形成的。象征的含义影响对态度目标的评估,主要体现在以下三个方面:其一,一些简单的语词的变化就能够激起人们对公共政策反应的变化。一些语词带有强烈的情感,这些语词的引入就会引起人们强烈的情感变化。譬如要想让人们支持朝鲜战争,把战争描绘成阻止共产主义入侵,比单纯地描述朝鲜战争会

① David O. Sears, The Role of Affect in Symbolic Politics, In James H. Kuklinski ed., *Citizen and Politics: Perspectives from Political Psychology*, Cambridge University Press, 2001, pp.14–17.

② David O. Sears, The Role of Affect in Symbolic Politics, In James H. Kuklinski ed., *Citizen and Politics: Perspectives from Political Psychology*, Cambridge University Press, 2001, pp.14–17.

获得更多的支持。同时,把福利政策描绘成帮助穷人、儿童,就会获得更多支持,把乘坐巴士与种族的整合联系在一起,就会招致更多的白人反对。其二,对政治象征的处理依赖于与此相关的是具体的而非抽象层次的评估。譬如美国人偏爱小政府,但另一方面多数又支持政府在某些领域的服务,尽管抽象层次不同,但都可能源于同一性情(政党认同、意识形态和种族态度)。其三,社会群体作为态度目标。一些群体具有特定的心理含义,能够唤起象征的性情。因此,与此群体相关的政策,以及对候选人的评估都受影响。象征的信息处理方式带有强烈的情感,情感是处理过程的核心。譬如,人们一听到民主就会引起强烈的正面情感反应,一听到纳粹就会激起负面的情感反应。最典型的例子就是竞选广告中"热按钮"(hot button)的处理方式,即候选人试图发现什么议题或象征能够唤起选民的情感反应。人们的情感一旦被激起,其反应是快速的、本能的,甚至会主导人们的认知。同时,在人们的记忆中与此情感相关联、相一致的信息,也能够容易记忆和被自动激活。[1]

简单归纳一下西尔斯的象征政治:象征体现为抽象的意识形态,象征激发人们的情感,这种情感形成于人们的早期,成年以后遇到相关的政治目标时,人们会依据政治目标中所体现出来的象征,通过移情或认知相符作出判断,这种过程是本能的、情感反应式的。它对于政策的投票具有决定性作用,最终影响总统和议会的选举。

(二)象征种族主义

象征种族主义,原文 symbolic racism。在美国学术界,"race"和"ethnicity"是有区别的,"racial groups"的区分依据是明显的身体差异,譬如头发、肤色等,可以翻译为"种族",黑人和白人的差异就是种族间的差异。"Ethnic group"的区分则是建立在文化的基础上,譬如语言、有关婚姻家庭的态度、饮食习惯等,以国籍或不同的文化模式来区分,常常译为"民族",[2]如欧洲裔美国人、亚裔美国人、拉美裔美国人。西尔斯承认两种概念之间存在着差异,但同时又认为两者有相似的内涵,两种概念可以混用。[3]因此,在西尔斯有关

① David O. Sears, The Role of Affect in Symbolic Politics, In James H. Kuklinski ed., *Citizen and Politics:Perspectives from Political Psychology*, Cambridge University Press, 2001, pp.14–40.

② Richard T. Schaffer, *Racial and Ethnic Groups*, Pearson Prentice Hall, 2008, pp.8–9.

③ David O. Sears & Sheri Levy, Childhood and Adult Political Development, In David O. Sears et al. eds., *Oxford Handbook of Political Psychology*, Oxford University Press, 2003, p.88.

"race"的探讨中，既包括了白人与黑人的比较，也包括了对亚裔、拉美裔美国人的讨论。

象征种族主义最早由西尔斯和金德于1971年提出。他们发现旧有种族主义形式，即吉姆·克罗种族主义已经过时，该种族主义强调黑人身体上的劣势，避免与黑人身体接触，以及设立各种法规为白人在教育、就业、晋升等方面提供一系列的优待。但是该种族主义在1969年市长选举中已经不再起作用，白人对黑人候选人的反对已经不再基于旧的种族主义，而是象征种族主义。①

"象征"一词突出这些信仰根植于早期习得的道德价值和理想的抽象系统，而不是具体的个人经历和自利的评估，把黑人作为一个抽象的集体，而不是指具体的黑人个体。②按照韦伯字典的解释，"种族主义"有两方面的含义：一是宣扬本群体生理上的优越性，二是种族偏见和歧视。西尔斯认为此定义过于狭隘，种族主义应该解释为，与其他态度目标相比，白人系统性地呈现出与黑人相关的态度目标负面的反应。③这里所说的"象征"与"象征政治"中的"象征"基本是一个意思，同样具有情感性，强调早期社会化和与自利相对，但同时他又强调了道德价值和理想作为评判情感的依据。而"种族主义"主要凸显为对黑人的负面情感所引起的负面反应。与旧有的种族主义相比，两者都有"种族主义"一词，即象征种族主义沿袭了白人对黑人的偏见、对黑人的负面情感，但不同的是，后者是以"象征"的形式表现出来的，即对黑人的负面情感来自于早期的社会化，以及道德价值和理想，而不是以身体和法律作为对黑人偏见的依据。

象征种族主义包括以下四方面的内容：

其一，种族歧视不再是障碍，生理上的歧视已经不复存在，而法律上的种族歧视性规定也已经消除。

其二，对黑人的负面情感依然存在，但是依据不再是生理和法律上的，

① David O.Sears & D. R. Kinder, Racial Tensions and Voting in Los Angeles, In W. Z. Hirsch ed., *Viability and Prospects for Metropolitan Leadership*, Praeger, 1971, pp.51–88.

② P. J. Henry & David O. Sears, The Symbolic Racism 2000 Scale, *Political Psychology*, Vol.23, No. 2, 2002, pp.253–283.

③ David O. Sears et al., Is It Really Racism? The Origins of White Americans'Opposition to Race-Targeted Policies, In John T. Jost & Jim Sidanius eds., *Political Psychology*, Psychology Press, 2004, pp.358–378.

而是价值上的,认为黑人违反了美国传统的价值。尤其是黑人不遵守工作伦理,不服从权威(诸如学校、工作单位和法律执行),自我节制能力很差(诸如酒精、毒品、性和花钱)。

其三,黑人在特殊的待遇方面提出不合理的要求。黑人应该通过自己的努力消除现在的弱势地位,但现在的问题是他们努力不足,但要求过多。

其四,就现实的情况来说,黑人的得到与付出是不成正比的,他们从政府和其他精英那里得到了不该得到的特殊待遇。[①]

既然把美国的传统价值作为对黑人负面情感的依据,那么核心价值是什么? 西尔斯对此作了探讨,他认为美国的核心价值是平等和个人主义。平等分为机遇的平等和结果的平等,按照象征理论的解释,认为种族政策促进了结果的平等,这种平等被认为是不合法的,因为干预了个人主义的原则。因此,西尔斯等认为,象征种族主义者并不是单纯地主张不平等,也不是喜好传统的等级秩序,他们并不反对机遇平等和待遇方面的平等,只是认为"我们走得太远",违反了个人主义的价值观,种族化个人主义是象征信仰的核心。[②]

根据以上理论,西尔斯设计了象征种族主义量表。象征种族量表涉及四个方面:黑人违反工作伦理,黑人要求过多,否认对黑人存在长久的歧视,黑人不值得优待。量表最初为 16 个条目,后来经过修正,缩减为 8 个条目:

第一,一些人工作不努力确实是一个问题。只要黑人努力工作,他们就会变得像白人一样好。(1.强烈同意;2.部分同意;3.部分不同意;4.强烈不同意)

第二,爱尔兰、意大利、犹太人和其他许多少数族裔通过自身努力克服了偏见,提高了自身地位。黑人也应该这样做。(1.强烈同意;2.部分同意;3.部分不同意;4.强烈不同意)

第三,一些人说黑人领导人一直试图推动黑人的权利但推进太快,另外一些人感觉推进得还不够快。你如何看? (1.太快;2.太慢;3.正好)

第四,当前,美国种族间所制造的紧张气氛,黑人应该负多大责任? (1.全

---

① Sears 在多篇文章中都有类似的论述,具体可参见下列文章 David O. Sears, et al., Race in American Politics: Framing the Debate, In David O. Sears et al. eds., *Racialized Politics: The Debate about Racism in America*, The University of Chicago Press, 2000, pp.16–43。

② David O. Sears et al., Egalitarian Values and Contemporary Racial Politics, In David O. Sears et al. eds., *Racialized Politics: The Debate about Racism in America*, The University of Chicago Press, 2000, pp. 75–116.

部;2.大部分;3.部分;4.不负责任)

第五,你感觉当今美国对黑人的歧视,多大程度上阻碍了黑人提高地位的机会?(1.很大程度上;2.部分程度;3.有一点;4.没有)

第六,上几代的受奴役和歧视使现在的黑人很难摆脱他们低的社会地位。(1.强烈同意;2.部分同意;3.部分不同意;4.强烈不同意)

第七,过去的几年中,与他们应得的相比,黑人得到的过少。(1.强烈同意;2.部分同意;3.部分不同意;4.强烈不同意)

第八,过去的几年中,与他们应得的相比,黑人经济上得到的过多。(1.强烈同意;2.部分同意;3.部分不同意;4.强烈不同意)

8 个条目分别与前面的 4 个维度相对应,即每个维度下面有 2 个条目。①

(三)民主投票中的象征政治与自利

西方的政治学理论基本建立在人是自利性的判定上。近代以来,西方许多学者大多运用社会契约论解释国家的形成,这种契约是建立在人与人之间利益相互妥协的基础之上的,国家的产生、政府形成的主要目的就是运用权力协调、平衡各方面的利益。因此,传统的政治学在评判、分析社会时,注重权力、利益、权利等。这种观点直到现在仍然是政治学的主流观点,这种假定来自于经济学,包含三方面:一是追逐利益,二是寻求利益最大化,三是着眼于短期的利益得失而不是长远的考虑。②这种观点最典型的代表是美国学者唐斯,他认为选民是理性的,总是寻求利益的最大化,投票的依据即是来自于政治活动的效用收入。③自利与象征性情的假定正好相反,前者认为人们是自利的,追求利益的最大化;后者则认为人们不考虑利益的得失,政治情感在其中发挥了重要作用。前者认为自利关注的是短期的效益,后者则认为政治情感来自于早期,是长期积淀的结果。

西尔斯对自利的观点提出了批评。首先,他认为以前的学者对自利的界定过于宽泛。自利包括了经济上的得失,即寻求利益的最大化和损失的最小化;个体和子女的安全;其他个人满足最大化的形式,譬如价值的表达、情感

---

① P. J. Henry & David O. Sears, The Symbolic Racism 2000 Scale, *Political Psychology*, Vol.23, No. 2, 2002, pp.253–283.

② Tom R. Tyler et al., Alternative Images of the Citizen: Implications for Public Policy, *American Psychologist*, Vol, 41, No.9, 1986, pp.970–978.

③ [美]安东尼·唐斯:《民主的经济理论》,姚洋等译,上海人民出版社,2005 年,第 33~34 页。

的满足和道德的满足。①西尔斯对自利作了进一步限定,排除了非物质的因素,譬如精神的、道德的、荣誉性的因素;也排除了选民对利益的长远考虑,自利与通常理解的"自私""贪婪"相近,强调自我中心的、物质的和短期的利益决定人们的行为。与自利相对的是象征政治,那么究竟是自利还是象征政治对政治态度具有决定性作用呢?②

西尔斯与同事以越南战争为例,在 1968 年总统大选前后进行了两波调查,包含 1673 名受访者,考察了象征政治态度与自利的作用。他们把自利界定为狭义和广义两种,狭义指自己的亲友(儿子、父亲、丈夫、兄弟)在越南战争中服役,广义指与战争相关的任何朋友或亲戚,曾经有一段时间在越南或为越战准备的基地中服役。四种象征维度运用:反对共产主义,自由-保守主义,对军事的态度,对反战者的态度。同时,考察了对政府的评价、对总统候选人的知觉,以及对越南战争采取的政策的态度。如果按照严格的自利的解释,自利者会更加关注战争,但从调查的结果来看这种影响是中等的。相反,象征态度对战争以及对政府的评估都具有最强的预测力。由此,西尔斯等断言,经济的考量或者个人的得失在公众舆论中的影响是有限的,最具影响的是象征性态度。③

之后,西尔斯在与同事合写的大量文章中,都重复了类似的观点。考察的对象涉及乘坐公共汽车、失业、医疗保险、犯罪、机遇平等、政策帮扶、就业平等等各项政策,最后都发现象征政治对政策态度的影响超过了自利的考量。④这些政策态度又直接影响了议会和总统的选举。如果总统候选人代表了主流的白人政党,那么象征种族主义影响不大。但对于黑人候选人,以及

① David O. Sears et al., Whites' Opposition to "Busing":Self-Interest or Symbolic Politics? *The American Political Science Review*, Vol.73, No.2, 1979, pp.369–384.

② David O. Sears, et al., Self-Interest vs. Symbolic Politics in Policy Attitudes and Presidential Voting, *The American Political Science Review*, Vol.74, No.3, 1980, pp.670–684.

③ Richard R. Lau et al., Self-Interest and Civilians' Attitudes toward the Vietnam War, *The Public Opinion Quarterly*, Vol.42, No.4, 1978, pp.464–483.

④ David O. Sears et al., Whites' Opposition to "Busing":Self-Interest or Symbolic Politics? *The American Political Science Review*, Vol.73, No.2, 1979, pp.369–384; David O. Sears et al., Self-Interest vs. Symbolic Politics in Policy Attitudes and Presidential Voting, *The American Political Science Review*, Vol.74, No.3, 1980, pp.670–684; David O.Sears & C. L. Funk, The Role of Self-Interest in Social and Political Attitudes, *Advances in Experimental Social Psychology*, Vol.24, 1991, pp.1–91.

那些明确表达种族中心主义的白人候选人则具有明确的、独立的影响。[①]

两种不同的人性假定导致对民主政治的不同判定，象征政治改变了传统的自利假定对民主的乐观估计。西尔斯认为，象征政治的提出对民主理论的冲击是非常明显的。其一，选民并不是理性的，根据象征政治理论，选民因政治象征所激起的情感和本能的反应，并不顾及现实和利益的得失，因此选民并不是好的代表。其二，选民与候选人的关系。选民并不容易受政治精英的控制，因为人们的象征性情在早期就已经形成，是长久和稳定的，因此很难改变。对于一些具有明确政治象征的事件和人，精英的作用可能不大，从这个意义上说他们是时代的囚徒，必须迎合公众。但是另一方面，精英却可以利用人们的象征性情，以突出某些象征，激发人们的正面或负面的情感，以影响对目标的支持。同时，对于没有明确象征的，譬如新的候选人，精英的操作余地就很大。因此，在给公众提出选择和选择的方向上，领导负有很大责任，作为一个好的领导者，应该诉诸人性好的方面。[②]

简言之，美国所谓的民主社会面临着两大潜在的危险：一是精英无法改变公众的观点，他们必须迎合公众，即使公众所持有的象征性情是负面的；二是利用民众的象征性情，尤其是利用群体的负面性情，会把社会引入危险的境地，譬如20世纪50年代的麦卡锡主义。据此，西尔斯着重探讨了美国的人权状况，提出了象征种族主义的概念，认为美国的种族歧视仍然存在，主要体现为白人对黑人的歧视。

(四)对西尔斯理论的评价

西尔斯的象征政治和象征种族主义理论均强调了情感的作用。有些学者肯定了情感与种族主义态度的关系，为西尔斯的理论提供了佐证。哈特米(P. K. Hatemi)等把恐惧作为关注的情感，考察了对外群体的态度。他们发现社会恐惧感越强的人，对外群体越持负面的态度，进而越反对移民政策，支持种族隔离。同时他们还发现，社会恐惧和态度基于共同的基因基础，恐惧

①　David O. Sears et al., Is It Really Racism? The Origins of White Americans' Opposition to Race-Targeted Policies, In John T. Jost & Jim Sidanius eds., *Political Psychology*, Psychology Press, 2004, pp.358-378.

②　David O. Sears, The Role of Affect in Symbolic Politics, In James H. Kuklinski ed, *Citizen and Politics: Perspectives from Political Psychology*, Cambridge University Press, 2001, pp.14-40; David O. Sears, Long-Term Psychological Consequences of Political Events, In Kristen R. Monroe ed., *Political Psychology*, Lawrence Erlbaum Associates, Publishers, 2002, pp.249-270.

与人们的性情相关。这点与西尔斯的观点相似。①班克斯和瓦伦蒂诺(N. A. Valentino)则考察了愤怒与群体间的关系。他们认为一个群体"生理低下",结果是厌恶、愤怒。愤怒的情感启动了白人对种族的负面态度,在厌恶、恐惧和愤怒三种情感中,愤怒对白人保守主义者影响最大,是判断白人对平权法案的最强指标。②瓦伦蒂诺还与其他两位学者合作,从另外的视角探讨情感对族群关系的影响,这就是群体移情理论(Group Empathy Theory),主要包括两个方面:其一,采用他者的视角,就是"在我做决定之前再看看每方面的不同意见";其二,以仁慈之心对不幸者的忧虑。他们探讨的是族群文化的移情(ethnocultural empathy),试图回答以下困惑:面对外在的移民和恐怖主义的威胁,许多少数族裔的成员虽然感觉他们受到的威胁更大,但却对移民政策持更加开放的态度,对公民自由的保护方面更积极。原因在于同情心,由于对其他弱势群体具有更高层次的同情心,他们主张对他者进行保护,即使在利益受损的情况下。③群体的移情不但能够缓和群体间的关系,也能够培养人们对遥远的他者的同情,最终形成世界主义的观念。④

麦科纳希(John B. McConahay)通过对美国路易斯威尔市 18 岁以上的公民(共 1049 名)进行访谈,其中白人占多数,考察他们对乘坐巴士中,是自利还是象征态度。他认为,如果是自利对此问题起决定作用,那么采取自利的措施即可消除人们的反对态度。譬如政府补偿公共汽车改革中的损失,校方提高教学质量,或者修改校车的发车时间使学生乘坐更便利。但是如果基于早期社会化获得的象征态度,则通过自利很难消除人们的偏见。结果他发现,种族态度越强烈,越可能反对黑人乘坐公共汽车,因此不是公共汽车,而是黑人本身导致了白人的愤怒。这种愤怒当然是不理性的,它不是基于个人的后果,而是面临乘坐公共汽车本身所导致的强烈的认知和情感反应。社会规范已经不允许他们直接对黑人歧视,因此通过乘坐公共汽车这一中性的象征

① P. K. Hatemi, Fear as a Disposition and an Emotional State: A Genetic and Environmental Approach to Out-Group Political Preferences, *American Journal of Political Science*, Vol.57, No.2, 2013, pp.279–293.

② A. J. Banks & N. A. Valentino, Emotional Substrates of White Racial Attitudes, *American Journal of Political Science*, Vol.56, No.2, 2012, pp.286–297.

③ Cigdem V. Sirin, N. A. Valentino, Jose D. Vilalobos, The Social Causes and Political Consequences of Group Empathy, *Political Psychology*, Vol.38, No.3, 2017, pp.427–448.

④ Nicholas Faulkner, "Put Yourself in Their Shoes": Testing Empathy's Ability to Motivate Cosmopolitan Behavior, *Political Psychology*, Vol.39, No.1, 2018, pp.217–228.

表达出来。他认为要改变的做法应该是使学校制度变得对白人父母和学生有吸引力,譬如戏剧培训、职业训练、大学生预备课程以及运动队等,让人们觉得学校制度既照顾黑人也照顾白人。①该观点支持西尔斯的象征政治理论。

按照西尔斯的理论,情感决定着人们对黑人群体的态度,而支持情感的则在于伦理,黑人的一些表现与主流的工作伦理存在着不一致。这一点,在一些研究中得到了证实。有学者曾经考察了德国的两大移民群体:俄罗斯裔和土耳其裔,主要考察他们到德国之后,如何进行文化调适,以及是否对德国认同。俄罗斯裔的移民,由于共同的基督教传统,其信奉的价值和文化实践与德国主流的差异不大,在文化调适和整合方面具有较大的自由度。相反,土耳其裔的伊斯兰教背景,导致其文化调适和整合方面的自由度较小,面临的挑战较大。②按照西尔斯的观点,对黑人的歧视主要在于他们违反了工作伦理,要求得太多,但本身又很懒惰。这点汉森(Kristina J. Hansen)在有关人们对福利态度的研究中得到了验证。她发现,人们是否愿意帮助一个穷困的人,在于他们自身是否具有人文主义精神,同时还与对被帮助者的判定相关,汉森归为值得帮助的启发(Deservingness Heuristic),如果判定对方是懒惰的,就不会给予帮助,但如果判定为运气不好,就会给予帮助。③这也符合西尔斯有关象征种族主义的判断:既与白人对黑人的偏见相关,也与白人对黑人的行为判定相关。

戈麦兹(Brad T. Gomez)和威尔逊(J. Matthew Wilson)从认知复杂性的角度论证了象征种族主义的存在。按照他们的解释,认知复杂性越高,看待问题的视野就会越开阔,与广泛的社会力量联系起来,即归于社会体制,称为结构主义归因。反之,认知复杂性越低,无法与广泛的社会力量联系起来,就会把问题归于个人的性情,称为个人主义归因。经过1986年和2000年的NES调查,他们发现高复杂性者在象征种族主义测量中得分低。④

① John B. McConahay,Self-Interest versus Racial Attitudes as Correlates of Anti-Busing Attitudes in Louisville:Is it the Buses or the Blacks? *The Journal of Politics*,Vol.44,No.3,1982,pp.692-720.

② Christopher D. Schaefer & Berd Simon,Opportunities for Immigrants in Acculturation and Identification Varieties,*Political Psychology*,Vol.38,No.6,2017,pp.959-975.

③ Kristina J. Hansen,Who Cares if They Need Help? The Deservingness Heuristic,Humanitarianism,and Welfare Opinions,*Political Psychology*,Vol.40,No.2,2019,pp.413-430.

④ Brad T. Gomez & J. Matthew Wilson,Rethinking Symbolic Racism:Evidence of Attribution Bias,*The Journal of Politics*,Vol.68,No.3,2006,pp.611-625.

可以说，在解释当今美国的种族主义中，象征种族主义理论既是较早的，也是影响最大的。西尔斯曾经列举了诸种象征种族主义影响下的各种理论，从中可以发现它们之间的关系：

其一，"现代种族主义"。认为种族的偏见并不仅仅源于社会化和象征种族主义，也源于旧式的种族主义。

其二，"种族仇恨"。认为白人对黑人的真正仇恨源于黑人对道德和价值的违反，简言之，价值和偏见是核心因素。

其三，"微妙的种族主义"。认为公然的偏见被微妙的偏见所代替，包括对传统价值的辩护、文化差异的夸大和缺少对外群体正面的情感。

其四，"讨厌的种族主义"。真诚地相信旧的种族主义已经衰落，种族之间应该平等，但对黑人的态度是负面的。因此，一个讨厌种族主义者对黑人的反对依据可能来自非种族偏见的术语，譬如谴责他们违反了传统的道德价值，在现实生活中不愿意直面自己的种族主义情感，因此这些白人避免与黑人接触。

其五，"矛盾的种族主义"。相信平等的原则，但许多白人对黑人的态度是矛盾的。一方面依据人道主义和平等的价值观他们支持黑人，另一方面从清教伦理的角度他们又反对黑人。如果处于明确的环境，他们会把平等原则运用于黑人身上，以非偏见的方式应对。但在模糊的环境，他们对黑人心存焦虑，避免与他们互动。[1]

以上这些理论都是在 20 世纪八九十年代提出的，他们中的一些人或是西尔斯的学生，或是西尔斯的同事，明显地受象征种族主义理论的影响，这些理论都否认了传统的生理和法律的作用，指出了白人对黑人负面态度的隐蔽性、矛盾性，在解读过程中注重价值、情感的作用。可以说，没有西尔斯的象征种族主义理论，也就不会有上述诸种理论的产生。

西尔斯的象征种族主义理论使我们认识到美国种族的现状，即美国的人权状况存在严重的问题，白人对黑人的歧视仍然很严重，只是采取了更为隐蔽的形式，所运用的理由是传统的道德价值，但仍然难以掩盖种族歧视的现实。

西尔斯的理论也受到了一些学者的批评。克拉诺(W. D. Crano)同样以

---

[1] P. J. Henry & David O. Sears, The Symbolic Racism 2000 Scale, *Political Psychology*, Vol.23, No. 2, 2002, pp.254–255.

黑人和白人共同乘坐公共汽车为例，认为人们的自利有时并不是直接体现的,白人对乘坐公共汽车的反感可能并不是基于对自己利益的影响,而是基于上学的子女的考量。他在调查中发现,之所以没有显示出自利对政治态度和社会态度的影响,可能是因为他们没有意识到或者低估了对自己的后果的影响。①

也有学者对种族主义量表提出了批评。西尔斯并不讳言这些批评,他对这些批评进行了归纳:概念和测量不一致,一些测量条目不清晰,与旧有的种族主义形式、保守主义区分不明显等。②除了对其中的一些批评进行反驳外,西尔斯不断对象征种族主义的一些问题进行修正,譬如对量表的简化和修正。

马库斯支持西尔斯有关情感决定选举的结论,但是认为西尔斯的情感研究存在如下问题:其一,仅关注喜欢-不喜欢的维度,忽略了其他多维度的情感作用下的多种评估;其二,把情感看作非理性的,忽略了情感的其他作用。至少在一些例子中,情感能够驱动人们进行合作、履行义务、帮助他人等。③

---

① W. D. Crano, Vested Interest and Symbolic Politics–Observations and Recommendations: Reply to Sears, *Journal of Personality and Social Psychology*, 72, 1997, pp.497–500.

② Christopher Tarman & David O. Sears, The Conceptualization and Measurement of Symbolic Racism, *The Journal of Politics*, Vol.67, No.3, 2005, pp.731–761; P. J. Henry & David O. Sears, The Symbolic Racism 2000 Scale, *Political Psychology*, Vol.23, No.2, 2002, pp.253–283.

③ George E. Marcus, Emotions in Politics, *Annual Review of Policital Science*, Vol.3, No.1, 2000, p. 227.

第七章
群体心理学

一、群体心理学释义

群体与群体行为是社会学、社会心理学以及政治心理学中一项重要的内容。自从法国学者勒庞（Gustave Le Bon）出版《乌合之众——大众心理研究》以来，群体心理便成了专门的概念和一门学科。要解释群体心理学，必须明确群体的概念。美国社会学家阿尔比恩·W. 斯莫尔在 1905 年将"群体"（group）定义为"一大群或一小群的人，在其间所存在的关系使我们必须把他们作为整体来考虑"[①]。这个概念相对比较宽泛，与此相关的还有一些概念：公众（public）、群众（crowd）、人群（mass）。

20 世纪 40 年代，传播学的奠基人物拉斯韦尔（Harold D. Lasswell）对公众与群众作了区分。两者区别的标准在于前者所形成的群体是具有讨论性的，如果不具有可供讨论的议题，那么群体就不再扮演"公众"的角色。[②]受此影响，布鲁姆（Herbert Blumer）作了更为详细的解释，在比较公众与群体的区别时，又加上了人群（mass）。在他看来，这三者都属于群体的一种，都与受传统规范约束的社会相区分。但三者之间也有特定的含义，人群的特点是成员来自各个阶层，他们是冷漠的和异化的，对世界充满困惑，成员之间很少互动或交流，组织是松散的，缺乏协调一致的行动，他们往往根据各自的需求寻找答案。譬如淘金热、移民热的人们组成的群体就属于人群的范畴。但是

[①] 刘光华、邓伟志编译：《新社会学词典》，知识出版社，1986 年，第 109 页。

[②] Harold D. Lasswell, *Democracy through Public Opinion*, George Banta Publishing Company, 1941, p.20.

人群一旦被组织起来,协调一致的行动,人群的行为即终止。与人群不同,群众的成员经历过磨练,成员间进行互动,从而导致成员间的关系变得和谐,行动变得一致。公众围绕某个议题而形成,他们对该议题产生不同的意见和主张,经过讨论最终达成一致,一致性的结论即是公众舆论。讨论的过程意味着争议的各方对议题本身的理解,意味着共享他人的经历,愿意做出妥协和让步。经过讨论所形成的对该议题的共识不一定是明智的,但一定是理性的。布鲁姆指出,公众舆论最终有效与否,取决于传媒机构能否提供充足的信息,提供信息的角度是否多样,以及人们能否自由讨论这些信息。①布鲁姆对公众舆论的重新解释,进一步明确了人们对公众舆论的理解,也回应了传统的公众舆论正反两方面的问题,如何防止公众舆论的虚假、情绪性的冲动,他的回答是讨论,以证据说服他人,最终达到一致。

麦库姆斯(Max McCombs)等在解释公众舆论时,也表达了类似的观点。公众作为群体的一种,与人群和群众相对,具有明确的边界,对于影响他们群体的主要议题能够积极参与。公众的目标在于允许在各种决策过程中提出自己的意见,最终达成符合理性的共识,尽管短期意见出现分歧,但长远来说,公众作为一个群体是完整的。公众舆论的形成既是一个社会过程,也是一个传播过程,所谓公众舆论是"在一个较大的共同体内的群体,就政治和公民事务所达成的集体性共识"。公众的形成在于每个个体与他者就主要的议题相互交流。②

但是也有学者认为上述对公众的解释过于理想化。W.兰斯·本奈特与罗伯特·M.恩特曼用人数的多少来解释公众舆论,"公众舆论指个人参与社会活动时所持意见的多数(有时也指少数意见),即一项政策执行时,观察家们所认为的多数意见所形成的社会力量"。一个社会中代表了大多数民众所认可的意见即是公众舆论。③

现实冲突理论的代表人物谢里夫(Muzafer Sherif)对群体和群体间关系解释得非常详细和清晰。在他看来,"群体"是一个社会单位,包括以下两个

---

① Herbert Blumer, The Mass, The Public, and Public Opinion, In Bernard Berelson & Morris Janowitz eds., *Reader in Public Opinion and Communication*, The Free Press of Glencoe, 1953, pp.43–49.

② Max McCombs et al., *The News and Public Opinion: Media Effects on Civic Life*, Polity Press, 2011, pp.1–3.

③ [美]W.兰斯·本奈特、罗伯特·M.恩特曼主编:《媒介化政治:政治传播新论》,董关鹏译,清华大学出版社,2011年,第153~156页。

方面:其一,由大量的个体组成,在特定的时间内,成员间彼此的地位和作用或非常明确或不太明确;其二,或清晰或不太清晰地拥有一系列价值和规范,以节制每个成员的行为,这些价值和规范对群体的结果至关重要。共同的态度、价值、抱负和目标与群体的价值或规范相关,或暗含在价值和规范中。"群体间关系"指两个或以上的群体和他们的成员间的关系。

目前,社会学界普遍认为,群体是人们通过某种社会关系联结起来进行共同活动和感情交流的集体。群体具有以下特征:其一,有一定数量的社会成员,群体成员至少有两个或两个以上;其二,一定的为群体成员所接受的目标,目标是一个群体的灵魂;其三,有明确的成员关系,并形成归属感;其四,有一定的行为准则,这些准则可以是形式上规定的,也可以是约定俗成的;其五,时间上具有一定的持续性。[①]

从心理学的角度看,在某种特定的情况下,群体聚集在一起时,呈现出不同于成员每个个体的新特征。在此集体内,每个人的人格特征消失了,形成了一种共同的情操和观念,采取了一种或几种共同的行为趋向。一种群体心理形成之后,有时可能是短暂的,但是必须在一定时间内是确定的,这种确定的人格特征就是我们所要研究的对象。总之,群体心理学主要研究一定数量的人在共同的动因、兴趣的情况下,偶发性或突发性地集合于某一场合下的心理规律。

需要指出的是,群体受数量、目标、准则、时间等的限制,但是并不受地域的限制。勒庞指出,群体并不一定总是需要一些人同时出现在一个地点。"有时,在某种狂暴的感情——譬如因为国家大事——的影响下,成千上万孤立的个人也会获得一个心理群体的特征。在这种情况下,一个偶然事件就足以使他们闻风而动聚集在一起,从而立刻获得群体行为特有的属性。"[②]"9·11"事件即是如此。"9·11"事件不仅影响着纽约市的人,而且对美国其他州的人也有重要影响。他们都同样感到精神的紧张、生命的脆弱。

群体心理的共同特征并不一定意味着所有成员都具有此特征,而是指绝大多数成员具有的心理特征。因为即使在相同的社会环境下,每个人的心理素质有差异,因而表现也会有所不同。因此,群体的心理是相对的,不是绝对的。

---

① 刘豪兴主编:《社会学概论》,高等教育出版社,2003年,第 154 页。

② [法]古斯塔夫·勒庞:《乌合之众——大众心理研究》,冯克利译,中央编译出版社,2000年,第16 页。

二、群体心理理论的演变

有关群体心理学理论的源起,学者们大多归于 20 世纪初期的法国思想家勒庞。因为他对群体心理的出色分析,被公认为群体心理学的创始人。《乌合之众——大众心理学研究》是其最有名的代表作,影响也最大。在此书中,勒庞总结出了群体心理的一系列特征。他认为当一群人聚合在一起时,具有鲜明的特征,这就是去个性化、情绪化、非理性化占据主导地位。所谓去个性化,是指群体中的成员往往会失去个体感而湮没于群体之中,做出一些与个人独处时不可能做出的反应,甚至是与自己个性截然相反的某些行为。所谓情绪化是指群体的行为往往表现出强烈的情绪色彩,在很多情况下理智往往为情绪所支配。与此相应的是,他们在判断某事或评判某人时,不能诉诸理智,丧失了批评能力。

勒庞把群体活动归为非理性,注重对人们情感的探讨。这种分析模式影响了以后对社会运动的分析。20 世纪 60 年代兴起了相对剥夺理论,代表人物有戴维斯(J. C. Davis)与格尔(Ted Gurr)等人。相对剥夺理论认为,人们的不满是在比较中产生的,具体来说,在与自己的过去,与自己的将来,以及与他者的比较中产生。相对剥夺感越大,产生的攻击越大,这就是挫折-攻击机制。①

以上研究基本上属于社会心理学的研究路径,重视不满的产生,强调非理性的作用。自 20 世纪 60 年代开始,也有学者对这种研究方式提出批评,他们注重理性的作用,关注国家和社会结构。其中最著名的是奥尔森在《集体行动的逻辑》中所提出的理性选择模式。他认为每个人参与集体行动时都是理性的,即追求自己利益的最大化。集体所提供的公共物品具有共享性,这样就会出现"搭便车"现象,即个人少付出,甚至不付出。"除非一个集团中人数很少, 或者除非存在强制或者其他某些特殊的手段以使个人按照他们的共同利益行事,有理性的、寻求自我利益的个人不会采取行动以实现他们共同的或集团的利益。"②这就是所谓集体困境,解决此问题的方法是选择性

---

① 参见赵鼎新:《西方社会运动与革命理论发展之述评——站在中国的角度思考》,《社会学研究》,2005 年第 1 期;[美]裴宜理:《社会运动理论的发展》,阎小骏译,《当代世界社会主义问题》,2006年第 4 期。

② [美]曼瑟尔·奥尔森:《集体行动的逻辑》,陈郁等译,上海三联书店、上海人民出版社,1995 年,第 2 页,第 41~42 页。

刺激,即刺激能够到达每个个体,真正做到奖勤罚懒。

运用理性分析社会运动可谓占据了当今集体行动的主流。以美国为例,主要体现为两大理论:一是资源动员理论,二是政治过程理论。

资源动员理论对集体行动的解读继承了奥尔森的理论,代表人物为麦卡锡(John D. McCarthy)和扎德(Mayer N. Zald)。他们回答的是这样一个问题:人们尽管有时怀有不满,但并不是所有的不满都会转化为行动。针对20世纪60年代此起彼伏的运动,他们存有这样的疑问:为什么人们的生活水平比以前提高了,但运动却不断爆发? 他们的回答是,认为人们手中掌握的资源不同(主要体现为时间和金钱)。他们运用市场经济的供需关系分析社会运动,社会运动的参与者被看作理性的消费者,而社会运动的组织者是供给者,他们提供的产品迎合了参与者的需求。同时,他们强调外部资源对于运动成功的重要性。[1]

政治过程理论是对资源动员理论的发展,代表人物是查尔斯·蒂利(Charles Tilly)。该理论接受理性选择模式,但同时认为人与人之间的权力关系是不对称的:一类是政体内成员,另一类是政体外成员。政体内成员包括政府和一般成员,可以通过常规的渠道对政府施加影响。但政体外成员要想扩大影响,要么设法成为政体中的一员,要么打破政体,这就形成了社会运动或革命。[2]

资源动员理论和政治过程理论是美国学术界普遍接受的分析集体行动的理论。美国之外,欧洲也运用自己独有的理论解读集体行动,学者们称之为新社会运动理论。"新"是相对于马克思主义理论指导的工人运动而言,新社会运动"本质上是一场原有的现代化价值与正在兴起的后现代化价值之间的冲突,是现代化或资本主义合法性危机的体现,是人们在新的社会条件下寻找自我认同的结果,是为控制和定义主流文化而进行的斗争"。他们强调"社会变迁、社会和阶级结构的变化,以及文化、认同感、话语和合法性在社会运动中产生和发展中的作用"。[3]欧洲兴起的新社会运动理论始于20世

---

[1]　参见冯仕政:《西方社会运动研究:现状与范式》,《国外社会科学》,2003年第5期;王瑾:《西方社会运动研究理论述评》,《国外社会科学》,2006年第2期。

[2]　参见赵鼎新:《西方社会运动与革命理论发展之述评——站在中国的角度思考》,《社会学研究》,2005年第1期。

[3]　赵鼎新:《西方社会运动与革命理论发展之述评——站在中国的角度思考》,《社会学研究》,2005年第1期。

纪二三十年代,与以往注重阶级利益的分析不同,这些学者开始注意各个阶层的心理。与以前相同的是,他们仍然沿用阶级等概念,仍然相信资本主义会灭亡。但与以往不同的是,他们的评判标准是心理的标准,他们心目中的革命阶级已经不再是工人阶级,而是知识分子和学生。其中的代表人物有弗洛姆、马尔库塞、霍克海默等法兰克福派人物,也有以研究法西斯群众心理而闻名的赖希,他指出支持法西斯的群众来自中下层阶级。

目前,对集体行动的研究呈现出综合之势,即吸收以前诸多理论的研究成果。西格尔(D. A. Siegel)认为,集体行动的发生与群体的规模、群体成员之间的联系纽带以及政治精英在其中发挥的作用相关,三者相互作用,形成一个社会网络结构,这种网络结构与个人动机的互动最终导致了集体行动的出现。①

集体行动理论的集大成者是卡兰德曼斯(Bert Klandermans)。他认为集体行动的出现首先在于人们的不满,不满的来源有四:其一,来自客观条件。如果社会地位低,人们将会不满。其二,来自比较。不管客观条件如何,如果人们感觉与他者、与自己的过去比较都很差,将来也没有改善的可能,将会不满。相对来说,与他人的比较在三者之中最重要。其三,综合了前两者。差的客观条件与比较下产生的相对剥夺感结合加重了人们的不满。其四,结合政府的程序正义。差的客观条件,如果具备以下其中一点将会加剧:或者不信任政府,或者感觉自己无法影响政府。相信程序公正,相信政府和自己的影响,对未来保持乐观,使之安心于低位置。②但是不满仅仅是形成集体行动的必要条件,要使不满转化为行动,卡兰德曼斯认为需要经历四个阶段:一是动员的潜在者,二是吸收成员的网络和动员努力,三是参与动机,即参与运动得失的考量,四是参与的障碍。③

简言之,集体行动首先产生于不满,不满或者来源于对自己社会地位的不满,或者来自与自己的过去、将来与他者的比较,或者产生于政府决策及政策实施过程中出现的非正义,或者三者的互动。不满仅仅是必要条件,真

---

① D. A. Siegel, Social Networks and Collective Action, *American Journal of Political Science*, Vol. 53, No.1, 2008, pp.122–138.

② Bert Klandermans et al., Grievance Formation in a Country in Transition: South Africa, 1994—1998, *Social Psychology Quarterly*, Vol.64, No.1, 2001, pp.47–52.

③ Bert Klandermans & Dirk Oegema, Potentials, Networks, Motivations, and Barriers: Steps towards Participation in Social Movements, *American Sociological Review*, Vol.52, No.4, 1987, pp.519–520.

正转化为行动,还需要动员的潜在者,吸收成员的网络和动员努力,参与动机和克服参与障碍,参与动机中对自己群体的积极认同,会导致集体努力改变群体的地位。

三、勒庞的群体心理学理论

按照勒庞的解释,他所研究的群体心理并不是研究组成群体的每个成员的个人心理。恰恰相反,他认为,每个人的个性和集体心理有时互相排斥,人一旦融入一个群体之后,他们的个性便消失了,形成了共同的集体心理。这种共同的集体心理也就是勒庞主要关注的对象。当一些人聚合为一个群体时,就具有了鲜明的心理特征。勒庞认为,群体主要有如下特征。

(一)去个性化

所谓去个性化,是指群体中的成员往往会失去个体感而湮没于群体之中,作出一些个人独处时不可能作出的反应,甚至与自己个性截然相反的某些行为。勒庞在定义群体时就把去个性化看作组成群体的一个主要标志,因此他把去个性化看作群体的首要特征:"自觉的个性的消失,以及感情和思想转向一个相同的方向,是就要变成组织化群体的人所表现出的首要特征。"去个性化的一个重要特性就是同质性。也就是说,在群体中,群体成员会形成共同的动因,他们的思想、信仰、感情及外显行为,都容易趋于一致。集体对个体突出的影响就是形成了共同的情感和愿望,勒庞说:"构成这个群体的个人不管是谁,他们的生活方式、职业、性格或智力不管相同还是不同,他们变成了一个群体这个事实,便使他们获得了一种集体心理,这使他们的感情、思想和行为变得与他们单独一人时的感情、思想和行为颇为不同。若不是形成了一个群体,有些闪念或感情在个人身上根本就不会发生,或不可能变成行动。"①

(二)情绪化

为什么个人在融入集体时会放弃自己的个性? 这与群体的情绪化有关。

---

① ［法］古斯塔夫·勒庞:《乌合之众——大众心理研究》,冯克利译,中央编译出版社,2000年,第16、18页。

所谓情绪化,指群体的行为往往表现出强烈的情绪色彩,在很多情况下理智往往为情绪所支配。勒庞把群体看作刺激因素的奴隶,他说:"孤立的个人具有主宰自己的反应的能力,群体则缺乏这种能力。"一种观念要想在群体中具有巨大的力量,"必须有一种情绪性和神秘性的基础在支撑着"。①

勒庞认为主要原因在于无意识在群体中发挥了完全压倒性的作用。这种无意识来源于一个民族长久的心理积淀:"我们有意识的行为,是主要受遗传影响而造成的无意识的深层心理结构的产物。这个深层结构中包含着世代相传的无数共同特征,它们构成了一个种族先天的禀性。"②正是民族的心理共性,构成了群体共同的属性。在集体心理中,这种民族的共性凸显出来,个人的才智则削弱了。

除此之外,还有其他原因导致个人放弃了自己的个性。

首先,法不责众的心理使个人容易抛弃社会的规范,释放自己的本能。每个人都有自己的本能和欲望,但由于社会规范的限制,人们的许多欲望受到了压制。尤其是当他以个体的身份面对这个社会时,他会约束这些本能。但是被压制了的东西,并不意味着已经消失,而是仍然在暗地里寻找机会发作,群体场合提供了这样的机会。这是因为人们是以集体的力量面对社会的,他敢于打破传统的社会规范的束缚,就在于法不责众的心理。勒庞说:"即使仅从数量上考虑,形成群体的个人也会感觉到一种势不可当的力量,这使他敢于发泄出自本能的欲望,而在独自一人时,他是必须对这些欲望加以限制的。他很难约束自己不产生这样的念头:群体是个无名氏,因此也不必承担责任。"③

其次,传染。传染对群体的特点起着决定性作用,同时还决定着它所接受的倾向。勒庞说:"在群体中,每种感情和行动都有传染性,其程度足以使个人随时准备为集体利益牺牲他的个人利益。这是一种与他的天性极为对

① [法]古斯塔夫·勒庞:《乌合之众——大众心理研究》,冯克利译,中央编译出版社,2000年,第25页;Gustave Le Bon, *The Psychology of Revolutions*, Translated by Bernard Miall, G.P.Putnam's Sons, 1913, p.65。

② [法]古斯塔夫·勒庞:《乌合之众——大众心理研究》,冯克利译,中央编译出版社,2000年,第19页。

③ [法]古斯塔夫·勒庞:《乌合之众——大众心理研究》,冯克利译,中央编译出版社,2000年,第20页;Gustave Le Bon, *The Psychology of Revolutions*, Translated by Bernard Miall, G.P.Putnam's Sons, 1913, pp.65-67。

立的倾向,如果不是成为群体的一员,他很少具备这样的能力。"①群体的姿势、言行是有极度感染力的。对憎恨、狂怒或爱的喝彩会立即得到赞同和重复。作为群体中的个体无法用意识来控制自己的行动,因为他所做的一切都是无意识的。群体的心灵被无意识的力量所推动,他们常常说他们不想说的,支持他们不想支持的。我们时常发现一个政府很容易被微不足道的叛乱所推翻,其原因就在于这些叛乱分子感染了广大群众,形成了巨大的力量。

最后,暗示。这是最重要的原因,它是相互感染的结果。群体对个人的暗示作用类似于催眠师对被催眠者的作用。被催眠者在催眠师的操纵下进入一种迷幻状态,他的大脑活动被麻痹了,他完全变成了受催眠师随意支配并进行一切无意识活动的奴隶。有意识的人格消失得无影无踪,意志和辨别力也不复存在,一切思想和感情都受催眠师的影响。心理群体中的个人也处在这种状态中,他不再意识到自己的行为,"在某种暗示的影响下,他会因为难以抗拒的冲动而采取某种行动。群体中的这种冲动,比被催眠者的冲动更难以抗拒,这是因为暗示对群体中的所有个人都有着同样的影响,相互影响使其力量大增"②。

正因为群体受情绪化的支配,因此出现以下现象是毫不奇怪的:"孤立的他可能是个有教养的人,但在群体中他却变成了野蛮人——即一个行为受本能支配的动物。他表现得身不由己,残暴而狂热,也表现出原始人的热情和英雄主义。"③有知识的、有教养的人也有可能在群体中失去自我。换言之,在一些群体中,尤其是在一些带有强烈风格的群体中,经常看到有知识分子加入,有时我们会困惑他们的行为。但根据勒庞的解释,可以看出,他们之所以加入这些群体恰恰是他们情绪化、失去自我的表现。

群体的这种情绪化的表现是简单和夸张的。所谓简单在于"他不能做出细致的区分,他把事情视为一个整体,看不到它们的中间过渡状态"。所谓夸张在于"不管什么情感,一旦它表现出来,通过暗示和传染过程而非常迅速传播,它所明确赞扬的目标就会力量大增"。群体的这种特点所造成的结果

---

① 〔法〕古斯塔夫·勒庞:《乌合之众——大众心理研究》,冯克利译,中央编译出版社,2000年,第21页。

② 〔法〕古斯塔夫·勒庞:《乌合之众——大众心理研究》,冯克利译,中央编译出版社,2000年,第21页。

③ 〔法〕古斯塔夫·勒庞:《乌合之众——大众心理研究》,冯克利译,中央编译出版社,2000年,第22页。

是它全然不知怀疑和不确定性为何物,"它就像女人一样,一下子便会陷入极端。怀疑一说出口,立刻就成为不容辩驳的证据"[①]。

因此,勒庞认为,群体的见闻是不可靠的。他们会不加考证地相信某事,甚至还加上了自己的想象,对此加以夸张。这样,每件事情的本来面目经群体的传播就会变得面目全非:"一些可以轻易在群体中流传的神话所以能够产生,不仅是因为他们极端轻信,也是事件在人群的想象中经过了奇妙曲解之后造成的结果。在群体众目睽睽之下发生的最简单的事情,不久就会变得面目全非。群体是用形象来思维的,而形象本身又会立刻引起与之毫无逻辑关系的一系列形象。"勒庞要大家不要相信群体的证词,因为群体的证词是极不可靠的。他甚至提出了如下观点:"受到最严重怀疑的事件,肯定是那些观察者人数最多的事件。说一件事同时被数千个目击者所证实,这通常也就是说真相与公认的记述相去甚远。"他规劝不要把历史著作当作事实,而是当作纯粹想象的产物。因为"它们是对观察者有误的事实所做的无根据的记述,并且混杂着一些对思考结果的解释。写这样的东西完全是在虚掷光阴"[②]。如他所言,群体心目中的英雄,并不是历史上真实的英雄,而是经过他们想象之后的英雄。不同种族、不同群体对同一个英雄根据自己的情感需要作了不同的解释。

(三)非理性占据优势

群体摇摆在无意识的境界,受情绪化支配。与此相应的是,他们在判断某事或评判某人时,不能诉诸理智,丧失了批判能力。在群体的情况下,随着情绪的高涨,人们的自我抑制力会相应地降低,人们的判断能力也会受到阻碍。勒庞说:"群体永远漫游在无意识的领地,会随时听命于一切暗示,表现出对理性的影响无动于衷的生物所特有的激情,它们失去了一切批判能力,除了极端轻信外再别的可能。在群体中间,不可能的事不可能存在,要想对那种编造和传播子虚乌有的神话和故事的能力有所理解,必须牢牢地记

---

① [法]古斯塔夫·勒庞:《乌合之众——大众心理研究》,冯克利译,中央编译出版社,2000 年,第36 页。

② [法]古斯塔夫·勒庞:《乌合之众——大众心理研究》,冯克利译,中央编译出版社,2000 年,第 29、34~35 页。

住这一点。"①群体中非理性占据优势主要有如下表现：

其一，高智力者在群体中往往没有市场。在群体中，智力较低者往往把高智力者降低到他们自己的水平上。勒庞说："没有必要考虑组成群体的个人的智力品质。这种品质无足轻重。从他们成为群体一员之日起，博学之士便和白痴一起失去了观察能力。"②

其二，群体的逻辑推理方式低劣。勒庞认为，群体不能绝对地说不能推理或不受推理的影响，但是群体的推理方式是低劣的。群体的推理方式类似于爱斯基摩式的方式，如从经验中得知，冰这种透明物质放在嘴里可以融化，于是认为同样属于透明的玻璃，放在嘴里也会融化；他们又像一些野蛮人，以为吃下骁勇善战敌手的心脏，便得到了他的胆量；或是像一些苦力受雇主的剥削，便立刻认为所有雇主都是剥削他们的人。勒庞总结道，群体的推理具有以下特点："是把彼此不同，只在表面上相似的事物搅在一起，并且立刻把具体的事物普遍化。知道如何操纵群体的人，给他们提供的也正是这种论证。它们是能够影响群体的唯一论证。包含一系列环节的逻辑论证，对群体来说完全是不可理解的，因此不妨说，他们并不推理或只会错误地推理，也不受推理过程的影响。"③群体没有推理能力，因此也就无法表现出任何批判精神，不能辨别真伪或对任何事物形成正确的判断。

群体的非理性占据优势，导致群体无法全面地、辩证地看待事物。也就是说他们对各种意见、想法和信念，或是全盘接受或是一概拒绝，将其视为绝对真理或绝对谬论。勒庞说："对何为真理何为谬误不容怀疑，另一方面，又清楚地意识到自己的强大，群体便给自己的理想和偏执赋予了专横的性质。个人可以接受矛盾，进行讨论，群体是绝对不会这样做的。"④

正因为群体的非理性占据优势，所以知道如何影响群体的演说家总是诉诸群体的情绪而非理智。他们不能只依靠逻辑的法则和自己的思维路线，

---

① ［法］古斯塔夫·勒庞：《乌合之众——大众心理研究》，冯克利译，中央编译出版社，2000 年，第 28 页。

② ［法］古斯塔夫·勒庞：《乌合之众——大众心理研究》，冯克利译，中央编译出版社，2000 年，第 29~30 页。

③ ［法］古斯塔夫·勒庞：《乌合之众——大众心理研究》，冯克利译，中央编译出版社，2000 年，第 49页。

④ ［法］古斯塔夫·勒庞：《乌合之众——大众心理研究》，冯克利译，中央编译出版社，2000 年，第 39页。

而不顾及群体的思想观念与情绪。这就要求领导在向群体宣扬自己的思想时,必须对高深的观念加以改造。改造的趋势是简单、明了、形象。勒庞说:"给群体的无论是什么观念,只有当它们具有绝对的、毫不妥协的和简单明了的形式时,才能产生有效的影响。因此它们都会披上形象化的外衣,也只有以这种形式,它们才能为群众所接受。"至于这种观念的逻辑是否缜密,甚至观点是否正确,都是无关紧要的:"切莫以为,一种观念会仅仅因为它正确,便至少能在有教养的头脑中产生作用。只要看一下最确凿的证据对大多数人的影响多么微不足道,立刻就可以搞清楚这个事实。"一种观念经过改造到群体接受需要较长的时间,而真正能够在群体的头脑中扎根又需要一段时间,因此群体的观念"总是落后于博学之士和哲学家好几代人"[①]。

(四)变革和保守的心态同在

由于群体情绪化占主导地位,对待事物又专横、偏执,因此当群体在面对政府和领导人时,也往往容易走极端。他们有时会听命于具有强大权力的主子:"群体对强权俯首帖耳,却很少为仁慈心肠所动,他们认为那不过是软弱可欺的另一种形式。他们的同情心从不听命于温和的主子,而是只向严厉欺压他们的暴君低头。"群体永远欺软怕硬,他们尊崇有权力的人,他们喜欢的人永远是像凯撒那样的英雄,"他的权杖吸引着他们,他的权力威慑着他们,他的利剑让他们心怀敬畏"。

但是一旦英雄权势已失,这时群体反叛的一面就会突现出来。"他们喜欢践踏被他们剥夺了权力的专制者,但那是因为在失势之后他也变成了一介平民。"因此,群体有时反复无常,时而卑躬屈膝,时而又无法无天。

在群体频繁的变化中,又有稳定性。具体言之,勒庞认为群体反叛的本能是短暂的,而保守的本能则是坚固的。勒庞说:"它们的反叛和破坏行为的爆发总是十分短暂的,群体强烈地受着无意识因素的支配,因此很容易屈从于世俗的等级制,难免会十分保守。对它们撒手不管,它们很快就会对混乱感到厌倦,本能地变成奴才。"按照勒庞的说法,保守的本能由种族文化积淀而成,早已经融入到民族的灵魂之中,群体的多变只是表面的事情。在群体灵魂的深处,"它们就像原始人一样,有着坚不可摧的保守本能。它们对一切

---

① [法]古斯塔夫·勒庞:《乌合之众——大众心理研究》,冯克利译,中央编译出版社,2000年,第46~48页。

传统的迷恋与崇敬是绝对的；它们对一切有可能改变自身生活基本状态的新事物,有着根深蒂固的无意识恐惧"①。

经历过恐惧之后的群体会变得极端柔顺, 这时的它们容易服从于领导的意志。"在对领导的影响做出过激的举动是短暂的,而民族的古老的惯性会再次承担其责,这就是它很快厌倦革命的原因。"当过激的行动走得太远之时,传统的心灵就会反对这种无序的状态。②

群体的这种心理特点也可以称之为宗教的情感。宗教的情感具有十分简单的特点,"比如对想象中某个高高在上者的崇拜, 对生命赖以存在的某种力量的畏惧,盲目服从它的命令,没有能力对其信条展开讨论,传播这种信条的愿望,倾向于把不接受它们的任何人视为仇敌"③。凡是具有上述特点就具有了宗教的本质。一旦拥有了这种感情,便会把自己的一切思想资源、一切自愿的服从行为、发自肺腑的幻想感情, 全部奉献给一项事业或一个人,将其作为自己全部思想和行动的准绳。总之,这种人的感情是偏执和妄想。

如何评价群体的心理? 勒庞认为群体的心理特征既有积极的一面,也有消极的一面。就其消极的方面讲,由于在群体中个人容易释放自己的本能,很容易干出最恶劣的极端勾当。但有时也能够表现出极崇高的献身、牺牲和不计名利的举动,即孤立的个人根本做不到的极崇高的行为。他说:"只有集体能够表现出伟大的不计名利和献身的精神。群体为了自己只有一知半解的信仰、观念和只言片语,便英勇地面对死亡,这样的事例何止千万! ……私人利益几乎是孤立的个人唯一的行为动机,却很少成为群体的强大动力。"由此,勒庞认为群体有时对个人的道德起着净化作用。正是因为群体不像个体那样,总是顾及自己的眼前利益,因此他们才能创造出人类的文明、人类的历史。"我们不该对群体求全责备,说他们经常受无意识因素的左右,不善于动脑筋。在某些情况下,如果他们开动脑筋考虑起自己的眼前利益,我们

---

① [法]古斯塔夫·勒庞:《乌合之众——大众心理研究》,冯克利译,中央编译出版社,2000 年, 第 39~40 页。

② Gustave Le Bon, *The Psychology of Revolutions*, Translated by Bernard Miall, G.P.Putnam's Sons, 1913, p.73.

③ [法]古斯塔夫·勒庞:《乌合之众——大众心理研究》,冯克利译,中央编译出版社,2000 年,第 55页。

这个星球上根本就不会成长出文明,人类也不会有自己的历史了。"①

四、对勒庞群体心理学的补充和修正

勒庞的群体心理学理论对学术界的影响是巨大的。他的观点一出,便立刻引起巨大的争议。赞成者有之,反对者也有之。这些学者对群体心理学的讨论和研究,不断地修正和补充着勒庞的理论。

(一)麦独孤:智力无用与群体心理的提高

与勒庞相同的是,麦独孤也认为群体具有同质性,因相互感染使个人在集体中失去了自己的个性。群体具有情绪化,极易受人暗示,容易被人操纵,缺乏自尊感和责任感等特点。与勒庞相比,麦独孤群体心理学的特色有二:

其一,解释了智力较低者同化智力较高者,高智力者的行动往往在群体中受阻的现象。他认为原因有三:一是因为情感的强化会对正常的智力工作造成不利的条件;二是因为个人受到群体的威吓,他们的精神活动是不自由的;三是因为每个人对自己行为的责任感下降了。

其二,提出了群体心理生活提高的五个基本条件。第一个也是最根本的条件,应该有某种程度的群体存在的连续性,即同样一些人在该群体中持续存在一段时间并且担任固定的职务。第二个条件是群体的个别成员对该群体的性质、机构、作用和能力形成某些明确的认识,以便他可以由此发展与作为一个整体的群体的情感联系。前两个条件实际上是突出了领袖在群体中的作用,也就是说一个群体要想得到提高,必须有一个领袖长久地、持续不断地对该群体产生影响,领袖与群体建立起稳定的情感联系之后,才能带领群体到达一个较高的层次。第三个条件是该群体应该和与它类似而且在许多方面与它不同的其他群体发生相互作用——也许以竞争的形式,在竞争中求得发展。第四个条件是该群体应该具有传统、习俗和习惯,特别是诸如决定它的成员彼此之间的关系,这种传统和习俗利于群体稳定,从而避免群体过激的行为。第五个条件是该群体应该有确定的结构——体现在其成员的作用的专业化和分工上。麦独孤认为,如果满足了这些条件,则群体形

---

① [法]古斯塔夫·勒庞:《乌合之众——大众心理研究》,冯克利译,中央编译出版社,2000年,第42~43页。

成的心理缺陷便会得到消除。①

(二)特罗特:群体本能论

特罗特的群体心理学的观点主要有三:其一,他认为人类具有群居的本能。这种群居本能就像其他动物种族一样,也为人类先天拥有,并和其他本能如自我保存本能、性本能常常相对立。罪恶感和责任感是群聚性动物的特有方面。其二,他把精神分析揭示的、存在于自我中的压抑的力量溯源到群居本能,并相应地把医生在精神分析治疗中遇到的抵抗也追溯到这种本能。其三,他认识到言语的重要性。他认为个人在群体间相互理解、相互认同主要依赖于言语。②

特罗特试图从潜意识的层面解释人类为什么会形成群体。但他的这种解释显得过于简单,相对于弗洛姆认为人类有交流的愿望、避免孤独的理论,特罗特的理论要相对粗糙些。

(三)弗洛伊德:爱与死亡是群体联系的纽带

弗洛伊德认为,勒庞等三人尽管都是有关群体心理的论述,但是他们所关注的群体是不同的。勒庞主要关心的是典型的短暂群体形式,麦独孤关心稳定的群体联系, 特罗特则选择了最一般化的群体形式——"政治动物"的人在这种群体中度过一生——作为他兴趣的中心。他们对群体心理的论述在某些方面确实较为精到,但是也存在一些严重的不足。如勒庞和麦独孤对群体的作用评价太低,只看到群体消极的一面,而没有看到积极的一面。比如一些高尚的情操多是在群体中形成的,如无私。③弗洛伊德认为,上述作者对群体心理的论述,主要缺陷有二:

其一,对群体成员间联系的研究不够或研究错误。弗洛伊德认为勒庞和麦独孤二人对群体心理形成同质的原因论述较为详细, 但是对于群体成员间的联系则几乎没有论述。如他在评价勒庞时说:"如果群体中的个体被结合成一个整体,那么必定有联结他们的某种东西,这种纽带可能正是构成群体的特征的东西。但是勒庞并没有回答这个问题。"同样,麦独孤也没有回答

---

① 车文博主编:《弗洛伊德文集》(第4卷),长春出版社,1998年,第67~70页。

② 参见车文博主编:《弗洛伊德文集》(第4卷),长春出版社,1998年,第99页。

③ 车文博主编:《弗洛伊德文集》(第4卷),长春出版社,1998年,第67页。

这个问题。而特罗特对群居本能的认识是错误的,因为"无论如何可能的是,群居本能不是不可还原的。它不像自我保存本能和性本能那样是原始的本能"①。

其二,他们都忽视了领袖的作用。弗洛伊德觉得勒庞和麦独孤给人的印象是没有成功将领袖的作用和威信表现出来。同样特罗特的论述也存在这样的问题。弗洛伊德说:"它几乎没有说明群体中领袖的作用,而我们反而倾向于相反的判断:如果忽视了领袖,则不可能把握住群体的性质。群居本能对于领袖全然不留有余地;他几乎纯粹是偶然被扔进人群中的。也由此得出,不存在从这种本能到需要上帝的道路;这个牧群是没有牧人的。"②

弗洛伊德的群体心理学观点是在批判前人的基础上形成的,他的观点主要有二:一是对群体成员间联系的构建,二是对群众与领袖关系的论述。

弗洛伊德探讨了群体成员间的联系纽带。他从人的本能开始探讨群体间的联系,人的本能有二:一是爱或性本能,二是死亡本能。同样,群体间的联系也与此二者有关。

弗洛伊德认为,"爱的关系(或使用更中性的语词:情感联系)也构成群体心理的特质"。他具体解释说:"首先,一个群体显然被某种力量结合在一起,这种结合的本质除了归之于把世界上的一切结合在一起的爱的本能外,还能更好地归之于什么别的力量吗?其次,如果个人在一个群体中放弃他的独特性,让群体的其他成员通过暗示影响他,那么给人的印象是:他的确是这样,因为他感到有必要与其他成员融洽而不是对立——以至于他也许毕竟是'为了爱他们'。"③

弗洛伊德把群体精神的产生也归结为与人的敌意有关,只是到后来由敌意逐渐转换成相互认同。他批驳特罗特说,儿童在与社会接触伊始,并不愿意群居,恰恰相反他对周围的陌生人是充满敌意的。"当儿童独处而感到恐惧时,看到任何任意的'人群成员'也不会感到安全,恰恰相反,这类'陌生人'的接近则会产生这种恐惧。于是,在儿童那里长时间没有什么群居本能或群体感情的性质会被观察到。"但是随着弟弟妹妹的相继出生,父母逐渐把爱分给他们,"结果是不可能在不损害他本人的情况下保持他的敌意态度

① 车文博主编:《弗洛伊德文集》(第4卷),长春出版社,1998年,第58、100页。

② 车文博主编:《弗洛伊德文集》(第4卷),长春出版社,1998年,第100页。

③ 车文博主编:《弗洛伊德文集》(第4卷),长春出版社,1998年,第74~75页。

时,他不得不把自己与其他儿童认同"①。这样,在儿童群体中产生了共同或群体的情感,以后在学校、社会许多群体中进一步发展。弗洛伊德举例说,一群妇女以痴迷的方式爱着一位歌星或钢琴演奏家,当他表演结束后她们紧紧围着他。她们每人肯定容易嫉妒其他人,但是当面对她们的成员以及不可能达到她们所爱的目的时,她们放弃了这种嫉妒,不是去撕扯彼此的头发,而是以联合的群体去行动,用共同的行动对她们崇拜的英雄表示敬意,还有可能高兴地分享他的几丝飘逸的头发。原先她们是竞争的对手,现在通过对同一对象相似的爱而成功把自己与其他人认同。

群体精神与它从原先的敌意衍生出来并不相悖,而且还从中发展出了社会良心和责任感。弗洛伊德说:"没有人一定想要名列前茅,人人必定是同样的,并拥有同样的东西。社会公正意味着,我们自己否认了许多东西,以至于别人也同这些东西无关,或者也许不能要求这些东西——这都是一回事。这种对平等的要求是社会良心和责任感的根源。"②

总之,爱与死亡本能是群体联系的纽带。但是因谁而爱? 再者,死亡本能中有一个由敌意向认同的转换,这个转换在何时产生? 弗洛伊德指出这些纽带之所以能够发生效用,有一个先决条件:"所有成员应该得到一个人即领袖的同样的爱。"③群体成员因对领袖的爱而把他们联结在了一起,而他们的敌意也因领袖的爱而化解,就像女孩们见到了她们崇拜的歌星一样。弗洛伊德批评以前的学者没有注意无领袖的群体和有领袖的群体之间的区别。他认为无领袖的群体结构相对简单,而有领袖的群体则具有高度组织化、持续存在和人为形成的特点。最具典型的是教会和军队。

无论教会和军队在其他方面有多大的不同,但有一点是共同的:他们都相信有一个首领居于群体之上,在教会中是基督,在军队中则是司令。在教会中,"对于该信徒团体的个体成员来说,基督处于仁慈长兄关系的地位,他是他们的替代父亲。对个体施加的所有要求都源出于基督的这种爱"。教会成员在基督的名义下互称兄弟,也就是说,通过基督对他们所施的爱而成为兄弟。因此,"把每一个体与基督联结起来的纽带,也就是把他们彼此联结起来的纽带的原因"。同样情况也适用于军队。在军队中,"司令是一个父亲,他

---

① 车文博主编:《弗洛伊德文集》(第4卷),长春出版社,1998年,第100~101页。

② 车文博主编:《弗洛伊德文集》(第4卷),长春出版社,1998年,第101页。

③ 车文博主编:《弗洛伊德文集》(第4卷),长春出版社,1998年,第102页。

平等地爱所有士兵,因此他们彼此成为同志"①。当然,像人们的祖国、民族的荣誉等观念在组合军队时也曾起了很重要的作用,但是忽视军队中力比多因素即军队首领与士兵的爱,不仅是理论上的疏忽,而且会导致在实践中处处碰壁。

有人对此则提出相反的观点,群体中领袖与群体成员间的情感联系并不是不可或缺的因素,如当恐惧发展到非常强大时,这时群体就会出现解体,每个人只顾自己,而不考虑所有联系,也不考虑别人的所有感情。弗洛伊德反驳说:"就恐慌的真正本质来说,它与受到威胁的危险没有关系,它常常在最微不足道的场合爆发。如果一个处于惊慌中的人开始只热切关心他自己的权益,那么他这样做就证明了这一事实:已不再存在情感联系了。既然他现在独自面临危险,他肯定把危险想得严重些。"由此,弗洛伊德得出结论说:"惊慌恐怖是以群体力比多结构的松弛为前提的,是以合理的方式对这种松弛做出的反应。"这里所说的群体力比多,自然首先是指群体与领袖的情感联系,其次是指由领袖与群体的爱而导致的所有成员间的情感联系。因此,"在群体成员间与其领袖的联系消失的同时,群体成员之间的联系也消失了"。他把在群体中领导没有发挥应有的作用,而仅仅是群体成员间的相互作用称之为"群体的心理匮乏令"。②

在这里,群体成员间的爱与群体对领袖的爱还是有区别的。弗洛伊德说:"群体中平等的要求只是适用于其成员,而不适用于领袖。所有成员必须是彼此平等的,但他们都是想到被一个人所统治。许多平等的人能使他们自己彼此认同,一个单个的人优越于他们所有的人。"群体与领袖的关系就像精神分析中催眠师与被催眠者的关系:催眠师宣称拥有剥夺被催眠者的意志的魔力,他指令被催眠者正视他,这样他就操纵了被催眠者的意识思想,使被催眠者潜意识地把他的整个注意力集中在自己身上。群体中的领袖更像一个原始部落的父亲,这样的领袖也就是"在人类历史的开端是'超人'——尼采唯一期待未来产生的人"。③

因此,弗洛伊德的政治思想绝不是什么民主的思想,而是极端专制的。

---

① 车文博主编:《弗洛伊德文集》(第4卷),长春出版社,1998年,第77页。

② 车文博主编:《弗洛伊德文集》(第4卷),长春出版社,1998年,第79页;[奥]弗洛伊德:《文明及其不满》,赖添进译,台北南方丛书出版社,1988年,第76页。

③ 车文博主编:《弗洛伊德文集》(第4卷),长春出版社,1998年,第102、104页。

他所称道的理想社会里，一个充满理性的君主在领导民众："事情的理想状况当然是建立一个使其本能生活服从于理性专政的人类社会。"[①]

至于群体领袖为何对群体实行专制？弗洛伊德作了如下解释：首先，从群众的角度讲，"因为群众是懒惰而无知的，他们对本能的克制一点也不愿意；而且克制并不不可避免地心悦诚服；组成群体的个人在随心所欲地控制他们的自由散漫方面是相互支持的。只有通过能够作为榜样，并且被群众公认为领袖的那些个人的影响，才能引导群众实施这项工作，才能进行文明所赖以存在的这些本能克制。"其次，从领袖的角度言，领导者当然应该是一些对生活必须具有远见卓识的人，是一些足以掌握自己本能愿望的人。但即使是这样，也会存在如下危险："领导者为了不失去他们的影响，与其让群众服从自己，倒不如让自己服从群众。"因此，领导为了避免这样的危险，"有必要借助于权力的操纵而使自己独立于群众之外"。[②]

五、新社会运动理论：有关阶层心理的论述

新社会运动理论是欧洲有别于美国的一种理论，与美国相比，欧洲学术界受马克思主义理论影响较深，同时工人运动也比较发达。欧洲的新社会运动理论是对马克思主义传统的继承与批判，同时对运动的主体进行了重新解读，不再把工人阶级作为运动的主体。"新"是相对于马克思主义理论指导的工人运动而言，皮查多（Nelson A. Pichardo）归纳为以下三方面：一是过去注重宏观的历史运动，现在既注重宏观的也注重微观的历史运动。马克思主义理论指导的工人运动注重经济利益的冲突，强调阶级斗争。新社会运动也突出现代社会运动的兴起与社会结构之间的关系，但是其重点是分析文化在运动中的作用。不但如此，新社会运动还探讨微观的历史，主要体现在对身份问题和个体行为的探讨。二是面对的时代有异。马克思面对的时代是工业化时代，强调物质的质量，关注经济再分配。新社会运动面对的是后工业化时代，强调的是生活的质量。三是运动的主体有异。马克思主义运动的主体是工人，新社会运动的主体是中产阶级和学生。[③]

---

①　车文博主编：《弗洛伊德文集》（第5卷），长春出版社，1998年，第308页。

②　车文博主编：《弗洛伊德文集》（第5卷），长春出版社，1998年，第158~159页。

③　Nelson A. Pichardo, New Social Movements: A Critical Review, *Annual Review of Sociology*, Vol. 23, No.3, 1997, pp.411-412.

新社会运动理论的代表人物多在欧洲接受教育，受马克思主义影响较深，但同时他们又受弗洛伊德等心理理论的影响。他们从弗洛伊德等那里接受了心理的评判标准，从心理的角度批评资本主义社会；从马克思那里接受了资本主义一定要灭亡的结论，但是他们并不把希望寄托在工人阶级身上。在他们看来，工人阶级已经变为一个保守的阶级，认同当今的社会秩序。真正的革命的领导者是知识分子，革命的主体是青年学生。同时，他们对中产阶级也进行了大量研究，但研究的结论并不像皮查多(Pichardo)所说的那样把中产阶级作为革命的主体，相反，他们文章中有关中产阶级的大量论述是把其看作支持法西斯的中坚力量。

(一)西方工人阶级的心理变迁

有关无产阶级心理特征的论述主要集中在马克思主义学者那里。从马克思到当代的西方马克思主义者，人们对无产阶级的认识有了较大的变化。马克思认为工人阶级是善良的，而且是最具革命性的阶级。而以后西方马克思主义学者则认为工人阶级的心理是复杂的，在处于物质条件极端贫困的条件下，他们是革命的；但随着物质生活条件的提高，工人阶级的革命性会逐渐丧失。

马克思对无产阶级的认识评价较高。他认为无产阶级生来善良，一旦他们从束缚自己的经济枷锁中解脱出来，这种善良品质就会自动表现出来。如《共产党宣言》的著名结论所说，无产阶级"失掉的只是自己身上的枷锁"，而获得的将是整个世界。

美国的社会心理学家弗洛姆认为这个著名论断包含着一个严重的心理错误："工人失掉枷锁的同时也会失掉带着枷锁时形成的那一切非理性的需要和满足。"[1]这种对人类感情的低估导致了马克思思想中的三项错误：

第一，他忽略了人身上的道德因素。"由于他认为获得实现之时，人的善就会自动地表现出来，他没有看到一个较好的社会不可能由那些不改变自身道德观念的人创造出来。"他没有明白地注意到新的道德方向的必要性，而"没有这种新的道德观，一切政治和经济的变化都是徒劳无益的"[2]。也就是说，新的道德不是自动生成的，还需要一个重建的过程。

---

① ［美］E.弗洛姆：《健全的社会》，孙恺祥译，贵州人民出版社，1994年，第214页。

② ［美］E.弗洛姆：《健全的社会》，孙恺祥译，贵州人民出版社，1994年，第214页。

第二，马克思对于实现社会主义的可能性作了奇特性的错误判断。他对未来持过于乐观的态度，他相信"好的社会"将很快来临。"也许是由于他早生了一个世纪，无论他还是恩格斯都曾坚信，资本主义的元气已经耗尽，革命也因此即在眼前，但是在这点上，正像恩格斯在马克思死后所断言的，他们犯了根本性错误。他们是在资本主义发展的顶端宣布他们的新学说的，但却没有预见到，距资本主义的彻底破产及最后的危机开始出现还将持续不止一个世纪。"①

第三，马克思认为手段的社会化不仅是资本主义转变到相互合作的社会主义社会的必要条件，而且也是充分条件。这项错误的根源也是马克思对人作了过于简单、过于乐观、过于理性的判断，他认为，"把人从被剥削的状态中解放出来，就会自动产生自由的、互相合作的人"。他没有认识到人的非理性的、带破坏性的感情的力量"往往不会随着经济变化，在一天之内变成另外的东西"。②也就是说，马克思只看到了工人好的一面，对于他们的非理性的、破坏性的一面所带来的消极影响则没有看到。

之所以产生上述弊端，弗洛姆认为除了马克思对人的感情低估之外，他对政治、经济安排作了过高的估价。他没有看到，"无论企业是'人民'—国家—政府官僚机构所有，还是股东雇用的私人官僚机构所有，对工人的人格来说，都没有什么关系"。他没有注意到，"对工人来说，唯一重要的东西是工作的实际和现实条件，工人同工作、同他人以及同管理企业的人的关系"。③在弗洛姆看来，工人阶级人格的形成不是源于生产资料是公有还是私有，而是在于工人所处的人际关系、工作环境等。换言之，即使国家实行公有制，也并不能够改变工人阶级的人格。

弗洛姆得出上述结论，与他深入地对工人的社会心理进行的大量调查有关。1931 年，弗洛姆在法兰克福社会研究所期间与他的同事专门对德国的工人和职员的政治人格作了调查。这次调查共分发调查表 2000 份，收回了600 份。弗洛姆根据调查结果进行了分析，但是这份调查报告却迟迟没有发表。直到 1980 年弗洛姆去世时，才在德国以"第三帝国之前德意志工人和职

---

① ［美］E.弗洛姆：《健全的社会》，孙恺祥译，贵州人民出版社，1994 年，第 214 页；［美］埃里希·弗洛姆：《占有或存在——一个新型社会的心灵基础》，杨慧译，国际文化出版公司，1989 年，第144 页。

② ［美］E.弗洛姆：《健全的社会》，孙恺祥译，贵州人民出版社，1994 年，第 214~215 页。

③ ［美］E.弗洛姆：《健全的社会》，孙恺祥译，贵州人民出版社，1994 年，第215页。

员——一次社会心理学调查"为名由德国斯图亚特的德意志维拉斯基-安斯特公司出版了德文版,4年以后,由哈佛大学出版了英文版,书名为《德国魏玛时期的工人阶级——一项心理和社会的研究》。这项调查报告既验证了马克思学说的部分正确性,同时对马克思的理论也进行了修正。经过调查,弗洛姆等发现,由于工人阶级的经济地位基本相同,大部分工人都具有相同的物质利益需求,因此他们大多数选择了社会主义政党。凡是打着"社会主义"旗号的党派都得到了工人不同程度的支持,具体来说:

其一,社会民主党在工人中占有优势。它尽管也批评资本主义,但多寻求与现实社会的妥协。如它承认资本主义存在的合理性,主张自由、平等,允许自己的成员对社会进行批评。

其二,共产党在失业工人中占有很大的比例。共产党并不主张与现实社会的妥协,而是主张消灭资产阶级政权,建立苏维埃。他们强调经济利益比自由更重要,个人的命运由他的经济地位所决定。面对这种状况,应该积极地促进社会的变化,而不是绝望和消极等待。因此,共产党的主张受到了失业工人的欢迎,而且共产党与其成员的关系较为密切。该党成员多把自己的领导人的画像挂在家里,喜欢看苏联的电影。

这项调查报告最值得注意的研究成果是,发现了国家社会主义党(即纳粹)受到了白领工人的欢迎,这点大大超出了传统马克思主义的判断。国家社会主义党尽管打着社会主义的招牌,但是它的主张却与社会主义思想有着本质的区别。纳粹尽管同德国共产党一样主张绝不与社会妥协,但它并不认为社会的出路是社会主义,而是法西斯专政。它认为战争是检验国家的强力以及解决国际冲突的最终方式。它把通货膨胀的罪责归于其他国家和犹太人。它崇尚成功和强有力者,主张成员对其不加批判地服从。纳粹的成员主要来自于中产阶级。但弗洛姆通过这次社会调查表明,白领工人的价值取向是和中产阶级相近的。如他们也喜欢装饰房间,在文化上有更多的需求,喜欢看文学书籍,他们也相信向上流动和成功是可能的。

该结论的得出也是该报告很久没有发表的真正原因。弗洛姆对没有出版也有所解释,说因为当时的"研究所的所长不想把它公开"。对此,弗洛姆是"有些看法的"。但具体的原因弗洛姆却不愿意多作解释。而该研究所的历史报告甚至宣称根本没有做过这项研究。弗洛姆反驳说,他们做过这样的研究,而且当时的资料也能找得到。①但得出白领工人支持纳粹的结论既不受马克思主义政党的欢迎,也不讨工人阶级的欢心,因此该报告"胎死腹中"是必然的。

白领工人原来倾向于马克思主义的政党,纳粹建立之后为何会转而支持纳粹?弗洛姆从信念的角度对此作出了解释。弗洛姆认为,信念在政党的建设中是至关重要的。政党成员信念的强度和可信度是决定政党未来命运的重要因素。根据政党成员信念的强度和可信度可把政党分为三种类型:第一种政党成员的人格和党的规划是一致的。他们向往自由、平等和幸福,憎恨战争,同情被压迫者。他们的信念是激昂的和强烈的。第二种政党成员的态度可与前者相媲美,但他们的信念是微弱的。他们的兴趣主要集中在家庭、工作、娱乐及个人目标上。他们在平时可以毫不犹豫地支持他们的政党,但在面临危险或要求个人做出牺牲时,他们就会放弃。第三种政党成员的政治信念是强烈的,但他们与他们所属社会主义政党的关系是不可靠的。他们憎恨有钱人和一切看来很快乐的人。自由、平等对他们毫无吸引力,他们愿意服从、崇拜有权力的权威;同时他们一旦拥有权力,也喜欢统治别人。他们一时找不到与他们的政治信念相符的政党,只是社会主义政党推翻有产阶级的主张吸引他们加入了进去。他们一旦找到所向往的政党,就会背叛所属的政党。国家社会主义党的成立正好为他们提供了这样的机会。②

弗洛姆在这里注意到各个政党的政治理念的差别,以及不同的政治理念在不同的工人阶层中的不同反应。他注意到工人阶级并不是一个截然不可分的整体,其中也有分化。尤其是白领阶层,尽管他们也属于工人阶级,却对纳粹存有好感。而且弗洛姆经过调查还注意到,社会主义政党所宣扬的一些理念并没有深入到其成员的内心中去。他们中的一些人的政治心理与其所属党派是有距离的。如社会主义政党宣扬妇女解放,但大量的社会主义政党(如社会民主党和共产党)的成员却对此持反对态度。他们只同意党的部分观点,如他们支持妇女可以工作直到结婚,婚后她们则需要照顾丈夫和孩子。究其原因,弗洛姆认为在于经济和心理方面的因素:经济方面,害怕妇女工作会抢占他们的就业机会;心理方面则是在他们的人格中有威权主义的

① [美]埃里希·弗洛姆:《生命之爱》,王大鹏译,国际文化出版公司,2001年,第147页。

② Erich Fromm,*The Working Class in Weimar Germany:A Psychological and Sociological Study*,Harvard University,1984,p.43.

特征。这点在其他方面也有所表现。如面对自己的命运悲剧,工人应该如何做? 共产党成员大部分赞同党的观点,主张采取积极的态度,但是也有部分长期失业的工人多感到自责和无助。[1]

对于工人阶级心理的不同判断,也影响到对工人阶级在社会中的作用的判断。按照传统马克思主义的解释,工人阶级在社会中是最革命的阶级。而法兰克福学派的学者则看到了工人阶级的消极一面。霍克海默认为:"工人们在独裁主义国家的压迫机器面前显得软弱无能,因此,真理在一小部分值得尊敬的人那里找到藏身之地。"也就是说工人阶级在资产阶级国家机器面前不但失去了革命性的特征,而且也很难认清事实的真相。真理不是以人数的多少来判定的,无产阶级人数众多,但并未掌握真理,相反真理往往掌握在少数人的手中。结果不是工人阶级成为社会的革命者,而是这些掌握真理的少数人。正是这些少数人,由于掌握了真理才有可能成为领袖。"拥有宣传机器并得到绝大多数人拥护的观点并不因而成为较好的一种。在总的历史潮流中,真理可能是在少数人一边。历史告诉我们,甚至不为那些反对现状的人所注意的这些集团,虽被剥夺了权力,但能保持镇静,在关键时刻,由于他们的远见卓识而有可能成为领袖。"[2]

最重要的变化体现在无产阶级对资本主义的认同。在马尔库塞看来,时代已经不同了,无产阶级的革命性随着时代的发展已经消失了。这种变化的根源在于技术的进步、物质条件的改善。随着生活的改善,工人开始满足于资本主义制度所提供的安逸的生活。"社会通过满足那些使奴役更惬意甚至更不惹人注目的需要来消除对自由的需要,而且它在生产过程自身中实现了这件事。在这一过程的影响下,工业文明中最发达地区的劳动阶级正发生着决定性的转变。"[3]

技术的进步使劳动过程中的机械化程度加深,相应地减少了劳动中体力的量和强度。这一变化冲击着马克思的工人概念。在马克思的工人概念中,体力劳动者占据着工人的大多数,而现在的工人中,以体力为主的蓝领劳动者在减少,非生产性的白领劳动者在急剧增加。由此,也冲击了马克思

---

[1] Erich Fromm, *The Working Class in Weimar Germany: A Psychological and Sociological Study*, Harvard University, 1984, pp.69–204.

[2] 上海社会科学院哲学研究所外国哲学研究室编:《法兰克福学派论著选辑》,商务印书馆,1998年,第84、88页。

[3] [美]马尔库塞:《单面人》,左晓斯等译,湖南人民出版社,1988年,第20页。

关于资本家剥削工人的重要理论——剩余价值理论。"技术变化趋于消除作为个人生产工具、作为'绝对单元'的机器,这就似乎取消了马克思的'资本有机构成'概念以及与这一概念相伴随的剩余价值理论。在马克思看来,机器根本不创造价值,而只是把它自身的价值转移到产品中,剩余价值依然是剥削活劳动的结果。……现在,自动化似乎从本质上改变了物劳动与活劳动的关系,它正走向这样一个时刻,其时,生产率'由机器而不是由个人的输出'决定。"①

随着剩余价值理论受到质疑,劳动者的态度和意识也在发生变化,即原来与资本主义社会对抗,后来逐渐开始与社会文化相整合。工人与工厂开始合作,工人们表现了"共同解决生产问题"的"热情",表现了"主动加入进来把他们自己的智慧应用到与技术相适应的生产和技术问题中去的愿望"。在某些技术最先进的机构中,工人们甚至炫耀他们自己在这个机构中的既得利益——资本主义企业中频频可见的"工人入股"的一个后果。由此,他们对于统治者的统治也不再称之为剥削或压制,而是美化为管理。②

美国学者丹尼尔·贝尔(Daniel Bell)发表了相同的观点,他认为福利国家的工人阶级已经不是一个革命阶级。这主要是因为工人失去了旧有的动力。将自己的生存作为"目标"而奋斗的工人,一度是社会发展的动力,而在福利国家中,他们不但已经解决了生存问题,而且物质利益有了极大的满足,这使得他们比知识分子更加满足于现状。他们不再寻找乌托邦,他们的期望值要远远低于知识分子,因此他们能够得到相对的满足。③

(二)中产阶级的政治心理

中产阶级一直是传统的马克思主义者所忽略的阶级。他们把中产阶级看作在资产阶级和无产阶级之间的一股摇摆力量,认为在社会产生巨变之时,中产阶级就会产生分化,不是归入无产阶级,就是投向资产阶级,无法成为"历史的动力",也无法形成一股独立的力量对社会发生作用。基于这种认识,无论是马克思、恩格斯,还是列宁、毛泽东,都很少谈论中产阶级。社会心理学家赖希则肯定了中产阶级在社会中的作用,他把中产阶级看作法西斯

---

① ［美］马尔库塞:《单面人》,左晓斯等译,湖南人民出版社,1988 年,第 24~25 页。

② ［美］马尔库塞:《单面人》,左晓斯等译,湖南人民出版社,1988 年,第 26 页。

③ Daniel Bell, *The End of Ideology*, The Free Press, 1962, p.404.

产生的重要支持者。

赖希认为法西斯的心理基础就是中产阶级,具体来说就是下中产阶级:"国家社会主义的群众心理基础不同于威廉大帝的帝国主义的基础,因为前者拥有一个贫困化的中产阶级,而德意志帝国则以一个富裕的中产阶级为群众基础。"他认为,希特勒的思想就是"来源于下中产阶级,这个思想来源大致符合渴望接受这些思想的群众结构"。①希特勒是一个职员的儿子。他的父亲想让他成为职员,但是他却反对父亲的计划。于是他成了一名画家,但却贫困交加,入不敷出。尽管他反对父亲,但同时又敬重父亲和承认父亲的权威。"反抗权威与接受和服从权威并行不悖。"这正是中产阶级性格的基本特点。

赖希认为,"就其性格结构而言,中产阶级具有的社会权力大大超出了它在经济上的重要性。正是这个阶级,保存了几千年的父权制,保持着它的生命,连同它的一切矛盾"。法西斯主义之所以能够兴起,就是因为中产阶级保存了父权制,从而能够对极权专制的法西斯提供群众支持。"法西斯主义运动的存在,无疑是民族主义的帝国主义的社会表现。然而这个法西斯主义运动之所能成为一场群众运动并能确掌权力(只有这样才能实现它的帝国主义作用),这应归因于它从中产阶级那里获得充分的支持。"②

中产阶级的社会地位取决于以下两方面:其一,它在资本主义生产过程中的地位。随着19世纪资本主义经济的迅速发展,垄断的经济组织逐渐形成,中产阶级的小企业无力同廉价的、更经济地运行的大工业相竞争,从而走向破产。因此,就其经济地位而言,正在进一步贫困、无产阶级化。其二,他们同本阶级也存在竞争。这种经济状况带来了两方面的结果:一方面,这些下中产阶级的阶层在危机的压力下渴望形成有组织的联盟;但另一方面,小企业的经济竞争却不利于确立一种像产业工人那样的稳固感。"下中产阶级的人,由于所处的社会状况,既不能与他们的社会阶级联合力量,也不能与产业工人联合力量。之所以不能与他们的社会阶级联合力量,是因为竞争是这里通行的规则;之所以不能与产业工人联合力量,是因为他们最害怕的正是无产阶级化。"③

---

① [奥]威尔海姆·赖希:《法西斯主义群众心理学》,张峰译,重庆出版社,1990年,第106、31页。

② [奥]威尔海姆·赖希:《法西斯主义群众心理学》,张峰译,重庆出版社,1990年,第39页。

③ [奥]威尔海姆·赖希:《法西斯主义群众心理学》,张峰译,重庆出版社,1990年,第40页。

　　然而法西斯主义运动却造成了下中产阶级的联盟。这种联盟的根据就是决定中产阶级社会地位的第二个方面：下中产阶级在威权主义国家机构中的地位。下中产阶级处在权威和体力劳动者之间的中间地位。"尽管他们对上级俯首帖耳，但对那些居于他们之下的人来说，他们又是权威的代表，因而享有一种有特权的道德的(而不是物质的)地位。"这种现象在管家、贴身男仆以及军队中的军士当中体现得最为明显。"他们由于采用统治阶级的态度、思维方式和举止而起了一个根本变化，在努力最大限度地抹去他们低下出身的痕迹时，经常笨拙地模仿他们侍候的人。"这种同权威、公司、国家、民族等的自居作用，可以概括为"我就是国家、权威、公司、民族"。①

　　经济上的窘迫与政治上对权威的认同，两者完美地结合在下中产阶级身上。"佣人或职员的头脑里最初只是想要像上级一样，但逐渐地由于压抑性的物质依附的作用，他们的整个人格都按统治阶级的样式被重新塑造了。下中产阶级的人总是准备去迎合权威，他们扩大了自己的经济地位和意识形态之间的裂隙。他们生活在物质上受限制的环境中，但表面上却装出一副绅士的派头，常常到了滑稽可笑的程度。他们吃的食物既低劣又不够，但非常看重'一套体面的服装'。大礼帽和燕尾服成了这种性格结构的物质象征。②因此，尽管经济地位和产业工人是相似的，但是下中产阶级的性格结构却和产业工人具有明显的区别，当权威趋于专制时，他们多采取迎合的态度。

　　中产阶级的保守特性也使得他们在民主和专权两个极端方面呈现出两面性。如赖希所分析的，当中产阶级处于专制的社会时，他们就会固执于传统社会的道德，为极权专制社会提供支持。但是如果中产阶级处于民主的社会，他们则会坚守民主的价值观，为民主社会提供支持。因此，如果一个民主社会中，中产阶级占据了社会的大多数，则该社会的民主价值观就会处于稳定的状态。

　　总之，在西方马克思主义学者看来，中产阶级是纳粹的坚定支持者。这与皮查多提出的中产阶级是新运动的主体的结论有所差异。孰对孰错？两者皆有道理，只是时代和体制的不同导致了结论的差异。阿多尔诺等将威权主义人格的第一个特性归为因袭主义，因袭主义的代表是中产阶级，这点与赖希的结论相同。但同时他们又作了如下的解释："如果，在另一方面，对因袭

---

① [奥]威尔海姆·赖希：《法西斯主义群众心理学》，张峰译，重庆出版社，1990年，第41页。

② [奥]威尔海姆·赖希：《法西斯主义群众心理学》，张峰译，重庆出版社，1990年，第41~42页。

的价值观的坚持是由当代外在的社会压力所决定的，如果它是建立在个人与他暂时认同的集体权力的基础之上，那么我们应该期望它与对反民主的接受性具有密切的联系。"[1]因袭的人有可能随着社会的变化而变化,如果是在民主的社会中,这种因袭的价值可能就没有偏见,但是在法西斯文化的影响下,这种人所具有的因袭特性就有可能追随法西斯。

(三)知识分子的心理

马克思在寻求改造社会的过程中突出了无产阶级的作用。而当今的西方学者则突出了知识分子的作用。

霍克海默强调了知识分子在改造社会中的作用。霍克海默认为,不应该从一个理论家原属的阶级，以及他的经济基础判定他的社会地位,"理论家的社会地位既不是由他收入的来源所决定，也不是由他理论的具体内容所决定的。决定一个理论家的社会地位的是正规教育基础"。接受正规教育与否决定了他是否属于知识分子。真正的知识分子由下列人群构成:"由大学教授、中层文职人员、医生、律师等所把握的那种可能性,才构成'知识分子',即一个特殊的社会阶层或甚至是社会上层。"这些知识分子尽管与无产阶级在经济收入及所受教育上存在着巨大的差别，但是并不妨碍其发挥知识分子的作用。他们的作用在于他们的是先进理论的发源地。霍克海默说:"在普通大众与社会理论家之间确立了一种分工,前者在社会冲突中对历史的进程产生影响,后者则把自己的观点转加给前者。"[2]由此可以看出,霍克海默评价知识分了的标准:知识分子首先具备一定的知识,也就是说接受过正规教育,然后应该掌握先进的理论知识。知识分子即是用自己所掌握的先进理论来评判这个社会的,一旦社会出现了弊端,他们就会给予批判,从而避免社会遭受巨大的灾难。

有关知识分子的批判性,这一点在西方学术界已经达成共识。许多学者认为知识分子天生具有批判精神,并以此形成他的社会角色,即作为真理、正义的代表而存在。因而,他们对于知识分子的界定也大多基于此种认识。正如美国学者利普塞特和巴苏认为:"大多数讨论知识分子问题的分析性文

---

[1]　T. W. Adorno et al., *The Authoritarian Personality*, Harper & Brothers Press, 1998, pp.229–230.

[2]　上海社会科学院哲学研究所外国哲学研究室编:《法兰克福学派论著选辑》，商务印书馆，1998年,第69~70页。

献都强调了他们那种看来像是与生俱来的批判现状的倾向，而这种批判则是从一种自命高明的,以为放之四海皆准的理想观念出发的。"这种认识恰恰反映出从历史使命的角度对于知识分子界定的存在。具有批判性反映了知识分子对于人类社会的一种广泛的关注,对于现实不合理的不妥协,以及基于真理、正义立场上对社会、政治的怀疑和针砭。关于知识分子具有批判性的界定从来不曾停止过。阿隆说:"批判现存秩序的倾向,可以这么说,是知识分子的一种职业病。"霍夫斯塔特说:"在现代观念中,知识分子作为一个阶层、一个单独的力量,甚至知识分子这个词本身,都是以其政治上和道义上的异议为特征的。"①班迪科斯也认为:"知识分子是那些受过教育并且批评这个可能的世界的人。"②而萨义德更是指出,知识分子是这样一种人,"他或她全身投注于批评意识,不愿接受简单的处方、现成的陈腔滥调或迎合讨好、与人方便的肯定权势者或传统者的说法或做法"③。

　　基于这种对世俗社会存在的不合理现象的批判,知识分子在形象上必须具有超人的道德和智慧,并始终站在永恒的真理和正义的立场上。班达理解的知识分子就是这样:知识分子是一小群才智出众、道德高超的哲学家——国王,他们构成人类的良心。萨义德为其做注脚称:"真正的知识分子在受到形而上的热情以及正义、真理的超然无私的原则感召时,叱责腐败、保卫弱者、反抗不完美的或压迫的权威,这才是他们的本色。"④

　　能否具有独立的价值判断成为西方学界判断一个人能否成为知识分子的标准。丹尼尔·贝尔认为一个仅仅具有某种知识的人只能是学者,而不是知识分子。所谓学者是局限于某一领域,把过去的知识叠加在一起,就像镶嵌画一样。学者很少把自我融入其中,始终冷静地看待事物。知识分子则不一样,根据他的经验、他对世界的感知、他所拥有的特权和他被剥夺了的权利,把这些感觉综合起来,对世界作出判断。学者是一种职业,而知识分子则是一个具有高度价值的阶层。学者冷眼旁观这个世界,而知识分子则带有一种狂热。他认为知识分子是热衷于意识形态的,意识形态是观念转变为社会实践的杠杆,能够唤起人们的激情,并将这种激情付诸行动。它不仅反映基

---

①　梁从诫主编:《现代社会与知识分子》,辽宁人民出版社,1989 年,第 1~4 页。

②　梁从诫主编:《现代社会与知识分子》,辽宁人民出版社,1989 年,第 14~19 页。

③　[美]爱德华·W.萨义德:《知识分子论》,单德兴译,生活·读书·新知三联书店,2002 年,第 25 页。

④　[美]爱德华·W.萨义德:《知识分子论》,单德兴译,生活·读书·新知三联书店,2002 年,第 12~13 页。

本的现实,更重要的是,它为既定的社会制度做辩护,支持统治者的权力。①

正因为知识分子具有批判意识,知识分子成为当今社会变革的主要力量。马尔库塞认为,知识分子对目前社会的危险状况有着清醒的认识,并能够向人们提供未来社会的方向。而且知识分子在推动当代社会的发展过程中,已经远远超过了工人阶级,只有他们发动起来,革命的成功才有希望。如果知识分子如科学家、数学家、技术员、工业心理学家和民意测验家拒绝与当今的统治者合作,那么他们就会达到甚至超过过去工人罢工曾经达到过的,但现在再也无法达到的效果。简言之,知识分子在当代社会发展中的作用是决定性的。"知识分子不仅在物质生产过程,而且也在越来越科学地控制消费和'生产'关系的过程中起着一种决定性的作用。"②

应该说,上述学者对知识分子的认识有部分事实依据,但更多的是一种理想的成分,或者说是对知识分子群体的一种价值期盼,他们希望知识分子都应该具有批判意识。相反,德国学者哈贝马斯则要清醒得多。他认为知识分子中真正具有批判意识的人只是少数。他们"首先是从市民文化公众中孤立出来,自视为从社会环境中(幻想中)解放了出来,自诩为'飘浮的知识分子'"③。这种孤立状态的知识分子,也就无法改变整个社会的现状。而且哈贝马斯认识到,知识分子容易因自己拥有某方面的知识而变得自傲。在他看来,"知识分子应当具有自我批评的精神;否则,知识分子所做的工作很容易就会沦为自恋式的自我表现"④。知识分子必须懂得:"他们并没有获得真理的特权;在对待不同观点的专家和论证、公开维护政治交往等方面,知识分子在今天比任何时候都必不可少。"⑤也就是说,知识分子不要盲目相信自己的观点就是真理,而是需要一个讨论的过程。为了能够与公众进行交往,把自己掌握的知识同公众探讨,知识分子需要将自己的专业语言进行转化和

---

① Daniel Bell, *The End of Ideology*, The Free Press, 1962, p.402.

② 上海社会科学院哲学研究所外国哲学研究室编:《法兰克福学派论著选辑》,商务印书馆,1998年,第610页。

③ [德]哈贝马斯:《公共领域的结构转型》,曹卫东等译,学林出版社,1999年,第199页。

④ [德]哈贝马斯:《生产力与交往——答克吕格问》,曹卫东、班松梅译,《天津社会科学》,2001年第5期;[德]哈贝马斯:《作为"意识形态"的技术与科学》,李黎、郭官义译,学林出版社,1999年,第115页。

⑤ [德]哈贝马斯:《生产力与交往——答克吕格问》,曹卫东、班松梅译,《天津社会科学》,2001年第5期。

翻译,诠释成公众能够理解的语言。

六、社会认同与自我归类

群体间的关系是目前学术界关注的热点之一。大量有关群体心理学的文章皆是有关群体间关系方面。内群体(intragroup)、外群体(out-group)和群体间(intergroup)的概念由萨姆纳(W. G. Sumner)于 1906 年提出。内群体就是我们的群体(we-group),用空间表示就是近在眼前的群体;外群体是由他人结合而成,与自己无关的群体;群体间指我们的群体和某些外群体之间。①内外群体的研究多与偏见相关。布鲁尔(Marilynn B. Brewer)总结了有关外群体偏见的相关研究成果。首先,群体间的竞争影响着对外群体的敌意。相互依赖的群体间竞争越激烈,内群体越有吸引力,对外群体越敌意。其次,处于长期的失败情绪或相对剥夺感的群体, 会通过高评估自己的群体以获得心理的补偿。最后,群体内外成员间的相似性程度对偏见也有影响。内外群体的差别的突出性影响导致偏见,分类的突出性导致偏见的稳定性。②

(一)诸种群体间心理学理论解读

有关群体间心理理论, 多数围绕着种族展开, 解释种族之间发生的现象。譬如我们前面所列举的西尔斯象征种族主义理论,即是解释白人对黑人的歧视。之后,也有学者从相似的角度对白人对黑人的歧视进行了论述。

1.社会心理学的视角

(1)隐性的种族主义

长期以来,有关群体心理的形成,存在着本性与环境的争论。佩蒂格鲁(Thoms F. Pettigrew)认为,在考察群体间态度时,两种因素都可能起作用。他在考察南非和美国南部白人的种族主义时发现, 南非白人的社会文化传统起着非常重要的作用,但同样,人格因素也不容忽视,譬如威权主义人格程

---

① W. G. Sumner, *Folkways*, Ginn, 1906, p.143.

② Marilynn B. Brewer, In-Group Bias in the Minimal Intergroup Situation: A Cognitive-Motivational Analysis, *Psychological Bulletin*, Vol.86, No.2, 1979, pp.307-324.

度高以及社会服从程度高地区的种族主义倾向尤为严重。[1]佩蒂格鲁探讨的许多观点皆是对奥尔波特（G. W. Allport）的《偏见的本质》(The Nature of Prejudice)一书的批评与发展，奥尔波特强调了偏见产生的本性的因素与个体的因素，即人们的偏见主要由个人的认知所导致，并不受社会环境的影响。照此推论，奥尔波特基本否定了群体的作用。但在佩蒂格鲁看来，个体的心理受环境的变化，既有可能受所属群体的变化，也可能受偏见群体行为的影响。以前者为例，个体对所属族群的相对剥夺感直接影响了他们的投票倾向。白人群体在选举市长时，不是个人的剥夺感，而是兄弟间的剥夺感(the fraternally deprived)引起了对黑人的讨厌和仇恨，使白人不愿意将选票投给有负面形象的黑人候选人。[2]以后者为例，偏见群体成员的行为直接影响着他们判断结果的差异，他称之为基本归因错误(ultimate attribution error)，即当有偏见的人们知觉对他们歧视的群体行为是负面的，他们会将该行为归于该群体成员的性情。当对方的行为是正面的，他们会将其解释为特例，或者对方的运气，或者对方的强烈动机以及极度的付出，或者归于可操控性的条件等。[3]

在此基础上，佩蒂格鲁与梅滕斯(R. W. Meertens)提出了隐性的种族主义(subtle racism)。隐性的种族主义与外显的种族主义(blatant racism)相对，外显的种族主义的态度是浓烈的、内群体成员关系密切、对歧视的表达是直接的。隐性的种族主义与此正好相反，态度的表达是冷静的、内群体关系相对比较松散，以及对歧视的表达是非直接的。这里所说的浓烈的和冷静的与认知相关，前者的认知分析中加入了情感的因素，后者则是认知的分析。具体来说，外显的种族主义对外群体表现出明显的厌恶，而隐性的种族主义则将这种情感隐藏，以一套理由为自己的歧视作论证。外显的种族主义在佩蒂格鲁那里有着清晰的论述，具体来说，包括两方面：其一，知觉到来自外群体的威胁以及对外群体的拒绝，相信外群体的基因是低劣的，以此来解释外群体在社会上的弱势地位，进而拒绝歧视的存在。其二，反对与外群体密切接

---

① Thomas F. Pettigrew, Personality and Sociocultural Factors in Intergroup Attitudes: A Cross-national Clomparison, *Journal of Conflict Resolution*, Vol.2, No.1, 1958, pp.29-42.

② Reeved Vanneman & Thomas F. Pettigrew, Race and Relative Deprivation in the Urban United States, *Race*, Vol.13, No.4, 1972, pp.461-486.

③ Pettigrew, The Ultimate Attribution Error: Extending Allprot's Cognitive Analysis of Prejudice, *Personality and Social Psychology Bulletin*, Vol.5, No.4, 1979, pp.461-476.

触,反对与外群体有情感上的交集,反对与外群体进行性接触或通婚,也包括权力的层面,禁止外群体成员担任自己的领导。

隐性的种族主义包括三个方面,每一方面都符合当今西方所承认的社会规范:其一,对传统价值的辩护。将内群体的价值解读为全社会的价值,以此判断外群体成员的言行不符合传统的价值,因而是不可接受的。其二,对文化差异的夸大。不再说外群体基因的低劣,取而代之的是宣扬外群体与内群体存在文化上的差异,并将对方的文化归为落后的。这种差异可能确实存在,但种族主义通过刻板印象对这种差异进行了夸大。其三,拒绝对外群体有正面的情感。即他们并不承认对外群体有负面的情感,但也拒绝对外群体有正面的情感。通过比较欧美的种族主义,佩蒂格鲁和梅滕斯发现外显的种族主义已经被隐性的种族主义所代替。[①]

(2)厌恶的种族主义

与隐性的种族主义观点相类似,多维迪奥(John F. Dovidio)和盖特纳(Samuel L. Gaertner)提出了厌恶的种族主义(aversive racism)。意指许多人有意识地,甚至真诚地支持平等的原则,相信他们自己是没有偏见的,但在无意识层面却锚定了对黑人的负面情感和信念。这些情感和信念部分基于认知的原因,如在信息处理时将人们分为内群体和外群体;部分基于动机的原因,如个人或群体的利益;部分基于社会文化的因素,如社会学习。厌恶的种族主义者表达出来的负面情感如恐惧、厌恶和不合适等是比较温和的。他们并不像传统的种族主义者那样,煽动起种族的仇恨,同时情感也并不是偏执的。相反,为了维护自己无偏见的形象,情感的表达是隐性的和非直接的,负面的回应不是基于种族而是其他理由。当这种理由不存在时,对黑人的负面评价就不会展现出来。因此,他们的态度表达并不是有意识的,当理由不存在时,这种态度就会回到无意识的层面。[②]

2.社会结构层面

社会学的视角确切地说是社会结构的视角,认为群体的差异源于对权

---

① Thomas F. Pettigrew & R. W. Meertens, Subtle and Blatant Prejudice in Western Europe, *European Journal of Social Psychology*, Vol.25, No.1, 1995, pp.57-75.

② John F. Dovidio & Samuel L. Gaertner, Affirmative Action, Unintentional Racial Biases, and Intergroup Relations, *Journal of Social Issues*, Vol.52, No.4, 1996, pp.51-75.

力、地位和经济资源的争夺，自己族群和其他族群之间存在利益竞争的关系，从而导致群体的矛盾，占统治地位的族群发展出意识形态为自己的统治地位作论证。包括以下几种理论：

（1）现实冲突理论

现实冲突理论的代表人物是谢里夫。他于 1954 年对 22 名 12 岁男孩以参加夏令营的名义进行了实验，这就是有名的罗伯斯山洞实验。实验分为三个阶段：第一阶段，建立群体，将这些男孩分为两组，通过爬山和游泳等让他们各自意识到群体的存在，形成各自的群体身份。第二阶段，引起竞争和冲突，通过相互竞争，譬如拔河比赛、棒球赛等活动让两个群体相互竞争，胜者有奖品。同时，故意让一方将准备的食物吃掉等，以考察利益的竞争对群体间关系的影响。第三阶段，缓解冲突，通过双方合作寻找水源的过程，两者的关系变得和睦。通过实验，谢里夫验证了如下的观点：群体间因为存在着竞争的关系，一方的获得以对方受挫为代价，这样就会导致双方互相否定和贬损，在空间距离上体现为相互躲避。如何改善双方的关系？谢里夫仍然应该从利益入手，由利益的冲突变为双方受益，即有一系列的更高层次的目标（superordinate goals）。这些目标具有以下特点：其一，对双方来说都是有吸引力的；其二，由独自一方很难完成，需要两个群体协力合作；其三，目标的系列性，通过完成一个个目标产生累积性的效应，从而使两者关系得到改善。[1]

谢里夫的观点得到了许多学者的肯定。坎贝尔（Augus Campbell）认为群体间的关系反映了群体间的物质利益。如果两者的利益是一致的，那么两个群体间的关系便是和谐的。但是如果资源有限，两个群体间的争夺就会导致关系的紧张。由此来看，白人对黑人的种族歧视在于两个群体间的零和博弈，在于黑人在入学、工作、晋升和政府资助等方面都与白人产生了竞争。[2]

图西奇尼（Andrej Tusicisny）肯定了现实冲突，即大家如果在互动中产生共同的利益，有利于缓解族群间的敌意。图西奇尼在印度族群冲突严重的城市孟买，选取了印度教和穆斯林两大教派的成员，运用现场实验和问卷调查的方法对如何缓解族群间的冲突进行了研究。结果发现，经过两族的积极互

①　Muzafer Sherif, Superordinate Goals in the Reduction of Intergroup Conflict, *American Journal of Sociology*, Vol.63, No.4, 1958, pp.349-356.

②　David O. Sears et al., Race in American Politics: Framing the Debate. In David O. Sears et al. eds., *Racialized Politics: The Debate About Racism in America*, The University of Chicago Press, 2000, pp.22-24.

动产生的公共收益,会使两大异质的群体变为同质的群体。在此过程中,两个族群间的敌对意识减少,尤其是印度裔对穆斯林的歧视极大地减少。该结论同样适用于在族群冲突期间持有极端信仰的两大政党的成员。[①]

现实冲突理论紧紧抓住了人性的逐利假定,以此来解释人与人之间的冲突,因此对群体间关系具有较强的解释力。其后,有学者强调了情感的作用,也有学者对谢里夫有关高层次目标的观点提出了批评。因为群体内部也是分层次的,从而导致了许多亚目标的出现,进而直接影响着对高层次目标的认同。莫斯(Sigrun M. Moss)以苏丹为例对此进行了探讨。在苏丹,穆斯林、讲阿拉伯语和阿拉伯人三个维度的不同结合,形成了各个亚目标,三者重合的人处于最高层级,具有两者的处于中间。他发现,各个亚目标的冲突影响着高层次目标的实现,有的亚目标起到促进作用,有的则相反。[②]

(2)群体地位模式

群体地位模式的提出者是布鲁默。他反对将群体的敌意归于利益的冲突,也反对归于个体对外群体的负面情感,认为群体间的地位是历史的因素和集体的发展所导致的。就一个群体来说,他们有自身主观的形象,即与外群体相比,他们在社会中应该处于何种位置。但现实生活中的地位和他们自身的预期不相称导致了他们的敌意。[③]总之,群体间的地位是长期发展过程中的产物,敌意源于自己设想的群体定位,是在与外群体的比较中产生的。鲍伯(Lawrence Bobo)等明确归纳为群体间相对地位模式,一个族群在一个更大社会秩序中,感受到了族群的异化,即他们感觉到所属的群体遭到了社会的压迫和不公正对待,这种感觉越强烈,越可能把其他群体成员看作潜在的威胁。[④]

①　Andrej Tusicisny, Reciprocity and Discrimination: An Experiment of Hindu-Muslim Cooperation in Indian Slums, *Political Psychology*, Vol.38, No.3, 2017, pp.409-426.

②　Sigrun M. Moss, Identity Hierarchy in Sudanese Superordinate Identity: Political Leadership Promoting and Demoting Subordinate Groups, *Political Psychology*, Vol.38, No.6, 2017, pp.925-942.

③　Herbert Blumer, Race Prejudice as a Sense of Group Position. *Pacific Sociological Review*, No.1, 1958, pp.3-7.

④　Lawrence Bobo & Vincent L. Hutchings, Perceptions of Racial Group Competition: Extending Blumer's Theory of Group Position to a Multiracial Social Context, *American Sociological Review*, Vol.61, No.6, 1996, pp.951-972.

3.政治学方面

政治学视角对种族主义的关注点在政治价值和意识形态层面，代表人物是斯奈德门(Paul M. Sniderman)及其同事。他们认为一些白人反对一些涉及种族问题的政策议程,譬如待遇平等、对黑人的福利政策、平权法案等,不是基于种族的敌意，而是独特的政治，根据政治的意识形态和道德原则判断,而这些价值和意识形态本身是中立的。[①]

(二)社会认同理论

群体间相关性理论中最具影响力的有三大理论：一是塔吉菲尔(Henri Tajfel)和特纳(John C.Turner)的社会认同理论,以及他们后来发展的自我归类理论；二是斯达纽斯(Jim Sidanius)和普拉多(Felicia Pratto)的社会支配理论；三是约斯特(John T. Jost)等的体制辩护理论。

社会认同理论是从群体心理的角度解释群体间关系的一种理论。过去,也有从心理学的角度解释个体对某个群体的态度的理论，譬如阿多尔诺等提出的威权主义人格，以及挫折、攻击理论和移情理论等。但塔吉菲尔与特纳认为,这些理论聚焦于个体间的偏见或歧视行为,而他们所提出的认同理论则定位于群体层面。解释群体间关系的理论中,占主导地位的是谢里夫等提出的现实冲突理论，把外群体的竞争和内群体的团结看作决定群体关系的重要因素。塔吉菲尔与特纳认为,他们提出的社会认同理论并不是代替现实冲突理论,而只是补充。因为现实冲突理论很少关注到对内群体的认同及其在群体间关系中的重要性。现实冲突理论的结论有一定的局限性。[②]塔吉菲尔认为，内群体的偏好无处不在，不必如谢里夫所设想的那样要经过冲突、竞争等复杂的过程。譬如在实验中,被试者在分配自己手中的奖励时,只是简单地知道某个人是否是属于自己群体的,就会出现分配的差异。[③]如何理解社会理论,塔吉菲尔将其社会认同的基本过程归结为：社会归类—社会

---

① Paul M. Sniderman et al.,The Politics of Race. In David O. Sears et al. eds.,*Racialized Politics*:*The Debate About Racism in America*,The University of Chicago Press,2000,pp.236–279.

② Henri Tajfel & John C. Turner,The Social Identity Theory of Intergroup Behavior,In John T. Jost & Jim Sidanius eds.,*Political Psychology*,Psychology Press,2004,pp.276–293. 按，有关社会认同理论的介绍,除非注明,有关观念的引用均来自该篇文章。

③ Henri Tajfel,Experiments in Intergroup Discrimination,*Scientific American*,Vol. 223,No.5,1970.

认同—社会比较—正面的独特性特征。①

　　社会归类指作为一种认知工具,对社会环境进行划分、归类和排序,从而使个体从事多种形式的社会活动。归类的对象不仅包括社会领域,也包括对自身的归类。早在 1971 年,塔吉菲尔就认识到,社会归类会引起群体间的歧视。通过两场实验表明,只要区分了内外群体,被试者在奖惩方面就表现出了差异,目的是追求群体的最大收益,以拉大内外群体两者之间的差距,这就是最简的(minimal)群体范式。②

　　社会认同是源于社会归类中涉及自我形象的部分。1972 年,塔吉菲尔界定了社会认同的概念:人们有一种正面社会认同的需求, 为此他们需要保留、维系、获得一种社会认同,需要建立起一种有关该群体的正面的有价值的特征。③包括以下三种主要假设:其一,个体试图维护或强化他的自尊——极力寻求正面的自我概念;其二,社会群体或社会归类,以及他们的成员与正面或负面的价值内涵相关,根据社会或群体内部的评估,结果可能是正面或负面的,从而影响着个体的社会认同;其三,自己群体的评估取决于具体的参照群体,根据价值特性和特征等比较得出。

　　社会比较如果获得正面的价值会提高声誉,相反导致声誉的降低。由以上假设,延伸出以下理论原则:其一,个体试图维护或强化正面的社会认同;其二, 正面的社会认同很大程度上是由内群体与某些相关的参照群体比较所得,与这些参照群体相比,不但有所不同,而且是正面的;其三,当个体对社会认同的结果不满时,个体或试图离开原有的群体,加入更加正面、突出性的群体,或使原有的群体的正面部分变得突出。

　　在具体的环境中, 塔吉菲尔和特纳认为有三类变量会影响内外群体的比较。其一,个体必须内化他们的群体成员身份,成为他们自我概念的一部分。尽管他者对其成员身份的认同,从长远来说是最重要的决定因素之一。其二,社会环境允许群体间的比较,以及相关属性的选择和评估。其三,群体不是与每个外群体都比较,而是被知觉为相关性的比较群体。具体比较的外

---

①　John C. Turner & Katherine J. Reynolds,The Story of Social Identity,In Tom Postmes & Nyla R. Branscombe eds.,*Rediscovering Social Identity*,Psychology Press,2010,pp.13-32.

②　Henry Tajfel et al.,Social Catergorization and Intergroup Behaviour,*European Journal of Social Psychology*,Vol.1,No.2,1971,pp.149-177.

③　John C. Turner & Katherine J. Reynolds,The Story of Social Identity,In Tom Postmes & Nyla R. Branscombe eds.,*Rediscovering Social Identity*,Psychology Press,2010,pp.13-32.

群体与内群体接近,会对内群体的独特属性产生压力。

特纳区分了社会性的与工具性的(或现实性的)竞争。社会性的竞争指为自我评价所驱动,因社会比较而出现。工具性的竞争基于"现实的"自利,代表了最初的矛盾。两种类型的竞争在预测群体间行为得失的后果上有所不同。现实的竞争中,失败的群体应该对获胜的群体充满敌意,这是因为他们的奖励被剥夺,也因为他们的互动是完全冲突的。但是当得失双方对优劣达成共识,只要竞争是合法和公正的,失败的一方便会接受结果,甚至提高对胜利一方的评价。

社会认同的比较中,负面的一方如何改变? 塔吉菲尔和特纳提供了以下方式:其一,个体的流动。个体可以尝试离开原来的群体,与原来的群体脱离关系。其二,社会创造性。在比较的环境中,重新解释或改变比较的因素。通过以下方面实现:①选择新的比较维度;②改变群体属性的赋值;③改变比较的群体,停止或避免把高地位的群体作为参照群体。其三,社会竞争,直接在与外群体竞争中获得正面的独特性。塔吉菲尔和特纳将个体和群体比作一个连续统,个体和群体分别在两端,即在一端承认个体否认群体,在另一端则是承认群体否认个体。两端分别对应着社会流动和社会改变,与他们提出的第一和第三种方式分别对应,而社会创造性则实际上处于两者的中间状态,维持群体间的关系。所谓个体流动,即在个体生活的社会中,各个群体之间是灵活的、可渗透的,如果个体对群体不满意,不论基于何种原因,他都可以流动到一个更好的群体中。社会改变则是指社会存在着明显的分层,个体的流动是非常困难的,以个人身份很难消除自身的不满,很难改变自身的弱势地位,以及很难消除自己的污名化,在这种情况下就会寻求社会改变。①

那么什么情况下群体间不会发生冲突? 其一,禁止群体间流动的主观和客观禁令是微弱的。对内群体成员来说,会模糊与独特的群体认同相对应的独特的群体利益的感觉,同时为动员群体成员进行集体行动设置了障碍。其二,假如离开群体的障碍重重,不满的群体可以通过社会创造性以改变负面特征。但是当群体成员对处于从属地位的社会群体主观上认同,同时占支配地位的群体持续或开始在主观上被作为比较的群体时, 负面的社会认同就

---

① Henri Tajfel & John C. Turner, An Integrative Theory of Intergroup Conflict, In Michael A. Hogg, Dominic Abrams eds., *Intergroup Relations*, Psychology Press, 2001, pp.94–109.

会直接导致与支配群体的竞争。①

(三)自我归类理论

自我归类理论(self-category theory)是对社会认同理论的发展,两者既有联系也有区别。自我归类理论的代表人物特纳和奥克斯(Penelope J. Oakes)等本身就是社会认同理论的代表人物。但特纳认为自我归类理论不同于社会认同理论,并不是社会认同理论的延伸或者派生,而是比社会认同理论在解释自我与群体过程时具有更为广泛的解释力。②

自我归类理论是建立在对私人认同和社会认同的区别之上的。何谓自我? 特纳认为,自我概念包括以下三个普遍的广为人知的假定:其一,自我概念是认知系统中的构成部分,可以看作信息处理时的认知因素,也可以界定为认知的表征。其二,自我包括不同的因素。其三,自我概念是条件性的,不同的条件下自我呈现的方式也有所不同。在此基础上,特纳提出了自我归类理论四个有特色的假定:其一,自我的认知表征采取自我归类的形式,即自我与一些相同的刺激类别组合起来, 通过知觉类别内的相似性和类别间的差异性,自我概念实现了归类。其二,自我类别组成一个等级系统。鉴于类别概念包容性的大小,存在不同抽象层次的自我。其三,与此相关,社会自我的概念至少包括三个方面:作为人类的高级自我、内外群体差异的中等自我、个人自我归类的低级自我。其四,各个层次的自我是通过比较形成的。③

有关自我的层级问题, 特纳等称之为私人认同和社会认同。私人认同指,根据他或她不同于其他(内群体)成员的方面,个体界定为独特的人。社会认同指自我和他者的社会归类,该方面的自我归类,根据他或她与一定社会类别成员(与其他社会类别相比较)共有的相似性的方面界定个体共享社会类别的自我(我们与他们、内群体与外群体、我们女人、他们男人、白人、黑人等),即集体的自我。自我归类理论最初运用于群体的行为,当共享的社会

---

①　Henri Tajfel & John C. Turner,The Social Identity Theory of Intergroup Behavior,In John T. Jost & Jim Sidanius eds.,*Political Psychology*,Psychology Press,2004,pp.276–293.

②　John C. Turner & Katherine J. Reynolds,The Story of Social Identity,In Tom Postmes & Nyla R. Branscombe eds.,*Rediscovering Social Identity*,Psychology Press,2010,pp.13–32.

③　John C. Turner,Social Categorization and Self–Concept:A Social Cognitive Theory of Group Behaviour,In Tom Postmes & Nyla R. Branscombe eds.,*Rediscovering Social Identity*,Psychology Press,2010, pp.243–272.

认同变得突出时，个体的自我知觉倾向于去个性化。但何时运用私人的认同，何时运用社会的认同，要依赖具体的环境，在于相对易得性。相对易得性反映了个人过去的经历、现在的预期，以及当下的动机、价值、目标和需求。这时选择的归类是核心的、相关的和有用的，更有可能被现实的证据所证实。

那么集体和个体自我之间究竟是一种什么关系？首先，集体的自我反映了群体和集体的现实。我们被群体内和群体间的关系所左右，在某些条件下群体间的关系更重要。因此，私人的自我并不比集体的真实、根本。其次，去个性化不仅反映了群体关系，也反映了心理过程。自我归类的心理过程和集体生活的社会现实相互依赖。共享的群体身份导致对群体的忠诚、集体的利益超越了对个人利益的追求。人类的信息处理纯粹是个体的论断并不真实。类别不仅是认知结构，也是社会规范。同一人面对不同的环境可能拒绝或接受信息，原因就在于对自我和他者如何界定。群体极化的情况下，面对同一信息，如果是源于内群体则可能接受，而外群体则会拒绝。面对群体间的环境差异，可能采取相反的指向，譬如面对谨慎的外群体，可能采取危险的倾向，或者相反。在群体中少数人的转变，依赖于对少数的内群体和外群体的认定，产生的多或少的影响也依赖具体的社会环境。这种影响是潜在的、私下的，而不是公开的，特纳等把私下的接受或改变，或信息影响，称为私下的类别改变。[1]

在特纳等看来，自我并不是一种僵化的认知结构，而是一种反射性的社会判断过程。具体来说，是个体运用自我所具有的类别、目标、动机、价值、预期，以及自身的背景知识和掌握的理论等，与现实在互动中寻找匹配的方面。[2]可以分为两方面：比较的匹配和标准的匹配。比较的匹配根据偏对比原则(metacontrast)，主张一组的刺激更有可能作为一个实体被归类，这要达到如下的程度，即知觉到这些刺激的均差要小于知觉到的他们和剩余刺激(作为参照的刺激)的均差，并会在一个比较的背景下通过核心类别的显现确定匹配度，或在两分类别中根据突出性确定匹配度。譬如通过比较，当群体内

---

① John C. Turner et al., Self and Collective: Cognition and Social Context, *Personality and Social Psychology Bulletin*, Vol.20, No.5, 1994, pp.454–463.按，有关自我归类理论的介绍，除非特别注明，均出自该篇文章。

② John C. Turner & Rina S. Onoratio, Soical Indentity, Personality and Self-Concept: A Self-Categorization Perspective, In Tom Postmes & Nyla R. Branscombe eds., *Rediscovering Social Identity*, Psychology Press, 2010, pp.315–339.

部的差异被感觉到要小于群体间的差异,就会把群体视作一个独特的群体。标准的匹配指类别的说明和所代表的例证间匹配的内容方面。譬如,把一群人归为天主教徒而不是新教徒,不但与新教徒(态度、行为)的均差远大于彼此的均差,而且在比较的维度方面也存在差异。

特纳等认为归类本质上是比较的,因为归类也是变化的,根据比较的社会环境,参照框架不同,导致归类是变化的。变化有四种重要形式:

其一,自我归类的突出水平,与受比较的环境、内群体还是外群体的比较,以及极端还是温和的立场相关。首先,自我归类在比较环境中延伸到包含不同于自我的他者,以及以前的他者时,更具包容性。当环境延伸时,自我和以前的他者将重新归类为与"他们"相对的"我们",而以前则是与"你"相对的"我"。其次,社会认同处在群体间的环境中时,社会认同突出;处在群体内的环境时,私人认同突出。外群体的同质性效应也显示了同样的预期。之所以把外群体看作比内群体更具同质性,是因为外群体的判断是建立在群体间比较的基础上,而内群体成员的判断是建立在群体内部的比较基础上。最后,自我和他者在一个环境中的相对立场。处于极端立场比温和者更有可能归于内群体,这是因为他们与外群体的差异更大。

其二,自我归类中根据标准或内容匹配自我和他者关系。运用群体成员的背景知识及隐含的理论进行社会归类。

其三,突出社会类别意义的变化,以反映具体的环境中群体间内容判断的差异。类别的内容根据群体成员的背景和知识的匹配来选择。有意义的匹配并不是固定的。在对伊拉克的研究中,对美国人的刻板印象随着战争的进程和参照群体的变化而变化。与苏联相比,美国人被看作是侵略性的;与伊拉克相比,美国人又显得侵略性不足。海湾战争之初,与英国和澳大利亚人相比,甚至与伊拉克相比,美国人都显得野心勃勃。战争结束后,这种关系出现了逆转。

其四,自我归类的内在结构随着根据解读的类别所置于的环境的变化而变化。当一个群体在比较中变得极端时,群体中的极端者就是原型。自我归类随着环境变化,就在于环境影响成员的相对代表性。当极端的成员更具代表性时,对该类别的判断也随之改变。

自我的社会不是一成不变的,遵循以下变化规律:其一,根据社会环境的变化,自我归类的变化是对称的和有规律的。其二,自我归类是对个体的社会性解读。根据社会术语,社会关系的亲疏解读自我归类。自我归类随着环境而变化,不仅体现了个体属性,也体现了社会属性。其三,自我归类是真实的,即随着社会现实的改变而呈现出系统变化。特纳等强调,不要把自我的解读看作是以前的形式,或者储存记忆的激活,而是一个根据现实变化不断建构的过程。自我不是固定存在,而是根据目标、环境、最近经历的变化而变化。

对信息的解读不仅取决于外来的刺激,更受知觉者对自我解读的影响。首先,自我的变化直接影响相关的刺激,影响占主导地位的目标、动机、信念、预期、价值等。其次,自我的变化限定了关于社会和世界知识、理论及信念的标准背景。群体自我在变化,控制类别内容的标准也在变化。理论和知识依赖于自我归类的变化和环境。最后,集体自我限定了两个刺激实体间的异同。直接相关的刺激是同还是异,是归为一类还是异类,是归为与自己意见相同还是分歧。集体自我是认知社会性方面的决定因素,把"社会位置"转变为相关的"认知选择"。①

自我归类理论与社会认同理论有何区别? 特纳等认为,社会认同将自我与群体正面的社会认同联系起来, 即人们归属一个群体在于该群体能够赋予自我正面的身份。而自我归类理论将自我进行了细分,同时解释了不同的自我在与现实互动过程中,形成了不同的社会认同。也就是说,自我归类理念的起点在于区分个体自我与集体自我的差异, 以此解释集体心理形成的因果关系。个体的心理与融入一个群体的心理是有差异的;同样,归入不同群体的心理也是有差异的。自我归类理论所做的就是解释最简群体模式,以及个体间–群体间的连续统中自我采取何种形式。因此,与社会认同的差异在于自我解释的复杂性,与此相联系的是动机的差异,也就是自我归类理论不但强调"自我",也强调"归类"。社会认同将人们归属于一个群体在于自尊的需要,特纳等将此归为归类的差异,即一个共享的身份是建立在认知标准的基础上,譬如共享的命运、环境或共享的特性(积极或消极的都有可能)。由个体自我向集体自我转变的过程中存在着一个去个性化或自我–刻板印象的过程。②

奥克斯也对两者的差异进行了归纳。他认为,社会认同理论是一种群体

---

①   John C. Turner et al.,Self and Collective:Cognition and Social Context,*Personality and Social Psychology Bulletin*,Vol.20,No.5,1994,pp.454–463.

②   John C. Turner & Katherine J. Reynolds,The Story of Social Identity,In Tom Postmes & Nyla R. Branscombe eds.,*Rediscovering Social Identity*,Psychology Press,2010,pp.13–32.

间行为的理论,探讨的是社会归类导致的自我可能蕴含其中,或导致自我的转变。尤其关注的是社会认同在赋予自我以负面含义的情况下将会发生什么,或群体低的社会地位对个体有何影响。如果与认同相关的群体地位是不合法的、不稳定的,群体间的界限是不渗透的,人们又渴望建立一种更加正面的自我解释,那么这时就会想方设法提高自己群体的地位。与社会认同理论聚焦于主观自我解读自己所属类别的后果不同,自我归类理论首先要追问的是,他们怎样开始自我解读。一个社会群体怎样变成一个心理的群体,这需要详细考察归类的过程,主要的假设即是主观的认同("我是谁"),源于个体的特征和他们与置身于其中的环境的互动。其中一个核心性的假设即是自我归类根据抽象层次或包容性程度的不同而有所不同。自我归类间的区别体现在人类、内群体和个体层次上。最后,奥克斯探讨了两者的联系,两种理论都源于社会心理学中的一种具体的元理论——互动主义。简言之,该理论是反简约主义、反个人主义,致力于理解个体如何变为一个心理的社会生物。换言之,通过认同变量,我们会从个体到集体,以及不同社会立场间不断变换我们看待问题的视角,而不是一个单纯的信息处理的机器。因此,通过归类的过程,创造意义,自我作为该过程的一个刺激物,在一些条件下按照集体、群体的术语被解读。[1]

盖特纳(Lowell Gaertner)的观点与特纳的观点有些类似。他认为,社会认同和自我归类理论的基点有异,前者提供了动机机制,即与带有偏见的群体比较时,偏袒内群体是一种维持积极的有价值的社会认同的方式。自我归类提供一种认知的机制,群体的比较强化了内群体成员知觉的相似性,使内外群体有别,而且共享独有的群体相似性导致对内群体成员的喜欢。[2]

由此可以看出,自我归类理论的提出,试图解决学者们所批评的主观认同的问题,它涉及在自我与环境的作用下,自我如何对自己进行归类。社会认同理论强调的是一个群体,在群体间的比较中所得出的正面或负面的特性,对于群体成员的影响,以及群体在具有负面属性的情况下,群体成员如何寻求改变。而自我归类强调的是自我,自我面对不同的条件如何归类,归

---

[1]　Penelope Oakes, Psychological Groups and Political Psychology: A Response to Huddy's "Critical Examination of Social Identity Theory", *Political Psychology*, Vol.23, No.4, 2002, pp.809–824.

[2]　Lowell Gaertner et al., Us Without Them: Evidence for an Intragroup Origin of Positive In-Group Regard, *Journal of Personality and Social Psychology*, Vol.90, No.3, 2006, pp.426–439.

类的对象不仅限于某个群体,还有人类、群体和个体之分。同时,自我归类提醒我们,内外群体的划分,随着环境的差异也是在不断变化的。近年来,有学者运用自我归类理论对群体的追随者进行了分析。当一个人认同某个群体时,他会以正面的眼光看待群体追随者的品质(如勤奋、热情和好的公民),认为这些品质在该群体中极具代表性。相反,对另外一些负面的特质(如墨守成规、无能和违命不从)则认为不具代表性。当一个人认同某个群体时,对于如何改变群体成员的行为多主张采取说服而不是强制的手段;而对于外群体的追随者多主张采用强制的手段来改变他们的行为。[1]

(四)对社会认同的肯定与发展

如何看待社会认同理论? 特纳对社会认同理论评价甚高。他认为,与以前的理论相比,社会认同理论的新意体现在五方面:其一,聚焦于群体而不是个体心理,用群体心理解释种族主义、歧视和冲突;其二,对现实冲突理论的补充,将社会认同过程用于群体间关系的现实目标;其三,将群体间关系与社会联系起来;其四,对群体间关系如何决定群体和个体的行为进行了认知的解释,解释为集体的、意识形态的和认知的活动,而不是孤立的个体行为;其五,阐释了社会共享的群体自我如何影响行为的过程。[2]

社会认同理论提出之后,在学术界引起了强烈反响。米勒(Dale T. Miller)和普伦蒂斯(Deborah A. Prentice)等肯定了社会认同理论在群体心理研究中的贡献。他们认为,社会认同理论影响了群体研究中研究视角的改变:以前的研究关注个体如何在群体中行动,而塔吉菲尔等则关注群体在个体间如何行动。[3]社会认同理论提出之后,许多学者开始运用社会认同理论解读政治现象。如门罗(Kristen R. Monroe)等所说,认同作为一种解释性的概念广泛运用于民族主义、种族冲突、群体动员和选举政治。[4]

---

① Niklas K. Steffens et al.,Our Followers Are Lions,Theirs Are Sheep:How Social Identity Shapes Theories about Followership and Social Influence,*Political Psychology*,Vol.39,No.1,2018,pp.23–42.

② John C. Turner & Katherine J. Reynolds,The Story of Social Identity,In Tom Postmes & Nyla R. Branscombe eds.,*Rediscovering Social Identity*,Psychology Press,2010,pp.13–32.

③ Dale T. Miller & Deborah A. Prentice,The Self and the Collective,*Personality and Social Psychology Bulletin*,Vol.20,No.5,1994,pp.451–453.

④ Kristen R. Monroe et al.,The Psychological Foundations of Identity Politics,*Annual Review of Political Science*,Vol.3,2000,pp.419–447.

有关族群认同方面，有学者重复了塔吉菲尔等的研究结论。德奥克斯（Kay Deaux）等在对 410 名纽约城市大学学生的考察中发现，没有一个群体压倒性地支持社会不平等，相对来说，白人群体比地位低的黑人和拉美群体更可能接受。黑人和拉美群体更可能支持社会多元性。[①]德奥克斯与伊瑟（Kathleen A. Ethier）对拉美裔的大学生在说英语的美国大学中进行了一年的观察，他们发现对自身群体强烈认同的学生会积极参加各种拉美文化活动，就会更加强化他们的群体身份。相反，对拉美裔身份认同较弱的学生，在说英语的环境中感受到了身份的威胁，会弱化自己与拉美裔身份之间的关系。[②]

学术界争论较多的是群体的相似还是差异会导致群体间和谐。有关族群的研究中，表现为同化主义和多元主义两种观点之争。同化主义者主张保存和强化种族的界限会导致分离主义及分裂，和谐社会是通过提高群体间的相似性获得的，即相似性吸引的假设。多元主义者则认为只有确保他们的文化身份，即只有在此种感觉下人们才会宽容地对待其他文化。个体群体间的差异是积极的群体关系的健康条件。其中，社会认同为多元主义提供了心理学的解释，认为当社会分类起作用时，自我的提升是通过达到或保持内群体优于外群体的感觉的方法实现的。群体行为的基本动机之一即是正面看待内群体。根据社会认同理论的解释，群体的界限不一定扎根于社会现实（即群体的相似性）。为了缓解对独特性的威胁的感觉，内群体会刻意与外群体保持距离。

如何理解这两种观点？霍恩斯（Matthew J. Hornsey）和豪格（Michael A. Hogg）认为，当两个群体间的关系不稳定，且处于竞争性的关系，一个群体的独特属性对于竞争至关重要时，在该属性上两个群体相似性程度越高，彼此就会越感到群体的身份受到威胁，群体间的关系就会越紧张。反之，当群体的独特性不受威胁时，群体间的相似性就会导致相互吸引。他们以昆士兰大学的人文和数学学科的学生作为分析样本，通过实验证明了如下的结果：高

---

①　Kay Deaux et al.,Ideologies of Diversity and Inequality:Predicting Collective Action in Groups Varying in Ethnicity and Immigrant Status,*Political Psychology*,Vol.27,No.1,2006,pp.123-146.

②　Kathleen A. Ethier & Kay Deaux,Negotiating Social Identity When Contexts Change:Maintaining Identification and Responding to Threat,*Journal of Personality and Social Psychology*,Vol.67,No.2,1994, pp.243-251.

层次的群体身份被唤起,同时保护亚群体的特性的情况下,群体间的相似性促进了相互吸引。[1]换言之,在处理族群关系时,强调共同的命运,强调相似性,归于一个更高层次的类别的同时,也要注意对族群本身独特性的维护。有学者探讨了互动和共同命运对减少偏见的影响,这主要是互动和共同命运导致了内外群体的重新归类,从而导致偏见的减少。[2]凯斯勒(Thomas Kessler)和马姆门迪(Amélie Mummendey)反对单纯主张在更高层次上重新归类会减少的观点。他们以东德与西德合并为例,德国的统一减少群体间的紧张,但重新归类导致群体内的冲突,即德国之下东德和西德以亚群体的形式冲突。[3]

现有的研究成果发现,对一个群体的认同对于社会运动的参与有影响,尤其是当对更加政治化的积极分子认同时,这种作用更加突出。西蒙(Bernd Simon)等以德国的老人协会灰豹组织,以及美国的男同性恋组织为样本,[4]邓肯(Lauren E. Duncan)和斯图尔特(Abigail J. Stewart)以四个女权运动为案例,[5]均得出了相似的结果,即对于政治化的集体认同,有助于个体参与运动。

对于一个群体的认同还会产生哪些结果呢?学者们研究发现,如果人们对领导的认同是以群体认同为基础的,领导的作用越受局限,这时对领导的感知是建立在群体领导的原型特征上,领导被原型特征所框定。[6]当然,领导在社会认同中的作用也不仅仅是被动的。赖谢尔(S. D. Reicher)提出了紧急时刻的规范理论(Emergent Normal Theory),论证了领导在社会认同中的关键作用。即人们面对面形成一个群体,同时面临着新奇或模糊的环境,对群

① Matthew J. Hornsey & Michael A. Hogg, Intergroup Similarity and Subgroup Relations: Some Implications for Assimilation, *Personality and Social Psychology Bulletin*, Vol.26 No.8, 2000, pp.948–958.

② Samuel L. Gaertner et al., Reducing Intergroup Bias: Elements of Intergroup Cooperation, *Journal of Personality and Social Psychology*, Vol.76, No.3, 1999, pp.388–402.

③ Thomas Kessler & Amélie Mummendey, Is There any Scapegoat Around? Determinants of Intergroup Conflicts at Different Categorization Levels, *Journal of Personality and Social Psychology*, Vol.81, No.6, 2001, pp.1090–1102.

④ Bernd Simon et al., Collective Identification and Social Movement Participant, *Journal of Personality and Social Psychology*, Vol.74, No.4, 1998, pp.646–658.

⑤ Lauren E. Duncan & Abigail J. Stewart, Personal Political Salience: The Role of Personality in Collective Identity and Action, *Political Psychology*, Vol.28, No.2, 2007, pp.143–164.

⑥ Michael A. Hogg et al., Identification and Leadership in Small Groups: Salience, Frame of Reference, and Leader Stereotypicality Effects on Leader Evaluations, *Journal of Personality and Social Psychology*, Vol.75, No.5, 1998, pp.1248–1263.

体如何定性？群体向何处去？这时，一个为群体定基调的人(keynoter)就非常重要了，他为群体成员创造一种合适的身份、制定规范，为群体的行为提供指导。当然，领导要想发挥作用，必须面向内群体成员，而且其行为与该群体认同的属性相一致，这样他提出的规范才能在群体中"传染"开来。①

社会认同与当时的环境密切相关，有学者考察了环境对社会认同的作用后发现，群体间的比较在竞争的环境下是突出的，而在合作的环境中会导致群体的同化。竞争激活对"差异"的关注，合作激活对"相似性"的关注。②有学者则考察了群体认同对环境的反作用。群体认同起到了"社会胶水"的作用，能够提高一个群体的凝聚力。当留在一个群体中对群体而不是对自己有益时，高认同者会愿意留在群体中。③在群体地位低、群体间关系不稳定的情况下，低地位的群体要依赖高地位的群体提供帮助，譬如生活在以色列的阿拉伯人，这时低地位群体中的高认同者会更少接受高地位群体的帮助。④

除此之外，有学者对社会认同的类型作了进一步的分析。布鲁尔(Marilynn B. Brewer)总结了社会认同的四张面孔，在此基础上提出了"认同政治学"。其一，个人基础上的社会认同。对社会认同的解释界定在个体的自我概念之内。社会认同是自我概念中被群体成员或社会类别的身份所影响的部分，以及群体成员身份所暗含的社会化经历。"我是哪类人？"或者"作为某个群体成员我是谁？"自我通过发展，即通过社会化和内在化获得，譬如性别、种族和文化等的认同。其二，关系性的社会认同。在社会中承担的角色，在与他人的关系中确定自我，在一个大的群体背景下界定人与人之间的关系。譬如家庭、职业和亲密关系(朋友和性伙伴)。角色的相互依赖，意味着个人的特征和行为依赖于他者的预期和反应。其三，群体基础上的社会认同。把自我看作与一个大的社会群体或社会单位，融为一个整体或能够相互交换的

---

① S. D. Reicher, The St. Pauls' riot: An Explanation of the Limits of Crowd Action in Terms of a Social Identity Model, *European Journal of Social Psychology*, Vol.14, 1984, pp.1–21.

② Diederik A. Stapel & Willem Koomen, Competition, Cooperation, and the Effects of Others on Me, *Journal of Personality and Social Psychology*, Vol.88, No.6, 2005, pp.1029–1038.

③ Mark Van Vugt & Claire M. Hart, Social Identity as Social Glue: The Origins of Group Loyalty, *Journal of Personality and Social Psychology*, Vol.86, No.4, 2004, pp.585–598.

④ Arie Nadler & Samer Halabi, Intergroup Helping as Status Relations: Effects of Status Stability, Identification, and Type of Help on Receptivity to High-Status Group's Help, *Journal of Personality and Social Psychology*, Vol.91, No.1, 2006, pp.97–110.

部分。这类似于特纳自我归类理论中所说的去个性,把自我与群体看作一个整体,个体和其他群体成员的界限消失,个体同化于群体中。其四,集体认同。集体认同不仅包括建立在共同的利益和经历基础上的共享的表征,也指群体所代表的形象的积极建构过程,以及希望被他者如何看待,代表了集体努力的成果,是社会认同和集体行动关键性的联结,称为"身份政治学"。①

(五)对社会认同理论的批评

也有学者对社会认同和自我归类提出批评。盖特纳等认为,两种理论都将群体间比较看作内群体心理形成的条件,实际上从自我的视角来看,当人们意识到自我与群体相关,就已经具备了形成内群体心理的条件,并不需要群体间的比较。②

也有学者认为社会认同理论对政治现象的解释乏力。达基特(John Duckitt)和穆飞英(Thobi Mphuthing)以 1994 年南非实现的首次民主选举为例,考察了社会认同理论(SIT)和现实冲突理论(RCT)的解释力。根据 RCT 的假设,选前对非洲白人的负面态度,在选后增加了认同。根据 SIT 的假设,选前高度认同将预测对非洲白人选后更加负面的态度,结果证明了 RCT 的假设。选后对白人更多正面态度。③莫斯卡连科(Sophia Moskalenko)等在以"9·11"为案例的考察中,也得出了类似的结论。他们对大学生进行了三波调查,第一波为 2001 年 3 月 20 日,第二波为 2001 年 9 月 15 日,第三波为 2003 年 3 月 24 日。根据社会认同理论,内群体高于外群体理解为维持或增加自尊。自尊受威胁之后,增加对高地位群体的认同。"9·11"事件可以理解为对国家荣耀和个人自尊的打击,"9·11"时自尊最低,据此,第一至第二波对高地位群体认同增加,至第三波减少。对大学、家庭和宗教的认同在第二波达到顶点,而不是对国家的认同。结果显示,只有"9·11"对大学认同的预

①　Marilynn B. Brewer, The Many Faces of Social Identity: Implications for Political Psychology, *Political Psychology*, Vol.22, No.1, 2001, pp.115-125.

②　Lowell Gaertner et al., Us Without Them: Evidence for an Intragroup Origin of Positive In-Group Regard, *Journal of Personality and Social Psychology*, Vol.90, No.3, 2006, pp.426-439.

③　John Duckitt & Thobi Mphuthing, Group Identification and Intergroup Attitudes: A Longitudinal Analysis in South Africa, *Journal of Personality and Social Psychology*, Vol.74, No.1, 1998, pp.80-85.

测获得了支持,其他几个方面均没有获得证据。①

对社会认同理论批评最多的是赫迪(Leonie Huddy)。一方面,她认为社会认同理论可以在政治学的一些领域得到应用,譬如内群体中的任人唯亲现象,群体间的冲突、群体规范的服从,低地位群体的集体行动等。但另一方面,社会认同理论对政治研究的影响相对较小。这是由社会认同理论本身的问题所造成的。首先,该理论过于强调群体间的行为,忽略了对认同的主观意义的探讨。她认为,对族群和国家认同的形成并不能够简单解释为一个群体称谓的突出性。如同研究爱国主义者所显示的,美国认同对所有美国人来说并不意味着是同一件事。社会认同的研究者忽略了认同的主观方面,过多关注群体边界的存在,却忽略它们的内在含义。其次,对族群认同的相关研究显示,强烈的认同被发现会影响国家的团结,导致不宽容和群体间的敌意。主观的群体成员认同在形成政治态度和行为方面至关重要。对外群体的反感,不仅仅是成员认同的问题,而在于内在化的主观身份对本群体有强烈认同。

这种发现对社会认同理论形成了以下挑战:其一,如何解释个体成员决定成为一个群体成员。社会认同理论只是简单地说群体间的环境导致人们的认同。其二,认同强度的等级,不是一个全或无(all-or-none)的现象。譬如对政党的认同,或者对意识形态的认同。其三,群体认同不是一成不变的。赫迪研究女权主义时发现,社会认同理论可以运用于政治,但并不认可身份不变的观点。妇女依赖于她们的感觉,把自己描绘为女权主义者。文化意义上确立的群体原型是认同稳定的重要来源。这种稳定性在不同的政治身份中都有所体现。为此,她提出未来的社会认同研究应该做好以下工作:其一,扩大社会认同研究的范围,研究现实世界中认同强度的变化。其二,更多了解认同形成和发展的相关过程。其三,研究个体的不同特征对其群体认同的影响。其四,理解群体认同的意义。②

作为社会认同理论的代表人物,奥克斯对赫迪的批评进行了反驳。他指

① Sophia Moskalenko,Clark McCauley,Paul Rozin,Group Identification under Conditions of Threat: College Students'Attachment to Country,Family,Ethnicity,Religion,and University before and after September 11,*Political Psychology*,Vol.27,No.1,2001,pp.77-97.

② Leonie Huddy,From Social to Political Identity:A Critical Examination of Social Identity Theory,*Political Psychology*,Vol.22,No.1,2001,pp.127-156;Leonie Huddy,Context and Meaning in Social Identity Theory:A Response to Oakes,*Political Psychology*,Vol.23,No.4,2002,pp.825-838.

出社会认同理论已经运用于政治学领域,并已经出版了大量的研究成果。这主要体现在以下领域:领导、民族主义和民族身份、说服和影响、共识的发展、集体行动和抗议、合作、印象形成、刻板印象、偏见、种族主义、公众舆论。针对赫迪所批评的认同理论忽略了主观方面,奥克斯引用了特纳的观点:社会归类仅有内群体喜好是不充分的,必须与群体的比较,以此看来并没有否定主观的层面,只是强调了比较的作用。奥克斯特意强调,社会认同理论是回到根本,应用于最小群体的范式,在匿名、群体内部没有互动和没有共同目标的情况下,也可能达到对群体的认同。针对赫迪批评认同是一成不变的观点,奥克斯指出认同理论是知觉者和现实互动的结果,群体认同的突出性既不是环境,也不是个体的特征,而在于两者的互动。[①]

THE STUDY OF
WESTERN POLITICAL
PSYCHOLOGY

西方政治
心理学研究

下

季乃礼 ◎ 著

天津出版传媒集团

天津人民出版社

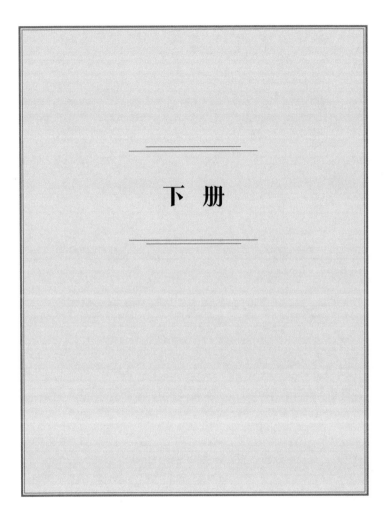

下 册

第八章
领导心理

一、领导心理学释义

研究领导心理学,首先要知道什么是领导,确切地说,要知道什么是政治领导。赫尔曼(M.G.Hermann)指出,政治领导是在一个政治单位内,有权支配资源、影响目标并影响政策者,这些个体可以通过选举、革命或暗杀上台,分布在各级政府中。[①]

政治领导作为政治系统的领导人,具有以下三个特征:其一,扮演重要的政治角色。政治领导处于政治系统的核心地位,是系统的首脑。对外则是系统的最高代表,他的一言一行不但对本系统有所影响,也影响着系统之外的人对本系统的评价。其二,系统的整合者。一个政治系统能够保持稳定,在很大程度上取决于领导个人的领导艺术,以及领导所提出的群体成员奋斗的目标。政治领导是政治系统运作的主要动力,是政治系统完整的粘合剂,是一个系统稳定与否、发展与否、兴盛与否的关键人物。勒庞这样来形容政治领导:"他的意志是群体形成并取得一致的核心,他是各色人等形成组织的第一要素,他为我们组成派别铺平了道路。一群人就像温顺的羊群,没有了头羊就会不知所措。"[②]其三,权力的拥有者。群体成员能否追随领导去实

---

① M. G. Hermann &T. W. Milburn eds., *A Psychological Examination of Political Leaders*, Free Press, 1997, p.2.

② [法]古斯塔夫·勒庞:《乌合之众——大众心理研究》,冯克立译,中央编译出版社,2000年,第97页。

现一个目标,在很大程度上取决于领导人拥有权力,能够强迫群体成员按照领袖的设想去做。这些权力包括决策权、发布命令权、任免权、奖惩权,等等。其四,众所认同和众望所归者。群体能够听从领导人的领导,不仅在于权力的强制,而且在于心底的服从。要做到此,领导必须是群体所共同承认的。领导能够得到群体的认同,主要在于权力的合法性,经过大家公认的程序所选举出来的领导人自然会得到大家的认同。而众望所归则是对领导的一个更高层次的要求,它要求领导在群体中拥有一定的名望,为群体所拥戴。只有这样,群体才能和领导同甘共苦,共同完成政治系统的目标。

领导心理学主要探讨领导的个体心理特征是如何形成的,这些特征如何影响其成为政治领导,以及对他的政治行为有什么影响。领导的心理特征包含许多方面,譬如领导的人格特征,包括领导的动机、领导的认知模式等。领导心理学属于微观政治学的范畴,政治心理学的一个重要组成部分。

政治领导心理与许多人所接触的领导心理学有着明显的不同。首先,领导心理学研究的领导者泛指一个组织的领导人,而政治领导心理则仅限于政治领域的领导人。其次,政治领域的特征决定了与其他组织领导的心理特征的差别。目前所流行的领导心理学主要指经济领域的领导,也就是公司企业的领导。其实这两种类型的领导因目标不同而有着严格的区别。公司的主要目标是赢利,评判一个公司成功的标志在于赢利的数据。对一个公司的领导来说,成就动机是一个领导能否成功的主要动机。而政治领域的目标在于平衡各种利益,推进社会进步,维护社会正义,在这种情况下成就动机的作用被弱化了,只有把权力动机和成就动机结合的领导才能够成功。

二、领导心理的研究方法

领导心理的研究,作为政治心理的研究领域,虽然研究方法与其他政治心理的研究方法有共同之处,譬如运用问卷调查法、访谈法,以及文献研究中注重文学资料的吸收等。但领导心理研究也有自己的独特之处:以远距离的考察为主。与对一般人的心理考察相比,对领导的心理学研究有着一定的困难。许多领导者因为在少年和青年时期还没有成名,社会对他的关注较少,因此可供参考的资料较少。而他成名之后,由于他的特殊身份和地位,学者们很难接近他们,尤其是那些身居高位的领导者。即使在与领导接触之后,有些领导出于自己的前途考虑,会刻意地保持某种形象。这就是所谓的

"印象管理"，也就是根据不同的观众，领导会适当调整自己的言行，给他们留下不同的印象。因此，对于政治领导人的研究，大多数学者采用的是远距离的方法，譬如文献分析的方法。也有尝试直接接触的研究方法，如上所说的问卷调查法、访谈法等，但这些方法与文献方法相比，并不是主流。而政治心理学中另外一个主要研究方法实验法也很少运用。

（一）文献分析法

利用文献材料对领导心理进行分析是领导心理学中最常用的研究方法。文献研究方法是一种从文字、数字、符号、图画等信息形式所载的文献材料中，分析和探讨政治过程和心理过程互动的研究方法。文献研究方法所面对的是书面资料和电子影像资料，研究者个人并不介入、接触和影响研究对象。利用文献进行研究时，追求的首先是文献的客观、真实，这是研究领导心理学的基础。如果对所研究的文献的真伪没有辨别清楚，建立在文献基础上的一切结论都会受到质疑。以下对利用文献分析领导心理时应该注意的一些问题作论述。

1.对文学性资料的吸收

与文献分析的传统方法一样，领导心理学注重分析领导的言论，以及相应的行为。譬如领导决策过程中的各种会议记录、代表政府公开发表的演说，以及所写的各种政论性的文章等。但不同的是，领导心理分析特别重视各种观察性的资料。这包括两方面：

第一种是领导自我观察的资料。指领导对自己的描述。譬如书信、日记和自己写的传记，等等。美国的许多总统，以及英国的首相在卸任之后，多有写传记的习惯，这成为我们研究领导心理的最好资料。

第二种是知情者的观察。这里的知情者就是熟知领导的人，包括同事、办公室人员、记者、实习生及一直做跟踪研究的学者等。通过领导身边人的描述，也能够更好地把握领导的心理。

当然，还有传统分析中经常忽略的资料，这就是应该注重对一些文学性的材料的吸收。包括领导自己作的诗歌、小说等。举例来说，经过几十年，后人在研究当时的领导人的心态时，如果仅仅从各种政府工作报告及各种历史事件中去探寻他们的心态，那么写出来的东西肯定是四不像，无法揭示他们本性的东西。因为无论是各种工作报告还是各种历史事件，人们的许多行为都受着当时规则的约束,他们的言行都是经过社会规则过滤后的产物。而从那些文学性的材料尤其是一些流行的诗歌、小说,更能够探知人们的心理。因为这些材料的许多表现手法是象征性的、隐喻式的,容易突破传统的一些束缚,容易表达出作者的自然情感。

2.录音录像资料中副语言和非言语行为的分析

录音影像资料的运用和解读也是研究领导心理的一个重要的资料来源。由以上分析可以看出,对文学性的资料的利用实际上是对材料"增"的问题,补充了传统分析所容易忽略的资料。对影像资料的运用也存在一个"增"的问题。

一般来说,我们可以按照语言将人们的行为划分为有言语的行为和非言语的行为。有言语的行为又可分为语言和副语言两种。语言指人们通过言语表达的交流信息符号,譬如演讲、辩论等。而副语言指在说话的过程中所附带的行为。而非言语行为单纯地指行为本身。副语言和非言语行为之间的一个重要的区别是通过"听"即能感觉出来,而非言语行为必须通过"看"才能有所体会。传统的纸质文件只能记录语言的资料,因此只能阅读出领导心理的部分内容,但不是完整的。譬如,针对领导口是心非的现象如何解读,非语言和副语言分析技术可以实现这一点,它们能够分析无法接近的研究对象,深入很少考察到的环境。录音录像资料的出现为我们研究非语言和副语言现象提供了很好的素材。录音资料可以使我们不但研究语言现象,也可以研究副语言现象,但无法分析非言语的行为。录像资料则可以使我们对这三者的研究成为可能。简言之,录音录像资料的"增加"体现在对副语言行为和非言语行为的运用上。

对这一方面进行较深入研究的代表人物当属弗兰克(Robert S. Frank)。通过观看1972年在加利福尼亚州麦戈文(McGovern)和汉弗莱(Humphrey)的总统初选的电视辩论会,弗兰克对他们的副语言行为和非言语行为进行了分析。副语言行为包括发言停顿和"非直接所指称对象频率"。这两者的出现频率越高,越显示他们内心的紧张、尴尬。其中后者比前者所表达的肯定的情感更多一些。非言语行为包括眨眼、剧烈的肢体运动和点头。三者的频率越高,表示越紧张,其中点头所显示的紧张程度最强烈。通过对两位总统竞选人的分析,弗兰克发现,麦戈文在攻击汉弗莱时、在税制改革上更焦虑,但在福利问题上出人意料。而汉弗莱为自己辩护时更焦虑,但在处理中东问题、军费问题上紧张程度低。[①]

3.语言表达方式的分析

从语言本身也能够发现更多的信息。传统的文献分析过于关注领导所说，而忽略了怎样说。可以说，对领导语言表达方式的分析也是资料"增"的问题。对语言表达方式的分析主要是指领导发表一些言论时，对一些词的特殊用法。这些词多是副词、代词、介词、助词，表达同样一句话，由于这些词在句子中使用的频率不同，会表现出不同的情感。

温特劳布（Walter Weintraub）对此作了较为详细的论述。限定词（qualifiers），包括不确定的表达，不加额外信息的情况下对陈述句的削弱，模糊或松散的陈述的句子。常用的词如 think，kind of，might 等。当某个领导使用限定词时，说明领导犹豫不决或缺少承诺、焦虑的增加。转折词（retractor）指相反的表达，弱化或与以前说过的相反。常用 but，nevertheless，and however。许多领导者运用这些词表示表面的同意，尼克松即是如此。一些代词的不同用法也代表着不同的心理特征。I 代表自己，We 代表一个团体如党派、民族或国家等。国王或一些独断性的领导经常用"We"，而美国的政治家很少使用此词，约翰逊总统是个例外。相反，苏联的领导人很少使用"I"，戈尔巴乔夫是这方面的代表特例。Me 代表消极的心理，以克林顿运用较多。程度副词（如very，really，so，such）的运用产生了强烈的效果，很少被运用则反映了领导的呆板和冷漠。运用这些词较多的是总统艾森豪威尔。[②]

4.幽灵作者的问题

前面所探讨的文献分析的"增"的问题，下面所探讨的则是"减"的问题，通过对文献的分析，确定哪些资料需要删除。首先要解决的问题就是幽灵作者（ghostwriter）的问题。幽灵作者所写的文章能否作为分析领导心理的依据？幽灵作者的问题多发生在领导代表政府所发表的言论。这些言论发表之前

---

① Robert S. Frank, Nonverbal and Paralinguistic Analysis of Political Behavior:The First McGovern-Humphrey California Primary Debate, M. G. Hermann, T. W. Milburn eds., *A Psychological Examination of Political Leaders*, Free Press, 1977, pp.62–79.

② See Walter Weintraub. Verbal Behavior and Personality Assessment. In Jerrold M. Post, MD ed., *The Psychological Assessment of Political Leaders:With Profiles of Saddam Hussein and Bill Clinton*, The University of Michigan Press, 2003, pp.144–146.

要经过写作班子反复推敲最终成稿,这些具体写作者被称作幽灵作者,最终签名认可允许发布的是领导,这时的领导被称作文书作者。据此,领导的发言也可被称为有准备的发言和自然的发言。领导的发言稿就是有准备的发言,自然的发言包括日记,个人间的讨论和与顾问的私人会议。

关于此方面,有两种争论:一种认为可以作为分析的依据。温特(Winter)和斯图尔特(Stewart)对 1905—1974 年总统的就职演说的三种动机进行分析。[①]所依据的就是幽灵作者所写的文章。但为什么采用幽灵作者所写的文章呢?两位学者并没有作过多解释。特梅斯(Felix J. Thoemmes)和康维Ⅲ(Lucian G. Conway Ⅲ)对 41 位总统的认知复杂性进行考察时,对此做出了解释,他们认为幽灵作者基本了解领导的所思所想,而且领导对发言稿有最终的发言权。幽灵作者对总统的认知复杂性有所影响,但总体的趋势影响不大。[②]席夫(Mark Schafer)也认为执笔者代表领导的行为倾向,领导发言本身反映了他认同幽灵作者所写,代表了他的态度和信仰。[③]

第二种对此持否定的态度。赫尔曼主张运用自然的发言,譬如有关领导在国会的辩论、记者招待会的发言作为分析的依据。[④]迪尔(Brian Dillec)对里根和老布什两位总统有关美苏关系的即兴发言和有准备的发言的探讨,结果发现如果领导介入有准备的发言时,把自己的信息放入其中,这种心理的变量与采访时的即兴发言一样。相反,如果领导没有介入,则差别比较大。在操作码方面:里根的发言在哲学方面没有区别,但在工具性方面有明显的变化。里根发言的写作者充分领会了他的哲学倾向,但在工具内容方法方面则更多反映作者本身。布什的发言在哲学和工具性方面都有所差别,作者无法领会他的哲学倾向。在认知复杂性方面,布什很少随环境而变化,里根则相反。这种区别在于布什介入美苏关系的政策制定,在发言和访谈时没有区

---

① David G. Winter & Abigail J. Stewart, Content Analysis as a Technique for Assessing Political Leaders, In M. G. Hermann & T. W. Milburn eds., *A Psychological Examination of Political Leaders*, Free Press, 1977, pp.44–61.

② Felix J. Thoemmes & Lucian Gideon Conway Ⅲ, Integrative Complexity of 41 U.S. Presidents, *Political Psychology*, Vol.28, No.2, 2007, pp.219–220.

③ Mark Schafer, Issues in Assessing Psychological Characteristics at a Distance: An Introduction to the Symposium, *Political Psychology*, Vol.21, No.3, 2000, pp.515–516.

④ Margaret G.Hermann, Some Personal Characteristics Related to Foreign Aid Voting of Congressmen, *A Psychological Examination of Political Leaders*, Free Press, 1977, p.313.

别,里根正相反。最终,尽管作者并不反对学者们使用幽灵作者所写的材料,但提醒要谨慎地运用公开的发言。[①]

面对这两种观点,我们究竟采取哪一种态度? 从上面的分析可以看出,产生争论的原因不外乎两点:一是观察领导心理的角度不同。有的作者从认知复杂性的角度,有的从动机的角度,而有的则从操作码的角度,角度的不同有可能导致材料取舍的差异。二是有无分析、鉴别的过程。有的作者在运用材料时没有注意到两者的区别,有的尽管注意到区别,但并没有加以论证。因此,当我们面临这样的问题时,如果领导自然的发言的材料充足时,尽量运用自然的材料。这样可以很轻易地避免上述争论。如果自然的材料不足,也可以运用幽灵作者所写的材料,但要小心、谨慎,作为分析材料之前必须经过分析、鉴别。

5.公开和私密的材料的区分

公开和私密的材料的区分也涉及文献分析中"减"的问题。前者包括记者招待会、访问,正规的发言。后者包括日记、个人间的讨论和与顾问的私人会议。前者发言受限于自己的地位,可能代表政府的形象,因此领导要刻意对民众保持某种印象。而私下的交往中的发言可能更多的是自己真实意思的表达,更能充分表达自己的观点。

马夫力特(B. G. Marfleet)研究肯尼迪在古巴导弹危机中的表现时发现,肯尼迪表面对苏联强硬,私下却愿意协商解决,包括从土耳其撤军。[②]

希格曼(Lee Sigelman)比较了里根未成为总统时 235 段收音机中的评论和成为总统后 299 段收音机发言。发现两者虽没有本质的区别,但也存在一些差别。无论谁起草了里根的发言,都比以前积极和肯定。所有的作者都使他看起来比以前要积极和肯定,尽管有程度的差异。可能里根成为总统之后,对政策是提倡而不是批评。赞扬的增加与批评的减少是身份、地位变化的结果。最后作者提醒学者在运用领导的发言研究领导人格时要小心。[③]

① Brian Dille,The Prepared and Spontaneous Remarks of Presidents Reagan and Bush:A Validity Comparison for At-a-Distance Measurements,*Political Psychology*,Vol.21,No.3,2000,pp.573-585.

② B. Gregory Marfleet. The Operational Code of John F. Kennedy during the Cuban Missile Crisis:A Comparison of Public and Private Rhetoric,*Political Psychology*,Vol.21,No.3,2000,pp.545-558.

③ Lee Sigelman,Two Reagans? Genre Imperatives,Ghostwriters,and Presidential Personality Profiling,*Political Psychology*,Vol.23,No.4,2002,pp.839-851.

对公开和私密材料的区分，以及前文所讲的对幽灵作者和领导本人所写文章的划分，应该把握一个原则：在领导自己所写的文章及秘密的材料充足时，应首先考虑这些材料。可以说，随着有关领导信息越来越多，这方面材料也越来越丰富。当然，如果材料不足，应对幽灵作者和公开的材料进行鉴别，这些材料要经过分析、鉴别之后才可以运用。

文献是研究领导心理学的基础，如果对领导研究的相关材料把握不清楚，那么研究的结论必然成问题。通过对文献的分析、鉴别，资料的增减，研究者可以更好地把握史料，还原领导的真实心理。

（二）问卷调查法

问卷调查法是以问卷表格的形式向被调查者搜集相关资料的一种研究方法。与访谈法相比，问卷调查的优点是能够在较短时间内调查更多的对象，从而获得更多更全面的信息。对于政治领导人的研究来说，问卷调查方法是比较困难的一种。一是由于他们特殊的身份和地位，不愿意成为被调查的对象。二是他们的时间和精力有限，没有过多的时间接受问卷调查。因此，可以采取以下方式进行问卷调查。

一是可以采取寄信的形式，把问卷寄给相关的研究对象。这种方法的好处是可以同时寄给相当数量的领导，问题是获得问卷的成功率较小。1993 年和 1994 年，鲍伯·埃特米耶向美国和加拿大一些州和省的议员寄去 RWA（右翼威权主义）量表，对他们的右翼威权主义倾向进行调查，结果发现在加拿大政党中，保守党人在 RWA 量表中的得分最高，其次是自由党人，最后是新民主党人。而在美国，保守党人在 RWA 量表中的得分比民主党人高。[①]

二是直接与领导接触，进行问卷调查。1969 年，罗伯特·C.齐莱（Rocbert C. Ziller）在对俄勒冈州 91 名候选人当选和落选的情况作调查的过程中运用了自我-他者量表和复杂性量表。结果发现，18 名高自尊-高复杂性的人只有28%当选，32 名高自尊-低复杂性的人有 69%当选，25 名低自尊-低复杂性的人有 56%当选，而 16 名低自尊-高复杂性的人有 88%当选。由此，齐莱认为，高自尊-高复杂性的人因当选的成功率低，不适合参与政治。[②]

---

① Bob Altemeyer. *The Authoritarian Specter*, Harvard University Press, 1996, pp.263, 294–295.

② Robert C. Ziller, et. al., Self–Other Orientations and Political Behavior, M. G. Hermann, T. W. Milburn eds., *A Psychological Examination of Political Leaders*, Free Press, 1977, pp.180–186.

戈登·J. 迪伦佐(Gordon J. Direnzo)对以上两种方法进行了综合。采用教条主义量表对意大利的议员和美国印第安纳州的议员进行了问卷调查,对于前者采取访谈的形式,在访谈的过程中把问卷中所要问的问题自然地揉进去。而对于美国的领导采取了邮寄问卷的形式。经过对比研究,他发现意大利的议员受意识形态的影响,由极右到极左呈现明显的差异,而美国的议员则不受此影响。[①]

就目前接触的资料来看,这些采取问卷调查的学者之所以能够成功,在于对象的选取。一是这些研究中,没有一个是把各个国家和地区的行政长官作为研究对象的。选取的对象基本都是各国和地方的议员,人数众多,其中自然有愿意选择合作的。二是问卷调查的形式大多比较简单。迪伦佐采用的教条主义量表和埃特米耶采用的 RWA(右翼威权主义)量表,都是对过去的F(法西斯)量表的极大简化,从而节省了被调查对象大量的时间和精力。三是所问问题和采取的方式比较委婉。这些量表经过不断修订已经比较成熟,所问问题比较委婉,不会引起被调查者的反感,而且采取的方式比较委婉,譬如采取邮寄的方式,不与被调查者直接接触,或者在访谈过程中把问题提出等,更重要的是在调查时采用匿名的形式,不会对被调查者的仕途产生影响。

(三)访谈法

访谈法是对研究对象相关的人进行谈话,从中收集相关信息的方法。这种方法的优点是收集信息的可信度较高。访谈法能够直面被采访的对象,清楚地观察对方的反应,从对方的不同反应中能够探知对方真实的心理。有些问题的回答可能是肯定的,但是被访者的表情却是否定的。而访谈法可以分析这种矛盾,从而得出较为可靠的信息。访谈法的另一个优点是灵活性,访谈者在与被访谈对象进行谈话时,会根据对方的反应调整自己所问问题的方式、内容,从而能够获得较多的、较可信的信息。

访谈方法可以分为研究者的访谈和已经获得的访谈。研究者的访谈也是直接接触领导心理的一种研究方法。研究者具有自己的研究计划,同时与研究的对象有着良好的关系,直接与对象进行深入的交谈。1983 年,菲利浦·E.泰特洛克(Philip E.Tetlock)在对美国的议员进行访谈时发现,极端的、保守

① Gordon J. Direnzo,Politicians and Personality:A Cross-Cultural Perspective,In T. W. Milburn eds.,*A Psychological Examination of Political Leaders*,Free Press,1977,p.157.

的议员比温和的、自由的议员都更少整合认知结构。1984年,他又对英国下院的89名议员进行了访谈,所访谈的议员包括极端社会主义者(赞成所有的商业和企业国家化)、温和的社会主义者(赞成国家有限地对经济的控制)、温和的保守主义者(赞成有限的企业私有化)、极端保守主义者(反对政府对经济的任何干预)。通过对访谈的结果进行数据分析,他发现温和的社会主义者最具有整合的认知模式,其次是温和的保守主义者,最后是极端的保守主义者和极端的社会主义者。①

已经获得的访谈(或已经记录好的访谈),指研究者并不与访谈者直接接触,譬如记者招待会、候选人的辩论会等,研究者将他人的访谈资料作为研究的依据。弗兰克通过1972年麦戈文和汉弗莱在加州的总统初选的辩论会分析他们的紧张程度。②

与问卷调查法一样,访谈法之所以能够成功,也在于访谈的对象主要不是行政长官,而是议员,由于议员人数众多,不容易暴露自己的身份,访谈的结论对于他们的职业生涯影响不大,因此他们容易合作。

(四)观察法

观察法指研究者以观察者的角度对人们的活动进行记录的方法。具体到对领导的心理研究,可以分为以下四种观察方法:

一是自我观察。这种方法指领导对于自己的描述。包括书信、日记和自己写的传记,等等。如毛泽东自述、蒋介石日记。美国的许多总统,以及英国的首相在卸任之后,多有写传记的习惯,这成为我们研究领导心理的最好资料。

二是知情者(informants)的观察。这里的知情者指熟知领导的人,包括同事、办公室人员、记者、实习生及一直作跟踪研究的学者等。拉尔夫·M.斯托格第(Ralph M. Stogdill)等给美国参议员寄去两份领导行为描述调查表(LB-DQ),请求他们送给两位熟知的人。托马斯·W.米尔伯恩(Thomas W. Milburn)也是运用知情观察法,只不过这里的知情人换成了对政治家熟知的政

---

① Philip E. Tetlock, Cognitive Style and Political Belief System in the British House of Commons, *Journal of Personality and Social Psychology*, Vol.46, No.2, 1984, pp.366, 368, 371-372.

② Robert S. Frank, Nonverbal and Paralinguistic Analysis of Political Behavior: The First McGovern-Humphrey California Primary Debate, In M. G. Hermann, T. W. Milburn eds., *A Psychological Examination of Political Leaders*, Free Press, 1977, pp.64-79.

治学者。两者均采用 Q 类型分析法,要求知情人在描绘领导的特征时,选择一系列描述性的陈述, 从最可能具有到最少可能的特征。[①]埃里克森(Erikson)在写作甘地的传记时,到印度甘地生活和工作过的地方,对与甘地有过亲密接触的人进行了访谈,收集的资料作为研究甘地的重要史料来源。

三是参与观察。这种方法指观察者本身作为一个参与者介入整个政治过程中。约翰·D.加特纳(John D. Gartner)在研究克林顿的心理时,把自己的研究方法归纳为心理–新闻报道的方法(psycho–journalism),与新闻记者一样,2007 年作为克林顿的随从,跟随克林顿到非洲去考察克林顿基金会在非洲的实施情况,对克林顿的行为进行观察。但与新闻记者不同的是,他观察克林顿的视角是心理的。[②]

四是田野观察(field observation)。田野观察指一些人类学家在考察某个古老的部落时,通过深入该部落,对部落中的一切活动进行长期的观察。这里指观察者不是作为一个参与者, 而是作为记录者出现, 观察自然的环境(立法院、记者招待会、党内会议中)的领导。

(五)模仿法

实验的方法是政治心理学中常用的一种方法, 实验法也叫有控制的实验法。在应用这种方法时,一定的因素(自变量)系统的改变或受到系统的控制,从而能确定这种变量是否影响到另一种因素(因变量)。实验的方法在领导心理学中更多的是一种模仿的方法,即参与实验的是一般的人员,他们在实验中想象自己处于领导的地位,将自己置于领导的环境中,然后看此时人员的反应,从而得出领导心理的一些结论。

模仿是对过程和结果的模仿,其目的是分清或解释暗含的机制。这种模仿分为计算机模仿、人与人之间的模仿和人与机器之间的模仿。威曼·J.格罗(Wayman J. Grow)和罗伯特·C.诺依尔(Robert C. Noel)设计了安格纽演习(The Algonian Exercise)项目,1124 名被试者通过问卷确定了三种态度的维度:军事主义、民族主义和冒险的偏好。每次演习包括 4 小时会议,16 名参与

① Ralph M. Stogdill, et al., The Leader Behavior of United States Senators: An Example of the Use of Informants, In M. G. Hermann, T. W. Milburn eds., *A Psychological Examination of Political Leaders*, Free Press, 1977, p.122; Thomas W. Milburn, The Q–Sort and the Study of Political Personality, In M. G. Hermann &T. W. Milburn eds., *A Psychological Examination of Political Leaders*, Free Press, 1977, pp.131–146.

② John D. Gartner, *In Search of Bill Clinton*, St. Martin's Press, 2008, pp.10–11.

者,每4人为一组,共24轮演习,384名参与者。作为安格纽的长官,参与者在提供的11种选择中做出决定。实验量表测量三种不同的特质:攻击性的军事主义与非好战者,冒险偏好与保守,威权主义民族主义和平等国际主义。实验分为三组,每次实验都有一个人格变量、条件变量和个体、群体层次作决定。条件变量有三方面:对手挑衅的层次、战争获胜的可能性、对手的动机。该实验虚拟地描述了6个国家。经过这样的实验过程,他们发现威权主义者对他国持怀疑的态度,敌视对方,欺侮弱小国家,很少与其他国家合作。委员会制会阻止领导者的创造性决策,但同时也防止了更大的风险,分散了责任。偏好冒险的领导,或者专断的领导更容易发动军事行动。军事行动的发动也与对手的行动有关,譬如面对一个高度扩张的对手,容易发生军事冲动;而面对毫无扩张之意的对手,则容易和平相处。在多次演习中作者还发现,获胜的概率对决策并没有产生实质性的影响。①

实验方法在整个政治心理学的研究中是经常运用的一种方法,但是在领导心理的研究中却很少使用,其主要原因在于很难招募一批领导作为被试。而模仿的方法是通过角色扮演的方式来探知领导者的心理,也存在一定的问题,即得出的结论如何从实验的环境移植到现实的环境中。这些被试毕竟只是普通人,尽管被设想为领导者,但他们的心理反应与真实的领导相比还是有些出入。

在上述诸方法中,文献分析、观察法和模仿法皆属于远距离的考察方法,而远距离的研究方法是研究领导心理的主流,其中又以文献分析为主。

最后,需要指出的是定性和定量的方法的运用的问题。定性分析是对搜集到的资料进行整理,进而对某个或某类现象的性质和特征做出概括的一种分析方法。定性分析有两个层次:一是依靠逻辑推理和部分的事实论证进行定性分析,这种分析的结论往往具有概括性的和较为强烈的思辨色彩。二是建立在定量分析的基础之上的定性研究。它是依靠对所搜集到的资料进行量化处理,然后根据这些数据进行判断分析。与前者相比,它的客观性增加,说服力更强。一般来说,文献分析、访谈法、观察法均采用定性分析。

定量分析是对收集到的资料进行量化处理的一种分析方法。一般来说,

① Wayman J. Grow & Robert C. Noel, An Experiment in Simulated Historical Decision Making, In M. G. Hermann & T. W. Milburn eds., *A Psychological Examination of Political Leaders*, Free Press, 1977, pp. 386–400.

实验方法和问卷调查方法都可以进行量化分析。在领导的心理研究中,在对文献分析的过程中, 也大量采用了定量分析的方法。譬如学者在对政治动机、操作码、整合复杂性的研究中,大量对语言内容进行量表分析。近年来,随着计算机的广泛运用,学者们开始利用计算机的软件进行数据分析,使得定量分析更加规范。在对情感的研究中,有学者利用计算机对领导在电视中演讲时的面部表情进行了卓有成效的分析。

三、领导的政治人格

詹姆士·戴维·巴伯(James David Barber)(1930 年 7 月—2004 年 9 月),创立了一套理论,对政治人物进行人格的分析,代表作有《立法者》(1965)、《总统的性格》(1972,1977)。

(一)对立法者的研究

巴伯认为, 一个潜在的竞选者会在他是否决定去竞选公职时问自己三个如下的问题:其一,我想不想(动机);其二,我做不做得到(资源);其三,他们会不会选我(机会)。

第一个问题,关心的是什么样的选择对他而言是有吸引力的。这并不仅是一个要去付诸行动的决定,还是一种渴望,正是这种渴望促使他做这样的选择——成为一名政治候选人,去发挥他的时间和能量。要回答这一问题,我们应知道一些有关职位的信息,即寻求某一职位,能从中得到什么,其中能够持续地得到什么最为重要。一般来说,竞选者会有两种追求,一种类型是权力,个人的需要通过政治参与得到满足;另一种类型是兴趣,指个人情感对政治的偏好。第二个问题,反映的是候选人能够得到所求职位的资源问题。专业技术、演讲能力是两个重要的方面。这个问题就涉及时间、精力、金钱、大量的户外工作等。第三个问题,“他们会不会选我?”这涉及不同的语境,“他们”在一些选区可能指的是一个小的党派的领袖;在其他的没有重要政治组织的选区,可能指的是大多数民众,或者仅仅是自己的几个朋友。不管怎么说,一个政党会寻找那些有资格有能力的人,而不是选取技巧高超的人。一个候选人被选上的原因可能是他掌握的大量选票能给他所在的政党带来声望。巴伯认为,我们在研究一个潜在竞选者参与竞选时应该关注他对这三个方面的思考,也就是动机、资源还有机会,这三者是潜在的候选人参与竞选和当选要考虑的问题。这三个方面缺少任何一个，候选人将不会当选。当然作为当选者上任后的行为——主动还是被动，就要考察他的动机了,权力和情感的交织为他任期内的行为作了合理的解释。①

巴伯按照"积极——消极"参与议会会议和"愿意——不愿意"再一次竞选议员两条线索,把立法者分为四种类型:旁观者(Spectator)、广而告之者(Advertiser)、非情非愿者(Reluctant)和立法者(Lawmaker)。具体如下图所示:

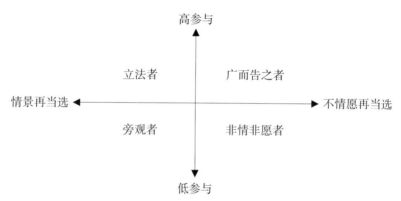

（图 8-1　根据 J.D.Barber,*The Lawmakers:Recruitment and Adaptation to Legislative Life*,Yale University Press,1965,p.20.制作）

图 8-1　立法者分类标准

旁观者,感觉上像听众,他们很积极出席议会会议,不过很少参与立法讨论,绝大多数时候他们都是在听别人在辩论。此种类型的人没有政治抱负、缺少自信,他们大多来自偏远的小城镇,政治参与对他们而言是克服自卑感,提高社会地位的方式。在会期讨论时,他们要么服从了一方,要么追随一方。总之,此类议员没有自己的政治见解,却往往是各方争取的对象,听到的多是赞扬之声,因此尽管工作不积极,但身心愉悦。他们对立法的贡献是很少打扰立法,但也很少对立法有帮助。全部是这种人是灾难,但没有这种人将陷入无休止的争执。

广而告之者,积极参与立法讨论,但是他们对成为议员没有兴趣,因为担任议员没有给他们带来好处。他们大多来自新兴的城镇,有很强的政治抱

---

①　J.D.Barber,*The Lawmakers:Recruitment and Adaptation to Legislative Life*,Yale University Press,1965,p.10.

负,不过政治参与对他们而言不但没有实现他们的抱负,反而使他们的抱负受挫。他们参选的目的是为了结识很多人、提高他们的知名度。在进行议会讨论时,他们积极参与,但很少公开的对抗、激烈的抨击。

非情非愿者,对任职和提名都不感兴趣。他们对政治没有一点抱负,之所以参选,是因为他们所在的选区没有竞争者,选民就这么把他们选出来了。或是因为他们已经退休,子女忙于工作,他们太孤独了。他们对政治的应对方式是:逐步撤退,把自己与政治人区分开来。他们在议会中通常保持沉默,对立法有适度的贡献,对游戏规则有一定保证作用,他们诚实,对自己的观念极其信奉。

立法者,在参选和出席议会讨论时都很积极,全身心地投入立法中。他们多出自父母对政治都感兴趣的家庭,曾经在党政部门工作,积累了丰富的政治经验;有政治抱负,对政治感兴趣,认为参与政治是对自己的奖励;重视成绩,在议会讨论中,他们经常有制定决策的冲动;他们贡献巨大,是制定和通过立法的最主要力量。

巴伯认为,我们应该选举立法者那样的人来担任议员。立法者的核心特征是:自信、能更新认识、有成绩、乐于分享。他发现立法者的五条标准为:积极、有持久性、对政治感兴趣、有较好的职业环境、自信,并以此来确定选民选举州议会议员的标准。

为了更简单地总结四种类型各自的特点,见表8-1:

表8-1 立法者类型特点

立法者的类型	动机	机遇	行为表现
旁观者	没有政治的野心和抱负,被议员的政治地位所吸引,政治中的乐趣是被欣赏、尊重和爱。成为议员是希望能获得声望,受到杰出人物的赞扬。	来自小城镇,当选是因为小城镇竞争者少,没人想和他竞争这一职位。	参加会议但很少参与讨论,立法对他而言好像是别人的事,立法时要么追随,要么服从别人的意见。
广而告之者	有一定的政治抱负,不过他们参与政治的目的不是为了成就,而是为了发泄他们对按部就班的职业的不满,期	来自于新兴的地区,有才能,在某些非重要的政府部门任职,依靠与特殊集团的关系当选。	以忧虑、内疚和挫折的心理应对立法,与旁观者一样,心都不在立法工作上。

立法者的类型	动机	机遇	行为表现
	望从政治参与中结识更多的人,提高自己的知名度。		
非情非愿者	对政治基本上毫无动机可言,参与政治只是因为被选上了。	来源于农村那种很少竞争的地区。或者已经退休了。	在议会中表现为逐步撤退。让自己从政治生活中撤退下来,使得自己与政治人区分开来。在议会里绝对保持沉默。
立法者	对政治有浓厚的兴趣。有政治抱负,希望通过政治参与获得成就。	当地政党领导选择他们的原因在于才能,希望通过他们的表现获得选民的支持。	在议会会议里制定政策的冲动很大,把自己大多数的精力放在了制定和通过立法上。

根据 J.D.Barber,*The Lawmakers:Recruitment and Adaptation to Legislative Life*,Yale University Press,1965 制作。

(二)总统的性格分析

此后,巴伯将主要精力放在对总统性格的分析上,研究的模式基本延续了立法者的研究方法,并最终奠定了他在总统性格分析中的地位,在研究美国总统的所有著作中,巴伯的《总统的性格》是推荐之书。

何为性格?巴伯将其定义为总统长期以来形成的对待生活的方式。总的来说,巴伯的性格分析理论包括四个方面:第一,总统的性格可以分为四种类型。第二,总统的个性是总统行为的重要塑造者。第三,总统的行为是模式化的。总统的个性与他面临的权力形势及任期内民众的期望趋向相互的作用;那些外在的因素与他的个性的互动决定了他在总统职位上的行为动力,因此总统的行为是可以预测到的。第四,总统的性格、世界观和风格的最佳预测方式就是看它们第一次是怎样结合在一起的。

1.总统性格概念的提出

巴伯构建性格分析理论的目的是"通过一位潜在的总统的性格、世界观和风格来观察他们的不同表现"[①]。要预测总统的行为,我们就必须要对概念先有一个了解。

---

① [美]詹姆士·戴维·巴伯:《总统的性格》,胡杰等译,四川人民出版社,1991年,第4页。

巴伯的理论虽然以"性格"为名,但性格并不是唯一的概念。巴伯这样说道:"这不仅仅是性格一个概念而已。就拿吉米·卡特和乔治·布什总统来说,尽管他们都属于积极正面型性格,但是卡特和布什的世界观在他们的总统生涯中都有着重要的意义。总统的性格类型只是书中五个重要概念中的一个。"①

假如我们要完成对总统行为的预测,解释总统的政治行为,必须将以下五个概念联合起来考察。这五个概念分别是性格、世界观、风格、权力情景和期望趋向。

(1)性格、世界观和风格

"性格一词的意思是指:总统——不是短暂的,而是长期的——对待生活的方式。性格是一个人面对经验的态度。"②

"总统的世界观由其主要的、与政治有关的信念,尤其是他对社会因果关系、人类本性和当代主要道德冲突的看法组成。"③

"风格是总统进行演讲、人际交往和室内作业这三种活动的习惯方式。"④

总统的个性是模式化的,换句话说,总统的性格、世界观、风格是彼此协调的。这三个因素形成了一种综合模式。这个综合的模式在总统们满足他们自尊需要时为他们的行为动机、信念和行为习惯提供了心理方面的解释。

在这个综合模式中,风格是我们最容易看见的部分。因为风格是一种习惯,反映的是总统行为的规律性。我们不需要做很深入的调查,只要花上一小段的时间看看总统是如何在白宫中度过他的日子的,就能判定出他的行事风格。演讲、人际交往、室内作业是总统完成总统事务的方式,也是他们不能逃避的工作。这三者也是他行事风格的三个方面。每一位总统对这三个方面的重视程度是不一样的,有的总统看重演讲,有的总统重视非正式的人际交往,而有的总统则将自己的主要精力投入研究和谋划中去。我们要知道总统对付和适应总统职位要求的模型是一个什么样子的,除了那三个方面的考察,我们还要了解到总统风格的独特性。举个例子来说,肯尼迪和柯立芝总统都擅长演讲,但是他们的演讲方式是不一样的。

---

①　James David Barber. Leadership for Social Change, *Political Psychology*, Vol.14, No.4, 1993, p.747.

②　[美]詹姆士·戴维·巴伯:《总统的性格》,胡杰等译,四川人民出版社,1991年,第7页。

③　[美]詹姆士·戴维·巴伯:《总统的性格》,胡杰等译,四川人民出版社,1991年,第7页。

④　[美]詹姆士·戴维·巴伯:《总统的性格》,胡杰等译,四川人民出版社,1991年,第6页。

风格可以说是总统的一种行为方式，那么世界观就可以说是他的思维方式。由世界观的定义我们知道,世界观是总统在看待这个世界、看待他自己的时候产生出来的一种持久性观点。总统在面对现实世界的时候也会和其他的人一样,对现实形成一些固定的看法,比如,人的本性是善的还是恶的?其目的是什么? 政治是怎么样运转起来的? 等等。这些看法对总统的行为而言是很重要的, 因为总统要依靠他的这些看法和想法来帮助他去理解他的世界,给这个世界建立某种井然有序的外表。对总统而言,他的世界观决定了他关注什么,注意哪些政治事件。

总统的性格是他面对经验的态度。在性格的中心，总统面对的是他自己。自尊对总统而言是他最为重要的资源,为了保卫和提高其自尊,他会牺牲那些他看重的其他事情。在总统的内心深处,他觉得自己是优秀的、平庸的,还是低劣的? 他有着自己的判断标准。这个判断标准避免了总统陷入自我怀疑的情感困境中。

性格、世界观、风格一同塑造了总统的个性。这三者的结合模式便形成了总统应对各种问题的方式。在面对现实的状况时,他关注什么样的问题,关注到什么程度等,这些在情感上的投入都会对他的行为造成影响。

巴伯说道:"要通过总统的性格、世界观和风格来预测他们的不同表现。"①"一般地说,性格在童年期、世界观在青春期、风格在成年早期就已经得到了重要的发展。"②"对总统性格、世界观和风格的最佳预测方式就是看他第一次是怎样将它们组合起来的。"③

按照巴伯的解释,性格、世界观、风格在生活的早期就形成了,并且一经形成就难以改变。如果我们要确定总统的性格,就必须把目光锁定在他生活的早期,如果我们要对总统的行为模式做一次预测,我们就要看看在总统的第一次政治成功里,他是如何把性格、世界观和风格组合起来的。

早年的生活对人的性格而言是重要的。因为在人生活的早期,一切对他而言都是实验性的,一个人不管是有意还是无意的,他总会努力地尝试使用各种各样的方式来解释、保卫和提高自己的尊严。他会认为他所处的环境是他出名和成功的条件。那些从生活中积淀下来的经验和教训都来自早年的

---

① 〔美〕詹姆士·戴维·巴伯:《总统的性格》,胡杰等译,四川人民出版社,1991年,第4页。
② 〔美〕詹姆士·戴维·巴伯:《总统的性格》,胡杰等译,四川人民出版社,1991年,第9页。
③ 〔美〕詹姆士·戴维·巴伯:《总统的性格》,胡杰等译,四川人民出版社,1991年,第9页。

生活,对自我的认识和评价、看待世界的方式、行动的风格等都缘于他的生活经验。巴伯认为,如果我们能看到总统性格、世界观、风格的发展过程,我们就能理解他的行为结果了。

(2)权力情境和期望趋向

对总统性格产生重要影响的社会环境,巴伯称之为权力情景。"总统性格与总统面临的政治情景会产生共鸣。情景要适应总统,总统也要适应情景。他从公众和利益集团那里得到的支持、国会中的党派分布、最高法院的压力等构成了他必须对付的基本权力情景。"①

总统所要面对的另一个重要的社会环境就是全国人民的期望。从另一个角度来说,人民构成了最大的权力情景,是人民把总统选举上去,同样人民也可以使他连任失败。因此,总统除了要应对华盛顿的权力关系外,还要对付人民的期望趋向。

巴伯认为,人民的期望包括三项内容:一是期望总统给予安全保证。现代美国生活充满了畏惧、紧张、忧虑和担心,他们希望总统消除人们的忧虑,照顾好美国的人民。二是进步感和行动感。总统应该带领人民向社会进步的方向前进,为此总统必须拼命工作。"人民期望总统是总管、是行动者、是年轮、是进步的倡导者——即使这意味着失去宁静。"三是期望总统职位要正统。人们期望总统办事稳妥,而且是正义的捍卫者,理想的实践者。"总统职位的尊严要由一个自认为是信仰的捍卫者的人来保卫,这不仅是保卫身份和财富。人们期望总统能以一种鼓舞人心的方式体现他们的美好愿望,用他的行动和自身(而不是言辞)来表达道德理想主义,在许多公众的心目中,这种道德理想主义是政治的对立物。"②

美国是一个三权分立的国家。民众、利益集团、议会、最高法院都是权力系统的组成因素。民众的支持率、党派的席位、三权的制衡,是总统不得不面对的压力。

除了权力关系外,民众对总统的爱戴也决定了总统的表现。安全感、进步感、正统性,是民众期望的三个主题。这三方面是民众期望趋向的主题,不同的时代民众对其中的某一主题总是会有更多地强调。在一个动荡的、不稳定的年代,民众可能会更多地期待安全。在经济形势不好的年代,民众会更

---

① ［美］詹姆士·戴维·巴伯:《总统的性格》,胡杰等译,四川人民出版社,1991年,第8页。

② ［美］詹姆士·戴维·巴伯:《总统的性格》,胡杰等译,四川人民出版社,1991年,第8~9页。

期待改变和进步。而在一个，尤其是上一届总统"不道德"的年代，民众会更多地要求总统要正统。

期望趋向是会改变的。战争、经济萧条及其他全国性的大事件都能引起民众期望趋向的改变。对于一个特定时期的总统来说，民众的期望是不得不面对的问题，与这种趋向紧密相连是总统工作的重要组成部分。

巴伯认为总统的行为同时受到性格、权力情景、期望趋向的影响。权力情景和期望趋向作为外部环境刺激总统做出反应。性格作为总统的心理因素，决定了总统会把他的注意力投在哪些问题上，也影响着总统采取什么样的方法和原则来解决他实际所面对的问题，同时性格也决定了总统把自己的兴趣倾注在某一件事情上时他所想要达到的目的。总统的每一次行为决策——做什么、如何做，都要经过两方面的内容：一个方面是外部的经历，此时的总统是一个理性的、善于计算的人；另一个方面是内部的经历，这个时候的总统是一个情感丰富的人。总统的行为永远是与这两个方面联系在一起的。因此说，当我们综合地考察后，我们能够对总统的行为有一个基本的判定。

2.总统性格的类型

"总统的性格—— 一个人对总统经验的基本态度——可以分为四种类型。关于总统或总统候选人最重要的事情就是知道他属于这些类型中的哪种类型，这些类型是从下述两个方面来解释的：①他是否工作积极，②他是否从政治生活中得到乐趣。"[①]

（1）两个维度

巴伯对自西奥多·罗斯福以来的美国总统进行了分类，其划分的依据来自两条基线。第一条基线是积极性—消极性。判断总统是积极还是消极的标准是某人在总统职位中投入了多少精力。譬如，林登·约翰逊每天工作到太阳下山才回家，而卡尔文·柯立芝每晚必须睡够 8 小时，而且还要睡午觉。第二条基线是情感的正面—负面，也就是说他怎样感受自己所做的事情。他在工作中感觉到幸福还是悲哀，是快乐还是沮丧。富兰克林·罗斯福把做总统看作是"享受权力"，而艾森豪威尔在处理政务时感觉"忧虑重重，棘手的问

---

① ［美］詹姆士·戴维·巴伯：《总统的性格》，胡杰等译，四川人民出版社，1991 年，第 5 页。

题成堆"。①

为什么要使用这两种简单的尺度来描述主要的总统类型? 有两个原因。第一,这两个尺度代表了每一个人对生活趋向的两方面重要特点。第二,这两条线索是清晰的、彼此独立的。积极性—消极性的对比形式在大部分的个性研究中可见,如,进攻—防卫、适应—僵化、后退—合作、支配—屈从等。对于这些,我们在生活中就能感觉到。另外,对于一个人的情感表现——乐观的、悲观的,心中充满希望的还是忧心忡忡的,我们也可以注意到。在生活中,我们会看到这样一些人,他主动,但是他又让人觉得他很沮丧;他很被动,但其他人都觉得他很快乐,等等。

正面—负面是一条情绪基线,指一个人是怎么样来感受他所做的事情的。这两条基线是性格的线索,按照这两条线索,总统的性格可以分为四种类型,积极—正面型(Active-positive)、积极—负面型(Active-negative)、消极—正面型(Passive-positive)、消极—负面型(Passive-negative)。

(2)四种类型

按照两条线索,巴伯把总统性格分成四种类型,这四种性格模式有着各自的特点。

积极—正面型。这种类型对工作表现得很积极,对自己的能力很自信,又能从工作中得到乐趣。这种类型表明了其相当高的自尊及对环境取得了相当高的成功。这种人既把成就当作价值的趋向,又可以灵活地、随机应变地运用自己的风格。他认为自己的个人目标和个人形象是随着时间变化的。他重视理性,重视智力,思维开阔但不害怕失败,能从失败中得到教训、获得经验,对失败没有愧疚感。罗斯福、杜鲁门、肯尼迪、克林顿是这种类型的代表。

积极—负面型。这种类型表现出相当强烈的积极性,但是从这种积极性中得到的情感奖励相当低,两者间存在着矛盾。这种积极性具有一种强迫的性质,就好像某人为了做某事或逃避焦虑而艰苦工作一样。他看上去雄心勃勃,有上进心,追求权力。他对环境的态度是进取的,只是他不能从这种进取中得到情感上的享受。对他而言,生活是获取和保持权力的艰苦斗争,而他总是在政治的争斗中受内心的至善主义的煎熬。这种类型将精力投入政治

———————

① [美]詹姆士·戴维·巴伯:《总统的性格》,胡杰等译,四川人民出版社,1991年,第11页。按中文版将 active-passive 译为"主动—被动",positive-negative 译为"积极—消极",但根据英文的含义,前者指工作中投入多少精力,应该翻译为"积极—消极",后者指情感的维度,应该译为"正面—负面"。

系统中,但是这种精力却会遭到内部的破坏。这种类型以威尔逊、胡佛、尼克松总统为代表。

这种类型的总统在孩提时代自尊心受到过严重的伤害,于是为了补偿自己的自尊心,他们便培养出一种对成就的深深迷恋之情,把成就当作一种从环境中摄取他的存在价值感的方式;更进一步地来说,这种驱动力可以解释为一种以强烈的献身精神和正直的理想主义的方式对独立地统治他人的权力的追求。不管这个人在政治中采取怎样的风格或者是严格地奉行某一种风格来获得成功,成功对于他而言都不会令他喜悦。他总是沮丧着,也正是这个给他带来更大的内驱力。

消极—正面型。这是一种承受、屈从和他人导向的性格,其生活的目的不仅是追求感情,而且以这种情感作为被人喜欢及与人合作而不是作为个人自我表现的奖赏。此类型的人存在低自尊(自认为不可爱、不吸引人)与浅薄的乐观主义之间的矛盾。这种怀有希望的态度有助于消除疑虑并从他人那里得到鼓励。这种类型的总统能缓和政治的锋利刀口,但是他的依赖性及其愿望和情绪的脆弱性却会使他在政治中令人大失所望。这类总统以塔夫脱、哈定、里根为典型。

消极—负面型。这是一种把工作看成是一种义务的人,具有低自尊、消极的性格。他们也许能适应某些非政治角色,但是他们没有政治领袖的经验和灵活性。他们重视公德,是正义和正当手段的卫道士。此类型以柯立芝、艾森豪威尔为代表。

四种类型中,积极—正面型的总统最想取得成就;积极—负面型的总统是夺取和保持权力;消极—正面型的总统追求爱;消极—负面型的总统则重视公民的美德。

表 8-2　巴伯总统性格类型

总统类型	特点	代表总统
积极–正面型	自信、乐观、合群、目标明确,对自己和他人都比较满意。工作积极,有着相当高的自尊,对自己的能力充满了自信,能从工作中得到乐趣;喜欢并追求成功,从成功中体验快乐;思维开阔、灵活,适应性强,能随机应变;不会因为失败而产生内疚感,能够从过去的错误中吸取教训、获得经验。这种类型最想取得成就。	罗斯福、杜鲁门、肯尼迪、卡特、克林顿

总统类型	特点	代表总统
积极-负面型	强迫式的进取心、不自信、不快乐。在工作中表现出相当强的积极性，但得不到快乐，那只是出于对自尊心、焦虑和政治生活不顺利的补偿，具有一种强迫的特质。对环境有进取心，却无法从这种进取中得到情绪上的满足。其目标是夺取和保持权力。	威尔逊、胡佛、尼克松
消极-正面型	比较懦弱、合群、不善决断，十分关注自己在别人心目中的形象。其生活目的不仅是追求情感，而且以这种情感作为被人喜欢及与人合作而不是作为个人自我表现的奖赏。这种人的低自尊（认为自己不可爱、不吸引人）与浅薄的乐观主义之间存在着矛盾。他们的依赖性和情绪的脆弱性无法使他们在政治上令人满意。	塔夫脱、哈定、里根
消极-负面型	内向、消极，遇到问题倾向于退让。把工作当作义务，自我评价很低，很消极，倾向于从政治生活中退隐。他们也许能出色地完成某些政治任务，但缺乏政治领袖的经验和灵活性，逃避政治冲突和矛盾。他们重视公民美德，是正义和正义手段的卫道士。	柯立芝、艾森豪威尔

注：根据巴伯《总统的性格》第12~14页内容制作。

四、自恋与领导心理的研究

有一些学者尝试用精神病理学的术语对领导的心理进行剖析，包括强迫症和妄想狂等。

妄想狂（Paranoid Personality）是一种普遍地和长期地对他人不信任的人，他们过于敏感，按照自己带有成见的观念、态度，或偏见看待周围的环境。在拥有权力的妄想狂的信仰体系中，始终拥有一个鲜活的、居于核心地位的敌人的形象。这个敌人是普遍存在的，对于国家的利益来说是邪恶的，主要的威胁。妄想狂的世界是马基雅维利式的，分为同盟和对手两大阵营，中立者是不可能存在的，他们的座右铭是："如果你不是强烈的支持我，就一定是背叛我。"这种类型的人故意夸大对手的政治能力和军事能力，以制造有威胁的环境。在他们看来,世界是冲突的,敌人是强大的、邪恶的。但另一方面,他们又夸大自己的能力,以拥有击败对手的能力。他们偏爱运用武力胜于说服,他们制造危机或发动战争,以预先防止敌人的攻击。[1]

有强迫症(Compulsive Personality, or Obsessive-Compulsive Personality)的人关注规则、秩序、有条理、有效率和细节。如果没有规则可循,他们就会焦虑,这是强迫症最核心的特征。在强迫症的人看来,世界是如此复杂,各项政策的差别是如此的细微,他们无法做出明确的选择。对手通常是复杂的,难以捉摸的。他们有一种冲动,就是把规则放置到这个混乱的世界中。他们避免或者推迟做出决策。在危机处理方面,他们等待而不是采取即刻的、剧烈的行动。他们信奉的座右铭是:"只有在尽可能地掌握证据之后才能行动。"或者"只要有可能,就要坚持自己的选择。"他们喜欢办事拖沓而不是匆忙做出决定。但在做出决策时,也并不是经过深思熟虑的,而是狂热冲动之后的结果。这种冲动来自于时间所限,或者需要尽快结束做痛苦的决策的过程。[2]

在此我们重点关注自恋的心理与领导心理的研究。"自恋"一词来自于古希腊神话,描述的是美少年纳珞西斯(Narcissus)因爱上了自己在水中的倒影而顾影自怜,拒绝异性之爱,最终落水而死,变成一朵水仙花。后来人们把这种过分夸大自己优点的心理疾病,以纳珞西斯的名字指称,即自恋(narcissism)。临床诊断上的自恋,据《诊断和统计手册》第4版(*Diagnostic and Statistical Manual-4*, *DSM-4*)的界定,具有以下九方面特征:①夸大的自我重要性的感觉。②关注于无止境的成功、权力、荣耀等的幻想。③相信自己是"特殊的"和独特的,只能与其他特殊的、高层次的人来往,或被他们理解。④需要过度的崇拜。⑤对禀赋(entitlement)的感觉,具体来说,毫无原由地期望他人对自己特殊的优待,或者自动服从他的期望。⑥剥削性的人际关系,利用他人达到自己的目的。⑦缺少同情心,不愿意承认或认同他人的情感和需

① Jerrold M. Post, Assessing Leaders at a Distance: The Political Personality Profile, In Jerrold M. Post ed., *The Psychological Assessment of Political Leaders: With Profiles of Saddam Hussein and Bill Clinton*, The University of Michigan Press, 2003, pp.93-100.

② Jerrold M. Post, *Leaders and Their Followers in a Dangerous World: The Psychology of Political Behavior*, Cornell University Press, 2004, pp.107-108; Jerrold M. Post, Assessing Leaders at a Distance: The Political Personality Profile. In Jerrold M. Post ed., *The Psychological Assessment of Political Leaders: With Profiles of Saddam Hussein and Bill Clinton*, The University of Michigan Press, 2003, pp.88-93.

求。⑧嫉妒别人,相信别人也嫉妒他。⑨傲慢的行为或态度。只有符合其中的至少 5 条标准,才能被称为自恋。①

学者们将自恋运用于对政治人物的分析,考察的多是那些政治强人,他们是大权的独揽者,如威尔逊、斯大林、希特勒、萨达姆、英吉拉·甘地、金正日、卡斯特罗等。值得注意的是,尽管学者们借鉴了自恋的概念,但分析的模式和对结果的判断却有着不同的特点。对政治人物的自恋分析,以自我为中心遵循着三个维度:自我面对自身、面对下属和面对国家。

(一)自恋的发生过程

学者们对自恋的解释受精神分析的影响,把自恋的形成归于童年时期的亲子关系,具体来说,包括两方面的形成机制:

第一种机制是母亲对子女的过度溺爱,过度赞扬。这样的结果是儿童感觉自己高人一等,无法把自身的好和坏作清晰的区分,从而形成理想或夸大的自我感觉。

第二种机制与上述相反,儿童遭受父母的冷落,心理受到挫折,形成了自卑。从挫折中站起来,或者克服自卑的方法是依附于一个理想的目标,或理想的父母形象,特别是父亲。该种心理作用的原理是:"如果我是不完美的,至少我可以和完美的人有关系。"

总之,在关键的发展阶段,自我容易受伤。受伤的自我或来源于母亲的冷漠和不关心,或源自母亲的过于爱护,把子女看作是自我延伸的,是自己的一部分,妨碍子女的独立性。前者容易形成镜中渴望的人格(Mirror-hungry personality),展现自己以引起他人的注意,这种追求是永不满足的,他需要不断寻找新的受众以引起他们的注意和承认。后者容易形成理想渴望的人格(Ideal-hungry personality)。他们因某人的权力、声誉、道德、漂亮等而崇拜他,以此来补偿真实空虚的自我。但一旦发现这些人身上的缺点,他们就会毫不犹豫地抛弃这些人而寻找新的英雄。这一部分作为追随者的心理,也有可能觉得自己是所崇拜的某个形象附体,从而转变成偶像。②这里所说的某个形

---

① Michael M. Sheng, Mao Zedong's Narcissistic Personality and China's Road to Disaster, In Ofer Feldman & Linda O. Valenty eds., *Profiling Political Leaders: Cross-Cultural Studies of Personality and Behavior*, Westport, Connecticut, Praeger, 2001, pp.111-112.

② Jerrold M. Post, M.D., Current Concepts of the Narcissistic Personality: Implications for Political Psychology, *Political Psychology*, Vol.14, No.1, 1993, pp.105-108.

象,可以指自己的父母、亲戚,或者自己的领导,或者宗教领袖,甚至是上帝。

简单来说,自恋的领导需要一群承认领导是完美的追随者,这种关系来自早年的亲子关系。父母尤其是母亲对子女过分溺爱的家庭容易培养出自恋的领导,宠爱他的父亲或母亲成为追随者的雏形。但在走向社会时,自恋的领导在自我欣赏的同时,需要有追随者的追捧,这些追随者同样来自扭曲的亲子关系,不同的是亲子关系发生了倒转,父母对子女的冷漠的结果,使父母成为理想的对象,而子女是追随者。

许多领导在童年时期都是自卑者,克服自卑成为他们从政的重要动机。但这些领导同样是自恋者,譬如斯大林、威尔逊、萨达姆等。这些领导的家庭即是一种严父慈母的关系,母亲对他的宠爱使他形成了原始的自恋。父亲的严厉,导致了他对父亲的仇恨,这种仇恨转移到敌人身上。[①]其中的原因就在于第二种机制,父母,尤其是父母对子女的批评、指责,使他渴求完美,容不得他人的批评。

(二)自恋领导的各种表现

如何识别自恋的领导,不能仅从 DSM(管理活动)所说的病症上来判断,因为两者应用的领域不同,应对的人际关系也有差异。具体来说,对自恋的领导的判断可以从如何对待自己、对待下属和对待国家上来进行。

1.夸大的自我

自恋者对自我重要性夸大的感觉趋向于极端的自我中心,自我关注,过高估计自己的能力和成绩,但是很小的挫折会使他感觉无价值。自恋的领导对声誉、权力、荣耀等格外关注。他的良心不是为道德所驱使,而是为自我利益所支配。[②]

自恋的领导多具有恶意的自恋(Malignant narcissism)的特征,具体的表现是:无法同情他人的痛苦和遭遇,无限地运用攻击为自己的需求服务,高度怀疑和准备背叛。想象被敌人包围,但从来没有想到自己在树立这些敌人

---

① Michael M. Sheng, Mao Zedong's Narcissistic Personality and China's Road to Disaster. Ofer Feldman & Linda O. Valenty ed., *Profiling Political Leaders : Cross-Cultural Studies of Personality and Behavior*, Westport, Connecticut, Praeger, 2001, pp.113-116.

② Jerrold M. Post, M.D., Current Concepts of the Narcissistic Personality : Implications for Political Psychology, *Political Psychology*, Vol.14, No.1, 1993, p.103.

方面的作用,从而产生对外的攻击。[①]

　　高度自恋的人容易产生攻击,他们夸大自我,但同时对自我产生怀疑。一旦自我受到威胁,他们就会产生攻击。[②]贝蒂·格拉德(Betty Glad)就把恶意的自恋与拥有绝对权力的领导联系起来。她认为这些自恋的领导在得到权力时有优势,他们的行为对一些现实因素也有积极的反应,但在巩固其地位时,检验现实的能力消失。他们的自我膨胀丧失了对危险的感知,甚至拒绝面对危险,同时丧失了判断信任和不信任的人的能力。他们对所有威胁他们权力的人进行攻击。斯大林通常的做法是使所有的竞争者消失,希特勒和萨达姆也选择铲除挑战者。现代暴君进行大规模的屠杀,使人民反对他,甚至亲身参与施虐行为。[③]

2.下属是自大之镜

　　与自我利益的关注相对应,自恋的领导忽略了他人的利益,他人只是自己自大的镜子,与他人的关系是自我的延伸,这些关系称作自我目标的关系。维米克·沃尔坎(Vamik Volkan)认为拥有权力的自恋者在维持夸大的自我形象方面有优势。这些领导通过贬低或者消除那些威胁他们脆弱的自我的人重新构建他们的现实世界。在自恋的领导身边没有独立的思想者,多的是阿谀之臣,其中的恶劣者只是一味讨好、献媚领导,可取者在维持领导自尊的同时,又设法让领导关注现实,如豪斯上校与威尔逊之间的关系。[④]

3.朕即国家

　　自恋的领导把国家设想成与自己等同,也就是"朕即国家"。稳定和核心的信仰是以自我为中心,对他有益就是对国家有益。危机时刻,他们无法把

---

①　Jerrold M. Post, M.D, Current Concepts of the Narcissistic Personality: Implications for Political Psychology, *Political Psychology*, Vol.14, No.1, 1993, p.113.

②　Brad J. Bushman & Roy F. Baumeister, Threatened Egotism, Narcissism, Self-Esteem, and Direct and Displaced Aggression: Does Self-Love or Self-Hate Lead to Violence? *Journal of Personality and Social Psychology*, Vol.75, No.1, 1998, pp.219-229.

③　Betty Glad, Why Tyrants Go Too Far: Malignant Narcissism and Absolute Power, *Political Psychology*, Vol.23, No.1, 2002, pp.1-12.

④　Jerrold M. Post, M.D, Current Concepts of the Narcissistic Personality: Implica tions for Political Psychology, *Political Psychology*, Vol.14, No.1, 1993, pp.108-109.

国家与个人利益分开,想到的不是采取什么对策对国家有益,而是对提高自己的声望有效力。自恋的领导奉行棒球政治学(hardball politics)的原则,也就是说形象和职业的提升永远是首要的价值。①

在海湾战争爆发前,美国民众普遍认为,如果选择战争,伊拉克所付出的代价很高,美国政府因此希望萨达姆在美国的威吓下会知难而退,但是萨达姆最后却选择了战争。对此,一些专家和学者觉得很难理解,因为这是一场未战之前即胜负已分的战争。雅罗尔·B.曼海姆(Jarol B. Manheim)认为,中东国家领导人在做出战争的决策时,与欧美国家领导的思维有所不同,后者考虑的是战争本身的输赢,中东的领导人考虑的是战争时更加复杂,以萨达姆为例,不仅考虑战争的胜败,而且试图通过与美国对抗、支持巴勒斯坦、用导弹攻击以色列,提高自己在整个阿拉伯世界中的形象,最终成为阿拉伯的民族英雄。②

(三)案例分析:特朗普

我们的研究团队曾经根据自恋理论对特朗普的心理进行分析,发现特朗普的自恋倾向比较明显。③

1.夸大的自我

无论是经商还是从政,特朗普都试图使自己成为关注的中心,强调自己与人或事的内在关联,从这种关联中突出自己的重要性。

特朗普将自己的名字印刻在了所有的个人品牌上,从球场到酒店,从赌场到学校。1999 年夏,在其父亲弗雷德·特朗普的葬礼上,特朗普站起来讲话,说的却主要是自己。特朗普说,这是他人生中最艰难的一天。接着他提到了父亲一生最大的成就——养育了一位闻名而杰出的儿子。从特朗普的语言习惯上也能洞悉这种"夸大的自我"。在一篇名为 *Trump is getting even*

---

① Jerrold M. Post, M.D, Current Concepts of the Narcissistic Personality: Implications for Political Psychology, *Political Psychology*, Vol.14, No.1, 1993, pp.110–112.

② Jarol B. Manheim, The War of Images: Strategic Communication in the Gulf Conflict, Stanley A. Renshon, ed., *The Political Psychology of the Gulf War: Leaders, Publics, and the Process of Conflict*, University of Pittsburgh Press, 1993, pp.67–105.

③ 有关这些的详细研究可以参见季乃礼、张萌:《政治人物的自恋与政治行为研究——以美国总统特朗普为例》,《宜宾学院学报》,2018 年第 3 期。

Trumpier 的文章中提道："偶尔，特朗普会试着说出长度超过八个单词的句子，但不论句子的开头主题是什么，他最终都会把主题变成他自己。"①

2.下属是自我夸大之境

由于自恋人格是以自我为中心，他们不能和身边的人保持持久的亲密关系，其身边多数人存在的意义在于成为他追随者中的一员，追随者需要做的就是奉承和赞同，而绝非是怠慢和批评。自恋者难以接受别人的意见，一旦身边的人无法满足其心理诉求，无法与其保持一致，自恋者随即就会抛弃他们。他们认为自己是"特别的"，因此自己应该得到特殊的待遇，所以他们常常会忽略他人的感受，完全按照自己的主观意图行事。

特朗普的一意孤行在其执政以来体现得尤为明显。他解雇了多个前政府要员，排除异己。上任伊始，他解除了似乎早已稳稳得到检察官任命的普利特·巴拉拉，巴拉拉在大选中调查希拉里，指责其收钱做事，由此帮助特朗普赢得了大选。但是由于其雷厉风行和不偏不倚的作风，并不是特朗普所喜爱的，再加上其对华尔街的调查，以及起诉特朗普好友福克斯电视台前 CEO（首席执行官）性骚扰，直接触犯了特朗普的利益，更让特朗普难以将其纳入麾下，随即将其抛弃。

FBI（美国联邦调查局）局长科米的下台也可以从中得到解释。科米拒绝对特朗普效忠，而坚持 FBI 独立的原则。并且科米也一度要求对特朗普"通俄门"进行彻查。对于特朗普来说，科米的做法无疑是对他进行否定和质疑，而这都触碰到了特朗普敏感的神经。

特朗普高级顾问班农的离职同样引人注意。作为帮助特朗普入主白宫和推行多项政策的功臣，班农被《时代》杂志在封面图上冠以"大操纵者"的称号，这似乎在说明特朗普只是班农的傀儡。班农甚至被称为"隐形总统"。主流媒体对于班农的高度评价使特朗普很不满意，他表示"我的战略专家就是我自己"。外界的评论使他和班农心生嫌隙，两人也曾因为意见不合而争吵，这就为班农的离职埋下了伏笔。特朗普有着强烈的自我中心意识，他不能容忍自己被他人的风头盖过。他与班农的关系就像威尔逊与豪斯上校，当辅政者的风头大过自身时，他们的关系必定走向分裂，而强烈的自我中心感在这其中起着关键作用。

---

① David Brooks, Trump is getting even Trumpier, *International New York Times*, 2016, 7.

3.为名誉、地位而竞选总统

由于美国是一个分权制衡的国家,很难实现权力的专断,即使是自恋的领导也很难实现"朕即国家"。特朗普也是如此。对美国的政治人物来说,自恋主要表现为对名誉、地位的追求过程。国家利益与自我利益有时是一致的,但有时会出现分离。

1987年芭芭拉·沃尔特斯问特朗普,他是否愿意不用参加竞选,直接被任命为美国总统时,特朗普的回答是否定的:"我想狩猎的过程才是我热爱的。"在2016年美国总统大选中,特朗普为外界呈现了一个享受者的角色。特朗普得到了总统之位所带来的"荣誉、地位",就在他上任满一百天的时候,他表示"我原以为当总统会比较轻松""但现在真的是作茧自缚,以前的生活多姿多彩,目前安保如此庞大,我哪都去不了了,我喜欢开车,但再也不能开车了"①,他似乎已经厌倦了这样的生活方式,比起成为总统"使美国再次伟大",他更想追求的是由此产生的名誉、地位和他人的认可。美国的国家形象和特朗普自身的形象多数时间是一致的,对美国国家实力的追求能够提高特朗普自身的形象。但有时两者之间会出现分裂,这时特朗普的自恋起到了非常关键的作用。为了维护自身的正面形象,不惜牺牲国家利益和国家形象。新冠肺炎疫情即是如此,为了维护自身的形象,特朗普极力否认疫情的严重性,极力夸大自己在防疫方面的成功,但美国的利益和国家形象却因这些疫情而大打折扣。

综上所述,我们可以看出,特朗普的自恋倾向还是比较典型的,但是这并不意味着他患有心理疾病。自恋的倾向与自恋病区别在于:其一,是否影响日常生活。自恋病会直接影响人们的日常生活,导致精神抑郁,直至生活不能自理甚至是死亡。自恋倾向并不影响日常生活,甚至会对日常生活有帮助。以特朗普为例,自恋带给特朗普的似乎是丰厚的奖励,而非惩罚。其二,是否影响理性的判断。自恋病直接干扰理性的判断,无法对自己和他人有着清醒的认识。自恋的倾向与理性的判断并不是矛盾的关系,它只是强调了以自我为中心作为理性判断的准绳。就美国历史来说,美国总统的自恋倾向存在两面性:积极的一面是,夸张型自恋与发起立法、公众劝导、议程设置及历史学家评定的"伟大"相关联。消极的一面是,它也和不道德行为以及国会弹

---

① Reuters:Highlights of Reuters interview with Trump,2017.04.27,https://www.reuters.com/article/us-usa-trump-interview-highlights/highlights-of-reuters-interview-with-trump-idUSKBN17U0D4.

劾决议相关联。

4.自卑导致的自恋

许多领导在童年时期都是自卑者,克服自卑成为他们从政的重要动机。但这些领导同样是自恋者,譬如斯大林、威尔逊、萨达姆等。

特朗普自恋的形成原因在于,父母,尤其是父亲对子女的批评、指责,使他渴求完美,容不得他人的批评。特朗普的自恋形成在于父亲的严厉。特朗普出生在一个七口之家,兄弟姐妹一共五个人,由于孩子很多,父母并不能完全专注于他,这使得他为了吸引父母的注意力,需要付出很多的努力。母亲玛丽·安·麦克劳德性情温和,与父亲相比,她似乎是一个边缘人物。父亲弗雷德·特朗普是一个"虎爸",对于孩子们的管教十分严格。特朗普在《残缺的美国》一书中回忆道:"当房东可不是什么好玩的,必须十分强硬。"一次,特朗普问为什么按租户的门铃后父亲总是站在大门的旁边。"因为有时他们会从门中间直接开枪,"父亲回答说。父亲的反应也许过于夸张,但却反映出他的世界观。他告诫儿子们一定要成为强硬的竞争者,因为他自己的经验告诉他,如果没有戒备心,态度不凶猛,在商业上就无法生存。父亲的强硬态度赋予儿子特朗普天生好斗的气质。"在昆士长大,我成了个十分坚强的孩子,"他写道:"我想成为社区最坚强的孩子。"他和父亲似乎时时刻刻都处于竞争状态中,特朗普并不是一个乖巧的孩子,"尽管大多数人都害怕自己的父亲,但我从不会,"特朗普在《交易的艺术》中写道,"我老是和他对着干,他也对此表示了尊重。"特朗普的一些朋友形容说,他们两人关系亲密,但严格说来并不会一起工作。"他们两人待在一个房间里就会很奇怪,据说他们在谈话,但我能肯定的是,没人在听对方讲的是什么。他们都会忽略对方的话。"

父亲曾是特朗普心中理想形象的化身,但是随着特朗普的不断成长,父亲在特朗普心中的形象和地位发生了变化。父亲算是商业上的成功人士,而特朗普似乎一直想要摆脱父亲成功带来的光环,证明自己是赢家,而商场就成为这两人的竞技场。父亲去世的时候,特朗普给了《纽约时报》一笔不小的钱,以刊登父亲的讣告,里面主要讲述了他父亲从不想进入美国上流社会的故事。"作为名人的儿子,"他说,"对我来说这算是件好事,但这对我来说也是一种竞争。通过这种方式,我靠着自己的力量挤进了上流社会。"在《从商人到参选总统》中,特朗普提到了当特朗普大厦施工时,父亲要求将玻璃幕墙改用普通砖块,特朗普认为"真绝了,在57号大街和第五大道交汇处的优越地段建造大厦，父亲居然让我省钱"，"毕竟父亲做的都是中低收入者的生意"，"离开父亲自己闯荡是对的"，他认为在纽约市郊发展没有前途，他有更远大的梦想。①

在纽约军校中，特朗普不断成长，争强好胜的心态使得他很快成了军校的核心人物。在校期间，他成为军校队长，赢得两年的精英学员奖和四年荣誉学员称号，获得了上尉军衔，同时他也成了运动队的高级成员，他的运动能力很强，被选为"大众情人"，还入选了学校的名人堂。在校期间，特朗普虽然在老师和同学中很受欢迎，但是没有亲密的知己。纽约军校竞争激烈，特朗普自然是一个富有竞争力的男孩子，他对未来规划具有极大的野心，特朗普在其中"可能已经排挤掉了亲密关系形成的空间，真正的亲密通常需要显露那种软弱和脆弱，而他无法做到"②。

或许是因为在家中不能得到完全的关注，特朗普开始在学校寻求更多的关注，在校期间人们对他的过度赞誉使得他对他人的赞赏更加渴求，他开始不断展现自我价值，以获得持续的关注和赞誉，同时也积累起了自信。他对个人完美形象的认知在成长的过程中逐渐成型，并渐渐转化为了自恋。

五、领导风格

领导风格(Leadership Style)的研究多是置于政治人格的视角下探讨的。格林斯坦对领导风格的研究就是从人格与政治关系的视角切入的。而巴伯在对总统政治性格的探讨中，把领导风格看作政治性格中最重要的组成部分。随着政治认知研究的兴起，也有学者专注于政治认知的视角对领导风格进行研究，玛格丽特·赫尔曼就是这方面的代表。多年以来，赫尔曼与同事发表了多篇文章对领导方式进行探讨，并把领导方式与领导决策结合起来。

何为领导风格？茱丽叶·卡尔波与赫尔曼对此解释为，领导们与周围的人，如选民和其他领导人联系的方式，他们如何建构(structure)互动，以及指

---

① [美]唐纳德·特朗普、托尼·施瓦茨：《从商人到参选总统》，尹瑞珉译，中国青年出版社，2016年，第60页。

② Dan P.McAdams, The Mind of Donald Trump: Narcissism, Disagreeableness, Grandiosity—a Psychologist Investigates How Trump's Extraordinary Personality Might Shape His Possible Presidency, *The Atlantic*, 2016, 6.

导他们互动的规范、规则和原则。①主要涉及以下方面：一是与领导方式相联系的个体的特质，二是个体特质影响下的领导方式，三是决策。

（一）领导风格与民主和平论

赫尔曼等对领导风格的探讨始于民主和平论。民主和平论，简单来说就是民主国家不打仗，即如果两个国家的体制都是民主的，那么国家之间就不会发生战争。赫尔曼和小查尔斯·W.凯格利（Charles W. Kegley, Jr.）认为，民主和平论的解释过于关注民主规范和体制，而忽略了领导在其中的作用。决定和平的有许多因素，譬如体制的、社会的、政府的，以及国际环境等，但领导的作用也是不可低估的，尤其当危机来临时，权力走向集中，领导的个人特质就会对体制和规范有着重要的影响。因此，他们认为，对民主和平论的研究应该把体制和规范的研究与领导的心理结合起来。具体来说，领导的心理涉及两方面：一是在社会认同理论的基础上，领导对敌的意象和信念；二是领导的心理与体制和规范的互动，即领导的心理对体制和规范的影响，体制和规范对领导方式的影响。他们列举了如下的表格，概括了领导的心理与体制之间的关系。②

表 8-3　领导类型与体制间的关系

领导类型		民主	独裁
回应性	对限制的知觉	知觉到行为是受限的；面对来自于支持者的不同喜好，需要做出平衡	知觉到领导的地位是受限的，这种限制来自于影响其地位的精英的喜好
	解决冲突的策略	对相关支持者立场的回应	只有在重要的精英支持其决定时才会应对外在的冲突
	倾向	温和的	实用主义的
受意识形态驱动的	对限制的知觉	知觉到限制在某种程度上是可以克服的；会因权力所限而沮丧	知觉到他者共享世界观和当前议题，支持领导所想
	解决冲突的策略	加大对秘密的行动和声东击西行动的支持	既可能从事高度冲突性也可能从事合作性的行动，依赖于领导人对目标本质和对世界的知觉
	倾向	好战的	激进的

---

① Juliet Kaarbo & Margaret G. Hermann, Leadership Styles of Prime Ministers: How Individual Differences Affect The Foreign Policymaking Process, *Leadership Quarterly*, Vol.9, No.3, 1998, pp.243-244.

② Margaret G. Hermann & Charles W. Kegley, Jr., Rethinking Democracy and International Peace: Perspectives from Political Psychology, *International Studies Quarterly*, Vol.39, No.4, 1995, pp.511-533.

针对此表,他们对领导的行为倾向做出了详细的解释:

其一,温和或顺从的(acquiescent)倾向。有该倾向的领导认为,世界不是威胁之地,因此冲突在特定环境中才会出现,反映的只是个别的情况。领导们认识到,他们的国家就像其他国家一样,必须面对一些束缚,这些束缚限制了国家的行为,需要灵活应对。而且他们认识到,国际舞台不是国家争斗之地,而是与他国合作之地。

其二,实用主义的倾向。有该倾向的领导认为,世界容易发生冲突,但是因为其他国家在行动时也有一些限制,因此灵活应对有时是可能的。但领导必须时刻关注世界局势的发展,要深谋远虑,时刻准备着遏制敌方追求国家利益的行动。

其三,好战的倾向。有该倾向的领导认为,国际体系本质上是零和博弈,虽然同时受"一些现有的国际规范"的限制。但是对手在本质上被知觉为有威胁的,对抗是长久存在的。领导的工作就是对威胁施加限制,增强本国的势力,提高本国在国际上的地位。

其四,激进的倾向。有该倾向的领导们认为,邪恶的敌人环伺,他们不惜以他国为代价,传播他们的意识形态,扩张他们的权力。领导人感觉有义务与这些敌人对抗,在外交政策上采取攻势,呈现高度侵略性和独断性。因此,这些领导的特质与战争、和平的关系一目了然。具体来说:

其一,受意识形态驱动的领导更有可能将冲突升级,导致战争爆发。民主国家,具有好战倾向的领导在从事暴力活动时更多是秘密的,无论在国际和国内都不是很明显的。但在独裁国家,具有激进倾向的领导会试图引起注意,主张用强制的方式改变现状。

其二,具有回应性的领导更有可能避免运用武力。尽管在独裁体制下具有实用主义倾向的领导有可能将冲突升级为战争,但只有在能够维系他们的统治联盟时才有可能这样做。

其三,民主国家具有温和倾向的回应性的领导也会主动将冲突升级为战争,条件是:社会的所有方面——公众领导、议会的领导、媒体、相关的利益群体——都异口同声支持战争的决定。

其四,无论是民主还是非民主国家的领导,只要是回应性的,本质上都会对世界的变化有所反应,会知觉到他们行使权力时会受国内和国际上的限制,往往被事件和反对者"推着走"。

其五,无论是民主还是非民主国家的领导,只要是受意识形态驱动的领导,均显示出了采取先发制人的本性,愿意"试探"加在他们的身上的国际和国内制度上的限制,挑拨离间。

在两位作者看来,民主与独裁,与和平、战争的关系并不是一一对应的,必须把制度与领导的心理结合,才能够准确把握一个国家的政策走向。在之后的研究中,赫尔曼与同事继续对领导方式进行研究,内容已经不仅限于民主与和平,同时对领导方式的研究更加深入。具体来说,领导方式涉及以下三方面:一是与领导方式相联系的个体的特质,二是个体特质影响下的领导方式,三是决策。

(二)领导个体的特质

领导个体的特质包括三个方面:领导对环境的限制如何反应(他们是尊重还是挑战环境),对接受信息的开放程度(他们对信息的接受是开放的还是封闭的),以及追求他们的地位的原因(是基于自身还是支持者)。在这里,他们结合了温特的动机理论,考察领导在决策时是考虑问题本身,提出一个更好的政策,还是照顾到人际关系的需要,前者即温特所说的成就动机,后者是归属动机。

那么如何测量这几方面? 针对第一个方面,领导是尊重还是挑战环境。主要体现在以下两个方面:一是相信自己控制事件的能力,二是对权力的需求。见表8-4:

表8-4　权力需求与事件控制间的关系

权力需求	相信控制事件的能力	
	低	高
低	尊重环境,在受限的条件下去完成目标,愿意妥协和达成一致。	挑战环境但很少成功,因为动用权力时太直接和明目张胆,很少知道如何操控他人,也很少懂得在幕后操作以达成想要的影响。
高	挑战环境但更喜欢以非直接的形式即幕后操控。擅长幕后权力的操控但很少为结果负责。	挑战环境,对直接和非直接的影响都擅长,知道他们所想要的并能够为结果负责。

有关第二个方面,对信息的接受是开放的还是封闭的,也涉及两方面:一是自信,体现在对自我重要性的感觉,有能力应对环境中的对象。对自信的测量,主要是测量代名词 my,myself,I,me,mine,计算它们在访谈中出现的次数。这些词也可能用于领导促成一种行为,或者把自己看作某个事件中的

权威人物,或者是积极回应的接受者。二是概念的复杂性,指在描述或评论他人、地点、政策、观念或事件时能够细分的程度。高复杂性的词有 approximately,possibility,trend,for example。低复杂性的词有 absolutely,without a doubt,certainly,irreversible。计算这些词在访谈中出现的比例。

表 8-5　概念复杂性和自信与信息开放间的关系

概念复杂性和自信的得分	对信息的接受开放还是封闭
概念复杂性 > 自信	开放
自信 > 概念复杂性	封闭
概念复杂性和自信都高	开放
概念复杂性和自信都低	封闭

有关第三个方面,领导是被问题还是关系所驱动,是任务趋向还是维系群体的趋向。前者在与他人互动时专注于如何解决面临的问题,后者则强调维系和确立关系,保持选民的忠诚和高的士气。反映任务趋向的词有 accomplishment,achieve（ment）,plan,position,proposal,recommendation,tactic。反映维系群体的词有 appreciation,amnesty,collaboration,disappoint（ment）,forgive（ness）,harm,liberation,suffering。

表 8-6　任务趋向与追求地位间的关系

任务趋向的得分	追求地位的动机
高	问题
中	问题和关系
低	关系

对世界的动机测量主要体现在两方面:一是内群体的偏见(In-group bias),指看待世界时,以自己的群体(社会的、政治的和种族的)为中心。反映此方面的词,调停者喜欢用 great,peace-loving,progressive,successful,prosperous;展示强力者喜欢用 powerful,capable,made great advances,has boundless resources;维系群体的荣耀和身份者喜欢用 need to defend firmly our borders,must maintain our own interpretation,decide our own policies;用 We and them,把好的一方面归于自己的群体,拒绝承认自己群体的问题,这样的就得高分。得高分的用零和来解读敌我关系。第二是对他人的不信任,包括对他人的怀疑、不安、疑虑、小心,怀疑他人的动机和行为的趋向。

表 8-7 内群体偏见与信任间的关系

内群体的偏见	对他人的不信任	
	低	高
低	世界不是威胁之地,冲突被看作是特殊条件下发生的,属于个案。领导认识到,他们的国家,像其他国家一样,必须应对限制他们行为的一些条件,并做出灵活的反应。而且,在一些国际舞台,与他国的合作是可能的和可行的。(关注点在于机遇和关系的利用)	世界被看作是冲突的。但其他国家同样受限制,要灵活应对是可能的。领导必须警惕地监控国际的动向,在对手追求利益时,要准备有所节制。(关注点在于机遇和关系的利用,但同时保持警惕)
高	世界是零和的游戏,领导受国际规则的约束。即使如此,当领导限制威胁,加强自己的能力和地位时,要认识到对手仍然是潜在的威胁,冲突持续存在。(关注点是处理威胁和解决问题,即使当一些条件下出现机遇时)	国际环境中,邪恶的对手到处存在,试图以他人为代价传播他们的意识形态,扩张他们的权力,领导有道德义务对抗这些敌人。于是他们有可能冒险,从事攻击,做出专断的行为。(关注点在于消除潜在的威胁和问题)

以上表格参见 Margaret G. Hermann, Assessing Leadership Style: Trait Analysis, Jerrold M. Post, MD ed., *The Psychological Assessment of Political Leaders: With Profiles of Saddam Hussein and Bill Clinton*, The University of Michigan Press, 2003, pp.178-212.

根据这三个方面,他们把领导分为三类:一类是圣战者(Crusader),二类是战略家(Strategist),三类是线索接受者(Cue-Taker)。具体见下表:[1]

表 8-8 领导的三种类型

对限制的反应和对信息的开放	对领导地位的动机	
	问题	关系
圣战者(挑战者,封闭的)	扩张主义(卡斯特罗)	传道者(霍梅尼)
战略家(挑战者,开放的)	积极的独立(阿萨德)	警察(恩克鲁玛)
战略家(尊重者,封闭的)	发展的(戴高乐)	影响的(克林顿)
线索接受者(尊重者,开放的)	调停者(布什)	机会主义者(拉夫桑贾尼)

---

① Juliet Kaarbo & Margaret G. Hermann, Leadership Styles of Prime Ministers: How Individual Differences Affect The Foreign Policymaking Process, *Leadership Quarterly*, Vol.9, No.3, 1998, p.250.

(三)领导方式影响下的变量

如何把领导的个体特质与领导的决策联系起来？两位学者,设定了以下的路径。涉及领导方式的五因素是:其一,兴趣和经验;其二,领导他人的动机,是任务还是人际关系趋向;其三,解决冲突的策略,是强加自己的喜好,还是保持中立;其四,如何对待信息;其五,对待党内各派和与之联盟的其他党派的策略。[1]

表 8-9　领导方式影响下的变量

变量		指标	分类
参与	程度	对外政策的兴趣	低、中、高
		对外政策的经验	低、中、高
	关注点	什么将进入内阁的讨论	获取支持,发展好的政策
管理策略	管理信息	谁解释信息	其他过滤者,首相
		信息来源	各个部,独立的信息来源
	处理冲突	当冲突发生时首相的角色	提倡者,仲裁者,一致意见的达成者,不参与
	处理决策过程	处理内阁中自己党派或其他党派的关系问题时首相的角色	弥合和平衡,包括一些但不是他者

然后赫尔曼依据上述模型考察了英德四位首相(总理)的领导风格,这四位分别是撒切尔、梅杰、阿登纳和科尔。结果见表 8-10:

---

[1]　Juliet Kaarbo, Linking Leadership Style to Policy: How Prime Minister Influence the Decision-Making Process. In O.Feldman &L. O. Valenty eds., *Profiling Political Leaders: Cross-Cultural Studies of Personality and Behavior*, Praeger, 2001, p.83.

表 8–10　英德两国四位首相撒切尔夫人、梅杰、阿登纳和科尔的领导方式[①]

变量	首相（总理）			
	撒切尔夫人	梅杰	阿登纳	科尔
参与				
程度				
兴趣	高	中等	高	中等
经验	低	中等	低	低
关注点	发展政策	获取支持	发展政策	获取支持
管理策略				
管理信息				
谁解释	首相	其他过滤者	总理	其他过滤者
来源	各种独立的来源	部长	各种独立的来源	各种独立的来源
处理冲突	提倡者	达成共识者	提倡者	仲裁者
处理决策过程	包括一些	弥合	包括一些	弥合
	不是他人	平衡	不是他人	平衡

　　撒切尔夫人和阿登纳有些相似,他们都喜欢创造一个环境,而后两者多强调战略性,并采取调和的策略。撒切尔夫人对国内高度关注,而阿登纳只是零星地关注国内。在决策时是以人际关系为主,还是解决问题为主,他们都倾向于后者。他们都是扩张主义者,敢于挑战环境,在特定的意识形态和计划中提出倡议和解决问题。梅杰和科尔则有些相似。他们在对外的政策倾向方面,都尊重环境,但也有一些不同:科尔是战略家,而梅杰是获取线索者,撒切尔夫人和阿登纳则是圣战者。

　　领导风格涉及各个因素之间, 以及他们与决策之间是一种什么样的关系? 赫尔曼进行了归纳:个体特征(概念复杂性、相信控制、权力需求、归属需求)→上面所提五种领导方式→决策过程特征(内阁冲突的数量和持久度、冲突的焦点、冲突涉及的问题、最终决策群体的成员和本性、投票程序、内阁提出和讨论的建议的数量、内阁重组和辞职的数量和程度)→决策。[②]

---

　　① Juliet Kaarbo &Margaret G. Hermann, Leadership Styles of Prime Ministers:How Individual Differences Affect The Foreign Policymaking Process, *Leadership Quarterly*, Vol.9, No.3, 1998, p.254.

　　② Juliet Kaarbo, Linking Leadership Style to Policy:How Prime Minister Influence the Decision-Making Process, In O.Feldman &L. O. Valenty eds. *Profiling Political Leaders:Cross-Cultural Studies of Personality and Behavior*, Praeger, 2001, p.86.

(四)另类圣战者:特朗普

我们的团队曾经根据赫尔曼的理论对特朗普的心理进行分析①。赫尔曼的理论建构比较复杂,我们只是运用了其部分理论。同时,由于主要运用特朗普的推特进行分析,也只能对部分进行量化分析,尽管有以上的局限,但从我们的研究中,也可以看出特朗普的部分心理特质。

1.特朗普对环境限制的反应

领导人如何应对环境限制?是尊重还是挑战环境?在赫尔曼的理论模型中,评估领导人面对环境限制所扮演的角色,主要从以下两方面进行判断:一是控制事件发展的自信,二是权力的需求。

(1)控制事件发展的自信

相信自己拥有控制事件发展的能力、相信自己能够影响世界上正在发生的事情的领导人与那些不认为自己能控制所发生的事情的领导人,行事风格截然相反。虽然特朗普是一个政治新人,旁人难以过多观察到他作为政治领导人参与政治决策的种种细节;但他作为美国著名的房地产大亨,已在聚光灯下生活了数十年。从执政表现、自传表述和人生经历来看,特朗普表现出对自身控制事件发展能力的极强自信。

首先,特朗普对事件发展的各过程有着极强的控制欲。从刚上任即开除检察官和驻外大使,到执政未满一年便解除数十名白宫团队重要成员,特朗普对于同僚和下属与其政策主张保持一致性有着极高的要求,希望在决策与执行的每一个细节都在他的控制之中。从特朗普在经商时期吸纳的伙伴也可以看出,成为他麾下的一员绝不是靠人情而是靠能力,必须和他的观点保持一致才能够成为他的合伙人或员工。

其次,特朗普积极提出个性鲜明的政策和主张。在竞选活动中,特朗普提出了"将工作从中国等国家带回美国""在美墨边境筑墙"、废除奥巴马医改、阻止外国穆斯林入境等极端却鲜明的主张。这些政治口号虽或多或少出于选举的需要,但他所提出的各种反传统的政策理念,诸如美国战略收缩或重新布局,以及限制移民等,均非虚张声势,上任不过十天就毫不顾忌地挑

---

① 季乃礼、李赫楠:"从政治认知视角看特朗普的个人特质与领导风格",《郑州轻工业学院学报》(人文社科版),2020年第1期。

战政治正确,发表了要求美国暂停难民接收程序 120 天的行政命令。特朗普上任之后,大力推行的三大核心新政——医保法案改革、税改、基础设施建设正稳步落实;移民政策、环保、能源、教育等方面的政策也有所进展,虽然与特朗普宏大的改革蓝图相比还有很长的路要走, 但也足以见到特朗普雷厉风行、自主性相当强的执政风格。由此可见,特朗普对自身控制事件发展能力有着极强的自信。

（2）权力需求

对权力的需求也反映了领导人对于建立、维持或恢复自身权力的担忧,换句话说,对权力的需求也是源于领导人控制或影响他人的欲望。依据权力需求的评判标准,特朗普表现出高度的权力需求。

首先,特朗普经常发表有攻击性的强力言论。以 2016 年 9 月 20 日到 11 月 7 日期间为例,总统竞选已进入白热化阶段。在特朗普个人"推特"账号的386 条动态中,从对不同群体的指责,到他对政客及其制度体系的猛烈批评,攻击性言论有 241 条。尤其是在三次总统辩论期间,他对主要政敌希拉里的攻击更是达到巅峰。从希拉里丈夫克林顿的生活、希拉里"邮件门"、任职国务卿时期的不作为、"培养"了伊斯兰国等各方面进行攻击,同时不忘指责媒体对其持有偏见、故意拉低他的选情民调。可以说,自参政以来,特朗普做出强有力攻击倾向的举措相当频繁。

其次,特朗普表现出对荣誉和地位的极度重视。特朗普似乎非常享受并需要追光灯的关注与跟随,得到更多的关注。在自传《疯狂的征程》中比尔·赞克(Bill Zanker)提到他想请特朗普到 LA 公司讲课,特朗普表示除非有一万人到场,否则绝不出席。在《永不放弃》中,特朗普回忆修建纽约市中央公园沃尔曼溜冰场的项目时,用了较大篇幅讲述了自己与"管理失当"的纽约政府周旋的过程,以及媒体"拯救溜冰场"的评价,他更是直言:"我觉得(自己)21 年之后还能被人记得,并被人认可为一个促成了改变的人,这是应该感到开心的。"被"认可"以得到名誉地位的意义对于他来说相当重要。

再次,特朗普善于审时度势,非常明白采用什么样的策略将能实现自己的目标,在他从事房地产经营期间,从地产选址到营销,再到装修设计,他不仅凭借独到的眼光在商业竞争中屡战屡胜,更是喜欢由自己"创造或变更规则",以换取更优越的利己条件。

因此可以说,特朗普有着强烈的控制或影响他人的欲望,对权力也有着较强需求。综合特朗普对自身控制事件发展能力以及权力影响的评估,可以得知,特朗普相信自己有足够能力可以控制事件的发展,并需要权力。

对照权力需求与事件控制间的关系可知,面对环境限制,特朗普属于挑战环境型领导人,相信自己可以控制事件的发展,并需要权力挑战现有的限制,也将尽可能地推翻他所处环境中可能存在的限制。无论是直接还是间接发挥自身影响力,他都很擅长,而且他非常清楚自己的目标与实现途径,并能够也非常愿意为自己的行动结果负责。

综上所述,特朗普的权力需求与事件控制间的关系如表8-11所示:

表8-11　特朗普权力需求与控制事件发展的自信间的关系

权力需求	控制事件发展的自信
	高
高	特朗普属于挑战环境型领导人,相信自己可以控制事件发生、并需要权力挑战现存限制,也将尽可能地推翻他所处环境中可能存在的限制。他对决策过程会更感兴趣和也更积极,并愿意为自己的行动结果负责。

2.特朗普的信息接受开放程度

领导人是有选择地使用信息,还是完全开放的使用信息指导他们的决策? 在赫尔曼的理论模型中,自信与概念复杂性的相互关系影响着一个领导者的自我定位,这种自我定位暗示着领导人的开放程度。因此,关于领导人信息接受程度是开放还是封闭的判断涉及两方面:一是自信程度,体现在领导人对自我重要性的感知;二是概念复杂性程度,体现在领导人在描述或评论他人、政策、观念或事件时观察角度的细分程度。

(1)自信程度

自信折射出领导人对自我重要性的认知,这将直接影响他们的决策行为。对自信程度的测量,主要是测量代名词 my,myself,I,me,mine,计算他们在领导人个人言论中出现的次数。这些词可能用于领导人行为主语,或是领导人把自己看作某个事件中的权威人物、积极回应的接受者。

依据对自信的测量标准,我们对特朗普在推特上发布的个人言论进行了一个统计。

在2016年5月到2018年1月20日期间,特朗普共发布了3478条推特。其中,自2016年5月特朗普实际上成为共和党的提名候选人,到2017年1月19日正式上任前,特朗普共发布了1381条推特;自2017年1月20日上任至2018年1月20日,执政一年的特朗普共发布2097条推特。

就推特内容而言，从 2016 年 5 月到 2018 年 1 月 20 日期间的 3478 条推特中，代名词 my, myself, I, me, mine 共出现了 1069 次, 平均每 3.25 条推特信息中就出现一次。具体来看，自 2016 年 5 月特朗普实际上成为共和党的提名候选人，到 2017 年 1 月 19 日正式上任前，特朗普的 1381 条推特中，代名词 my, myself, I, me, mine 共出现了 523 次, 平均每 2.64 条推特信息中出现一次；2017 年 1 月 20 日上任至 2018 年 1 月 20 日, 特朗普 2097 条推特中，代名词 my, myself, I, me, mine 共出现了 546 次, 平均每 3.84 条推特信息中出现一次。

就代名词 my, myself, I, me, mine 出现的频率来看，自特朗普正式进入总统竞选的最后角逐以来，主语代名词出现得相当频繁，平均每三条推特信息中出现一次。就代名词 my, myself, I, me, mine 出现频率的时间分布来看，自特朗普上任以来，平均每 3.84 条发布的推特信息出现一次，明显低于上任前的 2.64 条，以及平均水平的 3.25 条。

可以说，特朗普的自我意识非常强，对自我重要性的感觉非常强烈。但有意思的是，从数据分布来看，自特朗普上任以来，对第一人称代名词的使用有所下降，对自我意识、自我重要性的感觉较之以前似乎有所弱化，但依旧处在一个高水平。

综上所述，特朗普代名词 my, myself, I, me, mine 使用情况如表 8-12 所示：

表 8-12　特朗普代名词 my, myself, I, me, mine 使用情况

出现情况	时间	my, myself, I, me, mine
次数	2016 年 5 月 1 日—2017 年 1 月 19 日	523
	2017 年 1 月 19 日—2018 年 1 月 20 日	546
	2016 年 5 月 1 日—2017 年 10 月 31 日	1069
频率	2016 年 5 月 1 日—2017 年 1 月 19 日	37.87%
	2017 年 1 月 19 日—2018 年 1 月 20 日	26.04%
	2016 年 5 月 1 日—2018 年 1 月 20 日	30.74%

不仅在数据中，在特朗普的系列事迹中也随处可见他强烈的自我意识与自我重要性的认知。例如，特朗普将自己的名字印刻在了所有的个人品牌上，从球场到酒店，从赌场到学校。再如，1999 年的夏天，在其父亲弗雷德·特朗普的葬礼上，特朗普站起来讲话，说的却主要是自己。特朗普说，这是他人

生中最艰难的一天。接着他提到了父亲一生最大的成就——养育了一位闻名而杰出的儿子。格温达·布莱尔(Gwenda Blair)在其关于特朗普家族三代人的传记《特朗普家族》中更是直接写道："第一人称单数代词，主格 I，宾格 me 和 my，远远超过 he 和 his。"

由此可见，特朗普有着很强的自我意识，可以说是个高度自信的人。

（2）概念复杂性程度

概念复杂性是指领导人在描述或评论他人、政策、观念或事件时观察角度的细分程度。对概念复杂性程度的测量，重点也放在特定的单词上，这些词暗示说话者可以看到环境中的不同维度，而不是表明说话者只看到少数区分对象和思想。

表现发言者高复杂性的常用词有 approximately，possibility、trend、for example；而反映发言者低复杂性的词有 absolutely，without a doubt，certainly，irreversible。

依据对概念复杂性的测量标准，我们对特朗普在 2016 年 5 月到 2018 年 1 月 20 日期间的 3478 条推特进行分析后发现，表现高复杂性的常用词 approximately，possibility，trend，for example 共出现了 15 次，平均每 231.87 条推特信息中出现一次高复杂性的常用词；表现低复杂性的常用词 absolutely，without a doubt，certainly，irreversible 共出现了 25 次，平均每 139.12 条推特信息中出现一次低复杂性的常用词。具体来看，自 2016 年 5 月特朗普实际上成为共和党的提名候选人，到 2017 年 1 月 19 日正式上任前，特朗普的 1381 条推特中，高复杂性的常用词只出现了 2 次，平均每 690.5 条推特信息中出现一次；2017 年 1 月 20 日上任至 2018 年 1 月 20 日，特朗普的 2097 条推特中，高复杂性的常用词出现了 13 次，平均每 161.31 条推特信息中出现一次。自 2016 年 5 月，特朗普实际上成为共和党的提名候选人，到 2017 年 1 月 19 日正式上任前，特朗普的 1381 条推特中，低复杂性的常用词出现了 8 次，平均每 172.63 条推特信息中出现一次；2017 年 1 月 20 日上任至 2018 年 1 月 20 日，特朗普的 2097 条推特中，低复杂性的常用词出现了 17 次，平均每 123.35 条推特信息中出现一次。

从表示概念复杂性常用词出现的频率来看，自特朗普正式进入总统竞选的最后角逐以来，平均每 231.87 条推特信息中出现一次高复杂性的常用词，平均每 139.12 条推特信息中出现一次低复杂性的常用词，低复杂性的常用词使用率是高复杂性常用词的 1.67 倍。从表示概念复杂性常用词出现频率的时间分布来看，特朗普自上任以来，对高复杂性常用词的使用集中在2017年11月至2018年1月之间。其中2018年1月对高复杂性常用词的使用最为频繁，一共使用6次，占总使用次数的三分之一有余；而低复杂性常用词平均每123.35条推特信息中出现1次，高于上任前的172.63条，以及平均水平的139.12条。

可以说，特朗普是一个概念复杂性程度较低的领导者，倾向于简单对物体和想法进行分类，他对环境复杂性的感知是模糊的，更愿意相信自己的直觉判断。在他看来，行动远远比思考、计划或寻找更多信息要更有效。从数据分布来看，自特朗普上任以来，对低复杂性常用词使用率比就任前更高，高复杂性常用词的使用随着执政时间的增加而增加。总体来说，特朗普在推特中对表示概念复杂性词语的使用较少。

综上所述，特朗普高复杂性常用词与低复杂性常用词的使用情况如表8-13所示：

表8-13　特朗普高复杂性常用词与低复杂性常用词的使用情况

出现情况	时间	高复杂性常用词	低复杂性常用词
次数	2016年5月1日—2017年1月19日	2	8
	2017年1月19日—2018年1月20日	13	17
	2016年5月1日—2018年1月20日	15	25
频率	2016年5月1日—2017年1月19日	0.14%	0.58%
	2017年1月19日—2018年1月20日	0.62%	0.81%
	2016年5月1日—2018年1月20日	0.43%	0.72%

（3）特朗普的自信、概念复杂性与信息开放程度

基于对特朗普在推特上发布的个人言论进行的统计，特朗普对于代名词my,myself,I,me,mine，高复杂性常用词与低复杂性常用词的使用情况如如表8-14所示：

表8-14 特朗普代名词 my,myself,I,me,mine 高复杂性常用词与
低复杂性常用词的使用情况

出现情况	时间	my,myself,I,me,mine	高复杂性常用词	低复杂性常用词
次数	2016年5月1日—2017年1月18日	523	2	8
	2017年1月19日—2018年1月20日	546	13	17
	2016年5月1日—2018年1月20日	1069	15	25
频率	2016年5月1日—2017年1月18日	37.87%	0.14%	0.58%
	2017年1月19日—2018年1月20日	26.04%	0.62%	0.81%
	2016年5月1日—2017年10月31日	30.74%	0.43%	0.72%

通过数据比对可以发现,my,myself,I,me,mine 的出现次数相当多,是表示概念复杂性常用词出现次数的 26.73 倍;出现频率远高于表示概念复杂性的常用词。在概念复杂性常用词中,低复杂性常用词出现次数与频率又高于高复杂性常用词,是高复杂性常用词的 1.67 倍。

综合特朗普对自信特征及概念复杂性的评估可以得知,特朗普的自我意识非常强,自信程度非常高,而概念复杂性程度低,自信特征比概念复杂性特征更突出。

对照自信、概念复杂性与信息开放的关系可知,自信特征比概念复杂性特征更突出的特朗普,对信息接受往往是封闭的。他知道什么是正确的,什么应该发生,他对信息的收集与寻找是为了论证自身对政治情境的定义与理解的正确性,以说服他人相信并支持自己的主张与行动方针。特朗普对环境线索是相当不敏感的,他更倾向于重新诠释所处的环境以迎合他所提倡的观念,在这个过程中,那些对他自身观点不利的数据和证据将被刻意忽略不计。在决策与信息收集过程中,特朗普更有可能以分层的方式组织决策与信息收集,以确保自身对决策过程的控制权。

3.特朗普的动机

领导人对自身权力地位追求动机的测量,反映了领导者是受到他所感知到的威胁或问题的驱使,还是受到合作关系的驱使。测量结果划分为两类:任务趋向或是维系群体趋向。在动机评估的过程中,具体用以下三个特征来进行测量:任务趋向、内群体偏见,以及对他人的不信任程度。任务趋向的焦点所在折射出领导人寻求权力地位的动机,内群体偏见和对他人的不

信任程度反映出领导人对特定群体的认同程度。

（1）任务趋向

所谓任务趋向,就是领导人寻求自身权力地位的动机。对任务趋向的测量,就像对概念复杂性的测量,重点放在计算特定的单词表达,区分这些表达是表示对工作任务的完成,还是关注着对他人情感的回应与维系。反映任务趋向的词有 accomplishment,achieve,achievement,plan,position,proposal,recommendation,tactic;反映维系群体的词有 appreciation,amnesty,collaboration,disappoint(ment),forgive(ness),harm,liberation,suffering。

依据对任务趋向的测量标准,我们对特朗普 2016 年 5 月到 2018 年 1月 20 日期间的 3478 条推特进行分析后发现,反映任务趋向的常用词 accomplishment,achieve,achievement,plan,position,proposal,recommendation,tactic共出现了 117 次,平均每 29.73 条推特信息中出现一次反映任务趋向的常用词;反映维系群体趋向的常用词 appreciation,amnesty,collaboration,disappoint,disappointment,forgive,forgiveness,harm,liberation,suffering 共出现了40 次,平均每 86.95 条推特信息中出现一次反映维系群体趋向的常用词。具体来看,自 2016 年 5 月特朗普实际上成为共和党的提名候选人,到 2017 年1 月 19 日正式上任前,特朗普的 1381 条推特中,反映任务趋向的常用词出现了 46 次,平均每 30.02 条推特信息中出现 1 次;2017 年 1 月 20 日上任至2018 年 1 月 20 日,特朗普的 2097 条推特中,反映任务趋向的常用词出现了71 次,平均每 29.54 条推特信息中出现 1 次。自 2016 年 5 月特朗普实际上成为共和党的提名候选人,到 2017 年 1 月 19 日正式上任前,在他的 1381条推特中,反映维系群体趋向的常用词出现了 10 次,平均每 138.1 条推特信息中出现 1 次;2017 年 1 月 20 日上任至 2018 年 1 月 20 日,在特朗普 2097条推特中,反映维系群体趋向的常用词出现了 30 次,平均每 69.9 条推特信息中出现 1 次。

从反映寻求权力地位动机常用词出现的频率来看,自特朗普正式进入总统竞选的最后角逐以来,平均每 29.73 条推特信息中出现 1 次反映任务趋向的常用词,平均每 86.95 条推特信息中出现一次反映维系群体趋向的常用词,任务趋向常用词使用率是维系群体趋向常用词的 2.9 倍。从表示寻求权力地位动机常用词出现的时间分布来看,特朗普自上任以来,任务趋向常用词使用率从平均每 30.02 条推特信息中出现 1 次上升到平均每 29.54 条推特信息中出现 1 次,使用频率略有上升但相对稳定;而维系群体趋向常用词使用率从平均每 138.1 条推特信息中出现 1 次上升到平均每 69.9 条推特信息中出现 1 次,同样高于上任前及平均水平 86.95 条。

可以说,特朗普是一个任务倾向性较强的领导者,他对权力地位的追求动机来自于自身内部,源于特定的问题或原因,例如意识形态、特殊利益。特朗普也更倾向于从问题的角度看世界,为解决这些问题提供方案。他会不断地对一个项目进行深入挖掘,了解一个问题的解决方案在实施过程中可能发生的问题及处理问题的方案,他甚至愿意牺牲团队中高昂的士气来完成任务,会努力实现任何所做出的决定。从数据分布来看,自特朗普上任以来,任务趋向性基本稳定,维系群体趋向性有所提升,对众人愿望与需求的敏感度进一步提高。

综上所述,特朗普任务倾向常用词与维系群体趋向常用词的使用情况如表 8-15 所示:

表 8-15　特朗普高复杂性常用词与维系群体趋向常用词的使用情况

出现情况	时间	任务倾向常用词	维系群体趋向常用词
次数	2016 年 5 月 1 日—2017 年 1 月 19 日	46	10
	2017 年 1 月 19 日—2018 年 1 月 20 日	71	30
	2016 年 5 月 1 日—2018 年 1 月 20 日	117	40
频率	2016 年 5 月 1 日—2017 年 1 月 19 日	3.33%	0.72%
	2017 年 1 月 19 日—2018 年 1 月 20 日	3.39%	1.43%
	2016 年 5 月 1 日—2018 年 1 月 20 日	3.36%	1.15%

(2)内群体偏见

内群体偏见是指领导人对所属的群体有强烈的情感依赖,在看待世界时以自己的群体(社会、政治、种族)为中心,认为这个群体是最好的。因此,在高内群体偏见的领导人看来,保持群体文化的完整性和地位的崇高性有重要意义,他们做的任何决定都要符合这个群体的核心利益。

反映领导人内群体偏见的词,包括有利的正面修饰语 great,peace-loving, progressive,successful,prosperous;展示强力的词语 powerful,capable,made great advances,has boundless resources;或者表明需要维护集体荣誉和身份的词句 need to defend firmly our borders,must maintain our own interpretation,decide our own policies。

依据对内群体偏见的测量标准,我们对特朗普 2016 年 5 月到 2018 年 1

月 20 日期间的 3478 条推特进行分析后发现，反映领导人内群体偏见的词，包括有利的正面修饰语 great, peace-loving, progressive, successful, prosperous；展示强力的词语 powerful, capable, made great advances, has boundless resources；或者表明需要维护集体荣誉和身份的词句 need to defend firmly our borders, must maintain our own interpretation, decide our own policies, America first, make america great again 共出现了 918 次，平均每 3.79 条推特信息中出现一次反映内群体偏见的常用词。具体来看，自 2016 年 5 月特朗普实际上成为共和党的提名候选人，到 2017 年 1 月 19 日正式上任前，特朗普的 1381 条推特中，反映内群体偏见的常用词出现了 234 次，平均每 5.90 条推特信息中出现 1 次；2017 年 1 月 20 日上任至 2018 年 1 月 20 日，特朗普的 2097 条推特中，反映内群体偏见的常用词出现了 684 次，平均每 3.07 条推特信息中出现 1 次。

从反映内群体偏见常用词出现的时间分布来看，特朗普自上任以来，反映内群体偏见的常用词使用率从平均每 5.90 条推特信息中出现一次上升到平均每 3.07 条推特信息中出现一次，使用频率有较大幅度的提升。

可以说，特朗普是内群体偏见很高的领导者，他与本土美国人的群体同构性极强，特朗普高度关注并提防其他群体、组织、政府或国家干预美国事务或损害美国利益的企图。特朗普很有可能使用替罪羊政策，将感知的国内一切的问题都归结于美国本土人以外的外来者，并通过放大这个外部威胁调动民众对自己的支持。内群体偏见极强的特朗普很有可能把政治看作零和博弈，其他群体的收益是美国民众群体的损失。因此，他认为美国人必须时刻保持警惕，以确保美国人在全球竞争中稳赢不输。

综上所述，特朗普反映内群体偏见常用词的使用情况如表 8-16 所示：

表 8-16　特朗普反映内群体偏见常用词的使用情况

出现情况	时间	内群体偏见常用词
次数	2016 年 5 月 1 日—2017 年 1 月 19 日	234
	2017 年 1 月 19 日—2018 年 1 月 20 日	684
	2016 年 5 月 1 日—2018 年 1 月 20 日	918
频率	2016 年 5 月 1 日—2017 年 1 月 19 日	16.94%
	2017 年 1 月 19 日—2018 年 1 月 20 日	32.61%
	2016 年 5 月 1 日—2018 年 1 月 20 日	26.39%

（3）对他人的不信任

对他人不信任包括对他人的怀疑、不安、疑虑和小心，怀疑他人的动机和行为倾向。

对不信任他人的测量，重点放在对语句的理解，领导是否对另一些个体与群体在做什么感到怀疑疑虑、感到不安，甚至对他们保持警惕？领导者是否关心这些人或群体在做什么，并认为这些行为对自己、盟友、朋友不利？如果其中一个条件存在，则语言表达中就表现出不信任。

依据对他人不信任的测量标准，我们对特朗普2016年5月到2018年1月20日期间的3478条推特进行分析后发现，谴责国内舆论媒体，攻击希拉里、奥巴马及其他政见立场相左者的推特有811条，表现出对潜在对立者的极大不信任，高度怀疑他们的动机和行为倾向。同时特朗普表现出对别人批评的高度敏感性和警觉性，从记者到政治对手，特朗普称他的反对者们"令人恶心"，并且贬低他们是"失败者"，近乎锱铢必较，他的权威不允许被挑战，批评和反对在他看来就是对自己权威的挑战。

（4）特朗普内群体偏见与信任间的关系

综合特朗普对内群体偏见及对他人不信任程度的评估可以得知，特朗普的内群体偏见很高，他与本土美国人的群体同构性极强，同时他对潜在对立者极度不信任，对别人的批评高度敏感和警觉，不允许他人挑战自己的权威。

对照内群体偏见与信任间的关系可知，特朗普的内群体偏见很高，同时极度不信任他人的领导者，更倾向于相信，国际环境中损害自己群体利益的邪恶对手到处存在，自己有义务对抗这些敌人，必要时主动攻击以消除潜在的威胁。

（五）是圣战者，但是另类的

对特朗普如何应对环境限制、接受信息的开放程度及追求地位的原因动机这三方面的测量，反映出特朗普对政治背景和环境敏感与否及敏感程度，他是想控制事件的发展还是想成为他人政治观点的代言人。在赫曼的领导风格分析框架中，这些不同的差异组合起来，形成了特朗普特定的领导风格。

特朗普有着强烈的控制或影响他人的欲望，对权力也有着较强需求。对照权力需求与事件控制间的关系可以发现，面对环境限制，特朗普属于挑战环境型领导人,相信自己可以控制事件发展并需要权力挑战现有的限制,也将尽可能地推翻他所处环境中可能存在的限制。

综合对特朗普自信特征及概念复杂性的评估,特朗普的自我意识非常强,自信程度非常高,而概念复杂性程度低,自信特征比概念复杂性特征更突出。对照自信、概念复杂性与信息开放的关系可知,自信特征比概念复杂性特征更突出的特朗普,对信息的接受往往是封闭的。他知道什么是正确的,什么应该发生,他对信息的收集与寻找是为了论证自身对政治情境的定义与理解的正确性,以说服他人相信并支持自己的主张与行动方针。

特朗普同样是一个任务倾向性更强的领导者,他对权力地位的追求动机来自于自身内部,源于特定的问题或原因,例如意识形态、特殊利益。特朗普更倾向于从问题的角度看世界,为解决这些问题提供方案。他甚至愿意牺牲团队中高昂的士气来完成任务,会努力实现所做出的任何决定。同时,特朗普的内群体偏见很高,他与本土美国人的群体同构性极强,而对潜在对立者极度不信任,对别人的批评高度敏感和警觉,不允许他人挑战自己的权威。

在赫曼的领导风格分析框架中,领导人面对环境限制更多表现为一个挑战者,对信息的接受是封闭的,且追求领导地位的动机来自于内在,决策时更多考虑问题本身,表现出扩张主义倾向,这是"圣战者"类型领导风格。毫无疑问,在赫曼的三大类领导风格的理论中,特朗普正是具有典型的"圣战者"类型领导风格。

综上所述,特朗普领导风格分析如表 8-17 所示:

表 8-17　特朗普领导风格分析

领导风格	对限制的反应	对信息的开放	对领导地位的动机问题
圣战者(crusader)	挑战者	封闭的	扩张主义 重点是扩大自己的实力和影响力

如何来看待特朗普是圣战者的结论?我们可以将特朗普与赫曼所说的典型的圣战者作比较。20 世纪 70 年代,赫曼的研究团队通过远距离人格评测法对 62 位国家领袖的领导风格做出评测,在赫曼团队的数据库中,"圣战者"类型领导风格的代表性领袖有两位,分别是古巴的共产主义革命领袖菲德尔·卡斯特罗及英国女首相玛格丽特·撒切尔。虽说同是"圣战者",回顾三位政治人物的生涯,却是大相径庭。

无论是卡斯特罗还是撒切尔，都有一个共同特点，即他们对自己的信仰是坚定的，并为自己的信仰而奋斗。卡斯特罗的一生都在为反对帝国主义、资本主义，为建设一个更美好的社会而奋斗。撒切尔夫人虽然有坚定的意识形态立场，但是反共产主义的。与前两位"圣战者"相比，指导特朗普行为的不是意识形态，而是利益。作为一个稳居全球富豪榜前列的超级资本家，特朗普无论是在组建团队抑或是在推行政策议案方面，都带着浓厚的商人色彩。从执政团队建设来看，特朗普所组建内阁的核心智囊团是以华尔街金融大亨和企业家为主的商人团队——质疑全球变暖的前美孚集团 CEO 雷克斯·蒂勒森、支持放松金融业法规的前高盛合伙人史蒂芬·努钦、民粹主义者代表史蒂夫·班农、人称"破产重组大王"的威尔伯·罗斯等。商人智囊团队的建立与"美国利益至上"的政治口号可谓相得益彰。

在 2017 年 1 月 20 日的就职典礼上，特朗普多次高喊"America First"的口号，以"美国利益至上"的标准来衡量国际和国内政策。围绕着"美国利益至上"的政策基调，特朗普提出系列政策预想并逐步落实：颁布禁穆令，减少难民接受人数；用"美国优先能源计划"取代奥巴马的"气候行动计划"，退出《巴黎协定》，为国内自然能源的开采开启"绿色通道"，希望以此实现能源自主，摆脱对 OPEC(石油输出国组织)及对美国利益有害的国家的依赖，并创造出更多的就业机会；重启双边协定，与各国重启贸易谈判，拒绝有损美国利益的贸易协定，计划提高进口货物关税，打贸易战，以此保护美国企业、增加收入和支持美国制造，进而扭转贸易逆差；大力推进税制改革，将公司所得税率从 35% 下调至 20%，鼓励美国公司把海外利润带回美国，将个人所得税从七档减至四档……

可以看出，特朗普政府的政策价值取向的确贯彻落实"美国利益至上"的竞选口号，更准确地说，是美国经济利益至上的口号，战略利益要远比意识形态利益重要。因此，尽管特朗普从领导风格上讲是圣战者，但是另类的。

六、群体思维

群体思维是美国的学者詹尼斯(Irving L. Janis)提出的。1972 年，詹尼斯发表了《群体思维的受害者：外交决策及其惨败的心理研究》(*Victims of Group-think：A Psychological Study of Foreign-Policy Decisions and Fiascoes*)，1982 年又对该书进行了重新修订，书名修改为《群体思维：政策决策及其惨败的心理研究》(*Groupthink:Psychological Studies of Policy Decisions and Fiascoes*)，内容已经不仅局限于外交的决策，而且是归纳为一种领导决策的范式，同时也在试图从几个成功的案例中找出避免群体思维的路径。决策失败的案例包括珍珠港事件、朝鲜战争、猪湾事件、越南战争、水门事件；决策成功的案例有马歇尔计划和古巴导弹危机，詹尼斯从中总结出了群体思想的一些特征，以及如何预防群体思维的产生的措施。

"Groupthink"，有的国内学者将其译为"小集团思维"，是比较确切的，因为这里的"group"的范围仅限于核心的领导决策层，是为数不多的几个人。之所以译为"群体思维"，是从政治心理学的角度考虑的，群体心理是政治心理学属的一个领域，通常将"group"译为群体。群体思维涉及的领域是政治学，研究的是领导，但运用的理论是心理学，方法是案例分析，针对的是大的历史事件，因此《群体思维》成为政治学、心理学、管理学，乃至于历史学的经典之作，成为上述诸学科所推荐的重要参考书。这不仅因为其涉及领域广泛，研究方法科学，更在于观点的新颖。

无论是管理学还是政治学，都把团队精神看作是一个人最基本的素质，认为群体具有凝聚力是群体积极的表现。在人人说"是"之时，詹尼斯却提出了相反的看法：群体的凝聚力对领导群体的决策会产生负面影响，导致决策质量的降低。如同孔子提出仁义，成为思想大师；老子指出仁义的虚伪，也能够成为思想大师一样。一些学者肯定了群体的凝聚力，其著作成为经典；而《群体思维》指出群体凝聚力的另一面，同样成了经典。

何谓群体思维？它是指这样一种思维模式：当人们深度参与一个具有凝聚力的群体的决策时，维持群体一致性的努力超过了评估现实可选择的行为过程的动机。源于内群体的这种压力导致了心理效能、对现实的验证能力及道德判断能力的降低。①

(一)群体思维形成的前提条件

群体思维的形成需要具备以下条件：

---

① Irving L. Janis, *Groupthink:Psychological Studies of Policy Decisions and Fiascoes*, Houghton Mifflin Company, 1982, p.9.

1.决策者形成一个具有凝聚力的群体

群体越是具有凝聚力,越有追求一致性的取向,越坚守群体的规范,不愿意对群体达成的共识持怀疑态度,相反,共同的辩护取代了个体的批判思维和现实检验。群体决策的优势在此情况下会消失,因为具有相同价值的成员共同面对危机时会产生归属的需求,即从群体寻求心理的安慰。群体越和睦,越具有群体精神,独立批判思维被群体思维取代的危险就越大。与内部和睦相反,对外群体的敌意增加,越会对外采取非理性和非人性的行为。①

2.组织结构的错误

包括四个方面:

第一,群体的绝缘。决策的形成仅限于总统身边几个核心成员,整个决策过程中并没有征求有关专家和其他群体的意见。即使有反对者与会,他们的意见也并没有得到充分表达,或者被忽略了。在猪湾事件中,决定入侵古巴之前,富布莱特(Fulbright)指出了计划的许多缺点,但总统并没有让讨论继续。②在朝鲜战争的决策中,凯南和尼兹(Kennan and Nitze)二人所在的办公室反对越过38度线,但艾奇逊(Archson)并没有邀请这些专家加入智囊团参与探讨。面对中国不断发出的警告,没有人能够正确理解中国的意图和能力。③

第二,缺少无偏见的领导的传统。领导应该是避免因过早表达自己的意见而对决策群体的成员施加影响,相反,应该鼓励他们坦承自己的意见。而在这些惨败的事件中,领导很早提出自己对事件的看法,决策成员予以默认,这样就形成了占主流的意见,丧失了讨论计划存在缺点的机会。在猪湾事件中,推翻卡斯特罗政权的计划早在艾森豪维尔当总统时由中央情报局局长阿伦·杜勒斯(Allen Dulles)和特别助理理查德·比塞尔(Richard Bissell)提出,肯尼迪上台之后继续支持该计划,将两人视作自己人。面对来自核心决策层

---

① Irving L. Janis, *Groupthink: Psychological Studies of Policy Decisions and Fiascoes*, Houghton Mifflin Company, 1982, p.12.

② Irving L. Janis, *Groupthink: Psychological Studies of Policy Decisions and Fiascoes*, Houghton Mifflin Company, 1982, p.40.

③ Irving L. Janis, *Groupthink: Psychological Studies of Policy Decisions and Fiascoes*, Houghton Mifflin Company, 1982, pp.60–61.

其他成员对两人的批评,他采取了低调处理,甚至视而不见。即使在猪湾事件失败之后,他仍然把两人看作决策群体的成员。但是对计划的批评者的命运则是另外一番景象。按照正常的逻辑,猪湾事件失败后,必然有人要为此承担责任。但是第一个被解雇的却是副国务卿切斯特·鲍尔斯(Chester Bowles),他因为反对该计划,而且预测的结果准确,使肯尼迪脸面无光,功高震主。[①]

第三,缺少方法和程序所要求的标准。具体来说,没有建立一套信息检查和评估的方法和程序,没有相应的规范、标准。譬如,决策群体形成一致意见时,没有对该意见进行重新考察,看看有无缺失,他人的批评有无道理,有无其他更好的路径可供选择等。

第四,成员的社会背景和意识形态的相似性。譬如,在朝鲜战争中,杜鲁门的决策群体成员认为,面对共产主义在世界的扩张,应该采取围堵政策,以保护所谓的"自由世界"[②]。

3.刺激性的(Provocative)条件背景

詹尼斯认为,在下述背景下,容易形成群体思维。

(1)高度威胁的社会环境

群体思维发生于恐惧唤醒的情景中,即人们面临恐惧威吓,同时又得到选择的路径时,恐吓往往是有效的,一般会按照施加恐惧者的想法去做。但是仅施加恐惧,却使人又无路可走时,被恐吓的人往往会狗急跳墙,或破釜沉舟。在发生群体思维的事件中,决策群体成员面临着高强度的威胁,却没有找到比群体思维条件下形成的决策更好的出路。

(2)由以下方面所产生的暂时的低自尊

所谓暂时的低自尊并不是指一个人长久的特征是低自尊或高自尊,指在对某事件作决策时是低自尊的,而该事件过后则又恢复了原初的状态。导致当时低自尊的原因大致有三:

其一,最近的失败使成员的信心不足的感觉变得突出。

①　Irving L. Janis, *Groupthink: Psychological Studies of Policy Decisions and Fiascoes*, Houghton Mifflin Company, 1982, p.44.

②　Irving L. Janis, *Groupthink: Psychological Studies of Policy Decisions and Fiascoes*, Houghton Mifflin Company, 1982, p.49.

其二,过于艰巨的困难使现有决策者降低了每个成员的自我效能。

其三,道德的困境:缺少明显的可供选择的路径,除了违反伦理规范。

以上三种条件导致了群体成员之间有寻求一致性的取向,这就为群体思维创造了条件。

(二)群体思维的特征

如何来界定群体思维,詹尼斯提出三方面的特征:

1.类型一:群体的过高估计

(1)固若金汤的幻觉

群体达成的意见之所以是失败的,在于它是一种幻觉。这种幻觉是依靠群体成员的相互鼓励、支持维系的:虽然计划有危险,但大家都认为可以,那就有可能成功,命运会站在自己一边的。他们的信心来自对敌我的判断,总认为自己团队的人是聪明的、强大的、善良的,对手是愚昧的、软弱的和邪恶的。[1]强定会胜弱,文明会战胜愚昧,正义会战胜邪恶。

(2)相信群体固有的道德

决策群体的成员在加入决策群体之前,已经有很高的名望,譬如大学的教授,或者受人尊敬的政治家,这种所谓高素质人员的构成,使每个成员相信他们的道德是无可指责的。

2.类型二:闭合思维

(1)群体的合理化

相信自己群体的行为是合理的,把对手看作是有私心的,认为对手对自己群体行为的批评是有目的的,譬如为争夺权力,把总统和他所领导的团队拉下马。因此,对方批评得越厉害,他们反而越相信自己行为的正确。譬如,在吉隆滩战役中,媒体揭露他们的过失,他们将此看作是政敌所为。所有反对他们的人,甚至是那些要求公布真相的人,都被他们视作是有成见的。[2]

---

① Irving L. Janis, *Groupthink : Psychological Studies of Policy Decisions and Fiascoes*, Houghton Mifflin Company, 1982, pp.36–37.

② Irving L. Janis, *Groupthink : Psychological Studies of Policy Decisions and Fiascoes*, Houghton Mifflin Company, 1982, pp.227–229.

（2）对外群体的偏见

群体成员间相互尊重、团结，群体成员对群体忠诚，但并不能保证他们对外群体成员保持同样的心态。相反，群体内部凝聚力越强，越可能对外群体和敌人采取极端的硬心肠。他们不但轻视外群体，还给他们贴上不道德的标签，对待所谓的"坏人"，更容易采取非人性的解决方式，诸如越南战争期间，美国对北越大规模的轰炸等。[1]再如，朝鲜战争爆发前，杜鲁门及其核心决策成员普遍把中国看作是软弱可欺之国，认为只是苏联的傀儡，外交政策上完全听命于苏联。[2]

3.类型三：面对一致性的压力

群体内形成主流的意见之后，群体内成员会感觉到一致性的压力。面对压力，成员会有如下的反应：

第一，自我检查。不是对主流的意见提出怀疑，而是对自己怀疑态度的检查。不是主流的意见有错，而是自己的怀疑可能是错的。对自己怀疑的检查，是害怕被贴上软弱或恐惧的标签，这种恐惧可能并不等同于害怕说话没有效力或毁坏自己的职业。[3]不同意见者感觉像在家庭中，害怕向外群体成员说出自己的怀疑，被他们抓住把柄，对内群体不利。即使对主流的意见提出批评，也是严格限定在可接受的范围内，不挑战群体原有信念基本的假设。如果走得太远，就会被群体内成员警告。[4]

第二，一致性的幻觉。在主流意见下，大家变得沉默了，各自会认为对方会认同该意见，没有想到他人也可能如自己一样有或多或少的怀疑。在这种情况下，每个人感觉该信念是真的，共同的辩护代替了个体的批判思维和现实检验。[5]

---

[1]　Irving L. Janis, *Groupthink : Psychological Studies of Policy Decisions and Fiascoes*, Houghton Mifflin Company, 1982, pp.11-12.

[2]　Irving L. Janis, *Groupthink : Psychological Studies of Policy Decisions and Fiascoes*, Houghton Mifflin Company, 1982, p.59.

[3]　Irving L. Janis, *Groupthink : Psychological Studies of Policy Decisions and Fiascoes*, Houghton Mifflin Company, 1982, p.39.

[4]　Irving L. Janis, *Groupthink : Psychological Studies of Policy Decisions and Fiascoes*, Houghton Mifflin Company, 1982, pp.114-117.

[5]　Irving L. Janis, *Groupthink : Psychological Studies of Policy Decisions and Fiascoes*, Houghton Mifflin Company, 1982, p.37.

第三,对不同意见者直接的压力。对于那些表达不同意见者,群体会向他们表达如下明确的信息:反对该意见就是与所有成员作对。他们把对意见的支持与否同忠诚与否挂钩,只要对意见表示支持,即使后来证明是错的,也不会因结果的失败而承担责任;相反,凡是表达反对意见的,即使后来证明是对的,也会成为被谴责或处分的对象。在朝鲜战争中,杜鲁门没有怪罪智囊团的误导和提供错误的信息,而是谴责了政治对手。这样的结果避免了群体内部产生分歧和情绪受挫,有助于一致反对外群体。没有一个将军或智囊是战争的替罪羊,相反,批评他们的媒体成为转嫁愤怒的对象。[①]越南战争期间,国防部长罗伯特·麦克纳马拉(Robert McNamara)面对战争的升级,表达了温和的批评意见。尽管他一直对约翰逊总统非常忠诚,但最终还是被迫辞职。约翰逊曾经打过一个比喻形容他这位国防部长:"一个人在向买主推销自己的房子,这时他的一个儿子却告诉人家地下室漏水。"[②]

第四,自我任命的意见卫道士。如果有人提出批评意见,群体内会有人站出来,为该决策进行辩护。自我任命的卫道士指群体内有的成员,就像站岗的士兵一样,时刻保持警惕,保护他们所谓正确的决策。肯尼迪的高参阿瑟·施勒辛格(Arthur Schlesinger)反对吉隆滩战役,肯尼迪的弟弟罗伯特·肯尼迪(Robert Kennedy)在为妻子庆祝生日的晚会上,把施勒辛格悄悄叫到一边说:"你可能是对的,也可能是错的,但总统已经做出了决定,不要再反对了。现在所做的就是尽我们所能帮助他。"[③]

(三)错误决策的特征

詹尼斯认为,受群体思维的影响,会在决策过程中出现的一系列错误有:

第一,没有就解决的路径作充分的考察。面对危机事件,解决的路径可能有几种,但是没有对几种路径的可行性做充分的考察。

第二,没有对目标作充分的评估。对手的性格、心理是怎样的,对手所发出的信息是真是假,对手有哪些优势和劣势等,都没有作详细的考察。

① Irving L. Janis, *Groupthink: Psychological Studies of Policy Decisions and Fiascoes*, Houghton Mifflin Company, 1982, pp.65–67.

② Irving L. Janis, *Groupthink: Psychological Studies of Policy Decisions and Fiascoes*, Houghton Mifflin Company, 1982, p.117.

③ Irving L. Janis, *Groupthink: Psychological Studies of Policy Decisions and Fiascoes*, Houghton Mifflin Company, 1982, p.40.

第三，没有对偏爱的解决路径的危险作评估。片面夸大所钟爱的路径的优点，有意地忽略采取该路径所导致的危险性。越南战争中，美国与北越在华沙进行谈判时，群体成员赞成对北越进行轰炸，以增加谈判的筹码，但没有意识到轰炸有可能导致谈判的破裂。①

第四，没有主动地评估已经放弃的选择。已经放弃的选择是否真的一无是处，没有对此作详细的考察。

第五，低层次的信息检查。对所接受到的信息并没有作详细的检查，以判断信息的真伪，以及信息中所包含的内容。

第六，对于已经掌握的信息在处理过程中有选择的偏见。即选择与自己的偏好一致的信息，而对不一致的信息则有意地忽略。

第七，没有设计出应急方案。即如果所设计的方案在实践中遇到了问题，是否还有其他应急的措施。譬如在吉隆滩战役中，乐观地认为计划实施肯定会很顺利，没有制定计划失败的应对措施。②

5个决策失败的案例均具有上述明显错误的特征。在珍珠港事件中，美国太平洋舰队司令金梅尔（Edward Kimmel）及其决策群体具有群体思维的特征。在珍珠港事件中，MAGIC③提供了大量的情报显示日本准备采取大规模军事行动，但并不知道确切位置。这种信息的模糊性导致金梅尔决策群体按照自己的意愿对信息进行解读。尽管华盛顿的战争委员会（War Council）警告太平洋舰队必须准备好与日本的战争，但措辞是"多数情报"而不是"所有情报"，日本军舰出发时，对于攻击的目标情报也没有明确指出。金梅尔曾经担心日本可能攻击珍珠港，但决策成员认为不可能。最后，他们把珍珠港从袭击的目标中删除，认为日本没有胆量袭击夏威夷，因此将导致与美国的全面战争。除了珍珠港，袭击的目标是哪个呢？他们认为日本会选择英国和荷兰在远东最弱的目标，然后以非直接的形式挑战美国。理由是，日本会攻击弱的目标，而袭击夏威夷是冒险，退一步讲，即使他们冒险进攻珍珠港，也能够及时发现和摧毁他们，停在港口的军舰实力强大，不可能被水雷击沉。之

---

①　Irving L. Janis, *Groupthink：Psychological Studies of Policy Decisions and Fiascoes*, Houghton Mifflin Company, 1982, p.121.

②　Irving L. Janis, *Groupthink：Psychological Studies of Policy Decisions and Fiascoes*, Houghton Mifflin Company, 1982, pp.174–176.

③　按，MAGIC，是对当时日本电报密码破译的统称。

所以做出此判断,在于金梅尔与其下属和谐的关系。尽管他是一个认真的人,对下属有极高的要求,但与下属的关系很好。办公室的下属崇拜他,绝对忠诚于他。成员会根据金梅尔的想法提出自己的观点,而金梅尔也能够从成员对决策的肯定获得信心。当然,在珍珠港事件中,华盛顿的战争委员会也有和平的想法,这种想法也受一定程度的群体思维的影响,成员很少有机会发表日本可能攻击美国的观点,所有的成员相信夏威夷是最少可能受攻击之地。但出于以防万一的考虑,他们向太平洋舰队发出了警惕日本的信息,但发布的信息是不确定的。[①]按照詹尼斯的观点,是华盛顿的战争委员会一定程度的群体思维,以及太平洋舰队典型的群体思维导致了最终决策的失误。

当然,错误的决策并不意味着结局一定很惨,詹尼斯认为,错误的决策使成功的可能性降低。他说,并不是说所有的惨败皆是因为群体思维,错误的决定有时会导致成功的结果,只是群体思维促进决策的错误,决策错误导致差的结果可能性更高。[②]

(四)如何预防群体思维

如何预防群体思维?詹尼斯从马歇尔计划和古巴导弹危机中归纳出九项防治群体思维的措施,其中前三项是基本的措施,另外六项分别是针对群体绝缘及领导偏见的。

1.基本的预防措施

第一,群体的领导赋予每个成员批评性评估者的角色,鼓励他们在发表观点时把反对和怀疑放在首位。譬如,古巴导弹危机时期,决策群体的成员被赋予了新的角色,即作为怀疑的"通才",对各种解决路径提出质疑。当然,该措施能否真正成功实践,需要领导能够诚心诚意地接受这些批评和怀疑,由此提高批评者的信心。但对意见的批评和怀疑也有一些弱点,譬如没完没了的争论、批评会破坏成员间的情感,导致成员情绪受挫、消沉和愤怒。因

---

① Irving L. Janis, *Groupthink: Psychological Studies of Policy Decisions and Fiascoes*, Houghton Mifflin Company, 1982, pp.72-95.

② Irving L. Janis, *Groupthink: Psychological Studies of Policy Decisions and Fiascoes*, Houghton Mifflin Company, 1982, p.11.

此,需要决策群体的领导有极高的智慧,既让大家畅所欲言,又能调和各种争论,不至于使争论陷入僵局。另外,批评性评估的有效性依赖于成员的背景和人格,需要成员能够理性地怀疑和讨论各种解决路径。[1]

第二,处于组织等级秩序中的领导应该公正而不是表达偏好和期望。这要求领导对议题的范围做出没有偏见的陈述,不提出自己特别偏好的建议。譬如,在商讨古巴导弹危机时,肯尼迪极力避免自己发表更多的意见,以免影响决策的各个成员,促进他们的独立思考。该措施的优点在于能够出现公开地质询和公正地探讨各种选择,但也可能导致领导和成员的裂痕加大。[2]

第三,面对同一议题,设置独立的政策计划和评估组,在不同的领导下思考解决之策。要确定每组的责任和每个参与者的角色,还要防止因设置小组过多而可能导致安全信息泄露。

2.针对绝缘的措施

在上述三项基本措施的基础上,詹尼斯又提出了六项具体的措施,其中三项是试图改变群体决策的孤立、封闭的状态。

第一,划分不同的决策亚群体,由不同的主席主持召开会议,然后集中分析它们提出的不同意见。譬如,古巴导弹危机时,决策亚群体被分成两个独立的小组。马歇尔计划则是在汇总六个独立的决策亚群体的意见基础上起草的。

第二,决策群体成员定期与信得过的助手在组织内部讨论他们的想法,并对助手的意见有所回应。

第三,在意见没有最终确定时,邀请外围的专家和高素质的同事与会,并鼓励他们挑战核心成员的观点。

3.纠正领导偏见措施

最后三项措施的提出意在纠正领导的偏见。

第一,每次开会评估解决之策时,至少一个成员必须扮演提意见的"恶

---

[1]　Irving L. Janis, *Groupthink:Psychological Studies of Policy Decisions and Fiascoes*, Houghton Mifflin Company, 1982, p.141.

[2]　Irving L. Janis, *Groupthink:Psychological Studies of Policy Decisions and Fiascoes*, Houghton Mifflin Company, 1982, p.141.

人"的角色。

第二，涉及竞争的国家或组织的议题时，大量的时间应该花在分析来自对手的警告，根据对手的意图建构他们的选择情景。譬如，肯尼迪把苏联的领导人看作是理性的人，从他们的角度考虑问题，根据专家的判断，觉得苏联不可能发动一场战争。[①]

第三，在就所谓最好的解决之策达成共识之后，在没有最终决定前，决策群体应该有"第二次机会"开会，期望成员表达他们余下的怀疑，重新思考整个议题。[②]

(五)对群体思维的批评和发展

詹尼斯对群体思维的研究，是有关群体心理理论应用到领导心理领域的一次尝试，对于政治学、社会心理学和管理学的研究均有所贡献。他注意到了群体决策过程中容易忽略的一方面，即人们多注意到群体关系和谐的积极方面，却没有注意到消极方面。

但是也有学者对群体思维提出了批评。主要集中在以下四方面：其一，案例研究方法的问题，具体来说，案例研究方法在验证假设方面存在很多问题，最明显的就是从纷乱的历史材料中有意地选择符合理论假设的证据；其二，过程和结果结合太完美，具有后见之明的危险；其三，对所分析的决策成功的案例全面肯定，失败的案例全面否定，存在如下的危险：归为一类时故意忽略情景之间的区别，归为不同类时则会故意夸大；其四，模式建构中存在概念的误读，譬如作者把群体凝聚力和刺激性的条件作为群体内成员群体一致性的前提条件。[③]关于最后一点，有学者作了更为详细的解释，马伦·E.特纳(Marlene E. Turner)等指出，群体思维的产生与群体的凝聚力并无关系，而是与领导方式有关。在依赖领导指示做出决定的群体中，具有群体思维的一些特征，譬如分享的信息少，提出的解决方法也少。但是在以参与方式为特征的群体中，人们多会自由表达自己的看法。凝聚力和威胁并不是互动的

① Irving L. Janis, *Groupthink : Psychological Studies of Policy Decisions and Fiascoes*, Houghton Mifflin Company, 1982, p.151.

② Irving L. Janis, *Groupthink : Psychological Studies of Policy Decisions and Fiascoes*, Houghton Mifflin Company, 1982, pp.260–271.

③ Philip E. Tetlock, et al., Assessing Political Group Dynamics : A Test of the Groupthink Model, *Journal of Personality and Social Psychology*, Vol.63, No.3, 1992, pp.403–425.

关系，决策群体中的人们不敢表达自己的意见，可能不是因为凝聚力的关系，而是因为詹尼斯所说的面临的威胁，譬如怕失去成员的身份，或者出现金钱的损失等。①

群体思维的研究主要是针对美国历史上的一些著名事件，采用的方法是定性的方法。既然有学者批评群体案例不充分，是否能够找到更多的群体思维的案例，尤其是其他国家的决策群体是否也会出现群体思维；既然定性的方法在验证假设方面存在先天性不足，是否可以用定量方法对群体思维进行研究？正是基于上述的考量，一些学者对群体思维的研究有所发展：

一是采用定量的方法以验证群体思维理论。最有代表性的是泰特洛克（Philip E. Teltlock），他曾经运用整合复杂性理论，对《群体思维》一书中所涉及的这些案例进行了定量分析，最终部分验证了群体思维的结论：与非群体思维的群体相比，群体思维的群体在认知复杂性上处于较低的层次，更加简单化。群体思维决策者在涉及与美国及他们认同的群体相关的政策问题上的感知更简单化，多作正面的评价。但有些结论与群体思维的理论存在矛盾之处：在涉及共产主义议题，以及与他们所反对的群体相关的议题时，群体思维和非群体思维群体的成员均作负面性的评价，两者并无本质的差别。② 泰特洛克的研究提醒我们，群体思维的产生与他们的认知对象和议题的类别相关。之后，泰特洛克等运用群体动力Q类型（Group Dynamics Q sort）方法对群体思维进行了研究。该方法由100对极端的陈述构成，主要是描述各种政治领导群体的属性，采用9分值的测量方法。最初，由20位政治学、历史学和领导分析的学者组成的群体对300个条目进行了预先测试，然后减为100个条目，进行重新测试。结果支持了对群体思维模式的批评：群体的凝聚力和因环境导致的紧张既不是必要的，也不是充分的条件。譬如，在凝聚力条件下，如果成员相信自己即使发表不同意见也不会因此受到惩罚，反而会减少一致性。③

---

① Marlene E. Turner et al., Threat, Cohesion, and Group Effectiveness: Testing a Social Identity Maintenance Perspective on Groupthink, *Journal of Personality and Social Psychology*, Vol.63, No.5, 1992, pp. 781–796.

② Philip E. Tetlock, Identifying Victims of Groupthink From Public Statements of Decision Makers, *Journal of Personality and Social Psychology*, Vol.37, No.8, 1979, pp.1314–1324.

③ Philip E. Tetlock, et al, Assessing Political Group Dynamics: A Test of the Groupthink Model, *Journal of Personality and Social Psychology*, Vol.63, No.3, 1992, pp.403–425.

二是对美国之外的案例的研究。斯蒂芬·G. 沃克(Stephen G. Walker)和乔治·L. 沃特森(George L. Watson)运用整合复杂性理论对慕尼黑危机时期英国的决策群体进行了研究。他们主要考察了英国首相张伯伦和外交大臣哈利法克斯(Halifax)的思维方式,结果发现:群体思维存在于慕尼黑危机时的英国核心内阁中,但与詹尼斯的理论有所区别的是,群体思维并不贯穿于整个危机中。换言之,在慕尼黑危机时期,张伯伦和哈利法克斯的认知方式都比较简单,但并不是一成不变的。他们同样对詹尼斯提出的群体思维的两个前提条件提出了质疑。这两个条件是:其一,在外在压力下,除了领导的偏好之外没有其他更好的选择,其二,群体越具有凝聚力,群体成员越会失去独立的精神。两位学者的观点是,第一个条件存在于慕尼黑危机中,但第二个条件对英国的内阁成员来说并不适用。核心内阁群体思维的产生并不是由凝聚力造成的,而是由张伯伦对小群体的控制而产生的归属需求所致,通过核心内阁与内阁的比较,他们发现,群体的规模大小与群体思维有着密切的关系,规模越小,越有可能形成群体思维。①

---

① Stephen G. Walker & George L. Watson, Groupthink and Integrative Complexity in British Foreign Policy-Making: the Munich Case, *Cooperation and Conflict*, Vol.24, 1989, pp.199-212.

第九章
政治社会化

一、政治社会化释义

　　1959 年,海曼(Herbert Hyman)出版了以第一本以"政治社会化"命名的书。但这时的政治社会化还属于另类,研究者不多。1961 年美国政治学会第 4 版的《传记指南》中没有有关政治社会化的研究。1968 年第 5 版时这种现象有所改观,取得了与"宪法和国际"同等重要的地位,分会有 767 名会员。[①]20 世纪 60 年代末 70 年代初是政治社会化的迅速发展时期, 几部研究政治社会化的著作相继出现。譬如,格林斯坦(Fred I .Greenstein)的《儿童与政治》(1965)、海斯(Robert D. Hess)和托尼(Judith V. Toney)的《儿童政治发展的态度》(1967)、道森(Richard E. Dawson)和普鲁伊特(Kenneth Prewitt)的《政治社会化》(1969)、兰顿(Kenneth p.Langton)的《政治社会化》(1969)、道森(David Easton)和丹尼斯(Jack Dennis)的《政治系统中的儿童》(1969)、丹尼斯(Jack Dennings)编辑的《有关政治的社会化》(1973)、詹宁斯(M. Kent Jennings) 和尼米(Richard G. Niemi)的《青少年的政治人格》(1974)等。1975 年格林斯坦主编的《政治科学手册》中,专门有一章介绍政治社会化。20 世纪 70 年代末期到 80 年代,仍然有大量的政治社会化的文章出现,但政治社会化的研究呈明显衰落之势。据库克 (Timothy E.Cook) 统计,1978 年至 1982

　　[①]　有关以上内容的详细介绍,可参见 Fred I. Greenstein, A Note on the Ambiguity of "Political Socialization": Definitions, Criticisms, and Strategies of Inquiry. *The Journal of Politics*, Vol.32, No.4, 1970, p.969.

年,政治社会化教材中,9本中有6本已经不再重印或更新,最近一本出现于1978年。1960—1965年有三篇文章发表在权威性的刊物上，在接下来的6年中,有12篇在《美国政治学评论》和21篇文章在其他刊物上发表,1978—1982年分别有7篇和16篇文章发表。因此,库克称此段时期为"熊市"。[1]90年代至今,发表的政治社会化文章更是少之又少,甚至1996年出版的《政治科学手册》中,已经没有有关政治社会化的内容介绍。

政治社会化起源很早，古希腊的思想家柏拉图和亚里士多德及后来的卢梭都有所论述,他们称之为公民教育。但"公民教育"内涵的用意太明显,而且过于简单和狭隘。"它完全忽略了我们所知道的人们从事的'学习'社会的规范的方式。譬如,它忽略了这样的事实:许多规范内在化是在无意间和不知不觉中进行的。"[2]

何谓政治社会化? 不同的学者给出了不同的定义,包括了五种观点:第一种观点认为政治社会化指儿童的政治学习。海斯和托尼没有给政治社会化下明确的定义,但由他们的论述可以看出他们对政治社会化的理解。"儿童逐渐以价值、信念、知识和政治文化的观点为导向,这些提供了以后公民行为的基础。本书就是关于早期的学习,我们称之为政治社会化。"然后他们说:"社会学习和社会化当然指这样一个过程，通过它一个团体和机构中的年幼者或新成员接受它所传授的价值、态度和其他行为。"[3]

第二种观点认为政治社会化是代际政治取向的传递。伊斯顿(David Easton)和海斯认为,"在政治领域中,老一代向年轻一代传递的内容我们称作政治取向(political orientations)。它们包括知识、态度和评价标准。一个年轻人在他生活的环境中从他人那里接受基本的政治取向的过程我们称作政治社会化"。政治社会化涉及两个主要的领域:第一,与政治参与的种类相关,主要包括对以下方面的获得方式:政党认同、对政党政治的兴趣、政治信息和对政治参与的态度。第二,政治参与的方向,主要包括政治的意识形态,

① Timothy E. Cook, The Bear Market in Political Socialization and the Costs of Misunderstood Psychological Theories, *American Political Science Review*, Vol.79, 1985, p.1079.

② R. Sigel, Assumptions About the Learning of Political Values, *The Annals of The American Academy*, 1965, p.3.

③ Robert D.Hess & Judith V.Torney, The Development of Political Attitudes in Children, Aldine Publishing Company, 1967, p.1, 6.

通常有关左翼和右翼。①伊斯顿和另一位作者丹尼斯对政治社会化的定义几乎相同,但更简洁:"政治社会化指一个社会代际传递政治取向——知识、态度、规范和价值——的方式。"②西格尔(Roberta Sigel)的定义有些类似。他说:"政治社会化指学习过程,通过此代与代之间传播可持续的政治制度的政治规范和行为。政治社会化的目标是训练和发展个人,成为政治社会中发挥良好作用的成员。"③

第三种观点也主张政治社会是文化的传递,但强调文化的传递者并不是年老者,而是各种社会机构。格林斯坦说:"狭义上讲,政治社会化是一直正规的负责指导性的机构的政治信息、价值和实践有目的的教化。广义的概念涵盖所有的政治学习,正规的和非正规的,有目的的和无计划的,在生命周期的各个阶段,不仅包括明确的政治学习,也包括影响政治行为的名义上的非政治的学习,诸如与政治相关的社会态度的学习,与政治相关的人格特征的培养。"④兰顿也认为:"政治社会化,从广义上说,指代际的政治文化传递方式。"但这样的定义过于宽泛,因此他给出了一个更加具体的定义:"作为一个过程,以社会中各种机构为中介,通过它们每个个体学习政治上相关的态度倾向和行为模式。"⑤

第四种观点则强调了社会化的接受对象的学习的主动性。帕特里克(John J. Patrick)认为,"把政治社会化作为政治教育的一个主要方面来考虑看来是有益的,它与学习经历相关,意在形成人类潜能以支持社会文化秩序"。政治教育和政治社会化"不应该仅仅探询个体如何学习服从以利于政治秩序的长久,而且应该探询个体如何学习创造和改变政治秩序"⑥。弗罗曼(Lewis Froman)说:"政治社会化的研究直接关注政治上相关的价值、信念和

① David Easton & Robert D. Hess, The Child's Political World. *Midwest Journal of Political Science*, Vol.6, No.3, 1962, p.230.

② David Easton & Jack Dennis, Child's Image of Government. *The Annals of The American Academy*, 1965, p.41.

③ R. Sigel, Assumptions About the Learning of Political Values, *The Annals of The American Academy*, 1965, p.1.

④ Fred Greenstein, Socialization: Political Socialization. In D. Sills, ed., *International Encyclopedia of Social Sciences*, Macmillan, Vol.14, 1968, p.551.

⑤ Kenneth P. Langton, *Political Socialization*, Oxford University Press, 1969, p.4, 5.

⑥ John J. Patrick, Political Socialization and Political Education in Schools, In Stanley A. Renshon ed., *Handbook of Political Socialization: Theory and Research*, The Free Press, 1977, pp.192–193.

态度的学习,探讨学习'什么'和'如何'学习。"[1]弗里德曼(Anne E. Freedman)和弗里德曼(P.E. Freedman)认为狭义的政治社会化指"关于政府和政治的学习和诸如投票此类的明显的政治行为的获得。"他们强调,政治社会化是"一个个体与他人,诸如家庭成员、朋友、敌人、老师等互动的社会过程"[2]。

第五种观点认为政治社会化泛指个体由自然人向政治人转变的过程,是个体获得政治取向的过程,政治取向包括认知、价值标准、情感和知识等。这些观点不再强调社会化机构的有意灌输,也不再突出个体学习的主动性。阿尔蒙德(Gabriel A. Almond)认为:"政治社会化是政治文化入门的过程。它的最终产品是对政治制度、政治的各种角色和角色的责任的一系列态度(认知、价值标准和情感)。它也包括对制度的要求和主张的输入的价值情感和情绪,和权威输出的知识。"[3]与此观点类似,白鲁恂(Lucian W.Pye)在谈到政治社会化时也谈到了政治文化,他把政治社会化看作是这样一个过程。"通过个体发展,形成有关政治世界的意识,并且获得有关政治事件的评价、判断和理解"。个体"由社会化而入政治文化之门和认识到他的政治身份。"[4]莱文(Robert Levine)认为政治社会化指"个体接受与政治制度中行为相关的动机、习惯和价值的方式"[5]。米尔曼(Richard M. Merelman)认为,"政治社会化是人们接受相对持久的对总体政治以及他们自己独特的对政治制度的取向的过程"[6]。西尔斯(Davis O. Sears)和瓦伦蒂诺(Nicholas A. Valentino)认为,"某一天对政治目标充分熟知,具有明确的态度时",这样的个体可以称之为社会化的个体。成功的政治社会化的标准是在情感表达、信息基础及态度明确方面接近成年人水平。其中,明确的态度是必须的,但不是充分的,成年人

① Lewis Froman,Personality and Political Socialization,*Journal of Politics*,Vol.23,1961,p.343.

② Anne E. Freedman & P.E. Freedman,*The Psychology of Political Control*,St. Martin's Press,1975,p.88.

③ Gabriel A. Almond & James S. Coleman eds.,*The Politics of The Developing Areas*,Princeton University Press,1960,pp.27-28.

④ Lucian W. Pye,*Politics*,*Personality*,*and Nation Building*:*Burma's Search for Identity*,Yale University Press,1962,p.45.

⑤ Robert Levine,Political Socialization and Culture Change. In Clifford Geertz,ed.,*Old Societies and New States*:*The Quest for Modernity in Asia and Africa*,The Free Press,of Glencoe,1963,p.280.

⑥ Richard M. Merelman,Revitalizing Political Socialization. In Margaret G. Hermann ed.,*Political Psychology*. Jossey-Bass Publishers,1986,p.279.

的信息水平,态度明确和态度稳定都必须具备。①

伊斯顿(David Easton)和丹尼斯(Jack Dennis)后来修改了政治社会化的定义:"政治社会化,严格来说,指那些发展过程,通过它们人们接受政治取向和行为模式。"它所探讨的是这样一些问题:行为模式和取向来自哪里? 如何开始的,作为一个成熟的生物人如何变化的? 在什么程度上取向或行为可以随时解释为是早期发展的结果? 该定义省略了接受过程的类型,并没有特指谁,什么样的机构,和社会化的机构,甚至并没有预先假设指出儿童是从别人还是从自己的经历中学习他们的态度和行为。实际上,儿童对权威的态度可能部分源于直接的经历,并没有以任何人或机构为中介,而是来自于内在的需求。第二个省略是并没有指出社会化的制度后果,诸如是有助于永久,稳定或毁坏制度。以前的定义给人留下的印象是社会化必须与已经确立的模式一致,或至少与老一代传承的标准一致。实际上,创新不仅是可能的,而且也是前代所想,这些经常被忽略。更有可能被忽略的是,不管社会化者的目的如何,那些接受社会化者可能依靠他们自身创新了角色。因此,我们对社会化的定义,对于结果存而不问,使用"社会化"一词是中性的。②

这几种定义都过于狭义,无法把要研究的所有政治社会化内容涵盖其中。第一种定义为儿童的政治学习过程,把一些成年人的社会化排除在外。在童年之后,人们的态度也会发生变化,一个人遇到大的历史事件,或者经历了制度的变迁,如一个新的完全不同性质的国家的建设;或者自己身份的变化,个人的地位上升或下降,或移民。在这些情况下,人们的政治取向会有比较大的变化,甚至需要一个再社会化过程。即使没有上述情况的存在,随着人们的知识的增加、年龄的增长,政治取向也会有所变化。因此,政治社会化过程是一个开放的过程,而不是一个封闭的过程,不是只发展到儿童阶段就定型了。第二种定义,强调了代际的传递,而把其他的社会化机构排除在外,譬如学校、同辈群体等,同时忽略了个体在政治社会化过程中的主动性。更进一步说,此定义忽略了年轻一代对老一代的反作用,实际上老一代在社会化的过程中也受年轻一代的影响。第三种观点所涵盖的范围有所扩大,但

---

① Davis O. Sears & Nicholas A. Valentino, Politics Matters: Political Events as Catalysts for Preadult Socialization, *The American Political Science Review*, Vol.91, No.1. 1997, p.46.

② David Easton & Jack Dennis, *Children in The Political System*, McGraw-Hill Book Company, 1969, pp.7-8, 11-13.

同样忽略了个体的主动性。而第四、五种观点,只强调个体的学习也是不全面的,忽略了制度的层面,忽略了社会化机构有意识地培养公民的过程。因此,第二、三、四、五种观点应该加以综合。如道森和普鲁伊特既谈到了政治文化,也谈到了个体的学习,认为这两方面不可或缺。"政治社会化作为文化传递和作为个人学习,这两方面相互补充。"在他们看来,政治社会化包括两方面:一方面是"一个公民获得政治世界的观点的过程",另一方面是"一代向下一代传递政治标准和信仰的方式。'文化传递'是最好描述这个过程的词语"①。

综合诸家的观点可以看出,政治社会化强调的是一个过程,具体来说是个体与社会互动的过程:它是社会成员由生物人向政治人转变的过程,也是社会的政治文化形成、维持、传播、延续和变迁的过程。如贝克(Paul A. Beck)所认为的,政治社会化包括两个视角:一个是教化的视角,把政治社会化看作是传授政治取向的过程。另一个是学习的视角,强调个体的学习和发展,而教化则降到了次要的地位。②前者主要研究各种社会化的机构——家庭、学校、大众传媒、同辈群体等——在政治社会化中的作用。后者则强调个体的学习的主动性,主要研究个体随着年龄的增长,政治取向的发展过程。只强调政治社会化的一方面,而忽略另一方面是不完整的。

究其原因,学者们的定义之所以出现歧义,部分原因在于限于他们的研究兴趣,他们对政治社会化的某方面加以突出而已。而有些方面,譬如儿童的政治社会化、代际传递、各个机构在政治社会化中的作用等都是政治社会化所研究的重要内容。

二、政治社会化的作用

许多学者在谈到政治社会化的作用时,观点基本一致,那就是认为政治社会化对政治制度的稳定性起着重要作用。

---

① Richard Dawson & Kenneth Prewitt, *Political Socialization*, Little, Brown and Company, 1969, p. 13, 6.

② Paul A. Beck, The Role of Agents in Political Socialization, In Stanley Allen Renshon ed., *Handbook of Political Socialization: Theory and Research*, The Free Press, 1977, p.115.

(一)政治社会化是当今社会中一种重要的控制方式

米尔曼从国家控制方式的角度谈到了政治社会化的重要性，他把该问题置于世界发展的背景中。他认为政治社会化重要的原因很简单：控制人的其他方式不是失败就是非法。传统的控制方式有两种：武力强制和经济奖惩。民主思想的发展赋予了公众决定他们自己命运的权力，同时领导人的神秘性也已经不存在，民主的压力挑战强制的控制方式。一些强制手段譬如体罚学生的使用已经成为非法，而且武力强制的使用有时也是无能的。尽管政府采取了一系列的强制措施，但是面对少数的恐怖活动、暗杀仍然是束手无策。经济的奖惩作为控制方式也遇到了困难。发达国家面临着经济停滞，第三世界国家则有大量的债务，经济无法确保政治稳定。在这种情况下，"政治社会化必须在致力于政治稳定方面扮演重要的角色"。因此今天对政治社会化的研究比以前任何时期都更具有重要性。[①]

(二)政治社会化对政治制度提出了更高的要求

社会成员并不是被动的接受者，作为能动性的个体对政治制度本身会产生反作用。迪伦佐(G. J. Direnzo)指出，现代民主社会中，社会结构和机制如果能对公民要进行有效的社会化，就必须做到以下两点：其一，该机制对于其成员的基本需求能够迅速做出反应；其二，人格系统与政治系统之间运作良好。他指出，社会化(包括心理和认知结构的发展)能够允许个体做出意识形态的选择，也就是说，制度能够给人们提供如何去信仰，而不是信仰什么。[②]

(三)政治社会化对政治制度的稳定长久起着重要作用

许多学者在谈到政治社会化的作用时，观点基本一致，那就是认为政治社会化对政治制度的长久起着重要作用。

伊斯顿和海斯认为社会化在制度稳定性中扮演着重要的角色。社会化

---

① R. M. Merelman, Revitalizing Political Socialization, In Margaret G. Hermann General ed., *Political Psychology*, Jossey-Bass Publishers, 1986, p.280.

② G. J. Direnzo, Socialization for Citizenship in Modern Democratic Society, In Orit Ichilov ed., *Political Socialization*, *Citizenship Education*, *and Democracy*, Teacher College Press, 1990, pp.42–43.

作为主要类型的反应机制,通过它制度可以寻求解决主要变量之间的张力。社会中存在着威胁制度长久的力量, 制度的长久与否取决于能否解决制度中存在的张力。他们认为在以下情况下,存在的张力是危险的:一是社会中相关成员无法正常做出决策,二是或者做出了决策,但是却无法使社会中大多数成员接受。[①]政治社会化的作用体现在整个社会制度系统的输入和输出两方面。"在输出方面,通过社会化制度能够确保接受作为约束性的决策。在输入方面,社会化可以有助于限制要求的数量和种类,避免交流网络工作变得负担过重而崩溃。"[②]如何让成员接受政治决策,这就要从小对他们进行教育,让他们支持制度。如果不对年轻人进行政治教育,一个制度无法长久。社会要做的应该是有意或无意地把政治传统传递给正在走向成熟的社会成员,或者当面临剧烈的社会变迁时,要传递一种新的传统,以此获得他们将来的支持。对制度的支持可分为两种:特殊性支持和发散性支持。如果一个制度的成员根据制度与自身的利害关系赞成制度,这种支持就是特殊的。而发散性支持是"成员把普遍的信任和信心注入到制度的各种对象中,并以这些对象本身为目的"[③]。它是一种无条件的支持。发散性支持对制度的长久是非常关键的。"发散性支持构建了一个蓄水池,在制度处于危机时,诸如经济萧条、战争、内部冲突,在感受到的利益下降到最低点时,一个制度还能够从中吸取水源。"[④]政治社会化的作用在于培养这种发散性的支持。一般而言,最初的社会化的压倒性的突出部分是政治稳定。早期的取向为成员以后提供了坚固的支持性的基础。即使以后的事件使成员对权威结构的幻想破灭,支持率下降。[⑤]对于制度系统的输出方面,他们提出:"如果某种制度能够长久,社会中必须发生这样的过程,一些成员接受知识、技艺和动机以积极参与政治生活。如果没有发生这样的过程,如果制度无法为成员提供帮助把输

①　D. Easton and J. Dennis, A Political Theory of Political Socialization, In Jack Dennis ed., *Socialization to Politics: A Reader*, John Wiley and Sons, Inc, 1973, p.36.

②　D. Easton & J. Dennis, A Political Theory of Political Socialization, In Jack Dennis ed., *Socialization to Politics: A Reader*, John Wiley and Sons, Inc, 1973, p.48.

③　D. Easton & J. Dennis, A Political Theory of Political Socialization, In Jack Dennis ed., *Socialization to Politics: A Reader*, John Wiley and Sons, Inc, 1973, p.45.

④　D. Easton & J. Dennis, A Political Theory of Political Socialization, In Jack Dennis ed., *Socialization to Politics: A Reader*, John Wiley and Sons, Inc, 1973, p.46.

⑤　D. Easton & J. Dennis, *Children in The Political System*, McGraw-Hill Book Company, 1969, p.287.

入变为输出,和使输出得到落实,结构张力就是其后果。"①其中的关键就是使其成员接受知识、技艺和动机以参与政治生活,这样的过程本身就是一个政治社会化过程。

上述两位学者认识到早期教育的重要性,但至于为什么要进行早期教育,他们的阐释还不太清晰。对此,西格尔则做了很好的补充。他认为,早期教育之所以对政治制度的长久发挥着重要的作用,就在于它的先入为主,在儿童对政治制度没有具体认知之前,就向他们灌输政治制度的种种好处,一旦儿童接受了这种认识,就很难消除掉,并能够持久地发挥作用。也就是说,儿童对于自己生活于其中的政治制度还没有明确的认识之前,已经对之具有了情感的认同,这种认同影响以后对政治制度的认识,甚至起着关键性作用。这就是所谓的发散性支持,它是建立在情感的认同,而不是理性认识的基础上的。

除此之外,西格尔还认为政治社会化之所以有效在于影响个体方式的多样性。政治社会化的学习可分为两类:第一类是有目的有意识的教育,第二类是偶然的、近乎不知不觉地自我学习。第一类又可分为正规的和非正规的教育,学校的公民教育课程就属于正规的教育,而父亲与儿子关于政治问题的谈话就属于非正规的教育。有意识的教育当然是重要的,但偶然的不知不觉的学习因为是偶然的、不经意的,所以更容易持久。②

政治社会化利于制度的长久,并不是说政治社会化极力维护僵化的、一成不变的制度。西格尔对此作了进一步的澄清。他认为政治社会化所传授的不仅是维持制度稳定的教育,而且是接受制度变化的教育。政治社会化本质上是一个保守的过程,"通过让人们热爱生于此的制度来维持现状"③。但在价值传递的过程中,冲突是难免的,不同的年龄、种族、宗教,以及不同的机构之间都会有冲突,而且现实与所接受的规范之间也有差距。"冲突和紧张在政治社会化中扮演了关键角色。"必须注意到这样的事实,一些价值在传递过程中发生转变,而且并不是所有社会的人们分享社会共有的价值,代际

① D. Easton & J. Dennis, A Political Theory of Political Socialization, In Jack Dennis ed., *Socialization to Politics:A Reader*, John Wiley and Sons, Inc, 1973, p.36.

② R. Sigel, Assumptions About the Learning of Political Values, *The Annals of The American Academy*, 1965, p.4.

③ R. Sigel, Assumptions About the Learning of Political Values, *The Annals of The American Academy*, 1965, p.7.

和政治团体之间的冲突产生紧张,由此导致了变化。因此,"我们必须教会年轻人接受冲突是政治过程的一个自然构成部分,变化不可避免"①。在这里,西格尔谈到了一个制度的稳定和变化的辩证过程,如果一个年轻人只认识到了制度的稳定的一面、好的一面,当制度面临危机时,则会使他们失去对制度的信心,反而不利于制度的长久。相反,只有认识到制度变化的一面,才能坦然接受现有的制度,当制度遭遇危机时,也依然不会失去信心。因此,政治社会化宣扬制度变化的一面反而利于制度的稳定。

安妮·E.弗里德曼和P.E.弗里德曼除了谈到政治社会化强调早期教育外,还谈到这些早期教育必须经过不断重复直至形成习惯,这样在以后即使遇到变化也很难消逝。因此,他们主张"如果国家积极地支持,至少,遵从而不是犯罪性地偏离或革命,它应该看到'正确'的态度和行为从出生伊始就已经灌输。基本上说,有两种策略可以采取。政治权威从开始就接管政治社会化的过程,或者利用社会的传统社会化者——通常是家庭——作为它的代理"②。早期教育具有先入为主的效应,而不断地重复的教育则实际上具有广告的效用,某些政治取向经过不断重复人们自然就会印象深刻,最终形成习惯,视之为自然。

综上诸家学者的观点,政治社会化之所以对政治制度的长久发挥重要作用,就在于:其一,是重视早期教育,具有先入为主的效应;其二,教育方式的多样性,既有明确的政治灌输,也有不知不觉的政治渗透;其三,宣扬制度变化的一面利于制度的稳定;其四,不断地重复教育具有广告的效应。

三、政治社会化的分类

西方学者对政治社会化的分类可以分作以下三个方面:

(一)直接的和间接的社会化

根据学习所指向的目标,可以把政治社会化分为直接的政治社会化和

---

① R. Sigel, Assumptions About the Learning of Political Values, *The Annals of The American Academy*, 1965, p.9.

② Anne E. Freedman & P.E. Freedman, *The Psychology of Political Control*, St. Martin's Press, 1975, p.92.

间接的政治社会化。这是道森和普罗维特的分类。间接的政治社会化指获得
的行为倾向本身不是政治的,却影响后来的政治自我的发展。譬如,与父母、
教师等打交道时获得对总体权威的行为倾向,最后能够指向政治权威,转变
政治取向。非直接社会化包括三种方式:其一, 人际转换(Interpersonal
Transference)。指将与非政治人物打交道的经历应用到政治人物上。其二,学
徒期(Apprenticeship)。与人际转换模式相似,都强调非政治领域向政治领域
的转换模式,但不同的是,前者突出的是经历,而后者则强调非政治领域所
获得的技艺和价值。其三,普遍化(Generalization)。指对文化的信仰体系和价
值模式,尽管不与政治目标直接相关,但建构政治文化时通常发挥主要的作
用。譬如一个人对自然、人性、同胞的看法会直接影响他的政治态度。

　　直接的政治社会化指传递的内容或发展的取向是政治的。直接的社会
化形式有四种:其一,模仿。这是人类最广泛的、最持久的社会学习模式。具
体到政治社会化来说,模仿成为人类获得基本的政治态度和价值的源泉。模
仿对象首先是父母,其他的对象可能是老师、朋友、夫妇、同事、公众人物和
舆论领导人。其二,预期的政治社会化。预期的社会化指个体在从事所希望
的工作和所梦想的高的社会地位之前,已经开始采用其价值和行为。最明显
的例子是医学院或法学院的学生已经像医生和律师那样思考问题了。具体
到政治社会化来说,譬如一个学生为具有选举资格所做的成为选民的准备,
一个想从政的人按照政治人物的标准要求自己的行为。其三,政治教育。前
两者所强调的是社会化的接受者, 而此方面则强调社会化的机构有意识地
向社会化的接受者传递政治取向。其四,政治经历。许多个体对政治的认识
来自于他与政治人物、政治结构和政治事件的互动。①

(二)有意识的和无意识的社会化

　　根据政治学习的方式可以把政治社会化分为两类:一是有意图、有意识
地教化,二是偶然的、不知不觉的习得。这是西格尔的分类。第一种又可分为
正规的学习和非正规的学习。正规的学习,最典型的例子是学校中有关公民
课程的教育。如果一个父亲在和他的儿子讨论贸易联盟的优缺点,就属于非
正规的学习了。偶然的学习包括与政治相关的学习,以及非政治的社会价值
的学习,但可能对将来的政治取向提供潜能。偶然的与政治相关学习的获得

---

①　R. Dawson & K. Prewitt, *Political Socialization*, Little, Brown and Company, 1969, pp.63-80.

有以下三种方式:一是观察的副产品,譬如年轻人看到官员受贿,会导致他对政治的怀疑。二是偶然听到成年人的谈话。三是生活本身给年轻人带来的经历。譬如黑人对种族歧视的感受。偶然的非政治的社会价值的学习指社会价值、道德规范尽管本质上不是政治性的,但可能极大地影响他对一些政策的感受,左右他的政治态度。譬如父母让儿子把省下的钱捐给教会,告诉他帮助比他不幸的人是他的责任,而且这些人的不幸并不是他们的错。这样,对年轻人发展有关对政府的福利政策、社会保险以及税收政策的态度都有所影响。①

(三)有关政治的学习和影响政治行为的非政治的个人发展

根据学习的内容,可以将政治社会化分为两类:一是专门关于政府和政治的学习,二是影响政治行为的非政治的个人发展。这是格林斯坦的分类。非政治的个人发展,主要指政治人格的培养,譬如威权主义人格和民主人格的培养最早的源起都是在非政治领域,却影响到以后的政治行为。②

四、政治社会化的过程

政治社会化的过程是个体所处的政治环境与个体的主观能动性相互作用的持续过程。

政治社会化的过程学术界有两种分类。从政治社会化的机构的角度对个体的教化来看,政治社会化可以分为接触(exposure)、传播(communication)和接受(receptivity)。这是贝克的观点。他认为,接触是一个政治观点成功教化的前提。在社会化之前,学习者必须接触教化者。接触最多的通常是家庭、学校和同辈。就西方社会来说,人们一出生接触最多的是家庭,随着进入学校,与老师和同学的接触多了起来,家庭的接触逐渐减少。直到步入大学,学生逐渐离开家庭,家庭的接触减少。而大学毕业之后,多数人很少接触学校,这时同辈的接触逐渐增多,直到以后。但接触并不一定能够产生影响,因此

---

① R. Sigel, Assumptions About the Learning of Political Values, *The Annals of The American Academy*. 1965, pp.4–5.

② F. I. Greenstein, Personality and Political Socialization: The Theories of Authoritarian and Democratic Character, *The Annals of The American Academy*, 1965, p.82.

第二个条件是必须在机构和学习者之间传播政治内容。在传播中一些政治线索要超过其他,只有这样才能引起学习者的注意。但两者也不足以保证机构的影响,因此必须需要第三个条件:学习者接受信息源的传播。信息的接受有两方面是重要的,一是信息源和接受者之间关系的属性。譬如,两者之间具有强烈的情感纽带就会使学习者容易接受。二是传播的时间。有的学者认为早期的社会化是重要的,因此传播易早,而有的则认为多数个体直到成年才对政治行为有所要求,因此成年是形成政治取向的关键时期。因此教化在成年。[①]

有一些学者是按照人生发展的各个阶段研究政治社会化过程。一个人在不同的年龄阶段,政治社会化呈现不同的特征。对于人生各个年龄阶段的划分,学者们有争议。综合各家对政治社会化的研究,大体可以分为以下年龄阶段:0~13 岁、14~17 岁、18~24 岁、25~34 岁、35~64 岁、65 岁以上。其中0~13 岁是属于童年时期,五六岁至十二三岁属于小学时期。14~17 岁属于中学时期,这段时期学术界也通常称之为青少年时期,或青春期。18 岁以后属于成年时期,其中 18~24 岁基本属于大学时期,而 25~34 岁为求职、结婚、开始做父母时期。18~34 岁时期学者们通常称之为成年早期。35~64 岁则是中年时期,是工作、家庭都相对比较稳定的时期。而 65 岁以后属于老年时期,人们会经历退休、孩子离巢、丧偶、疾病等一系列变故。老年时期又可分为老年早期(65~74 岁),老年晚期(75 岁以后)。[②]

(一)童年时期

童年的经历对以后的政治取向的发展有着重要的影响。最明显的就是儿童在家庭中的经历,如许多研究威权主义人格的学者所指出的,在威严的父亲、慈祥的母亲所组成的家庭中,成长的儿童容易形成威权主义的人格。儿童的经历对政治参与也有影响。戴维斯(James C.Davis)对 6 岁以前的儿童进行了研究,他认为,6 岁以前(包括 6 岁)的儿童如果在身体上或情感上一

① Paul A. Beck, The Role of Agents in Political Socialization. In Stanley A. Renshon ed., *Handbook of Political Socialization: Theory and Research*, The Free Press, 1977, pp.116–118.

② See Janie S. Steckenrider & Neal E. Culter, Aging and Adult Political Socialization: The Importance of Roles and Transitions. In Robert S. Sigel ed., *Political Learning in Adulthood: A Source of Theory and Research*, The University of Chicago Press, 1989, p.63.

直被严重地剥夺权利将很有可能在成年之后无法参与任何的政治决策。[①]

更多的学者认为,儿童时期是政治取向形成的时期。伊斯顿和海斯认为3岁至13岁是个体有关政治制度的取向逐渐成熟的时期。[②]其中五六岁至十二三岁属于小学时期,这是学者研究最多的时期。自20世纪代60年代初期以来,伊斯顿与海斯、丹尼斯分别或合作发表了大量有关小学时期的儿童的政治取向的文章。另外一个研究儿童政治社会化最多的是格林斯坦,除以上诸人外,其他学者也有文章发表。可以说20世纪60年代和70年代是研究儿童政治社会化的高峰时期。

海斯和托尼从儿童对政治的知识和态度为零开始,把儿童早期的政治参与(Political involvement)划分为四个阶段:第一阶段,对政治对象的认同,逐渐意识到他们,并把他们看作是政治领域中一部分。随着学习的深入,了解到政治制度的更多方面,逐渐形成自己的观点,然后参与到政治制度中。第二阶段,更加精致概念的获得,恰当的公民行为规范,公民与制度打交道的方式。第三阶段,对政治目标的情感的或主观的参与,特别是对权威人物和政治问题的正面或反面的情感。第四是外显的行为,在有限程度上接近于成年人的政治行为。[③]

另外,海斯和托尼还提出了有关政治社会化的模式。他们提出了四种模式:其一,积累模式(the accumulation model)。政治角色预期的获得是通过知识、信息、态度和行为的增加而产生的。其二,人际转换模式(interpersonal transfer model)。通过作为一个孩子在家庭中和作为一个学生在学校中的经历,发展出与权威人物的多种关系。在后来的与权威人物的关系中,他确立的互动模式与他早期与他人打交道的经历类似。此种模式最适合解释与政治人物情绪性的情感和关系。其三,认同模式(identification model)。这种模式强调儿童对某些重要人物的模仿行为,这些人物通常是父母,或教师。这些成年人并不试图让儿童接受他们的观点,这个过程是不经意的。其四,认知—发展模式(cognitive-development model)。这种模式认为处理一些类别的

① James C. Davis, Political Socialization to Childhood, In Stanley A. Renshon ed. *Handbook of Political Socialization:Theory and Research*, The Free Press, 1977, p.145.

② David Easton & Robert D. Hess, The Child's Political World, *Midwest Journal of Political Science*, Vol.6, No.3, 1962, p.235.

③ Robert D. Hess & Judith V. Torney, *The Development of Political Attitudes in Children*, Aldine Publishing Company, 1967, pp.14–17.

概念和信息的能力限制了对政治现象的理解。儿童的政治世界的概念因他的认知结构而决定。不像积累模式（用恰当的方式在任何年龄教授任何概念），这种模式认为如果儿童还没有达到适宜的发展水平，向他们教授特定的概念是不可能的，随着他逐步走向成熟，可逐渐建立起更加抽象和复杂的理解、归类，区分和建构感觉和反应的方式。各种模式各有所用，适用于不同的领域。人际转换模式适用于理解儿童首次接触政治制度和需求时期的各种潜能及早先的起源性的预期。积累模式充分解释了儿童早期对国家和政府人物的依附，但重要的是在理解学校方面的作用是重要的。认同模式则更好地解释了政党归属和对候选人的偏好。认知—发展模式最适宜于解释儿童如何抓住一些政治过程中出现的复杂的和抽象的概念。[①]

有关儿童在政治社会化时期的特点，伊斯顿和丹尼斯以芝加哥的中产阶级白人家庭，2~8 年级的学生作为研究对象，采用了调查表和访谈的形式，最终提出了一个美国儿童政治社会化的理论模式。他们认为儿童政治社会化过程可分为政治化、人格化、理想化、机制化（institutionalization）四个阶段。政治化阶段，指儿童接受权威的存在，接受它的权力和合法性，知道权威外在于和高于家庭。他们认为，这点对美国的制度是很关键的。如果没有这种认识，儿童将无法给权威结构提供最低限度的支持。总体说来，小学生已经知道和理解政治领域是外在于家庭的，尽管他们还可能叫不上名字。到 8 年级时，学生已全部被政治化。人格化阶段，指儿童对政府的最初理解是以权威人物为中介的，他们甚至把权威人物等同于政府。理想化阶段，指以正面看待、评价各种政治权威。机制化阶段，指儿童对政治制度的感觉由人格化的目标向政治机构转移，年龄越大的儿童，对权威机构如议会或最高法院评价越高。[②]两位学者对儿童政治社会化的概括，也是诸多学者所形成的共识。下面对这四方面的研究分别作以下介绍：

1.政治化

海斯和伊斯顿对 12000 名 2 年级至 8 年级的学生进行了持续五年的研

---

① Robert D. Hess & Judith V. Torney, *The Development of Political Attitudes in Children*, Aldine Publishing Company, 1967, pp.19–21.

② David Easton & Jack Dennis, *Children in The Political System*, McGraw–Hill Book Company, 1969, pp.391–393.

究,他们发现3~13岁,儿童的政治态度和价值已经基本确立。譬如,6年级至7年级(11~12岁)之后能够区分政治和政治人,14岁之前,也就是进入中学之前有关政体和团体的政治取向确立。政治兴趣发生在七年级和八年级,具有政治团体归属的意识发生在2年级。[1]他们研究发现27%的二年级学生对政治已经有所认识但对政府的概念不确定。这种不确定性以后逐年下降,至8年级时仍有10%的儿童不确定。他们给出了下列人员:牛奶工、警察、士兵、法官、邮政人员、教师。让儿童从中区分出哪些属于政府人员,哪些属于非政府人员。结果70%的学生能够作出区分。警察和法官最容易被认出来,士兵和邮政人员随着年级的增长认出的比例在增加,对教师的认识有点模糊。这说明他们已经具备了辨认政府制度和非政府制度的能力。[2]总体来说,儿童已经能够区分家庭权威与政治权威,外在的权威随着年级的变化而有所变化,而父亲的形象是稳定的或变化很小。他们认为父亲的仁慈超过任何政治权威,父亲和总统一样是温暖的,在与其他政治权威的比较中,父亲毫无疑问是最高的。但在其他变量,譬如可依赖性、权力和领导力等的比较中,每个年级的学生都把父亲排在最低层次。儿童不但能够把父亲与政治权威区分开来,而且能够区分各种政治权威。[3]

伊斯顿和丹尼斯还对2年级到8年级学生的政治效能进行了研究。政治效能指这样一种情感:个体的政治行为确实或可能对政治过程产生影响,值得履行自己的公民职责,相信政治和社会变迁是可能的,每个公民能够在这种变迁中发挥部分作用。他们发现,3年级学生已经开始形成一种有关政治效能的态度。儿童正以某种方式学习成年人,然后以同样的方式思考在政治领域中的自己,逐渐学习感知他与政治领域的关系。儿童已经意识到普通个体在政治过程中的角色,甚至突然出现一些自己控制政治世界的感觉。[4]

[1] David Easton & Robert D. Hess, The Child's Political World, Midwest. *Journal of Political Science*, Vol.6, No.3, 1962, pp.235-238.

[2] David Easton & Jack Dennis, Child's Image of Government, *The Annals of The American Academy*, 1965, pp.45, 50-51.

[3] David Easton & Jack Dennis, Child's Image of Government, *The Annals of The American Academy*, 1965, pp.250-251, 254.

[4] David Easton and Jack Dennis, The Child's Acquisition of Regime Norms: Political Efficacy, In Jack Dennis ed., *Socialization to Politics: A Reader*, John Wiley and Sons, Inc., 1973, pp.87, 94-96.

格林斯坦详细描述了 4 年级至 8 年级,儿童政治意识的发展过程。4 年级学生知道总统和市长的名字,以及部分意识到总统的角色。5 年级学生已经全面意识到市长和总统的角色。6 年级学生已熟悉州长的名字和他的角色。7 年级学生知道立法机关和行政机关的特征,能够描述主要联邦机构、总统和国会。8 年级学生对州议会已经有模糊的理解,但很少知道市议员的特征。也就是说,在童年时期,儿童对政治机关的认识,除了州议会和市议员外,都已经有所认识。但有时这种认识是不正确的。譬如,儿童最先知道行政机关,于是他把后来知道的官员都归入了行政系统,把他们看作是行政长官的助手。[①]此外,格林斯坦还就儿童对政党认识的发展进行了研究。他发现儿童阶段对各个政党的思想认识很晚,但政党认同却很早。他发现 4~8 年级学生多数都有政党偏好。这种认同已经接近成年人的水平。[②]

对儿童政党认识进行研究的还有詹宁斯和尼米,他们研究发现多数 10 岁至 12 岁的儿童已经知道共和党和民主党这两个词,能够以某个党派或中立的态度来回答问题。他们也同样发现了情感是先于理性而存在的。具体来说,对政党忠诚形成于儿童接受关于政党本身和政治和社会问题之前。[③]

2.人格化

海斯和伊斯顿发现儿童最初的政治社会化是以具体人物为中介的。总统和警察是儿童最先意识到的政治人物,他们把总统看作是国家政治层面上的政治团体,也就是他们还无法把总统与政府区分开来,总统是儿童关注的政治制度的核心。[④]伊斯顿和丹尼斯的研究也得出了同样的结论。他们给出了 11 个选项:警察、乔治·华盛顿、山姆大叔、投票、最高法院、首都、国会、国旗、自由女神像、总统(肯尼迪)、不知道。让小学生从中选出两幅最能代表政府的图。结果有四个图像——华盛顿、投票、国会和肯尼迪——高于 20%。

①　Fred I. Greenstein, *Children and Politics*, Yale University Press, 1967, pp.60, 62.

②　Fred I. Greenstein, *Children and Politics*, Yale University Press, 1967, p.73; David Easton and Jack Dennis, *Children in The Political System*, McGraw-Hill Book Company, 1969, p.90.

③　M. Kent Jennings and Richard G. Niemi, *The Political Character of Adolescence: The Influence of Families and Schools*, Princeton University Press, 1974, p.37.

④　Robert D. Hess and David Easton. The Child's Changing Image of the President. *The Public Opinion Quarterly*, Vol.24, No.4, 1960, pp.633–634.

最小的儿童最受欢迎的选择是两位总统,随着年龄的增长逐渐下降。①

阿德尔森(Joseph Adelson)和奥尼尔(Robert P.O'Neil)也注意到儿童的人格化特点,他们发现儿童对"政府"和"社会"等非人格化的、抽象的术语,无法形成概念,必须将这些抽象的概念还原成形象的个人,他们才能把握。②格林斯坦也谈到儿童把总统等同于政府。在儿童的设想中,国会的成员是总统的下属。③

至于总统和警察为什么是儿童最先意识到的人物?海斯认为总统作为曝光率高的人物可能成为儿童早期意识到的政治世界的最突出的目标。④伊斯顿和丹尼斯进一步归结为总统和警察的可见度(Visibility)和突出性(Salience),他们在政治权威结构中是非常突出的,儿童把他们看作特殊的人物,是政治权威的代表。儿童把总统置于政治系统的顶端并控制整个系统。市长从总统那里接受命令,议员是他的帮手。警察是为政府工作的,而总统就是政府。警察的可见度和突出性体现在日常接触中,他们是法律的具体实施者,能够做出影响自己和他人的决定,他们有时扮演法官,有时扮演狱警,能够当场决定开罚单,是否拘留犯法的人,是采用暴力还是人性的方式。而总统的可见度和突出性体现在选举中,总统选举使儿童变得敏感,意识到政治权威,尤其是对竞选中的获胜者——总统——更加采取支持性的态度。而且在学校中,总统的画像随处可见,老师对总统和警察的关注超过了其他。⑤

此外,伊斯顿和丹尼斯认为儿童的人格化特点与人类基本的情感需求相适应,对于儿童发展出对制度的支持是关键性的。在他们看来,人格化等

① David Easton and Jack Dennis, Child's Image of Government, *The Annals of The American A-cademy*, 1965, pp.46–47.

② Joseph Adelson and Robert P.O'Neil, *The Growth of Political Ideas in Adolescence: The Sense of Community*, Unpublished, p.29. 转引自 Richard M. Merelman, The Development of Political Ideology: A Framework for the Analysis of Political Socialization, *The American Political Science Review*, Vol.63, No.3, 1969, p.753.

③ Fred I. Greenstein, More on Children's Images of The President, *The Public Opinion Quarterly*, Vol.25, No.4, 1961, p.653.

④ Robert D. Hess, The Socialization of Attitude Toward Political Authority: Some Cross-National Comparisons, In Lewis Bowman and G.R. Boynton ed., Political Behavior and Public Opinion: Comparative Analyses, Englewood Cliffs, Prentice-Hall, Inc., 1974, p.17.

⑤ David Easton and Jack Dennis, *Children in The Political System*, McGraw-Hill Book Company, 1969, pp.152, 155, 158–159, 172.

同于这样一个过程，在此过程中，"儿童能够以某种与他的精神和情感能力可接受的和适宜的方式建立起与权威结构的联系。如果没有这样的联系，想象一个儿童如何发展置身于其中的制度的认同是困难的……总统的人格化反映了儿童看见的是温暖的、可感知的特征的事实，很像人类已经发展的原始纽带。人格化有利于儿童有能力感受到基本类型的情感：爱和恨的发展"。而且，儿童"把总统不仅看作是一个人，而且是一个角色，这对于政治制度的发散性支持的输入具有重要的意义。这可能是美国制度中总统结构的中流砥柱"。①

3.理想化

所谓理想化指儿童正面看待、评价各种政治权威，对政治人物的评价远超过现实的形象，儿童赋予了政治人物过多的道德的、情感的诉求。最早做出相关论述的是格林斯坦，以及海斯和伊斯顿。

格林斯坦在 1958 年的 1 月和 3 月以 659 名纽黑文 4 年级（9 岁）到 8 年级（13 岁）的学生为研究对象，对他们有关权威人物的态度进行了研究。该研究主要采取调查表的形式，然后加少量的访谈。该研究成果最终于 1960 年发表，在文章中他指出儿童有关政治领导人的评价有如下特点：其一，儿童把政治人物排名很高。在回答谁是最重要的人时，4 年级学生把总统和市长排在了其他人物（医生、警察局长、法官、学校老师、宗教领袖、学校校长）之前。而且研究发现，儿童的政治情感的发展是先于政治认知的。具体来说，儿童在知道政党的含义之前把自己归为了民主党或共和党，把政党的标签与某个引人注目的人物联系起来，如总统和市长。其二，儿童对领导人的看法多持赞成态度。71%儿童认为总统"很好"，与此相比，只有 58%的成年人持相同态度。有关政治效能，儿童比成年人在政治取向上更加正面。其三，儿童倾向于把政治领导者描述为"帮助的""关心的"和"保护的"人。用正面的标准的术语描述领导人的特征，如做好事的人，或做出道德判断的专家。最重要的是儿童没有成年人那种对政治上的怀疑和不信任（在 8 年级即 13 岁还没有发展）。②

---

① David Easton and Jack Dennis, *Children in The Political System*, McGraw-Hill Book Company, 1969, pp.200–201.

② F. I. Greenstein, The Benevolent Leader: Children's Images of Political Authority, *The American Political Science Review*, Vol.54, No.4, 1960, pp.935–940.

与此同时，海斯和伊斯顿也撰文指出儿童有关总统的形象都是高度正面的，多数儿童认为，与一般人相比，总统工作要更加努力、诚实、有知识和被人喜爱、是一个好人。[1]之后，1963年，海斯发表文章进一步补充认为，儿童对总统的正面评价既不受在任与否，也不受政党归属的影响。随着年龄的增长，对总统的正面评价的方面有所变化。有些方面变得更为正面，而有些方面则下降得很厉害。譬如工作努力、智力高于他人方面在上涨，而诚实、仁慈和是否是最好的人方面却呈下降之势。[2]

1965年，伊斯顿又和丹尼斯合作研究发现，儿童不但对政治权威人物持正面的看法，对政府也是如此。儿童把政府解释为福利的提供者，是仁慈的、保护性的、帮助性的，并列举了政府的其他优良品质。这种情感认识尽管以后有所变化，但仍旧有很高的支持率。他们也与格林斯坦一样有相同的发现，即儿童的理想化的形成过程中，情感是先于理性的，具体来说，儿童逐渐喜欢政府是在他真正知道政府之前。也就是说在没有理性思维之前，就已经先有情感注入。[3]

儿童对政治权威是否是理想化的？进入20世纪70年代以后学界有所争论。乔斯林(R. A. Joslyn)于1973年和1974年对纽约的7~8年级的学生进行调查后发现，1973年与1961年相比，他们对领导人和机构的感觉普遍更少理想化，各种有关政治人物的理想化的特征都呈普遍下降之势，其中有关总统的仁慈方面下降幅度最大。[4]

有关政治权威理想化的争论集中围绕在水门事件对尼克松形象的影响上。一些研究报道了儿童对尼克松形象的高度否定。阿特顿(Arterton)在以波士顿郊区的小学生作为样本的研究中发现，"一度仁慈的领导在当前事件(指水门事件)的影响下转变成了恶毒的领导，这些孩子毫不怀疑地逐渐把

① R. D. Hess & D. Easton, The Child's Changing Image of the President, *The Public Opinion Quarterly*, Vol.24, No.4, 1960, pp.636–637.

② R. D. Hess, The Socialization of Attitude Toward Political Authority: Some Cross–National Comparisons, *International Social Science Journal*. Vol.15, 1963, pp.542–559.

③ D. Easton & Jack Dennis, Child's Image of Government, *The Annals of The American Academy*, pp.51–52, 55.

④ R. A. Joslyn, Adolescent Attitudes toward the Political Process: Political Learning in the Midst of Turmoil. *Polity*, Vol.9, No.3, 1977, pp.377–378.

尼克松看作是一个强烈地被抵制的人物"①。哈特维格(Hartwig)和蒂德马奇(Tidmarch)发现纽约 3~6 年级的学生视尼克松为"一个恶毒的、确切地说无法依赖,和具有边际效率的人物"。巴格(Barger)也发现圣安东尼奥的许多的5~6 年级的学生不同意"总统是诚实的"说法。②当然也有学者认为水门事件之后,儿童对尼克松的评价仍然是正面的。赫尔希(M. R. Hershey)和希尔(D. B. Hill)发现佛洛里达的 2~4 年级的学生在回答 "总统有多关心他人"时,正面的回答超过了负面的回答,而且正面回答的比例与伊斯顿等的研究类似。③勒普佛(Lupfer)和肯尼(Kenny)对孟斐斯的小学生的研究中指出:"我们必须强调年轻人理想化总统的趋势依旧十分明显","大量的学生仍然把正面的特征归于了现任的尼克松"。④而格林斯坦的观点与原来相比有所修正。一方面他认为,在尼克松政府时期美国白人儿童把总统描绘成仁慈的领导。但在水门事件之后,儿童对总统支持下降因为总统的职责辜负了他们的期望。⑤尼米(R. G. Niemi)和索别谢克(B. I. Sobieszek)对此提出了异议,他们认为这些儿童只是否定尼克松本人, 而不是总统的职位。他们的结论是"未成年人有时夸大政治权威的好的方面,导致他们的理想化的看法。但无法防止他们表达否定的方面"⑥。

以上有关儿童的理想化的研究基本局限在美国, 是以美国的儿童为考察对象。那么其他国家的儿童是否也具有理想化的特征呢? 针对此,许多学者作了比较性的研究。海斯就美国、波多黎各和智利的儿童对权威人物的看法作了比较研究。他发现,三个国家的儿童对权威人物的评价差别最大在诚实和仁慈方面,最小在能力方面。美国儿童对总统的仁慈和诚实的评价超过

① F. Christopher Arterton, The Impact of Watergate on Children's Attitudes toward Political Authority, *Political Science Quarterly*. Vol.89, No.2, 1974, p.272.

② R. G. Niemi & B. I. Sobieszek, Political Socialization, *Annual Reviews Sociology*, Vol.3, 1977, p.214.

③ M. R. Hershey & D. B. Hill, Watergate and Preadults' Attitudes Toward the President, *American Journal of Political Science*, Vol.19, No.4, 1975, p.717.

④ R. G. Niemi & B. I. Sobieszek, Political Socialization, *Annual Reviews Sociology*, Vol.3, 1977, p. 214.

⑤ F. I. Greenstein, The Benevolent Leader Revisited: Children's Images of Political Leaders in Three Democracies, *The American Political Science Review*, Vol.69, No.4, 1975, pp.1397-1398.

⑥ R. G. Niemi & B. I. Sobieszek, Political Socialization, *Annual Reviews Sociology*, Vol.3, 1977, p.214.

能力,智利和波多黎各则相反,评价总统时强调能力至上。再者,在美国,随着年龄的增长,对权威人物的理想化的特点也会有所变化,而在智利变化较小,波多黎各年龄变化最小。[1]格林斯坦的比较对象不再限于美洲,而扩展为美国与发达国家儿童的比较。他于1969年至1970年就有关美国、法国、英国的儿童对领导的政治倾向进行了比较研究,结果他发现与美国儿童对权威人物的理想化特征相类似,英国的儿童以温和的视角看待女王,把她看作是国家最有效的统治者,而对首相则持更加均衡的观点。法国的儿童用威权主义的形象和言辞来描绘总统,是可怕的人物而不是吸引人的、正面的人物。[2]与上述两项研究成果相反,考夫(D. Koff)等的研究不再限于发达国家,也不再以美国作为参照群体,而是把研究的视角对准了非洲的贫穷国家。他们对肯尼亚、坦桑尼亚和乌干达三国的中小学的调查发现,在选择谁能够被高度信任并作为公民价值的指导者时,小学生比中学生选择政治领导人的比率要高。其中坦桑尼亚的小学生选择领导人的比率甚至超过了父母和亲戚。[3]这说明,除了法国外,无论是发达国家,还是贫穷的国家,儿童对权威人物的评价都或多或少地存在着理想化的特征。

为什么儿童的政治社会化具有理想化的特征。格林斯坦认为,家庭和学校是影响儿童政治社会化的最重要的机构,父母和老师可能对政治提出激烈批评,但他们向儿童传输政治观念时则把激烈的观点进行软化或裹以糖衣,而且他们多强调重要性而不是具体的态度。儿童按照重要性设定了一个框架,对政治人物和机构分门别类,这样总统就处于该类别的突出地位。儿童当然不可能与成年人的对政治的怀疑态度绝缘,但是儿童简单地误读了成年人所提供的政治信息而且剔除了对政治的否定的因素。格林斯坦认为这是解释儿童缺少政治怀疑态度的最好方式。另一个原因,他认为儿童把理想的父亲形象投射到政治人物身上,从而把政治人物设想成仁慈的、保护性

① R. D. Hess, The Socialization of Attitude Toward Political Authority: Some Cross-National Comparisons. In L. Bowman & G.R. Boynton eds., *Political Behavior and Public Opinion: Comparative Analyses*, Prentice-Hall, Inc., 1974, p.29.

② F. I. Greenstein, The Benevolent Leader Revisited: Children's Images of Political Leaders in Three Democracies, *The American Political Science Review*, Vol.69, No.4, 1975, pp.1397-1398.

③ D. Koff, et al., Political Socialization in Three East African Countries: A Comparative Analysis. In Jack Dennis ed., *Socialization to Politics: A Reader*, John Wiley and Sons, Inc., 1973, p.238.

的"政治父亲"。①

　　海斯和伊斯顿的解释基本相同。一方面,他们说:"儿童取向于看待所有重要的和被认可的权威,包括政治的或其他权威,类同于一个理想的父母榜样。"另一方面,在于学习过程本身,美国的父母"有一种强烈的趋势保护儿童以免于接触政治生活的现实。……他们感到让儿童常常感受到政治的丑恶和有争议的一面是不合适的"。另外,他们还谈到了其他两方面原因:一是心理的需求。儿童是依赖他人保护的。儿童把许多优良品质归于权威在于减轻他的恐惧和焦虑,一个威胁人物变成了一个保护者,这种安全的需求成为儿童社会化过程的一个重要的构成部分。二是尊重胜者。尽管父母避免让儿童接触到冲突,但还是难免,尤其是在选举期间。儿童从很小的年级开始就已经学会包容不同信仰和不同政党的人,尊重胜者,这是民主社会入门所必需的。②海斯在另一篇文章里对上述观点做了进一步论证和补充。一方面,他对儿童的心理需求进行了详细论证。他认为,儿童"不仅身体处于劣势,而且他也在身体和情感最基本的方面需要成年人的照顾。总之是依赖他人和易受伤害"。正是这种易受伤害的情感使儿童"自我确信权威人物是和蔼的,将保护而不是伤害他。他之所以把权威人物看作是和蔼的,是因为太具有威胁而无法视作有恶意的。这种趋势(同样适用于父母)是一种处理无助的情感,和可能处理对权威攻击的情感的心理的方法"。另一方面,他认为儿童的理想化特点的形成,除了与父母的经历有关之外,其他的经历也可能起作用,譬如书籍、电视、影视剧,以及他们接触到的尊贵的人,都有可能对儿童的政治社会化有所作用。③

　　之后,伊斯顿在与丹尼斯进行的合作研究中,对他与海斯的观点进行了修正。他们一方面认为儿童把总统和警察看作是"助人的、仁慈和保护性的,与他能够描述的文化中的理想的父亲几乎一样"④。另一方面,认为"我们期

① 　F. I. Greenstein, The Benevolent Leader: Children's Images of Political Authority, *The American Political Science Review*, Vol.54, No.4, 1960, p.941.

② 　D. Easton & Robert D. Hess, The Child's Political World, Midwest Journal of Political Science, Vol. 6, 1962, No.3, pp.243–245.

③ 　R. D. Hess, The Socialization of Attitude Toward Political Authority: Some Cross–National Comparisons. In L. Bowman & G.R. Boynton eds., *Political Behavior and Public Opinion: Comparative Analyses*, Prentice–Hall, Inc., 1974, p.23.

④ 　D. Easton & J. Dennis, Children in The Political System, Mc C.raw–Hill Book Compang, 1969, p.161.

望对总统的情感与对父亲的情感相关,但这种相关并没有发生。实际上对父亲的评价,在任何重要程度上,与有关总统形象的这些词语没有关系"。家庭与总统的形象之间当然有关系,但不是一种父亲的形象投射到权威人物身上的关系,尽管对有些例子有着潜在的解释价值。家庭与总统的形象关系体现在家庭的社会经济地位、内在交流模式及其他亲子关系。①

综合诸家的论述,我们可以得出如下结论:第一,儿童对权威人物具有理想化的特征,这种现象既存在于发达国家,也存在于不发达国家。第二,儿童的理想化特征因为国家和地区的差异而有所不同,也会因为时代和历史事件的影响而有所变化。第三,儿童的理想化既有自身的因素,如自身孱弱的身体,需要强大的权威人物来保护。也有社会环境的因素,譬如父母和老师对儿童的保护。

那么儿童的理想化特征对于社会来说有什么作用呢?伊斯顿和海斯认为儿童的理想化特征为社会制度提供了发散性的支持。对制度的支持可分为两种:特殊性支持和发散性支持。如果一个制度的成员根据制度与自身的利害关系表扬或批评制度,这种支持就是特殊的。而发散性支持是"成员把普遍的信任和信心注入到制度的各种对象中,并以这些对象本身为目的"②。儿童早期的理想化特征,在他们对权威人物还没有清晰的认知之前,已经对权威人物产生了好感,这就为权威人物及其代表的制度提供了坚固的支持性的基础。即使以后的事件使成员对权威人物的幻想破灭,支持率的下降也因此受到抑制。③

西格尔(R. Sigel)也持相同的观点,他提醒人们在政治价值的传递时,要从小从早抓起。"我们不能满足于仅仅研究成年人,而且我们必须关注青少年甚至是儿童,看看他们接受什么样的对以后成年的政治行为有影响的价值和政治规范。"政治社会化始于很早的学习过程,最早的社会化机构是家

---

① D. Easton & J. Dennis, Children in The Political System, Mc C.raw-Hill Book Compang, 1969, p.365, 371, 377.

② D. Easton & J. Dennis, A Political Theory of Political Socialization, In J. Dennis ed., *Socialization to Politics: A Reader*, John Wiley and Sons, Inc., 1973, p.45.

③ D. Easton & Jack Dennis, *Children in The Political System*, McGraw-Hill Book Company, 1969, p.287.

庭,另外还要看相关的团体和机构,如学校、教会等对儿童的影响。①早期教育之所以对政治制度的长久发挥着重要的作用,就在于它的先入为主,在儿童对政治制度没有具体认知之前,就向他们灌输政治制度的种种好处,一旦儿童接受了这种认识,就很难消除掉,并能够持久地发挥作用。也就是说,儿童对于自己生活于其中的政治制度还没有明确的认识之前,已经对之具有了情感的认同,这种认同影响以后对政治制度的认识,甚至起着关键作用。这就是所谓的发散性支持,它是建立在情感的认同,而不是理性认识的基础上的。

总之,儿童的理想化在一些国家是一种社会现实;从另一个角度来说,也是一个国家或社会达到稳定所要追求的基本目标。只有让一个公民从小正面的、看待评价自身所生活的制度,才能为社会的稳定提供坚实的基础。

4.机制化

伊斯顿和海斯注意到,低年级(7~9岁)学生以具象的和人格化来看待政治,只有一项抽象条目——自由——在这个阶段出现。高年级(12~13岁)学生开始具有更多的抽象的和非人格化的政治条目,如民主、投票、政府和几项与政治有关的自由。"美国"成为政治团体的象征。许多孩子把宗教和神圣与敬畏和政治团体联系起来。4年级至5年级(9~10岁)之后,儿童已经能够把政治和宗教区分开来,并使宗教服从于政治。②

伊斯顿和丹尼斯也发现最小的儿童关注的是"魅力"的和个人化的部分,随着年龄的增长将转向政府不同的突出部分,逐渐把国会列入。具体来说,早期总统的支配作用是明显的,但到5年级逐渐被国会所代替,儿童把国会作为制定法律的源泉和政府代表的象征。这反映了以下三方面:首先,年龄大的儿童更加意识到政府的特征而不是简单地把某个人等同于政府。其次,更加意识到政府的机构。最后,更加认识到机构的代表性的特征。儿童对政府的概念经历过这样几个阶段:由远及近,由很少一部分人到许多人,由人格化到非人格化的权威形式,并且逐渐认识到制度的机制,如代表,大

①　R. Sigel, Assumptions About the Learning of Political Values, *The Annals of The American Academy*, 1965, p.4.

②　David Easton & Robert D. Hess, The Child's Political World, *Midwest Journal of Political Science*, Vol.6, No.3, 1962, pp.235–238.

众民主。①

儿童的政治社会化除了具有以上特点。许多学者的研究还发现,儿童时期对政治取向是以消极的接受而不是积极的参与为主。具体说来,他们获得的多是对道德规范和法律规则的遵守,而不是学习如何积极参与政治、影响政治。海斯和托尼认为,儿童的政治态度发展很快,尤其是在 5 年级。但不同的政治态度的发展是不均衡的。他们列举了五种政治态度:对国家的归属、对政府和政府人物的依附、对规则的服从、公民对制度的影响、选举。其中令人关注的是对国家的归属和服从规则的态度在公民影响制度的态度出现之前。②服从规则的源泉体现在四方面:第一,对政府尤其是总统的正面的情感,延伸到包括政府制定的法律;第二,尊重的核心是权威人物行使权力,尤其是警察;第三,儿童在家庭和学校具有的服从经历和角色。第四,相信所有的制度都是公平的信念。这些因素对年轻人服从制度的入门是核心的。③米尔曼也谈到了儿童对法律和道德的看法。儿童把法律和道德规范看作客观的,无法区分自己的观念和法律的关系。他们相信道德秩序是永恒不变的,正义是无所不在的。其原因在于儿童完全依赖于父母,因易受伤害而必须寻求父母的保护,而父母是历史和规则的象征,服从父母就是服从历史和规则。随着他的逐渐成熟,他会用主观的、偶然的眼光看待规则和道德。④

(二)青少年时期

青少年时期政治社会化的研究主要集中在两方面:一是青少年时期的政治取向是否是开放的? 二是是否存在青少年反叛。

德里·卡皮尼(Michael X. Delli Carpini)认为青少年时期的政治社会化有两大特点:一是青少年反叛,二是认同未定型,他们的态度是开放的,基本的

---

① David Easton & Jack Dennis, Child's Image of Government, *The Annals of The American Academy*, 1965, pp.47–48.

② Robert D. Hess & Judith V. Torney, *The Development of Political Attitudes in Children*, Aldine Publishing Company, 1967, p.24.

③ Robert D. Hess & Judith V. Torney, *The Development of Political Attitudes in Children*, Aldine Publishing Company, 1967, pp.58–59.

④ Richard M. Merelman, The Development of Political Ideology: A Framework for the Analysis of Political Socialization. *The American Political Science Review*. Vol.63, No.3, 1969, p.756.

政治取向没有最终形成。①但关于这方面，其他学者有不同的见解。

1.青少年反叛

青少年政治取向的反叛指在政治领域，与老一代的在知识、态度和评价标准上存在着矛盾、冲突，也就是与传统的、主流的政治文化相冲突。青少年的政治取向是否与主流的政治文化相冲突？存在着截然相反的两种观点：一种持肯定态度，另一种则对此加以否定。

有些学者认为确实存在青少年反叛现象，但有关反叛的年龄却存在着不同意见。有的学者认为反叛的年龄包括青少年晚期和成年的早期。其中有的学者认为 17~25 岁，有的学者认为 15~30 岁，有的学者则认为 15~35 岁。有的学者则直接把青少年时期排除在外，认为人们的反叛的年龄在 18~26 岁，或 20~30 岁。②也就是说，所谓青少年反叛，是与青年反叛一起讨论，把青年反叛的年龄下探到青少年时期。

有关青年政治取向反叛的程度，各学派存在着明显的差异。法兰克福学派是其中最激进的代表。它认为，青年人的反叛，是直指整个社会的根本，青年因不满于社会的根本弊端而奋起反抗，它的反抗足够承担起未来社会革命的使命。该学派重要的代表人物马尔库塞（Herbert Marcuse）的哲学思想更是被称为"青年造反哲学"，马尔库塞本人也被奉为"学生运动的先知""青年造反者的明星和精神之父"。马尔库塞认为，青年人是革命的力量，在于他们是最容易感知社会弊端的一群人，在此年龄之前的人还属年幼无知，对社会的弊端毫无觉察；而在此年龄之后的人尽管曾经对社会心中也有愤懑，但已经麻木不仁。只有年轻人内心涌动着对有病的社会的不满，并能够把这种冲动付诸行动。马尔库塞说，对目前社会理智的拒绝的一种催化剂，"是愤愤不平的年轻人的本能拒绝。处于危急状态的正是这些年轻人的生命，或者如果不是他们的生命，那就是他们的心理健康和作为健全人的能力。他们的抗议

---

①　Michael X. Delli Carpini, Age and History: Generations and Sociopolitical Change, In Robert S. Sigel ed., *Political Learning in Adulthood: A Source of Theory and Research*, The University of Chicago Press, 1989, p.19.

②　Michael X. Delli Carpini, Age and History: Generations and Sociopolitical Change, In Robert S. Sigel ed., *Political Learning in Adulthood: A Source of Theory and Research*, The University of Chicago Press, 1989, p.20; David Easton & Jack Dennis, *Children in The Political System*, McGraw-Hill Book Company, 1969, pp.304-305.

是一种生物的必然性,所以必将永远持续下去。年轻人向来是站在斗争的最前列的,他们为反死亡、反文明的爱欲而生存和斗争"①。

法兰克福学派的另一位代表人物哈贝马斯(Jurgen Habermas),也是青年反叛运动的坚定支持者。他在 1961 年发表的《公共领域的结构转型》对当时的学生运动起到了推波助澜的作用。尽管在 1968 年他与学生运动决裂,但同年却发表了《作为"意识形态"的技术与科学》一文,对学生运动给予了极高的评价,认为"把其注意力集中在新的冲突领域上的唯一的抗议力量,首先形成于某些大、中学生的集团中"。他从以下三个方面加以论证:

其一,大、中学生的抗议集团是一个特殊的集团。一般的集团的形成是建立在社会状况的基础上的,如工人运动,当工人的社会状况得到改善之后,他们的反抗激情就会消退,对现实社会持认同态度。而作为学生集团,"它所代表的利益,不是直接从这个集团的社会状况中产生的,并且不能通过增加社会补偿使其得到与制度相一致的满足"。调查表明,学生运动中的积极分子,往往不是那些社会地位正在上升的学生,而是那些出身优越的学生。哈贝马斯在此的论证明显受到了马尔库塞的影响。他试图向人们表明,当今的反抗与阶级利益无关,不是从经济的角度批评当今社会的,而是基于人性的理由,是人性受到了压抑才导致了人们的反抗。而学生运动的形成恰恰不是由于阶级利益,因此从物质利益的角度补偿学生是无法消弭学生反抗激情的。

其二,很少被社会同化。正因为学生集团具有如此的特殊性,"统治系统提出的合法性要求看来对这个集团来说,由于显而易见的理由,似乎是不能令人信服的"。学生很少受技术统治论的影响,尤其是学生运动中的积极分子,出身良好,成绩优越,很少为理想的职业和未来的家庭建设忧虑,因此他们不会满足于统治者提出以社会地位和功绩为补偿换取忠诚的要求。

其三,反对的是社会的根本问题。"在这个集团中,冲突不会在(当局)要求(他们遵守的)纪律的范围和程度以及(他们所承受的)负担的大小上爆发,而只会在(当局)拒绝(他们的要求)的方式和方法上爆发。"因为,他们不是要求更多的社会补偿,例如收入和业余时间。相反,他们的抗议矛头直指"补偿"本身。他们是对以下社会问题的质疑:"在技术高度发达的(社会)状

---

① [美]马尔库塞:《爱欲与文明——对弗洛伊德思想的哲学批判》,黄勇、薛民译,上海译文出版社,1987 年,1966 年序言。

况下,为什么个人的生活仍然决定于职业劳动的命令,决定于成就竞争的伦理观,决定于社会地位竞争的压力,决定于人的物化价值和为了满足需要所提供的代用品的价值;为什么制度化的生存斗争、异化劳动的戒律、扼杀情欲和美的满足的行为,都受到保护。"

在展望学生运动的未来时,哈贝马斯认为,如果学生的"敏感性触动了难以解决的制度问题时,才能从中产生出一种政治力量"。所谓的制度问题即是资本主义社会所强调的按劳付酬的功绩意识形态。哈贝马斯相信:"从长远的观点看,大、中学生的抗议运动,也许能够持续地破坏这种日益脆弱的功绩意识形态,从而瓦解晚期资本主义的本来就虚弱的、仅仅由于(群众的)非政治化而受到保护的合法性基础。"①

在《假革命及其追随者》一文中,哈贝马斯继续强调了学生运动在改造社会中所起的作用。他说:"集过去 12 个月之经验,无论在联邦德国还是在美国,我相信学生发起的抗议运动尽管规模很小,尽管缺少有组织的暴力手段,但却为变革盘根错节的社会结构开创了真正的前景。这一前景扩展了人们更新高度发达的工业社会的视野。假若这一前景不是虚假的,那么从中可能产生一个以社会主义的生产方式为前提,以统治的非官僚化,即唯物主义意义上的政治自由为其内容的社会。"他鼓励游行学生不要放松他们的抗议:"我们的直接任务无疑是,对于美国人在自由的名义下,在越南实施的野蛮的道义愤怒;对这种所谓健康的种族灭绝行动的政治揭露,这种行动发生在一个其宪法原则值得称赞的开端已经被扼杀的国度。"②

随着学生运动的逐渐消失,在以后的文章和访谈中,哈贝马斯继续肯定学生运动的作用。他认为学生运动的最大成绩在于"开始阻断冲突的来源,向它们展示了实际的合理性形式"③。就是说,学生运动起着引领潮流的作用,引导人们去关注潜在冲突的新领域,向人们展示了未来的合理形式。以前的运动多关注经济的领域,而学生运动则引导人们关注人性的领域。

尽管进入 20 世纪 70 年代中期以后,学生运动已经消失,但它的影响却依然存在:"学生运动已经用文化革命的形式表达了一种观念上的变化,并

① [德]哈贝马斯:《作为"意识形态"的技术与科学》,李黎、郭官义译,学林出版社,1999 年,第78~80 页。

② [德]得特勒夫·霍尔斯特:《哈贝马斯传》,章国锋译,东方出版中心,2000 年,第 121 页。

③ [德]哈贝马斯:《现代性的地平线——哈贝马斯访谈录》,李安东、段怀清译,上海人民出版社,1997 年,第 15 页。

479

且部分地产生了影响效果,这在70年代中期以来的新社会运动中继续得以表现。"学生运动促进了对墨守成规的文化和政治的批判,促使他们做出改变。具体到联邦德国来说,哈贝马斯认为学生运动对联邦德国的民主政治文化的形成起着关键作用。"一个人只要不是心怀故意地只顾闭上自己的眼睛,就一定会承认造反其实是向联邦共和国的政治文化迈出了关键的一步,它超过了自被同盟国联合抵抗的纳粹政权以来我们所进行的解放事业的积极影响。从我们文化的构成状况的变化来看,1945年的意义无疑是举足轻重的,而1968年则意味着我们政治文化的松弛和生活方式与关系的解放,今天可以感觉到它仍在充分发挥自己的作用。"①

与马尔库塞相比,哈贝马斯的观点相对缓和了许多。但总体而言,他们的观点仍然是比较激进的,他们带着欣赏的眼光看待青年的反叛行为。也就是说,他们在评判青年人的反叛时带有强烈的价值判断。而且,他们的论证方式也是值得商榷的,他们对青年的反叛行为的论证多是理论的思辨,源于对现实社会的直觉,缺少大量的实证调查。因此,他们的理论与学生运动的关系是前者影响后者,而不是前者源于后者、后者影响前者。

除了法兰克福学派之外,其他学者也肯定了青年政治取向的反叛。但这种肯定仅仅局限在一种现象的层面,而不带有任何的价值判断。换言之,他们承认青年时期是一个容易在政治取向上发生反叛的时期,但对这种现象既不支持也不反对,他们的价值判断是中立的。戴维·伊斯顿和杰克·丹尼斯认为与其他年龄阶段相比,15岁至35岁容易反对权威,倾向于政体的改变,这是一个态度容易发生改变的年龄。青年对权威的支持很少有强烈的信念,多数准备挑战权威。当然,尽管青年具有否定性的情感,但并不意味着叛逆的行为一定会发生。两位学者认为,青年反叛是由多种复杂的原因所致:除了情感的因素之外,还有其他因素。譬如足够多的人数,居住地比以往更加集中,对政治权威的尊重和归属正好降至最低,最后还要有引起反叛的问题,像20世纪60年代美国的种族冲突、越南战争、民权运动,等等。美国和其他西方国家60年代发生的学生运动恰恰具备了这些因素。②西格尔(R. S.

---

① [德]哈贝马斯:《现代性的地平线——哈贝马斯访谈录》,李安东、段怀清译,上海人民出版社,1997年,第175、118页。

② David Easton & Jack Dennis, *Children in The Political System*, McGraw-Hill Book Company, 1969, pp.304-309.

Sigel)和霍斯金(M. B. Hoskin)的研究也发现,年轻人极大倾向于激进主义,
参与抗议、游行和其他非正常的行为以向政府施加压力,但年轻人本身并不
认为自己的行为是激进的,而认为自己的行为是正常的,就像选举式的民主
一样,与投票选举自己的代表的行为没有什么不同。[①]

有的学者在坚持价值中立的同时,在研究方法上也有所发展,这就是采
用了大量的社会调查方法。瓦茨(M. W. Watts)于 1991 年和 1996 年调查了
7280 名 13~30 岁的德国人,主要测量以下三方面态度的支持人数:对非机制
性(noninstitutional)又可称为非常规的(unconventional)的政治策略(15~16
岁开始上升,至 25 岁左右达到顶点,然后下降)、公民不服从(15~16 岁开始
上升,然后较为平缓的发展,至 25 岁左右达到顶点,然后下降迅速)、"强硬
的"政治策略(13~14 岁开始上升,至 15~16 岁已经达到顶点)。他发现,15~16
岁时期,既是人们对强硬的态度持赞成态度达到最高时期,也是政治兴趣最
低时期。通过以上调查,他认为,在分析文化和个人的因素之前,应该注意年
龄的因素,青年时期是一个政治兴趣和政治意识最低的时期,但同时又是最
容易把自己的想法付诸行动的时期,也就是说他们最容易冲动。这种特征决
定了年轻人成为各种运动中的一个关键因素。青年的反叛,不受意识形态的影
响,他们既可能成为左派运动中的主力,也可能成为右派运动中的主要参与
者。20 世纪 60 年代的学生运动,90 年代的排外运动就是证明。年龄和文化/
历史因素的结合促使青年采取极端的行动。关键性的历史事件形成了人们的
愤怒和异化,但政府又无力应对,这使青年人容易把愤怒转化为政治攻击。[②]

与上述学者肯定青少年政治取向反叛相反,许多学者则否定了这样的
结论。其中最有名的代表人物是罗伯特·E.莱恩(Robert E. Lane),通过对 15
个男人的深度访问,考察他们与父亲的关系,最终他发现"与其他西方文化
相比,美国的文化并不鼓励年轻人反对他们的父亲。进一步说,并不鼓励任
何反叛冲动的政治表达"。这是因为美国家庭中孩子的成长环境较为宽松,
允许其自由发展。这样他们也就很少产生对父亲的敌意,也很少对政治产生
敌意。而那些父子关系被损害的家庭不但对权威无法反叛,甚至"被迫害的

① R. S.Sigel & M. B. Hoskin,Perspectives on Adult Political Socialization—Areas of Research,In Stanley Allen Renshon ed.,*Handbook of Political Socialization:Theory and Research*,The Free Press,1977,p.266.

② M. W. Watts, Are There Typical Age Curves in Political Behavior? The"Age Invariance"Hypothesis and Political Socialization,*Political Psychology*,Vol.20,No.3,1999,pp.477–499.

父子关系趋向于禁止对政治领导持批评态度"[1]。在他的代表作《政治意识形态》中,莱恩对此也做了进一步的解释。他认为政治对美国的年轻人并不是重要的,而且因为政治通常对他们的父母也不是十分重要的,青少年反叛发生时,通常并不采取政治的形式。亲子发生矛盾通常出现在一些微小的事情上,譬如孩子晚上什么时候回家,孩子的开车问题,以及他们在学校中的表现等。[2]莱恩从亲子关系的角度对青年政治取向的探讨,对以后的学者从事此方面的研究提供了借鉴意义。因为,政治取向的探讨涉及老一代与年轻一代政治取向的传递问题,对政治取向的研究必然涉及青年一代与老一代的比较问题,其中子女与父母政治取向的比较是最应该值得关注的部分。但莱恩的研究也存在着明显的问题,因为他所涉及的样本过少,仅有 15 个,所以从中得出一个普遍性的结论是令人质疑的。

以后的学者采取了与莱恩同样的研究角度,但在研究的样本上弥补了莱恩研究方法的不足。阿勒贝克(K. R. Allerbeck)等对荷兰、英国、美国、德国、奥地利五国的亲子组合研究的结果之后,发现五国的亲子关系尽管有所差别,但是也有共同之处,即所有五国亲子之间的相关度是正向的,青少年与父母意见相同,远比反叛要多,非常清楚的是父母通常是作为一个正面的而不是反面的参考。[3]

米德尔顿(R. Middleton)和帕特尼(S. Putney)通过调查也得出了相同的结论。他们通过对 16 所大学 1440 名学生的调查发现,男性比女性更有可能与父母发生冲突,但并没有与父母对抗和政治上的反叛。青少年的反叛主要是以非政治的方式表现出来的,一般家庭的青少年反叛很少涉及政治。只有在极端的情况下,譬如对子女极端放纵或极端严格的培养方式,从而导致了亲子间感情的疏离,同时父母对政治非常感兴趣,这时,青少年在政治上的反叛就可能发生。[4]杜万(E. Douvan)和戈尔德(M. Gold)也说:"在对普通人

---

① Robert E. Lane,Fathers and Sons:Foundations of Political Belief,*American Sociological Review*,Vol.24,No.4,1959,p.510.

② R. E. Lane,*Political Ideology*,Free Press,1962,p.270.

③ K.R.Allerbeck,et al.,Generations and Families:Political Action,In S.H.Barnes & M. Kaase eds.,*Political Action:Mass Participations'in Five Western Democracies*,Bererly Hills:Sage Publications,1979,p.516.

④ R. Middleton & S. Putney,Political Expression of Adolescent Rebellion,*American Journal of Sociology*,Vol.65,No.5,1963,p.527.

的大规模的调查研究中，我们没有发现青少年声称从不自由或从不公正的限制中解放出来。我们没有发现反叛性的抵制权威是一个主旋律。"①

同样是面对青年群体,为何得出截然相反的结论? 由上述的分析可以看出两点:一是研究角度的差异。凡是得出否定结论的学者基本上是从亲子关系的角度研究的;而得出肯定结论的,有的学者是根据理论的思辨,有的学者是通过大规模的社会调查,但很少从亲子关系的角度进行考察。二是侧重的时代有异。譬如青年可能具有反叛的冲动,但在和平的时期,这种冲动可能局限在无意识的层面。而在社会动乱的时期,这种冲动就会付诸实际行动。如果研究的基础是建立在前者的基础上,就可能得出否定的结论,而建立在后者的基础上,则可能得出肯定的结论。三是比较的对象有差异。得出否定结论的学者要探究的是,在一个社会所有的青年中反叛者所占的比例有多少。如果按照这样的思路进行考察,即使在各项运动风起云涌的 20 世纪六七十年代,参加运动的与不参加运动的相比,仍然是少数。而得出肯定结论的学者,所追问的往往是这样一些问题:与其他年龄群体相比,青年群体政治取向的反叛是否突出? 或者说,在一项运动中,青年在其中所占的比例有多少。按照这样的思路,一般会得出肯定的结论。

2.政治取向

有关青少年的政治取向,也存在截然相反的两种观点。伊斯顿、丹尼斯、海斯和格林斯坦等研究社会化的学者得出的结论是: 基本的政治取向在小学结束时已经基本接近成年人水平,以后很少有所变化。而詹宁斯和尼米则得出了相反的结论。他们关注的对象中学生,年龄在 14 岁至 17 岁,也就是青少年时期。他们从 1965 年开始调查了 97 所中学的 1669 名学生。他们认为青少年时期是一个政治取向迅速发展的时期,与小学相比,中学不是变化很小,而是变化剧烈。阿德尔森和奥尼尔列举了 11~18 岁时期的五种有关政治观念的变化:权威主义的下降,随着年龄增长不断增加的对团体的性质和需求的理解,对知识和多数人意见的吸收,认知能力的发展,意识形态思想的萌芽。他们详细谈到了这段时间社会和政治思维方式的发展。11 岁:还没有达到形式思维的能力, 他的思维方式是具体的、自我为中心的、与当下

① E. Douvan & M. Gold, Modal Patterns in American Adolescence. In Lois W. Hoffman & Martin L. Hoffman eds., *Review of Child Development Research*, Vol.2, Russell Sage Foundation, 1966, p.485.

(present)紧密相联,他无法想象长期的社会后果,无法轻松地从已知的前提进行推理,还不具备假说—演绎的分析模式。13岁:已经具有对时间的部分分析能力,但还缺乏一贯性。15岁:具有形式思维的能力,在处理抽象的问题上已经毫不犹豫。18岁:与15岁相比只有适度的差别,他知道得更多,用一种更广泛的整体的知觉在谈论问题,思维更加敏捷,更容易地提出自己的想法。18岁对政治秩序的感觉更哲学和更意识形态化。[①]总之,持开放论的学者认为人们的政治取向是发展的、变化的。综合这些学者的观点,他们主要在以下的政治取向方面进行了研究。

(1)政党认同

詹宁斯和尼米同意一些研究者的发现:学生在中学时期,政党认同没有明显变化的趋势。[②]小学时期仅有少数的学生具有微弱的政党差别的意识。学生在中学时期接受了大量的相关知识,但还没有达到成年人的认识层次,因此一些学习在中学之后仍在继续。[③]也就是说,青少年的政党认同仍然是发展变化的。瓦尔兰科特(Marie Vaillancourt)发现在政党认同方面,随着时间的变化,青少年的态度也有实质性的变化。只有67%的学生在前后间隔两个月的调查中答复是相同的,认同同一个政党(其中还包括17%的学生两次答复都是"不知道")。[④]

佩尔什(Annick Percheron)则认为不能泛泛而谈青少年的政党认同,而应该对他们的政党认同进行归类。具体来说,可以分为四类:其一,准确的、公开的认同一个政党,最常见的是认同父母的政党,他们至少对该党某一方面的思想有明确的认识,能够从思想上把各个政党区分开来。以英国为代表。其二,准确的、公开的认同一个政党,通常是父母认同的政党,在这种情况下情感是先于理性的,也就是他们在某个政党所持的思想有所认识之前,情感上就已经归属该党。以美国为代表。其三,公开的认同一个"政治家庭"

---

① Joseph Adelson & Robert p.O'Neil, Growth of Political Ideas in Adolescence: The Sense of Community, *Journal of Personality and Social Psychology*. Vol.4, No.3, 1966, pp.304–306.

② M. Kent Jennings & Richard G. Niemi, *The Political Character of Adolescence: The Influence of Families and Schools*, Princeton University Press, 1974, pp.262–265.

③ M. Kent Jennings & Richard G. Niemi, *The Political Character of Adolescence: The Influence of Families and Schools*, Princeton University Press, 1974, pp.266–267.

④ Marie Vaillancourt, Stability of Children's Survey Response, *Public Opinion Quarterly*, Vol.37, No.3, 1973, p.377, 379.

胜于一个政党,儿童和青少年所接受的是来自于父母的"亚文化"而不是某个政党。这种亚文化包括在共同语言背景下对价值和象征的共享,以及对历史事件所持的态度的继承。以法国为代表。其四,松散的,甚至可能是无意识地认同一个政治亚文化,这种文化或多或少直接地被家庭所接受,或在儿童广泛的社会环境中占据主导。①

与上述主张具体分类所不同的是,有的学者直接把年龄与对政党的感知联系起来。他们认为青少年将政党与意识形态联系起来是困难的。譬如,卡尔代拉(Greg A. Caldeira)和格林斯坦发现,美国的年轻人把政党看作组织选举的工具而不是表达意识形态的团体,他们把政党看作是竞争的"团队"。而英国的儿童把政党看作是组建政府的基础。只有法国是例外,他们把政党与意识形态的观点联系起来。②

丹尼斯的研究则发现,美国青少年对两个政党中的任何一个都不认同,而保持独立的态度是美国政治制度的一个日益凸现的特色。他认为有以下四个方面原因:第一,是政治社会化。自主的人作为一种积极形象是被各种文化,如个人主义、中庸和实用主义所支持。第二,否定地看待党派和政党制度。第三,两党之间无法区别,半斤八两。第四,在政党选择过程中的归纳缺乏一致性。此外,他谈到了媒体的作用,印刷媒体和电视,尤其后者是维持个人自主的价值和对党派保持距离的重要源泉。③

(2)政治信任

詹宁斯和尼米认为,小学生对政府和总统的评价是积极的、理想化的。而年龄大的孩子则采取现实的看法,认识到了不公平,以及角色和体制的划分。不信任始于 8 年级至 12 年级之间。与父母比较,高中生相对比较信任政府。高中以后有很大的下降。主要的变化是从小学高年级开始逐渐采取现实的态度,对政治目标采取怀疑的态度随之出现,随着年龄的增长,怀疑逐渐加剧。④此

---

① Annick Percheron, Political Vocabulary and Ideological Proximity in French Children, In Jack Jennings ed., *Socialization to Politics : A Reader*, John Wiley and Sons, Inc., 1973, p.212.

② Greg A. Caldeira & Fred I.Greestein, Partisan Orientation and Political Socialization in Britain, France, and the United States, *Political Science Quarterly*, Vol.93, No.1, 1978, p.49.

③ Jack Dennis, Preadult Learning of Political Independence Media and Family Communication Effects, *Communication Research*. Vol.13 No.3, 1986, pp.428–430.

④ M. Kent Jennings & Richard G. Niemi, *The Political Character of Adolescence : The Influence of Families and Schools*, Princeton University Press, 1974, pp.274–275.

后,在1981年发表的著作中他们肯定了以前有关政治信任的论断。他们对1968年至1973年青少年的研究,结合成年人的研究成果,显示这两个年龄组中,政治信任大幅度下降。[①]

艾布拉姆森(Paul R. Abramson)的研究也肯定了政治信任与年龄的负向关系,随着年龄的增长,人们的政治信任会下降。但他对此结论又加了进一步的限定:就同一时间而言,青少年的政治信任最高。实际上,政治信任不仅受年龄的影响,还受时代的影响。他举例说,1980年,青少年的政治信任在诸年龄群体中最高,但即便如此,也不如1958年或者1964年政治怀疑程度最高的群体在政治信任上的程度。[②]

当然,有的学者对此也有不同意见。西格尔(Roberta Sigel)和霍斯金(Marilyn B.Hoskin)通过对宾夕法尼亚的中学生的研究发现,他们的政治信任居于中等水平。[③]

(3)政治宽容

格伦(Noval D. Glenn)发现,从1954年到1973年所有年龄组公共宽容度都在增加,其中年轻组比年龄大的组的宽容度更高。[④]欧文(Diana Owen)和丹尼斯对未成年人的政治宽容进行了研究。他们的访谈对象是10~17岁威斯康星州未成年人和他们的父母,包括366个父母和366个子女。在1980年至1981年,一共访谈三次。总体而言,政治宽容相对较低,而未成年人的宽容程度要高于父母。家庭对儿童的政治宽容的发展有所影响,而传媒尽管对成年人有影响,但对未成年人影响不大。[⑤]以上两项研究成果尽管对青少年时期的政治宽容作了不同的解读,但都认为青少年的政治宽容程度要高于成年人。

有的学者则认为政治宽容应该区分理论和实践两个层面。泽尔曼(Gail

① Jennings & Niemi, *Generations and Politics*, Princeton University Press, 1981, pp.174–175.

② Paul R. Abramson, *Political Attitudes in America: Formation and Change*, W. H. Freeman And Company, 1988, pp.234–238.

③ Roberta S. Sigel & Marilyn B. Hoskin, *The Political Involvement of Adolescents*, Rutgers University Press, 1981, p.126.

④ Norval D. Glenn, Values, Attitudes and Beliefs, In Orville G. Brim & Jerome Kagan eds., *Constancy and Change in Human Development*, Havard University Press, 1980, p.608.

⑤ Diana Owen & Jack Dennis, Preadult Development of Political Tolerance, *Political Psychology*, Vol. 8, No.4, 1987, p.547.

L. Zellman)和西尔斯对 5 年级到 9 年级(童年晚期和青少年早期)1384 名学生进行了问卷调查,主要调查他们对自由言论的口号、对偏离的政治群体的态度,以及对持不同意见者所发表的言论的宽容。结果发现,如果不涉及具体的内容,大多数学生在抽象的层面上支持自由言论的口号,但一旦涉及偏离的群体和持不同意见者, 很少运用自由言论的原理。[1]杰克曼 (Mary R. Jackman)的观点有些类似。通过调查他发现,受过良好教育的白人在抽象的层面上更加宽容,却不是在实践的层面上。抽象层面的宽容对于他们的实践活动并没有过多的束缚。尽管他们在抽象的层面上支持 1964—1972 年的有关种族融合,但在实践层面上,却看不出教育与对种族融合的支持之间相关的明显的趋势。[2]

(4)政治思维方式

米尔曼对青少年有关政策思维的方式进行了研究。时间是 1970 年的 6 月和 7 月,对象是麦迪逊出身于中产阶级的 20 名高中生,20 名 8 年级学生。前者是 17 岁至 18 岁的学生, 后者是 13 至 14 岁的学生, 访谈的议题是贫穷。研究发现,青少年中存在两种智力变迁的方式:一种可用环境主义来解释,另一种可用发展观来解释。环境主义指对政策思维有影响的与政治相关的刺激物,而发展观指个体的生理自然成熟的过程。在他看来,"多数政治思维方式源于生理成熟和与政治相关的环境因素的综合作用"。政治刺激可以加速、整合和规范思维的技能,也可能歪曲正常的思维发展模式。而发展观是随着个体的逐渐成熟可能使思维发展固定在某一个阶段。这两种方式的相互作用,导致青少年的思维发展有所不同。在没有与政治相关的刺激出现时,政策思维方式首先是生理的成熟。与此相反,当与政治相关的刺激非常强烈时,政策思维方式的发展就会非常明显、不同寻常,这时生理成熟不再解释政策思维。[3]

米尔曼还与麦凯比(Anne E. McCabe)对青少年政策取向的选择进行了研究,政策取向可区分为形式的和内容的两种,如果把它们置于民主的环境

---

[1]　Gail L. Zellman & David O. Sears,Childhood Origins of Tolerance for Dissent,*The Journal of Social Issues*,Vol.27,No.2,1971,pp.109–136.

[2]　Mary R. Jackman,General and Applied Tolerance:Does Education Increase Commitment to Racial Integration? *American Journal of Political Science*,Vol.22,1978,p.302.

[3]　Richard M. Merelman,The Development of Policy Thinking in Adolescence,*The American Political Science Review*,Vol.65,No.4,1971,pp.1046–1047.

下,对政策形式的选择受两种规则的影响:一是多数主义(majoritarianism),二是强度(intensity)。具体是说,青少年在进行政策取向选择时,他可能倾向于多数人的意见,或者倾向于少数人的观点,他们尽管在人数上不占优势,但是在对自己观点支持的程度上超过了多数人的意见。1972 年春天,他们做了两次访谈性的研究,持续 45 分钟至 60 分钟,样本为 60 个 11 岁至 12 岁的七年级学生,58 个 17 至 18 岁的 12 年级的学生。访谈集中在贫困问题和监狱改革问题,问题设置依据多数主义和强度的标准设置两种不同的观点,让学生去选择。结果他们发现和验证了五种假设:其一,多数的原则和强度的原则的运用与年龄有直接关系,年龄大的比年龄小的青少年能够更好地运用两项原则。其二,形式推理能力应该与(囚徒)困境中规则的运动呈正向关系,应该有助于解释年龄—决策的关系。因为随着年龄的增长,人们的推理能力逐渐增加。这和第一条假设是相对应的。其三,当所涉及的问题与他们无关时,他们能够很好地运用决策规则,但对他们很重要时,譬如贫困,他们的内容偏好将指导他,而很少为两种原则所指导。其四,对政治有极大兴趣将会促进青少年运用这两条原则。其五,与年龄小的相比,年龄大的青少年在连续的困境中运用形式规则的人数在增加。总之,他们认为,对这两条规则的运用与年龄、认知能力、政治兴趣和具体问题有着密切的关系。①

此外,詹宁斯和尼米对多种政治取向进行了研究。其一,政治兴趣。他们发现,政治兴趣始于中学。中学之后,兴趣可能有时下降,但上升迅速直到成年,然后至少保持到退休。②其二,大众传媒的运用。大众传媒的运用和外显的政治行为在中学开始几近完成。无论在传媒的内容和形式方面,12 年级对公共事务和政治的关注超过更小的儿童。小学间断地利用媒体,中学成为常态,之后持续上升直到成年。③其三,公共事务的突出性。高中时期,学生关注的是更广泛的政治制度,譬如高中生被世界主义所吸引。但在中学之后有显

---

① Richard M. Merelman & Ann E. McCabe, Evolving Orientations Toward Policy Choice in Adolescence, *American Journal of Political Science*, Vol.18, No.4, 1974, pp.665–680.

② M. Kent Jennings & Richard G. Niemi, *The Political Character of Adolescence: The Influence of Families and Schools*, Princeton University Press, 1974, p.255.

③ M. Kent Jennings & Richard G. Niemi, *The Political Character of Adolescence: The Influence of Families and Schools*, Princeton University Press, 1974, pp.258–260.

著下降。①其四,好公民。到 8 年级时,对公共事务产生兴趣,参与选举和遵守法律。5~11 年级对政治积极性的反应在增长。②

西格尔和霍斯金对青少年的政治参与进行了研究。他们把青少年的政治参与归为三类:一类完全冷漠的参与者,另一类是全力参与的积极分子。这两者是政治参与的两个极端,但是他们认为政治参与中的积极分子并不占访谈样本中的多数。而大量的青少年则归入了第三类:非极端类型。③

(三)成年时期

有关成年政治社会化的研究和童年、青少年的研究基本同步,在 20 世纪六七十年代,后者占据研究的主导地位。但进入 80 年代以后,对童年、青少年的政治社会化研究逐渐归于沉寂,而对成年政治社会化的研究一直持续存在。西尔斯考察了 1982—1987 年间研究政治行为的六种期刊:《美国政治学评论》《美国政治科学杂志》《公众舆论季刊》《政治行为》《政治心理学》和《美国政治学季刊》,在 125 期 1000 多篇文章中,共有 14 篇文章属于传统政治社会化研究的范畴,其中只有 3 篇是关于未成年人的研究。其他 11 篇是有关成年人的政治趋向是否改变的研究。④

1.成年进行政治社会化的原因

成年人是否进行政治社会化? 是否有政治社会化的必要? 布里姆(O. G. Brim)和惠勒(S. Wheeler)认为,在相对变化少的社会中,儿童时期的社会化更有效,在这样的社会中,社会文化已经确定了个体的角色和地位,一些早期社会化对其影响最大的群体在成年之后依旧受其影响。譬如父母陪伴他,甚至直到他中年,朋友也是过去的伙伴,结婚的伴侣来自于类似的群体。这

①　M. Kent Jennings & Richard G. Niemi,*The Political Character of Adolescence:The Influence of Families and Schools*,Princeton University Press,1974,p.268.

②　M. Kent Jennings & Richard G. Niemi,*The Political Character of Adolescence:The Influence of Families and Schools*,Princeton University Press,1974. p.271.

③　Roberta S. Sigel & Marilyn B. Hoskin,*The Political Involvement of Adolescents*,Rutgers University Press,1981,p.273.

④　David O. Sears,Whither Political Socialization Research? The Question of Persistence,In Orit Ichilov ed.,*Political Socialization,Citizenship Education,and Democracy*,Teacher College Press,1990,pp. 71–73.

一切的发生都是自然的、按部就班的、按照预先的社会化的轨道在运行。但对于复杂的、变动中的社会来说,社会化的必要性就突出起来。[1]在复杂的、变动的社会中,布里姆认为个体的角色和地位的变化,既有与早期的社会化相一致之处,也有不一致之处,从而要求成年人进行社会化。角色和地位的变化体现在以下方面:一是工作,工作要求新的技艺、面临着新的人际关系,以及在工作中产生了新的预期;二是家庭,离开了原来的家庭,自己结婚组建了新的家庭,有了子女,做了丈夫和妻子、父母;三是团体,有了新的交往的团体,譬如移民,或者向上或向下的社会流动,都会建立新的生活圈子。[2]

罗斯(Arnold M. Rose)谈到了成年社会化的原因,具体来说,可分以下四方面:其一,技术的迅猛发展和社会变迁,不可能预测未来的 25 年将会变成什么样,因此成年之后的角色和行为显然不同于儿童时期所预期和准备的。其二,世界是多元的和变化的,为个人提供了更困难的选择,狭隘的社会化机构无法充分理解和预期个体作为一个成年人的角色和行为。其三,地区和垂直的社会流动日益频繁。其四,负责训练儿童的机构越来越少,越来越专业化和更加局限在他们知识的世界中。童年社会化是非政治性的,不可能专注于儿童训练,不可能为成年的政治社会化作完美的工作。成年人不断被卷入新的环境扮演新角色,导致政治取向的改变。因此,未成年人应不断学习,否则成年后无法应对他们的政治环境。[3]

斯特肯里德(Janie S. Steckenrider)和库尔特(Neal E. Culter)认为早期的基本的政治学习为成年人的政治取向提供了基础,但是童年是一个"不完整的社会化"时期,因为它无法为成年人所遇到的大量的和不同的政治经历提供充分的准备。"成年的社会化的发生并不一定因为个体拒绝早年习得的价值和行为方式,而是它们对于成年人承担的新的或已经改变的角色是不充分或不相关的。成年人想要或被迫学习新的、不同的、另外的思想、情感和

---

[1]　O.G.Brim & S.Wheeler, *Socialization After Childhood:Two Essays*, Wiley &Sons, 1966, pp.18–20.

[2]　O. G. Brim, Adult Socialization, In J.A. Clausen ed., *Social ization and Society*, Little, Brow and Company, 1968, pp.182–223.

[3]　Arnold M Rose, Incomplete Social ization, *Sociology and Social Research*, Vol.44, 1959/1960, pp. 244–245.

行为方式,以应对伴随新的角色产生的新的要求。"①成年时期将发生以下三方面的变化:其一,社会现象,包括发生的事件,诸如战争、经济萧条、国际和国内结盟。随着交通和交流技术的广泛和迅猛发展,导致了社会、经济和政治的变化,改变了人们的政治预期和政治感觉。其二,时间滞后的因素,它存在于童年的政治学习和成年后所获得的实际的政治角色之间。其三,个体生活条件的变化,新的角色关系导致新的经历、社会环境和政治责任、机遇,其中的每一个变化都可能导致政治观的改变。②

尽管上述几位学者的观点略有差别,但大同小异。可以归为个体和社会两个角度。一是个体的角色和地位的变化,成年人的角色和地位与童年时期的角色和地位的差异,导致了成年人进行政治社会化的必然。二是社会环境的变化,包括技术的迅速发展和社会流动的频繁、大的社会事件的影响。进入 21 世纪以后,学者们在对此作相关研究时,得出的观点仍然有些类似。早期社会化形成的压力与以后遇到的政治环境相关。如果以后的政治环境是对以前早期社会化压力的强化,那么父母的影响就会持续。反之,如果人们居住的政治环境长久不断地对早期社会化的影响提出挑战,那么父母的影响就会抵销,甚至消失。③

2.成年政治取向的变化特点

道森和普莱维特认为,成年时期的变化主要是对具体的政策取向的变化。有时,基本的归属和认同也会发生改变。譬如,主要的政治事件、重要的政策转变、新的政党、新的政治机构。美国的内战、经济萧条,国家的独立和战败。但多数成年人缺少催化剂式的事件,政治取向的变化更多源于个体和家庭经历、工作经历、社会和地区流动、政治参与。譬如,工作中经常被征求意见的人,能够自由地提出不同意见,对政治效能的认识高。收入水平、职

---

① Janie S. Steckenrider & Neal E. Culter, Aging and Adult Political Socialization: The Importance of Roles and Transitions, In Robert S. Sigel ed., *Political Learning in Adulthood: A Source of Theory and Research*, The University of Chicago Press, 1989. pp.64-65.

② Janie S. Steckenrider & Neal E. Culter, Aging and Adult Political Socialization: The Importance of Roles and Transitions, In Robert S. Sigel ed., *Political Learning in Adulthood: A Source of Theory and Research*, The University of Chicago Press, 1989, pp.57-58.

③ Jeffrey Lyons, The Family and Partisan Socialization in Red and Blue America, *Political Psychology*, Vol.38, No.2, 2017, pp.297-312.

业、社会和种族认同常常伴随着政治观的调整。新的邻居、同事和同辈群体对人的政治取向也会有所影响。而亲身参与政治也会改变他的政治取向。[1]

维瑟(Penny Visser)和克罗斯尼克(Jon A. Krosnick)在对成年人的态度的考察中发现,成年早期和成年晚期是容易发生态度改变的时期,而中年则属于比较稳定的时期。究其原因,中年时期态度的重要性、态度的确定性及维持态度的相关知识都超过了其他两个时期,因此态度比较稳定。成年早期和晚期态度容易改变的有些方面相同,但是成年早期处于上升时期,成年晚期处于下降时期,因此会呈现不同的特征。另外,这两个阶段,也具有各自特有的改变形式影响着他们的态度。对于前者,各方面处于增加时,每增加一个因素,对他们的态度都会有所影响。而后者则正好相反,每减少一个因素,则对他们的态度产生影响。[2]

表 9-1 成年早期和晚期增加和减少的态度改变的感受性的潜在机制

成年早期	成年晚期
逐渐增加与个人的物质利益、价值和参照群体相关的公共事务的认知,从而态度重要性增加	态度重要性减少
获得社会知识和政治知识	减少可获取的知识
所坚持态度的确定性增加	所坚持态度的确定性减少
频繁的角色转型	频繁的角色转型
社会网络增加	社会网络减少
态度局限性增加 态度付诸于实践的机会增加	
	与产生有效的反对观点的认知资源的减少 过时的态度的增加 特定的态度目标对象的含义随着时间而发生变化

资料来源参见 Penny S. Visser & Jon A. Krosnick, Development of Attitude Strength Over the Life Cycle:Surge and Decline, *Journal of Personality and Social Psychology*, Vol.75, No.6,1998, p.1404.

---

[1] Richard Dawson & Kenneth Prewitt, *Political Socialization*, Little, Brown and Company, 1969, pp. 55–59.

[2] Penny S. Visser & Jon A. Krosnick, Development of Attitude Strength Over the Life Cycle: Surge and Decline, *Journal of Personality and Social Psychology*, Vol.75, No.6, 1998, pp.1389–1410.

对成年人政治取向研究最多的方面是政党认同问题。传统的观点认为，政党认同的观点形成于早期，以后不再改变。《美国的选民》断言："我们发现稳定多于变化为特征的图画不是僵化的、一成不变地固定在一个政党而不是其他政党，但是却是一种持久地固守和抵制相反的影响。"政党被认为是"稳固的但不是毫无变化的"。"尽管认同某个政党，一旦确立，就有所归属不容易变化。"[1]西尔斯和他的同事也支持这样的观点，他们认为在未成年的条件下接受的稳定的情感性的偏好，很少计较这些象征态度未来的得失。这些象征态度指总体的取向，譬如党派认同、自由或保守的意识形态、民族主义或民族偏见。[2]

一些修正的理论提供了与传统的政党认同模式不同的证据。它们指出政党认同岁岁都有变化，这种变化是系统的、自然的。杰克逊（John E. Jackson）认为，政党归属可能在几次选举中都比较稳定，由对政党的忠诚进而影响到个体对一些问题的看法和对候选人的评价。但另一方面，政党归属本身也容易受人们对某些问题的看法，以及政党评价的影响而发生改变。政治归属在短期内看来会发生波动，但从长远看来会发生改变。[3]他与富兰克林（Charles Franklin）将政党认同视为一个动态的关系，随个人政策喜好、个人的期望等的变化而变化，政党认同受每次选举的具体环境和其他行为的影响。[4]富兰克林详细描述了这种动态的过程。在成年人的早期，政党的认同很少对人们在一些问题的看法上产生影响。相反一个人的教育、地区、种族、社会地位和失业等影响着人们对问题的看法。以后随着家庭的组建、工作的确立，他们看问题的视角已经不同于学生时代或单纯的工作者。以上这些因素影响着人们对议题认识的偏好，从而影响着政党认同的改变。总之，"我们发现政党认同并不是固定在童年时期，而是进一步随着政党的偏好而有所变化"。他不仅强调变化，也强调稳定。随着年龄的增长，以上影响政策偏好的

---

①　Campbell et al., *The American Voter*, Wiley, 1960, p.146, pp.148-149.

②　David O. Sears et al, Self-Interest vs Symbolic Politics in Policy Attitudes and Presidential Voting, *American Political Science Review*, Vol.74, No.3, 1980, p.680.

③　John E. Jackson, Issues and Party Alignment, In Louis and Paul M. Sacks eds., *The Future of Political Parties*, Sage Publications, 1975, pp.116-122.

④　Charles Franklin & John E. Jackson, The Dynamics of Party Identification, *American Political Science Review*, Vol.77, No.4, 1983, p.957.

诸条件趋于稳定,对议题的看法也逐渐一致,因此党派认同趋于稳定。①

马库斯(Gregory B. Markus)通过 1965 年对高中生及其父母进行了调查研究,1973 年再次对他们进行了调查,调查的内容涉及政党认同和对政府的信任。他发现两个群体在这八年中对两个方面都表现出相当高程度的稳定,但同时两个方面也受越南战争和种族议题等事件的影响,从而导致了他们政治怀疑度的增加,这点尤其对学生来说更为突出。②在另一篇文章里,他和康沃斯一起肯定了候选人的作用。对候选人的评价是投票的决定因素,而且通过候选人对一些议题的辩论,这些议题具有了他们所代表的政党的色彩,改变和强化原有的政党认同。③此外,马库斯还和詹宁斯合作,对 1965 年、1973 年和 1982 年的选举年进行了固定样本研究,对象为 1965 年高中的学生和他们的父母。这些高中学生所经历的三个时间段分别为 17~18 岁、25~26 岁、34~35 岁,父母的平均年龄分别为 46 岁、54 岁、63 岁。他们的研究发现,在群体的层次上,父母一代特别稳定。年轻的选民的政党归属稳定在一个较低的层次上,不归属于某个党派的持独立见解者比老一代的比例要多。他们更容易受社会环境的影响,譬如越战议题和种族议题,因此他们的投票行为更容易变化。当然,随着阅历的丰富和对政党的逐渐熟悉,他们与某个政党的纽带关系逐渐加强,从而政党归属变得更加持久。④

海曼对政治宽容在成年时期的变化进行了研究。政治宽容受教育、阶层及年龄的影响,受教育多者比受教育少者更宽容,高阶层比低阶层者更宽容。就年龄而言,从 20~60 岁,宽容度逐渐下降。三种因素会产生互动,譬如年轻者因比老一代接受教育多,因此比老一代宽容。⑤

---

① Charles H. Franklin, Issue Preferences, Socialization, and the Evolution of Party Identification, *American Journal of Political Science*, Vol.28, No.3, 1984, pp.472-474.

② Gregory B. Markus, The Political Environment and The Dynamics of Public Attitude: A Panel Study, *American Journal of Political Science*, Vol.23, No.2, 1979, pp.356-357.

③ Gregory B. Markus & Philip E. Converse, A Dynamic Simultaneous Equation Model of Electoral Choice, *American Political Science Review*, Vol.73, No.4, 1979, p.1068.

④ M. Kent Jennings & Gregory B. Markus, Partisan Orientations over the Long Haul: Results from the Three-Wave Political Socialization Panel Study, *The American Political Science Review*, Vol.78, No. 4, 1984, pp.1000-1018.

⑤ Herbert H. Hyman, *Political Socialization: A Study in the Psychology of Political Behavior*, Free Press, 1969, pp.106-109, p.111.

格伦(N. D. Glenn)认为在成年人早期向成年人晚期过渡期间,在 20 世纪 50 年代末 60 年代初,有一种向独立自主态度的变化趋势,尽管不太明显。这或是因为更加自由放任(Permissive)的培养方式,或是由于同辈的压力对家庭的影响,抑或是相当多的中产阶层人士的"无产阶级化"(proletarian-ization)弱化了传承的政党纽带。[1]詹宁斯和尼米的结论则有所不同。他们认为中学之后持独立观点的人数将缓慢的匀速的下降,直到余生。[2]

与成年的早期相反,西格尔与霍斯金认为 25 至 30 岁有两点变化值得注意:参与更加极端的或至少非正统的运动或思想减少,取而代之的是参与更加传统的政治行为增加。之所以如此,不仅在于年龄的增加,更在于这时他们大多已经结婚生子,承担家庭责任,现实主义开始取代理想主义,他们逐渐关注税收、抵押率、学校等。[3]

此外,詹宁斯和尼米还论证了人们达到成年之后的一些政治取向的变化。其一,政治兴趣。中年时期政治兴趣有大幅的增长。其二,政党知识。对政党知识的学习在中学之后仍有发生,中年时期对政党的知识最多。其三,意识形态,在第二个年龄层次(25~34 岁)的成年人更多地方主义。其四,政治信任,与父母比较,高中生相对比较信任政府。高中以后有很大的下降。小学开始直到成年时期一直在变化,在小学晚期的现实态度、怀疑的态度开始出现。其五,政治效能。显示中学之后效能的水平很少变化。35~44 岁有所变化,但较小。45 岁之后,效能感开始下降,两个受教育程度低的群体下降缓慢、无规律。接受过大学教育的下降快,持续不断。小学对政治效能的感觉上升快而持续不断,中学保持相对稳定的水平直到中年,然后开始下降,尤其是受教育高者明显。[4]

尽管诸位学者在成年政治取向的观点有所差异,但他们达成了一个基

---

①　N.D. Glenn,Sources of the Shift to Political Independence:Some Evidence From a Cohort Analysis, *Social Science Quarterly*,Vol.53,No.3,1972,pp.518-519.

②　M. Kent Jennings & Richard G. Niemi,*The Political Character of Adolescence:The Influence of Families and Schools*,Princeton University Press,1974,p.265.

③　R. S.Sigel & M. B,Hoskin,Perspectives on Adult Political Socialization-Areas of Research,In Stanley Allen Renshon ed.,*Handbook of Political Socialization:Theory and Research*,The Free Press, 1977,p.266.

④　M. Kent Jennings & Richard G. Niemi,*The Political Character of Adolescence:The Influence of Families and Schools*,Princeton University Press,1974,pp.258-282.

本共识:成年早期在政治上属于政治疏离时期,人们对政治不感兴趣,政治也不是他们生活的中心。直到中年时期,人们的各种政治取向才达到顶点。伊斯顿和丹尼斯发现,人们对警察的尊重在 30 岁左右降至最低点,但在 60 岁左右又有所恢复。但总体来说,人们对警察有比较高程度的尊重。[1]坎贝尔(Augus Campbell)等的观点与此基本一致,只是略有不同。他们认为自 20 岁以后投票人数和政党认同缓慢上升,至 50 和 60 岁达到顶点,63 岁以后开始下降。[2]20 岁左右的政治低参与率在于多种角色的转变,如教育、工作、婚姻和家庭。格伦和格莱姆斯(Michael Grimes)认为,在成年早期,男人忙于完成学业、求职和求偶,闲暇时间追求娱乐,譬如参与或观看体育比赛,政治议题对于他们来说是十分遥远的事情。对于女性来说,结婚之前寻找一个理想的丈夫,而结婚之后全身心地投入家庭,也无暇顾及政治议题。而在 45 岁或 50 岁之前,绝大多数男人的工作已经稳定,而对于女人来说,孩子也已经离开家庭。他们原来关注的事情都已经成为过去,年轻时追求的娱乐活动需要大量的精力,这时也力不从心。过去沦为边缘的政治,成为他们关注的突出问题。[3]维巴和奈伊(N.H.Nie)把人生的政治参与分为开始上升时期(start-up)和逐渐下降时期(slow-down)。前者在 20~40 岁,后者自 41 岁之后。在开始上升时期,居住地和职业都不稳定,他们对当地的政治参与还没有多少兴趣,一个原因在于他们接触政治的时间是短暂的,另一个原因在于其他兴趣如就业和结婚占据主导地位,而且他们因居住短暂而面临法律上的障碍。在逐渐下降时期,随着他们从工作中逐渐退出,也渐渐从政治参与中撤退,因为身体问题降低了政治参与的次数。[4]

　　人们的政治取向是否随着年龄的增加越来越僵化,思想是否更加顽固,无法接受新的思想? 这是一般人的看法。然而有些学者的研究否定了这样的看法。赖利(M. W. Riley)说:"随着年龄的增长,每个群体的取向随着社会的

① David Easton & Jack Dennis,*Children in The Political System*,McGraw-Hill Book Company,1969,p.303.

② Augus Campbell et al.,*The American Voter*,The University of Chicago Press,1960,p.494.

③ Norval D. Glenn & Michael Grimes,Aging,Voting,and Political Interest,*American Sociological Review*,Vol.33,1968,pp.563-575.

④ S. Verba & N. H. Nie,*Participation in America:Political Democracy and Social Equality*,Harper & Row,1972,p.139.

总体趋势而变化。"①艾布拉姆森也质疑人们越老政治上越僵化的论断。他认为,人们态度的变化更多地与生活条件直接相关,尤其是经济危机、20 世纪60 年代的各种政治运动。他同意《美国的选民》的作者坎贝尔等所分析 20 世纪 30 年代的经济危机对人的政治态度的影响。②

有关老年的政治社会化,学者也有所研究。老年可以分为老年早期(55~74 岁)和老年晚期(75 岁以上)。这个阶段是一个相对加速度时期:在相对较短的时间内,孩子离开家庭,自己退休,经历配偶的死亡,成为养老金、社会保险、医疗保险的受益者,一些疾病长久存在。这些变化改变着老人对自我形象的看法,也相应地改变着他们的政治倾向。③

一些研究显示老年人的政治参与和政治兴趣都呈下降之势。这一点得到了众多学者的认同。但在具体的解释时却仁者见仁、智者见智。有的学者认为年老者减少政治参与,尤其是在西方国家,是因为他们自认为过于外显张扬,这对于自己的身份来说是不合适的。他们相信对于老年人来说,举止高雅、运用智慧而不是动用权力是最为合适的。他们扮演着社会所预期的角色。当退休时,他们开始从政治中撤退。④

有的学者认为是因为老年人的健康问题如行动不便,或长年的疾病导致了他们失去了政治兴趣和无法参与政治。施瓦兹(D. C.Schwartz)认为,健康的程度和身体形象的好坏对于个体参与政治、知晓公共事务及对政治制度的评价都有影响。⑤卡明(E. Cumming)和享利(W. E. Henry)的脱离理论(disengagement theory)断言人们"标准的老化"(normal aging)有一个内在的

① M. W. Riley,et al.,*Aging and Society,Vol.3·A Sociology of Age Stratification*,Russell Sage Foundation,1972,p.133.

② P. R. Abramson,Social and Political Change in Western Europe,*Comparative Politics Studies*,Vol. 4,1971,pp.131-155;P. R. Abramson,Generational Changes in American Electoral Behavior,*American Political Science Review*,Vol.68,1974,pp.93-94.

③ Janie S. Steckenrider & Neal E. Culter,Aging and Adult Political Socialization:The Importance of Roles and Transitions,In Robert S. Sigel ed.,*Political Learning in Adulthood:A Source of Theory and Research*,The University of Chicago Press,1989,p.76.

④ R. S.Sigel & M. B,Hoskin,Perspectives on Adult Political Socialization-Areas of Research,In Stanley Allen Renshon ed.,*Handbook of Political Socialization:Theory and Research*,The Free Press,1977,p.269.

⑤ D. C.Schwartz et al.,Health,Body Images and Political Socialization,In D.Schwartz & S.K. Wchwartz,eds.,*New Directions in Political Socialization*,The Free Press,1975,p.122.

维度,促使个体从广泛地与他人和社会制度的接触中后退。[1]有学者挑战了这种看法,认为政治参与并没有随着年龄的增加而减少。现有的老人中以女性居多,参与程度的下降可能是因为性别而不是年龄。现有的老年人比年轻人接受的正规教育少,这是可能下降的原因。[2]实际上,年龄并不是一个有意义的因素,教育和性别大于年龄的因素,如果控制了教育的变量,年龄组没有什么不同。[3]

五、政治社会化的机构

每个政治体系都有一些执行政治社会化功能的组织和机构。西格尔在谈到政治社会化的机构时,认为最早的最深远的机构是家庭,其次是相关的社会团体和机构,如学校、教会和社会阶层,最后是社会和它培养的政治文化。[4]海斯和托尼谈到了影响政治社会化的三种类型:第一,包括明确的结构和组织的机构。譬如家庭、学校和教会,他们通过直接教授政治态度和价值而影响儿童。第二,大的社会环境,最重要的包括社会阶层、种族和地区等。第三,儿童的个体特征。譬如儿童的情商、智商及身体状况等。[5]他们把政治社会化的机构看作是影响政治社会化的首要的和最重要的因素。

学者们对政治社会化的机构研究较多的是家庭、学校、大众传媒、同辈群体和社会团体。

(一)家庭

在政治社会化的各个机构中,家庭、学校、大众传媒和同辈群体是最重

---

① E. Cumming & W. E. Henry, *Growing Old: The Process of Disengagement*, Basic Books, 1961, p.14.

② Norval D. Glenn & Michael Grimes, Aging, Voting, and Political Interest, *American Sociological Review*, Vol.33, 1968, pp.563–575.

③ Janie S. Steckenrider & Neal E. Culter, Aging and Adult Political Socialization: The Importance of Roles and Transitions. In Robert S. Sigel ed., *Political Learning in Adulthood: A Source of Theory and Research*, The University of Chicago Press, 1989, p.80.

④ R. Sigel, Assumptions About the Learning of Political Values, *The Annals of The American Academy*, 1965, p.4.

⑤ Robert D. Hess & Judith V. Torney, *The Development of Political Attitudes in Children*, Aldine Publishing Company, 1967, pp.93–94.

要的社会化机构。而在这四种机构中，家庭对政治效能的影响最大。家庭在各个阶层都具有主导作用。只是在社会上层的效能影响相对减少。①家庭之所以在政治社会化的作用中最有影响力，是由家庭本身的特点决定的。

1.家庭在政治社会化中的特殊地位

首先，家庭是儿童一出生首先接触的社会化机构。海曼（Herbert H. Hyman）说："影响政治的最初的社会化机构是家庭。"②对此，兰顿（Kenneth p. Langton）也有同感。他说："家庭是个人从属的第一个社会团体，是个人生命中的第一个社会化机构。父母与兄弟姐妹是他们接触并教给他们如何与他人相处的第一人群。"家庭确立的态度和行为模式奠定了未来社会化经历的基础。③由于家庭是儿童首先接触的社会化机构，这时儿童对社会的认知和政治知识都是一片空白，父母对子女的政治教育具有"先入为主"的效应，由于没有其他的政治知识作比较和产生冲突，子女往往认为这些政治知识是天经地义的，一旦接受就很难改变。就如一张白纸，一经涂抹很难擦掉一样。

其次，家庭教育的垄断性。儿童在出生的最初几年中，所接受的政治知识都是从家庭中获得的，换言之家庭在政治教育的过程中处于垄断地位。道森（Dawson）和普罗维特（Prewitt）认为儿童政治中自我认知的许多方面，在形成过程中，家庭都处于垄断地位。儿童的许多政治取向的获得都发生在早期，譬如对国家、部族或团体的身份认同，对社会团体的感觉，对各种政治结构和过程的拒绝和接受等。这些政治取向往往是最强烈的并且是持久存在的。由此，他们指出，家庭在儿童政治学习最关键的时期将发挥相当大甚至是唯一的影响。

再次，家庭的情感纽带。道森和普罗维特认为，很少有人际关系像亲子关系这样强烈和有深度，也没有其他机构在儿童的早期影响方面与之匹敌。④亲子间情感的密切性，与师生间相比更为明显：父母面对的是一个或几个子女，情感交流具有充足的机会；而教师面对的学生众多，交流的机会较少。教

---

① Kenneth P. Langton, *Political Socialization*, Oxford University Press, 1969, pp.155–156.

② Herbert H. Hyman, *Political Socialization: A Study in the Psychology of Political Behavior*, Free Press, 1969, p.51.

③ Kenneth P. Langton, *Political Socialization*, Oxford University Press, 1969, pp.21–22.

④ Richard Dawson & Kenneth Prewitt, *Political Socialization*, Little, Brown and Company, 1960, pp.107–108.

师的角色和角色拥有者之间是分离的，因此学生面对的教师可以是不断变换的。而父母与角色则无法分离，一旦为人父母，就是终生的。父母对子女的影响可以持续终生。正因为父母与子女间情感非常密切，所以在向子女进行政治教化时，子女容易接受。

家庭关系的密切性对政治社会化的作用，还可以通过麦科比（E. E. Maccoby）的理论得到说明。他认为，群体联系密切，讨论的话题是群体追求的目标的核心，那么对此话题的不同意见将会导致讨论的深入和相互影响。相反，如果群体间的联系不密切，并且(或者)讨论的话题并不是群体的核心目标，那么对此的不同意见将会导致讨论中止或人们离开群体。家庭属于亲密群体，家庭成员对政治的认同对于家庭成员的关系来说是重要的，因此他们的不同意见将使问题的讨论深入和互相影响。而工作单位则属于关系不密切的群体。单位中的个人间的关系既不密切，而且政治观点与群体的运作也不相关，因此对政治上的不同意见将导致讨论中止，从而防止了工作单位成为发挥政治影响的潜在源泉，而朋友居于两种群体的中间。①

最后，家庭的血缘性。家庭能够在政治社会化中发挥重要作用还在于亲子间的血缘纽带，这种优势是其他的社会机构如学校、同辈群体和大众传媒无法具有的。明尼苏达大学的学者作过大量的有关双胞胎的研究。他们收集了大量双胞胎被分离抚养，以及同时抚养的例子，以探讨基因在人们性格中的作用。这项研究揭示了许多性格的维度是由基因所致。②

由以上诸家的观点可以看出，家庭所具有的首要性、垄断性及情感性、血缘性都是其他社会化机构所无法比拟的，从而使家庭在政治社会化中居于非常突出的地位。

2.家庭对政治社会化的作用

家庭对政治社会化的作用体现在对政治稳定的影响上。早在春秋战国时期，中国的学者就已经认识到了这一点。孔子的弟子有子指出："其为人也孝弟，而好犯上者鲜矣；不好犯上，而好作乱者，未之有也。君子务本，本立而道生。孝弟也者，其为仁之本与。"（《论语·学而》）人人孝悌，才能忠；人人皆

---

① Eleanor E. Maccoby et al., The Family and the Political Behavior of Youth, In N. Bell & E. F. Vogel eds., A Modern Introduction to The Family, The Free Press of Glencoe, 1960, p.196.

② Bob Altemeyer, The Authoritarian Specter, Harvard University Press, 1996, pp.69–75.

孝悌,才能带来秩序的稳定。家庭的稳定是国家稳定的基础,有基于此,中国的统治者自汉代以后开始实行"孝治天下"。

两千年之后,西方的学者用现代的语言对此作了阐述。摩根(D.H.J. Morgan)认为,家庭对国家的作用体现在以下两方面:其一,作为社会化的机构,尤其是家庭规定了服从、一致和纪律,通过对父母尤其是父亲的服从学习遵从权威。在一个更加复杂的社会中,教育的内容并不是遵从任何人或事,而是对遵从本身的重要性和自然性的理解。其二,父母对孩子的行为负有责任,家庭被看作社会控制的重要机构。家庭不仅被动接受国家的干预,而且直接或间接地维持国家的正常运转。国家和家庭形成了一个循环,二者是辩证的关系。"父母拥有的关于好的培育(子女)的观念。国家吸收这些观念用科学的理论加以创造,运用到立法和日常实践中。这样就加强了这些观念。既然这些观念围绕着责任、义务和权威,父母在孩子在某事上选择错误之路时就可以用上述观念加以阻止,因此再次强化了这些观念及突出了支持和规定这些观念的机构的作用。"①也就是说,是父母最早向子女灌输服从的观念,培养他们的好公民的意识,以及作为社会控制的机构,约束子女的行为,把他们的不法行为消灭在萌芽之中。

但上述关系只是反映了好的一面,即家庭主动地承担起维持国家稳定的责任。但也会出现另一种情况,家庭也可能培养儿童走向反叛的一面。譬如父母的不法行为,或不当的控制方式都有可能影响儿童以后采取不法行为,成为社会不稳定的因素。譬如,在一些国家从事恐怖活动的亚文化群体中,许多恐怖分子是父子相承,家庭的教育无疑在其中起着重要的作用。简言之,国家和家庭之间既有一致、协调的一面,也有矛盾、冲突的一面。那么如何来调适两者的矛盾?

安妮·E. 弗里德曼(Anne E. Freedman)和P.E.弗里德曼(P.E. Freedman)对此作了探讨,他们认为国家应该从小、从早介入家庭的政治教育,这样就会尽可能地避免儿童以后的不法行为。他们说:"如果一个国家希望确保他的公民是积极支持的,或者至少是服从而不是犯罪、偏离或革命性的,它就应该看到'正确的'的态度和行为是从公民初生的那天起就慢慢灌输的。基本上说,可以采用两种策略。政治权威从一开始就接管社会化的过程,或者

---

① D.H.J.Morgan,*The Family*,*Politics and Social Theory*,Routledge and Kegan Paul,1985,pp.74–75.

利用社会传统的早期社会化者——通常是家庭——作为他的代理。"①他认为前者的例子比较少,最典型的是以色列的集体农庄(Kibbutz),家庭并不负责照顾自己的孩子,而是由集体农庄负责。在大多数的社会中,对儿童进行最早政治社会化的依然是家庭,国家通过控制家庭来达到培养"好公民"的目的。譬如纳粹德国,政府一旦发现父母有"不服从"的行为,他的孩子将会被国家送到政治可靠的家庭。苏联和西方国家都利用家庭为其服务,只是有所区别的是,苏联国家家庭中直接向儿童灌输政治思想的较多,而在西方国家中,大多反对国家对家庭的直接控制,当然法院可以剥夺"不合适"的父母的监护权。以美国为例,美国家庭对政治学习并不尽心,而且一些有目的的政治教化是通过间接的形式发生的。譬如,政党的认同。②

3.家庭在政治社会化中的发展趋势

对家庭的作用,许多学者认为家庭在政治社会化中的作用在以前的社会中影响比较大,但在当前的社会中作用却很小,换言之,家庭的功能在弱化。

美国的学者大卫·理斯曼(David Riesman)依据人口在不同历史时期的变化,将社会分为三种不同性格的社会。在"人口高增长潜力"社会中,社会成员的顺承性来源于遵循传统的内在倾向,因此他们是"传统导向"性格的人,这样的社会是一个依赖传统导向的社会。在人口过度增长时期的社会中,社会成员的顺承性来源于早年生活的内心目标,因此他们是"内在导向"性格的人,这样的社会是一个依赖内在导向的社会。在"初期人口减少"的社会中,社会成员的顺承性来源于对他人期望和喜爱的敏感性,因此他们是"他人导向"性格的人,这样的社会是他人导向的社会。③在不同的社会中,家庭在社会中的作用是不一样的。在传统导向的社会中,父母培养孩子是为了让孩子继承他们,而不是让孩子在社会中出人头地,因此孩子性格形成的主要动因是延续家庭、维护家庭或群体的存在。而在内在导向的社会中,内在导向的父母不仅对自身要求十分严格,还常常严厉地要求他们的孩子。与传

---

① Anne E. Freedman & P. E. Freedman,*The Psychology of Political Control*,St. Martin's Press, 1975,p.92.

② Anne E. Freedman & P. E. Freedman,*The Psychology of Political Control*,St. Martin's Press, 1975,pp.93–101.

③ [美]大卫·理斯曼:《孤独的人群》,王崑、朱虹译,南京大学出版社,2002年,第8页。

统导向时期相比,内在导向时期的孩子在培养方面更久,儿童的社会过程压力更大。而在他人导向时期,家庭的社会化功能弱化,相反出现了子女文化反哺父母的现象。①

马尔库塞也注意到了家庭功能的弱化。他认为影响人的心理的途径过去是父亲,而现在被各种社会机构代替了。在弗洛伊德的精神分析模式中,强调了父亲及其所控制的家庭的作用,超我就是在家庭中起源的,而现在,"超我与它的起源分离了,父亲的创伤性经验被更外在的形象代替了。由于家庭在调节个体与社会的关系中越来越无足轻重了,父子冲突也不再是典型冲突了"②。

但是上述两位学者的研究只是在社会观察的基础上所做的理论分析,并没有进行实证性的研究。詹宁斯(M. Kent Jennings)和尼米(Richard G. Niemi)的研究则弥补了这一不足。通过对青少年进行样本的采集,数据的分析,他们得出了与马尔库塞相同的结论:"未成年人社会化的机构,尤其是家庭的地位在相应降低。取而代之的是各种国家机器、法律和它的机构,以及教育和宗教这样的机构成为稳定和创新的主要来源。"③家庭的作用被夸大化了,以前的实证性的研究成果证明家庭的影响在政党的认同和对政治总体的兴趣方面起着决定性的作用。④

那么家庭的社会化功能为什么会被弱化? 米尔曼认为亲子关系的弱化的原因在于不断被离婚因素所打扰。⑤离婚导致的家庭不断的分裂、重组,父母的地位在不断削弱,他们所做的政治教育也大打折扣。

对此分析最为精到的是马尔库塞。他把家庭功能的弱化归为两个方面:一个方面是经济组织形式的变化使家庭经济的作用逐渐消失,这是最主要的原因。自 20 世纪初开始,"自由"资本主义向"有组织"资本主义过渡。随着

---

① [美]大卫·理斯曼:《孤独的人群》,王崑、朱虹译,南京大学出版社,2002 年,第 37~53 页。

② [美]马尔库塞:《爱欲与文明——对弗洛伊德思想的哲学批判》,黄勇、薛民译,上海译文出版社,1987 年,第 67 页。

③ M. Kent Jennings & Richard G. Niemi, *The Political Character of Adolescence: The Influence of Families and Schools*, Princeton University Press, 1974, p.7.

④ M. Kent Jennings & Richard G. Niemi, *The Political Character of Adolescence: The Influence of Families and Schools*, Princeton University Press, 1974, pp.319–320.

⑤ Richard M. Merelman, The Development of Political Ideology: A Framework for the Analysis of Political Socialization, *The American Political Science Review*, Vol.63, No.3, 1969, p.765.

这种组织形式的变化,"独立的家庭企业,以及后来的独立的个人企业,都不再是社会制度的细胞了,它们正被纳入大规模的、非个体的集合体和联合体之中"①。这样,个人的生存不再依赖于父亲和家庭,而是依赖于社会。"儿子在选择和寻找工作及其谋生上越来越少依赖父亲和家庭传统。人们不再从与父亲的长期斗争中了解和适应社会必需的压抑和社会必需的行为了。"②父亲作为家庭的经济供给者,其地位已经削弱,由此导致权威性下降。

另一个方面是其他社会化的机构的作用在加强, 从而制约了家庭作用的发挥。其中,同辈群体和大众传媒在社会化中的作用不断增加,尤其是大众传媒。马尔库塞指出,是传播媒介的专家们而不是父亲向孩子宣扬必要的价值标准。"他们提供了效率、意志、人格、愿望和冒险等方面的完整训练。"③家庭是无法与这种教育相抗衡的。父母不能向自己的子女提供什么,因而也不能阻止子女去做什么。

值得注意的是, 家庭功能弱化的观点与前面一些学者突出家庭作用的观点明显相左。如何解释这种现象? 詹宁斯和尼米归为研究方法的原因。他们认为,以前父母对子女政治兴趣方面的影响的研究存在着方法上的错误,因为这些学者的研究多是依靠成年人对童年时期的回忆作为论证的依据。通过父母与子女之间的数据比较,他们认为这样的判断存在着严重的错误。④

其实,除了方法上的差异外,另外一个重要的原因即是对结果的定性。詹宁斯和尼米尽管认为家庭的功能弱化, 但也承认家庭在人们对于政党认同和政治的兴趣方面发挥着重要作用。而政党认同很明显地影响着权力的更替。因此,即使从这个角度而言,也可以得出家庭在政治社会化中仍然很重要的结论。

综上所述,可以看出,家庭所具有的首要性、垄断性及情感性、血缘性使家庭在政治社会化中居于非常突出的地位, 家庭的教化直接关系着一个国

---

① [美]马尔库塞:《爱欲与文明——对弗洛伊德思想的哲学批判》,黄勇、薛民译,上海译文出版社,1987 年,第 67 页。

② [美]马尔库塞:《现代文明与人的困境——马尔库塞文集》,李小兵译,上海三联书店,1989 年,第 54 页。

③ [美]马尔库塞:《爱欲与文明——对弗洛伊德思想的哲学批判》,黄勇、薛民译,上海译文出版社,1987 年,第 68~69 页。

④ M. Kent Jennings & Richard G. Niemi, *The Political Character of Adolescence : The Influence of Families and Schools*, Princeton University Press, 1974, pp.319–320.

家和社会的稳定。尽管家庭的社会化功能呈逐渐弱化的趋势，但其作用仍不容忽视。

需要指出的是，上述结论大多数是以西方的文化背景得出的，因此有些结论并不适合中国。譬如，亲子间政党认同的观点，显然与政党竞争的议会民主体制是不可分的。家庭功能的弱化与西方的高离婚率相关。但是有些结论对于中国和西方都是相通的，譬如对于家庭在政治社会化中特性的认定，家庭对社会稳定的影响等。这些结论提醒我们，要想做好思想政治教育，必须从小、从早、从家庭做起。这点恰恰是我们所忽略的。

4.影响家庭发挥作用的因素

父母对孩子政治态度和政治价值的影响取决于子女对父母态度的感觉。尼米以密歇根大学调查研究中心为依托，于1965年春天，对97所1669名高中生进行了调查，学生的父亲、母亲和父母亲各占三分之一。在研究亲子关系之间的政治取向的传递时，特别强调了孩子对父母特质（attribute）的感觉。他发现，父母在将自己的政治取向传递给孩子时，除了自己本身的特质对孩子的直接影响外，孩子对父母的特质的感觉也是重要的。泰丁（Kent L. Tedin）1972年考察了衣阿华州332名亲子组合，家庭基本上都是白人、城市中的中产阶层，孩子是高中即将毕业且具有选举资格。问卷调查包括他们的个人信息，父母、朋友，以及对父母、朋友的感觉、政党认同，对三个问题（学校中的种族融合，美国对共产主义中国的政策，有关大麻使用的法律），评价八个公众人物和与青少年、父母、朋友们相关的系列问题。最后他提出和验证了以下假设：假设一，对父母态度的感觉越准确，父母对年轻人的态度越具有影响；这些发现导致了假设二，当感觉的准确性持续不断时，父母对青少年的政党认同和议题态度的影响是同等的。[1]子女对父母政治态度的感觉又受以下五种因素的影响。

其一，父母的政治兴趣。尼米的研究结果发现，学生对父母兴趣的感觉非常不准确。其原因就在于兴趣相对是一个私密的领域。一些政治讨论并不在家中进行，即使在家中也不让学生注意。而且兴趣本身是远离个人行为的个人感觉，往往随着政治世界的变化而发生变化，因此也不容易把握。除了

---

[1] Kent L. Tedin, The Influence of Parents on the Political Attitudes of Adolescents, *The American Political Science Review*, Vol.68, No.4, pp.1974, 1585–1592.

兴趣本身的属性之外,其他因素也影响着学生对父母政治兴趣的描述。一是父母兴趣外显为相应的政治行为。当父母参加投票时,学生都能精确地进行描述;但当父母没有投票,只有 3/5 的学生能够精确地进行描述。二是父母政治兴趣的强烈程度。强烈的认同者更加关注公共事务和政治事件的走向。他们参与公共事务越多,尤其是政党的积极分子,强烈的政党支持者发送出强烈而频繁的信息,孩子对他们的归类就越准确。反之,父母对政党的忠诚度越弱,言行中越难传递他们的政治情感。[①]

其二,当家庭成员的观点相似时,家庭的影响较强。尼米研究发现,父母的相似程度较高时,学生的感觉比较准确。竞争的观点或反对的行为导致矛盾冲突,从而分散了学生对父母的感觉。[②]麦科比(Eleanor E. Maccoby)等在 1952 年总统选举之后,采访了 339 名 21~24 岁的年轻选民。他们发现,74% 的年轻人选择与父亲认同的政党,76% 的年轻人选择与母亲认同的政党。如果父母选择的政党相同,则有 86% 的年轻人选择该党。[③]

其三,对父母来说议题越突出,对青少年的态度影响就越大。泰丁说,对父母来说议题越突出,青少年对父母的态度感觉就越准确。[④]

其四,学生按照自己的价值和喜好来感觉父母的政治兴趣。尼米认为,首先,学生有一种趋势,认为他们的父母支持占执政地位的政党。其次,如果学生偏向于民主党,当父母是共和党时,孩子的描述就不够准确。他们普遍认为父亲在政治上要比母亲更加积极。当父亲或母亲不去投票时,学生对母亲的错误描述要少于父亲。当父母都投票时,学生对父亲的猜测的准确度多于母亲。黑人学生对父母的政治积极性的预期要弱于白人学生,在描述父母投票时,黑人和白人孩子相近。但对父母不投票的描述,黑人孩子远胜于白人孩子。另外,学生认为教育程度高者,其政治积极性要强于教育程度低者。当父母是小学水平时,孩子对父母有高度兴趣和没有兴趣的描述准确。但随

---

① Richard G. Niemi, Collecting Information About the Family: a Problem in Survey Methodology, In Jack Dennis ed., *Socialization to Politics: A Reader*, John Wiley and Sons, Inc., 1973, pp.475–479.

② Richard G. Niemi, Collecting Information About the Family: a Problem in Survey Methodology, In Jack Dennis ed., *Socialization to Politics: A Reader*, John Wiley and Sons, Inc., 1973, p.487.

③ Eleanor E. Maccoby et al., The Family and the Political Behavior of Youth, In Norman Bell & Ezra F, Vogel eds., *A Modern Introduction to The Family*, The Free Press of Glencoe, 1960, p.192, p.195.

④ Kent L. Tedin, The Influence of Parents on the Political Attitudes of Adolescents, *The American Political Science Review*, Vol.68, No.4, 1974, pp.1585–1592.

着教育程度的增加,孩子对具有高度政治兴趣的父母的描述更加准确,对没有兴趣的父母的描述呈逐渐下降的趋势。[①]

其五,当家庭成员密切互动时,对于青少年政治态度的影响力更强。道森和普莱维特认为亲子之间互动频繁,接触的机会多,自然对父母态度的感觉就会精确,因此影响力将增加。这些纽带在青少年和成年时期依然很强烈。[②]但也有学者否认了这样的看法。泰丁认为,家庭互动的条件不影响态度传输的成功。亲子关系的吸引力在某些例子中对于成功的传输有影响,但是不稳定的。[③]

除了子女对父母的政治态度的感觉外,其他社会化机构的数量等因素也影响着家庭作用的发挥。道森和普莱维特认为,如果社会化的机构数量多、影响大,自然会限制家庭在社会化机构中的作用。其中影响家庭社会化的最大竞争性机构是学校。[④]霍尔(Hall)的研究表明,当父母与老师的观点有冲突时,学生倾向于服从父母的权威。但从 11 岁时开始逐渐下降,至 15 岁时达到谷底,从此更倾向于老师的权威。[⑤]除了学校外,其他社会机构也会产生影响,麦科比等的调查数据显示,如果年轻人憎恨父母的控制,朋友就会发挥更大的影响。[⑥]

此外,家庭结构和家庭关系、大的社会环境等都会影响着家庭作用的发挥。

5.家庭影响其成员的形式

家庭影响其成员的形式主要有以下四种:

①　Richard G. Niemi, Collecting Information About the Family: a Problem in Survey Methodology, In Jack Dennis ed., *Socialization to Politics: A Reader*, John Wiley and Sons, Inc., 1973, pp.480–486.

②　Richard Dawson & Kenneth Prewitt, *Political Socialization*, Little, Brown and Company, 1969, p.117.

③　Kent L. Tedin, The Influence of Parents on the Political Attitudes of Adolescents, *The American Political Science Review*, Vol.68, No.4, 1974, pp.1585–1592.

④　Richard Dawson & Kenneth Prewitt, *Political Socialization*, Little, Brown and Company, 1969, p.107.

⑤　Herbert H. Hyman, *Political Socialization: A Study in the Psychology of Political Behavior*, Free Press, 1969, p.77.

⑥　Eleanor E. Maccoby et al., The Family and the Political Behavior of Youth, In Norman Bell & Ezra F. Vogel eds., *A Modern Introduction to The Family*, The Free Press of Glencoe, 1960, p.196.

其一,父母向子女直接的教授或灌输。父母向孩子传递他们认为有价值的态度(积累模式)。一些态度就是在家庭中获得的,譬如忠诚的情感、对政府象征(国旗、自由女神)的尊重、一个公民被期盼的行为(尤其是守法)。而且家庭也传递不同的观点,如对某个事件采取的态度。

其二,家庭为儿童提供了模仿的榜样(认同模式)。最典型的例子是儿童对父母所偏爱的政党的认同。

其三,家庭给孩子搭建一个社会环境,譬如所处的种族、语言、宗教、阶层、文化和教育价值,以及所处的地区环境对子女的政治取向有所影响。

其四,源于家庭人际关系的经历所形成的期望,后来推演到政治目标。家庭提供了首次和最持久的互动,通过这种经历,儿童发展出关系、期盼和行为模式。家庭结构不但影响着孩子与制度的关系,而且影响着他的性格和态度。①

(1)榜样和直接的灌输

究竟哪些政治取向是父母对子女的影响所致? 海曼罗列了大量的 20 世纪 50 年代以前的有关亲子政治观点认同的相关研究成果。这些研究成果显示,有的方面,父母对子女的影响很小,譬如对战争的态度。有些方面,子女的态度要明显超过父母,譬如有关自由的态度。而有些方面,亲子之间存在着相关性。譬如,对新政的态度、经济的态度、种族主义、政党认同。其中,政党认同的相关度最高。②海曼所总结的这些成果,代表着不同的观点,有的认为亲子间政治取向的影响体现在许多方面, 有的认为体现在有限的范围内,有的则认为父子之间没有影响。这些争论在以后的研究中仍然存在。

泰丁比较了父母与同辈群体对青少年政治态度的影响。他发现青少年与父母、青少年与同辈群体之间态度的相关性与具体议题相关。当该议题对父母或同辈群体很重要,而青少年对父母和同辈的态度又能准确地感知时,两者的相关度很高。除了大麻问题,在其他三项问题——种族融合问题、对

---

① 许多学者都论述过家庭影响成员的形式, 内容大同小异。具体可参见,Kenneth P. Langton, *Political Socialization*,Oxford University Press,1969,p.23;Richard Dawson & Kenneth Prewitt,*Political Socialization*,Little,Brown and Company,1969,pp.108–109;Robert E. Lane,Fathers and Sons:Foundations of Political Belief,*American Sociological Review*,Vol.24,No.4,1959,p.502; Robert D. Hess & Judith V. Torney,*The Development of Political Attitudes in Children*,Aldine Publishing Company,1967,pp.95–96。

② Herbert H. Hyman,*Political Socialization:A Study in the Psychology of Political Behavior*,Free Press,1969,pp.53–54.

中国的政策问题、政党问题——上，父母对青少年政治态度的影响都超过了同辈群体。①

詹宁斯和尼米对父母向孩子传递的政治价值进行了研究。他们以97所公立和非公立学校的1669名2年级学生为对象，采访了三分之一的父亲、三分之一的母亲，剩下的皆是对父母双方都进行采访。价值的选择包括政党认同，有关四个议题(包括联邦政府在吸收不同种族的学生入校中的作用、学校是否应该允许祈祷、合法当选的共产党人是否应该被允许就职、反对宗教和教会的演讲者是否被允许)的态度，以及对社会政治团体(天主教、美国南方人、工会、黑人、犹太人、白人、新教、大公司)的评价，政治上的玩世不恭。调查发现，在以下三方面受父母的影响较大。其一，政党认同，子女与父母的政党偏好是高度相关的。59%的学生在广义的类别上(都认同同一个政党，只是强弱程度有所差异)与父母相同，只有7%差别较大(如父母强烈认同民主党，孩子则强烈认同共和党，或者相反)。其二，学生比父母更少消极厌世，但拥有不信任和敌意的父母的学生比其他学生更加怀疑政府。其三，宗教认同。74%的亲子信仰同一派别。②而在其他价值上，则没有发现子女的价值是由父母影响所致。

有的学者则认为，父母向子女传递政治取向发生在有限的范围内。纽科姆(Theodore M. Newcomb)认为，父母向孩子传递政治态度确实存在，但却发生在很小的范围内。③所谓很小的范围，主要指政党认同方面。尽管他们否认父母对子女其他政治取向的影响，但都认为父母对子女的政党认同方面的影响较大。坎迪(D. Cundy)认为父母在政党认同问题上，比同辈群体要有优势。他们首先认同父母，然后才是朋友和其他人。④兰顿(Kenneth P.Langton)和詹宁斯对1669名高中生的调查发现，有57%的父母与孩子相同，有17%

①　Kent L. Tedin, Assessing Peer and Parental Influence on Adolescent Political Attitudes, *American Journal of Political Science*, Vol.24, No.1, 1980, p.152.

②　M. Kent Jennings & Richard G. Niemi, The Transmission of Political Values From Parent to Child, *American Political Science Review*, Vol.62. No.1, 1968, pp.172–179.

③　Herbert H. Hyman, *Political Socialization: A Study in the Psychology of Political Behavior*, Free Press, 1969, pp.55–56.

④　D. Cundy, Affect, Cue–Giving, and Political Attitude Information: Survey Evidence in Support of a Social Conditioning Interpretation, *Journal of Politics*, Vol.41, No.1, 1979, p.98.

的父母相同而孩子与其偏离,有26%父母不同,而孩子认同其中一个。①

当然,政党的认同也会因各种因素的介入而有所变化。海曼认为子女认同父母政党的比例尽管较高,但这种关系也会有所变化,这就是政党的意识形态的介入。父母的影响在政党认同方面比思想方面更强烈。如果政党的选择根植于意识形态的环境,可能会更好地得到支持。但如果有矛盾,就会产生冲突,从而导致对政党忠诚程度的降低。②兰顿认为父母与孩子之间的政党认同因家庭培养方式不同而有所变化。他发现,孩子对父母政党的认同是一种曲线。83%的出身于最专制家庭的孩子具有与父母相同的政党取向。可以与之相匹敌的来自于最少威权型的家庭,但两者之间因家庭的政治化程度而有所差异。在专制的家庭中,父母的政治化程度高会增加孩子的政治偏离。在放纵(permissive)的家庭里,父母的政治化程度高则具有相反的影响。③

为什么父母对子女的政治取向影响有限?贝克认为,父母在与孩子的接触和接受(情感纽带最强烈)中具有优势,但问题出现在传播的政治内容方面。政治在家庭中很少引起人们强烈的兴趣,很少成为讨论的主题。当人们在家庭中讨论政治时,可能更多围绕政治目标,譬如政党、候选人,而很少涉及政策或思想的抽象层面。总之,美国家庭的日常生活中缺少政治内容的交流严重阻碍着父母在政治社会化中的作用。④

关于父母对子女政治取向的影响,有的学者的观点更为极端。海伦芬特(Helfant)认为没有证据证明父母的政治态度的传递。⑤有的学者则提出了不同的研究角度。格拉斯(Jennifer Glass)等认为,传统的方法仅限于从父母向孩子方向的传输,没有考虑到亲子间相互的影响,以及随着不同的年龄阶段不同的影响。为此,他们于1973年,从洛杉矶地区医疗保险计划的84万人中选取2044名个体,他们是经济稳定的中产阶级和工人阶级家庭。分作父母-年轻人(G2-G3)和祖父母-父母(G1-G2),探讨了以下社会地位变量:性

① Kenneth P. Langton, *Political Socialization*, Oxford University Press, 1969, p.58.

② Herbert H. Hyman, *Political Socialization: A Study in the Psychology of Political Behavior*, Free Press, 1969, p.75.

③ Kenneth P. Langton, *Political Socialization*, Oxford University Press, 1969, pp.21-23.

④ Paul A. Beck, The Role of Agents in Political Socialization, In Stanley Allen Renshon ed., *Handbook of Political Socialization: Theory and Research*, The Free Press, 1977, p.125.

⑤ Herbert H. Hyman, *Political Socialization: A Study in the Psychology of Political Behavior*, Free Press, 1969, pp.55-56.

别、年龄、婚姻地位、孩子数量、职业声望、劳动力参与、教育程度、收入。经过比较,他们得出了以下结论:其一,亲子间的态度并没有随着年龄增长而接近;其二,地位的继承过程解释了可观察的亲子相似性,但父亲的态度不断地影响着孩子在童年之后的取向;其三,各个年龄群体中,孩子对父母态度的影响相对强烈而稳定,父母的影响随着年龄的增长而减弱,尽管不同的态度领域有所变化。G2 对 G3 的影响强于 G1 对 G2 的影响。直接的父母的影响在 G1 和 G2 间下降。[1]即便在亲子之间,也存在政治取向反哺的现象。

（2）家庭与社会环境

大的社会环境对人的政治社会化也有影响，不同的社会环境个体的政治取向也会有所差别。对于儿童来说,家庭往往是环境影响的中介。海曼认为对事件的解释需要成年人的介入，这样减少了儿童直接面对现实的可能性。通常情况下,父母构建了儿童的世界观。父母的介入成为弱化社会变迁的因素。年幼的儿童几乎与大的环境绝缘,他们不关注经济和经济的条件。譬如失业家庭的孩子,没有证据显示失业对其政治态度的影响。而上大学之前的学生更容易变化,也在于他们这时已经脱离了家庭。[2]

尽管有家庭作为中介,但社会环境仍然不可避免地对家庭及其成员产生影响。这种影响体现在家庭所处的政治环境、文化环境、时代、社会经济地位、社会流动、地区流动。

家庭所处的政治环境对家庭的政治社会化影响较为显著。摩根认为,国家确定了家庭的构成、婚姻及父母的身份。譬如对亲生父母、继父母、亲属的确定,对子女的继承、监管,对家庭的税收等影响着亲子关系。[3]

国家会动用手中的权力强行推销自己的政治取向,迫使家庭接受。盖革（Kent Geiger）论述了苏联的父母向子女传输政治取向时与国家推行的思想政治教育之间的矛盾和冲突。苏联成立以前,年轻人的培养和性格的形成主要是在家庭中,依靠传统习惯。苏联成立以后,领导人认识到年轻人的重要性,通过控制的学校、传媒及青年组织,在影响年轻人上下了极大的功夫。政府和家庭向儿童所传输的政治取向既有一致,也有冲突,如果冲突,两者如

① Jennifer Glass et al., Attitude Similarity in Three-Generation Families: Socialization, Status Inheritance, or Reciprocal Influence, *American Sociological Review*, Vol.51, No.5, 1986, pp.687-696.

② Herbert H. Hyman, *Political Socialization: A Study in the Psychology of Political Behavior*, Free Press, 1969, pp.99-104.

③ D.H.J.Morgan, *The Family, Politics and Social Theory*, Routledge and Kegan Paul, 1985, p.72.

何调适？盖革以苏联逃到西方的避难者作为研究的对象，对避难者的父母及其子女采取了访谈的形式。他发现，如果父母的政治取向与政府的政治取向产生冲突时，一般采取三种形式：第一种，父母怀有极大的信心，与子女自由地交流他们对政府的怀疑和冷漠；第二种，他们对政府的态度保持沉默，尽管他们一言不发，但他们的子女能够感知父母的观点；第三种，与大的政治环境相适应，支持官方的灌输。在第一种情况下，父母对政府的不满是一种不顾及后果的冲动的、自然的情感流露。在采访过的 67 个案例中，有 29 例属于这类。但是父母公开地批评政府并没有说服孩子，反而导致孩子与自己产生冲突。在第二种、第三种情况下，父母不愿意表达自己反对政府的立场，在有关儿童思想的发展上保持"中立"或"支持苏联的"态度。在少数情况下，是担心自己的身体或经济受损。另外的原因在于他们试图保持家庭的稳定与和谐而避免与政府对抗，因而把更多的负担归于自己。另一方面，随着儿童的成长，他们在情感上逐渐独立，本身也不愿意妥协。基于以上考虑，他们可能让自己适应孩子的观点、压抑自己的不满。但在大多数情况下，父母认为孩子必须生活在这样的制度下，接受这样的教育对孩子和家庭都有好处。因此，在培养孩子反对苏联政府的问题上并不尽心。但就所访谈的这些案例来看，"有效反对苏联体制的较为无力是主要的，103 个案例中有 65 个，约占 63%……证明苏联政府能够摧毁即使在私人家庭团体中的反抗"。当然其中也有阶层的差异，白领阶层，如知识分子和雇员是最不积极反抗政府的群体，而农民家庭保留了更多的宗教态度，是最积极反抗政府的群体。①

　　文化环境对亲子的政治取向的传递也有影响。詹宁斯和尼米发现，同质的父母与主流的观点一致，很少背叛。与此相类似，如果父母与具体的地区的文化趋势一致，学生在争议性的议题上就会较少背叛父母。②

　　父母对孩子的影响也受时代的制约。贝克和詹宁斯的研究发现，1965—1973 年无党派人数的增加显然与当时的学生运动有关，年轻人对政治的不信任增加，由此导致了年轻人的异化，从而弱化了亲子间的政党认同。"无论

---

　　① Kent Geiger, Changing Political Attitudes in Totalitarian Society: A Case Study of the Role of the Family, In Norman Bell & Ezra F. Vogel eds., *A Modern Introduction to The Family*, The Free Press of Glencoe, 1960, pp.178–185.

　　② M. Kent Jennings & Richard G. Niemi, *The Political Character of Adolescence: The Influence of Families and Schools*, Princeton University Press, 1974, p.325.

如何,结果显示即使很明显地具有良好灌输的政党习惯,面对强大的时代力量的压力也未能幸免⋯⋯即使出身于高度政治化家庭的孩子,离家之后最有可能保留家庭的政党传统,也最有可能面对时代强烈的反政党力量时抛弃政党。"[1]

父母对子女的政治社会化也受社会经济地位的影响。普卢茨(Eric Plutzer)研究发现,年轻人第一次成为合格的选民时,父母的社会经济和政治资源在很大程度上决定了年轻人的投标结果。这种惯性仍然会在以后的选举中持续。但当他们自己的成就和地位占主导地位时,父母的影响会逐渐消失。随着年龄的增长,变成习惯性的选民。另外,社会经济地位高的父母会将他们的优势传给子女,如果没有其他因素的影响,将导致子女的阶级偏见。[2]维巴等的观点与此有些类似,父母的教育为后代的政治经济地位及对政治的兴趣所调和。[3]父母的社会经济地位的影响受后代的社会经济地位影响。不但如此,施瓦兹(Sandra K. Schwartz)指出,父母的社会经济地位对孩子的影响,不如孩子自己梦想的社会经济地位对他的影响大。[4]孩子的梦想有实现的可能,也有可能永远成为一种理想,但不管实现与否,梦想的影响都超过了父母的社会经济地位的影响。

父母对孩子的影响受社会流动的影响。哈维曼(Havemann)和韦斯特(West)的研究发现,出身于民主党家庭的人,随着收入的增加会改变态度。而出身共和党家庭的则影响很小。麦科比的研究发现,向上流动的人吸收了新的团体的态度,而向下流动的保持原有的态度。对党派认同也是如此。[5]

父母对孩子的影响也受地区流动的影响。海曼认为,如果迁入的大环境与原来的环境变化不大,保持稳定,就不会与父母的观点冲突。反之,迁入一

①　Paul A. Beck & M. Kent Jennings, Family Traditions, Political Periods, and the Development of Partisan Orientations, *The Journal of Politics*, Vol.53, No.3, 19914, pp.758–759.

②　Eric Plutzer, Becoming a Habitual Voter: Inertia, Resources, and Growth in Adulthood, *The American Political Science Review*, Vol.96, No.1, 2002, p.54.

③　Sidney Verba et al., Voice and Equality: Civic Voluntarism in American Politics, Cambridge, MA: Harvard University Press, 1995, pp.437–438.

④　Sandra K. Schwartz, The Validity of Adolescents' Political Responses, *Youth and Society*, Vol.8, No.3, 1977, p.234.

⑤　Herbert H. Hyman, *Political Socialization: A Study in the Psychology of Political Behavior*, Free Press, 1969, pp.85–86.

个与原来的环境所持的观点相冲突的地区，将会弱化原有的正常偏好。[1]

父母对孩子的影响也受教育程度的影响。麦科比等研究发现，大学生偏离父母的政治观点的较多。有58%的大学生从不同程度上改变了父母的政治观点，相反中学没有毕业的选民只有28%有不同程度的改变。大学生之所以如此，在于其接受教育的过程中，接触了各种各样的观点和更多的信息，因此有了更多的"理性"选择的基础，而不是简单地接受家庭的传统。[2]

（3）家庭人际关系的经历

家庭中子女间的互动，以及父母的关系影响了他们的政治人格，对其政治态度也有所影响。海曼论证了家庭对政治参与的影响。政治上积极者的家庭很有可能有一个积极的父亲，或母亲，或兄弟姐妹。参与政治积极者更有可能来自于其家庭成员也积极的家庭。[3]

阿尔蒙德和维巴说："儿童社会化中两个最重要的机构是学校和家庭。两者的权威模式都是重要的和突出的。"他们曾经就美国、英国、德国、意大利、墨西哥五国的公民进行调查，总体而言，家庭、学校和工作中的参与同政治参与的方式相关，尤其是美国和英国。英国和美国公民的政治参与程度高，同样他们在非政治的领域也能够参与决策。意大利和墨西哥公民的政治参与水平低，同样在非政治领域参与经历也很少。他们曾经就"大约十六岁时在有关自己的家庭决策中有多大影响"对五国的公民展开调查，发现能够一贯在家庭决策中表达自己意见者，在对自己的政治能力的主观感觉上得分也最高。这点尤其是在受教育程度低的家庭中最为明显。而受教育程度高者的政治能力的发展来源多样化，譬如政治技艺、政治规范的获得都与知识相关，由此提高了政治能力。"当政治参与从家庭外的领域获得支持，家庭参与作为决定政治参与的因素不再关键。家庭参与对政治能力的影响不再是一个普遍的影响因素而是被其他因素所削弱。"总之，他们虽然肯定了家庭人际关系经历在政治社会化的中的作用，但评价不高。他们对家庭在政治社会化中的作用的基本判断是："家庭经历在政治态度的形成中的确起了一定

---

[1]　Herbert H. Hyman, *Political Socialization: A Study in the Psychology of Political Behavior*, Free Press, 1969, p.88.

[2]　Eleanor E. Maccoby et al., The Family and the Political Behavior of Youth, In Norman Bell & Ezra F. Vogel eds., *A Modern Introduction to The Family*, The Free Press of Glencoe, 1960, p.199.

[3]　Herbert H. Hyman, *Political Socialization: A Study in the Psychology of Political Behavior*, Free Press, 1969, p.66.

作用,但是这种作用不可能是核心的。家庭和政治之间的差距如此之大,其他的社会经历,尤其是在时间和结构上与政治制度更接近的社会条件下,可能发挥了更大的作用。"①

相反,有的学者对家庭人际关系经历却给予了极高的评价。戴维斯认为:"家庭在构建个体的政治性格中起到核心作用,这源于它作为人的基本的、先天的需求满足的主要源泉和核心的作用。儿童取向于认同他们的父母,吸取他们对政治制度的观点。父亲是政治人物的原型,由此开启了儿童的政治权威的看法。"他认为家庭提供了由儿童向成年人转变的主要方式,大部分的政治性格都是在家庭中定型的。儿童在满足自己需求的过程中确立了自己的认同,而他的需求完全依赖于父母的供给,对家庭的依赖强化了与家庭的政治观保持一致的趋势。②

A.家庭的控制方式

父母培养孩子的方式,按照鲍姆瑞德(D.Baumrind)的说法大体可以分为三种:放纵的(permissive)、威权的(authoritarian)和权威的(authoritative)。③放纵的方式就是容忍孩子所做的一切,对孩子的行为不加干涉。威权的方式是对孩子采取极端专制的方式,按照他们自己的设想来培养子女,以命令的方式教育子女,从不征求子女的意见。而权威的方式处于两种之间,是一种健康的培养方式,既不放纵子女,同时也不对子女的一切都横加干涉,教育子女时应尊重子女的意见,对子女产生的问题采取说服的方式。

父母对孩子政治人格、政治态度的影响与培养方式密切相关。麦科比(Maccoby)发现一对父母对子女控制越严格,孩子越有反叛的冲动。相反,对待子女既不采取放纵,也不采取威权的方式,采取说服而不是命令的强制方式,这种情况下亲子间的政治价值最有可能一致。④

家庭培养方式与政治人格的形成有着密切的关系,最著名的当属阿多

---

① Gabriel A. Almond & Sidney Verba, *The Civic Culture*, *Political Attitudes and Democracy in Five Nations*, Little, Brown and Company, 1965, pp.274–287, p.305.

② James C. Davis, The Family's Role in Political Socialization, *The Annals of The American Academy*, 1965, pp.10–12.

③ D. Baumrind, Current Patterns of Parental Authority, *Developmental Psychology Monographs*, Vol. 4, No.2, 1971, p.2.

④ Eleanor E. Maccoby, The Family and the Political Behavior of Youth, In Norman Bell & Ezra F. Vogel eds., *A Modern Introduction to The Family*, The Free Press of Glencoe, 1960, pp.193–194.

尔诺等所做的《威权主义人格》,对父母绝对服从,严父慈母的家庭结构,对子女的威权主义人格的形成都有所影响。

除了《威权主义人格》的作者外,其他学者也有着类似的论述。哈里斯等注意到了家庭的培养方式与威权主义态度的关系。他们通过对 5~6 年级的学生的偏见调查,以及对他们的母亲培养孩子方式的调查,发现有偏见儿童的母亲的特征是期望儿童迅速和毫无疑问地服从。无偏见儿童的父母很少赞成打孩子或通过羞辱的方式训练孩子。儿童的偏见与父母的复杂的态度相关,包括威权主义控制处理方式和缺少对于儿童的"恼人的价值"的宽容。①米尔本(M. A. Milburn)与同事研究发现,如果人们在童年时期遭受惩罚,对成年之后的政治倾向有着重要的影响:惩罚的程度越高,威权主义水平就会越高。同时受惩罚所导致的负面情感,在成年之后也会移情到一些政策和人身上,譬如童年时期受到惩罚程度越高,就会越支持死刑。②

就像上述两位学者一样,大多数学者在探讨家庭人际关系与政治的关系时,最感兴趣的是非正常的家庭人际关系,也就是被损害的人际关系。戴维斯认为亲子关系的紧张导致了儿童对政治态度的影响。剥夺儿童在家庭中的基本需求将会导致儿童对政治的冷漠。而且儿童对父母的偏离,将会导致他们对政治的偏离。除了父母的冷漠对儿童的影响,戴维斯还谈到了父母的过度保护与儿童的政治取向之间的关系。当父母把家庭作为保护之地,使儿童免受外在的威胁,其后果就是不参与政治活动,对政体产生敌意。相反,如果父母把外界看作不是威胁而是机遇,则导致的结果是亲子的冲突可能会加强,家庭的作用会减少,其他如学校、同辈群体和青年团体的影响将增加。③

平纳(Frank Pinner)的观点与戴维斯有些类似。他对法国、比利时和荷兰的中学和大学的学生进行问卷调查,以探讨过度保护与政治疏离和政治不信任之间的关系。研究发现,比利时的年轻人受到父母的过度保护,法国次之,而荷兰的年轻人拥有更多自由。与此相联系,比利时和法国的年轻人表

---

① Dale B. Harris et al.,Children's Ethnic Attitudes:II. Relationship to Parental Belief Concerning Child Training,*Child Development*,Vol.21,No.3,1950,p.172,p.180.

② M. A. Milburn et al.,Authoritarianism,Anger,and Hostile Attribution Bias:A Test of Affect Displacement,*Political Psychology*,Vol.35,No.2,2014,pp.225–243.

③ James C. Davis,The Family's Role in Political Socialization,*The Annals of The American Academy*,1965,pp.13–17.

现出更多的对政治的不信任和疏离。①

奈福(Ariel Knafo)和普洛明(Robert Plomin)在对 9319 对双胞胎的研究中,除了肯定基因的作用外,也肯定了社会环境对儿童亲社会的影响。他们所说的社会环境主要指父母对待子女的方式。父母如果对子女动之以温情,在孩子出现错误的时候,以讲道理的方式说服孩子,这样孩子就会出现亲社会的行为。反之,对子女冷漠视之,用强制的手段管理子女,就会导致相反的行为。②

莱恩(Robert E. Lane)探讨了父亲与儿子的政治信仰之间的关系。他深度访谈了 15 个居于社会中等和中下等的男人,发现绝大多数父子之间的冲突并不突出,15 例中只有 4 例父子关系属于损害性的关系。其中之一是没有情感的认同,另外 3 个拒绝接受父亲。4 个人具有以下政治特点:其一,掌握信息少和社会兴趣低。4 个人在 15 个人中对政治信息的掌握是最低的,缺少父亲给他们提供安全,他们把自己局限在狭小的自我的圈子中,自恋、缺少安全感、没有被爱和被尊重的感觉、严重地焦虑。其二,威权主义。他们没有平等合作或相信合作者的经历。其三,对政治领导不说不好的话。对他们来说,批评领导是困难的。他发现那例对父亲没有情感认同者,对权威人物的敌意的表达是痛苦的,因而避免它。其他三者拒绝父亲,可以公开批评父亲,却对领导有一种恐惧、崇拜和嫉妒,相信反对领导是无用的和危险的。其四,乌托邦和保守主义。被损害的父子关系或对未来社会秩序不抱希望或存在不切实际的幻想。以上 4 例只是父子关系中的少数。就大多数的亲子关系与政治的关系来说,莱恩认为两者有些相像:儿子对待父亲像对待政治权威一样,没有异化的亲子关系敢于直接地批评政治。③

白鲁恂探讨了缅甸的家庭与政治信任之间的关系。家庭是缅甸儿童生活的核心,是父母保护儿童免受外来威胁之地。衡量个体最终品格的就是对父母忠诚和做对父母有益的事。他们从小就被教育不要做让父母痛苦和使

---

①　Frank Pinner, Parental Overprotection and Political Distrust, *The Annals of The American Academy*, 1965, pp.58-59.

②　Ariel Knafo & Robert Plomin, Parental Discipline and Affection and Children's Prosocial Behavior: Genetic and Environmental Links, *Journal of Personality and Social Psychology*, Vol.90, No.1, 2006, pp. 147-164.

③　Robert E. Lane, Fathers and Sons: Foundations of Political Belief, *American Sociological Review*, Vol.24, No.4, 1959, pp.506-508, pp.510-511.

父母不高兴的事。这种做法的最终结果就是人们会服从于任何形式的权力，形成消极和服从性的态度。儿童一出生，母亲几近溺爱，世界属于儿童，家庭满足他所有的要求，排除所有的障碍，这就为非理性和近乎强迫的乐观的感觉提供了基础。但随着年龄的增长，母亲表现出了另一面，有时出人意料地冷漠、远离儿童和对儿童不感兴趣，这就使儿童产生了不信任的感觉，对于他来说，人与人之间是危险的和不确定的。①

　　许多学者论述了家庭的培养方式与自尊之间的关系。西尔斯（R. R. Sears）认为，父亲在家庭中对孩子的控制、惩罚和决策方面的支配地位与男孩的低自尊相关。②巴克曼（J.G. Bachman）也认为，父母的惩罚与男孩自尊呈负相关。③库珀史密斯（S. Coopersmith）对 10~12 岁男孩的研究发现，高自尊与父母的培养有关。高自尊的人所生长的家庭环境是接纳（acceptance）的、具有明确的规则的、人与人是尊重的，培养的是有效率的、冷静的、有竞争力的个体，具有独立和创造性的能力，在高自尊者的家庭中，相信和渴望成功。相反，在低自尊的家庭中，孩子所遇到的是拒绝、不尊重和失败。④鲍姆瑞德认为威权的养育方式最有可能导致对性格和自尊的发展有害。⑤布里（John R. Buri）等采用问卷调查的方式对 230 名大学生的自尊与父母的培养方式进行了研究。结果发现，父母对孩子自尊的积极和消极的影响在于培养的类型。威权的养育方式导致低自尊，权威的培养方式形成高自尊。与男孩相比，女孩更容易受培养方式的影响。⑥

---

①　Lucian W. Pye, *Politics, Personality, and Nation Building: Burma's Search for Identity*, Yale University Press, 1962, pp.182-185.

②　R. R. Sears, Relation of Early Socialization Experiences to Self-Concepts and Gender Role in Middle Childhood, *Child Development*, Vol.41, No.2, 1970, p.283.

③　J.G. Bachman, Family Relationships and Self Esteem, In M. Rosenberg & H.B. Kaplan eds., *Social Psychology of The Self-Concept*, Harlan Davidson, 1982, pp.356-364.

④　S. Coopersmith, *The Antecedents of Self-Esteem*, W.H.Freedman & Company, 1967, pp.249-250.

⑤　D. Baumrind, Current Patterns of Parental Authority, *Developmental Psychology Monographs*, Vol. 4, No.2, 1971, p.2. D. Baumrind, Reciprocal Rights and Responsibilities in Parent-Child Relations, In J. Rubinstein & B. D. Slife eds., *Taking Sides: Clashing Views on Controversial Psychological Issues*, Dushkin, 1982, pp.237-244.

⑥　John R. Buri et al., Effects of Parental Authoritarianism and Authoritativeness of Self-Esteem, *Personality and Social Psychology Bulletin*, Vol.14 No.2, 1988, pp.280-282.

B.家庭中性别在政治社会化中的作用

在传递政治取向时,究竟是父亲(丈夫)还是母亲(妻子)占据主导地位?

第一种观点代表了传统的观点,认为父亲(丈夫)在家庭中占据统治地位。戴维斯认为,丈夫和父亲在家庭中的政治影响要比妻子和母亲的影响大。当父亲失业时,作为家庭供给者的角色的削弱也会导致他的权威的下降。[①]

最典型的例子是对政党认同的研究。麦克洛斯基(Herbert McClosky)和达尔格伦(Harold E. Dahlgren)说:"存在一种趋势,妇女更多的是常常转向丈夫的偏好,而不是相反。"另一方面他又显得底气不足:"我们的'转变者'的样本太少,而无法对这项结论拥有更多的信心。"[②]也有学者发现:"婚姻关系中的政治影响似乎是占主导地位的单向流动。"即从丈夫流向妻子,已婚的妇女依赖她们的丈夫接受政治信息。[③]贝克和詹宁斯认为,父亲在传递政党认同方面更重要,但往往是通过母亲直接影响孩子的。[④]

第二种观点则否定了男性统治的观点,认为女性在家庭中所起的作用更大。海曼认为,有证据显示妇女服从丈夫的观点,并不意味着父亲对孩子的政治影响超过母亲。他引用诸多研究成果表明,并没有证据显示家庭中父亲的影响占据统治地位。[⑤]麦科比等在1952年美国总统选举之后,采访了339名21~24岁的年轻选民。他们发现在政党方面,74%的年轻人选择父亲认同的政党,76%的年轻人选择与母亲认同的政党。[⑥]他们的数据表明,母亲的影响略高于父亲。诺吉(Philip Nogee)和莱文(Murray B. Levin)的研究也证明了这一点。他们对一组大学生进行研究,学生在政党的偏好上认同母亲为

---

① James C. Davis,The Family's Role in Political Socialization,*The Annals of The American Academy*,1965,pp.13-14,p.16.

② McClosky & Dahlgren,Primary Group Influence on Party Loyalty,*American Political Science Review*,Vol.53,No.3,1959,p.770.

③ Kenneth P. Langton,*Political Socialization*,Oxford University Press,1969,p.54.

④ Paul A. Beck & M.K. Jennings,Parents as"Middlepersons"in Political Socialization,*Journal of Politics*,Vol.37,No.1,1975,p.96.

⑤ Herbert H. Hyman,*Political Socialization:A Study in the Psychology of Political Behavior*,Free Press,1969,pp.63-64.

⑥ Eleanor E. Maccoby et al.,The Family and the Political Behavior of Youth. In Norman Bell and Ezra F,Vogel eds.,*A Modern Introduction to The Family*,The Free Press of Glencoe,1960,p.192,p.195.

72.5%,而父亲为 70%。[1]

兰顿是女性统治论的坚定支持者。他认为,以前的研究结果显示男性占据统治地位,是因为在家庭中父亲是高度政治化的。当母亲高度政治化时,在维持儿童对政党的忠诚方面,将显示出更强的推动力。当父母产生分歧时,学生常常不认同父亲,而是与母亲一致。在教育方面,父母受教育最少的情况下,多同意父亲。超过此层次,母亲的影响将增加。父母受教育程度越高,母亲的影响越大。女儿与母亲比儿子更与父亲相似,而母女的一致性强过其他组合。女儿认同政治积极的母亲三倍半高于儿子认同政治积极的父亲。而儿子认同积极的父亲与积极的母亲之间比较平均。在政治认同方面,父亲绝不是决定性的力量。以上发现表明,关于男性在美国家庭中占据统治地位的传统假设需要修正。政党认同方面,相同观点的父母吸收了主流的观点,后代最有可能认同他们。反之,相同观点的父母吸收了少数派的观点,后代更有可能不同意。如果父母的观点不同,则后代倾向于母亲。当母亲吸收了主流的观点,与相同的父亲相比会吸收更多。相反,如果同样采取少数派的观点,母亲也将获得更多认同。父亲的偏好,在底层和受教育少的孩子中更有可能获得认同。为什么母亲在家庭中具有优势?因为母亲具有情感上的优势,子女感觉与母亲最近,亲近的关系会减少对父亲的榜样认同。[2]

以前的学者为什么会得出男性统治的观点,兰顿从历史的角度对此也作了解释。一是在妇女获得选举权前,丈夫和父亲在家庭中提供了最多的政治线索。因此,在这个时期女性的影响不可能超过男性,而妇女获得选举权之后,这种情况有所变化。第二个历史因素是教育程度的增加,女性接受教育的人数越来越多,男女之间教育上的差距在缩小。而教育是与政治的参与密切相关的,接受教育程度的高低,在政治参与上的差别较大。[3]

第三种观点则认为具体问题具体分析,在一些议题上父亲的影响大,而在另外的一些议题上母亲的影响大。科克(Alan C. Acock)和本特森(Vern L. Bengtson)探讨了父亲和母亲在政治和宗教社会化方面所起的不同作用。他们于 1975 年考察了 650 组包括父亲、母亲和他们的孩子。孩子的年龄在15~26 岁,平均 18 岁,父母在 39~64 岁,平均 46 岁。分析涵盖 11 个变量,从

① Philip Nogee & Murray B. Levin, Some Determinants of Political Attitudes among College Voters, *Public Opinion Quarterly*, Vol.22, No.4, 1959/1960, p.455.

② Kenneth P. Langton, *Political Socialization*, Oxford University Press, 1969, pp.61–79.

③ Kenneth P. Langton, *Political Socialization*, Oxford University Press, 1969, p.82.

289个条目中选出87个,包括行为(宗教行为)到特殊的态度(军事主义、传统的性规范、黑人要求的合法性、传统宗教信仰)再到一般的取向(保守主义的自我评价、宗教的自我评价、工作伦理、现状的维持、家庭主义)。结果显示,母亲比父亲在以下变量上更重要:对现状的维持,工作伦理,传统的宗教信仰和军事主义。其中的一些差别是比较巨大的。母亲比父亲在多数方面比父亲得分都高。只有在宗教行为、宽容和性规范上,父亲的得分略高。父亲对女儿的影响大于母亲,父亲对儿子没有单独的影响。母亲对儿女的影响没有变化。[①]马奇(James March)通过调查发现,没有明显的趋势表明男性的政治观点占据主导地位。随着议题的不同,男性和女性的影响有所不同。男性作为观点和取向的给予者,在劳工问题上最高,其次是外交问题,而在涉及当地议题上影响最低。[②]

第三种观点为什么与前两种观点有所不同呢?原因可能主要有以下两方面:一是第三种观点依据的是男女在政治上本性的差异。格林斯坦(F. I. Greenstein)的研究表明,女性更少愿意支持她们感觉战争或"侵略性的"政策。比男性更具道德倾向,很少忍受政治和宗教的不一致。[③]卡罗尔(S. J. Carroll)的研究表明,男女在参政上有着明显的差异,女性从政是她们家庭角色的延伸,更关注于地方政治,尤其是学校和教育。男人更关心国家和国际事务。[④]两种观点尽管有所差异,但基本是一致的,那就是认为女性多关注道德议题、地方议题,是极端保守的,对战争也是比较敏感的。这就导致了母亲在涉及上述议题时影响较大。

二是所设计的变量的差异。凡是得出第三种观点的学者,所设计的变量较多,涵盖许多方面,而前两种观点的坚持者所设计的变量相对较少。尤其

① Alan C. Acock & Vern L. Bengtson, On the Relative Influence of Mothers and Fathers: A Covariance Analysis of Political and Religious Socialization, *Journal of Marriage and the Family*, Vol.40, No.3, 1978, pp. 525-526.

② James March, Husband-Wife Interaction Over Political Issues, *Public Opinion Quarterly*, Vol.17, No.4, 1953/1954, pp.467-470.

③ F. I. Greenstein, Sex-Related Political Difference in Childhood, In J. Dennis ed., *Socialization to Politics: A Reader*, John Wiley and Sons, Inc., 1973, p.270.

④ S. J. Carroll, Gender Politics and the Socializing Impact of the Women's Movement, In R. S. Sigel ed., *Political Learning in Adulthood: A Source of Theory and Research*, The University of Chicago Press, 1989, p.312.

是坚持女性统治论者,所依据的变量主要限于政党认同方面。因此,变量的差异自然导致了结论的差异。

第二、第三种观点部分挑战了第一种观点。但是这两种观点都没有否定丈夫在影响妻子的政治态度方面的主导地位。纽科姆(T. M. Newcomb)的研究则部分修正了这一观点。通过三十年的研究也佐证了教育对男女在家庭中地位的影响。他于1935年开始对贝宁顿学院(Bennington college)的女大学生进行研究,1960年和1961年,他对其中的130名进行了访谈,另外9名采用了调查表的形式。在30年代的研究中,他发现女大学生经过3年或4年的学习,比新生更少保守。经过二十几年,她们不但没有预想的保守,而且丈夫的态度也像妻子一样自由。换言之,她们挑选与自己态度相同的男人作为自己的丈夫,从而构建了一个支持性的环境,对她们的态度的持久性产生了强化作用。①纽科姆的研究有力地论证了女性即使在婚后仍然保持了自己独立的政治观点。但他的观点仍然没有从根本上威胁到夫妻教化中丈夫占据主导地位的观点,因为他并没有回答如果丈夫与妻子的政治态度有所不同,谁影响谁的问题。

另外有些学者探讨了缺少父亲的家庭的政治社会化。戴维斯的研究发现,在缺少父亲的家庭中,男孩的表现更加趋于男性化,更加认同父亲,但缺少父亲的指导,他无法确信自己的男性身份。无论男孩、女孩,缺少父亲会使他们更加依赖母亲。在以后的成长中,男孩比女孩变化大。②兰顿的观点则略有不同。他发现,与核心家庭相比,缺少父亲的家庭的男孩更少成就取向,行为方式更趋女性化,更幼稚、更加依赖和屈从他人。只有母亲的家庭男性更具有威权主义态度,更少政治兴趣,政治效能感低。而家庭的结构(只有母亲的家庭或核心)对女孩在威权主义态度、政治兴趣和政治效能感上没有什么差别。但只有母亲的家庭与核心家庭的差别在高度政治化的上层在弱化。③

综上所述,大多数学者还是认同母亲在影响子女的政治态度方面是重要的,甚至是决定性的。同时丈夫在影响妻子方面具有统治地位的观点也基本没有受到挑战。但上述结论的达成还是有些问题,这就是,所有的学者都

---

① T. M. Newcomb, Persistence and Regression of Changed Attitudes: Long-Range Studies, In Jack Dennis ed., *Socialization to Politics: A Reader*, John Wiley and Sons, Inc., 1973, pp.416-421.

② James C. Davis, The Family's Role in Political Socialization, *The Annals of The American Academy*, 1965, pp.13-14, p.16.

③ Kenneth P. Langton, *Political Socialization*, Oxford University Press, 1969, pp.31-33.

没有探讨在夫妻都有工作时,都保持相对独立的经济地位,母亲(妻子)在政治社会化中的作用。也没有探讨妻子在外工作,丈夫在家庭操持家务的现象。对于这些问题还需要学者们作进一步的研究。

　　除了以上研究家庭中社会化者——父母——在传递政治取向的作用外,许多学者还研究了被社会化者——男孩和女孩——在接受政治取向方面的差异。希尔(D.S. Hill)早在 20 世纪 30 年代就已经发现,对成年人的认同,男女有异,男孩对父母的认同随着年龄的增长有下降的趋势,但女孩依旧在相当程度上美化父母。[1]莱文发现,男孩比女孩更少坚持父母的政党,他们相对受中学氛围的影响。女孩也比男孩更易受国家环境的影响。总之,男孩比女孩对政治更感兴趣。男孩因对政治感兴趣,多喜欢面对面交流观点;而女孩因对政治不感兴趣,可能仅听父母的一面之辞。[2]詹宁斯和尼米所做的研究也发现,女孩对周围社会化机构的反应多大于男孩,她们很少自主地分析和处理信息,多同意父母、朋友的观点。[3]总之,男孩较为独立,而女孩依赖性较强,女孩与男孩相比,要更多受父母的影响,容易接受父母所传递的政治取向。

(二)学校

1.学校的作用

　　有关学校在政治社会化中的作用存在着不同的观点。海斯(R. D.Hess)和托尼(J. V.Torney)认为,学校和家庭在传递政治文化中各自发挥着不同的作用,家庭传递的是对国家的忠诚,而学校则传授的是关于政治制度运作的概念,通过对政治制度的解释传递政治态度和政治信念。[4]既然学校与家庭在政治社会化的过程中都不可缺,那么孰轻孰重呢? 答案是学校。在他们看来,学校是政治社会化最重要的机构。他们把学校视作美国最重要和最有效

---

①　D.S. Hill,Personification of Ideals by Urban Children,*Journal of Social Psychology*,Vol.1,1929,pp.379-392.

②　Martin L. Levin,Social Climates and Political Socialization,*The Public Opinion Quarterly*,Vol.25,No.4,1961,p.598.

③　M. Kent Jennings & Richard G. Niemi,*The Political Character of Adolescence:The Influence of Families and Schools*,Princeton University Press,1974,p.326.

④　Robert D. Hess & Judith V. Torney,*The Development of Political Attitudes in Children*,Aldine Publishing Company,1967,p.101.

的社会化工具,认为学校通过公民课程的讲授、在教室中各种仪式的演练,以及教师的榜样增加了学生对政治知识及政治参与的认知度。[1]总之,他们认为,学校和家庭在政治社会化中都是重要的,学校更胜一筹。

对此,阿尔蒙德和维巴却有不同的看法。他们承认学校和家庭在政治社会化中发挥着重要作用,但同时认为,在现代化和多元系统的社会化中,家庭比学校的社会化功能更强一些,但无论是家庭还是学校,对于政治参与的训练都是不充分的。[2]

詹宁斯(M. K.Jennings)和尼米(R. G. Niemi)也有同感,认为家庭和学校是不能充分传递青少年的政治倾向的。同时,他们分析了其中的原因:其一,社会化力量的多元化,并不是所有的力量都作用于同一方面,都着力于同一个焦点。其二,在政治取向的传递过程中,家庭是受局限的和不稳定的。其三,外在的政治事件的影响。政治事件的经历中所获得的直接或间接的态度可能远高于家庭和学校所传递的。其四,自我作为独立和中介影响的重要性。其中,他们所分析的外在的政治事件的影响,实际上也属于社会力量的范畴,因此可归入第一部分。第二个原因涉及学校和家庭自身,而第四个原因涉及受众者自身。简言之,正是由于学校、外在的社会环境及学生自身的作用导致了学校作用的弱化。他们还和艾曼(L. H.Ehman)一起否定了在政治社会化中,学校胜于家庭的看法。与父母对子女的影响比较,教师对学生的影响并不是最重要的。他们发现师生的纽带是脆弱的。师生的共同的价值观是很小的,要小于亲子间的共同价值。在广受争议的种族合校和学校祈祷方面,老师对学生的影响是明确的。而关于政党认同和认同的程度,老师几乎没有影响,学生更多倾向于父母而不是老师,也就是说,父母是获胜者。[3]

詹宁斯等的观点有一定合理性,因为亲子之间建立的以血缘为基础的情感纽带是师生之间无法达到的,再者老师面对的学生众多,而父母面对的对象可能是一个或几个孩子,因此无论从接触学生的时间还是付出的精力来看,师生关系都是无法与亲子间相比的。因此,学校的作用并不是最重要

① Robert D. Hess & Judith V. Torney, *The Development of Political Attitudes in Children*, Aldine Publishing Company, 1967, p.114.

② Gabriel A. Almond & Sidney Verba, *The Civic Culture. Political Attitudes and Democracy in Five Nations*, Little, Brown and Company, 1965, p.305.

③ M. Kent Jennings & Richard G. Niemi, *The Political Character of Adolescence:The Influence of Families and Schools*, Princeton University Press, 1974, pp.329–331, pp.216–221.

的，但并不意味着学校在政治社会化中的作用是无足轻重的。道森(R. Dawson)和普莱维特(K. Prewitt)认为,学校教育对政治自我的发展起着重要作用,这体现在两方面:首先,学校是形成未成年的取向必要的政治社会化经历,教育计划为合适的政治价值提供了指导。其次,教育水平影响了学生理解政治的方式。[①]有关这两点,学术界基本已经达成共识。

2.影响学校作用的因素

学校在政治社会化中的作用受诸多因素的制约,具体来说,这些因素包括以下四方面:

(1)阶层

不同阶层的学生,未来的培养目标有所不同。利特(E. Litt)采用了三种方法对此进行研究。第一种方法是问卷调查。调查对象是波士顿的中学生,分别来自中上阶层、中下阶层和工人阶层的三个区。内容分析源于三个区中有关公民教育的所有教材。包括五个方面:强调公民政治参与、政治沙文主义、民主信条、强调政治过程、强调政治是解决团体冲突。第二种方法是对"潜在的公民和教育影响"的访谈,包括教师、家长等。第三种测试方法是接受正规的公民教育课程与没有接受该课程的控制组的比较。结果发现,学校对政治取向的灌输有成功之处。三个社区的学生都被传授了平等基础上的民主规则,随着政治教育的不断增加,他们都同意民主信条、拒绝沙文主义。但工人阶层并不鼓励用自己的能力影响政府,只有上层团体通过公民教育与政治过程和功用相关。总之,三个团体的学生被训练为扮演不同的角色,以不同的方式对政治现象做出反应。在工人阶层团体,政治参与低,所接受的公民教育基本上有关民主秩序,并不强调政治参与,也并不宣传矛盾和不同意见是政治制度所固有的,而是强调和谐对公民是有益的。中下阶层的学生强调公民的责任,而不是政治的公共决策。中上层者更有可能深入观察政治过程和政治过程的功用,更有可能比其他地位的参与者影响或参与决策。因此,他认为,政治参与和政治行为的层次并不是公民教育课程所影响的。如果没有其他材料和政治环境对这两方面内容的强化,学校的政治灌输就

---

① Richard Dawson & Kenneth Prewitt, *Political Socialization*, Little, Brown and Company, 1969, p. 145.

会失败。[1]

（2）种族

不同种族的学生,在接受学校所传递的政治取向时会有不同的反应。兰顿和詹宁斯注意到课程对不同种族的影响。与白人相比,黑人受课程的影响更大。同时与父母的教育层次有着密切的关系。在许多例子中,课程的强烈影响与黑人学生父母的教育层次相反,对处于低层的黑人积极性的影响最大。对于受教育程度高的黑人父母,这种关系更为复杂。譬如受教育多的父母,黑人和白人学生对效能的感觉差别最大,公民课程对地位高的黑人学生的效能感觉没有影响。究其原因,面对美国白人的偏见,上层的黑人和他们的父母最敏感,他们更有可能认同和接触白人,但被冷漠和失望也更频繁。[2]

（3）国家

不同的国家,学校在政治社会化中的作用也会有所不同。海斯比较了美国和智利的学校对儿童有关总统形象的影响。2年级的95%的美国儿童能够叫出总统的名字,在智利要到4年级。美国与智利的教育态度最大的差别在于总统的能力,最小差别在于总统的诚实。智利儿童的阶层不同,学校和家庭对儿童有关总统的形象的影响也不同。中产阶级更多受家庭影响,而工人阶级则受学校影响较多。美国则没有表现出阶层的差异。

安妮·E.弗里德曼和P.E.弗里德曼论述了苏联的学校在政治社会化中的作用。苏联竭力使儿童从父母的影响中脱离出来,让他们生活在被控制的寄宿学校中。但这只是一种理想,全国只有5%进入寄宿学校。苏联学校开始的社会化很早,在幼儿园中,列宁的形象就无处不在。在苏联,娱乐活动掌握在国家手中,儿童只能参加这些活动。苏联让学生参加劳动,培养对劳动者的尊重,感觉自己是社会中的一员,但是苏联的阶层和地位意识仍然是一个严重的问题。而就整个苏联的学校教育体制来说,他们认为是失败的。失败的原因在于老师和教科书所传递的价值与学生日常生活所接触的价值存在脱节。"当你穿的鞋上有破洞,排着队等待面包时,相信社会主义国家取得了辉煌的成就是非常困难的。"相比于苏联,他们认为社会主义的中国进行的政治社会化方式与苏联有些类似,譬如学校很早进行政治社会化、参加劳动

---

[1] Edgar Litt, Civic Education, Community Norms, and Political Indoctrination, *American Sociological Review*, Vol.28, No.1, 1963, p.74.

[2] Kenneth P. Langton, *Political Socialization*, Oxford University Press, 1969, pp.117-118.

等,但中国的政治社会化相对比较成功,因为中国的生活与教育之间的冲突并不严重。他特别谈到了非西方国家的一些重建国家,学校在其中所发挥的作用。"有理由相信学校在一些非西方发展中国家,学校通过确立对国家认同的感觉、帮助当权者合法化和整合群体等方式有助于国家重建。"[①]譬如非洲的一些国家,社会主义的中国。

(4)年龄(不同年级)

随着学生年龄的增长,他们会升入不同的年级,进入小学、中学、大学。在这些不同的学习阶段,学校所起的作用也会有所不同。霍尔的研究表明,父母与老师的观点发生冲突时,年幼的学生倾向于服从父母的权威。但从 11 岁时逐渐下降,至 15 岁时达到顶点,从此偏爱老师的权威。[②]

在大学里,学校与父母的作用相比,优势更加明显。费尔德曼(K.A. Feldman)和纽科姆的研究表明,大学生活使威权主义、教条主义和偏见下降,伴之的是对公共事务的保守态度的下降。[③]尼米和索宾斯泽克(B. I. Sobieszek)探讨了这方面的原因,大学以前,学生没有被当作成年人看待,而且也不符合选民的年龄,没有参与政治的机会。进入大学之后,与以前有了明显的不同:首先,他们已经是成年人,第一次可以直接把所学的政治运用于实践。其次,多数大学生离开家庭,第一次不受父母直接的和持续不断的影响。[④]

3.学校经历与政治社会化

帕森斯(T. Parsons)把学校看作一种社会制度,小学和中学的班级作为一种社会系统,它的结构与其作为社会化机构的主要功能相关。[⑤]也就是说,

---

① Anne E. Freedman & P. E. Freedman, *The Psychology of Political Control*, St. Martin's Press, 1975, pp.105-107, p.113.

② Herbert H. Hyman, *Political Socialization: A Study in the Psychology of Political Behavior*, Free Press, 1969, p.77.

③ K. A. Feldman & T. M. Newcomb, *The Impact of College on Students: Vol.I. An Analysis of Four Decades of Research*, Jossey-Bass Inc., Publishers, 1969, p.326.

④ Richard G. Niemi & B. I. Sobieszek, Political Socialization, *Annual Reviews Sociology*, Vol.3, 1977, pp.221-222.

⑤ Talcott Parsons, The School Class as a Social System, *Harvard Educational Review*, Vol.24, No. 4, 1959, p.297.

学校是一个小社会,学生所获得的一些经历能够影响到以后的政治行为。阿尔蒙德和维巴也表达了类似的看法。他们发现学生在学校活动中的参与影响着个体主观公民能力量表的得分。譬如那些回忆自己参与课堂的讨论者,在主观能力量表得分中要高于那些回忆自己没有参与的讨论者。[①]

学校的哪些方面能够影响学生的政治取向? 道森和普莱维特把学校的政治社会化分为教室内和教室外。教室内进行的政治社会化可以分为课程的讲授、仪式活动和教师的榜样。教室外的形式包括学生的社会构成、课外活动和学生政治组织。[②]下面我们将以他们的分类为线索,对相关的研究成果进行梳理。在论述教室外的政治社会化时,还要加上校园的文化氛围。

(1)教室内的政治社会化

教室是主要的政治学习之地,政府有意识的宣传也是在教室完成的。教室内的活动主要由课程、仪式和教师三部分构成。

①课程

课程的讲授可分为两类:公民教育和政治灌输。公民教育是向学生传输一个公民应该具有的基本道德规范,应该遵守的法律法规。而政治灌输是宣扬统治阶层的意识形态。有关课程的讲授对学生的政治取向有什么影响,学者之间存在着激烈的争论。

道森和普莱维特认为不能轻易断言课程的讲授对公民教育的作用。他们一方面承认,课程是政治社会化潜在的主要工具之一,它的重要性在于它是文化价值的传授者和强化者。通过对国家历史的讲授培养对国家的荣誉感。通过公民和政府的课程的讲授使青少年熟悉既定秩序的性质,并以遵守秩序为荣。另一方面,他们认为其他社会化的机构会制约学校的这种作用的发挥,尤其是家庭。当父母和教师关于政府有不同的表述时,可能影响学校对学生的影响。当课程所描述的政治世界,与其他机构所传递的信息及自己的观察相一致时,学生就有可能接受政治课程的内容。[③]

两位学者同样怀疑课程的讲授在政治灌输方面所发挥的作用。政治灌

---

① Gabriel A. Almond & Sidney Verba, *The Civic Culture. Political Attitudes and Democracy in Five Nations*, Little, Brown and Company, 1965, pp.288, pp.291-292.

② Richard Dawson & Kenneth Prewitt, *Political Socialization*, Little, Brown and Company, 1969, p. 146, p.167.

③ Richard Dawson & Kenneth Prewitt, *Political Socialization*, Little, Brown and Company, 1969, pp. 148-149.

输在所有的学校制度中都会以某种形式存在。譬如讲授本国过去的神话和传说,现在的政策和计划,以及未来的目标和梦想。政治灌输往往通过教材及其他教学材料,譬如音乐书、读物及政治实践活动而进行,但政治灌输的效果也值得怀疑。他们考察苏联的思想教育发现,苏联的学生对教条式、重复的政治灌输已经厌倦,从而导致了政治上的冷漠。[①]

上述两位学者对课程的影响基本持否定的态度。这点也得到了其他学者研究成果的支持。兰顿和詹宁斯对1669名97所中学的高中12年级学生进行了问卷调查,涉及10~12年级所提供的公民课程。其中1/3没有选择任何课程,多数只上了一门。结果发现,选修的公民课程越多,学生越有可能知道更多的政治知识,但在对政治感兴趣、接触大众传媒的政治内容、更多地讨论政治、感觉政治有效、支持参与性的取向和表现更多的公民宽容等方面,这种关联是极微弱的。究其原因,他们认为,在此之前,这些学生已经经过几年的正规的和非正规的政治社会化,而且在中学之前,已经接触过这些内容,因此学生会对进一步的政治社会化进行抵制。而那些没有上政治课的学生也有可能从其他来源接触这些内容。因此导致两者之间的差别不大。[②]

课程的讲授对中学生的政治取向影响不大,那么对大学生呢? 罗宾逊(J. A. Robinson)以大学生为样本,探讨了政治科学课程的学习对他们的影响,最后得出的结论及解释与兰顿和詹宁斯基本相同。他发现政治科学的不同教育方式对学生的政治学习都没有影响。其原因就在于政治兴趣和政治技艺在他们还没有进入大学时的青少年时期就已经形成,除非遇到引起社会剧烈振荡的政治事件,或者个人心理创伤性的剥夺,否则很难改变。[③]

与上述观点相同的还有桑梅特(Albert Somit)。他探讨了有关政治科学入门课程对大学生政治态度的影响,他以对纽约的大学生为样本进行了三年的研究。经过研究他发现,所有的修过政治科学入门的课程的学生的政治参与接近中等,也就是说政治课程对他们的政治参与没有什么影响。同样,

---

①　Richard Dawson & Kenneth Prewitt, *Political Socialization*, Little, Brown and Company, 1969, p. 152, p.155.

②　Kenneth P.Langton, *Political Socialization*, Oxford University Press, 1969, pp.97–99.

③　J. A. Robinson et al., Teaching with Inter–Nation Simulation and Case Studies, *American Political Science Review*, Vol.60, No.1, 1966, p.65.

学生的政治态度的改变也不是学习政治科学入门课程而导致的。[1]在另一篇文章里,他和希克(M. Shick)对该观点进行了继续探讨,发现政治课程并不能够增加学生的政治兴趣,也不会导致他们更积极地参与政治。[2]

但是也有学者肯定课程讲授对学生的政治取向的影响。梅里亚姆(C. E. Merriam)早在20世纪30年代就肯定了课程讲授对公民教育的作用,认为"学校作为政治团体的公民教育的核心而出现,所有的可能性将会持续发挥功能,并且在这方面的作用有所增加"[3]。

一些对大学课程进行研究的学者也得出了肯定的结论。科恩豪泽(A. Kornhauser)于1926—1927年,就学生学习"经济秩序"前后的信息和态度进行了研究。他发现学生在此方面的知识有了极大提高,态度也有所变化。在涉及课程所讲的具体的和突出的内容的条目时,在学习之后犹豫不决、极端的答复少了,而自由的态度增加了,但态度的改变与智力和经济知识之间没有明确的关系。[4]

尼米和索宾斯泽克也不同意大学课程对学生政治取向没有影响的观点。他们认同这些学者所得出的部分结论,即一门课程或一个教师的影响有限,大学在任何一个时间点上都有大量的教师和课程。因此,很容易想象任何一门课程或一个教师对学生的态度影响很小,但多个课程的累积性的影响可能是十分重要的。因此,大学对年轻人的政治态度的影响要超过中学。[5]

此外,有些学者对这两种观点进行了调和。有些学者认为政治课程很难改变人们的政治态度,但却能够影响其他政治取向。帕特里克(J. Patrick)考察了"美国政治行为"这门试验性课程,对8、9、12年级学生的影响。他发现这门课程对学生的政治知识和政治技艺有影响。一个没有学习过"美国政治行为"或类似的相关课程的学生,很有可能无法知道美国政治行为和政治过

① Albert Somit, et al., The Effect of the Introductory Political Science Course on Student Attitudes Toward Political Participation, American Political Science Review, Vol.52, No.2, 1958, p.1131.

② Marvin Shick & Albert Somit, The Failure to Teach Political Activity, The American Behavioral Scientist, Vol.6, No.5, 1963, p.8.

③ C. E. Merriam, The Making of Citizens, University of Chicago Press, 1931, p.273.

④ Arthur Kornhauser, Changes in The Information and Attitudes of Students in an Economics Class, Journal of Educational Research, Vol.22, 1930, p.308.

⑤ Richard G. Niemi & B. I. Sobieszek, Political Socialization, Annual Reviews Sociology, Vol. 3, 1977, p.222.

程的一些功能，也不太可能获得一些必要的政治技艺以进行批判思维和质疑（inquiry）。但是通过对政治态度的六个方面（政治宽容、政治兴趣、政治效能、平等主义、政治信任和政治怀疑）进行的量表考察，发现该课程与政治态度之间的相关度很少。①巴顿（C. B. Button）对12年级学生的考察中则发现试验性的课程能够增加学生的政治效能、兴趣和知识。②

　　阿尔蒙德和维巴一方面认为学校对政治和政治课程的讲授能够增加个体政治能力的感觉，另一方面又认为这种影响取决于所受教育的内容。他们调查发现，美国、英国和墨西哥的受访者回忆上过政治课者比其他人在主观政治能力量表中得分高。但在德国和意大利这样的强调非民主哲学的国家就有所不同，德国的受访者回忆在小学上过政治课者有可能在主观政治能力量表中得高分之外，德国小学以上和意大利所有的学校，上过政治课程的受访者和没有上过者没有什么差别。③

　　以上有关课程讲授的观点虽然有所不同，但也能够发现一些共同之处：他们都承认课程讲授能够增加学生的政治知识，即使那些持否定观点的学者也主要是否定课程对人们的政治态度、政治情感等方面的影响，并没有否定课程能够增加人们的政治知识。

　　值得注意的是，肯定课程讲授作用的研究成果大多出现在20世纪的二三十年代，而在50年代以后，这样的主张变得相对较少了。这说明时代能够影响课程讲授的作用。其中最重要的因素是，随着时代的发展，大众传媒变得越来越发达，学生们从大众传媒那里早已接触到课程所讲授的内容，或者接触到了与课程内容相反的政治内容，从而弱化了课程的作用。

　　②教室的仪式活动

　　政治价值也可以通过仪式活动传递，包括向国旗鞠躬、唱爱国歌曲、赞美英雄和事迹、接触爱国的象征譬如图画和领袖的言论。道森和普莱维特认为，仪式活动的存在是否必要还需进一步研究，但是学生的仪式活动暗含着两种可能：一是通过仪式活动产生对仪式象征物的敬畏，譬如上述仪式中爱

　　① 　J. J.Patrick,The Impact of an Experimental Course "American Political Behavior" on the Knowledge,Skills and Attitudes of Secondary School Students,*Social Education*,Vol.36,No.2,1972,pp.177-179.

　　② 　C. B. Button,Political Education for Minority Groups,In R. G. Niemi ed.,*The Politics of Future Citizens*,Jossey-Bass,1974,pp.194-195.

　　③ 　Gabriel A. Almond & Sidney Verba,*The Civic Culture. Political Attitudes and Democracy in Five Nations*,Little,Brown and Company,1965,p.293.

国主义和忠诚等基本的情感得到了强化。二是仪式也强调爱国主义中所体现的集体性。上述仪式都是通过集体的形式进行的,集体的经历是引人注目的,能够刻在儿童的心里。[①]

海斯和托尼也肯定了仪式活动的作用。日常的誓言和国歌很少有人质疑,而服从、尊重、依赖的行为体现在手势、言辞及团体行为中。对国家和国旗确立的情感取向即使在他们的言行还没有完全理解之前就已经确立了。通过这些仪式,强化了忠诚和爱国主义,为以后公民的忠诚提供了基础。[②]

③教师的榜样

教师作为学生在学校的直接接触者,对于学生的政治取向有着特殊的作用,尤其是在小学时期。因为这时儿童主要以形象的思维,而不是抽象的思维来看待政治。因此,儿童亲身接触到的家里的父母、学校中的教师及电视中所看到的政治人物都影响着他对政治的看法。

道森和普莱维特从三个方面论述了教师的作用。首先,教师是社会权威的代表。教师通常是儿童遇到的第一个社会权威。尽管父母是他们遇到的第一个权威,但父母的权威是私人化的,而且对儿童的奖惩因情感因素的干扰而不明确。而教师更像一个政治权威,儿童从教师那里学习到如何区分权威角色本身和权威角色的现任者,他要服从的是现任教师。父母是无法做到角色和角色拥有者的分离,教师则可以,而且从教师那里儿童可以分清奖惩。其次,教师获得团体的尊重和信任。教师普遍作为知识和文化的拥有者而受到尊重。尤其是在农村的一些地方,教师作为政府的主要代表而享有极高的声誉。最后,在抚养儿童方面,教师作为社会的代表和合作者对儿童政治发展的影响体现在两个方面:其一,教师作为政治价值和观点的持有者和传播者。教师不应该或不可以把教室作为宣传政党价值之地,或对争议问题讨论之地,他做的应该是传播共同的价值。譬如民主、两党制、企业自由竞争、基本的自由诸如此类。其二,教师作为教室中学习文化的创造者和控制者,在间接影响政治后果方面具有重要作用。教师通过创立某种类型的"学习文化"或"社会制度"来影响儿童的政治发展。在教师的指导下儿童学习服从和

① Richard Dawson & Kenneth Prewitt, *Political Socialization*, Little, Brown and Company, 1969, p. 155, 157.

② Robert D. Hess & Judith V. Torney, *The Development of Political Attitudes in Children*, Aldine Publishing Company, 1967, pp.105–108.

竞争,而且在教室中形成的是威权主义的还是民主的氛围,依赖于教师对自己角色的把握,从而对学生形成威权主义还是民主的价值观有所影响。[①]

海斯和托尼也肯定了教师的榜样对学生的影响。学生对教师的认同过程"应用于教室中政治态度的传递,教师的态度在学生态度的社会化中发挥作用"[②]。但也有学者对教师的作用提出了质疑。兰顿和詹宁斯认为教师教授的水平和方式可能对学生有影响,但这种影响的程度是值得怀疑的。教师的表现对课程的影响并没有太大变化。[③]

(2)教室外进行的政治社会化

①学生的社会构成

学生出身的社会阶层、种族、民族、部落和宗教,影响学生对社会类别的观点。道森和普莱维特认为,儿童是理解、宽容还是怀有成见、偏见与学校的社会构成有很大关系。不同家庭出身的学生构成的学校能够融合和宽容,促进理解和合作;相同家庭出身的学生构成的学校会导致僵化和偏见。[④]

②课外活动和学生团体

课外活动和学生团体是紧密联系在一起的,学生参加课外活动是以团体的形式参加的。有关课外活动对政治社会化的影响,道森和普莱维特的答案是肯定的。他们区分了两种学生活动团体:第一种是涉及学校事务和职业准备的团体,譬如学生会、音乐和戏剧团体、体育运动团体。这些活动之所以与政治社会化相关,在于它们训练学生的政治参与、传授文化价值。不同的团体所传授的价值有所不同。譬如体育运动组织,让学生学习竞争,遵守游戏规则和坦然接受失败。学生会则让学生学习自我管理,熟悉成年人政治世界中的形态和程度,至于该组织的少数领导者,学生会为他们提供了政府部门工作的直接经历。第二种是正式或非正式的与政治相关的组织,譬如苏联的青年团。参与这些活动的学生提供直接接触政治世界的机会,是他们政治

---

① Richard Dawson & Kenneth Prewitt, *Political Socialization*, Little, Brown and Company, 1969, pp. 158–166.

② Robert D. Hess & Judith V. Torney, *The Development of Political Attitudes in Children*, Aldine Publishing Company, 1967, p.111.

③ Kenneth P. Langton, *Political Socialization*, Oxford University Press, 1969, p.98.

④ Richard Dawson & Kenneth Prewitt, *Political Socialization*, Little, Brown and Company, 1969, pp. 167–169.

教育的主要源泉,对他们政治取向的发展有重要和持久的影响。[1]

而津布莱特(D. Ziblatt)的结论则有所不同。在对中学生参与课外活动与政治态度之间的关系进行研究时,他发现中学的课外活动与政治态度之间没有直接关系。但参与活动的学生感觉更加融入非正式的中学系统中,这与社会信任相联,从而以更积极的态度对待政治。[2]

③学校的文化氛围

学校构建了一个新环境,学生和教师共同构建了一个学校的文化氛围,这种文化环境一旦形成,就很难改变,这就是人们通常所说的校风。詹宁斯和尼米在谈到学校的氛围对学生政治态度的影响时认为,学校公正问题与学校的人际关系经历影响学生以后对领导人和机构的信任。学校的经历与父母的政治信任相结合就会起积累作用。父母的态度和与学校权威打交道的联合作用有助于决定学生信任的层次。[3]

关于校风的影响研究最为著名的当属纽科姆,他从1935年开始,对本宁顿女子学院作过为期四年的观察研究。该女子学院的学生大多来自保守的家庭,而学院的校风却是自由的。他发现,在四年的大学生活中,大多数学生逐渐接受了校风的影响,在态度上愈来愈自由。[4]

斯特肯里德(Jane S. Steckenrider)和库特尔(Neal E. Cutler)部分认同上述观点。但他们认为应该将大学生的态度区分为经济问题和社会问题。婴儿潮一代的雅皮士(Yuppie Baby Boomer,大学文化程度,从事专业和管理工作,年薪在3万以上的人)和非雅皮士一样在经济上保守,不一样的是,在社会问题上更为自由。大学之后,雅皮士保留了在社会问题上的自由态度,但在经济上更加保守。大学的角色转变并不一定是自由的。当然,大学对角色转变的社会化影响并不总是政治自由化的,许多保守者也进入了大学。[5]

① Richard Dawson & Kenneth Prewitt, *Political Socialization*, Little, Brown and Company, 1969, pp. 170–173.

② David Ziblatt, High School Extracurricular Activities and Political Socialization, *The Annals of The American Academy*, 1965, p.20.

③ M. K. Jennings & R. G. Niemi, *The Political Character of Adolescence: The Influence of Families and Schools*, Princeton University Press, 1974, pp.223–224.

④ Newcomb, *Personality and Social Change*, Holt, 1943, pp.170–171.

⑤ Janie S. Steckenrider & Neal E. Cutler, Aging and Adult Political Socialization: The Importance of Roles and Transitions, In R. Sigel ed., *Political Learning in Adulthood: A Source of Theory and Research*, The University of Chicago Press, 1989, p.69.

综上所述,可以看出,美国学者就学校有关影响学生的政治取向的方面的关注是全面的、深入的。其中的一些方面,譬如校风、仪式活动、课外活动,恰恰是我们的学者在研究学校的思想政治教育时所忽略的。可以说,美国学者在这些方面的研究,为我们的研究提供了参考、借鉴。但美国学者的研究也存在一些不足之处。他们对一些问题研究时还缺乏细致的划分,譬如在对课程讲授的研究中,缺乏政治课程和非政治课程的比较研究。对一些问题仅有理论的论证,而缺乏实证的研究,譬如对于仪式活动、教师作用的研究。有关这些不足,也是我们在今后的研究中应该避免的。

4.教育水平与政治社会化

教育水平对公民的政治取向的影响学者们也多有论述。基(V.O.Key)认为,教育水平影响公民角色包括四个方面:其一:与受教育少的人相比,受过良好教育的人更感到有一种强烈的责任参与国家政治生活。其二,受过良好教育的公民对政治效能有更强烈的感觉,他们更加感觉他们能够影响政治过程,相信政府官员会考虑他们的观点。其三,受过良好教育的人更能够参与政治事件。这与前两者是密切相关的,大学程度的人具有公民责任感,对政治效能感觉强烈的人,就会积极参与政治。相反,那些小学程度的人对于投票的义务性、政治的效能都没有感觉,也就不会关心谁输谁赢。其四,与公民的政治积极性相关。大学程度的人明显比小学程度的人在政治上更加积极。受过良好教育的人投票率高,积极参加运动、服务于政党、捐款等。①

阿尔蒙德和维巴认为受过良好教育者的优势在于以下九个方面:第一,他们更加意识到政府对个体的影响。第二,更有可能宣扬自己追踪政治和注意竞选活动的事情。第三,具有更多政治信息。第四,对政治议题拥有自己的观点及对于政治的关注都更加广泛。第五,更有可能参与政治讨论。第六,感觉可与自由讨论的人更广泛。第七,更有可能感觉自己有能力影响政府。第八,更有可能成为某些组织的积极分子。第九,对自己的政治环境更自信,相信他人是可信任的和乐于助人的。②

道森和普莱维特总结了四个方面:第一,受过良好的教育者参与社会的

---

① V. O. Key, *Public Opinion and American Democracy*, Alfred. A. Knopf, 1961, pp.323–331.

② Gabriel A. Almond & Sidney Verba, *The Civic Culture. Political Attitudes and Democracy in Five Nations*, Princeton University Press, 1963, pp.380–381.

交际网络。他们的阅读习惯、旅游经历、交友模式和娱乐活动都提供了大量与政治相关的信息。教育能够帮助他们把这些信息落实到实践中。第二,受过良好教育者习惯于集体决策。受教育多者积极参与社会的组织生活,通过他的社会参与,所获得的习惯和技艺很容易转换到政治领域中。第三,受过良好教育者所获得的态度转换到政治领域中。最好的例证就是对政治能力的感觉,他们倾向于相信通过对社会机构的理性控制达到理想的目标,这种感觉转换到政治上,比未受教育者更能感觉政治效能。第四,受过良好教育者,因为能够获得更高的社会和经济地位,通常感觉有更大的发言权。与未受教育者相比,他们认为政治事件直接影响人们的幸福。因此,他们更加积极参与政治,部分原因在于保护他们的利益的要求。[1]

詹宁斯和尼米谈到了教育水平与政治取向之间的关系。他们发现,教育水平高过父母的人更多关注媒体,而其他的学生在媒体利用方面则稍微落后于父母。教育水平高过父母的子女在政治效能感和政治兴趣方面都要比父母高。受教育程度高的学生与父母有同等的理解力,更能够理解政党的标签和含义。有关具体的政策议题,如种族合校和学校祈祷。接受教育比父母多的学生支持合校和反对学校祈祷,尊重公民权利,而更少原教旨主义。[2]

综上所述,可以看出,学者尽管论述的角度有所差异,但是观点是基本相同的。教育程度越高,了解政治信息的渠道增多,不仅从电视,而且从纸面媒体接受政治信息。教育程度越高,越能够理解政治的基本内涵。教育程度越高,自身的能力提高就越快,从而政治效能、政治信心、政治积极性等都有相应的提高。

5.学校传递政治取向的内容

美国学校传递的政治取向最大的特色即是教育学生遵守基本的社会秩序。海斯和托尼考察发现,在学校的早期教育中,对规则和权威的服从是公民教育关注的焦点。这包括对法律、警察、学校规则和群体规范的遵守。可以说,教师的特色是关注服从。相反,公民参与政治的权利在学校的课程中不

---

[1] Richard Dawson & Kenneth Prewitt, *Political Socialization*, Little, Brown and Company, 1969, pp. 177-178.

[2] M. Kent Jennings & Richard G. Niemi, *The Political Character of Adolescence: The Influence of Families and Schools*, Princeton University Press, 1974, pp.299-305.

被强调。[1]哈特利(W. H. Hartley)和文森特(W. S.Vincent)的研究也得出了相同的结论：学校的教育者强调对规范的接受和对规则的服从多于对个体权利的保护和对批判思维的鼓励。[2]可以说保持社会稳定是社会发展的基础，而社会的稳定需要培养能够遵守社会秩序的公民，因此对规则和权威的服从成为学校传递政治取向的最基本的目标。

当然，学校传递的政治取向因时代不同而有所不同。美国的学者大卫·理斯曼依据人口，在不同历史时期的变化，将社会分为即"人口高增长潜力"社会、"人口过度增长"社会、"初期人口减少"社会。在"人口高增长潜力"社会中，社会成员的顺承性来源于遵循传统的内在倾向，这样的社会是一个依赖传统导向的社会。在"人口过度增长"社会中，社会成员的顺承性来源于早年生活的内心目标，这样的社会是一个依赖内在导向的社会。在"初期人口减少"社会中，社会成员的顺承性来源于对他人期望和喜爱的敏感，这样的社会是他人导向的社会。他考察了学校由内在导向到他人导向时期的演变过程。他认为，在内在导向时期，学校主要关心与人性无关的事物，实行两性隔离。教师们所做的只是灌输知识，而不关心孩子的情绪体验，甚至连说话的语气也像修女那样缺少人情味儿，不允许孩子们发展自己的个性。而在他人导向时期，教师们注重发展孩子们的个性，培养他们的全面发展。从学校环境的布置，如座位的编排和教室的装饰等可以看出教师功能的变化。男女生混班上课，座位按照学生的兴趣、彼此的关系确定，使志同道合的学生能够聚集在一起。教室的墙壁上装饰着孩子们自己的画或社会实践活动的照片，以此鼓励学生发挥自己的创造性。教师们不再向孩子们强调学习成绩的重要性，而是强调性格培养的重要性，培养孩子们顺承集体、保持合作、创造性及领导能力。[3]

利特(E. Litt)也总结了美国三种不同时代的公民教育模式。第一种是理性行动主义(Rational-activist)，强调运用理性的、意志性的努力获得对政治环境的控制，反映了自主的职业阶层的控制和自我理想，强调这样的信念：和谐与政治妥协是公民教育的基础。强调公民责任的道德部分，公共责任以

---

①　Robert D. Hess & Judith V. Torney, *The Development of Political Attitudes in Children*, Aldine Publishing Company, 1967, pp.110-111.

②　W. H. Hartley & W. S. Vincent, *American Civics*, Harcourt, Brace Jovanovich, 1974, pp.15-16.

③　[美]大卫·理斯曼：《孤独的人群》，王崑、朱虹译，南京大学出版社，2002年，第57、59~61页。

及志愿性的参与。它与建立在讨价还价和经纪人国家基础上的建设相适合。与19世纪的自由主义相一致。教育机构包括自由的人文学院,预备性的学校和选择性的公立高中。第二种是统合感觉的(integrative-consensual)模式,它兴起于20世纪初整合性的制度的出现,减少了狭隘的忠诚,提供了社会的服务。公民教育的核心问题是减少仇外、威权主义和其他源起于旧的多元秩序的失位所导致的大众不宽容,并以理性的功能性的拥有大量财富和权力的公众和私人的机构取而代之。综合性的高中和公立大学是这一时期的教育机构。当下流行的是第三种模式:片断—组织性的(segmented-organizational)模式。它强调教育的公民是经过高度训练的、分析性的、技艺性的人,与知识性的、专业化的任务相一致。它突出专业的职业任务和政治管理的融合。在官僚和科学政治精英占据统治地位的情况下,自由氛围的语言(权利、责任、义务)和国家化时期的一些讨论(适应、同意、平等)逐渐被技术理性化的句法(制度、工具性、稳定机制)所代替。技术群体代替了地域、阶层和民族的忠诚。[1]

学校传递政治取向也受国家和地区的影响。马丁(R.Martin)论述了台湾和大陆小学的教材中有关理想公民的不同观点。台湾的教材中宣扬忠孝、爱国和勤劳。而大陆的教材中更多地罗列了一些工农兵的典型,宣扬社会服务、自我牺牲和艰苦工作。[2]

(三)大众传媒

1.大众传媒的作用

随着时代的发展,大众传媒在政治社会化中的作用越来越重要,如查菲(S. H.Chaffee)等所认为:"政治社会化的研究中不关注媒体的作用是极端短视的。"[3]这一点已经成为许多学者的共识。

首先,在现代化国家中,大众传媒是传播政治信息的重要来源。这点与其他主要的社会化机构,如家庭、学校相比最为明显。家庭、学校在政治社会

---

① Edgar Litt,Education and Political Enlightenment in America,*The Annals of The American Academy*,1965,p.39.

② R. Martin,The Socialization of Children in China and Taiwan:An Analysis of Elementary School Textbooks,*China Quarterly*,Vol.62,1975,pp.255–256.

③ S. H. Chaffee et al,Mass Communication in Political Socialization,In Stanley Allen Renshon ed.,*Handbook of Political Socialization:Theory and Research*,The Free Press,1977,p.256.

化中的作用是阶段性的。譬如,在儿童出生时,家庭的作用最大,但随着儿童年龄的增长,尤其是儿童入学之后,学校在政治社会化中的作用在逐渐增强,家庭的作用逐渐弱化。学校的作用也仅是公民在求学期间发挥重大作用,但学生离校之后,这种作用也逐渐衰微。而大众传媒的作用从人一出生开始就在起作用。无论是在学龄前、上学期间还是在离开学校之后,大众传媒的影响一直存在。西方学者在研究不同的年龄群体如儿童、青少年、成年人时,都得出了相同的结论。兰姆伯特(W. E. Lambert)和克兰伯格(O. Klineberg)在一项初步研究中,让加拿大法裔、加拿大英裔、英国、比利时、荷兰的儿童说出其他人和自己"一样"和"不一样",结果在儿童的回答中,英国、法国和美国人最像他们,而中国人和黑人最不像他们。这些信息的来源主要是人(父母、亲戚、朋友和熟悉的人)和媒体,学校、读书和旅行是次要的。但随着年龄的增加,人的作用降低,媒体和学校的作用增加,而读书的作用在各个年龄阶段没有什么变化。[1]从两位学者的研究中可以发现,童年时期大众传媒和人的作用并重,但是随着年龄的增加,媒体的作用超过了人,和学校的作用并驾齐驱。那么学校和大众传媒的作用又孰轻孰重呢?霍兰德(Hollander)的研究给出了答案。他考察了青少年获取越南战争的相关信息的来源,发现首要来源是大众传媒,其中电视是最重要的,再次是报纸和杂志。其他影响青少年的信息来源依次是学校、父母和朋友。也就是说大众传媒在青少年的政治学习中具有支配地位,甚至超过了首属群体,因此他称传媒为"新的父母。"[2]传媒的这种作用直到个体步入成年之后依然保持着。哈罗普(M.Harrop)所提供的证据显示选民受传媒的影响超过了以前,他们把传媒作为获取政治信息的重要源泉,传媒对政治的报道已经达到了饱和。同时,他也注意到,选民的党派意识越来越淡,出现了越来越多的漂浮的选民,在这种情况下,他们更容易被传媒所提供的信息所左右。[3]那么媒体传播的信息对人们的政治态度有何影响呢?媒体传播的信息在个人的性格与最终的政治态度之间起着调解作用。譬如一个人如果对严肃的节目、古典的音乐偏爱

---

① 　W. E. Lambert & O. Klineberg, A Pilot Study of The Origin and Development of National Stereo-type, *International Social Science Journal*, Vol.11, No.2, 1959, pp.222–223.

② 　N. Hollander, Adolescents and the War: The Sources of Socialization, *Journalism Quarterly*, Vol.48, No.3, 1971, pp.472–479.

③ 　M. Harrop, Voters, In J. Seaton & B. Pimlott eds., *The Media in British Politics*, Avebury, 1987, pp.45–63.

的程度增加,对娱乐的节目和流行音乐偏爱的程度减少的话,那么对个人的体验持开放态度的人就会增加自由主义的倾向。如果相反的情况出现,即喜欢娱乐节目偏爱流行音乐的程度增加的话, 那么责任心强的人就会增加保守主义的倾向。①

其次,大众传媒影响选举结果。既然大众传媒成为选民获取政治信息的重要源泉,因此大众传媒在选民决定自己的投票决定中发挥着重要作用,甚至出现了大众传媒对公众意识的操纵、控制。弗洛姆认为,职业政客利用电视来塑造政治人物的形象, 其做法就像通过电视广告来宣传肥皂的优点一样。民主国家的政治机器发挥作用的方式与商品市场的推销方式并没有本质上的不同,"职业政客也是在向公众推销他们的货物。这些职业政客所采用的方法愈来愈像强行推销商品的广告"。因此,这种看似自由的选举实际上却是操纵人民意志的选举。"真正的决定常常是由政党而不再由代表着各选区利益及愿望的议员来制定。而且,即使在政党内部,也是由少数鲜为人知的有影响的关键人物做出决定。实际情况是,尽管公民都相信他指导着国家的决策,但他所起的作用并不比一般股东参与控制'他的'公司的情况大多少。"②可以说,谁掌握了大众传媒,在选举的过程中就掌握了主动。

最后,大众传媒对国家的管理越来越重要。大众传媒不但在争夺权力的过程中发挥着作用,而且在管理国家中的作用也不可忽视。海曼(H. H.Hyman)论述了大众传媒对转型国家的作用。他认为,大众传媒在转型的社会中,作为社会化机构更加合适。其他社会化机构,譬如家庭、学校、朋友,所宣扬的政治取向可能是不一致的,而且往往与现代化的方向是相反的。而大众传媒作为社会化的机构是有效的, 能够迅速把信息传到整个需要现代化的人群中,而且它的标准化,能够使公民的行为模式在全国达到一致。③道森(R.Dawson)和普莱维特(K.Prewitt) 除了肯定大众传媒在转型国家中的作用外,更加强调了大众传媒在现代化国家中的作用。他们认为,现代民族国家是以对政治的普遍关注,集中化的管理及广泛的参与为特征的,如果没有大众交

---

① Xiaowen Xu & Jordan B. Peterson, Differences in Media Preference Mediate the Link Between Personality and Political Orientation, *Political Psychology*, Vol.38, No.1, 2017, pp.55–72.

② [美]弗洛姆:《健全的社会》,孙恺祥译,贵州人民出版社,1994年,第146、153页。

③ H. H. Hyman, Mass Media and Political Socialization:The Role of Pattern of Communication, In Lucian Pye ed., *Communications and Political Development*, Princeton, Princeton University Press, 1963, pp. 142–143.

流技术的发展,这些特征是不可能得到实现的。现代政体如果没有广泛的、迅速的和一致的信息传播是不可能生存的。[①]

2.大众传媒发挥重要作用的原因

那么大众传媒为什么能在政治社会化中发挥重要的作用呢？原因在于大众传媒是一个综合体,既有娱乐性,也有知识性的内容,内容的多样性吸引着不同兴趣的群体。其中有些娱乐性的节目本身就是政治性较强的节目,或者说一些政治性的内容通过娱乐的形式表达出来。一些带有政治内容的节目,为了吸引受众者的注意,也会加入了娱乐性的成分。譬如一些宣传竞选所用的动画片,候选人在接受采访中大谈自己的家庭生活、恋爱故事、健康之道,以此吸引选民的注意,博得选民的好感。鲍姆(M. A. Baum)把娱乐取向的新闻称作"软新闻",而以公共事务为取向的新闻称作"硬新闻"。软新闻强调更加个人化的和为人所熟悉的部分,与一系列的故事特征,但缺少公共政策的陈述,代之的是情感的陈述,以人们的兴趣作为主旋律,强调戏剧化的主题,譬如犯罪和灾难、丑闻、名人逸事等。简单来说,故事特征是区分硬新闻和软新闻最有用的特征。软新闻是如何传递政治信息的? 鲍姆认为,对于本性上对政治不感兴趣的个体来说,硬新闻的叙事方式过于复杂或晦涩,而软新闻对情感和人们的兴趣的突出,吸引了那些以娱乐为取向的观众,对于这些观众来说,接受政治信息是在娱乐的过程中附带的结果,是偶然得之的副产品,因此接受政治信息而付出的代价是极小的,他称之为"廉价的框架"(cheap framing)。他通过对几次外交事件(当时的黎巴嫩危机、恐怖主义、前南战争),以及美国国内的几个事件(1996年总统选举,1998年中期选举)的数据分析,发现软新闻媒体通过廉价的框架,成功地将外交危机事件和其他事件传递到寻求娱乐新闻的观众那里。过去外交政策掌握在少数政治精英手中,而现在,软新闻在某种程度上,"民主化"了外交政策,为广大民众所熟知。因此,这些政治精英必须在外交和其他相关政策上与民众交流。[②]

鲍姆和贾米森(A. S. Jamison)合作,对于原来的观点作了进一步的阐述。他们认为,一篇新闻的"质量"取决于它能够使公民决定哪一个候选人更

---

① R. Dawson & K. Prewitt, *Political Socialization*, Little, Brown and Company, 1969, p.194.

② M. A. Baum, Sex, Lies, and War: How Soft News Brings Foreign Policy to The Inattentive Public, *The American Political Science Review*, Vol.96, No.1, 2002, pp.91-109.

好地迎合他们的偏好。他们发现,对政治不关注的个体每天观看脱口秀节目,比那些同样对政治不关注,但不观看脱口秀节目的个体来说,更有可能受节目的影响,投票选择哪些充分代表他们自我描述的喜好的候选人。也就是说,"软新闻"至少提高部分选民的投票能力。当然,对于那些对政治感兴趣的公民来,"软新闻"的影响要小得多。用表格①(9-2)来表示就是:

表9-2 硬、软新闻对公民政治意识的影响

新闻特征	公民特征	
	弱的政治意识	强的政治意识
硬新闻	影响小	适度增加
软新闻	大幅增加	影响小

鲍姆尽管注意到娱乐性的政治节目对人们的政治取向的影响,但并没有注意到非政治性的娱乐节目的作用。因为人们在接触传媒时既可能直接接受来自传媒的政治信息,也可能是非直接的,由娱乐性的节目为中介而接受政治性的内容。海曼(Hyman)就肯定了娱乐性的节目在传媒中所起的作用。他根据大众传媒传播的内容分为两种:严肃的政治内容和不严肃的或者说流行的非政治内容。其中,他认为流行的非政治内容对于政治内容来说是非常重要的。一是充当了填充者的角色,填补了政治节目留下的其他空白。二是在受众和政治世界之间充当了缓冲者,以避免人们过多吸收政治的内容而对政治产生厌恶之情。政治内容能够使人回到现实,使公民承担他的责任,或者让他关注现实,但也可能导致他因为过于焦虑现实而逃避。非政治内容提供的缓冲一方面会让他有兴趣接触传媒,从而也接受政治信息;另一方面对政治信息的反应不会达到极端。②关于这点,查菲等通过调查也证明了这一点。他们丁1968年对大众传媒运用政治知识和竞选运动中的行为之间的关系进行了调查研究。研究对象是威斯康星的5个城市中的1291名公立学校和教区学校学生,调查分别在5月和11月进行,结果发现,大众传媒在有关政治知识方面发挥了重要作用,这些学生之所以接触大众传媒,是因为其中的娱乐节目,因此他们接触大众传媒所宣扬的政治信息不一定是有

① M. A. Baum & A. S. Jamison, The Oprah Effect: How Soft News Helps Inattentive Citizens Vote Consistently, *The Journal of Politics*, Vol.68, No.4, 2006, pp.946-949.

② H. H. Hyman, Mass Media and Political Socialization: The Role of Pattern of Communication, In Lucian Pye ed., *Communications and Political Development*, Princeton University Press, 1963, p.132.

意识的。①

　　海曼和查菲等把娱乐性的节目限定于中介的作用，却忽略了这样一种现象，即有些娱乐性的节目能够直接对公众的政治趋向发生影响，最明显的就是一些暴力的节目对人们的攻击行为的影响。安德森（C. A. Anderson）等探讨了具有暴力歌词的音乐对人们的攻击性的思想和情感的影响。通过对被试者播放暴力音乐和非暴力音乐的比较，他们发现暴力音乐的确对人们的社会取向有所影响。这种影响体现在短期和长期两个方面：从短期来说，接触暴力音乐能够迅速增加人们的攻击性的情感和思想，而不是像许多心理学家所设想的那样，听这些歌曲之后人们的攻击性的情感得到了宣泄。从长期来说，又可区分为直接和间接的影响。直接的影响在于有助于人们的攻击性人格的发展；间接的影响表现在社会互动中，恶语相向、拳脚相威胁，将导致人际关系的恶化。恶化的社会环境又反而增加了人们长期的敌意，从而进一步对其人格产生影响。②安德森还和迪尔（K. E. Dill）合作研究了视频游戏与攻击行为之间的关系。他们发现，无论是长期还是短期的影响，逼真的暴力视频游戏与人们的攻击行为与违法行为都呈正向的关系，尤其是对那些本来就具有攻击倾向的人更是如此，男人也是如此，因为男人通常比女人对世界的看法更有敌意。③

　　阿多尔诺（T. W. Adorno）通过电影和电视的剧情也证明了娱乐性的内容能够直接影响人们的政治取向。他认为，电视和电影逼真的效果使人们往往把电影和电视中发生的事情当作现实。人们在看电影和电视时，无法运用自己的思维，放弃自己思维的结果就是赞同电影所阐述的观点，从而达到为现状辩护的目的。譬如，很多影视剧常常有这样的情节：一个年轻的女教师，薪水很低，但还是因为种种原因被学校克扣了不少，因此她经常处于饥饿状态。但她依然保持乐观的态度，而且不乏幽默。她经常设置小伎俩让她的熟人邀请她吃饭，但每次都以失败而告终。这样的故事情节似乎要向观众表

　　①　S. H. Chaffee et al., Mass Communication and Political Socialization, In J. Dennis ed., *Socialization to Politics: A Reader*, John Wiley and Sons, Inc., 1973, pp.407–409.

　　②　C. A. Anderson et al., Exposure to Violent Media: The Effects of Songs With Violent Lyrics on Aggressive Thoughts and Feelings, *Journal of Personality and Social Psychology*, Vol.84, No.5, 2003, pp.960–971.

　　③　C. A. Anderson & Karen E. Dill, Video Games and Aggressive Thoughts, Feelings, and Behavior in the Laboratory and in Life, *Journal of Personality and Social Psychology*, Vol.No.4, 2000, pp.772–790.

明:当你有幽默感,当你和善、反应灵敏和有魅力,那么你就不必为衣食之需而忙于赚取工资,这样的故事教人适应羞辱的环境。再如,影视剧也经常出现这样的情节:一个敏感的和强壮的男人制服了一个不成熟、有个性的女人。这样的影视剧要传递给观众的是对个性的诋毁,女主人公的罪恶在于她想成为她自己,她要被教化的有"道德""温顺",就像一匹马被驯化一样。阿多尔诺通过对剧情的分析中指出,其实邪恶的并不是某个人,而是整个制度。通过影视剧,非常严肃的观念被打乱了,每件东西都变成可销售的和可娱乐的。与电视、电影的情节一样,人们往往在对主人公的命运得到虐待性的满足的同时,也学会了忍受整个制度的虐待,从而放弃了对制度的诉求。①

3.影响大众传媒发挥作用的因素

大众传媒在政治社会化中的作用取决于以下三方面:一是信息源,二是传播的形式,三是受众。

信息源主要体现在不同的大众传媒对民众的政治取向的影响会有所不同。希宾(J. R. Hibbing)和泰斯-莫尔斯(E. Theiss-Morse)以大众传媒对民众有关国会看法的影响为例,对此问题进行了探讨。他们发现,不同的大众传媒对人们的政治认知并没有本质性的差别,但对人们的情感反应的影响却有所不同。依靠电子媒体,尤其是收音机获取新闻的选民,与依靠印刷媒体的选民相比,对国会更具有否定性的情感。当然,不管该受众获取的政治信息来自于何处,他接触新闻的时间越长,就越会在情感上否定国会,尤其是那些政治上经验较少的选民,更是如此。因此,他们认为,至少在对国会问题上,媒体能够激发人们的情感反应,但不一定影响他们的思维方式。②

德鲁克曼(J. N. Druckman)也探讨了电视与收音机对人们政治取向的影响。实验材料是1960年尼克松与肯尼迪竞选总统时进行的第一场辩论。参与实验的对象是171名不知道该辩论内容的人,其中绝大多数是年轻人。把他们任意分成两组,一组看两位候选人辩论的录像,另一组仅听两者的辩

---

① T. W. Adorno,The Culture Industry—Selected Essays on Mass Culture,Routledge,1991,pp. 149-150;T. W. Adorno,*Critical Models:Interventions and Catchwords*,Columbia University Press,1998,p. 61,p.64.

② J. R. Hibbing & E. Theiss-Morse,The Media's Role in Public Negativity Toward Congress:Distinguish Emotional Reactions and Cognitive Evaluations,*American journal of Political Science*,Vol.42,No. 2,1998,pp.494-495.

论。通过该实验过程,验证了以下假设:其一,在其他一切条件不变的情况下,电视观众更有可能比仅听声音的听众运用个性的标准评价候选人。其二,在其他一切条件不变的情况下,电视观众不但凭听觉而且依靠视觉获取政治信息,因此电视观众比仅听声音的听众学到的东西更多。其三,在其他一切条件不变的情况下,阅历丰富的个体比没有阅历的个体学习得更多,不管是任何媒体。其四,在其他一切条件不变的情况下,没有阅历的个体从电视、从音频中学习得更多,而媒体形式的不同对阅历丰富者影响很小或没有影响。由此,他得出结论说,电视形式启动人们依靠个体的感觉评价候选人,从而最终影响到对候选人的总体评价,电视形象在肯尼迪—尼克松进行的第一场辩论中的确发挥了重要的作用。[1]

　　传播的形式主要体现在单方面的传播还是双方面的传播。达尔顿(R. J. Dalton)等认为,大众传媒对人们的政治趋向的影响在于以下两方面的因素:一是大众传媒所提供的信息,譬如是单方面的传播(单纯传播对某个政治派别、或政治观念有倾向性的内容),还是双方面的传播(不局限于某个党派或某种观点,传播不同政治趋向的内容)。二是受众,他们引用了瓦朗(Vallone)等的"敌意媒体现象"(hostile media phenomenon)来说明此问题,瓦朗等通过对1980年的选举研究发现,多数美国人认为媒体对候选人的报道是公正的,但当选民如果感觉到媒体的报道是有偏见的,他们会把该媒体提供的信息看作是反对他们所偏爱的候选人。[2]上述的观点可以简单归为一句:单方面的传播容易导致敌意媒体现象。

　　大众传媒在政治社会化中的作用还受到受众的制约。一般来说信息的接受和解释受社会背景的影响,个休是按照自己的社会位置来接受和解释信息的。他的感觉和当下的社会背景反作用于传媒施加于他的影响。具体来说,受众的年龄、原有的政治观点等因素将影响大众传媒在政治社会化中的作用。

　　媒体的运用随着年龄的变化而有所不同。罗伯茨(D. F. Roberts)认为媒体的作用与年龄有着很大的关系。6年级的学生还无法理解更多的政治知识,以及接受两党竞争。因此,传媒对个体的政治态度和知识有影响之前,认

　　① J. N. Druckman,The Power of Television Images:The First Kennedy–Nixon Debate Revisited,*The Journal of Politics*,Vol.65,No.2,2003,pp.559–571.

　　② R. J. Dalton et al.,Partisan Cues and the Media:Information Flows in the 1992 Presidential Election,*The American Political Science Review*,Vol.92,No.1,1998,pp.112–113.

知的发展和政治经验(sophistication)的积累是必需的。[1]也就是说,在儿童的政治认知还没有达到相应的理解程度之前,对他们宣扬这些无疑是对牛弹琴。这主要体现在儿童时期,形象的思维已经有了相当程度的发展,但对于抽象的思维还处于萌芽阶段,对一些政治人物他们容易熟知,但对于政治制度和政治理念还无法理解,因此大众传媒宣扬这些方面对于儿童的影响往往不大。欧文(D. Owen)和丹尼斯(J. Dennis)的研究也证明了这点。他们发现,大众传媒对未成年人的政治宽容度影响不大。与此相反,大众传媒对成年人的政治宽容却有所影响。[2]

詹宁斯和尼米对于媒体的利用和年龄的关系进行了大致的描述。传媒的运用随着教育的增加而增长。小学间断地利用媒体,中学成为常规,之后持续上升直到成年。大学程度的人对传媒的运用有一个反趋势存在,并且缓慢的下降。[3]

人们的政治观点不同,对大众传媒所宣扬的内容的反应也有所不同。埃夫兰(W. P.Eveland Jr.)和沙阿(D. V. Shah)在对敌意媒体现象所进行的研究中发现,敌意媒体现象不仅取决于传播形式,也取决于原有的政治观点:具有相同观点的人,经过深入探讨的人,敌意媒体的现象较为突出;受众自身所持有的观点与某种意识形态相关:坚持某种意识形态者比中立者的偏见要强。[4]

除年龄和原有的政治观点之外,人们的社会阶层、种族和地区对大众传媒的利用也有影响。伯恩(G.C.Byrne)探讨了传媒使用和社会经济地位、种族、居住地之间的关系,发现主要通过电视(超过纸媒)新闻获取政治信息的儿童倾向于支持政府并感觉它是有效的。这部分儿童来自于黑人、低社会经济地位和农村。[5]

---

① D. F. Roberts et al.,Do the Mass Media Play a Role in Political Socialization? Australian and New Zealand *Journal of Sociology*,Vol.11,No.2,1975,p.42.

② D. Owen & Jack Dennis,Preadult Development of Political Tolerance,*Political Psychology*,Vol.8, No.4,1987,p.559.

③ M. Kent Jennings & Richard G. Niemi,*The Political Character of Adolescence*:*The Influence of Families and Schools*,Princeton University Press,1974,pp.258-260.

④ W. P.Eveland Jr. & Dhavan V. Shah,The Impact of Individual and Interpersonal Factors on Perceived News Media Bias,*Political Psychology*,Vol.24,No.1,2003,pp.101-117.

⑤ G. C. Byrne,Mass Media and Political Socialization of Children and Pre-Adults,*Journalism Quarterly*,Vol.46,No.1,1969,pp.140-142.

(四)同辈群体

同辈群体,最典型的是儿童时的玩伴、朋友圈、小的工作团体、兄弟姐妹、夫妇。同辈群体属于初级群体,最大特点在于其平等性。钱德勒(William M. Chandler)认为,家庭和学校之内不管如何实现民主,父母与子女,教师与学生之间都是不平等的、统治—服从的模式。同辈则是基于平等的民主的关系,互相尊重是根本。因此,同辈群体提供了家庭和学校很少可能提供的学习经验。[①]道森和普莱维特也表达了类似的看法:同辈群体和家庭最大的区别在于家庭是等级性的,而同辈群体是非等级性的。家庭一般包括两代人:父母和子女,在子女早期的社会化中,亲子间的关系不可能是平等的。而同辈群体或是年龄相同,或是彼此分享共同的社会地位。[②]

1.同辈群体在政治社会化中的作用

同辈群体能否影响人们的政治取向?存在着两种观点。一种观点认为对人们的政治取向影响不大。雷默斯(H.H. Remmers)和罗德勒(D.H.Raldler)发现,同辈群体对十几岁的青少年的影响基本体现在非政治层面,譬如穿什么衣服去参加聚会,参加什么样的俱乐部,如何与同伴一起活动,或者个人的打扮方面(发型、衣服的选择等)。[③]西尔比格(S.L. Silbiger)在对 1200 名 3 年级到 8 年级学生的研究中发现, 只有11%的学生认为同辈是获知有关水门事件消息的最重要来源。[④]黑瑞希(H. Hirisch)对 5 年级到 12 年级的学生调查中认为,这样的假设——随着儿童年龄的增加,同辈群体将取代父母作为社会化的机构——得不到支持。[⑤]

---

① William M. Chandler,Peer–Group Socialization among German Students,*Canadian Journal of Political Science*,Vol.7,No.4,1974,p.691.

② Richard Dawson & Kenneth Prewitt,*Political Socialization*,Little,Brown and Company,1969,p.106.

③ H. H. Remmers & D. H. Radler,*The American Teenager*,The Bobbs–Merrill Company,1957,p.222.

④ S. L. Silbiger,*Peer and Political Socialization*,In S. A. Renshon ed.,*Handbook of Political Socialization:Theory and Research*,The Free Press,1977,p.173.

⑤ H. Hirisch,*Poverty and Politicization:Political Socialization In an American Sub–Culture*,Free Press,1971,pp.72–77.

但是更多的学者对于同辈群体在政治社会化中的作用持肯定态度。大卫·理斯曼对同辈群体评价很高:"正如在美国,陪审团在审判中拥有至高无上的权力一样,同辈群体在美国中产阶级中的影响力也是无与伦比的。""同辈群体成为衡量一切事物的尺度,个人根本不能抵抗群体的压力。"[1]艾森斯塔德(S.N. Eisenstadt)对同辈群体的评价虽然没有理斯曼高,但也肯定了其重要性。他认为,在现代社会中,同辈群体或年龄群体是现代社会的补充。因为现代社会是复杂的,父母不可能为子女将来的社会地位及社会参与提供充分的准备。现代社会不像原始社会那样是建立在血缘和其他人格化的安排上的,现代社会的家庭结构已经很少提供作为训练参与社会的基础。结果年龄相仿的群体扮演了更加重要的社会化角色。[2]

同辈群体如何影响群体成员,传递政治取向?哈维格斯特(R. J. Havighurst)和纽加滕(B. L. Neugarten)认为,同辈群体最重要的功能之一是传递他们置身于其中的文化。同时学生同辈群体本身也有自己的亚文化,他们可以传授他们置身于其中的亚文化,强化成年社会的规范和社会模式。此外,能够促进流动,譬如工人阶层出身的学生与中产阶级的学生为友,就会学习一些中产阶级的行为方式。另外,同辈群体作为一个参照群体,为个体提供了看问题的视角,如何看待他人和自己,以及从他人那里学习态度和期望。[3]兰顿认为,除了传递或强化政治文化外,同辈群体还可以提供一种供个体学习新态度和行为的社会制度。[4]纽科姆认为,学生的同辈群体为个体提供了相互探询的经历,学习在各种学生社团中扮演不同的角色,在没有成年人指导的情况下从群体中发现自己。[5]道森和普莱维特也认为同辈群体在青少年的后期和成年的政治社会化中具有重要的影响,它可以补充早期的政治学习,或者为个休提供特殊的政治经历。[6]总之,从以上诸位学者的论述中可以

① [美]大卫·理斯曼:《孤独的人群》,王崑、朱虹译,南京大学出版社,2002年,第70、81页。

② S.N. Eisenstadt,*From Generation to Generation:Age Groups and Social Structure*,The Free Press,1956,pp.54–55.

③ R. J. Havighurst & B. L. Neugarten,*Society and Education*,Allyn and Bacon,1962,pp.162–164.

④ Kenneth P. Langton,*Political Socialization*,Oxford University Press,1969,p.124.

⑤ T. Newcomb,Student Peer Group Influence,In R. Sutherland,et al.,*Personality Factors on The College Campus*,Hogg Foundation,1962,p.84.

⑥ Richard Dawson & Kenneth Prewitt,*Political Socialization*,Little,Brown and Company,1969,p.131.

看出,同辈群体在政治社会化中的作用体现在:同辈群体形成自己特有的文化和体制,影响着其成员,促使群体成员形成、强化或改变自己的政治取向。

许多学者通过实际调查论证了同辈群体的影响。纽科姆从 1935 年开始,对贝宁顿学院作过为期四年的观察研究。该女子学院的学生大多来自保守的家庭,但在四年的大学生活中,在态度上愈来愈自由,其中就是受了大学生同辈群体的影响。[1]海斯和托尼研究发现,参加同辈群体的学生表达了对政治事务的兴趣, 更加积极参与对政治和当前事件的讨论且更加维持他们在这些议题上的观点。[2]罗斯(Peter Rose)发现,康奈尔大学在 1956 年的选举中朋友投民主党候选人斯蒂文森的, 学生选择投斯蒂文林与共和党候选人艾森豪维尔的比例是二比一,朋友投艾森豪维尔的,学生选择投艾森豪维尔与斯蒂文森的比例是三比一。[3]

詹宁斯、尼米对美国东半部 13 所中学的 2080 名高中生进行了问卷调查,让他们列举出班级中 5 个同性别最亲密的人。问卷中包括对政治信任和政治效能的测量,也包括政党认同、总统选举和 18 岁的投票问题。他们还对其中的 231 名学生的父母进行了访谈。以比较父母和朋友对学生的政治取向的影响。结果他们发现,父母在政党认同和对 1964 年总统候选人投票的偏好方面对学生的影响超过了朋友。而朋友在政治效能和 18 岁投票方面占据优势,而在政治信任方面两者差别不大。同辈文化的影响主要通过亲密朋友的纽带。所谓同辈形成和强化青少年的政治价值,主要指周围的朋友圈的形成和强化。同时他们还注意到,父母与朋友之间的同质和异质对学生存在较大影响。当父母与朋友所传递的政治取向之间存在不一致时,就会彼此削弱对学生的影响,反之就会强化。总之,朋友群体在青少年政治取向的发展中起着重要作用。[4]

钱德勒(William M.Chandler)对科隆大学 855 名学生进行了随机调查,主要是探讨同辈群体对他们的政治宽容的影响。结果他发现,参与同辈群体

① Newcomb, *Personality and Social Change*, Holt, 1943, pp.170–171.

② Robert D. Hess & Judith V. Torney, *The Development of Political Attitudes in Children*, Aldine Publishing Company, 1969, p.121.

③ Peter I. Rose, Student Opinion on The 1956 Presidential Election, *Public Opinion Quarterly*, Vol. 21, No.3, 1957, p.375.

④ M. Kent Jennings & Richard G. Niemi, *The Political Character of Adolescence: The Influence of Families and Schools*, Princeton University Press, 1974, pp.244–247.

生活的学生更有可能表现出高社会宽容度。参与同辈群体的男生比女生更强烈地与宽容相关。同辈群体对学生的影响与宗教也有一定的关系。新教徒比天主教徒的宽容度要强,非归属或其他人比有宗教派别的人要强。最少归属于某个宗教派别的学生最有可能服从于同辈群体。有关社会阶层对同辈群体的影响,阶层低的学生,更受同辈群体影响。但总体来说不明显,仅仅是微弱的。[1]

艾伦(V.L. Allen)和纽森(D. Newtson)以 366 名 1、4、7、10 年级的学生为样本,将同辈群体的一致性环境与成年人的影响、来自一个同伴的社会支持(在一个一致性的同辈群体中,只有一个人在支持他的观点)进行了比较研究。结果发现,同辈群体的影响在各个年龄段中的占比都很高,男性比女性更突出。成年人的影响随着年龄的增长而下降,而来自一个同伴的社会支持的影响都比较低。由此,他们认为年龄的影响可能是有限的,而随着年龄的增长发生的条件的变化与服从密切相关。[2]

2.影响同辈群体发挥作用的因素

同辈群体对个体的影响在于以下五个方面的因素:

其一,吸引程度。同辈群体对群体成员的吸引力越大,群体发挥社会化影响的可能性就越大, 同时在制裁群体的偏离者及防止外来的影响方面的成功率也大大增加。道森和普莱维特认为,同辈群体对个体的影响部分取决于个体与团体联系纽带的强度。这种纽带越重要,对个体的影响就会越大。在以后的生活中,同辈群体可能成为最有效的政治社会化机构。[3]芬诺(R. F. Fenno)对美国众议院拨款委员会的研究,显示了委员会的高度吸引是其有能力社会化其成员的重要的因素。1947--1961 年,一共 106 名成员,仅有 2 人自愿离开。因为委员会能够满足成员的如下需求:权力、声望、自尊、友谊等。这些需求的满足反过来增加了成员采取同样行为的可能性。[4]格鲁普(F.W.

① William M. Chandler, Peer-Group Socialization among German Students, *Canadian Journal of Political Science*, Vol.7, No.4, 1974, pp.693-696.

② V. L. Allen & D. Newtson, Development of Conformity and Independence, *Journal of Personality and Social Psychology*, Vol.22, No.1, 1972, pp.18-30.

③ Richard Dawson & Kenneth Prewitt, *Political Socialization*, Little, Brown and Company, 1969, p.137.

④ R. F. Fenno, The House Appropriations Committee As a Political System, *American Political Science Review*, Vol.56, No.2, 1962, pp.313-314.

Grupp)用类似的理由解释了约翰·伯奇协会(John Birch Society)[①]抵制外来影响的原因。他发现加入该团体的人中有 3/5 是出于意识形态的原因。但团体在运作过程中也会产生不一致的现象。为了消除不一致,该团体采取了以下三种措施:第一,由对意识形态的关注转移到行为方面,有 1/3 的人认为由于意识形态的原因加入该团体的成员满意该团体的行为, 通过团体的行为满足和实现了自己的政治信念。第二,相同观点者的相互支持。有 1/5 的人加入该团体是因为有许多与他们的观点相同的人。第三,看重团体成员的身份,有 4/5 的人认为该团体的成员身份是他们最重要的身份归属。[②]

其二,同辈之间的互动被期望长久或一直长久时, 被发现有巨大的影响。刘易斯(S. A. Lewis)等人研究发现,当面临着选择和对未来互动的期望具有同样高的需求时,群体就会产生高度的服从。相反,当不愿选择和对未来没有期望时,服从的意愿就较低。研究还发现,当个体期望未来互动的机遇时就会表现出更高程度的服从。[③]

其三,群体的规模。罗森伯格(L.A. Rosenberg)认为群体的人数由 2 人到 4 人时,一致性在增加,达到 5 人时一致性开始下降。[④]杰拉德(H. B. Gerard)也得出了类似的观点,他们发现男孩和女孩一致性的平均人数分别为 3.25 人和 4.16 人。[⑤]但有学者对此观点进行了否认,基德(J. S. Kidd)对群体人数为 2 人、4 人和 6 人的比较研究之后,认为群体的人数和社会影响之间没有关系。[⑥]

其四,群体的构成。群体构成不同,对成员的影响也不同。这主要体现在同质群体和异质群体上。选择同一阶层的作朋友的学生构成同质同辈群体,不仅选择同一阶层, 而且选择高阶层和低阶层做朋友的学生构成异质同辈

---

① 　按约翰·伯奇协会以传教士约翰·伯奇的名字命名,创始人是韦尔奇,20 世纪 60 年代以反对黑人的权利和反对共产主义而闻名,是一个极右翼的组织。

② 　F. W. Grupp, Personal Satisfaction Derived From Membership in The John Birch Society, *Western Political Quarterly*, Vol.24, No.1, 1971, pp.80–81.

③ 　S. A. Lewis et al., Expectations of Future Interaction and The Choice of Less Desirable Alternatives in Conformity, *Sociometry*, Vol.35, No.2, 1972, pp.445–446.

④ 　L. A. Rosenberg, Group Size, Prior Experience and Conformity, *Journal of Abnormal and Social Psychology*, Vol.63, No.2, 1961, p.437.

⑤ 　H. B. Gerard et al., Conformity and Group Size, *Journal of Personality and Social Psychology*, Vol. 8, No.1, 1968, p.81.

⑥ 　J. Kidd, Social Influence Phenomena in A Task-Oriented Group Situation, *Journal of Abnormal and Social Psychology*, Vol.56, No.1, 1958, p.17.

群体。兰顿的研究发现，出身于工人阶层的学生强化了工人阶层的政治规范，加大了与其他阶层的分歧。譬如，牙买加工人阶层出身的学生更少民主信念，更少支持少数族裔的公民自由，更少投票和更少政治化。而在异质同辈群体中，工人阶层的学生则出现了向更高阶层规范的再社会化。[①]哈维(J. Harvey)和卢瑟福(J.M.Rutherford)也得出了同样的观点：美国学生中，异质化的同辈群体向高层群体成员的观点改变，在高年级(6~11年级)中最为明显。[②]帕克(S. L. Parker)等则注意到了朋友所组成的社会关系网络中，如果朋友的政治经验、政治意识差别较大的话，政治经验强和政治意识高者自然会有较大的影响力。同时他们认为这种影响过程还受传播内容的影响，即如果朋友间讨论某项政策时，如果讨论的内容是围绕着政策实施的风险展开的，朋友间的影响会更大。也就是说，政治意识强者会更容易说服政治意识弱者。[③]

其五，观点相似性。道森和普莱维特认为，当成员观点一致时，更有可能相互影响。与和谐的同辈群体相比，分裂的或矛盾的政治趋向的同辈群体，很少可能有效地影响个体的政治行为倾向。[④]当一个群体内包含许多不一致的亚群体时，亚群体的规范可能是需要考虑的最重要因素。戈德温(W.F. Godwin)和雷斯特勒(F.Restle)发现当亚群体的规范接近多数时，与亚群体的观点保持一致的人数将逐渐增加。因为这时那些犹豫不决的、迷惑不解的，或者不太关心结果的，会随大溜加入主流观点。[⑤]同辈观念的相似性能够使人坚持自己的观点，但并不必然与外在的考量绝缘，或者增加观点达到极端的可能性。迈耶斯(D.G. Myers)和贝克(P.J.Beck)根据学生对越南战争时的态度，将其划分为鹰派(崇尚军事)和鸽派(主张和平)，分别置于一个同质的环境中，他们的观点并没有从原来的观点走向极端，相反经过讨论变得更加取向于鸽派。[⑥]与以上相伴随的是群体压力。米尔曼认为，在父母与同辈对学

---

① Kenneth P. Langton, *Political Socialization*, Oxford University Press, 1969, p.126, pp.129-130.

② J. Harvey & J. M. Rutherford, Status in the Informal Group: Influence and Influencibility at Different Age Levels, *Child Development*, Vol.31, No.2, 1960, pp.377-385.

③ S. L. Parker et al., Opinion Taking within Friendship Networks, *American Journal of Political Science*, Vol.52, No.2, 2008, pp.412-420.

④ Richard Dawson & Kenneth Prewitt, *Political Socialization*, Little, Brown and Company, 1969, p.137.

⑤ W. F. Godwin & F. Restle, The Road To Agreement: Subgroup Pressures in Small Group Consensus Processes, *Journal of Personality and Social Psychology*, Vol.3, No.4, 1974, pp.508-509.

⑥ D. G. Myers & P.J. Beck, Discussion Effects on Militarism Pacifism: A Test of Group Polarization Processes, *Journal of Personality and Social Psychology*, Vol.30, No.6, 1974, pp.741-747.

生的政治观点的影响的比较中，父母和同辈群体对学生所施加的合法性和许可的压力，哪一方面大，在政党认同方面，他就有可能趋向哪一方。如果压力相同，他就可能坚持独立的观点，或者受其他因素的影响。[1]

同辈群体的影响还在于学习的目标。群体目标的新奇性能够对社会化产生影响，尤其是成年人。西尔斯和麦康诺海（J. B. McConohay）认为对新的态度目标的反应最有可能来自于现有的环境，不是长久以来的态度目标，譬如政党，则反映了早期的社会化成果。长久以来的目标可能受家庭和学校影响，但离开了这些早期的社会化机构，面对新的环境时，同辈的影响可能增加。[2]布里姆指出学习新目标的可能性在成年人中是非常突出的，尤其是在复杂的社会中人口、社会、经济流动迅速，技术和社会变迁迅速发展。[3]

此外，同辈群体也受国家和地区的影响。A.E.弗里德曼和P.E.弗里德曼认为儿童越重视朋友和尊重同龄的伙伴，他们对他的影响就越大。他们列举了苏联同辈群体的儿童的政治社会化的影响。从幼儿园开始，老师就教导学生以集体的形式分享和娱乐，训练他们从集体的角度互相评价、互相批评，让儿童自己学习如何合作和如何训练，每间教室都是一个集体，老师全程给予指导。父母也经常被要求报道儿童在家的情况，老师定期地家访。在集体的影响下，苏联的年轻人，与英美和西方其他国家相比，很少愿意从事反社会的行为，很少愿意破坏规则。总之，苏联的同辈群体支持成年人的规范，是有效的社会化机构。与苏联相比，美国存在着很大不同。美国的儿童越来越多地喜欢与同辈在一起，甚至超过了在家庭中与父母相处的两倍。当他们进入青春期时，对同辈群体很敏感。同辈群体可能支持成年人的规范，但常常鼓励反社会的行为，包括违法。尽管反叛的行为在美国并不普遍，但同辈群体逐渐成为反叛的核心。同辈群体的影响在青春期和学校生活结束之后并没有终止。朋友圈构成了个人生活的参照群体。[4]

---

[1]　R. M. Merelman, Intimate Environments and Political Behavior, *Midwest Journal of Political Science*, Vol.12, 1968, p.398.

[2]　D. O. Sears & J. B. McConahay, The Politics of Violence: *The New Urban Blacks and The Watts Riot*, Houghton Mifflin Company, 1973, p.44.

[3]　O. G. Brim & S. Wheeler, *Socialization After Childhood: Two Essays*, Wiley, 1966, p.19.

[4]　Anne E. Freedman & P. E. Freedman, *The Psychology of Political Control*, St. Martin's Press, 1975, p.88.

(五)社会团体

各种社会团体在个人政治社会化的过程中也起着十分重要的作用。许多社会团体本身就带有明显的政治色彩。譬如绿色和平组织,反全球化组织等。中国的许多群众团体,如工会、共青团、妇联等也是如此。这些团体一方面具有共同的理想和目标,反映了他们成员的特殊利益和要求;另一方面也承担着教化的功能,他们通过办讲座,交流信息,有目的地参与各种社会活动等,以各种方式不知不觉地进行着政治教育。

社会团体中,最值得注意的是工作单位在政治社会化中的作用。工作单位与个人的物质利益密切相关,是个人社会生活的基本阵地。对于这些团体的成员来说,功名在于此,利禄在于此,因此,工作单位往往对成员的教育较为有效。西格尔和霍斯金认为,工作能够形成个体的观点(他的信仰和意识形态),他的习惯和生活方式,他在社会中的地位,以及自我评价。从狭义的角色来说,一个男人和女人的谋生方式与政治行为无关,不属于政治社会化的领域。而实际上,他的工作条件直接或潜在地影响他的政治取向。因为工作确定了社会地位,而社会地位与政治权力和社会政治资源的分配密切相关。而且工作中受到的奖惩是政治社会化的主要来源,许多人的异化在于工作中的异化和非人待遇。最后,一些职业,由于各种原因,与某一政治系统或至少政治信仰系统相关。一些职业与其他职业相比,更与这样的政治信仰相关,一些职业因为利益的介入而逐渐变成政治性的。在上述例子中,从业者更有可能与其他同事分享政治取向。譬如,社会工作者不会将人们的贫穷归为懒惰或不聪明,而是更有可能把穷人看作自然的受害者或社会不幸,因此政府应该帮助他们。①

但是工作单位本身与其他社会化的机构所宣扬的政治理念方面存在一些差异。作为一个公民,接受的是自由和平等的理念,以及享有在选举领导人和重大政策方面的投票的权利,社会机构保证人们法定的权利,促使人们进行民主的讨论和政治参与。这点在学校的教育中体现得最为明显。但是在工作单位,莱文却认为贯穿着另外一套原则:强调等级秩序及对个体的权利

① R. S. Sigel & M.B.Hoskin, Perspectives on Adult Political Socialization—Areas of Research, In Stanley A. Renshon ed., *Handbook of Political Socialization: Theory and Research*, The Free Press, 1977, pp. 271–272, pp.274–275.

进行限制。权威是那些单位的拥有者,资本家和经理决定着整个工作单位的氛围,而工作人员只有一纸合同,根据合同确定他在单位体系中的地位,接受监管,遵守各种规章制度,而民主的权利则被排除在单位之外。[①]

不同类型的工作单位对个体的影响有所不同。其中,学者探讨较多的是工厂在政治社会化中所起的作用。英格尔斯(Alex Inkeles)和史密斯(Daivid Smith)认为,在不发达地区,个体的迅速现代化与现代化工厂是不可分的。"我们断言工厂准确无误地是一个现代性的学校。它提供的权利、组织经历一贯地改变着人们,使工人在态度、价值和行为方面更现代。"[②]通过工厂,工人获得了效率、创新、计划、时间意识等现代观念。尤其是对于从农村涌入城市的移民来说,这点最为突出。

与此相反,另外一些学者认为工厂的环境导致了人们的异化。西格尔和霍斯金认为,流水线的噪音、单调的工作、工作的不安全、组织结构的非人性化导致了人们对政治的冷漠、异化或激进主义。这点尤其是在重型企业的年轻工人中最为突出。在这些工厂中,年老的工人因为奖励早已远离了流水线的噪音和单调的工作,而年轻工人受教育程度比老一代高,具有更高的期望,他们不仅关心工作的安全,而且享受工作环境、福利及参与公司决策,但他们却从事着老一代原来的工作,因此在年轻工人中怀疑、不信任和冷漠的比例较高。[③]

一些工作条件下的工人与激进的思想和行为相关。这些工人大多为森林工人、矿工、建筑工人、轮船制造工人和钢铁工人。利普塞特(S. M. Lipset)等认为这些工作属于剥夺(deprivation)类型。譬如收入不足、安全受到威胁、对工作条件不满且社会声望低。但是这些并不足以使他们的思想就转变为激进的,除了以上条件外,还需要其他三项条件:其一,交流渠道。这些群体能够意识到共同的问题并发展成为集体的政治行为。其二,个体的解放方式,就如地区和社会流动一样,必须是相对无法实现的,这样不满就会转换

① Henry M. Levin, Political Socialization for Workplace Democracy, In Orit Ichilov ed., *Political Socialization*, *Citizenship Education*, *and Democracy*, Teacher College Press, 1990, pp.159–162.

② A. Inkeles & D. Smith, Becoming Modern–Individual Change in Six Developing Countries, Harvard University Press, 1974, p.174.

③ R. S. Sigel & M. B.Hoskin, Perspectives on Adult Political Socialization–Areas of Research, In Stanley A. Renshon ed., *Handbook of Political Socialization*:*Theory and Research*, The Free Press, 1977, pp. 272–273.

为集体行动。其三,传统主义的态度和关系限制着人们的期望,以及禁止人们攻击现有的机制,因此传统的束缚必须是微弱的。[1]拉弗蒂(William M. Lafferty)则否认了职业对人们激进主义的影响。他于1981年对挪威1170名从事底层工作的受访者进行调查,表明工作对政治意识形态没有一致的影响。影响政治意识形态最大的来源是父母,其次是年龄,再次是工会,最后是性别和工作,仅占2%。同一种类型的职业原来与激进主义相联(在挪威),现在取向于工联主义。马克思依据工作特征判断阶级的思想,与挪威的政治文化并不相关。[2]

此外,洛弗尔(John P.Lovell)和史迪姆(Judith H. Stiehm)对军队服役与政治社会化的关系进行了研究。总体来说,供职于军队似乎并不产生价值和信仰的长久改变。服役之前存在的价值和信仰,多数人得以保留。原因在于多数人服役只是很短的时间。对以军队为职业的人,亨廷顿称军队的职业风气是"保守现实主义",但是这种风气是有所变化的。美国的职业军人更加奉行国家主义、国际化,把秩序和训练作为价值目标,但也讲融通,有"使命"感,类似社会主义的价值。责任、荣誉和对国家的忠诚是灌输的核心价值,但抽象的层面大于实践,从而导致二者的不一致。[3]

(六)重大事件

一些重大事件对个体的政治社会化也会产生影响。如前所述,一些学者认为在儿童时期人们的政治趋向会定型,有些则认为是在青少年时期,但多数学者认为青少年以前人们的政治趋向基本形成,以后则很少有所变化。但这里有一个例外,那就是重大事件的影响,即重大事件能够使人们已经形成的政治态度发生改变。西尔斯等把人生的20岁看作是一个关键时期,如同人们的疾病一样,这一时期是个窗口期,这个时期一过人们的政治态度基本

① S. M. Lipset et al.,The Psychology of Voting:An Analysis of Political Behavior,In G. Lindzey ed., *Handbook of Social Psychology*,Vol.2,Addison-Wesley,1954,p.1137.

② William M. Lafferty,Work as a Source of Political Learning Among Wage-Laborers and Lower-Level Employees,In Robert S. Sigel ed.,*Political Learning in Adulthood:A Source of Theory and Research*,The University of Chicago Press,1989,pp.110-113.

③ John P.Lovell & Judith H. Stiehm,Military Service and Political Socialization,In Robert S. Sigel ed., *Political Learning in Adulthood:A Source of Theory and Research*,The University of Chicago Press,1989, pp.192-193.

定型，很难受外界环境的影响。但他们也同时强调了重大事件在其中的作用，一些重大的事件会重新把窗口打开，影响着人们的政治态度。20世纪60年代以后，美国南方的白人态度发生了重大转变，由原来对民主党的坚定支持，转而支持共和党，在考察其中的原因时，发现民主党政府对民权运动的支持，改变了南方白人群体政治态度的整体转向，即使那些早期对民主党抱有好感的选民也是如此。[①]

哪些可以归为重大事件，从而可以对人们的政治态度产生影响？首先是战争。道森和普莱维特认为革命、战争等会直接影响人们的政治价值和信仰。[②]劳弗（Robert S. Laufer）认为，战争的亲历者如果处于成年的早期，就会经历转变。对该时期的决定因素在于战争的强度、持久性和对自我和环境的急剧的失控。当然每个士兵是不同的，并不产生一致的解释。战争的经历促进社会和政治的异化。战争像过滤器，之后的事件的理解中都有战争的影子。在特定时期形成的个体与战争经历的独特关系影响了政治取向和态度。战争经历作为一个影响终生的事件（创伤）代表了一种潜能，不断对人的心理干扰，潜在地改变了对事件的感知和之后的政治态度和取向的发展。20世纪，最大的战争莫过于两次世界大战，经历过一战的美国人，随着战争的幻灭，会有痛苦和被利用的感觉，主张和平主义和反对军国主义。而参加过二战的美国人认识到美国是世界整体不可分割的一部分。[③]

越南战争是一场局部的战争，但对美国人的影响是巨大的。许多学者在谈论越战对政治社会化的影响时，是与当时的学生运动、民权运动放在一起讨论的。种族歧视、越南战争，促进了当时的学生运动，学生运动直接导致了自由和反权威的态度。[④]莫里斯（Aldon D. Morris）则专门谈到了民权运动和黑人的政治社会化的关系。他们发现许多社会化机构对黑人抗议的意识的培养都有关系，包括群众集会、黑人出版和大量的机构如宗教、兄弟会（fra-

---

①　D. Osborne et al., The End of the Solidly Democratic South: The Impressionable-Years Hypothesis, *Political Psychology*, Vol.32, No.1, 2011, pp.81-107.

②　Richard Dawson & Kenneth Prewitt, *Political Socialization*, Little, Brown and Company, 1969, p.192.

③　Robert S. Laufer, The Aftermath of War: Adult Socialization and Political Development, In Robert S. Sigel ed., *Political Learning in Adulthood: A Source of Theory and Research*, The University of Chicago Press, 1989, pp.422-427.

④　Richard G. Niemi & Barbara I. Sobieszek, *Political Socialization*, *Annual Reviews Sociology*, Vol.3, 1977, pp.223-224.

ternal orders)。民权运动中,黑人通过集会的形式提升了他们的反抗意识,强化了黑人的共同身份意识,意识到需要通过媒介改变社会对黑人的刻板印象。①

20世纪末期,战争的威胁逐渐远去,相反恐怖主义制造的事件对人们的心理产生了重要的影响。霍洛维茨(Irving L. Horowitz)研究了恐怖主义对人们心理的影响。恐怖主义产生的心理后果,他称之为创伤后压力综合征,它破坏了人们有关有秩序的、有意义的世界的生活的感觉,原来接受的世界观、信仰和价值系统皆受到挑战。即使在恐怖主义结束之后,这种影响依然存在。但不同的个体也有所差异。从一些恐怖主义国家成功逃离出来的难民,在受到的迫害不大的情况下,就会保留他们原有的价值观。而那些遭受监禁和恐怖的受害者则遇到了很大问题。以犹太人为例,一些犹太人承受着被迫害者和迫害者的身份认同的冲突。一些人仍然沉湎于过去,而一些人竭力恢复到人性的生活。②那些在大屠杀中幸存的犹太人及他们的后代会夸大所面临的威胁。可以说,纳粹对犹太人的屠杀造成了犹太人的集体创伤(collective trauma),一旦大屠杀的记忆被启动,人们就会更加认同犹太复国主义的思想,赞同对当前的敌人(巴勒斯坦人)采取攻击的行动,拒绝政治妥协。③

9·11事件的发生,成为学者探讨恐怖事件对人的心理影响的最好的典型。博南诺(George A. Bonanno)等对生活在世贸大楼及其附近地区的59名幸存者进行了研究,在9·11事件发生之后的第7个月,让他们描述攻击发生和之后的经历,9·11事件之后的第18个月,又重复此过程。9·11之后的第28个月,由这些参与者的朋友和亲戚对于他们的状况进行评价。得出的结论如下:他们把9·11事件对人们的心理的影响分为四类:创伤后压力综合征和抑郁症的影响处在一个较低的水平,称为承受力的(resilient);两种症状

① A. D. Morris et al.,The Civil Rights Movement and Black Political Socialization,In Robert S. Sigel ed.,*Political Learning in Adulthood:A Source of Theory and Research*,The University of Chicago Press, 1989,pp.277–300.

② I. L. Horowitz,The Texture of Terrorism:Socialization,Routinization,and Integration. In Robert S. Sigel ed.,*Political Learning in Adulthood:A Source of Theory and Research*,The University of Chicago Press,1989,pp.403–404.

③ Daphna Canetti et al.,Collective Trauma From the Lab to the Real Word:The Effects of Holocaust on Contemporary on Israel Political Cognitions,*Political Psychology*,Vol.39,Vol.1,2018,pp.3–21.

的影响最初处在一个较高的水平,然后逐渐下降,称为恢复的(recovered);症状最初表现较低,但后来越来越明显、越严重,称为延迟的(delayed);症状自始至终都处于一个较高的水平,称为长期的(chronic)。结果发现,四种类型的占比依次为 35%,23%,29%。之所以每个人的反应不同,与自我提升(self-enhancement)相关。所谓自我提升,指一种明显的正面的或不切实际的维护自我的偏见的趋势。自我提升者由于重视自我,轻视现实,这样就能够减少对社会限制的感觉,在灾难来临时很好地调整自己,因此 9·11 事件后,能够很好地恢复到正常水平。但也会带来负面的问题,由于他们过于重视自我,导致他们与朋友、亲戚间的信任度下降。①

除了美国外,以色列是一个经常遭受恐怖袭击的国家。拉维(Amiram Raviv)等探讨了以色列总理拉宾遇刺和以色列遭受的恐怖袭击对以色列年轻人的影响。调查对象包括 477 名以色列高中生。结果发现在恐怖事件发生之后,大约 50%的受访者立即改变了自己的看法,但是 5 个月之后,又恢复到事件发生前的水平。当然,政治取向不同,对事件的情感反应也有所不同。拉宾的支持者和反对者对恐怖袭击反应同样强烈,但在拉宾遇刺事件上,拉宾支持者的情感反应强度明显超过了拉宾的反对者。②

除了战争、恐怖活动等政治事件、社会运动等社会事件外,一些大的经济事件也会对人们的心理产生影响。尼米和索比耶泽克(Barbara I. Sobieszek)认为,20 世纪 30 年代的经济危机影响下的"大萧条的一代"对政党的竞争、对权威和政府等的态度有着重要的影响。③

当然,事件的重大与否,也与个体的经历有关。即有些事件对一个社会来说不一定是重大事件,但对个人来说则可能是重大事件。谭乔(Wendy K. Tam Cho)考察了美国社会中移民与政治参与之间的关系。社会经济理论认为,随着社会经济条件的变化,譬如年龄的增加,以及收入的增长、职业的提升和教育水平的提高,人们的政治参与度也随之提高。但该理论在解释移民

①　George A. Bonanno, et al., Self-Enhancement Among High-Exposure Survivors of the September 11th Terrorist Attack: Resilience or Social Maladjustment? *Journal of Personality and Social Psychology*, Vol. 88, No.6, 2005, pp.984-998.

②　Amiram Raviv et al., Young Israelis' Reactions to National Trauma: The Rabin Assassination and Terror Attacks, *Political Psychology*, Vol.21, No.2, 2000, pp.299-322.

③　Richard G. Niemi & Barbara I. Sobieszek, Political Socialization, *Annual Reviews Sociology*, Vol. 3, 1977, pp.223-224.

的态度时却不适用。移民因为在美国以外出生且说着与英语不同的语言,他们并没有随着社会经济条件的改善而在政治参与方面有所改善。[1]

---

[1]　Wendy K. Tam Cho,Naturalization,Socialization,Participation:Immigrants and(Non-)Voting,*The Journal of Politics*,Vol.61,No.4,1999,pp.1140-1155.

CHAPTER TEN

第十章
国际政治心理

　　国际政治心理，简单来说，就是用政治心理学的视角看待国际政治现象。国际政治与政治心理学的相关研究始于 20 世纪 50 年代。在此之前，一些研究人格和社会心理学的学者偶有涉猎国际政治现象，譬如他们多探讨群体和领导的人格、民族主义情绪等。50 年代以后，有关研究逐渐转移到政治学领域，学者们在借鉴心理学理论的同时，又对这些理论加以整合，形成了自己的特色理论。

　　国际政治与政治心理学的研究可以划分为三个时期：第一个时期（20 世纪 50 年代—1991 年冷战结束）。这一段时期处于冷战时期，对第三次世界大战的恐惧成为这个时期的主题。如何防止战争的爆发成为人们所关注的热点。具体到政治心理学的领域，形成了人们对战争的非理性探讨，以及国家形象理论，前景理论。进入 70 年代以后，冷战进入平稳时期，人们逐渐从冷战的恐惧中解脱出来，开始关注世界上存在的其他国际冲突。譬如巴以冲突、北爱尔兰冲突、塞浦路斯的冲突，于是解决国际冲突的第三方咨询理论兴起。

　　第二个时期（1992—2001），冷战结束至 9·11 事件的发生。冷战结束之后，人们开始思考冷战为什么会结束，譬如对结束冷战做出贡献的美苏领导人的研究。再者，国际冲突成为人们关注的中心。主要探讨如何解决冲突，对挑起冲突的领域的研究，譬如对萨达姆，以及米洛舍维奇的研究。

　　第三个时期（2001 年以后），对恐怖主义的研究成为人们关注的重心。由对国家的关注逐渐过渡到对群体的关注，研究恐怖分子的人格，阿拉伯人对美国的形象等。

　　如何界定政治心理学在国际关系中的作用呢？莱维（Jack S. Levy）承认政

治心理学在解释国际关系中有很少的操作空间。譬如在对整个国际关系的解释中,现实主义、自由主义和建构主义及马克思主义等都有其地位,这些理论假定人是理性的,一般不考虑性格、情感、知觉等影响因素。在一些专门性的问题领域,也有许多理论,譬如权力平衡理论、权力转移理论、战争中的谈判模式、民主和平论等,以及各种机制主义的理论,则基本不关注个体领导人的作用。但他认为,一些重大的历史事件,如果离开了领导的作用是无法解释的。譬如不探讨希特勒,则无法解释第二次世界大战,以及纳粹分子对犹太人的大屠杀;要研究苏联的外交则离不开斯大林;要研究美国2003年发动的海湾战争,则离不开老布什。因此,我们必须承认"谁领导是至关重要的",并进而强调心理的变量在外交决策和国际互动中的作用。[①]领导的决策属于个体的层面,而外交政策属于国家层面,这里的关键是将决策者的心理整合到国家层面,从决策者的信仰、心理过程和人格方面解释对国家政策的影响。[②]

目前来说,政治心理学在国际关系中已经多有应用。除了我们后面要讲的前景理论,莱维还列举了以下四方面的应用:其一,学习与外交政策。最为常见的就是锚定在威胁知觉方面的作用。第一种即一旦领导者将对手认定为敌意或善意的信念形成,锚定效应就会出现,就会抵制改变新信息。在遇到新的信息时,很难对新信息有所反应。除非接受到的信息与原来的信息偏离特别明显,或者决策群体内部出现多种声音能够自我批评。第二种从历史的经验和教训中学习,决策者将当前面临的决策与历史上类似的事件作比较,比较的对象不同,结论也会出现差异。其二,战争的卢比肯模式(The Robicon Model of War)。约翰逊(D.P.Johnson)和蒂尔尼(D. Tierney)将战争分为决策和决策后的实施两个阶段,在决策时会将各种可能的路径及各种后果都仔细进行考虑,但到了实施阶段就容易受心理偏见的影响,就会对信息进行选择性吸收,对战争的结果极端自信,容易冒险和做积极进攻的主

---

① Jack. S. Levy, Psychology and Foreign Policy Decision-Making, In Leonie Huddy, David O. Sears, Jack S. Levy eds., *The Oxford Handbook of Political Psychology*, Oxford University Press, 2013, pp.301-332.

② Jack. S. Levy, Political Psychology and Foreign Policy, In David O. Sears, Leonie Huddy, Robert Jervis, *The Oxford Handbook of Political Psychology*, Oxford University Press, 2003, pp.301-332.

张。[①]其三,多元启发理论,由明茨(A. Mintz)提出,他将决策分作两个阶段:第一阶段会对所有的决策路径进行思考,对结果不可接受的路径进行排除;第二阶段选择预期收益高的路径。[②]其四,时间期限。决策者对得失的权衡深受时间期限的影响,譬如危机会导致在决策时思考的时间大为缩短。在决策时可能遵循准双曲线折扣函数(Quasi-hyperbolic discount function)的影响,在决策的第一个时间段受时间的变化影响明显,但在第二个时段内就会变化平稳。[③]

出于篇幅的考量,在本章中我们会介绍以下内容:第一,杰维斯的错误知觉理论;第二,国际冲突中的第三方咨询理论;第三,前景理论;第四,国家形象理论;第五,整合复杂性;第六,操作码。

一、杰维斯的错误知觉理论

在国际关系研究中,多数学者都在重视现实主义理论时,杰维斯(Robert Jervis)是少数关注到心理在国际关系中作用的学者。莱维将其评价为在国际关系学界改变政治心理学地位的人,以其 1976 年发表的《国际关系中的知觉与错误知觉》(*Perception and Misperception in International Politics*)为转折点,在书中对认知和社会心理学中的许多理论和实验进行了归纳,并用于探讨国际关系中的知觉和错误知觉。[④]

---

① D.P.Johnson & D. Tierney, The Robicon Theory of War: How the Path to Conflict Reaches the Point of No Return, *International Security*, 2011, pp.36, 7-40. 按,公元前 49 年,当凯撒统一整个高卢之后,准备渡过卢比肯河(Rubicon River)进入罗马,当时罗马法律规定,任何指挥官皆不可带着军队渡过卢比肯河,否则就是背叛罗马。凯撒在渡河的时候说了一句流传千古的话:"The die is cast!"(骰子已掷出,就这样了)意思是心意已决,义无反顾,从此没有后路。最后,凯撒率军渡过卢比肯河进入罗马,从此迈出了征服欧洲、缔造罗马帝国的第一步。

② A.Mintz, How Do Leaders Make Decision? A Poliheuristic Perspective, *Journal of Conflict Resolution*, 2004, pp.48, 3-15.

③ Jack S. Levy, Psychology and Foreign Policy Decision-Making, In Leonie Huddy, David O. Sears, Jack S. Levy, *The Oxford Handbook of Political Psychology*, Oxford University Press, 2013, pp.301-332.

④ Jack. S. Levy, Political Psychology and Foreign Policy, In David O. Sears, Leonie Huddy, Robert Jervis, *The Oxford Handbook of Political Psychology*, Oxford University Press, 2003, pp.301-332.

(一)理性假定在国际关系中解释的不足

杰维斯理论建构的逻辑起点是对理性局限性的认识。理性人的假设是政治学中的解释人们的政治行为的一项重要假定,为多数学者所坚持。在国际关系中,理性人的假定也大行其道。与此相关的就是理性威慑理论的提出,威慑是一种旨在防止出现某种结果(如战争或侵略)的一种防御性战略,防御者运用威胁手段,试图让对方相信一旦对方采取某种行动,将会付出沉重的代价。勒博(Richard Ned Lebow)和斯坦因(Janice Gross Stein)认为,这种理论预先假定:领导的决策是工具理性的,为追求最大收益而冒险,免于受到国内的限制,能够正确把自己归为防御者或挑战者。总体来说,冲突中采取主动的一方认为自己行动的结果是追求利益的最大化,为此而不惜冒险。但他们认为,理性威慑理论忽略了三种可能性:主动者可能是为减少损失而冒险,或为获得最大收益而讨厌冒险,或为减少损失讨厌冒险。[①]

杰维斯也作了类似的表述,理性威慑理论假定领导在做决策时,会作有关得失的考量;同时领导在作决策时,很少受偏见的干扰。他认为,有的战争不是为了获取利益,而是为了避免损失。有关这点,他们受前景理论的影响较多。杰维斯重点探讨了认知的局限和动机的偏见对理性决策所带来的影响。认知的局限性体现在以下五方面:其一,人们处理信息能力的有限性,往往根据已有的理论而不是最新的证据行动。其二,信仰受个人或国家最近经历的重要事件的历史比较的强烈影响。其三,偶然性和疑惑被低估,想象他国比实际的更加团结。其四,人们往往依赖单一的价值维度做决定。其五,以己之心对他国之见,根据自己的角色和条件推及他国的实力和意图。动机的偏见休现在以下四方面:其一,与第五项认知偏见相关,对本国想得好,认为他国理解自己采取的行为,对他国不形成威胁。其二,与第四项认知偏见相关。人们倾向于减少知觉的价值权衡,避免心理的痛苦。如为了国家的利益,许多无辜的人处于危险之中。其三,与上述所有内容相关,当其他的选择模糊的时候,政策的成功机会被夸大了,存在不去收集和分析失败的可能性。其四,以舒服的方式错误知觉环境的压力在以下情况下是最大的:当面对严

---

① Richard N. Lebow & Janice G. Stein, Rational Deterrence Theory: I Think, Therefore I Deter, *World Politics*, Vol.41, No.2, 1989, pp.208-224.

重的损失，或当不愿意承认的价值所强烈影响时。①

（二）错误知觉及其形成机制

一提到杰维斯，人们就会想到错误知觉的概念。何谓错误知觉？在他看来，不准确的推论、对后果的错误计算，以及对他者对某项政策做出反应的错误判断皆属于错误知觉的范围。军事领域是错误知觉出现较多的领域，冲突的双方高估或低估对方都可能导致战争的爆发。就一战为例，杰维斯认为，总体来说错误知觉在一战中并不起关键作用，但如果意识到首先的攻击并不能结束战争，战争持续四年之久，可能会被抑制。从这个意义上说，错误知觉导致了一战的爆发。以二战为例，英国的绥靖者低估了对方发动战争的目标和动机，而希特勒则低估了对方抵抗的决心。而且无论是一战还是二战，最初发动战争的双方没有注意到中立者，恰恰是中立者态度的改变决定了战争的最终走向。②

杰维斯认为错误知觉是一种常态，而不是例外。这主要是因为国家视角的差异和移情的缺乏。国家视角体现在决策者对自我形象和他者形象的设定，在国家间很难相互对应。每个国家的领导人对自己国家及其他国家的形象定位，与他国领导人同样的定位之间会存在不一致。以海湾战争为例，萨达姆对沙特的判断很关键，没有想到沙特会邀请美国出兵；而萨达姆本人也认为伊拉克的体制是选举民主制，美国在两伊战争中曾经支持自己，断定美国不会出兵帮助一个落后的国家。他没有想到，美国把伊拉克入侵科威特，看作与阿拉伯世界为敌。美国对伊拉克的认知也有误区，不理解伊拉克在军事上失败，在政治上追求胜利的思维方式。即萨达姆不从科威特撤兵，以失败为代价，换取伊拉克敢于对抗美国，将自己树立为阿拉伯世界民族英雄的形象。这里所谓的移情的缺乏，在于冲突中的决策者很难站在对方的角度考虑问题。以萨达姆为例，他无法理解美国人的想法，既有世界观的差异，也与萨达姆本人的性格有关，萨达姆本人很少关注伊拉克外面的世界，对导致其

---

① Robert Jervis, Rational Deterrence: Theory and Evidence, *World Politics*, Vol.41, No.2, 1989, pp. 183-207.

② Robert Jervis, War and Misperception, *Journal of Interdisciplinary History*, Vol.18, No.4, 1988, pp. 675-700.

不高兴的信息自动屏蔽,只是凭自己的直觉判断对方的心理。①

　　杰维斯的《国际关系中的知觉与错误知觉》一书是公认的国际关系与政治心理学相结合的经典之作。在这本书第一章就抛出了"知觉是重要的吗"的命题,他对国际环境,国内的经济结构、社会结构,政府的机构等一一进行分析,过去认为这些因素中决策者的认知往往是不重要的,但现在认为领导者的认知仍然有发挥作用的余地。譬如,在极端的国际环境中,小国领导人受其影响比较大,但大国领导人的活动余地较大。再如,人们往往认为政府的角色决定了个人的态度,但杰维斯认为并非所有的政策分歧与职务相关,古巴导弹危机中官员的态度与职务就没有必然的关系。他特意强调,这些所谓客观因素所营造的环境的强制性有大有小,有时面临着模糊性的环境,这时领导个人的认知就显得非常重要。②譬如,在冲突中,因为对冲突另一方意向理解的差异,会导致冲突的后果有所不同。这需要区分内部与外部因素,还要分析内部过程本身。杰维斯区分了三种 A 国伤害 B 国的情景:其一,B 国相信 A 国并非有意所为,采用的反应是缓和的。其二,B 国对 A 国造成了同样严重的伤害,但 A 国相信是利益冲突所致,反应比前一种情况强烈,但有所克制,其三,如果 A 国认为 B 国的伤害并非不得已而为之,A 国的反应最强烈。③

　　该书最大的特色在于对错误知觉生成机制的描述。杰维斯将其归为三个方面:一是与认知相符。认知相符论强调认知元素之间的平衡,如果接触到的信息与以前的认知元素有冲突,就会竭力恢复这种平衡。杰维斯认为,在国际关系中,利益交换起着至关重要的作用。但在缺少必要的信息,或者环境十分模糊的情况下,人们的信念或道德就会发挥作用。为了与原有的认知保持平衡,这时就会选择与道德、信念相符的决策;或者坚持自己想要的结论,在相互矛盾的证据中选择对自己有利的证据,会将信息纳入决策者原有的认知框架之中。如果一种主导的知觉形成,就会形成极度认知闭合与过

　　① Robert Jervis,Images and the Gulf War,In S. A. Renshon ed.,*The Political Psychology of the Gulf War:Leaders,Publics,and the Process of Conflict*,Pittsburgh:University of Pittsburgh Press,1993,pp. 171-182.

　　② [美]杰维斯:《国际政治中的知觉与错误知觉》,秦亚青译,世界知识出版社,2003 年,第41~49 页。

　　③ [美]杰维斯:《国际政治中的知觉与错误知觉》,秦亚青译,世界知识出版社,2003 年,第22~49页。

早认知闭合,对于将来接受到的不一致性信息做出选择性的忽略,很难将新的、不一致的信息整合到认知框架中。①二是诱发定势。指人们对刺激物的解读受到即时思考内容的影响,会根据即时的联想去认识和解读刺激因素。诱发定势有可能是在缺乏沟通的条件下形成,也有可能存在有限的沟通,但可能信息发送者与接收者有着不同的背景,从而导致了错误知觉。即使在一个政府内部,也会存在诱发定势的问题,在信息、时间和观点先后方面出现差异,或者政府内部信息分配的不同,都会对同样信息刺激物的理解出现偏差。②三是历史学习。决策者会用历史事件类比当今,从历史的经验教训中形成知觉倾向。这些历史现象或来自决策者个人的直接经历,或者对自己和国家具有重大历史影响的事件等,经历的不同,或者历史事件的不同,导致归纳出来的结论有差异,从而导致决策行为的差异。③

该书的最后,杰维斯对经常发生的错误知觉进行了论述。一是统一性知觉,即把威胁和预谋看作对方精心谋划的结果,而不是偶然事件和协调失误。把对方决策团队看作铁板一块,没有意识到对方的决策群体也会有矛盾,也会有不同声音。④二是过高估计自己作为影响者和影响对象的重要性。譬如声称瓦解了对方的邪恶意识,实际上对方可能并无这样的意识;声称成功遏制了对方的敌对行动,实际上可能并没有采取类似行动的意图。一旦对方采取某种敌意的行动,总是将其归为自发性的,如解释为对方国内的因素所导致的原因,或是没有好好考虑,或解释决策者个人的意识。三是愿望思维。这是情感干扰理性思维的表现,根据自己的偏好接受自己喜欢的信息,按照自己的预期想象将来可能的结果。⑤四是认知失调。认知失调是认知相符理论中的一种,人们对已有的认知对象有自己的观点和立场,如果遇到不一致的信息,就会出现认知失调现象,这时人们就会通过各种方式寻找认知

① ［美］杰维斯:《国际政治中的知觉与错误知觉》,秦亚青译,世界知识出版社,2003年,第112~205页。

② ［美］杰维斯:《国际政治中的知觉与错误知觉》,秦亚青译,世界知识出版社,2003年,第206~221页。

③ ［美］杰维斯:《国际政治中的知觉与错误知觉》,秦亚青译,世界知识出版社,2003年,第222~299页。

④ ［美］杰维斯:《国际政治中的知觉与错误知觉》,秦亚青译,世界知识出版社,2003年,第332~358页。

⑤ ［美］杰维斯:《国际政治中的知觉与错误知觉》,秦亚青译,世界知识出版社,2003年,第373~401页。

的平衡。通用的方式就是选择一致的信息,忽略不一致的信息。譬如威尔逊不承认国会阻止美国加入国联,就是如此。[①]

(三)信号与欺骗

与此相关的是杰维斯有关信号与欺骗的相关研究,主要是国家之间信息发送与接收的问题。他是基于下列问题来审视政策与事件:行为体如何根据别国的行为做出推断? 行为体如何影响别国的推断? 行为体如何在维持一个预想的形象与形象相矛盾的方式行为? 一个行为体如何影响别人对自己的信念,并引导别国关注自己行为的预测,而这些预测有助于达成自己的目标? 不论这些预测准确与否,行为体是怎么做的? [②]

这里涉及几个概念:信号、标志。"信号是声明或行动,其含义通过各行为之间心照不宣的或明确的理解而建立起来。所有行为体都知道,发信号主要是为了影响信号接收者对发出者的印象。"信号既可能由诚实者发出,也可能由骗子发出,杰维斯形容信号就像银行的期票,本身就包含着不可信性。信号最明显的体现就是一个国家就自己意图所发出的声明。所有的秘密信息和公开信息都属于信号。何为标志? "标志是声明或行动,它们携带的内在证据能证明所投射的形象是正确的,因为人们相信这些声明或行动与行为体的能力或意图密不可分。"[③]信号与标志,与讨论的欺骗有何关系呢? 在杰维斯看来,标志可以被操纵,而信号可能是谎言,从而导致了欺骗。标志是可以被操纵的,"即允许行为体影响对方眼中自己的形象,而不必付出高昂的成本来改变自己有价值的行为模式或牺牲自己的其他目标"[④]。信号也是如此,"一个搞欺骗的国家发出的信号可以与它诚实时发出的信号一模一样,因为这类信号最容易让听众相信"。但杰维斯认为,说谎可以威胁决策者的道德,从长远来说会损及国家的利益、国家的名声等,出于种种顾忌,国家

① [美]杰维斯:《国际政治中的知觉与错误知觉》,秦亚青译,世界知识出版社,2003 年,第402~431 页。

② [美]杰维斯:《信号与欺骗:国际关系中的形象逻辑》,徐进译,中央编译出版社,2017 年,导论。

③ [美]杰维斯:《信号与欺骗:国际关系中的形象逻辑》,徐进译,中央编译出版社,2017 年,第1 章。

④ [美]杰维斯:《信号与欺骗:国际关系中的形象逻辑》,徐进译,中央编译出版社,2017 年,第3 章。

也有可能限制说谎。①

　　另外两个概念是耦合与解耦。在杰维斯看来,各行为体都能够自由地创造信号,并使信号的含义影响国家间的关系,影响他者认为自己发出的信息是信号,以及信号代表何种含义。行为体创造新信号的过程,杰维斯称之为耦合;切断以前认为存在联系的过程,称之为解耦。以越南战争为例,美国试图通过该战争释放出与共产主义作斗争,试图让欧洲盟友、共产主义国家,以及东南亚国家相信的信号,这就是耦合;但随着陷入战争的泥潭,付出的代价越来越高,美国试图解耦,将越南战争解释为帮助南越政府自力自强,如今扶不起来,只能撤退。②

二、第三方咨询理论

　　近年来,一些学者从政治心理学的视角对国际冲突进行研究,这些研究除了理论的视角相同之外,在理论的内容上也有些相似,即不单纯地重视国家体制、规范和领导人在其中的作用,而是强调了民间的力量,尤其是具有冲突知识背景的专家、学者组成的第三方在冲突中的作用。

(一)相关的解释与理论来源

　　第三方咨询(Third Party Consultation),指双方发生冲突时,由公正的第三方出面进行调停。该研究始于 20 世纪 50 年代初期,列文森(Levinson)组织了来自不同族裔的社会科学家举行研讨会,会议持续几个星期,与会者发表演讲、进行讨论、举办其他社会活动,目的在于增加各个族裔的互相理解。在当时,他总结了研讨会的三种功能:提供人际交往的知识和技巧;通过讨论使相关的概念和过程变得清晰,加强民主的思考和观察,从而导致情感—意识形态的改变;各方互相支持、共同形成一种生活经历。进入 20 世纪 60年代以后,除了运用第三方咨询模式解决族群冲突,更多的是解决劳资双方的矛盾。沃顿(Walton)把这种方式命名为第三方咨询。费舍尔(Ronald J. Fisher)对第三方咨询作了详细的解释:通过公正的第三方咨询对冲突双方

---

①　[美]杰维斯:《信号与欺骗:国际关系中的形象逻辑》,徐进译,中央编译出版社,2017 年,第 4 章。

②　[美]杰维斯:《信号与欺骗:国际关系中的形象逻辑》,徐进译,中央编译出版社,2017 年,第 6 章。

的推动和诊断,以研讨会的形式促进双方相互理解,讨论过程中建构性应对冲突的消极层面。在此过程中,第三方提供与冲突相关的社会科学理论方面的知识。整个过程是非强制性的、非评价性的、非指示性的,其目的在于通过对基本关系的探讨,创造性地提出解决方法,而不是通过讨论解决某个具体问题。①

从 20 世纪 60 年代中后期开始,学者将第三方咨询的研究与实践结合起来,把第三方咨询的理念应用于当时发生的族群冲突。比较有代表性的是伯顿(J.Burton)从 1966 年主持的对塞浦路斯冲突双方希腊和土耳其族裔的调停工作。伯顿率领的伦敦大学团队作为第三方,冲突双方各自派出代表,然后进行秘密的讨论。会议的日程为五天,讨论的氛围是轻松的,第三方没有发布任何的指示,只是希望双方能够进行有效的沟通。第三方提供相关的理论知识,然后由冲突的双方运用知识对双方的矛盾进行分析,最终提出解决之策。双方探讨了重返调停的可能性。伯顿领导的第三方对于以后冲突双方重开谈判打下了基础。但其工作因美国的调停,以及后来联合国的介入而停止。②

另一个代表性人物是美国耶鲁大学的杜波(Doob)。他于 20 世纪 60 年代末组织了非洲之角几个冲突国家的代表参加的研讨会。肯尼亚和索马里,埃塞俄比亚和索马里都有领土之争。杜波研究小组组织了由三方代表参加的研讨会,与会者共有 18 人,均接受过良好的教育。1971 年,杜波的研究小组又组织了有关北爱尔兰冲突的研讨会。时间为 1972 年 8 月 19 日至 28 日,地点选在了苏格兰的斯特林大学(University of Stirling),会议是秘密召开的,不公开,也不见报。与会代表要符合以下条件:一是在组织中有影响者;二是与冲突的对方有合作意愿者;三是情感稳定,能够对问题有所反思者。与伯顿邀请官方派出的代表相反,与会的北爱尔兰有 56 人,均来自北爱尔兰首府贝尔法斯特地区,只有一名是前官员。其中的一半来自工会、宗教或其他类似政治性的组织,另一半来自社会服务组织。咨询小组的人员除了杜

---

① Ronald J. Fisher, Third Party Consultation: A Method for the Study and Resolution of Conflict, *The Journal of Conflict Resolution*, Vol.16, No.1, 1972, pp.67–69.

② Ronald J. Fisher, Third Party Consultation: A Method for the Study and Resolution of Conflict, *The Journal of Conflict Resolution*, Vol.16, No.1, 1972, p.70; Ronald J. Fisher & L. Keashly, The Potential Complementarity of Mediation and Consultation within a Contingency Model of Third Party Intervention, *Journal of Peace Research*, Vol.28, No.1, 1991, pp.41–42.

波外,招募了两名熟悉北爱尔兰又能够获得当地信任的代理人,另外还有 6 名来自美国的学者。会议日程分为了三个阶段。在第一阶段中,按照年龄、性别和宗教分成各个组,便于形成共识。然后再分成几个小组,除了小组成员外,每个小组有一名顾问,以及跨小组的人构成。顾问的作用在于负责解释相关的行为,以及方案的设计,而跨小组的人的作用在于让他们听到不同的声音。其间,各个小组有五次碰头会,交流各自的观点。会议的间隙可以互相走动,随意组合,这样既实现了内部交流,也实现了外部交流。第一阶段持续大约 5 天。第二阶段持续 4 天,根据他们在贝尔法斯特地区居住地,组织实践小组,讨论互相交流的技能,以便回到家乡之后能够建立密切的联系。其间,咨询小组的成员脱去正装,与他们一起活动。最后一天,第一阶段的小组重新聚集,对原先的讨论进行重新探讨。每次研讨会持续一个半小时,上午和下午各两场,晚上一场。这次会议取得了一些成果,一些积极分子开始形成共同的政治兴趣,试图组织政治性的组织。有的回到家乡,开始按照计划实施。但也有相反的作用:有的代表在开会期间不积极;有的经过探讨,看到了外面的世界之后,反而彷徨失措,失去了人生的方向;有的感觉自己与原来的人有着越来越明显的差别,变得孤独,人际关系紧张;有的则在报纸上对这次研讨会进行公开声讨。这种消极情绪也影响到了咨询小组的顾问。他们招募的两个代理拒绝和他们再联系。①

(二)科尔曼的互动解决问题方法

对第三方咨询理论和实践工作做得最出色的当属科尔曼 (Herbert C. Kelman)。他把第三方咨询称为互动解决问题理论。他丰富了相关理论,并以调停巴以冲突作为实践对象,前后作了三十多年的跟踪研究。1997 年,他因提出互动解决问题理论而被授予路易斯维尔格文美尔改善世界秩序观念大奖(Louisville Grawemeyer Award for Ideas Improving Word Order)。

科尔曼多次谈到自己的理论主要受到伯顿的影响。他把互动解决问题解释为非官方的,以学术为基础的,由第三方分析和解决国际和种族冲突的方法。通过召开研讨会的形式,把冲突各方具有影响力的成员召集在一起,会议是在秘密的、具有充分信任的环境下召开的。研讨会使冲突各方直接接

---

① Leonard W. Doob & William J. Foltz, The Belfast Workshop: An Application of Group Techniques to a Destructive Conflict, *The Journal of Conflict Resolution*, Vol.17, No.3, 1973, pp.489-512.

触,但并不相互做出承诺。其目的就在于让各方互相换位思考,以达到相互理解,最后能够创造性地提出双方满意的解决问题的方式。[①]

在科尔曼的设想中,解决问题的研讨会(problem-solving workshop)必须在学术赞助的基础上进行第三方咨询。第三方依靠私人关系邀请与会的冲突双方的成员,也可依靠双方关键人物的推荐。与杜波的研讨会相比,科尔曼邀请的人数大大缩减,一般维持在 10 人左右,同时对这些与会者的选择也非常讲究:必须有兴趣和有能力参与会议,必须是非官方人员,以私人身份参与会议,否则他们就会受到官方的束缚,很难表达自己的思想;同时他们在各自的社会中是具有影响力的人员,他们的观点具有一定的代表性,能够影响公众、选民,同官方保持密切关系,有机会接触决策层,决策层也知道他们参与研讨会,这样他们在研讨会上达成的意见就能够传递到决策层。简言之,与会人员与决策层的距离不远也不近。

第三方成员由 8~10 名组成,核心的成员应该熟知群体过程、冲突理论相关知识,或者具有解决具体冲突的经验。另外还应该包括一些对召开研讨会有经验的人员,以及少量对此感兴趣的学生。第三方的作用不是提供解决的方案,而是促进双方的交流,为冲突双方提供交流的平台,营造和谐的氛围。譬如研讨会是秘密进行的,双方均是值得依赖的,谈判的双方处于平等的地位,尊重对方。他们站在幕后,准备随时介入,使研讨会向创造性的方向发展。在开会的过程中,为双方提供必要的理论、相关的知识;对双方讨论的内容进行总结、整合和厘清;分析双方的所作所为,让双方达到相互理解;在双方的讨论进入死胡同时,要记录哪些容易导致讨论的障碍,譬如手势、语言等,提醒与会者注意。

研讨会的基本规则包括十项。第一,秘密性和可信赖性。研讨会上的发言绝不允许在讨论会之后作为观点被征引。秘密性在冲突的早期是非常重要的,利于保护与会者,避免与会者面临政治、法律的压力,乃至于生命的威胁。同样,也利于保护研讨会。可信赖性同样重要,相互信任能够使与会的冲突双方自由地探讨问题,不用担心他们的发言将会承担什么后果。第二,互信聚焦于对方,而不是选民、听众及第三方。倾听对方,试着理解对方看问题

---

① Herbert C. Kelman, Social-psychological Contributions to Peacemaking and Peacebuilding in the Middle East, *Applied Psychology: An International Review*, Vol.47, No.1, 1998, p.6; Herbert C. Kelman, Interactive Problem Solving: An Approach to Conflict Resolution and Its Application in the Middle East, *PS: Political Science and Politics*, Vol.31, No.2, 1998, p.190.

的视角,最终达到相互理解。不必担心其他人作如何反应,不必担心自己的发言被别人抓住把柄。这也是为什么研讨会没有听众、没有观察者,不公开,不作记录的原因。第三,分析而不是争论式的讨论。分析双方的需求、恐惧、忧虑,分析双方的优劣,讨论冲突的原因、过程。讨论过程中并不刻意回避情感的作用,情感只是作为更好理解双方的忧虑及冲突过程的工具。第四,问题解决而不是争辩的模式。与会双方应该把冲突看作共同的问题,需要共同努力达到相互满意的解决方式,不是争辩谁是谁非,而是让大家认识到:问题的解决比互相指责更有建设性。第五,不期望达成一致。通过研讨会希望发现共同的基础,但是达成一致意见并不是必须的。双方在讨论中能够彼此发现优劣,理解对方,以及观察到冲突的过程,研讨会的目的就达到了。第六,平等的氛围。冲突双方在权力、道德及声誉方面可能存在着巨大差异,这是讨论中必须加以考虑的因素。但是与会双方都是平等的,都有权力考虑自己的需求、恐惧和忧虑,譬如在巴以举行的研讨会中,以方不能把对方视作弱者,而巴方也不能把对方视为压迫者,研讨会中的每一方的声音都必须倾听到。第七,第三方的促进作用。[1]

会议日程分作五个方面:第一,信息交换。每一方都被要求谈谈当时所面临的环境,以及各自群体的情绪,冲突中所关注的议题,冲突及解决的看法所涉及的范围,以及自己群体在其中的位置。这些信息成为研讨会所共享的信息。第二,需求分析。双方讨论冲突中最主要的忧虑,使双方对对方的需求、恐惧和忧虑有所理解。第三,共同思考可能的解决方式。希望在这一阶段,能够对整个冲突的解决有总体的认识,或者对某个具体议题的解决有所认识,也可能满足双方的需要,消除各自的忧虑。第四,探讨政治和心理的限制。这些限制是导致冲突解决的障碍。第五,共同思考当政者所面临的限制。与会者被要求谈论他们对自己的政府、社会及自身的看法,这对最终达成相互满意的解决问题的方式有所帮助。[2]

随着科尔曼将解决问题研讨会的理论运用于巴以冲突,他对研讨会的认识逐渐深入。最初,如同以前诸位学者一样,科尔曼组成的研讨会是断断续续的,一般隔几年召开一次。进入 20 世纪 90 年代,他认识到研讨会应该

---

① Herbert C. Kelman, The Role of the Scholar-Practitioner in International Conflict Resolution, *International Studies Perspectives*, 1, 2000, pp.275-277.

② Herbert C. Kelman, The Role of the Scholar-Practitioner in International Conflict Resolution, *International Studies Perspectives*, 1, 2000, pp.277-278.

定期召开,这样才会产生累积性的效应。巴以官方谈判开始之后,面临着互动解决问题研讨会究竟有无存在必要性的问题,他逐渐认识到研讨会可以作为官方谈判后台交流的平台,探讨谈判中所遇到的障碍。奥斯陆协议达成之后,经过几年的探索,他对研讨会的未来又有了更新的认识,即研讨会的制度化机制(institutionalization)。

在科尔曼的设想中,制度化的建构分为具体的冲突层面和全球层面。具体的冲突层面,问题解决方式的机制化对于和平的重建是有益的,问题解决方式必须与和平的谈判相伴随。在相互纠结、相互依赖的两个国家,譬如巴勒斯坦和以色列,如果要建立长久的、稳定的关系,就需要建立超越国家的市民社会。制度化意味着建立持久的解决问题的机制,巴以建立的联合工作组即是在这方面的努力。在全球层面,要建立非政府的国际组织以解决世界范围内的冲突。该组织由三部分组成:永久性的办公室,其职责是保持与冲突地区各个组织和个人的联系,为举办研讨会提供资助、基础设施及后勤保障;专家团,由对发生冲突地区有研究的专家,以及在冲突解决方式方面有研究的专家组成,职责是运用他们的专业知识和技能,在组织和领导研究会及相关的活动时提供指导;冲突双方的代表团,由交际广泛、有影响力的冲突双方的代表组成,他们与办公室保持密切联系,并向办公室提供适当的行为,或对办公室提供的计划进行评估。他们本身参与研讨会,或向研讨会推荐与会代表。①

(三)费舍尔的第三方咨询模式

同样对第三方咨询方式有着深入研究的还有费舍尔(Ronald J.Fisher)。早在 1972 年,他就提出了第三方咨询的概念,以统称上述诸多学者所做的冲突理论和实践工作。第三方咨询包括咨询的准备工作、咨询过程、咨询的后果,以及咨询的支持。与科尔曼相比,除了在冲突双方的选择、第三方身份的确定,以及会议的日程方面有相似之处外,还具有如下特色:

他的眼光已经不仅仅局限于国际上的族群冲突,而是关注到所有的冲突,包括企业、族群、警察和居民,等等。同时,随着研究的深入,他对咨询的定位更加准确。他认识到咨询和调停的差别:两者都要求第三者公正,同时

---

① Herbert C. Kelman, The Role of the Scholar-Practitioner in International Conflict Resolution, *International Studies Perspectives*, 1, 2000, pp.285–286.

拥有相关的知识和技巧,但调停所需要的知识在于促进双方冲突的解决,或达成一致意见;而咨询在于共享情感和知觉,强调冲突双方人际关系的改变,在于能够赢得彼此的尊重和信任。同时,调停,包括仲裁都对过程的研究不感兴趣,而咨询的重点在于过程。①

同时,对第三方咨询的发展,费舍尔也有着清醒的认识,他发现第三方咨询存在三方面的缺陷:其一,实践方面,对与会冲突双方人员研究较多,但如何选择,以及培训咨询专家的研究却相对较少。其二,理论方面,需要从规范的理论发展为科学的和预测性的理论,这就必须对第三方的知识、实践和方法进行评估。其三,多数过于依赖案例研究,缺少量化研究。他提出,针对不同的变量,应该涉及不同的条件和结果。②

基于上述思路,1991 年,费舍尔和凯斯利(L. Keashly)发表文章,提出了第三方介入的权变模式(A Contingency Model of Third Party Consultation)。权变方法指不同的主观和客观的结合,使冲突的解决方式处于动态之中,根据不同情况运用不同的方式。如果客观因素占主导,第三方力促双方达成妥协或提供谈判;如果主观因素占主导,第三方以解决问题为主。他们指出,没有一种方法能够应对所有或大部分的冲突,哪一种方法能够运用,关键在于判断冲突升级和缓解。冲突的不断升级经历了四个阶段:谈判、极化、隔离和毁灭。从第一到第四阶段,是由讨论到暴力,向非人性感觉的递增,信任的递减,从双赢到零和,从共同决策到毁灭。他们认为,某种调节的失败在于所运用的方式不当,或者仅仅依赖一种方式。具体来说,在第一阶段,关键的变量在于双方交流的质量,要促使双方清晰的和开放式的交流。在第二阶段,冲突升级,咨询成为最合适的方法。目的在于改变歪曲的知觉、负面的态度和不信任。之后是官方的调停开始发挥作用,针对双方争议的议题进行调解。咨询具有前调停的功能。在第三阶段,防御性竞争和敌意是主题,应以仲裁和强制调停为主。在第四阶段,双方试图毁灭双方,此时应该采取保持和平的方法。由此看来,第三方咨询只是适用于前两个阶段,而对于第三和第四阶段来说,第三方咨询的方式是不适宜的,这两个阶段中,冲突已经不是缺

---

① Ronald J. Fisher, Third Party Consultation as a Method of Intergroup Conflict Resolution: A Review of Studies, *The Journal of Conflict Resolution*, Vol.27, No.2, 1983, pp.304–305.

② Ronald J. Fisher, Third Party Consultation as a Method of Intergroup Conflict Resolution: A Review of Studies, *The Journal of Conflict Resolution*, Vol.27, No.2, 1983, pp.326–329.

乏沟通、交流的问题,根本的利益冲突在主导着双方。以塞浦路斯为例。最初英国、希腊和土耳其三国采用权力调解的方式。在第一和第二阶段,安抚和咨询其实最合适。在第三和第四阶段,划线而治,并在联合国的强制下,采取的方法是正确的,但并没有其他的外交方式相补充,权力调解,过渡到单纯的联合调解。[1]

(四)评价与启示

第三方咨询究竟在解决冲突中具有什么地位? 科尔曼对此有着清醒的认识。他曾经和费舍尔联合发表文章,对谈判和调停作了解释,并与第三方咨询作了比较。在他们看来,谈判是冲突的双方通过讨论,解决不相容的(incompatible)目标,达成的协定会指导和节制双方将来的行为。调停是中立的第三方介入冲突的过程,为冲突各方提供交流的平台,帮助发现新的解决路径,增加新的资源,以及施加压力。第三方咨询方式则是解决谈判和调停所无法解决的问题,这种方法更多着眼于冲突双方的相互理解,而不是首先关注解决问题的办法。[2]

由此可以看出第三方咨询的优势所在。以前的解决冲突的方式直面冲突本身,但往往忽略了导致冲突的背后的原因。具体来说,冲突不仅仅是利益问题,利益背后往往存在更深层次的心理问题。解决冲突不仅在于协调冲突双方的利益,而且在于相互的理解。相对于谈判和调停仅仅局限于官方相比,该方法的视野更为开阔,关注的是民间在外交方面的作用。但是这种关注又不是盲目的关注,而是注意到那些民众当中的精英,能够对政权施加影响,或者引导公众舆论,从而最终影响政策的改变。

第三方咨询的这种特质决定了与当前学者们介绍的第三方干预方式的差异。首先,干预与不干预的区别。第三方干预是"冲突双方在谈判失败之后,与冲突没有直接利益关系的第三方通过各种手段和措施进行调停和斡旋,以实现冲突平息及其冲突和解的过程"[3],而第三方咨询并不是直面冲突本身、寻求化解冲突达成一致的办法,也不会对冲突双方提出具体建议施加

---

[1]　Ronald J. Fisher & L. Keashly, The Potential Complementarity of Mediation and Consultation within a Contingency Model of Third Party Intervention, *Journal of Peace Research*, Vol.28, No.1, 1991, pp.35–41.

[2]　Herbert C. Kelman & Ronald J. Fisher, Conflict Analysis and Resolution. In David O. Sears, Leonie Huddy, Robert Jervis eds., *Oxford Handbook of Political Psychology*, Oxford University Press, pp.328–335.

[3]　徐祖迎:《公共冲突管理中的第三方干预》,《理论探索》,2011 年第 2 期。

压力，而是类似于一种辅助机制，为谈判或调停取得理想效果进行铺垫，创造出最适合的主观和客观环境，也就是冲突双方主观情感上相识包容、客观上信息对称、表达充分。第三方咨询的研讨会通常适用于冲突升级过程中的前期阶段，可以在谈判前或谈判、调停的过程中定期召开，增进冲突双方的沟通交流。其次，非程序与程序的区别。第三方干预只是强调了干预主体的差异，认为权威第三方能够平息冲突，而非权威第三方能够化解冲突。[1]而第三方咨询的主体通常来说是具有权威性的，一般来说由大学里有名望的教授领衔。更重要的是，第三方咨询研讨会的实施原则、与会人员和具体流程非常严格。最后，非心理与心理的区别。第三方干预以平息、化解矛盾为主要目标，第三方咨询理论要达成的目标则更为长远，它要解决的往往是冲突背后的原因，也就是更深层次的心理问题，它将增进冲突双方的理解互信为关注点，着眼于共享的情感和认知，在相互充分表达需求或顾虑的前提下建立尊重和信任。

三、前景理论

对经济人行为的考察始终是经济学关注的热点之一。在诸多理论中，占主导地位的是预期效用理论（Expected UtilityTheory），该理论 1738 年由柏努利（Bernoulli）提出，认为不同的选择会导致不同的结果，在这些结果的概率是已知的情况下，人们会根据预期效用最大化原则平衡每种结果，最终选择最高权重者。[2]

（一）前景理论释义

但至 20 世纪 70 年代，有学者对此理论提出了挑战，其中影响最大的是前景理论（Prospect Theory）。该理论由丹尼尔·卡尼曼（Daniel Kahneman）和阿莫斯·特沃斯基（Amos Tversky）于 1979 年提出，认为个体对结果的评估与参照点相关，而不是与净资产的水平相关，即对参照点的认同是一个关键的变量，在得失的权衡中，更加注重损失，在收益的情况下规避风险，而在损失

---

[1]　徐祖迎：《第三方权威在冲突化解中的作用、条件及其限度》，《长白学刊》，2011 年第 2 期。

[2]　Jack S. Levy, An Introduction to Prospect Theory, *Political Psychology*, Vol.13, No.2, 1992, pp. 171–186.

的情况下接受风险。具体来说,前景理论有以下六种观点:其一,人们倾向于按照得失而不是净收益考虑问题,得失是以某个参照点为依据的。其二,人们对待得失不同,在收益时规避风险,在损失时接受风险。其三,损失的影响效果要大于收益的效果,讨厌损失大于所获得的,这意味着在得失均等的情况下,人们更愿意维持现状。由于损失厌恶效应的存在,当个人一旦拥有了某项物品,那么他对该项物品价值的评价要比未拥有之前大大增加,这就是禀赋效应(endowment effect)。其四,参照点的选择,或者说对一个问题的框架,对于决策很关键。这直接决定着对得和失的评估,未达到参照点即为损失,达到或超过即为收益。其五,过于重视确定性的结果,称为确定性效应;过于重视小的概率,而对中等和高概率重视不足。在不确定性结果中,极端可能的结果,人们往往把它视为确定性,称为虚假确定性。接近于 0 或 1 的概率变化远大于中等概率相同的变化,称为比率差异性原则(ratio-difference principle)。譬如如果花钱,灾难的概率将会从 0.1 降至 0,或从 0.2 降至 0.1,尽管降低的比率相同,但人们更愿意为前者花钱。①

前景理论的提出,在学术界引起了强烈的轰动,卡尼曼因提出该理论而获得 2002 年诺贝尔经济学奖。有学者对前景理论提出了批评,譬如彼得·卡纳维尔(Peter Carnevale)和迪恩 G. 布吕特(Dean G. Pruitt)就认为,框架并没有影响对危险的态度,相反他们认为谈判者对谈判对手结果的关注才是最重要的,即能否关注到对方的利益和诉求。具体来说,如果双方都不关注对方的结果,处于负面框架的双方很难妥协;相反,如果双方相互关注对方的结果,负面的框架就会追求双赢的结果,寻求两者的结合点。②尽管受到这样那样的批评,但是前景理论还是受到了学者的追捧,并得到了广泛的应用,这不仅体现在经济学领域,而且体现在管理学领域、政治学领域。

(二)前景理论在政治学中的应用

1988 年,特沃斯基与夸特罗内(Quattrone)合作发表文章,将前景理论的分析由经济领域转向了政治领域,探讨了框架的得失对选民心理的影响。他们设计了包括候选人、公共政策等一共 12 项议题,以斯坦福和伯克力的本

---

①   Daniel Kahneman & Amos Tversky, Prospect Theory: An Analysis of Decision under Risk, *Econometrica*, Vol.47, No.2, 1979, pp.263–292.

②   Peter J. Carnevale & Dean G. Pruitt, Negotiation and Mediation, *Annu. Rev. Psychol.* 43; 1992, p.556.

科生为样本进行了研究,结果他们发现在收益领域讨厌冒险,但在损失领域里接受冒险,而且对损失的敏感程度大于收益。在一般的社会条件下,选民不愿意冒险,对现任领导有利,而在困难的环境下选民就会抛弃现任者,选择挑战者。在 1981 年的选举中,选民出于对卡特当政时的经济环境的不接受,冒险性地投票给了里根。①

前景理论运用于政治领域最多的是有关领导人危机环境下的决策研究,首先将前景理论运用于此研究的是杰维斯,当时前景理论还不为多数研究政治学的学者所熟知。②他用人们在损失时会冒险解读领导的行为,认为领导可能为了掩盖一些微不足道的错误,而动用所有的资源,尽管可能事后掩饰的行为被发现将遭受更大的损失。水门事件即是如此,窃听的丑闻不足以让尼克松辞去总统,最后起决定作用的是他对此事的极力掩饰。杰维斯还用沉没成本解读战争,认为在从事一些计划时,决策者可能没有意识到诸多障碍,一旦在决策之初意识到,他们可能就不会开始此计划。但一旦他们花费了大量的时间和精力,即使意识到这些障碍,他们也不会就此放弃,而是一意孤行,希望获得成功。越南战争即是如此。

杰维斯探讨了战争可能发生的原因。在他看来,如果采取冒险的行为,会导致非常确定的损失,即使损失很小,也会极力维持现状(确定性效应)。相反,如果每方都相信,如果不战斗将会蒙受损失,战争最有可能发生。冲突的双方常常过分估计对方的敌意,相信自己一方只是为了避免坏的结果而冒险,把对方设想为仅仅为了收益,因此可能让步。这时,就会极力说服自己如果采取强硬的手段可能会成功,但这种设想只应用于寻求收益的国家,而面对那些害怕损失的国家,威胁和强制只能导致冲突的不断升级。作为领导者来说,在做出有关战争的决策时,如果维持现状,将会损害其权力和安全,就会冒险。相反,如果通过外交获得收益,即使通过战争能够获得更大的收益,也不愿意冒险。以萨达姆进攻科威特为例,当伊拉克面临困境时,科威特既不愿意放弃对伊拉克的债务,也不愿意通过石油减产使油价上升,同时萨达姆隐约感觉到美国预谋削弱他的权力,在这种情况下,经济恢复无望、地

---

① George A. Quattrone & Amos Tversky, Contrasting Rational and Psychological Analyses of Political Choice, *The American Political Science Review*, Vol.82, No.3, 1988, pp.719–736.

② Jack S. Levy, An Introduction to Prospect Theory, *Political Psychology*, Vol.13, No.2, 1992, pp. 171–186.

位不稳,使他感觉到如果不发动战争,他的地位将会持续恶化。决策者为了避免损失,容易打破战争的束缚。譬如朝鲜战争中的中国。相反,不会为额外的收益而采取进一步的行动。譬如印度对巴基斯坦的战争,以及普法战争等。

他提出了危机稳定的三个方面:其一,如果双方都感觉到要有损失,将面临巨大的危险,因为双方运用不同的视角和参照点,譬如中东危机时的苏美。其二,小的战争有可能导致大的战争,这种转换在十分确定的情况下不会攻击。但在避免损失的情况下,即使冒大的战争风险也可能攻击。其三,即使第一波攻击占优势,但可能面临报复,宁愿选择和平方式而不去攻击。这种反应受决策框架的影响。①

把前景理论与政治学研究相结合的还有杰克·S.莱维(Jack S. Levy),他用前景理论解释国际关系中的冒险行为。冒险通常发生在有损失的领域,一个国家可能会采取冒险的行为以防止现状的进一步恶化。在这里,他引用杰维斯的观点,强调了损失的事实,而不是损失的程度。损失不必大,小的损失也可能引起严重的后果。如果两个对手都感到自己处于危险状态下,可能情况变得严重,即面临着战争的可能。譬如1991年的美国和伊拉克。

互相面临损失而采取的冒险行动,也可能发生在变动的环境中。假设A和B两国产生领土争议,A攻击了B的部分领土,收益获得的心理调整要比损失的调整快。A很快适应了这种变化,并把领土的占领作为一种现状,作为参照点。B则把失去领土前作为参照点,试图收复领土,恢复旧有的状况,A则极力维持现状。这种不稳定状态,如果加之以错误的知觉,就可能使战争的危险加剧。即B认为A按照收益而不是损失来思考,错误地估计A会采取规避危险的行为。面对A释放出的攻击性的态度,B觉得很吃惊,认为他们是敌意在作怪而不是维护现状,由此导致冲突的不断升级。譬如1982年阿根廷占领马岛之后,英国的收复之战,以及伊拉克攻占科威特之后,美国的驱逐之战。

在此过程中,莱维认为时间是一个很重要的变量。如果既成事实越长,最初获益一方越可能将此作为新的现状,越抵制恢复原状,而损失一方就越难回到过去。一战前,奥匈帝国对王储被杀反应的迟钝降低了发动战争的合

---

① Robert Jervis, Political Implications of Loss Aversion, *Political Psychology*, Vol.13, No.2, 1992, pp. 187–204.

法性,框架的影响也是逐渐的而不是突然的。假设 A 国的逐渐强势是以 B 国
为代价的,两国在解决争议问题或领土时,对框架的界定就会出现差异:A 国
基于其势力不断上升的考量,可能把框架定在未来某点,凡是没有达到此点
的都可能界定为损失,并愿意采取冒险的行动;而 B 国则可能把现状作为参
照点,并采取规避危险的行动。莱维认为这点也可以解释暴力革命。譬如,很
多暴力革命不是发生在最困难时期,而是发生在物质利益的获得或地位的
提升低于预期之时。这是因为他们把将来的期望作为参照点,没有达到此参
照点即为损失,容易采取冒险的行动。

莱维同样把前景理论与威慑和谈判研究结合起来。即在收益的情况下,
在地位提升之时,运用威慑理论,会比在损失的情况下,地位下降之时更有
效果。但是威慑的作用即使在收益和地位提升的情况下也未必有效果,譬如
某国领导采取的进攻行为是由国内政治环境的恶化引起的。他认为在此情
况下,谈判会失败,即如果谈判的双方都把让步看成是对方收益、自己损失
时,就会让步很少,谈判会进入僵局。[①]

在参照点的设定中人们通常围绕现状构建,但有时他们也受期望的水
平、抱负的水平以及社会比较的影响,从而会选择不同的参照点。[②]艾瑞尔·S.
列维(Ariel S. Levi)与格伦·怀特(Glen Whyte)对日本偷袭珍珠港事件前,日
本的决策群体的心理进行了分析。日本偷袭珍珠港被认为是"战略的低能",
因为日本的各种武装力量及武器装备均落后于美国,同时决策者对战争的
胜利也没有信心,承认获胜的可能性极小,但是为什么还要发动对美的战争
呢?作者试图运用前景理论对此做出解释。但前景理论侧重于个体决策者的
分析,而当时的日本是共同决策方式。对此,他们认为,由个体的偏好推论群
体的偏好,同时群体的偏好对个体的决策也会产生极化效应(polarization ef-
fect)。日本决策制度是联席会议(内阁和最高司令部的成员组成)做战争决
策,然后召开帝国会议,向天皇论证决策的合理性。日本面临的困境是共荣
圈没有形成,遭遇美国的禁运,与美国的谈判(希望在中国和东南亚更自由)
无果。日本试图达到两个目标:共荣圈和避免与美国战争。当时的决策成员
分成强硬派和温和派,强硬派主张通过发动战争解决问题,温和派主张通过

---

① Jack S. Levy,Prospect Theory and International Relations:Theoretical Applications and Analytical
Problems,*Political Psychology*,Vol.13,No.2,1992,pp.283–310.

② Jack S. Levy,Political Psychology and Foreign Policy,In David O. Sears,Leonie Huddy,Robert
Jervis eds.,*Oxford Handbook of Political Psychology*,Oxford University Press,2003,pp.270–271.

谈判解决问题,最后后者与前者趋同。那么当时日本的参照点是什么? 以东亚共荣圈作为参照点,维持现状和退让都被看作损失。这两点强化了负的框架:美国的禁运使日本的势力日益削弱,现状日趋恶化;在追求目标的过程中已经付出了沉重的代价,占领领土的目标也没有完成,这些沉没成本(sunk cost)也被看作一旦放弃东亚共荣圈目标时的损失。因此日本面临三种选择:向美国让步,禁运解除,与美国战争的威胁将会消失,但日本停留在三流国家的水平;维持现状,但禁运导致日本的国力受损;发动战争,危险最大,但可能达到目标,避免损失。列维与怀特由此提出了五项假设:假设一,群体依赖参照点做出是否对美国作战的决定,参照点作为群体判定损失的框架。假设二,赞成高风险的观点,与赞成低风险的相比,包含更高比例的与共荣圈相关的观点。假设三,与讨厌冒险的决策者相比,冒险的决策者发表更高比例的与低于参照点的感觉相一致的观点。假设四,在参照点框架决策为负的情况下,与最初讨论支持的决策相比,群体决策反映了更加冒险的选择。假设五,讨厌冒险与冒险的决策者相比,联席会议上的分歧比帝国会议上的分歧更大。通过研究 1941 年 7 月 2 日至 12 月 1 日所有的会议讨论记录,尤其是关注决策的讨论,他们得出的结论是,参照点和日本决策群体做出冒险决策间存在相关性。决策者把框架设定在了东亚共荣圈,对现状的讨论成为做决策的主导,而成功概率的考虑成为次要的。尽管发动战争可能面临失败,危险最大,但也可能借战争初期的成功,逼迫美国让步,可以说这是达到参照点的唯一方式。当然,日本的共同决策机制,也使这种冒险倾向加重,形成了群体思维,没有人对这种冒险行为提出反对意见。①

1992 年,《政治心理学》杂志专门就前景理论在国际关系中的应用问题发表了一组文章。其中,麦金纳尼(Audrey McInerney)用前景理论分析了六日战争中苏联对叙利亚的支持。一方面,苏联在埃及和叙利亚散播以色列陈兵边境的假消息,造谣说战争迫在眉睫,但另一方面又害怕中东的局部冲突可能导致与美国的直接对抗,不希望爆发战争,但为什么还要冒险支持叙利亚呢? 1966 年,叙利亚发动政变,推翻了时任复兴社会党的领袖阿明-哈菲兹,阿萨德和贾迪德掌握了政权。新的复兴社会党更加激进,与苏联的意识

---

① Ariel S. Levi & Glen Whyte, A Cross-Cultural Exploration of the Reference Dependence of Crucial Group Decisions under Risk:Japan's 1941 Decision for War, *The Journal of Conflict Resolution*, Vol.41, No. 6,1997, pp.792-813.

形态接近。按照作者的研究,苏联把亲苏的叙新政权作为参照点,在于其禀赋效应,即与新政权的关系发展良好,很快就把旧政权抛掉。但在战争发动前,这种现状面临恶化。其一,美通过支持以色列在中东的势力逐渐增强,在超级大国的对峙中苏联处于劣势。其二,面临来自中国的威胁。叙新政权与中国的意识形态更接近,比苏联更极端,复兴社会党内部存在着亲中派。其三,叙国内政局不稳,政权内部对待与苏联的关系存在分歧,同时国内反对之声此起彼伏,容易受到以色列的攻击。因此,发动战争是在损失的领域做出的,容易冒险。具体来说,苏联希望通过支持叙利亚的战争,削弱西方在中东的影响,削弱中国在叙的影响,强化苏联在中东的影响力,强化与叙利亚的关系,稳定叙利亚新政权。①

　　马克·L.哈斯(Mark L. Hass)用前景理论解读了古巴导弹危机,他认为,前景理论能够更好地解释导弹危机中的主要事件。按照他的解释,赫鲁晓夫在古巴部署导弹是在损失的领域做出的,主要有以下因素:一方面,美国与苏联间存在的导弹巨大优势,苏联生活水平的停滞,美国可能进攻古巴,以及中国谋求在世界共产主义运动中的领导地位。苏联在国内经济上面临着巨大压力导致对他的批评声不断,同时在国际的竞争中也处于劣势,地位不断恶化。另一方面,赫鲁晓夫也意识到在古巴部署军事力量获得成功的概率不高,在导弹运输和部署过程中都可能被美国发现,专家和顾问也多次对他提醒,同时他也意识到一旦被发现,肯尼迪的反应肯定是带有敌意的和攻击性的。总之,在现状不断恶化的情况下,成功的概率低,但如果在古巴部署成功,上述的损失都可能恢复,即国内局面得以稳定,美苏军事对峙劣势得到缓解,古巴政权得以稳固,国际声誉提高等。因此,值得去冒险。赫鲁晓夫的决策符合前景理论的预测。肯尼迪的反应也是在损失的框架下。作者认为,摆在肯尼迪面前的有三条路:接受现状,不回应;协商解决,辅之以军事威胁;立即采取军事行动。接受现状、不强硬回应将导致在国内、个人及世界声誉上的损失。作者认为,在危机中,不应该单纯考虑军事的影响因素,包括肯尼迪在内的美国多数决策者认为部署在古巴的导弹的危险性可以忽略不计,但是带来的其他恶果是肯尼迪不得不考虑的。具体来说是国家、个人及世界声誉的损失。尤其是古巴对于肯尼迪来说具有独特的意义,袭击古巴的

---

　　①　Audrey McInerney, Prospect Theory and Soviet Policy Towards Syria, 1966–1967, *Political Psychology*, Vol., 13, No.2, 1992, pp.265–282.

猪仔湾事件失败成为肯尼迪的阿喀硫斯之踵(Achilles' heel)。①而且不强硬回应,可能导致赫鲁晓夫利用其弱点进攻柏林,进而发动世界大战。第三条路径立即采取军事行动,代价也是沉重的,可能导致美苏直接对抗,美国进攻古巴,但苏联会以进攻柏林来还击,从而爆发世界大战。按照肯尼迪及决策成员的判断,这两条路径都会带来苏联的军事行动,这种非常确定的结果符合前景理论的预期。即在概率估计接近确定的情况下,人们很有可能低估其后果,或高估其产生的影响。一旦发生这样的情况,人们在损失领域的操作中会高估负面结果的前景,使其变得无吸引力,从而最终放弃此选择。最终他选择了不太危险的第二种方式回应。②

罗斯·麦克德莫特(Rose McDermott)对伊朗人质事件中卡特的决策进行了分析。伊朗人质危机发生后卡特可按照风险等级从低到高做出五种选择:静观其变,政治和经济制裁,营救使命,港口布雷,军事打击。第一种做法是静观其变,不激化伊朗,避免人质进一步伤害。但政治风险大,会造成总统无能的政治形象,引起国内的愤怒和挫折感,同时受制于对方。第二种做法对伊朗进行制裁在政治和军事上不是特别危险。但与伊朗并无直接的外交关系,通过协商解救人质无果,而政治和经济制裁也没有起到应有的效果。第三种做法是直接秘密营救。如果卡特成功,美国的国际信誉得到挽救,可回到原来的参照点。但决策成员均认为风险高,完全成功率低。第四种做法在伊朗的港口布雷,在政治上的危险是,不亚于宣战,会打击伊朗的进出口,也可能招致苏联的介入。在军事上可控,但政治上会点燃该地区,更重要的是不直接与解救人质相关。第五种做法是全面军事打击,在政治和军事上都存在风险,而且也不直接与解救人质相关。按照作者的解释,当时的卡特面临的形势是:在国际上,革命后的伊朗不愿意直接与其谈判,盟国对解救人质的失望导致美国声望和信誉的下降。国内,受欢迎程度下降剧烈,为再次当选进行的党内初选也遇到了挫折,给人留下了外交太软,缺少激情的形象,同时与国会的关系恶化。可以说卡特面临着国内外危机,在损失的领域所做

---

① 阿喀琉斯,是凡人珀琉斯和仙女忒提斯的儿子。在他刚出生时母亲将其倒提着浸进冥河,练成了"金钟罩",遗憾的是,脚后跟被母亲捏住没有被水浸泡,全身留下了唯一一处"死穴"。后来,在特洛伊之战中被人用箭射中脚踵而死。后人常用"阿喀琉斯之踵"譬喻:即使是再强大的英雄,也有致命之处。

② Mark L. Haas, Prospect Theory and the Cuban Missile Crisis, *International Studies Quarterly*, Vol. 45, No.2, 2001, pp.241–270.

决策,尽管与其人道主义思想相违背,但一旦营救成功,上面损失即可恢复。当然,风险也是存在的,要求解救过程中环环相扣,出一点差错就会导致失败,失败的后果也是可怕的,不但影响美国的声誉,也直接影响卡特的再次当选,事实证明了后者。①

(三)前景理论应用于政治学中遇到的批评

当然,前景理论在政治学中的应用也存在一些问题。

首先,就研究方法而言,实验的方法能否运用于政治学和国际政治的研究? 列维对此提出了疑问。与实验中结构性的选择相反,外交决策中面临大量的非结构性选择,很少明确性地包括一个是危险性的,另一个是没有危险的选择,有可能选择都具有危险性,但哪一种更具有危险性却很难衡量。而且多数情况下决策是非确定性的,而不是危险性的。同时,一项决策结果的产生,不仅受制于决策者自身的主观性,而且受国内的官僚体制、政治环境的影响,以及对其他国家,甚至是未来因素的考量。总之,他认为运用实验方法验证前景理论的条件很难满足。②1997 年,莱维发表文章,继续对前景理论进行探讨。他重申了实验方法在前景理论解释国际问题上并不适用,主要在于实验的环境在国际环境中无法重复,面临的选择是复杂的、多样的,选择的危险性无法通过实验来评估。最重要的就是参照点的选择,实验的环境是静态的和非互动的,而领导所面临的环境正好相反,因此通过实验很难确定参照点,这将会影响后面的一系列假设。③

其次,框架的分析忽略了框架的来源和参照点的确定。莱维认为,多数有关前景理论的研究聚焦于框架的分析,只关注框架的影响,而没有关注框架的来源,没有注意到个体的决策者为什么选择一个参照点而不是另一个。④

①　Rose McDermott,Prospect Theory in International Relations:The Iranian Hostage Rescue Mission,*Political Psychology*,Vol.13,No.2,1992,pp.237-263.

②　Jack S. Levy,Prospect Theory and International Relations:Theoretical Applications and Analytical Problems,*Political Psychology*,Vol.13,1992,pp.283-310.

③　Jack S. Levy,Prospect Theory,Rational Choice,and International Relations,*International Studies Quarterly*,Vol.41,No.1,1997,pp.87-112.

④　Jack S. Levy,Political Psychology and Foreign Policy,In David O. Sears et al.eds.,*Oxford Handbook of Political Psychology*,Oxford University Press,2003,pp.270-271;Rose McDermott,*Political Psychology in International Relationships*,The University of Michigan Press,2004,pp.69-75.

麦克德莫特围绕参照点提出了一系列问题,譬如什么时候以现状作为参照点,什么时候由现状转换为期望和抱负,现状和参照点在现实世界的考量中是什么关系?[1]

最后,前景理论很少考虑情感的作用。前景理论产生于20世纪70年代,作为一种认知的研究,受当时冷认知占据主导地位的影响,忽略了对情感的关注。麦克德莫特指出,未来的研究应该把对情感的考量整合进前景理论的研究中。[2]

(四)对前景理论的发展

在批评前景理论的同时,一些学者试图在寻求前景理论与政治学整合的过程中,发展前景理论。

如何避免过去实验室研究的不足,使前景理论更好地与领导的心理研究结合起来呢?列维提出了一些建议。他认为如果是在一个领导占支配地位的政体中,可以直接运用前景理论进行分析,但是如果是领导群体作决策,他提出把前景理论与官僚政治相结合,探讨决策成员的喜好,以及他们的相互影响。在战略互动方面,前景理论也能够发挥自己的作用:在宏观层面,可以依据前景理论构建战略互动理论,譬如"行为博弈理论"就是此方面的尝试;在中观层面,探讨国家间的谈判行为;在微观层面,探讨框架的相互影响,决策者利用前景理论使自己得利,使对方让步等。[3]

在前景理论的运用中,关键在于如何确定参照点,以及随之而来的对于得失的考量。但是在政治学和国际关系中,在实际的决策中面临着大量的模糊性局面,那么如何进行操作呢?有两位学者做出了有益的尝试。

巴瑞·奥尼尔(Barry O'Neill)认为在国际关系中,许多情况是无法用量化来完成的,如何来评估对冒险的态度呢?他提出了两个概念:一是比较性的讨厌冒险(comparative risk aversion),指出讨厌冒险的程度,但是并不明确说明零参照点。即两对决策者面临的决策是"相同的",他们的结果危险与否

---

[1]　Rose McDermott, Prospect Theory in Political Science: Gains and Losses From the First Decade, *Political Psychology*, Vol.25, No.2, 2004, pp.289–312.

[2]　Rose McDermott, Prospect Theory in Political Science: Gains and Losses From the First Decade, *Political Psychology*, Vol.25, No.2, 2004, pp.289–312.

[3]　Jack S. Levy, Prospect Theory, Rational Choice, and International Relations, *International Studies Quarterly*, Vol.41, No.1, 1997, pp.87–112.

可以进行相应的比较,即胜利与胜利、失败与失败、妥协与妥协比较,通过比较显示谁更讨厌冒险。二是多属性冒险态度(multiattribute risk attitude),与前者相比,并不寻求讨厌冒险间程度的比较,而是把讨厌冒险与接受冒险在绝对意义上区分出来。之所以称之为多种属性,在于它需要的结果包含两种或以上的维度。譬如 1/2 概率同时得到汽车和游艇,1/2 概率什么也没有得到,或 1/2 概率只能得到汽车,1/2 概率只能得到游艇。选择有或无就是多属性的冒险,选择明确得到一种就是多属性的讨厌冒险,看不出以上区别的就是多属性的中立。在考察冒险时,作者认为应该综合冒险和讨厌冒险的属性来考虑,这被称为综合收益(joint receipt)。比如,一位学者去瑞士讲学,并在此地休假一周,高讲课费与高消费相比较,他并不感觉损失。然后作者将此运用于国际关系中的研究中,以卡特对伊朗国王的态度转变为例。有学者认为变化的因素在于国王的病情,而作者加上自己的解释:卡特是出于下届当选的考虑。最后,他指出,对危险的接受可能不是由于战争,要注意国家安全与其他目标的结合,譬如与人道主义,或宗教的结合,因为决策者有可能因为宗教或伦理的原因接受冒险。[①]

杰弗里·贝雷吉基安(Jeffrey D. Berejikian)在对得失的考察中,把威慑与前景理论结合起来,提出了一种操作模式:

表 10-1　威慑与决策框架间的关系

威慑的可信度	决策框架	
	收益	损失
高	成功　　　　成功	失败　　　　失败
低	成功　　　　失败	失败　　　　失败

在他看来,前景理论运用于国际关系的研究时,不需要进行量化的操作,只需要在序列的比较中提供坚实的证据即可,需要两步:其一,确定框架,根据框架确定得失;其二,确定哪一种包含更大的风险。假设某国面临 A 和 B 两种选择,A 如果成功,结果最好,但如果失败了,则结果最差;B 最好的

———
①　Barry O'Neill, Risk Aversion in International Relations Theory, *International Studies Quarterly*, Vol.45, No.4, 2001, pp.617-640.

结果不如 A 好,最差的结果不如 A 差。我们仅需要证据证明 B 更有可能成功,A 更冒险,即 B 的成功概率高。在前景理论下,我们预期选择 B 在收益的领域,选择 A 在损失的领域。不是需要确切的量化研究,只需要指出两种选择的相对权重即可。[1]

有关情感与前景理论的结合,学者们也进行了研究。巴巴拉·法汉姆(Barbara Farnham)分析了 1938 年慕尼黑危机时罗斯福前后两次不同的反应。1938 年 9 月 13 日—22 日为第一阶段,对欧洲战争走向的判断有波动,但不介入的态度没有变。9 月 23 日—29 日为第二阶段,罗斯福先后两次写信给危机各方,力劝各方进行协商。为何经历前后两次的变化,根据前景理论的解释,第一阶段的决策是在收益的领域做出的,而一旦挑战现状,出面进行干预,一是可能面临干预的失败,二是可能面临国内孤立主义的反对。第二阶段是在损失的领域做出的,尽管对战争结果的评估、战争发生的概率及干预的危险等都没有改变,认为战争已经迫在眉睫,但是逐渐把战争的损失解释为美国的损失,战争的危机也就是美国的危机,最终变成对危险的接受。在这篇文章中,最具特色的是对框架改变的解释。前景理论的许多结论大多是在实验室得出的,只关注到结果但没有分析到原因。根据作者的解释,罗斯福框架的改变是由情感引起的。由战争临近所导致的情感的紧张,对欧洲民主国家的同情,对希特勒傲慢回复的愤怒,[2]以及美国驻欧洲的一些大使的情感交流。正是同情民主国家使美国站在了英法国家一边,由此改变了认知的框架,同时框架的改变也强化了对民主国家的情感,使美国由危机的旁观者变成参与者。[3]

四、国家形象理论

国家形象理论(image theory)于 20 世纪 50 年代末提出。当时正值冷战时

---

[1] Jeffrey D. Berejikian, Model Building with Prospect Theory: A Cognitive Approach to International Relations, *Political Psychology*, Vol.23, No.4, 2002, pp.759-786.

[2] 按,罗斯福的信件是以通电的形式发出来的,批评希特勒让整个欧洲都感受到了德国的威胁,告诫希特勒不要发动战争。希特勒公开讲话,不但讽刺罗斯福是小儿麻痹患者——"连房间都走不出"——不了解真相,而且批评美国是世界警察。

[3] Barbara Farnham, Roosevelt and the Munich Crisis: Insights from Prospect Theory, *Political Psychology*, Vol.13, No.2, 1992, pp.205-235.

期,在国际关系的研究中强调国家实力的现实主义理论大行其道,但却忽略了对人们心理的考察,一些学者,譬如汉斯·摩根斯等认为,国家的实力是最重要的,但人的心理是不重要的。赫尔曼与菲斯凯勒(M. P.Fischerkeller)对此提出了批评,在他们看来,实力和环境仅仅对领导的外交决策做出了限制,但是国家实力和环境并不能导致决策路径的唯一性,决策者的人格和心理过程会使决策的结果出现很大的差异。[①]两位学者的观点很明确,实力很重要,客观条件也重要,但领导人的心理会使领导的选择呈现多样性。可以说,国家形象理论的研究,是针对国际政治理论研究所存在的问题而出现的。

国家形象理论是国际政治心理学中一种非常流行的理论。最早对形象理论进行研究的是博尔丁(K. E.Boulding)。在他看来,形象是对行为部分(behavioral units)总体的认知、情感和评估结构。[②]这里的行为部分实际上指国家。之后,斯科特(W. A. Scott)对"形象"一词进行了更为详细的解释:一个国家的形象,包含了人们对该国进行思考时,认知(或想象)的总体属性,在抽象的含义上来说,包括了认知、情感和行为三方面。其中,认知的属性是首要的和基本的。情感部分体现为喜欢与否,通常与支持与否相关。行为部分是根据知觉到的属性所进行的一系列的回应。[③]"image"既可以译成"形象",又可以译成"印象"等,同时"image"的对象是特定的,是有关他国的印象。因此,国家形象理论,通俗来讲,是指一个国家的精英和民众对其他国家的印象。

那么究竟如何对形象进行定位呢? 有学者把其归入刻板印象。霍尔斯蒂(O. R. Holsti)对美国国务卿杜勒斯进行研究时,把国家形象等同于刻板印象,认为杜勒斯拥有的对苏联的形象是不变的。[④]有学者把国家形象归入图式的一种。按照赫尔曼等的观点,国家的形象也是图式化的,譬如把一个国家视作敌人,如果知其文化上和实力上与本国相当,就会断定该国对本国形

---

①　R. K. Herrmann & M. P.Fischerkeller,Beyond the Enemy Image and Spiral Model:Cognitive–Strategic Research after the Cold War,*International Organization*,Vol.49,No.3,1995,pp.415–450.

②　K. E. Boulding,National Images and International Systems,*The Journal of Conflict Resolution*,Vol.3,No.2,1959,pp.120–131.

③　W. A. Scott,Psychological and Social Correlates of International Images,In H. C. Kelman ed.,*International Behaviour:A Socio-Psychological Analysis*,Holt,Rinehart & Winston,1965,pp.71–103.

④　Ole R. Holsti,The Belief System and National Images:A Case Study,*The Journal of Conflict Resolution*,Vol.6,No.3,1962,pp.244–252.

成威胁。①更多的学者把形象归入启发的一种。一旦人们具有了某种形象,就代表着对世界的简化和秩序的构建,成为人们判定国际关系的重要依据。②

综上所述,国家形象可以通俗理解为人们对其他国家的印象,但又不是简单地与印象相同。它是长期以来形成的稳定的、呈系统的印象。一旦具有了这种印象,就会简化人们对世界的理解,成为一种认知的捷径。它有以下三个特点:其一,他者形象的研究。该理论考察一个国家的精英和民众对其他国家的形象的认知,而对本国形象的认知不属于国家形象理论研究的范畴。其二,政治心理学或国际政治学的研究。国家形象理论主要是一种政治心理学的理论,确切地说是国际政治心理学的理论。与国际关系中强调国家实力、文化等不同,国家形象理论仅仅是把这些看作是影响心理的因素,是为人们的认知服务。其三,可操作性。国家形象理论注重理论与实践的结合,具有极强的操作性。根据国家实力、机遇、文化等,国家形象可分为不同的类型,这些国家形象又与不同的国家决策行为密切相关。

(一)国家形象形成的宏观环境

国家形象理论的形成有两大来源,一是宏观层面,学者们关注到国家的一些因素对受众的影响;二是微观层面,受众的成长环境和心理特质也会对宏观的环境做出反应,从而导致受众行为的差异。在对宏观环境的探讨中,学者们关注到国家的实力、文化及威胁性、机遇等诸因素的影响。

国家形象理论的研究始于 20 世纪 50 年代,受当时冷战思维的影响,研究对象主要是苏联,因与苏联的敌对关系,关注最多的是敌人形象。博尔丁认为,在考察本国和他国的形象时有几个重要的维度:一是领土的排他性;二是国家间的敌友关系;三是国家的强弱,既体现在军事、经济实力方面,也体现在对国家的忠诚和情感方面。③博尔丁的贡献在于提出了"形象"的概念,并提出了决定形象的几个维度,这为以后的学者所继承。尤其是对敌友的划分,国家实力的决定性因素等成为以后学者对国家形象进行归类的基础。

---

① R. K. Herrmann, et al., Images in International Relations: An Experimental Test of Cognitive Schemata, *International Studies Quarterly*, Vol.41, No.3, 1997, pp.403–433.

② R. K. Herrmann, Image Theory and Strategic Interaction in International Relations, In D. O. Sears, et al eds., *Oxford Handbook of Political Psychology*, Oxford University Press, 2003, pp.285–314.

③ K. E. Boulding, National Images and International Systems, *The Journal of Conflict Resolution*, Vol.3, No.2, 1959, pp.120–131.

冷战结束后，随着苏联的解体，两个超级大国对峙的局面已经不复存在。国家间的关系趋于多元化，国家间的形象研究也随之丰富起来。赫尔曼与菲斯凯勒扩展了形象考察的维度，突破了以往国家形象理论仅研究敌人形象的局限性。他们认为，这种局限性导致了只认识到国家的威胁在形象形成中的作用，没有认识到机遇在其中的作用。在他们看来，判断国家形象的第一个标准是判断他者是威胁，还是机遇、互相得利；第二个标准是国家相对的实力；第三个为文化的差异。由此他们把国家形象划分为五类：①敌人形象（enemy image），看作是威胁的，实力相当，文化差异不大；②没落的形象（degenerate image），可以获利的对象，实力相当，但文化腐朽；③殖民的形象（colony image），可获利方面存在巨大机遇，实力和文化上均处于弱势；④帝国主义形象（imperialist image），强烈的威胁，实力更强大，但文化上并无优越性；⑤同盟形象（ally image），互相得利的重要性超过了实力和文化的判断。①

之后，赫尔曼与同事把国家形象理论与图式理论结合起来，把国家形象归为图式。一旦人们的图式确定，在解释到来的信息时，就会与理想的刻板印象特征保持一致。国家形象理论主张情感越强烈，认知图式将越具有刻板印象，从而越能预测政策选择。在以前研究的基础上，他们增加了一种野蛮（Barbarian）的形象，体现为有威胁性的，但在文化上居于劣势。②他们对其中的四种形象（帝国主义和野蛮的排除在外）进行了详细的考察和解释，见表10-2 国家形象类型：

表 10-2　国家形象类型

判断标准	敌人	同盟	没落	殖民
土体对目标国动机的描述	动机被判定为邪恶的和不满足的。包括各个领域的巨额利益，譬如对经济、意识形态和公共部分的控制	经济关系中寻求相互的收益，共同合作以保护和改善全球的环境。利他和利己的动机共存	领导关注现状胜于未来。接受从旧日辉煌到现在衰落的事实，只是想让这种转变的痛苦更少些	善的力量：父亲式的领导者；进步的现代派；为人民的利益所驱使的民族主义者恶的力量：激进的、狂热的鼓动家；排外的种族主义极端分子；邪恶的独裁者；超级敌国的傀儡

① R. K. Herrmann & M. P.Fischerkeller,Beyond the Enemy Image and Spiral Model:Cognitive-Strategic Researchafter the Cold War,*International Organization*,Vol.49,No.3,1995,pp.415-450.

② R. K. Herrmann,et al.,Images in International Relations:An Experimental Test of Cognitive Schemata,*International Studies Quarterly*,Vol.41,No.3,1997,pp.403-433.

判断标准	敌人	同盟	没落	殖民
主体对目标国的实力的描述	如果侵略者遇到强烈的反抗,最终会显形为纸老虎,国家的实力看似坚不可摧,实际危如累卵	军事是防御性的,愿意执行政府的政策。大批的、爱国的民众愿意牺牲自己保护国家的自由和政府的制度。政府因受欢迎而增强了它的实力	国家外强中干,现有的国家机器大打折扣,不愿意积极自我防御或参与对抗	善的力量:善良的孩子需要指导;能够运用监视工具,但缺少训练有素者以操作和维护基础设施、技术和武器;组织涣散、无希望,成员无归属感,相信人的地位是先赋性的;儿童需要领导 恶的力量:无才能的儿童却因为拥有外在的支持和推荐而获得优势地位;恐怖分子的行径显示其缺少道德感;不成熟的教唆者,傲慢、闭塞,用口号和教条迷惑人;阴谋家,狡猾,擅长欺骗和搞恐怖;一些代理人成功的真正原因是与外国的主人有勾结
主体对目标国决策过程的描述	领导们因联盟而受限。同时能够实施复杂的、邪恶的计划	制度得到很好地组织和管理,但过于复杂,有时进展缓慢,因为在高级和复杂的社会中要传递到许多机构	决策混乱,甚至是无序的,国家缺少具有凝聚力的领导、严明的组织和纪律	善的力量:工作很努力但过于简单。无法有效地管理国家事务 恶的力量:需经过严格地自上而下的决策过程才能够组成训练有素的组织

资料来源:R. K. Herrmann, et al. (1997). Images in International Relations:An Experimental Test of Cognitive Schemata. *International Studies Quarterly*, Vol.41, No.3, p.411.

尽管上述学者把国家的实力、机遇和文化看作区分不同国家形象的维度,但与传统的现实主义、建构主义等理论还是有区别的,即这些因素在国家形象形成的过程中起了非常重要的作用,但是一旦领导或精英对某个国家具有了某种印象,这种印象就具有相对的独立性。如上文中我们在解释国家形象时所指出的,这种国家形象具有的启发即政治捷径的作用,在处理与该国的决策时,不再考虑国家实力、文化等因素,而直接按照已经拥有的印象进行信息处理。

(二)国家形象形成的微观环境

人们对一个国家形象的认知是外在的环境与内在的心理相互作用的结果,换言之是宏观环境与微观层面互动的结果。微观层面所面对的对象是行为体本身,包括个人接触的环境,以及个人的内在特质。个人的环境指个人直接和间接接触的环境。内在特质包括了个人的知识、人格、动机、认知和情感等,这些方面的差异,会导致对同一国家形象的差异。

1.个人的环境

个人的环境可以区分为直接和间接接触的环境。

间接环境的研究多从政治社会化的角度探讨的。早期对国家形象的探讨多把国家形象的形成归于人们成长的早期,归于家庭、学校、传媒等的作用。博尔丁认为,人们国家形象的形成始于童年时期,通过家庭的教育,以及学校的讲授和文字的传播而形成。[1]勒文(R. A. LeVine)认为,对他国的形象的认识来源于早期,早期接受的信息和早期的训练,家庭所培养的习惯等都会影响对其他国家的形象。[2]锡尔弗斯顿(B. Silverstein)也认为,多数美国人有关苏联是敌人的形象来自于他者,从儿童时期就接受了俄国人是讨厌的刻板印象,通过家庭、传媒、学校等机构接受了这些相关的信息。[3]这些早期接受的有关他国的印象,由于从小即开始培养,很容易形成刻板的印象,一旦形成就很难改变。

值得注意的是,与国内学者过于强调大众传媒的作用不同,西方学者只是把大众传媒作为影响国家形象的因素之一, 他们是在政治社会化的视角下展开对国家形象讨论的, 因此研究的视野要相对宽泛些。除了认识到家庭、大众传媒和学校的作用,他们还注意到事件的影响。与目标国相关的事件, 尤其是一些影响世界的重大事件在形成和改变人们对他国的国家形象中至关重要。多伊奇(K. W. Deutsch)和梅里特(R. L. Merritt)将对形象影响的

---

①　K. E. Boulding, National Images and International Systems, *The Journal of Conflict Resolution*, Vol.3, No.2, 1959, pp.120–131.

②　R. A. LeVine, Socialization, Social Structure, and Intersocietal Images, In H. C. Kelman ed., *International Behaviour: A Socio-Psychological Analysis*, Holt, Rinehart & Winston, 1965, pp.45–69.

③　B. Silverstein, Enemy Images: The Psychology of US. Attitudes and Cognitions Regarding the Soviet Union, *American Psychologist*, Vol.44, No.6, 1989, pp.903–913.

事件归为三类:第一类是恢宏的事件。这类事件自成系统且时间较短,人类无法控制,或者最初能够控制但最终无法控制。第二类是累积性的事件,时间长,可能持续几年,政府所起的作用是有限的。第三类是政府或大众传媒能够控制的事件。人们对国家形象的改变需要三类事件的相互影响。政府尽管不能控制前两者,但是可以利用前两者,形成叠加的影响。①

个人与目标国的直接接触也会有所影响,会导致人们对以前的印象进行重新思考,甚至导致最终的改变。直接的接触,主要表现为到目标国旅行,以及与目标国的人民交往,根据自己的经历形成对目标国的形象。②一般来说,人们根据亲身经历所得出的结论比从政治社会化的机构所接受到的信息及事件更有说服力,眼见为实,根据自己的所见所闻会调整自己对目标国的印象。但也要注意到其他因素对直接接触所产生的干扰。普尔(I. De S. Pool)详细考察了旅行与国家形象的关系。在他看来,旅行与国家形象的关系是复杂的:它涉及旅行的目的;旅行是首次还是多次,暂时还是永久居住在他国;与旅行中接触到的人的关系;当地文化与本国文化的差异;经历的舒适或艰难;希望与现实的距离等,这些都影响到对旅行国的喜欢与否,以及对其认知的影响是简单还是复杂。③

2.个人的特质

关于是环境还是个人的特质影响人们的行为,一直是心理学多年争论的一个话题。就在一些学者强调环境作用的同时,另外一些学者则强调了个人特质的作用。

究竟哪些个人的特质会有所影响呢? 斯科特(W. A. Scott)的归纳较为全面:一是信息和意识,即对他国拥有的信息越多,越可能把他国判定为仁慈和可合作的。二是个人安全感,包括三个变量:对生活的满意与否,由安全与

① K. W. Deutsch & R. L. Merritt, Effects of Events on National and International Images, In H. C. Kelman ed., *International Behaviour: A Socio-Psychological Analysis*, Holt, Rinehart & Winston, 1965, pp. 132-187.

② W. A. Scott, Psychological and Social Correlates of International Images, In H. C. Kelman ed., *International Behaviour: A Socio-Psychological Analysis*, Holt, Rinehart & Winston, 1965, pp.71-103.

③ I. De S. Pool, Effects of Cross-National Contact on National and International Images, In H. C. Kelman ed., *International Behaviour: A Socio-Psychological Analysis*, Holt, Rinehart & Winston, 1965, pp. 106-129.

否产生的对国家大事的乐观和悲观,对外来危险的焦虑。三是个人攻击性。个人的攻击性与国际态度相关,如种族主义、沙文主义、民族主义、排外等。四是个人的价值,或者说个人的道德理想,以此判断好坏、正确与否。[①]以后的学者探讨较多的是知识与价值。

斯科特认为,知识的多少与形象敌意的增减呈反比关系,知识越多,敌意越少。对此,锡尔弗斯顿却有不同的意见。他以苏联为例,发现美国人对苏联敌意的扭曲和知识的多少呈现一种倒 U 形的关系,知识很少的时候,具有部分敌意;随着知识的增多,敌意增加;知识最多时,敌意在减少。同时他也反对斯科特所提出的个人的安全感与攻击性、国家形象间的关系。在他看来,对苏联的敌意与个人的投射的需求之间尽管相关,但是很微弱。因为在现实的环境中,人们可能有许多投射的目标,譬如黑人、犹太人等。[②]

个人的价值与意识形态的关系得到了许多学者的肯定。其中,人们的信仰如果与他国所倡导的信仰不一致,就会导致对他国的敌意。霍尔斯蒂通过分析杜勒斯的言论,发现杜勒斯总体上认为苏联本质上是邪恶的,即把苏联看作敌人,苏联信仰的无神论、奉行的极权主义和共产主义的政策是他保持敌意的最重要因素。但与上述强调特质的学者不同,霍尔斯蒂在肯定个人信仰的主要作用的同时,也肯定了环境的作用。具体来说,尽管杜勒斯敌意的本质没有改变,但对苏联敌意的增减与苏联实力的强弱、成败密切相关,即杜勒斯敌意的增强与苏联外交的成功和实力的增加相关,敌意的减少与苏联外交的失败和实力的削弱相关。[③]

个体的认知也会对国家形象有所影响。有学者把社会认同理论、社会支配理论与国家形象理论的研究结合起来。社会认同理论指个人能够从自己所属群体中获得积极的身份,从而导致他们对该群体的认同。社会支配理论认为,人与人之间总是有差异的,社会存在着不平等,大体可以分为支配群体和从属群体。亚历山大(M. G. Alexander)等考察了社会认同、社会支配倾向与对美国的形象的关系。2001 年,他们通过对贝鲁特的美国大学的学生进

① W. A. Scott, Psychological and Social Correlates of International Images, In H. C. Kelman ed., *International Behaviour: A Socio-Psychological Analysis*, Holt, Rinehart & Winston, 1965, pp.71-103.

② B. Silverstein, Enemy Images: The Psychology of US. Attitudes and Cognitions Regarding the Soviet Union, *American Psychologist*, Vol.44, No.6, 1989, pp.903-913.

③ O. R. Holsti, The Belief System and National Images: A Case Study, *The Journal of Conflict Resolution*, Vol.6, No.3, 1962, pp.244-252.

行调查发现，社会支配倾向越低的大学生，在认同阿拉伯和巴勒斯坦的同时，越会把美国看作是野蛮的。①无论是精英还是民众在对本国和他国的认知中，通常都犯有基本的归因错误：把自己好的方面归于本性，坏的方面归于环境；把他国好的方面归于环境，坏的方面归于本性。怀特(R.K.White)指出，苏美两国人存在互为镜中形象的问题，即都采取黑白二分的思维方式，夸大自己的优点、对方的邪恶；把自己形容成是伟大的，对方是渺小的；自己是爱好和平的不是圣战者，对方的威胁来自于领导；都不相信自己让对方害怕，并认为自己的行为是防御。②

形象的形成与情感也有着密切的关系。赫尔曼与同事认为，过去对国家形象的研究中，对情感的关注不够。情感与形象之间应该是如下的关系：情感越强烈，认知图式将越具有刻板印象，从而越能预测政策选择。以对B国的敌人形象为例，随着对B国喜欢程度的下降，对B国的敌意程度也随之增加。③

综上所述，可以看出，国家形象的来源已基本清晰，可以分为国家的环境和个人的环境。在对个人环境的探讨中，有关个人特质与国家形象间的关系探讨最多，但也是论证相对混乱的领域，目前在这方面还没有形成较为一致的结论。

(三)国家形象与外交决策间的关系

由于国家形象理论是一种关于他者形象的理论，因此所涉及的决策多限于外交决策方面。形象与外交决策间的关系，可以区分为领导人和民众两类。

博尔丁最早指出了政治精英与民众，以及体制的差异对外交决策的影响。有权势者能够影响决策，因此他们对他国的国家印象对于国际关系有着

① M. G. Alexander,et al.,Image Theory,Social Identity,and Social Dominance:Structural Characteristics and Individual Motives Underlying International Images,*Political Psychology*,Vol.26,No.1,2005,pp.27-45.

② R. K. White,Images in the Context of International Conflict:Soviet Perception of U.S and U.S.S.R,In H. C. Kelman ed.,*International Behaviour:A Socio-Psychological Analysis*,Holt,Rinehart & Winston,1965,pp.238-276.

③ R. K. Herrmann,et al.,Images in International Relations:An Experimental Test of Cognitive Schemata,*International Studies Quarterly*,Vol.41,No.3,1997,pp.403-433.

重要的影响；普通民众对他国的印象对于国际领域的影响很小，甚至没有影响，但是民众的印象对于形成国内的公众舆论有影响，公众舆论则会影响领导的决策，这点尤其是在民主国家最为突出。而在独裁的国家，政治精英可以操纵民众的形象。[①]

特尔哈米(S. Telhami)除了重申博尔丁的观点外，还强调了公众舆论的作用，即使在独裁的国家，公众舆论也会对领导的决策施加影响。在非民主国家，尽管权力的取得不是一个民主的过程，但是公众的支持依然是其政权合法性的来源之一。以阿拉伯国家为例，这些国家政权的生存并不依赖于选举，而是依赖上台之后的表现。这种表现很重要地体现在公众的期望上，具体来说，支持阿拉伯民族的存在，信仰伊斯兰教，以及支持巴勒斯坦政权是各国合法性的重要来源。[②]

领导对他国的印象尽管能够影响外交决策，但也不是直接就能够反映到决策中的。这取决于两个方面的因素：一是领导本身所处的位置，以美国为例，总统在外交决策中比其他政治精英具有更大的发言权；二是政治决策者之间的关系，如果决策者之间的关系较好，而且意识形态相似，即使处于较低位置的精英，他的意见也能够反映到决策中。霍尔斯蒂发现，杜勒斯对美国外交政策的影响首屈一指，原因在于：总统杜鲁门对外交并不熟悉，与苏联尽管不断发生危机，但有关苏联的信息十分模糊，于是过分依赖杜勒斯，而杜勒斯的思想也与当时的公众舆论遥相呼应，以上因素使他对苏联的敌人形象在外交决策中有所体现。[③]

赫尔曼与菲斯凯勒则重点分析了决策者与国内反对派之间的关系，提出了领导人对他国的印象能够反映到决策中的三种情况：其一，领导拥有某种刻板印象，国内的反对势力弱，国家的形象将取决于领导人的印象。其二，领导和国内强有力的反对者对他国的印象存在差异，国家的形象取决于领导与反对者斗争的结果。其三，领导与反对者共享对他国的印象，领导对他

①　K. E. Boulding, National Images and International Systems, *The Journal of Conflict Resolution*, Vol.3, No.2, 1959, pp.120–131.

②　S. Telhami, Arab Public Opinion and the Gulf War, In S. Renshon ed., *The Political Psychology of the Gulf War: Leaders, Publics, and the Process of Conflict*, Pittsburgh: University of Pittsburgh Press, 1993, pp.183–197.

③　O. R. Holsti, Cognitive Dynamics and Images of the Enemy, *Journal of International Affairs*, Vol. 21, No.1, 1967, pp.16–39.

国的印象也能够体现为国家形象。①但即使是在同一届政府中,各个决策者的意见也会有所不同。罗斯蒂(J. Rosti)考察了卡特政府的主要领导人有关苏联的印象对于决策的影响。具体来说,卡特的印象是决定性的,但也受另外两个政府要员国务卿万斯和国务安全助理布热津斯基的影响。②

由此可以看出,领导对他国的印象对于决策的影响,因体制的不同而有所不同。在独裁的国家中,领导的意志很容易反映在决策中。在民主国家中,要受许多因素的制约,譬如政治决策者所处的位置,反对者对他国的印象,执政团队中对他国的印象是否达成共识。以美国为例,尤其是总统本身,卡特本人对他国的印象不但影响决策,而且他对团队内其他成员形象的态度直接影响着这些成员的他国印象对于决策的影响。杜勒斯对他国的印象也是因为总统的支持而在决策中有所体现。同时也要注意到,无论民主还是独裁国家,公众舆论的作用,不管是国内还是国际舆论都会对领导的决策有影响。

海湾战争的爆发,不但体现为军事上的对抗,也体现在国家形象的塑造上:刻意把对方妖魔化,把自己打扮成正义的化身。曼海姆(J. B. Manheim)以海湾战争各方为研究对象,提出了有策略的政治传播,即传播者根据人们的态度、偏好,文化趋势及媒体运用的方式等,运用相关的知识,根据受众对信息进行编排,最终最大限度地实现自己想要的效果。形象管理方法的运用包括媒体管理、群体组织、形象控制、游说等。他提出了一个议程动态模式,该模式包括三部分:媒体、公众和政策制定者。科威特是有效传播策略成功的实施国家。海湾战争时期,科威特在美国一家传播公司的帮助下,把自己原来落后的君主统治形象转变为被恶魔侵略的受害者。③

① R. K. Herrmann & M. P.Fischerkeller,Beyond the Enemy Image and Spiral Model:Cognitive-Strategic Research after the Cold War,*International Organization*,Vol.49,No.3,1995,pp.415-450.

② J. Rosti,Studying Images and Their Impact on Behavior:The Case of the Carter Administration,In L. O. Valenty,O. Feldman eds.,*Political Leadership for the New Century:Personality and Behavior among American Leaders*,Westport,Connecticut,Praeger,2002,pp.137-157.

③ J. B. Manheim,The War of Images:Strategic Communication in the Gulf Conflict,In S. A. Renshon ed.,*The Political Psychology of the Gulf War:Leaders,Publics and the Process of Conflict*. Pittsburgh:University of Pittsburgh Press,1993,pp.155-170.

(四)评价

国家形象是领导和民众对其他国家的印象，其中敌人和同盟的印象是两种主要的国家印象，也包括没落、殖民、帝国主义、野蛮等国家印象。人们对一个国家的印象既与该国的文化、实力，以及是威胁还是机遇相关，也与个人直接和间接接触的环境相关，同时也与个人的心理特质相关，可以用图将该理论各个因素间的关系标示出来(见图10-1)。国家形象理论存在诸多问题，首先要注意的是理论本身应用的局限性。尽管该理论以"国家形象"命名，但它只是关注国家形象的某一方面，具体来说是一个有关他国形象的理论，对本国的形象研究并不适合它的理论范围，与此相关，有关领导决策的探讨也主要与外交决策相关。对此我们必须有清醒的认识。其次，还要注意到国家形象理论内部的矛盾与冲突。

国家形象的研究强调人们的心理，尤其是决策者的特质影响政府决策的重要作用，并很好地实现了与国际关系三大理论中现实主义和结构主义理论的对接，在对他国印象的形成因素考察中，国家实力及文化即是分别借鉴了现实主义和结构主义的理论。国家实力和文化尽管对人们的心理有重要影响，但一旦对他国的印象形成，即有了某种稳定性，可独立于国家实力和文化而存在。

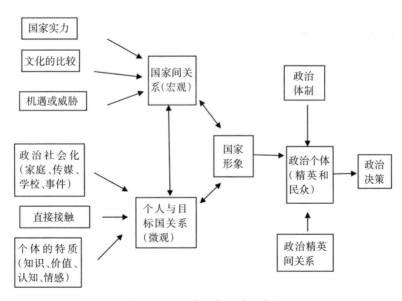

图 10-1　国家形象理论示意图

除了传统国际理论外，政治心理学的诸多理论和概念也构成了其重要的组成部分，譬如政治社会化的相关理论，群体间关系理论，以及认知、情感、特质等概念。但问题也由此出现：两种理论既有和谐的一面，也有冲突的一面。和谐的一面体现在政治精英在考察目标国的印象时，往往依据国家实力、文化和机遇等维度，在政治社会化的过程中，这些维度也是学校教育和媒体宣传的重要内容。但也有矛盾之处：

其一，利益与心理的冲突。在国家间关系的考察中，利益因素是最重要的考察指标，政治心理学尽管承认利益是重要的指标，但也把心理的满足放在了突出的位置上。譬如社会认同理论强调自我的价值得到提升，而人们的情感对利益的考察也会形成冲击，因此在利益的考量中会受到情感的干扰。反之亦然，政治心理学提出一些消除国家偏见的方法也受到宏观因素的制约。譬如，直接接触能够改变对目标国的印象，但直接接触的影响有限，即该方式改变不了人们对国家实力的认知，尽管对文化和机遇的认知会有所改观，但文化和机遇本身也有客观性的因素。

其二，国家形象与两种因素之间的矛盾。由上图可以看出，宏观和微观两大因素决定了国家的形象，但是一旦人们形成对某国的印象，就具有了某种独立性，就具有了认知的捷径。即当人们涉及目标国的决策时，可能会忽略为何会对该国有某种印象，只是根据已经形成的国家形象就做出了决策。

五、整合复杂性

整合复杂性(Integrative Complexity)研究最多的有两个代表人物：菲利普·F.泰特洛克(Philip E.Tetlock)和皮特·休德菲尔德(Peter Sucdfcld)，两位学者相互合作，或者与他人合作，对整合复杂性进行了大量的探讨。

(一)整合复杂性的释义

整合复杂性是由整合与复杂性两方面组成的，复杂性体现为区分度(differentiation)，指在决策中，决策者能够认知和考虑刺激的特征和维度。一般来说，越复杂的信息处理者，在既有的多维度刺激的条件下，能够区分出大量的特征。认识的维度越多，个体面对刺激时越复杂。整合(integration)指不同的特征之间复杂性的联系。决策者面对认知客体，划分出许多认知维度，这些维度之间是如何关联的，是孤立的、呈序列的，还是多方面的、复杂性,或灵活的。①如果将整合复杂性放在一个连续统中考察的话,连续统的一端是简单的认知结构,趋向于在少数突出的信息的基础上,依据固定的、单维度的评价标准解释事件和做出决策。而连续统的另一端是整合的认知结构,其目的相对复杂,趋向于运用多种概念解读事件,整合各种证据做出决策。②

这里要注意的是整合复杂性和认知复杂性的区别。两者的区别在于前者多了一个"整合",正是由于整合叠加于复杂性之上,导致了两者的差异。整合复杂性的思想者不大可能从破碎的证据中贸然得出结论,很少过于自信,更有可能修正他们的最初印象,承认核心价值的均衡。他们更容易受"稀释影响",在面临困难的得失抉择时更有可能推诿和拖延,更愿意调和不同的价值。整合复杂性高者面对同一认知对象得出的不同观点,会加以整合,上升到一个更高的层次。认知复杂性指列举很多理由反对或支持某观点,仅要求一个人拥有许多不同的观点,并不强调观点的张力或整合到更高层次。③

整合复杂性的测量方法被称作 PCT(Paragraph Completion Test)方法,对一段话进行分析,这段话的长度在 25~170 字。对每一段的打分都采用 7 分制。具体来说,低区分和低整合得 1 分,通常采取二分的、好–坏的分类;由中到高的区分和低整合得 3 分,这时个体认识到其他选择性的维度,但无法感知他们之间的关系;由中到高的区分和中整合得 5 分,这时个体不但能够认知到其他的维度,而且可以把这些维度以某些方式联系起来;高区分和高整合得 7 分,个体能够运用复杂性的规则比较有关此问题上不同的视角。2、4 和 6 分处于这几个分值转换之间。④

(二)复杂性与环境的关系

学者们就对整合复杂性进行了多方面的研究, 其中研究最多的是有关

---

①　Peter Suedfeld & Philip Tetlock,Integrative Complexity of Communications in International Crises, *The Journal of Conflict Resolution*,Vol.21,No.1,1977,pp.169–184.

②　Philip E. Tetlock,Cognitive Style and Political Belief System in the British House of Commons, *Journal of Personality and Social Psychology*,Vol.46,No.2,1984,p.366.

③　Philip E. Tetlock & Anthony Tyler,Churchill's Cognitive and Rhetorical Style:The Debates Over Nazi Intentions and Self–Government for India,*Political Psychology*,Vol.17,No.1,1996,pp.149–170.

④　Peter Suedfeld,Indices of World Tension in the Bulletin of the Atomic Scientists,*Political Psychology*,Vol.2,No.3/4,1980,pp.114–123.

复杂性与紧张的环境之间的关系。紧张的环境多由革命、战争及国内局势的紧张所致。休德菲尔德经过研究发现，信息处理方式与环境的关系呈曲线形：在无压力时思维简单，在适度的挑战时整合复杂性达到顶点，一旦超过了忍受的极限就会下降。[1]

紧张的环境与领导者的整合复杂性之间是一个互动的关系。一般来说，紧张的环境能够导致领导者的复杂性降低。休德菲尔德和兰克(A. D. Rank)经过研究发现，革命领导者的命运与环境要求的与之相适应的信息处理方式相关。在革命阶段，领导是低概念复杂性，之后是高复杂性。通过对 19 个革命领导的考察，他们发现 11 个领导适应了此变化，能够如愿地退休或自然死亡，而 8 个不适应此变化的领导失去了他们的位置。[2]按照休氏的观点，与中国汉代的思想家陆贾所说的"马上得天下，不能马上治天下"是同一个道理。局势紧张时期采取简单的敌我的认知方式是最有效的，但不能用之于和平时期，用战争的思维治理国家，必然会影响国家政治、经济的发展，当然也会影响个人的命运。

其后，这一假设有所发展，休德菲尔德和布拉克(S. Bluck)列举了 20 世纪的九次危机——这些危机最后都以一方的突袭为结束，他们将危机前至危机发生划分为五个阶段：5 年~6 个月，6 个月~3 个月，3 个月~2 至 4 星期，2 至 4 星期~1 星期，再到突袭发生。通过对每个阶段内领导者整合复杂性的数据分析，再一次验证了危机前整合复杂性容易降低的假设。同时他们又有新的发现，在突袭发生的前 3 个月~1 个星期之间，在绝大多数突袭者整合复杂性大幅降低的情况下，绝大多数的被突袭者的整合复杂性竟有大幅提高。为何会出现这种状况？作者推测说，这是因为被突袭者仍心存和平解决问题的希望，突袭一方的强硬姿态可能会带来被突袭者的委曲求全。等到突袭一旦发生，被突袭者的整合复杂性将迅速降低与突袭者持平，甚至低于突袭者的整合复杂性水平。[3]

① Peter Suedfeld, Indices of World Tension in the Bulletin of the Atomic Scientists, *Political Psychology*, Vol.2, No.3/4, 1980, pp.114–123.

② Peter Suedfeld & A. Dennis Rank, Revolutionary Leaders: Long-Term Success as a Function of Changes in Conceptual Complexity, *Journal of Personality and Social Psychology*, Vol.34, No.2, 1976, pp.169–178.

③ Peter Suedfeld & S. Bluck, Changes in International Complexity Prior to Surprise Attacks, *Journal of Conflict Resolution*, Vol.32, No.4, 1988, pp.626–635.

当然,决策者在面对不同的认知对象时,面临的社会环境也可能具有比较大的差异。譬如,国内和国外的社会环境有异,不同的国家也有异。华莱士(M. D. Wallance)、休德菲尔德和森楚克(K. A. Thachuk)在对苏联领导人戈尔巴乔夫 1985—1991 年的整合复杂性分析时发现,他的整合复杂性在 1985—1987 年低,之后逐渐上升,至 1989 年达到顶点,然后下降。总体来说,戈尔巴乔夫在处理对外政策时整体复杂性的得分高于国内政策。这是由于,随着戈氏倡导的改革的不断深入,国内的反对之声逐渐增多,致使国内局势的紧张,从而导致整合复杂性偏低。而在外交方面,随着对外政策的调整,与西方的关系逐渐缓和,因此整合复杂性较高。①休斯菲尔德等在考察奥巴马的整合复杂性时发现,奥巴马的整合复杂性指数在近期诸位总统中为第二高。整合复杂性随着环境的变化而有所波动,在寻找政策在议会中通过,以及与其他政治精英谈判时,整合复杂性指数会上升。而在紧张的环境中,或者面临的问题虽经努力仍然不可避免时,这时就会寻求简单的解释。②

从另一方面来说,在危机来临时,从领导的整合复杂性的得分中,也可以基本判断出是战争还是和平。休德菲尔德和泰特洛克以 1914 年第一次世界大战爆发,和 1962 年爆发的古巴导弹危机作为研究对象,对各国决策者的整合复杂性进行了考察,结果发现当危机接近顶端时,复杂性在 1914 年下降,在 1962 年和平解决危机时上升,说明在危机的环境中使复杂性最大化是可能的。同时,他们考察了 20 世纪初和中期导致战争和非战争的系统危机,发现与和平解决相比,国际危机导致战争是以低层次的复杂性为特征的。③另外两位学者莫兹(Z. Maoz)和沙叶(A.Shayer)也得出了同样的结论。他们运用 16 年间以色列总理的 21 篇发言作为考察材料,发现与主张战争的言论相比,倡导和平的政策言论体现在整合复杂性方面的明显偏高。④

---

① Michael D. Wallace et al.,Thachuk. Failed Leader or Successful Peacemaker? Crisis,Behavior,and the Cognitive Processes of Mikhail Sergeyevitch Gorbachev,*Political Psychology*,Vol.17,No.3,1996,pp. 453–472.

② Peter Suedfeld et al.,Two Years of Ups and Downs:Barack Obama's Patterns of Integrative Complexity,Motive Imagery,and Values,*Political Psychology*,Vol.32,No.6,2011,pp.1007–1033.

③ Peter Suedfeld & Philip Tetlock,Integrative Complexity of Communications in International Crises,*The Journal of Conflict Resolution*,Vol.21,No.1,1977,pp.169–184.

④ Zeev Maoz & Anat Shayer,The Cognitive Structure of Peace and War Argumentation:Israeli Prime Ministers Versus the Knesset,*Political Psychology*,Vol.8,No.4,1987,pp.575–604.

(三)意识形态和认知复杂性的关系

整合复杂性作为一种应用广泛的理论,不但被应用于对战争还是和平的解读,而且被应用于对意识形态的分析。如果把意识形态分作左和右,一般会发现如下规律:极端的意识形态在整合复杂性方面最容易简单化,而左和右方面,右的比左的相对简单化。

将整合复杂性运用于对意识形态的研究早在20世纪70年代就开始了。泰特洛克根据1975年和1976年美国参议院的投票记录中将议员划分成自由、温和和保守三派,然后对他们进行了访谈,结果发现:其一,一直赞成保守的意识形态的参议员比自由或温和的将更趋向于依靠简单的(好或坏)评价规则,解释相关的政策问题。其二,在意识形态上很少变化的参议员比很少保持一致性的(温和的)更加依靠简单的规则。结果显示保守的参议员比自由或温和的更少复杂性。[①]

1983年,在对美国的议员进行访谈时,泰特洛克得出了同样的结论。他发现极端的、保守的议员比温和的和自由的议员都更少整合的认知结构。1984年,他又对英国下院的89名议员进行了访谈,所访谈的议员包括极端社会主义者(赞成所有的商业和企业国家化),温和的社会主义者(赞成国家有限的对经济的控制),温和的保守主义者(赞成有限的企业私有化),极端保守主义者(反对政府对经济的任何干预)。通过对访谈的结果进行数据分析,他发现温和的社会主义者最具有整合的认知模式,其次是温和的保守主义者,最后是极端的保守主义者和极端的社会主义者。之所以如此,他认为在于对自由和平等两种价值的看法上,对自由和平等两种价值的提倡比只提倡其中的一种价值来说,更具有整合的认知模式。在四类议员中,温和的社会主义者最有可能尊崇这两种价值,而极端的社会主义者尊崇平等胜于自由,而温和的和极端的保守主义者尊崇自由胜于平等。[②]

泰特洛克等的研究结论与欧美诸国的大选结果是基本一致的。即在二战之后,欧美各国进入了和平发展时期,因此采取整合复杂性较高的政治家

---

① Philip E. Tetlock, Cognitive Style and Political Ideology, *Journal of Personality and Social Psychology*, Vol.45, No.1, 1983, pp.118-126.

② Philip E. Tetlock, Cognitive Style and Political Belief System in the British House of Commons, *Journal of Personality and Social Psychology*, Vol.46, No.2, 1984, pp.366-372.

或政党容易在竞选中胜出,或者说是中左或中右的政党容易成为执政党,因为他们既重视自由,也重视平等,会吸引大多数选民的注意。相反,偏执于一种价值观的政治家或政党, 可能在议员的选举中由于所属选区的选民的偏执而获胜,但很难在全国获胜。即选举国家领导人很难取胜,也很难在议会中赢得多数。

如何看待决策者整合复杂性的高低与决策质量之间的关系呢? 一般来说,整合复杂性的得高分者比得低分者在作决策时相对理性,决策的质量优于简单的认知方式,但是两者并不呈相互对应的关系。泰特洛克和泰勒对丘吉尔的整合复杂性的考察中证明了这一点。在对待德国和印度的问题上,丘吉尔更少整合复杂性,把世界分成善恶,然后采取不同的政策。他的政治对手张伯伦则承认矛盾和均衡。结果证明,丘吉尔在对待纳粹问题上采取的态度是对的,但在对印度问题上采取的态度是错的。他认为,甘地的不合作运动和希特勒的军事主义都是不祥的,是对英国的威胁。相反,张伯伦在对待纳粹问题上的态度是错误的,但在对待印度的问题上则证明是正确的。[①]

综上所述,我们可以看出,整合复杂性对于外交政策的研究是重要的:由决策环境预测决策者的整合复杂性,反之由决策者的整合复杂性可以判断出对认知对象将采取的行为是合作还是冲突。

(四)特朗普的整合复杂性测量[②]

1.资料的选取

为探讨整合复杂性的作用,我们抽取特朗普的公开演讲文本(218 条)进行编码,如 2017 年 1 月,特朗普成为美国总统,发表就职演说。2017 年 2 月,特朗普在新闻发布会或听证会上发表演讲。2017 年 3 月,特朗普和美国各类官员发表讲话。2017 年 3 月,特朗普就医疗改革发表讲话。2017 年 4 月到 6 月,特朗普就外国(巴勒斯坦、哥伦比亚、乌克兰、印度、古巴)发表外交讲话。2017 年 7 月到 8 月, 特朗普关于美国退伍军人的待遇问题发表相关讲话。

---

① Philip E. Tetlock & Anthony Tyler, Churchill's Cognitive and Rhetorical Style: The Debates Over Nazi Intentions and Self-Government for India, *Political Psychology*, Vol.17, No.1, 1996, pp.149–170.

② 有关这一部分的测量工作,主要由我们的研究团队成员霍延秀来完成,详细介绍可见霍延秀:《特朗普的认知与修辞风格》,南开大学硕士研究生论文,2019 年。

2017 年 9 月到 10 月,特朗普总统与副总统和各国领导人发表讲话(韩国、非洲、伊朗)。2017 年 11 月,特朗普在外国(韩国、澳大利亚、日本)访问时发表讲话。2017 年 12 月,特朗普对海军及国家安全发表相关讲话。

抽取特朗普 2017 年任职到 11 月份的推特 200 条,按月份编码,使用内容分析软件平台对随机抽取的片段的整合复杂性进行评分,并分析结果。

整合复杂性以一个由两个定义组成的 7 分量表进行评估,7 分量表评估认知风格属性:评价分化(承认理性的人可以用不同的眼光看待一件事,决策需要平衡合法的竞争利益)和概念整合(产生整合的能力和意愿,解释理性的人如何看待同一件事情的,表明认知不同的方法,如何处理价值冲突之间的权衡,或如何在相互冲突的利益之间达成妥协)。

量表 1 级整合复杂性得分反映低评价分化和低概念整合。下面的例子是关于特朗普对奥巴马医保的看法。

> 由于奥巴马医保已经寿终正寝,你无法与奥巴马医保进行任何比较。民主党希望动用数十亿美元让保险公司救助捐助者……新的医疗保健计划正在进行中。将有更低的保费和免赔额,同时照顾预先存在的条件!(摘自特朗普的推特)

量表 2 级的整合复杂性得分反映了内隐的评价性分化(部分的、隐藏的或模糊的分化认识),例如:

> 杰夫塞申斯是一个诚实的人。他说话没有任何错误。他本可以更准确地陈述他的回应,但显然不是故意的。整个叙述是为民主党人失去一场大家认为他们应该获胜的选举而保存面子的一种方式。民主党人夸大他们的手。他们失去了选举,现在他们已经失去了对现实的控制。真实的故事是所有非法泄漏的机密信息和其他信息。这是一个完整的"女巫打猎"!(摘自特朗普的推特)

整合复杂性得分为 3 分,反映了评价性分化(但没有整合成合法的反对意见,并不说明没有平衡政策中相互竞争的考虑)。例如:

> 根据我的管理,美国正在完全重建军事力量,并且它将花费数千亿

美元购买世界上任何地方的最新和最好的军事装备,现在正在建造。我希望通过实力实现和平!(摘自特朗普的推特)

整合复杂性得分为4分,反映了评价性分化和隐含的概念整合。例如:

> 我很高兴得知印度航空公司最近订购了100架美国新飞机,这是同类订单中最大的订单之一,将为美国提供成千上万的就业机会。随着贵国经济的增长,我们也期待着向印度出口更多的美国能源,包括购买美国天然气的主要长期合同,这些合同目前正在谈判中,我们将签署这些合同,想把价格提高一点。(摘自特朗普的演讲)

整合复杂性得分为5分,反映了评价分化和概念整合同时存在。整合复杂性得分为6分或7分,不仅反映了集成冲突的观点,也对特定整合观点的二级整合。根据测量结果可知,特朗普的整合复杂性分值较低,并无5分到7分的情况。

2.测量结果

随着信息技术的发展,人工测量文本的局限性显现出来,面对长文本时,人为测量可能会遗漏一些区分度或整合度的词句。尽管泰特洛克提出了多人计分然后通过公式取值的方法,但是这套方法需要消耗大量的人力,而且需要经过一段时间的训练,才能做到准确打分。为了能够快速准确地测量整合复杂性,美国俄亥俄州的社会科学自动化公司开发了一款通过计算机测量整合复杂性的网络平台。首先按照整合复杂性测量手册的规则将所有符合标准的词语内嵌到计算机平台,然后输入文本,通过计算机处理将包含区分度和整合度的文句传输出来。这种方法简单快捷,但是也有一些弊端。由于计算机机械化的特征,某些结果并不准确,但是大多数文句符合标准。为了能够测量特朗普的整合复杂性,本文采取计算机和人工检验相结合的方式,首先使用计算机将所有文本中符合的文句依次罗列出来,再通过人工将少数错误的文句剔除,并根据手册打分标准计算特朗普的整合复杂性。

词汇量、整合复杂性的测量揭示了内容分析变量之间的相互关系——认知风格属性,评价性分化和概念整合。词汇量的统计不能预测特朗普的整合复杂性,在选取的样本段落中,单词数越多,可能整合复杂性的分值越大,但两者之间没有绝对的相关性,依然有例外情况,例如,单词数为24,分值为2分,而单词数为45,分值却为1分。词汇量多少只能预测一个数据子集的集成复杂性。整合复杂性的测量是依据所选取的段落,前文提过本文按照月份抽取样本,每月抽取数十段,每一段都会有一个分值,最后求取平均值作为这一个月的整合复杂性得分。

特朗普的整体整合复杂性情况,如表10-3所示:

表10-3　特朗普的整合复杂性分值

形式	1月	2月	3月	3月	4—6月	7—8月	9—10月	11月	12月
演讲	1.17	2	2.36	2	2.06	1.78	1.63	1.77	1.8
推特	1.4	1.67	1.18		1.36	1.25	1.50	1.21	

特朗普的认知并不复杂,其总体整合复杂性分值较低,无论是公开演讲或是私人推特所展现的其认知属性皆是低分化度、低整合度,而且特朗普私下推特的整合复杂性分值普遍低于其公开演讲的分值,特朗普在公开演讲时稍微复杂一些,会有多层思考。

从时间上看,特朗普在公开演讲方面的整合复杂性分值在时间上并没有特别大的浮动,基本上在1.8分上下,除了1月份的特朗普就职演讲,那时,他正式就任美国总统,由一个商人变为政治领导人,身份虽然变化,但其简单的认知属性却并未随之转变。2、3、4月分值稍有提高,但依然属于认知简单化、低分化的范畴。7月之后整合复杂性分值又有所降低,但下降幅度不大,基本稳定在1.8分左右。

特朗普在推特方面的整合复杂性在时间上亦没有特别大的浮动,基本在1.4分上下,维持了其一贯的认知风格——简单思考、低分化度、低整合度,只围绕"美国利益""美国优先"这一核心确立政策。

从内容上看,特朗普对"美国各类官员"与"医疗改革"的认知相对复杂,得分分别为2.36、2,有评价性分化的趋势。此外,其外交相关讲话本文总共选取了三个模块,其中,特朗普在发表与巴勒斯坦、哥伦比亚、乌克兰、印度、古巴相关的外交讲话时,认知相对复杂,得分为2.06;而同样是外交相关讲话,特朗普针对韩国、非洲、伊朗及澳大利亚、日本的演讲,则整合复杂性分值更低,但这两者间却相差不大,分值分别为1.63、1.77。再者,特朗普关于国家安全方面的演讲依然选取了两个板块,其中,特朗普关于"退伍军人"的演讲得分为1.78;关于"海军与国家安全"的部分得分为1.8,两者并未有太大差距。

3.认知风格讨论

本次主要围绕三个主题来组织对数据的讨论:第一,量化分析了整合表达的简单性和复杂性,特朗普是何种思维方式与认知风格? 第二,整合复杂性什么时候看得更清楚,作为一个稳定的个体差异变量,什么时候是一个特定于问题和环境的变量。第三,关于认知风格与"良好判断"的回顾性历史判断之间的联系,我们能得出什么结论?

（1）认知结构不复杂

统计分析显示特朗普在私下和公开场合都明显不那么复杂,他经常使用推特来发表他的政治观点。在医疗改革问题上,他以非常直白的态度反对奥巴马医改,并且发表推文说,"奥巴马医保已经死亡"。特朗普尖锐地指责奥巴马医改为"灾难",并宣称上任第一天就全面废除奥巴马医改,并以"自由市场法则"取而代之。特朗普无论是在私人场合还是在公开场合,这一观点都很早就提出了,而且经常提及。虽然他废除奥巴马医改的决策迟迟未能通过,更是差点直接遭遇滑铁卢,但直到法官裁定奥巴马医改违宪时才有了转机,特朗普当即连发两条推特,说奥巴马医改是"违宪的灾难",法官的裁定是"美国的好消息","正如我一直预测的那样,奥巴马医改已经作为违宪的灾难而被推翻!"在退伍军人福利的问题上也是如此,特朗普十分浮夸地强调,"我的努力不会停止,直到所有的退伍军人都享受到应有福利"。

特朗普认知简单,整合复杂性低。整合复杂性低的人,在考虑问题时涉及的方面更少,因此他们在做决定时总是一蹴而就。面对来自不同方面的证据,他们一味按照自己的偏好进行选择,而不是试图在争议的观点中寻找平衡。如果遇到与自己的观点相左的信息,他们往往直接反驳,按照自己的观点进行下去。因此,他们的观点多是尖锐的,不可能照顾到问题的各个方面。

反对特朗普的人把他描述成一个不负责任的煽动家和机会主义者,他也常常被谴责为自以为是,忽略了思想开放和政策灵活的重要性。但具有这种思维的人优点也很明显,即他们对自己的观点极其自信,面临尖锐冲突的抉择时,做出的决定毫不犹豫,绝不会优柔寡断,避免了时间上的拖延。正是特朗普的这种认知方式使他获得了支持,引发了美国民众的掌声和赞同。

（2）缺少整合复杂问题的能力

数据的一个显著方面是一致性的,在 2017 年 1 月到 12 月,特朗普赞同哪一种简单观点,无论是在私人场合还是公开场合,无论是哪一方面的问题都已经用数据说明其极端的整合的简单性和相对认知的统一性,以及说明整合复杂性是一个稳定的个体差异变量。而且,目前的数据还能证明一个观点:特朗普天生就没有整合复杂思考的能力。

特朗普式的政治陈述可能是一种更为普遍现象的特例。特朗普的外交思维实为美式民族主义的延伸,但美国爱国主义者不会支持特朗普用美式民族主义对抗美国的国际主义,他们认为民族主义与国际主义并不是相冲突的。而国际中普遍的外交思维有两种:支持强制性外交政策策略(包括使用暴力),以及支持一体化动态性、复杂性和适应性策略(通常和实现和平有关)。特朗普的美式民族主义外交思维介于这两者之间,更倾向于前者。

从另一角度看,如果我们找到一种特殊情况的话,特朗普可能采取更宽容的外交政策,他会变得复杂。特朗普的外交演讲的测量结果表明,检验这一点是有条件的。假设是不容易满足的,特朗普通常站在商人的角度看问题,以自己为中心,且不愿听从劝告。但是特朗普在国内政治中的利益也将主导其外交政策。特朗普像别的总统一样希望获得成功,因而他也将进一步向主流政策靠近,以便取得美国民众的支持。特朗普中东政策的主要目标是消灭"伊拉克和黎凡特伊斯兰国"(ISIS)恐怖分子,但他并未计划通过帮助中东地区国家训练军队或设立安全区来补充军事行动,以抵制伊朗的扩张。特朗普本希望从阿富汗撤军,但在被迫留在阿富汗后,他将把这场斗争重新定义为消灭恐怖主义的战争,以便与其支持者保持一致,这也是对其支持者的一种妥协。

六、操作码

(一)操作码的含义与研究历程

"操作码"(Operational Code)一词是墨顿(Merton)于 1940 年提出的,指一个组织中个体分享成员的价值、世界观和反应性指令(Response Repertoire)。[1] 墨顿作为一个社会学家,考虑的是组织的信仰如何影响组织成员的问题。

---

[1] Stephen G. Walker,The Evolution of Operational Code Analysis,*Political Psychology*,Vol.11,No. 2,1990,p.403.

但遗憾的是,虽然墨顿提出了"操作码"的概念,但在社会学界并没有多大反响。

操作码真正得到充分发展是在政治心理学界,具体来说是在国际关系的领域。把"操作码"一词引入政治心理学的是莱特(Nathan Leites),他在1951年发表了《政治局的操作码》(*The Operational Code of the Politburo*),提出此概念主要是针对苏共中央政治局的政治信仰,之后的1953年,他发表了《布尔什维克主义研究》(*A Study of Bolshevism*),对操作码进行了详细的解释。在他看来,所谓操作码是关于历史的基本问题和政治的核心问题的总体信仰,以及总体信仰对行为产生的影响。可以说,操作码这一概念的提出,在信仰中的无意识方面与政治行为之间搭建了联系的桥梁,对于领导行为和政策制定的预测提供了很好的工具。简言之,他所关注的是领导的心理如何影响领导的行为的问题,这与墨顿所提出的概念有着非常明显的区别。可以说,墨顿仅提出其名,而莱特则补充其实,为以后操作码的发展奠定了基础。

但是莱特并没有用操作码解释各种信念、规则和原理。在此基础上,亚历山大·乔治(Alexander L·George)对莱特的理论进行了发展,他给操作码作了如下定义:是一个政治领导人有关政治和政治冲突的信仰,是他对历史形成、历史发展程度的看法,以及对正确的谋略和策略(Strategy and Tactics)的看法。此概念包括三部分:一是政治领导人关于政治的基本看法,尤其是政治冲突的看法;二是关于历史发展的看法,包括过去的历史规律性的判定,以及未来的预测;三是政治和历史发展的看法如何实现,即谋略和策略。其中前两个方面,乔治将其归为了哲学的层面;后一方面归为工具性层面,即操作码分为哲学和工具性两方面,每一方面又分别包括五个方面:[①]

哲学方面的内容(The Philosophical Content):

1.政治生活的本质是什么? 政治领域是和谐还是冲突? 政治对手基本的特征是什么?

2.基本的政治价值和抱负最终实现的前景是什么? 是乐观还是悲观? 存在于哪些方面?

3.政治的未来可预测吗? 在什么样的意义上和什么程度上?

4.如何"控制"或"把握"历史的发展,在"推动"或"形成"历史向期望的方

---

① Alexander L. George, The "Operational Code": A Neglected Approach to the Study of Political Leaders and Decision-Making, *International Studies Quarterly*, Vol.13, No.2, 1969, pp.190-222.

向发展时,个体的作用是什么?

5.在人类事务和历史发展中"运气"的作用有多大?

工具性方面的信仰(The Instrumental Beliefs):

1.选择政治行为的目标和目的最佳方式是什么?

2.所追求的行为目标怎样最有效?

3.如何接收、控制和接受政治行为的危险?

4.提出自己的利益的最佳"时机"是什么?

5.在提出自己的利益方面,不同的方式有怎样的好处和作用?

乔治探讨操作码的样本依然是苏联的领导群体。根据上述五个方面,他总结出了苏联领导的操作码,有关哲学性方面,得出了如下结论:"对手的意象"成为苏联领导政治判断的基石,他们把资本主义国家看作对手,与对手存在着尖锐冲突,不是你死就是我亡。他们对未来基本持乐观态度,认为共产主义一定会胜利。但在如何实现上又有不确定因素,需要在时机来临时,细心考虑,精确计算。实现的过程中,党能够提前抓住和利用历史的机遇,具有奉献精神、训练有素的和智慧的领导具有重要的作用。拒绝事件的"偶然性",极力降低运气的作用,认为每种条件下,必然有一条路线或政策是正确的,要认真选择,否则就会导致毁灭性的结果。

有关工具性信仰方面,他作了如下的归纳:苏联领导认为实践出真知,在"斗争"中把握最好的选择,充分利用人的聪明才智。选择最适合的目标,避免风险。既不要高估自己,也不要低估对手;既不要在获得利益时忘掉可能的损失,也不要因暂时的收益而忘掉长远的损失。尽自己所能,运用所有能量实现目标;敌退我进,敌人衰落时不要放松,趁机获得所需要的,但要懂得适可而止。精确计算如何让对方慑于各种限制,在不敢攻击自己的情况下追求最优的策略。区分即刻的危险和将来的危险,一些看似很高的风险,只要能够控制事件的进程,也可值得一试。行动和不行动皆可选择,但没有中间状态。使用粗鲁和暴力的语言,能够增强对手对自己力量和决心的估计,同时弱化敌方民众对敌人政策的支持。[①]

由以上的论述可以看出,操作码,主要是从操作层面定位的,针对的是以前有关领导的信仰不知从何种角度进行考察, 以及领导的信仰如何与现

---

① Alexander L. George,The"Operational Code":A Neglected Approach to the Study of Political Leaders and Decision-Making,*International Studies Quarterly*,Vol.13,No.2,1969,pp.190-222.

实中的政治行为对应的问题。操作码的研究者使领导的信仰及决策皆具有操作性，这是操作码提出的初衷，以后的操作码的发展基本上围绕此方面下功夫。

以前的研究皆是针对一个领导群体，没有针对一个领导的操作码进行研究。1970 年，奥利·霍尔斯蒂(Ole Holsti)运用操作码对美国国务卿杜勒斯的操作码进行了研究，从此之后对领导个体的研究成为研究操作码的主流，即使出现对领导群体的研究，也是在对个体领导研究基础上进行的比较研究。但是与乔治一样，霍氏的研究同样存在着烦琐的问题，他运用了乔治对操作码的分类方式，把杜勒斯的操作码细分为 41 个方面，但却无法简要地对他的操作码进行归纳。[1]

20 世纪 70 年代，约翰逊 Lock k,(Johnson)对曾经担任过美国参议院对外关系委员会主席的弗兰克·彻奇(Frank Church)的操作码进行了研究。该研究继续沿用了乔治所归纳的 10 个方面进行研究，但研究方法呈现出多样性。除了继续运用文献研究外，还利用作为彻奇的实习生的机会，掌握了大量的有关彻奇的资料，同时还走访了彻奇的母亲和儿子。约翰逊研究彻奇操作码的同时，还与其他领导者的操作码进行了比较。这些领导中有三位是国务卿：艾奇逊(Acheson)、杜勒斯、腊斯克(Rusk)，两位是参议院外交关系委员会主席：富布赖特(Fulbright)、范登伯格(Vanderburg)。通过比较，他发现，在哲学的信仰上，彻奇相信与对手有合作的可能性，而且与对手的关系也是值得信任的；强调集体军事行动的原则。在工具信仰上，很少国际化的倾向；很少寻求压倒性优势的条件；很少愿意军事干预。[2]

霍格兰德(Steven W. Hoagland)和沃克(Stephen G. Walker)在 20 世纪 70年代末引入了博弈论，认为冲突的产生在于双方的互动。设定冲突的双方 A和 B，根据刺激—反应方式，他建立了一个冲突升级（escalation）和缓和

---

[1]　Ole Holsti, The "Operational Code" Approach to the Study of Political Leaders: John Fosters Dulles' Philosophical and Instrumental Beliefs, *Canadian Journal of Political Science*, Vol.3, No.1, 1970, pp. 123–157.

[2]　Loch K. Johnson, Operational Codes and the Prediction of Leadership Behavior: Senator Frank Church at Midcareer, In M. G. Herman & T. W. Milburn eds., *A Psychological Examination of Political Leaders*, Free Press, 1977, pp.81–117.

(de-escallation)的公式。①之后,沃克与其他学者合作,对于操作码的测量、归类、以及政策的分析方面做出了大量的贡献。

操作码的研究基本上限于对领导层面的研究,到1979年,这种情况有所改观,赫拉兹怀特(Daniel Heradstveit)开始用操作码对巴以冲突进行研究。与以往不同的是,研究对象已经不是领导,而是普通的巴以民众,通过访谈的形式收集相关的资料。同时,他对操作码进行了简化,着重考察了操作码中的两个方面:一是乐观还是悲观?二是与对手妥协还是不妥协?在考察过程中把操作码理论与形象理论结合起来,形象涉及自我的形象、对手的形象、形象的改变,以及三者互动中对决策的影响。其中自我的形象和对手的形象对于决策是最重要的。结果发现,如果受访者是乐观的,很有可能对对手持有多元的形象;如果是悲观的,很有可能持一元的形象。操作码与决策倾向存在如下关系:对自我多元的认知,就会采取妥协的态度;对对手多元的认知,会判断对手采取鸽派的态度。对自我一元的认知,就会采取不妥协的态度;对对手一元的认知,会判断对手采取鹰派的态度。简言之,对自己与对手的多元认知与乐观、妥协相关;相反,一元认知与悲观、不妥协相关。②

综合以上研究可以发现,20世纪80年代以前的研究既有对领导群体的研究,也有对领导个体的研究,也有对领导个体的比较研究,同时也有对一般民众的研究。但领导个体成为研究的主流,而且主要限于对美国领导的研究,兼及对苏联领导的研究。操作码关注的是领导的决策过程研究,具体来说是领导的外交决策过程研究。几乎所有的研究所关注的决策都是外交决策,即使研究民众的操作码也是在国际关系的层面展开的。研究方法基本上以定性为主,也就是按照哲学和工具性的十个方面寻找相关的资料,然后分别得出一些观点。操作码的引入使人们对领导决策的认识具有了不一样的视角,但也存在较大问题,就是划分的条目过多,难以归类,这直接影响着操作码的操作性。

进入20世纪80年代以后,操作码在以下四方面得到了发展:一是研究方法的发展。1998年,沃克对操作码的研究方法进行了改进,将操作码量化,

---

① Steven W. Hoagland & Stephen G. Walker, Operational Codes and Crisis Outcomes, In Lawrence S. Falkowski ed., *Psychological Models in International Politics*, Boulder, Colorado: Westview Press, 1979, pp. 125–167.

② Daniel Heradstveit, *The Arab-Israeli Conflict: Psychological Obstacles to Peace*, Universitetsforlaget, 1979, pp.107–120.

他称之为 VICS(Verbs in Context System),即根据上下文对动词分析的系统。在这套分析系统中,他把操作码分作诊断性倾向、选择性倾向和转变性倾向三类。诊断性倾向包括哲学性信仰的五个方面,选择性倾向包括工具性信仰的第1、第2和第5方面,转变性倾向包括工具性信仰的第3和第4两方面。譬如,以诊断性倾向为例,第1项有关冲突还是合作的测量,具体的测量方面是百分比正向的对他者的归因减去负的对他者归因。−1.0 表示冲突(敌意),+1.0 表示合作(示好),共分九个分值,0 为中间值。[①]这套方法的提出,成为以后学者分析操作码的基础,为以后的学者所引用。

二是研究的领域不再仅仅局限于美苏主要的领导人,还增加了对其他国家和地区领导人的研究。譬如沃克等对包括萨达姆在内的二十位国家和地区领导人的操作码进行了研究,然后与克林顿的操作码进行比较。[②]此外,有学者对以色列两位领导人拉宾和佩雷斯,对古巴领导人卡斯特罗,朝鲜领导人金日成,中国领导人毛泽东等的操作码进行了研究。[③]

三是领导操作码的归类研究,最初归为6种类型,后来精简为4种类型。

四是操作码与外交决策的关系,学者们试图从中发现规律。总之,研究的总体趋势使研究领域逐步扩大,研究的方法更具操作性。有关第三、第四方面,我们将在下面着重论述。

---

① Stephen G. Walker et al.,Systematic Procedures for Operational Code Analysis:Measuring and Modeling Jimmy Carter's Operational Code,*International Studies Quarterly*,Vol.42,No.1,1988,pp. 178–181. Mark Schafer & Stephan G. Walker,Operational Code Analysis at a Distance:The Verbs in Context System of Content Analysis,In Mark Schafer & Stephan G. Walker eds.,*Beliefs and Leadership in World Politics*,Palgrave Macmillan,2006,pp.26–51.

② Stephen G. Walker et al.,Operational Code Beliefs and Object Appraisal,In Jerrold M. Post,MD. ed.,*The Psychological Assessment of Political Leaders:With Profiles of Saddam Hussein and Bill Clinton*,The University of Michigan Press,2003,pp.324–327,pp.387–390.

③ Scott Crichlow,Idealism or Pragmatism? An Operational Code Analysis of Yitzhak Rabin and Shimon Peres,*Political Psychology*,Vol.19,No.4,1998,pp.683–706;Akan Malici & Johnna Malici,The Operational Codes of Fidel Castro and Kim Il Sung:The Last Cold Warriors? *Political Psychology*,Vol.26,No. 3,2005,pp.387–412;Huiyun Feng,The Operational Code of Mao Zedong:Defensive or Offensive Realist? *Security Studies*,14,No.4,2005,pp.637–662;Huiyun Feng,Crisis Deferred:An Operational Code Analysis of Chinese Leaders Across the Strait,In Mark Schafer & Stephan G. Walker eds.,*Beliefs and Leadership in World Politics*,Palgrave Macmillan,2006,pp.151–170.

(二)操作码的分类

最早对操作码进行归类的是霍尔斯蒂，他根据冲突的本源和政治领域的本性(冲突还是和谐)将操作码分为 6 种类型。[①]

表 10-4　操作码的分类

冲突的本源	政治领域的本质	
	和谐(冲突是暂时的)	冲突(冲突是持久的)
人性	A	D
国家的属性	B	E
国际体系	C	F

后来,沃克对这种分类进行了修订,分为了四种类型,即把 D、E、F 归为一类。然后对这四种类型进行了解释:

①A 类型。哲学方面:冲突是暂时的,是由误解和沟通不畅所致。建立在错误知觉和冲动性反应上的"冲突螺旋"是导致战争的主要原因。对手通常被非理性的条件所影响,但趋向于以协商和自信来回应。乐观的保证是建立在领导有能力、有意愿推动历史的发展。未来是相对可测的、可控的。工具性方面:在一个框架之内所确立的目标强调共享的价值。所追求的广泛的国际目标随着灵活的谋略而累积,这种谋略就是通过避免冲突升级,当妥协的机遇出现时以快速的反应对危险加以控制, 建立一种协商和妥协的环境,避免过早运用武力。解决 > 僵局 > 控制 > 服从,此类型总体上是适度的理想主义者。

②B 类型。哲学方面:冲突是暂时的,由好战的国家所引起的;错误的计算和绥靖政策是导致战争的主要原因。对手是理性的,冲突是可制止的。乐观是建立在对目标的认识基础上的。政治的未来是相对可测的,历史的发展是可控的。工具性方面:在一个综合性的框架内应该积极寻求最佳目标。通过限制方式而不是目的来控制危险。任何策略和资源都是合适的,包括使用武力,当它所带来的危险是有限的,收益是巨大的时候。控制 > 僵局 > 解决 > 服从,此类型是现实主义者。

---

① Stephen G. Walker, The Motivational Foundations of Political Belief Systems: A Re-Analysis of the Operational Code Construct, *International Studies Quarterly*, Vol.27, No.2, 1983, p.182.

③C 类型。哲学方面:冲突是暂时的,重构国际制度以达到潜在利益的和谐是可能的。冲突之源在于无序的国际制度,容纳了导致战争的各种源流。对手随着本性和目标而变化,但趋向于以妥协和自信来回应。政治的未来应该是悲观的,除非国际制度有所变化,因为在无序的条件下对历史发展的可预测和控制是低的。工具性方面:在一个综合性的框架内应该积极寻求最佳目标。追求共享的目标,控制危险是通过限制方式而不是限制目的来实现的。当妥协的机遇出现时反应迅速,一旦有可能就要采取推迟冲突升级的行为。其他资源而不是军事能力是有用的。解决 > 控制 > 采取僵局 > 服从,此类型是乌托邦的改革者。

④DEF 类型。哲学方面:冲突是持久的,或由人的本性(D)、国家的属性(E),或国际的无序(F)所导致的。权势的不均衡是导致战争的主要原因。对手可能变化,但对手的妥协和自信是不确定的。政治的乐观从长远来看是下降的,从短期来看依赖于领导的素质和权势的均衡。可预测性及历史的发展均是有限的。工具性方面:寻求有限的目标随着适度的方式灵活调整。如果对手和环境所需会使用武力,但仅是作为最后的措施。控制 > 解决 > 僵局 > 服从,此类型是适度的现实主义者。[①]

沃克的归类简单明了,可以说解决了细致的分析之后结论的简单归纳问题。而且该分类把操作码的类别与外交决策联系起来,为对外政策的分析提供了依据。但从沃克的归类也可以看出,他评估外交政策的依据仍然是国家的实力,将武力的运用归为现实主义,把否定军事力量称作乌托邦。

(三)操作码与外交决策

自从乔治以来,学者们始终把操作码看作一种信仰,属于心理的状态,但心理的反应与具体的政策之间是什么关系? 具体到国际关系来说,领导的操作码与他的外交政策之间有什么联系,操作码是否与外交政策一致? 乔治认为,操作码对政治决策的作用是间接的,即通过决策前和决策期间作用于信息处理任务影响决策。譬如,领导对时局的解读依赖于他的哲学信仰,尤其是对手的形象。但他同时又承认,操作码并不是唯一决定政治决策的因

　　① 　Stephen G. Walker, The Evolution of Operational Code Analysis, *Political Psychology*, Vol.11, No. 2, 1990, p.411; Stephen G. Walker & Mark Schafer, Theodore Roosevelt and Woodrow Wilson as Cultural I-cons of U .S. Foreign Policy, *Political Psychology*, Vol.28, No.6, 2007, pp.752–753.

素,其他方面也会影响决策,譬如个人当时的得失考量、国内政治的作用、组织的利益,以及国家利益的影响等。[①]由乔治的论述可以看出,领导的操作码对于外交的决策不是直接的,也不是唯一的,因此领导的操作码与外交决策间既可能出现一致的情况,也可能因为其他因素的干扰出现不一致的情况。

这点在沃克对基辛格的操作码与越南战争之间的关系研究中得到了证实。对照基辛格的操作码,与 1969~1973 年基辛格在越南战争中的行为,沃克发现两者是基本一致的,有如下表现:其一,冲突中谈判;其二,威胁和武力仅用于反对对手时使用;其三,武力与和平手段并用,使对手面临吸引和不吸引两种选择。由此,沃克得出结论,基辛格的操作码是解释美国越战行为的必要条件,但不是充分条件。[②]在之后的研究中,许多学者试图寻求操作码与具体的外交政策和外交理念之间的关系。

1.冲突的缓和与升级

霍格兰德和沃克在 20 世纪 70 年代末把操作码与博弈论结合起来,认为冲突的产生在于双方的互动。设定冲突的双方 A 和 B,根据刺激—反应方式,他们建立了一个冲突升级(escalation)和缓和(de-escallation)的公式。其中 A 代表 A 行为体,B 代表 B 行为体,^{Beh}t 代表现在的行为,$^{Beh}t+1$ 代表紧跟现在行为之后的行为,$^{Beh}t-1$ 代表紧跟现在行为之前的行为。

刺激:

(1)如果 $A^{Beh}t < A^{Beh}t-1$,并且 $A^{Beh}t < B^{Beh}t$,那么完全缓和。

(2)如果 $A^{Beh}t < A^{Beh}t-1$,并且 $A^{Beh}t \geq B^{Beh}t$,那么部分缓和。

(3)如果 $A^{Beh}t = A^{Beh}t-1$,那么没有改变。

(4)如果 $A^{Beh}t > A^{Beh}t-1$,并且 $A^{Beh}t \leq B^{Beh}t$,那么部分升级。

(5)如果 $A^{Beh}t > A^{Beh}t-1$,并且 $A^{Beh}t > B^{Beh}t$,那么完全升级。

反应:

(1)如果 $B^{Beh}t+1 < B^{Beh}t$,并且 $B^{Beh}t+1 < A^{Beh}t$,那么完全缓和。

① Alexander L. George, The Causal Nexus between Cognitive Beliefs and Decision-Making Behavior: The "Operational Code" Belief System, In Lawrence S. Falkowski ed., *Psychological Models in International Politics*, Westview Press, 1979, pp.95–124.

② Stephen G. Walker, The Interface between Beliefs and Behavior: Henry Kissinger's Operational Code and the Vietnam War, *The Journal of Conflict Resolution*, Vol.21, No.1, 1977, pp.129–168.

（2）如果 $B^{Beh}t+1 < B^{Beh}t$，并且 $B^{Beh}t+1 \geq A^{Beh}t$，那么部分缓和。

（3）如果 $B^{Beh}t+1 = B^{Beh}t$，那么没有改变。

（4）如果 $B^{Beh}t+1 > B^{Beh}t$，并且 $B^{Beh}t+1 \leq A^{Beh}t$，那么部分升级。

（5）如果 $B^{Beh}t+1 > B^{Beh}t$，并且 $B^{Beh}t+1 > A^{Beh}t$，那么完全升级。

这里，区分部分和完全冲突的升级和缓和，依赖于 A 选择的当下行为比同时期的 B 的行为是大还是小。除此之外，冲突双方选择缓和还是升级依赖于三个关键因素：承诺（commitment）、可信度（Credibility）、危险性（Risk）。承诺，指决策者把追求或维持目标的强烈意识传达给对方的能力；可信度，指决策者以明确的、让人信服的方式把这种强烈的程度传达给对方的能力；危险性，指具体的行为选择导致不想要的结果的可能性。

A 采取缓和的方式的可信度：

（1）如果 $A^{Beh}t < A^{Beh}t-1$，并且 $A^{Beh}t-1 > A^{Beh}t-2$，那么完全不可信。

（2）如果 $A^{Beh}t < A^{Beh}t-1$，并且 $A^{Beh}t-1 = A^{Beh}t-2$，那么较为可信。

（3）如果 $A^{Beh}t = A^{Beh}t-1$，并且 $A^{Beh}t-1 < A^{Beh}t-2$，那么更加可信。

（4）如果 $A^{Beh}t < A^{Beh}t-1$，并且 $A^{Beh}t-1 < A^{Beh}t-2$，那么最可信。

A 采取升级的可信度：

（1）如果 $A^{Beh}t > A^{Beh}t-1$，并且 $A^{Beh}t-1 < A^{Beh}t-2$，那么完全不可信。

（2）如果 $A^{Beh}t > A^{Beh}t-1$，并且 $A^{Beh}t-1 = A^{Beh}t-2$，那么较为可信。

（3）如果 $A^{Beh}t = A^{Beh}t-1$，并且 $A^{Beh}t-1 > A^{Beh}t-2$，那么更加可信。

（4）如果 $A^{Beh}t > A^{Beh}t-1$，并且 $A^{Beh}t-1 > A^{Beh}t-2$，那么最可信。

A 对采取缓和的承诺：

（1）如果 $A^{Beh}t-1 > B^{Beh}t$，那么 A 对采取缓和的承诺低于 B。

（2）如果 $A^{Beh}t-1 = B^{Beh}t$，那么 A 对采取缓和的承诺与 B 等同。

（3）如果 $A^{Beh}t-1 < B^{Beh}t$，那么 A 对采取缓和的承诺高于 B。

A 对采取升级的承诺：

（1）如果 $A^{Beh}t-1 < B^{Beh}t$，那么 A 对采取升级的承诺低于 B。

（2）如果 $A^{Beh}t-1 = B^{Beh}t$，那么 A 对采取升级的承诺与 B 等同。

（3）如果 $A^{Beh}t-1 > B^{Beh}t$，那么 A 对采取升级的承诺高于 B。

冒险：

（1）$^{VBeh}t = A$ 现在各种的行为。

（2）如果 $A^{Beh}t > A^{Beh}t-1$，或者 $A^{Beh}t < A^{Beh}t-1$，并且 $A^{VBeh}t = A^{Beh}t$，那么冒险（最为明确）行为。

（3）如果 $A^{Beh}t > A^{Beh}t - 1$，或者 $A^{Beh}t < A^{Beh}t - 1$，并且 $A^{VBeh}t$ 变化的范围处于 $A^{Beh}t - 1$ 到 $A^{Beh}t$ 之间，那么中等危险（较为模糊的）行为。

（4）如果 $A^{Beh}t > A^{Beh}t - 1$，或者 $A^{Beh}t < A^{Beh}t - 1$，那么 ^{VBeh}t 变化的范围都 > 和 $<V^{Beh}t - 1$，是低危险（最模糊的）行为。

危险的测量根据 A 行为的模糊性。如果 A 在一个强度上采取只有一种类型的行为，那么在 B 反应之前，是最小模糊的，最容易频繁解读为危险的行为。如果在 B 反应之前，A 采取一种以上的行为，而且行为方式或者都高于，或者都低于以前的方式，很少容易被 B 解读，那么是较小危险的行为。在B 反应之前，如果 A 运用一种以上行为类型，行为的强度与 A 以前的行为相比，忽高忽低，是最模糊的，最难被 B 解读，最小危险的行为。[①]

2.理想主义与现实主义（实用主义）

沃克和沙弗尔（Mark Schafer）在操作码分类的研究中，不但探讨了操作码的类别，而且直接与理想主义和现实主义的外交联系起来，根据此分类，他们探讨了两位总统西奥多·罗斯福和伍德罗·威尔逊的外交理念，依据的材料来自于两位总统向国会所提交的报告，方法是 VICS。过去许多学者从意识形态的角度探讨了两位总统的外交理念，基本的结论是罗斯福属于现实主义，威尔逊属于理想主义。两位学者则从操作码的角度对此问题进行了探讨。他们发现，罗斯福在第一任期内对自我的定位是 A 类型，即适度的理想主义者，对他国的定位是 C 类型，即乌托邦的改革者。但在第二任期内对自我的定位是 C 类型，对他国的定位是 A 类型。也就是说，自我方面理想主义逐渐减少的趋势，他国方面理想主义逐渐增加。罗斯福所处的时代，正是欧洲几个大国武力竞赛的时期，正是基于当时的现实，他得出了各个大国之间表现的是更多的敌意，前景难料。因此，他对政治领域的认识则变得现实了，认为对手变得越来越有敌意，前景更少乐观。同时他又发现，单纯的权力制衡解决不了国际纷争，还必须要有其他机制，因此他愿意把美国放在调停者的角色，协调各大国的矛盾，因此在战略和策略方面，趋向于合作，向理想主义转变。罗斯福因为现实主义的原因而采取了理想主义策略。与此相反，威尔逊在第一任期内对自我定位是 C 类型，对他国的定位是 A 类型；在第二任

① Steven W.Hoagland & Stephen G. Walker, Operational Codes and Crisis Outcomes, In Lawrence S. Falkowski ed., *Psychological Models in International Politics*, Westview Press, 1979, pp.125–167.

期内则转变为自我定位是 DEF 类型,他国的定位是 B 类型。即威尔逊所处的时代是欧洲大国之间军备竞争更加剧烈到战争爆发的时期,因此他对自我和他国的认定呈现出了由理想主义向现实主义转变的倾向。[1]由此可以看出,操作码的引入极大地丰富了领导人外交政策的探讨,动态地勾勒出了理想主义和现实主义演变的情况,同时也修正了以前学者对两位总统的外交思想的结论。

克里奇洛(Scott Crichlow)同样运用 VICS 方法测量以色列总理拉宾和佩雷斯的操作码,但在最后分析时运用了理想主义与实用主义的分析模式。通过对两者有关外交的本性和行为的分析,进行时间维度的比较,他发现了三种趋势:其一,20 世纪 70 年代,两者都认为政治环境是相冲突的,但到 90 年代以后,认为政治环境是中性的。其二,在所有的时期,拉宾表现出了强烈的合作倾向,也就是说,他的工具性指标是稳定的。其三,佩雷斯则在不同的环境下有所变化:60 年代和 70 年代是鹰派,80 年代中期以后, 向鹰派态度转变。然后,作者根据理想主义与实用主义把领导的信仰分为五类:理想主义者,以合作的方式看待政治,不因环境的改变而改变;实用理想主义者,以合作的方式看待政治, 但随着环境的变化他们的信念也会有变化;实用主义者,根据环境的变化选择合作或冲突;实用现实主义者,以冲突的方式看待政治,但随着环境的变化信念也会有变化;现实主义者,以冲突的方式看待政治,不因环境的改变而改变。按照此标准来分析,拉宾是理想主义者,而佩雷斯是实用理想主义者。[2]

3.民主和平论

沙弗尔和沃克从操作码的角度对民主和平论进行了论证。以前对民主和平论的解释主要是从体制的角度,即与其他不同的政体国家相比,民主国家间采取和平的外交政策。两位学者运用操作码对民主和平论进行了解读,考察的样本是布莱尔。他们认为,如果文化的解释是正确的,必须符合两项假设:其一,民主国家的领导内在化和平解决争端的信念。其二,对非民主的

---

[1]　Stephen G. Walker & Mark Schafer,Theodore Roosevelt and Woodrow Wilson as Cultural Icons of U.S. Foreign Policy,*Political Psychology*,Vol.28,No.6,2007,pp.747–776.

[2]　Scott Crichlow,Idealism or Pragmatism? An Operational Code Analysis of Yitzhak Rabin and Shimon Peres,*Political Psychology*,Vol.19,No.4,1998,pp.683–706.

国家不承诺用和平的方式解决冲突。这样,与专制国家相比,民主国家的领导在对待民主国家时采用更加合作或更少冲突的方式。通过运用 VICS 方法,他们发现,布莱尔看待民主国家是友好的和乐观的,能够控制政治领域;对于非民主国家,则是不友好的,把他们看作达成目标的障碍,而且很难控制。简言之,结果证明了两项假设,支持了文化的解释。①

(四)操作码的动态性

与态度相比,操作码作为一种信仰,具有相对的稳定性。但并不意味着领导的操作码是不变的,相反根据一些条件的变化,操作码也会随之变化。简言之,操作码相对比较稳定,但不是静止的,而是动态的稳定。学者们经过对操作码的大量研究,发现了人们的操作码变化具有以下表现:

1.主体博弈(Subjective Game),根据对方的选择而做出变化

所谓主体博弈,即操作码变化是双方互相影响的结果,依据对方所采取的外交政策的变化而不断做出调整。沃克和沙弗尔运用 VICS 分析和比较了美国总统约翰逊和他的顾问在越南战争时期的操作码。总体来说,经过时间的变化他们在政治领域更沮丧,看到了一个更具冲突的环境。对政治世界的好感经过时间的推移有所下降,合作倾向也是。未来变得更加不可预测,与越南打交道中想到更多的是冲突。②总之,根据北越抵抗程度的增加和抵抗力量的增加,影响了约翰逊和他的顾问操作码的变化。

沙弗尔等在运用 VICS 方法对老布什和克林顿的操作码进行分析时也得出了上述结论,他们发现,两位总统,尤其是老布什,从总体上把政治领域看作是和谐的、友好的,对未来充满乐观,都主张采取友好的对外政策。但老布什政府为什么会发动对伊拉克的战争呢? 他们对此做出了解释,老布什把

① Mark Schafer & Stephen G. Walker, Political Leadership and Democratic Peace: The Operational Code of Prime Minister Tony Blair, In O.Feldman &L. O. Valenty eds., *Profiling Political Leaders: Cross - Cultural Studies of Personality and Behavior*, Praeger, 2001, pp.21-35.

② Stephen G. Walker & Mark Schafer, The Political Universe of Lyndon B. Johnson and His Advisors: Diagnostic and Strategic Propensities in Their Operational Codes, *Political Psychology*, Vol.21, No.3, 2000, pp.529-543.

萨达姆看作邪恶的敌人,与希特勒等同[1],即根据萨达姆采取的对外政策而做出了相应的调整。

2.随着时代的变化操作码也会有所变化

约翰逊在对 1972 年与 1956 年的彻奇的操作码进行比较后发现,在 13 项基本的国际关系的信仰中,有 10 项没有改变。但是随着形成以苏美各自为首的两大阵营的僵局,以及美国在越南战争中的停滞不前,使他的操作码部分发生了改变,即在哲学信仰上过去认为是零和博弈,自由世界应该统一世界;1972 年改变为与对手妥协,强调民族独立。在工具性方面,1956 年时坚持两党制的外交决策,到 1972 年时放弃了。由这种前后的比较,约翰逊相信,1972 年的操作码可以预测彻奇以后的外交行为,可以用一个词"不干涉"概括他的外交政策。[2]

3.根据政治势力的变化

霍尔斯蒂在对杜勒斯的信息处理模式研究之后,提出"内在的恶的信念",他发现杜勒斯对苏联的总体评价较低,而且很少受环境的影响。但是也有所变化,这就是如果苏联在外交事务方面成功越少,对它的敌意也越少;与之相联系的是,如果苏联的实力下降,敌意也会随之减少。[3]即根据对方势力的变化,杜勒斯的操作码会随之发生变化。

4.随着自身地位的变化而变化

影响操作码变化的另一因素是官员自身地位的变化。斯罗尔特(Douglas Stuart)和斯达(Harvey Starr)结合霍尔斯蒂的研究,把杜勒斯与肯尼迪和基辛格的操作码作了对比研究。他们发现,肯尼迪在早期做议员时期(1946—

---

[1]　Mark Schafer et al.,Quantitative Analysis:Contributions to the Study of Personality and Behavior,In Linda O. Valenty & Ofer Feldman eds.,*Political Leadership for the Century:Personality and Behavior among American Leaders*,Westport,Connecticut,Praeger,2002,pp.51-63.

[2]　Loch K. Johnson,Operational Codes and the Prediction of Leadership Behavior:Senator Frank Church at Midcareer,In M. G. Hermann & T. W. Milburn eds.,*A Psychological Examination of Political Leaders*,Free Press,1977,pp.81-117.

[3]　Douglas Stuart & Harvey Starr,The "Inherent Bad Faith Model" Reconsidered:Dulles,Kennedy,and Kissinger,*Political Psychology*,Vol.3,No.3/4,1981/1982,pp.1-33.

1952），接受了杜勒斯的白猫黑猫论，攻击罗斯福对苏联的政策，批评他丢掉了波兰和捷克，也批评杜鲁门的中国政策。但当选为总统后，肯尼迪有关苏联形象的认识已经明显不同于杜勒斯：苏联是剥削他国的和危险的，但同时是可教育的。同样，基辛格不再把苏联和中国定义为革命国家，并且相信限制的作用，国家的冲突没有绝对的胜利。肯尼迪和基辛格在担任官员之后，对苏联有更加积极的评价。总之，杜勒斯对苏联的态度最负面和最封闭，而基辛格相反，肯尼迪则居于其间。为什么杜勒斯的操作码会相对稳定，而后二者的变化较大？他们认为，杜勒斯对苏联的判断是建立在道德基础之上的，因此变化不大，而后两者是建立在现实的基础之上，因此容易发生变化。[1]

5.公开和私下，有准备的发言和自然发言的变化

玛菲利特（B. Gregory Marfleet）探讨了古巴导弹危机对肯尼迪信仰体系的影响，采用的方法依然是 VICS，材料来自于肯尼迪最后两年的资料及公开的演讲。他把古巴危机分作四个阶段：前决定时期、决定时期、后决定时期、解决。结果发现，在四个阶段中，肯尼迪总体上私下的言辞比公开的言辞表现出更多的敌意。[2]

沙弗尔和克里奇洛选取了 1993—1996 年克林顿的 20 篇自然发言和 19 篇有准备的发言。自然发言中的克林顿与人交往的意愿更少，自然言论中对事件的控制高、冒险趋向低，而机遇的地位没有变化。有准备的发言是有计划的交流，受专家的指导，态度比较稳定。[3]

操作码的动态性提醒我们在分析领导的操作码时，要注意影响操作码的各种因素，包括时代的变化、对方势力和采取的政策的变化、自身地位的变化，以及公开和私下的变化，选择和分析领导的材料时要兼顾这些方面，否则对领导的操作码的分析就会出现偏差。

---

① Douglas Stuart & Harvey Starr, The "Inherent Bad Faith Model"Reconsidered: Dulles, Kennedy, and Kissinger, *Political Psychology*, Vol.3, No.3/4, 1981/1982, pp.1–33.

② B. Gregory Marfleet, The Operational Code of John F. Kennedy during the Cuban Missile Crisis: A Comparison of Public and Private Rhetoric, *Political Psychology*, Vol.21, No.3, 2000, pp.545–558.

③ Mark Schafer & Scott Crichlow, Bill Clinton's Operational Code: Assessing Source Material Bias, *Political Psychology*, Vol.21, No.3, 2000, pp.559–572.

（五）评价

美国的学者科尔曼曾经把国际关系的研究分作了宏观、中观和微观三个层面，大多数的研究是落在宏观和中观层面：宏观层面指国际体系，即战争与和平对国家的影响，也就是他所说的社会过程；中观层面体现在国家层面，指国家间的互动，也就是社会间的过程。按照科尔曼的理解，国际冲突及冲突的解决是以冲突中代表性的个体实现的。[1]因此，微观层面的研究，尤其是领导的心理研究非常重要。以欧美为例，虽然实行议会民主制，议会的权力是其体制的主要特征，但是二战后国家的权力逐渐由议会向政府转移，国家领导人在整个权力的运作过程中变得越来越重要。具体到外交决策来说，还存在另外一个特殊的现象，即外交决策很少受公众舆论的影响。以美国为例，有学者研究发现，有关国内的议题，包括社会道德议题，譬如堕胎，祈祷等方面，以及经济议题，譬如通货膨胀、社会福利等方面，民众有切身的体验、较多的了解，以及与自身的利益相关，民众一般能够积极参与，形成公众舆论对政府施加影响。但是在外交议题方面，民众无论知识还是经验都相对缺乏，大多对政府的决策表示接受。[2]也就是说，领导在外交决策中的自由度较高，因此探讨领导决策的心理过程对于外交决策的研究变得重要起来。操作码的研究正是学者们在这方面的努力。

操作码研究的最大贡献在于使领导的信仰具有可操作性，并与外交决策联系起来。在七十余年的发展历程中，早期是对操作码的变量研究，进入20世纪80年代以后对操作码的归类，以及VICS的定量分析，均是在领导的意识形态操作性方面做出的努力。沃克认为，操作码既吸收了传统的政治学的解释，同时又弥补了传统的政治学所无法解释的方面。譬如，他吸收了传统政治学有关人是理性的假设，认为领导是对各种不确定性的条件进行计算，最后得出决策。对传统政治学的弥补体现在操作码强调了决策者不同的心理特质，把心理的变量引入了决策分析中，内容分析中注重定性与定量的

① Herbert C. Kelman, Social-psychological Contributions to Peacemaking and Peacebuilding in the Middle East, *Applied Psychology: An International Review*, Vol.47, No.1, 1998, pp.8-11; Herbert C. Kelman, Interactive Problem Solving: An Approach to Conflict Resolution and Its Application in the Middle East, *PS: Political Science and Politics*, Vol.31, No.2, 1998, pp.191-192.

② W. Lance Bennett & John D. Klockner, The Psychology of Mass-mediated Publics, In Ann N. Crigler ed., *The Psychology of Political Communication*, The University of Michigan Press, 2001, pp.89-110.

结合,强调国家领导人对世界及对彼此的看法影响了他们的决策。[1]

当然,操作码的研究仍然存在一些问题。尤瑞·巴-约瑟夫(Uri Bar-Joseph)和艾瑞·W.克鲁格兰斯基(Arie W. Kruglanski)认为仍然有些问题有待于解决。譬如有关操作码的种类;操作码发挥作用的条件,为什么一些操作码在一定条件下能够运用,另外一些无法运用;操作码对决策者施加影响时一些相关的心理特征。[2]操作码在处理与其他研究国际关系的心理理论的关系时也存在问题,这些理论包括,形象理论、群体思维、前景理论等。当然另一个问题是操作码在整个外交决策中的定位问题,譬如领导的操作码与传统的依照国家权力、利益等的解释之间是一种什么关系。

最后要说明的是,目前从事操作码研究的学者仍然不多,主要有沃克及其同事做相关的研究工作,尚未形成强大的潮流。

(六)特朗普的操作码测量[3]

VICS方法是基于领导人的演讲、言论和声明等内容,通过文本分析推断其信念体系的"远距离测量"的方法。沃克和沙弗等人详细介绍了操作码10个指标的计算方法,具体的计算方法见表10-5。VICS方法既可以通过人为手动编码,也可以由计算机分析器进行编码,两种编码方法的逻辑和关注重点相同。VICS方法的分析单元是至少拥有一个及物动词的"表达",关注的核心是语句中的及物动词。编码者需要提取主语(己方还是他方)、动词的正负价(冲突还是合作)、动词的时态、动词的类别和语句所涉及的其他关键信息。计算机分析器容纳了大约750个及物动词,这些及物动词被扩展成四万多种语法形式,并将这些词划分为六个类别:惩罚、威胁、反对、支持、保证和奖励,"它们代表了由若干学者所确定的权力行使的各种形式"[4]。

---

① Stephen G. Walker, The Evolution of Operational Code Analysis, *Political Psychology*, Vol.11, No.2, 1990, pp.403-418.

② Uri Bar-Joseph & Arie W. Kruglanski, Intelligence Failure and Need for Cognitive Closure: On the Psychology of the Yom Kippur Surprise, *Political Psychology*, Vol.24, No.1, 2003, pp.75-99.

③ 本部分的测量工作由我们的团队成员孙佳琪完成,具体可参见季乃礼、孙佳琪:《特朗普对华心理探析——基于信念体系操作码的解读》,《理论与改革》,2019年第3期。

④ Huiyun Feng, The Operational Code of Mao Zedong: Defensive or Offensive Realist? *Security Studies*, Vol.14, No.4, 2005, pp.637-662.

表 10–5　哲学信念和工具信念指标计算方法

信念		核心语句中的及物动词	指标	值域	说明
哲学信念	P–1	政治领域的本质（对他人的意象）	积极的他人归因%– 消极的他人归因%	[–1,1]	1= 友好 –1= 敌对
	P–2	政治价值的实现	关于他人的表达的平均强度 ÷3	[–1,1]	1= 乐观 –1= 悲观
	P–3	政治前景（关于他方策略的预测性）	1–IQV（他人归因）	[0,1]	1= 可预测 0= 不可预测
	P–4	历史发展的控制	自我归因 ÷（自我归因 + 他人归因）	[0,1]	1= 高控制 0= 低控制
	P–5	机遇的角色	1–(P–3 × P–4)	[0,1]	1= 高作用 0= 低作用
工具信念	I–1	实现目标的途径（战略方向）	积极的自我归因%– 消极的自我归因	[–1,1]	1= 合作 –1= 冲突
	I–2	对目标的追求（策略强度）	关于自我的表达的平均强度 ÷3	[–1,1]	1= 合作 –1= 冲突
	I–3	风险方向	1–IQV（自我归因）	[0,1]	1= 风险接受 0= 风险规避
	I–4	行动的时机（策略的灵活性）		[0,1]	1= 高转变倾向 0= 低转变倾向
	a	合作与冲突的灵活性	1– ∣ 积极的自我归因%– 消极的自我归因% ∣		
	b	言论与行动的灵活性	1– ∣ 自我表达中言论%– 自我表达中行动% ∣		
	I–5	手段的效用	在自我表达中 a 到 f 各类的百分比	[0,1]	1= 频繁 0= 不频繁
	a	奖励	a 的频数 ÷总数		
	b	保证	b 的频数 ÷总数		
	c	呼吁 / 支持	c 的频数 ÷总数		
	d	反对 / 抵制	d 的频数 ÷总数		
	e	威胁	e 的频数 ÷总数		
	f	惩罚	f 的频数 ÷总数		

1.特朗普的操作码概况

本书从美国白宫网站收集了特朗普上任一年来所有的发言、讲话和声明,根据重要的时间节点和代表性事件,选择了 15 篇演讲作为分析文本,并采用计算机测量的方式对其进行操作码测量。测量结果见表 10-6:

表 10-6　特朗普操作码概览

（N=15）		指标	值域
哲学信念			
P-1	政治领域的本质（冲突／合作）	0.301	[-1,1]
P-2	实现政治价值（悲观／乐观）	0.094	
P-3	政治前景（不可预测／可预测）	0.145	[0,1]
P-4	历史发展（低控制／高控制）	0.265	
P-5	时机的作用（小／大）	0.961	
工具信念			
I-1	实现目标的战略途径（冲突／合作）	0.411	[-1,1]
I-2	策略强度（冲突／合作）	0.185	
I-3	风险方向（规避／接受）	0.206	[0,1]
I-4	行动的时机		
a	冲突／合作	0.589	
b	言语／行为	0.520	
I-5	手段的效用		
a	奖励	0.149	
b	保证	0.087	
c	呼吁／支持	0.499	
d	反对／抵制	0.103	
e	威胁	0.058	
f	惩罚	0.103	

由表 10-6 可以看出，特朗普与对于政治领域本质的认识是合作的（P-1=0.301），并且他倾向于采用合作的策略实现其政治目标(I-1=0.411)。冷战结束后,和平是世界各国的共识,通过已有文献可知主要国家领导人对于政治领域的认识基本都是倾向于合作的。特朗普曾联合其他国家打击叙利亚,也曾对朝鲜进行核试验表明过强硬的态度,但这只是"表象",不能就这些"表象"为特朗普贴上"好战"的标签。从对政治发展的未来预期来看,特朗普呈现乐观趋向,但乐观程度较低(P-3=0.145)。这是由特朗普的个人性格和他上台后面临的政治环境共同作用而成的。一方面,"在特朗普的自我人格结构中,占主要成分的是本我和自我,而非超我"[1]。特朗普个人对于自我有超乎常人的肯定,这形成了其"自恋"的人格特质。另一方面,特朗普上台以来面临的政治环境并不友好,其大力推行的"禁穆令"并未实现,在新医改法案推行之初也曾出现过未获得共和党内充分支持的情况。这些因素导致特朗普对于实现其政治价值并不乐观的心理。特朗普倾向于认为历史发展的控制点在他人而非自己(P-4=0.265),这表明他对于实现政治目标的态度并不坚定,暗示了他易受他人影响的人格特征。特朗普对于"机遇"的作用给予了很高的肯定(P-5=0.961),通常而言,"如果领导人对于他人的预测性和对于政治结果的控制能力都很低,机会的作用就会相当高"[2]。就实现目标的手段而言,特朗普更倾向于用"支持"的方式,即偏好通过"言论"而非"行为"实现目标。然而,他的转变倾向较高,这表明他虽然偏好"言论"方式,但在外部环境的刺激下很可能转向通过"行为"的方式达到目的(I-4b=0.520)。同样,特朗普在某些情境下也可能由合作倾向转变为冲突倾向。P-5 和 I-4 共同表明,特朗普的人格特质带有鲜明的投机特点,他善于抓住时机改变自身的策略从而实现目标,这也符合其商人逐利的形象。

2.基于三个主要信念的分析

操作码连接了领导人的内心世界和他所面对的外部世界，哲学信念强调个体对于政治本质、政治前景、历史发展等问题的看法,工具信念强调对

---

[1]　尹继武、郑建军、李宏洲:《特朗普的政治人格特质及其政策偏好分析》,《现代国际关系》,2017 年第 2 期。

[2]　Stephen G. Walker et al., Systematic Procedures for Operational Code Analysis:Measuring and Modeling Jimmy Carter's Operational Code, *International Studies Quarterly*, Vol.42, No.1, 1998, pp.175–190.

于外部环境及实现目标的认知。在信念体系中,P-1(政治领域的本质)、I-1(实现目标的战略)和P-4(对历史发展的控制)是三个主要信念。P-1反映了个体基础的世界观和对政治的基本理解,I-1反映了个人实现政治目标的方式,P-4则反映了领导人的个性是软弱的还是强硬的。

(1)以P-1和I-1为基础的分析

图10-2是冯惠云和贺凯以P-1和I-1为基础构建的关于领导人或国家的2×2的分析模型。他们根据P-1和I-1是否大于0,将领导人或国家分为四种类型,即独断的修正主义者、独断的现状维持者、温和的修正主义者和温和的现状维持者。构建这一模型的逻辑是,越倾向于认为政治的本质是合作的领导人,越倾向于维持现有国际体系和国际环境的现状。而倾向于认为政治的本质是冲突的领导人,在他执政下的国家则有可能成为现有体系的挑战者。I-1的正负和大小则揭示了领导人倾向于采用温和的战略还是决断的战略。

P-1 信息(政治领域的本质)

	(冲突)-1	0	(合作)+1
(冲突)-1	独断的修正主义者		独断的现状维持者
I-1 信念(战略) 0			
(合作)+1	温和的修正主义者		温和的现状维持者

图10-2 基于两个主要信念的领导人 / 国家类型分析[①]

根据这一类型分析可知,特朗普属于温和的现状维持者(P-1=0.301,I-1=0.411)。一般而言,在国际体系中的获益者,即修正主义者,通常倾向于维持现有状态,而在现有体系下没有利益优势的国家则倾向于改变现有体系。兰德尔·施韦勒(Randall Schweller)指出,现状维持国家的利益倾向是安

---

① 按,根据 Kai He & Huiyun Feng, Xi Jinping's Operational Code Beliefs and China's Foreign Policy, *The Chinese Journal of International Politics*, Vol.6, No.3, 2013, pp.209-231 一文绘制而成。

全最大化,"而修正主义国家则以权力最大化为目标"①。在当前世界格局中,美国仍居于霸权地位,特朗普并不想改变现有的国际体系和美国占据优势的国际格局。"温和"这一特点主要源于他对于实现目标的手段的认知,他倾向于用和平的方式解决争端,这或许不同于他自竞选以来营造的"强硬"的形象,但在一些问题上可以看出其"温和"的特质。特朗普在竞选之初曾强烈指责中国,但在上台之后他"强调中美双方存在广泛的共同利益"②。大力开展元首外交是特朗普执政后中美关系发展的重要特征,特朗普与习近平曾多次进行电话沟通,2017 年 4 月习近平出访美国,与特朗普就安全、地区、能源等问题进行了协商,特朗普表示与习近平的会面非常圆满。2017 年 11 月特朗普访华,双方就中美发展的关键问题进行了讨论。此外,在许多多边场合,特朗普和习近平都进行了会晤。元首外交体现了特朗普对于和平解决两国之间问题的态度。

(2)以 P-1,I-1 和 P-4 为基础的分析

霍尔斯蒂根据领导人对于政治本质和冲突本源的认识将领导人分为六种类型,沃克在后续的研究中将六种类型整合为四种类型。沙弗和沃克在 2006 年出版的书中引入了关于偏好的推断理论（Theory of Inferences about Preferences）,阐释了不同类型的操作码结果对于解决、僵化、服从和控制这四种战略方式的偏好程度。詹博拉特(Sercan Canbolat)等人在 2017 年发表的文章中对 TIP 理论和计算方法进行了优化,通过将被测者的所测结果与规范组的均值和标准差进行比较,确定被测者对于四种战略方式的排序。规范组的结果由 35 位国家和地区领导人所发表的 164 篇演讲形成。具体计算方法是,观察被测者的 P-1 和 I-1 得分是高于(>)还是低于(<)规范组的均值,由此确定 P-1 和 I-1 的符号,随后用规范组 P-4 的均值加减标准差形成一个值域,观察被测者的 P-4a 和 P-4b 是否在这个值域之内(=),如果不在,那么是高于(>)上限还是低于(<)下限,③具体类型见表 10-7:

---

① 刘丰:《类型化方法与国际关系研究设计》,《世界经济与政治》,2017 年第 8 期。

② 《习近平第五次致电特朗普,美"小动作"不断遭郑重警告》,2017 年 7 月 5 日,http://military.china.com/important/11132797/20170705/30913702_all.html。

③ 注:P-4a 即为原始的 P-4 得分,P-4b=1-(P-4)。P-4a 表示自己对于历史发展的控制能力,P-4b 表示他人对于历史发展的控制程度。

表 10-7　偏好推断理论的扩展[1]

类型	指数结果	战略偏好
类型 1	(I-1,P-4a)或者(P-1,P-4b)是(+,<)	解决 > 僵化 > 服从 > 控制
类型 2	(I-1,P-4a)或者(P-1,P-4b)是(+,=)	解决 > 僵化 > 控制 > 服从
类型 3	(I-1,P-4a)或者(P-1,P-4b)是(+,>)	解决 > 控制 > 僵化 > 服从
类型 4	(I-1,P-4a)或者(P-1,P-4b)是(—,<)	控制 > 解决 > 服从 > 僵化
类型 5	(I-1,P-4a)或者(P-1,P-4b)是(—,=)	控制 > 解决 > 僵化 > 服从
类型 6	(I-1,P-4a)或者(P-1,P-4b)是(—,>)	控制 > 僵化 > 解决 > 服从

注：规范组分值为,P-1 均值=0.30,P-1 标准差=0.29;I-1 均值=0.40,I-1 标准差=0.43;P-4 均值=0.22,P-4 标准差=0.13。

　　计算可知特朗普的战略偏好为解决 > 僵化 > 控制 > 服从。根据沃克对霍尔斯蒂分类的整合(见图 10-3)可以推断,战略排序为解决 > 僵化 > 控制>服从的领导人为 A 类型。A 类型者通常认为,冲突是由人类的误解和错误传达导致的,是暂时的。他们认为,一种基于错觉和冲动反应的"冲突螺旋"是导致战争的主要危险。对手通常受非理性条件影响,但倾向于以和解和坚定做出善意的回应。保持乐观主义的态度是必要的,是建立在一个领导人塑造历史发展的能力和意愿之上的。他们强调在分享利益的框架下构建目标,并倾向于通过灵活的策略来追求广泛的国际目标,这一策略是通过避免冲突升级和在调解机会出现时迅速采取行动来控制风险。他们愿意建立谈判和妥协的氛围,以避免对武力的过早使用。

表 10-8　沃克对于霍尔斯蒂六种类型的整合[2]

A 类型 解决 > 僵化 > 控制 > 服从	B 类型 控制 > 僵化 > 解决 > 服从
C 类型 解决 > 控制 > 僵化 > 服从	DEF 类型 控制 > 解决 > 僵化 > 服从

---

① Özgür Özdamar & Sercan Canbolat, Understanding New Middle Eastern Leadership: An Operational Code Approach, *Political Research Quarterly*, Vol.71, No.1, 2018, pp.1– 13.

② Stephen G. Walker, The Evolution of Operational Code Analysis, *Political Psychology*. Vol.11, No.2, 1990, pp.403– 418.

在特朗普的认知中,大国间的沟通不畅是导致战争的重要原因,因此他会尽量避免被卷入"囚徒困境"的困局中,他会积极开展国家间的交流以避免陷入"冲突螺旋"。对于对手的非理性行为,他倾向于首先以和解的方式做出回应,而不会过早地使用武力,但由于其较高的转变倾向,他对于僵化局面的接受度也较高。因此在和解并未达成目标时,他很有可能转而采用更强硬的方式。他对于共享利益的追求符合他的商人身份。A 型的领导者在动机方面具有较高的归属意象①,归属动机高的人乐于营造一种温馨、和谐的氛围,并且在选择下属时更偏好和自己有相似的生活习惯的人,而非专家。特朗普构建的决策圈多数是和他有相同政治偏好的人及他的亲人,他十分强调团队的"忠诚"和对他的"崇拜"。通常归属动机较高的领导人对于对手的认知会在"朋友"和"敌人"间转变,这与其较高的转变倾向不谋而合,当对方姿态友好时,他的态度也是友好的,而当他人对他具有"敌意"时,他的态度也会随即转变,正如他在推特上怒斥不看好他的主流媒体一样。沃克和沙弗在从理想主义和现实主义的角度对 A、B、C、DEF 四种类型进行了区分。A 型和 C 型是理想主义者,两者的区别在于对历史发展的控制方面(P-4)。A 型领导人认为自己对于历史发展的控制力较小,因此他们会采用更多的合作策略,并且不会在政治领域中掀起较大的风浪,是适度的理想主义者。而 C 型领导人则认为他们对于历史发展的程度控制力较高,进而相信"只要有足够的历史控制,大变革是可能的"②。特朗普具有一定的理想主义色彩,相信国家之间是可以形成较为长久的合作的,也愿意营造可以达成合作的环境。

3.不稳定的合作者

综合观察特朗普的操作码数据,可以看出他具有几个鲜明的特征:

首先,他对于政治本质的认识是合作的,并倾向于采用合作的战略实现政治目标;其次,他对于历史发展的控制程度不高,在个性方面较为温和并易受他人影响;再次,他的转变倾向较高,在合作—冲突和言语—行为方面都较为善变;最后,他对于机遇的作用较为看重,具有一定的投机倾向。

①　Stephen G. Walker,Psychodynamic Processes and Framing Effects in Foreign Policy Decision-Making:Woodrow Wilson's Operational Code,*Political Psychology*,Vol.16,No.4,1995,pp.697-717.

②　Stephen G. Walker and Mark Schafer,Theodore Roosevelt and Woodrow Wilson as Cultural Icons of U.S. Foreign Policy,*Political Psychology*,Vol.28,No.6,2007,pp.747-776.

　　针对上述四种特点,可以将特朗普总结为一个"不稳定的合作者"。他在本质上具有一定的合作倾向,并倾向于采取温和的策略。然而,虽然特朗普P-1和I-1的得分都大于0,但两个分数都没有超过0.5,这表明其合作倾向不强。尹继武等人指出,特朗普具有不羁善变和逐利自我的人格特质,这在其信念体系中有所体现。较高的转变倾向和对机遇的看重共同表明他善于抓住机会改变自己的策略方向。他会通过对于利益的判断,对原有的行为做出调整,这种调整具有投机倾向。特朗普曾多次转变政党身份,政党对于他只是参政的工具,更多基于利益的考量和计算选择政党。特朗普对于利益的定义是片面地追求"己方"的利益,反映在现实中就是更多地强调美国的国家利益,而减少对于全球义务的承担,美国退出《巴黎协定》就是一个证明。"特朗普认为该协定拖累美国经济发展、导致就业机会减少、弱化美国国家主权,使美国以永久处于劣势。"[1]

　　特朗普的对外政策显示出基于成本—受益计算的特点。他曾要求墨西哥负担修建美墨边境墙的费用,由韩国承担布署萨德的10亿美元开支,还指出德国应支付北约和美国为德国提供的安保服务费用。然而,特朗普对于利益的追求并非向传统观点认为的那样"不顾一切",他的操作码表明他具有风险规避倾向,他曾在自传中提到他的"每一个决策都是敏锐捕捉到现实的商机和时机"[2],他倾向于谨慎和理性的投资,不愿进行冒险。很多研究认为,特朗普较为独断,不易受他人的影响,幕僚对其产生的影响较少。但是从其信念体系中可以看出,特朗普对历史控制没有强烈的信念,倾向于做一个优柔寡断的领导者。特朗普所属的A类型指向了较高的归属动机,高归属动机的人更易任用自己的亲戚和朋友而不是专家。他们也容易受到下属丑闻的影响,最具代表性的就是"通俄门"事件。较高的转变倾向、投机倾向和对于利益的追求表明特朗普根据自己的需求进行不同方式的博弈判断,积极抓住机会改变自己的策略,从而尽量减少"己方"利益的损失和规避风险。这也共同决定了特朗普在政策方面是不稳定的,而较为软弱的个性和易受他人影响的特点更加剧了特朗普的多变性——他可能受他人影响而改变自己

---

　　① 《美成"孤家寡人"G7其他六国确认落实巴黎协定》,2017年6月13日,http://news.sina.com.cn/o/2017-06-13/doc-ifyfzaaq6241304.shtml。

　　② [美]唐纳德·特朗普、托尼·施瓦茨:《特朗普自传:从商人到参选总统》,尹瑞珉译,中国青年出版社,2016年,第40页。

的策略。

七、恐怖主义心理

"恐怖主义"一词来自于法国大革命的雅各宾派,雅各宾派执政之后,推行恐怖政策。尽管"恐怖主义"一词是雅各宾派的发明,但本书所讲的恐怖主义与此有所区别。雅各宾派的恐怖主义是国家的恐怖主义,是以执政者作为暴力活动的主体。这里所讲的恐怖主义是非国家的恐怖主义,是指无权者的暴力,反抗的对象是国家和政府。综观历史来看,国家恐怖主义所导致的危害更大,受害者也更多。[①]

非国家的恐怖主义最早可以追溯到 1 世纪,犹太人对占领耶路撒冷的罗马官员及其合作者的暗杀行动,其目的是使罗马军队撤出该地区。现代意义上的恐怖主义原型是 19 世纪俄罗斯的人民意志(Narodnaya Volya)运动。二战后,随着反殖民运动的兴起,以及国际媒体的出现,恐怖主义逐渐成为常态。20 世纪 80 年代以后,以宗教为依托的恐怖主义逐渐兴起,将对民众的屠杀看作神圣的行为。[②]

(一)恐怖主义与心理的恐惧

1981 年,克伦肖(M.Crenshaw)在探讨恐怖主义时,没有专门探讨恐怖主义的含义,但恐怖主义的含义是比较明确的,既可能采取暴力的形式对抗政府,也可能以暴力的形式维护国家的利益,暴力活动的结果系统性地导致了平民的恐惧和焦虑。[③]他提出了恐怖主义的两个特点:其一,采取暴力的形式;其二,暴力的目的在于导致平民的恐慌。1983 年,他对恐怖主义又作了解释:恐怖主义是指小规模的秘密组织(团伙)在争取政治权力的斗争中系统化地使用的一种有预谋、有目的的异常暴力。[④]与克伦肖强调暴力不同,格罗斯卡普(B.Grosscup)重点解释了"恐怖"的含义,将恐怖主义定义为"一种使

①　C. McCauley, Psychological Issues in Understanding Terrorism and the Response to Terrorism, In B. Bongar, et al., eds., *Psychology of Terrorism*, Oxford University Press, 2007, pp.13–31.

②　S. Gerwehr& K. Hubbard, What Is Terrorism? Key Elements and History, In B. Bongar, et al., eds., *Psychology of Terrorism.*, Oxford University Press, 2007, pp.87–100.

③　M. Crenshaw, The Causes of Terrorism, *Comparative Politics*, Vol.13, No.4, 1981, pp.379–399

④　M. Crenshaw ed., Terrorism, Legitimacy and Power, Wesleyan University Press, 1983, pp.2–3.

用或胁迫使用无选择性的暴力的秘密战争,旨在通过制造恐怖气氛,达到改变人们的心理状态,或改变国家或成员被胁迫的群体的政策的目的"[1]。也有学者专门从"平民"角度对恐怖主义作了解释,譬如有些为了自由或者某种理想而采取暴力活动的自由战士。[2]霍根(J. Horgan)指出,恐怖主义有袭击的直接对象、影响的民众、对手的区别。[3]每次袭击事件发生时,有的民众直接受到伤害,其他没有受到伤害的民众成了旁观者,最终是通过影响旁观者让其对手做出让步。也就是说,自由战士攻击的对象可能是政府或军队,而恐怖分子袭击的对象是无辜的平民,其目的在于影响旁观者。有句成语是"杀鸡骇猴",杀鸡的目的在于使猴子害怕。恐怖主义袭击的平民和旁观者则属于同一群体,均是属于他们反对的支持某个政府的民众,民众是这些政权存在的基础。恐怖主义通过袭击一些平民,使其余的民众害怕,因此也可以说是"杀猴骇猴"。

莫格丹姆(F.M. Moghaddam)将恐怖主义解释为个体、群体或国家支持的组织,从事以政治为目的的暴力,试图影响民众的恐惧和无力的感觉,进而影响他们的决策和行为改变。莫格丹姆的解释相对比较完整、明确,指出了恐怖主义的行为主体既可能是个体,也可能是群体或是国家支持的组织;同时指出了恐怖主义的目的在于影响民众的心理,进而影响他们的行为。[4]班克斯(L. M. Banks)与詹姆斯(L. C. James)则将恐怖主义解释为,有计划地运用非法暴力或非法暴力的威胁,使民众产生恐惧,试图强制或恐吓政府或社会,以实现政治、宗教或意识形态上的目标。[5]

根据上述学者的解释,我们可以对恐怖主义作以下的归纳:恐怖分子运用非法的暴力形式,引起民众的恐惧,试图改变他们的行为决策,以实现他们的政治、宗教或意识形态的目标,包括以下四个要素:其一,恐怖分子,既可能是个体,也可能是群体;其二,非法的暴力的形式;其三,使民众产生恐

---

① B. Grosscup, The Newest Explosion of Terrorism, Far Hills, New Horizon Press, 1998, p.8.

② C. McCauley, Psychological Issues in Understanding Terrorism and the Response to Terrorism, In B. Bongar, et al., eds., *Psychology of Terrorism*, Oxford University Press, 2007, pp.13–31.

③ J. Horgan, *The Psychology of Terrorism*, Routledge, 2005, p.3.

④ F.M. Moghaddam, The Staircase to Terrorism: A Psychological Exploration, In B. Bongar, et al., eds., *Psychology of Terrorism*, Oxford University Press, 2007, p.69.

⑤ L. M. Banks &Larry C. James, Warfare, Terrorism, and Psychology, In B. Bongar, et al., eds., *Psychology of Terrorism*, Oxford University Press, 2007, p.219.

惧,这里的对象也可能是政府,但主要是民众,通过民众恐惧的心理进而产生决策行为的改变,向政府施加压力;其四,政治、宗教或意识形态目标的实现。

这里的核心在于民众的恐惧心理。恐怖主义前后也发生了很多变化,以前其手段主要在于通过恐怖行为影响受众,即让更多的人了解和看到,而不是通过恐怖活动导致多少人损伤。而现在则发生了很多的变化,在于通过让更多人的死亡,来恐吓民众。①但其目的都是相同的,都在于使敌对政府的民众产生恐惧的心理。麦克德莫特(R. McDermott)和津巴尔多(P.G. Zimbardo)认为,恐怖主义不同于传统意义上的战争,传统意义上的战争在于消灭敌人的物质资源,占领敌方的领土,恐怖主义本质上是心理的。恐怖分子通过各种方式激起民众的恐惧,使他们易受伤害,感到焦虑、困惑,生活失去方向和无助,最终他们会认为政府不再能给自己带来安全而不信任政府。②津巴尔多在与布雷肯里奇(J. N. Breckenridge)合写的文章中将恐怖分子制造的恐惧称为夸大的恐惧,即以恐怖事件为基础,通过各种方式将恐惧的心理在民众中间扩散。譬如他们恐惧事件愈发的致命和残酷,或者恐怖事件的实施者匿名化了,这一切都在吸引媒体的注意,甚至有的恐怖事件直接是对记者进行的攻击,其目的是将恐惧的心理氛围扩散出去。③现代性武器的使用更加加重了民众的恐惧心理。现代性的武器包括化学、生物、放射性、核等高爆炸性的武器,这些武器造成的伤害更大,使未来的威胁带有更大的不确定性,使"恐惧倍增",从而弱化民众对政府的信心。④

恩布里(D. D. Embry)将恐怖主义的心理战称作非对称性(asymmetric)战争。传统的战争是双对称性(disymmetric)战争,即双方是国家对国家,军事势力对军事势力,攻击目标均是双方军事人员。而恐怖主义战争是非对称性(asymmetric)战争,它是避对方的强点,专攻其弱点。就美国来说,民众的安全

---

① B. Bongar,The Psychology of Terrorism:Defining the Need and Describing the Goals,In B. Bongar, et al.,eds.,*Psychology of Terrorism*,Oxford University Press,2007,pp.3–12.

② R. McDermott & P.G. Zimbardo,The Psychological Consequences of Terrorist Alerts,In B. Bongar, et al.,eds.,*Psychology of Terrorism*,Oxford University Press,2007,p.358.

③ J. N. Breckenridge & P.G. Zimbardo,The Strategy of Terrorism and the Psychology of Mass–Mediated Fear,In B. Bongar,et al.,eds.,*Psychology of Terrorism*,Oxford University Press,2007,pp.116–136.

④ G. R. Sullivan &Bruce Bongar,Psychological Consequences of Actual or Threatened CBRNE Terrorism,In B. Bongar,et al.,eds.,*Psychology of Terrorism*,Oxford University Press,2007,pp.153–164.

观就是其弱点,美国民众将安全视作支持美国制度及政策的基础。就实际的情况来说,9·11事件不仅影响到民众对美国政府的信心,同时导致了抑郁的盛行和医疗花费剧增,以及毒品的泛滥等情况。①

(二)恐怖分子的心理分析

恐怖分子为何会产生?有学者将其看作自然的现象,归于人类悠久的历史,是自然演化的结果。有学者将恐怖主义与进化心理学的研究结合起来,进化心理学关注于长时段的心理变化,认为人们的心理是与自然环境、生理及社会制度综合作用的结果。恐怖主义也不例外,一些恐怖活动与过去的部落主义相关,恐怖分子多是青年男性,也与吸引女性的注意力相关。②

在此方面,哈恩(L. Hahn)等将恐怖分子所具有的意识形态与道德基础理论结合起来,认为极端的右翼、宗教的、民族的—国家的主义/分离主义的意识形态,与忠诚、权威和纯洁的动机相关。极端的左翼和单一议题的意识形态则与个人化的动机,如关心和公正相关。③

1981年,克伦肖就对恐怖主义发生的背景及其产生的直接原因进行了分析。恐怖主义是现代化的产物,具体来说,现代化为恐怖主义的滋生提供了土壤,经济和社会的高度发展所产生的各种因素相互叠加,为恐怖分子的发展提供了机遇及易受攻击的点。譬如,交通的发展为人员的流动提供了条件,信息传播技术的发展为恐怖信息的发布提供了便利。恐怖分子经常用的炸弹,以及未来可能出现的核袭击中的原子弹等都是现代技术发展的产物。城市化的发展导致人员的聚集及社会结构的复杂性,这为恐怖分子提供了袭击的目标和恐怖活动的方式,许多恐怖活动均是以城市为舞台展开的。它的好处是人员流动快,袭击时会导致伤亡人数多,围观者多,同时恐怖分子在城市作案后很容易做到匿名化,容易逃跑,伤亡人数多容易产生轰动效应,而围观者会出于恐惧心理将消息传递出去。从恐怖组织来说,它们自身具有的社会习惯和历史传统会对采取恐怖方式反抗政府进行论证;或者它们接受的现代的意识形态超越了国家,允许它们采用暴力的方式达到革命

---

① D. D. Embry, Psychological Weapons of Mass Disruption Through Vicarious Classical Conditioning, In B. Bongar, et al. , eds. , *Psychology of Terrorism*, Oxford University Press, 2007, pp.165–175.

② M.Taylor et al. , eds. , *Evolutionary Psychology and Terrorism*, Routledge, 2016.

③ Lindsay Hahn et al. , Applying Moral Foundations Theory to Identify Terrorist Group Motivations, *Political Psychology*, Vol.40, No.3, 2019, pp.507–522.

的目标。最后也是最突出的因素是它们反抗的政府的无能,或者不愿意对恐怖活动采取预防措施。以上是恐怖主义发生的前置条件,可以说没有这些因素,恐怖主义很难发展。[①]

除此之外,还有导致恐怖主义的直接原因:其一,大的社会中亚群体对自己生存现状的不满;其二,政治上缺少参与的机会,合法表达的渠道被堵死,尤其是少数精英对此不满,而多数民众又处于消极的状态,最容易出现恐怖活动;其三,引起导火索的事件,这是恐怖主义的催化剂。除此之外,克伦肖认为,恐怖活动是弱者的武器,其基本目的是被认识或被关注,通过恐怖活动,彰显政府的无能,激起人们对政府的反感。至于人们为什么加入恐怖主义?克伦肖认为,不应该将人们加入恐怖组织归为单一的动机,他们可能为了某项共同的事业,对于居住的社会环境来说是充满敌意的,但内部是团结的,共享共同的价值和信念。[②]

可以说克伦肖的许多观点都对以后的学者产生了影响。克伦肖是从政治过程的角度对恐怖分子的心理进行解读的,即这些恐怖分子属于社会边缘的群体,他们的意见无法通过现有的制度所设定的渠道进行反映,只能通过暴力活动的方式表达自己的意见。从这个角度来说,克伦肖明确说,恐怖分子的行为是理性的,而且是一种集体的理性。他反对对恐怖分子进行个体化的解释,认为单个恐怖分子的人格不足以解释其行为,尤其是不能仅仅用他们心理变态来解释他们的恐怖行为。与此相关,恐怖分子群体起着非常重要的作用,譬如他们共享同样的意识形态,群体成员关系密切,非常团结。[③]

几乎所有学者都否认恐怖分子是病态的,而是认为他们的行为是理性的。佩吉(R. A.Page)通过对 1980 至 2001 年 188 起自杀式恐怖袭击的考察发现,这些恐怖组织知道他们付出的,以及通过恐怖活动想要得到的,即通过恐怖活动恐吓民众,在自由民主政体的国家就会形成强大的舆论压力,迫使他们的政府做出让步。[④]恐怖袭击要远小于发动战争的代价,恐怖分子可能通过恐怖活动无法实现他们的战略目标,却可能完成他们的战术目标,影响

[①]　M. Crenshaw, The Causes of Terrorism, *Comparative Politics*, Vol.13, No.4, 1981, pp.379–399.

[②]　M. Crenshaw, The Causes of Terrorism, *Comparative Politics*, Vol.13, No.4, 1981, pp.379–399.

[③]　M. Crenshaw, The Psychology of Terrorism: An Agenda for the 21st Century, *Political Psychology*, 21(2), 2000, pp.405–420.

[④]　R.A.Pape, The Strategic Logic of Suicide Terrorism, *American Political Science Review*, 97(3), 2003, pp.1–19.

政府控制弱的地区,导致他们发动起义,显示政府的软弱无能。①他们发动的恐怖活动,可能不会导致政治制度的改变,但可能影响领导的更替。②以非洲内战为例,恐怖主义的目的不仅在于让政府让步,也在于有机会迫使政府坐下来与恐怖组织协商。③

梅拉里(A. Merari)将恐怖群体看作工厂,自杀式爆炸者则是其工厂的产品,群体不断向其灌输极端的思想,使之形成对群体的承诺,然后通过发誓形成心理的负荷。④也就是说,恐怖主义是一种集体行动,是某些组织所特有的,这些恐怖组织具有明显的心理特征。有学者研究发现,即使具有同样的意识形态,也不一定成为恐怖分子,发展成为恐怖组织。在意识形态相同的情况下,恐怖分子群体与非恐怖分子群体相比,具有较高的内群体归属,较低的外群体归属,以及较高的权力意象。⑤斯卡尔(Nicholas C. Scull)等对关押在科威特监狱的加入伊斯兰国(ISIS)和基地组织(Al-Qaeda)的成员进行了半结构式的访谈,结果发现共同的宗教身份是加入这些组织的最初推动力,随后他们接受了有关圣战的宣传,并随着中东军事冲突的不断加剧,逐渐形成了如下的思想:伊斯兰教受到了攻击,他们有义务去保护它。在这些人中,社会边缘人物,即处于社会经济低层的人更有可能加入这些组织。⑥

恐怖分子的袭击是有组织的,这由他们的阶层的属性也可以看得出来。并不是每个人都能成为恐怖分子,凡是成为恐怖分子的,需要与这些恐怖组织有着政治上的关联,对恐怖活动的相关信息有着基本的了解,同时要付出一定的时间和精力去参与活动。因此恐怖分子多是来自于教育程度较好和经济社会地位较高的阶层。但在恐怖分子中,谁去执行暴力活动呢? 一般而

① N. A. Bapat, Sean Zeigler, Terrorism, Dynamic Commitment Problems, and Military Conflict, *American Journal of Political Science*, Vol.60, No.2, 2016, pp.337–351.

② D. Aksoy et al., Terrorism and the Fate of Dictators, *World Politics*, 67, No.3, 2015, pp.423–468.

③ J. Thomas, Rewarding Bad Behavior: How Governments Respond to Terrorism in Civil War, *American Journal of Political Science*, Vol.58, No.4, 2014, pp.804–818.

④ A.Merari, Psychological Aspects of Suicide Terrorism, In B. Bongar, et al., eds., *Psychology of Terrorism*, Oxford University Press, 2007, pp.101–115.

⑤ A. G. Smith, The Implicit Motives of Terrorist Groups: How the Needs for Affiliation and Power Translate into Death and Destruction, *Political Psychology*, Vol.29, No.1, 2008, pp.55–75.

⑥ N. C. Scull et al., Why People Join Terrorist Groups in Kuwait: A Qualitative Examination, *Political Psychology*, Vol.41, No.2, 2020, pp.231–247.

言,教育和经济社会地位高者属于组织中的精英,让他们去执行恐怖活动,付出的代价会相对较高。因此,这时则往往会选择经济社会地位较低者。[1]也就是组织本身会呈现出自己的理性,它要保持强有力的领导,要以最小的代价换取最大的胜利。因此,往往执行暴力行动者多是对组织来说损失最小的。

但是也有学者提出不同的观点。在一个恐怖组织中,每个人的作用是不同的,有人承担暴力的具体执行者的角色,尤其是自杀式爆炸者成为当今恐怖活动中一个重要的现象,更有些独狼式的恐怖分子接受了极端的思想,但又往往单独行动,仅仅研究恐怖组织的心理是不够的。

这些自杀式爆炸者为何甘愿牺牲自己的生命呢?最经典的研究就是克鲁兰斯基(A.W. Kruglanski)及其团队有关自杀式爆炸者的意义追求研究,即为了追寻个人的意义。有关自杀式爆炸者,有学者将其归为个人的原因,譬如个人受到创伤,或者羞辱,或者遭受社会排挤;有学者将其归为意识形态原因,譬如解放被占领的土地,保卫国家或宗教;有学者将其归为社会的原因,譬如对社会的责任和义务。而克鲁兰斯基等对上述观点进行了整合,通过对13位自杀式爆炸者和14位爆炸者母亲的录像和录音文件进行分析的结果,显示这些自杀式爆炸者行为的动机是对意义的追求,即他们认为自己所属的群体受到威胁时,为了增进集体的利益,他们会牺牲个人的生命,让自己作为烈士留在集体的记忆中。自杀是为了永生,尤其是当他们具有死亡的焦虑时。人难免一死,为了使短暂的人生获得永恒,自杀式爆炸就是其中之一,不但使集体受益,也使自己在死后升入天堂。[2]

但是他们的研究受到明茨(A. Mintz)和布鲁尔(D. Brule)的批评,他们认为克鲁兰斯基等人将各种解释都整合进他们的框架,导致了他们的理论无法被证伪,即各种解释都是为他们的观点作论证的。同时,他们的研究方法也存在问题,他们的一些证据多来自传闻,样本量也太少。同时,在检验他们的理论时存在选择性偏见,即他们只关注了自杀式袭击者,没有将恐怖分子与非

① A. Lee,Who Becomes a Terrorist? Poverty,Education,and the Origins of Political Violence,*World Politics*,63,No.2,2011,pp.203–245.

② A. W. Kruglanski et al.,Fully Committed:Suicide Bombers' Motivation and the Quest for Personal Significance,*Political Psychology*,Vol.30,No.3,2009,pp.331–357.

恐怖分子的样本相对照。同时对意义的追求如何操作也缺少清晰的界定。[①]

之后,克鲁兰斯基与其团队将对自杀式爆炸者的研究扩大到对恐怖分子的研究。在解读恐怖分子的动机时,强调了个人意义的重要性:参加恐怖组织是为了获得个人的意义,或者避免个人意义的丧失。在他们看来,意义的丧失有个人原因也有社会原因。针对学者们批评他们的概念缺少操作化的问题,他们对意义的丧失进行了细化,将其区分为个人基础上的丧失与社会基础上的丧失。个人基础上的丧失,指个人遭受到羞辱,或者敌人导致自己的损失,譬如家庭成员的逝去,或者社会动荡导致个人的不安全感。社会基础上的丧失指自己所属的群体不被重视,如移民欧洲的穆斯林。或者避免意义的丧失,如日本的奥姆真理教,面对警方的调查,组织的生存遇到危机。恐怖活动被恐怖分子看作个人意义,在使自己所属组织提高意义的基础上,个人也会被群体其他成员奉为英雄。因此,如何消除恐怖主义,他们的建议

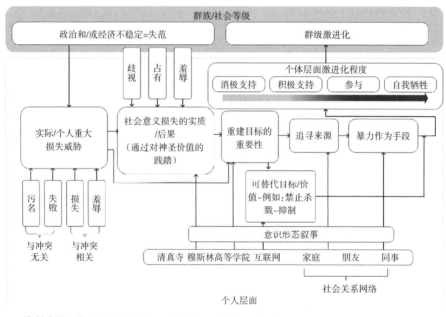

资料来源: 见 A. W. Kruglanski et al., The Psychology of Radicalization and Deradicalization: How Significance Quest Impacts Violent Extremism, *Advances in Political Psychology*, Vol.35, Suppl. 1, 2014, p.79.

图 10-3　激进化的追寻意义模式图

[①]　A. Mintz, D. Brule, Methodological Issues in Studying Suicide Terrorism, *Political Psychology*, Vol. 30, No.3, 2009, pp.365-371.

是使他们有其他选择来获得人生的意义,譬如回归家庭和选择一份职业,获得家庭的认同及社会的尊重, 这样就把对恐怖组织的忠诚转移为对其他选择的认同。同时要对恐怖分子实施教育,让他们认识到暴力方式与宗教教义相违背,使恐怖组织的宣传失去效果。①

之后,他们又将研究的视野转向了美国国内的恐怖分子。他们的分析数据来自马里兰大学的 START 中心(恐怖主义及对恐怖主义回应国家研究中心)所收集的美国个体极端分子名录中的 1496 人。这些人包括极左、极右和极端伊斯兰,被称为本土成长的恐怖分子。数据验证了如下假定:个人意义丧失越严重,如经济的损失、社会孤立、创伤和受虐待,极端化个体越会运用暴力方式追求他们的意识形态目标。②

克鲁兰斯基等的结论得到了一些研究的支持。韦伯(D. Webber)等通过斯里兰卡泰米尔猛虎组织成员的培训计划的实施,得出了类似的结论,即让这些恐怖分子获得个人的意义,就会减少他们个人的极端主义思想。③麦考利(C. McCauley)认为 9·11 事件之所以发生,除了恐怖组织成员关系密切,共享极端的意识形态外,死亡焦虑使恐怖分子将个体的短暂生命看作是次要的,而集体的事业则是永恒的,为了组织的利益而牺牲个人的生命是值得的。④这里所说的死亡焦虑是恐惧管理理论(Terror Management Theory,TMT)的核心概念,人们因对死亡的焦虑会看轻自己的生命,从而去追求永恒的事业。譬如,伊朗的大学生,在实验中如果启动他们对死亡的回忆(与之相对的是牙痛的回忆),就会支持反对西方的暴力行动,并称之为烈士行为。同样结论也适合美国,那些启动死亡焦虑及保守的人士就会将穆斯林发动的对美国的暴力活动看作挑战自由的意识形态,将这些暴力发动者看作敌人,支持美国的中东政策。⑤

---

①　A. W. Kruglanski et al.,The Psychology of Radicalization and Deradicalization:How Significance Quest Impacts Violent Extremism,*Advances in Political Psychology*,Vol.35,Suppl. 1,2014,pp.69–93.

②　K. Jasko,et al.,Quest for Significance and Violent Extremism:The Case of Domestic Radicalization,*Political psychology*,2016,Vol.38,No.5.

③　D. Webber et al.,Deradicalizing Detained Terrorists,*Political Psychology*,Vol.39,No.3,2018,pp.539–556.

④　C. McCauley,Psychological Issues in Understanding Terrorism and the Response to Terrorism,In Bruce Bongar,et al.,eds.,*Psychology of Terrorism*,Oxford University Press,2007,pp.13–31.

⑤　A. Abdollahi,Political Psychology of the Death Terror,In S.J. Sinclair & D.Antonius eds.,*The Political Psychology of Terrorism Fears*,Oxford University Press,2013,pp.213–227.

莫格丹姆认为自杀式爆炸者的养成不是一朝一夕的，他把这个过程看作其成长的阶梯，到达每一层就会有些门为其打开,但另外一些门将关闭。随着楼层的提升,关闭的大门越多,敞开的大门越来越少。这样的楼层一共五层,到达第五层时,基本就会演变为恐怖分子。第一层是对反抗不公正待遇的路径的知觉。在社会中有些个体遇到了不公正，那么如何解决不公正呢？在阿拉伯一些国家,缺乏参与式的民主,无法为有才能者的晋升阶梯打开门。这些人,感觉到社会的不公正,认识到有些大门不会为其打开。第二层是对攻击的转移。导致大门关闭的可能是其本国的制度,但由于政府过于强大,就会转移攻击的目标。多数是在领导人的作用下,将攻击目标转向不熟悉的对象,同时也促进内群体的团结。第三层是,道德的介入,政府及其代表的力量不受道德的约束,将恐怖分子的活动描绘为烈士,是英雄的行为。第四层是敌我归类,以及群体实行恐怖活动的合法性,到达这一层的成员几乎无法活着离开,他们把恐怖组织与外群体进行了敌我的划分,同时内部强调一致性和服从,外部的声音很难影响到他们。第五层是进行恐怖活动及躲避阻止机制。所谓阻止机制是使恐怖分子从事恐怖活动时,想到或看到无辜者的惨状可能心里会有恻隐之心,会阻止他们去从事恐怖活动。如何防止这种心理反应呢？一般来说采取两种路径,将外群体成员看作敌人,从而拉开了与他们的心理距离。同时现代武器的使用,使受害者没有时间回应,也减轻了他们的心理负担。①

除此之外,巴勒(S. J. Baele)在对独狼式的恐怖分子的考察中,发现他们具有高愤怒、高认知的态度,同时在归因方式上属于他者归因。他们对袭击对象所在的政府是极度愤怒的, 高认知指他们对其极端思想进行了多维度的论证,很难被他人说服。他者归因则是将一切问题都归于他人而不是自己。②

也有学者从情感的角度对恐怖分子的行为进行了研究。麦考利将愤怒与仇恨进行了区分,愤怒是热的,仇恨则是冷的。愤怒是对偶然发生的事件或冒犯的反应,而仇恨则是长期的,与反感相关,是一种极度的不喜欢。愤怒是对愤怒的对象以牙还牙,而仇恨则是让对方消失。但仇恨也可能是愤怒与

① F. M. Moghaddam, The Staircase to Terrorism: A Psychological Exploration, In B. Bongar, et al., eds., *Psychology of Terrorism*, Oxford University Press, 2007, pp.69-86.

② S. J. Baele, Lone-Actor Terrorists' Emotions and Cognition: An Evaluation Beyond Stereotypes, *Political Psychology*, Vol.38, No.3, 2017, pp.449-468.

恐惧混和的结果。愤怒的心理或是来自他人的侮辱,或者来自于对疼痛的反应,譬如个人遇到的挫折。①挫折—攻击理论在 20 世纪 30 年代就流行过,无论是克鲁兰斯基还是麦考利,都是对此观点的扩展。如同克鲁兰斯基一样,麦考利将个人意义的缺失作为恐怖分子采取暴力行为的重要原因,但与之不同的是,他们将个人受到的挫折与个人的情感联系起来,情感的不同反应导致恐怖分子的行为也会有所差异。

许多学者承认,恐怖分子的形成既有社会环境的因素,也有恐怖分子自身的性情方面的问题,两者应该结合起来看。霍根提出了新的理论框架,他称之为"过程模式"(process model)。在他看来,正在变成(becoming)恐怖分子,成为(being)恐怖分子和脱离恐怖分子是三个不同的阶段,三个阶段所具有的特点及形成的条件均是不同的。他认为,分析恐怖主义的根源不仅要理解恐怖分子面对的特定情势,也要分析他们为了反抗这样的情势而具有的性情因素。霍根指出,情境因素只是恐怖主义产生的前提条件,是一般因素,而恐怖主义的产生是因为这些一般因素和性情共同作用的结果。即通过考察特定的个人是如何受这些事件的影响,以及他们如何经历这些事件,从而更加理解恐怖主义行为是如何逐渐地引发的。霍根认为,从性情方面入手研究导致一个人加入恐怖组织的因素是很困难的,因为我们缺乏对恐怖组织招募条件等各方面的研究,所以难以得出结论。但是一个人变成恐怖主义者是多种因素共同作用的结果。例如对于组织领袖的崇拜、可以享受更高的社会地位或是受到群体的压力等。要确定究竟何种因素促使某人更易受恐怖组织影响,一个人的经历、信念、对社会的不满感都会造成影响,但是社会或群体动力如何导致一个人加入恐怖组织,而不是选择其他路径,我们的研究还很难回答。他举例说,巴基斯坦的小孩多数从小就参加过示威游行,向以色列军队扔石头,向恐怖活动的积极分子捐献物品等,暴力活动已成为他们的日常行为。②

(三)民众对恐怖事件的反应

恐怖分子的目的能否达到,在于民众是否对恐怖事件产生恐惧。那么恐

---

① C. McCauley,Psychological Issues in Understanding Terrorism and the Response to Terrorism,In B. Bongar,et al.,eds.,*Psychology of Terrorism*,Oxford University Press,2007,pp.13–31.

② John Horgan,*The Psychology of Terrorism*,Routledge,2005,p.70,88.

怖事件对民众会产生哪些心理的影响呢?

有学者承认民众中间存在着恐惧的心理,但认为恐怖事件只是导致民众恐惧心理的因素之一。杰克逊(R. Jackson)认为,恐惧在近几十年中以其他意义的方式永久化,包括与药、团伙、暴力犯罪、性单恋等。恐怖主义只是这种现象简单的呈现而已。[1]阿什德(D. L. Altheide)则认为,恐怖主义的讨论充斥在社会的各个方面,在流行文化中以多种方式呈现,从电视秀和电影到孩子们玩的游戏。恐怖的含义,运用于政治过程,作为一种工具影响政治和社会现实。社会中恐惧逐渐演变为一种常态化,安全和恐怖主义的议题,早已经根植于民众的意识中,从而对恐怖主义的政策持无批评的态度。[2]

能否产生恐惧的心理与恐怖事件本身密切相关。博伊特勒(L. E. Beutler)等根据恐怖事件的可怕性程度、未来危险性的程度及恐怖分子的意图,将恐怖事件划分为6个维度:其一,攻击的规模(可怕性危险);其二,与攻击距离的远近(可怕性危险);其三,知觉到的个人威胁(可怕性危险);其四,使用武器的类型(未知的危险);其五,威胁持续的时间(未知的危险);其六,邪恶意图的性质。[3]这些因素会加剧对人们的恐惧心理。有时其中一个因素就会导致民众的恐惧。马修斯(J. Matthes)等将新闻报道的事件按照威胁的严重与可控程度进行了分类,威胁的严重程度主要以恐怖分子数量的多少来区分。通过研究他们发现,如果事件中涉及的恐怖分子人数众多,就会增加民众的恐惧。同样,如果威胁是不可控的,不管涉及的恐怖分子人数多少,就会导致民众的恐惧。如果涉及的恐怖分子人数众多,但威胁是可以控制的,就会增加民众愤怒的情感。愤怒和恐惧都会导致支持反穆斯林政策的增加。[4]有学者对波兰民众的研究中也得出了类似的结论。当恐怖活动被知觉不可预测和不可控,恐惧是强化的。与此相反,当恐怖分子被认为是理性的,为某

---

① R. Jackson, Th e Politics of Terrorism Fears, In S. J.Sinclair & D.Antonius eds., *The Political Psychology of Terrorism Fears*, Oxford University Press, 2013, pp.267–282.

② D. L. Altheide, Constructing Psychological Terror Post 9/11, In S. J. Sinclair & D. Antonius eds., *The Political Psychology of Terrorism Fears*, Oxford University Press, 2013, pp.283–298.

③ L. E. Beutler et al., The Need for Proficient Mental Health Professionals in the Study of Terrorism, In B. Bongar, et al., eds., *Psychology of Terrorism*, Oxford University Press, 2007, pp.32–56.

④ J. Matthes et al., Terror, Terror Everywhere? How Terrorism News Shape Support for Anti-Muslim Policies as a Function of Perceived Threat Severity and Controllability, *Political Psychology*, Vol.40, No. 5, 2019, pp.935–951.

项事业而奋斗,恐惧会减少,民众就会支持采取外交的行动。[①]

当然,即使恐怖事件会引起民众的心理反应,但是这种反应也不一定按照恐怖分子所设定的影响路径进行。譬如面对恐怖主义持久不断的行为,随着时间的变化人们逐渐选择不原谅和不宽容,进而会支持政府报复性的政策,更相信"敌意世界的结果"。这些回应受情感回应的调节,恐惧和焦虑与较多的逃避行为相关,较少支持军事介入,偏爱孤立主义的政策,将其作为一种缓和威胁的方式。相反,愤怒的情感与更加攻击性和报复性的政策相关,支持介入反恐的活动。[②]有学者通过对 9·11 事件后民众的反应考察发现,除了引起民众的悲伤外,也会引起民众的愤怒,与事件启动人们的悲伤相比,如果启动的是愤怒,就会把责任归于恐怖分子,支持对恐怖分子的战争。[③]也有学者以 2015 年的巴黎袭击为例进行探讨,同样肯定了情感的作用。即恐怖袭击之后,如果所产生的是积极的情感就会对现有的体制进行辩护,相反,如果产生的是消极的情感,就会对现有的体制不满。[④]

从目前的研究成果来看,学者们基本上对恐惧还是愤怒所引起的不同反应达成了共识,其中一个因素是恐惧事件是否可控,可控就会愤怒,不可控就会恐惧。但两者之间可能不是单向的因果关系,而可能是互为因果。勒纳(J.s. Lerner)等认为对恐怖分子不同的情感反应、对不同政府政策的支持也会有所不同。恐怖和愤怒的反应会影响人们对危险的知觉和政策偏好。具体来说,与愤怒相比,恐惧使人们对危机的感知更强烈,更愿意采取谨慎的、妥协性的措施,认为只有这样才会减少外在的威胁。相反,与恐惧的人们相比,愤怒的人们更加乐观,他们有更强烈的能够控制环境的感觉,相反恐惧

① K. Jaśko, Psychological Determinants of the Threat of Terrorism and Preferred Approaches to Counterterrorism: The Case of Poland, In S. J. Sinclair & D. Antonius eds., *The Political Psychology of Terrorism Fears*, Oxford University Press, 2013, pp.171-192.

② M. J. Stevens, Negative Emotions and Political Engagement, In S. J. Sinclair & D. Antonius eds., *The Political Psychology of Terrorism Fears*, Oxford University Press, 2013, pp.51-66.

③ D.A. Small et al.,.Emotion Priming and Attributions for Terrorism: Americans' Reactions in a National Field Experiment, *Political Psychology*, Vol.27, No.2, 2006, pp.289-298.

④ P.Vasilopoulos & Sylvain Brouard, System Justification and Affective Responses to Terrorism: Evidence from the November 2015 Paris Attacks, *Political Psychology*, Vol.41, No.3, 2020, pp.569-586.

的人则会使人觉得局势会失控。[1]

有学者注意到,民众不是铁板一块,恐怖事件对不同的民众所导致的心理反应也有所不同。一个人可能归属于多个群体,譬如一个美裔阿拉伯人,是美国人,同时又是阿拉伯人,也可能信仰伊斯兰教。与恐怖组织、受害者群体的身份认同的差异,与他们对暴力活动的定性也存在差异。以巴以为例,巴勒斯坦一些组织经常会对以色列民众发动袭击,而以色列政府通常会进行报复活动。如何为两者的行为定性呢?以色列籍的阿拉伯人会把所有的暴力活动看作恐怖活动。而犹太人和巴勒斯坦则互为镜中映像,即双方均把对方的暴力活动看作恐怖活动。[2]

胡迪(L. Huddy)等则将恐怖分子的威胁分为了国家和个人两个部分。国家的威胁和个人的威胁是相互联系又有所区分的,联系在于对其中一种威胁的感知会影响到对另一种威胁的感知。但两者又是有区别的。如果仅仅是影响到个人感知到的威胁,那么人们对危机的严重程度感知相对较低,同时对国家经济几乎没有影响。因此,个人的威胁必须与对国家威胁的感知联系在一起。[3]

有学者直接否认了恐怖事件的影响。斯奈德门(P. M. Sniderman)等认为恐怖活动对民众态度的影响不大,在袭击之后的一段时间内会对民众有影响,但最终会回到初始值,他们将此称为微扰效应(perturbation effect)。如9·11事件后各国对公民自由度的态度相同,甚至略有增加。[4]有学者对以色列 1980—2011 年民众宽容的研究发现,恐怖袭击会对政治宽容产生腐蚀性的影响,尤其是在右翼中影响更人。但是这种影响力是短暂的,仅仅维持了三个月。巴勒斯坦人的暴动结束之后,人们的宽容度又恢复到以前的水平。[5]

---

[1]　J.S.Lerner, Effects of Fear and Anger on Perceived Risks of Terrorism: A National Field Experiment, *Psychological Science*, 14, 2003, pp.144–150.

[2]　J. Shamir & K. Shikaki, Self-Serving Perceptions of Terrorism Among Israelis and Palestinians, *Political Psychology*, Vol.23, No.3, 2002, pp.537–557.

[3]　L. Huddy et al., The Consequences of Terrorism: Disentangling the Effects of Personal and National Threat, *Political Psychology*, Vol.23, No.3, 2002, pp.485–509.

[4]　P. M. Sniderman et al., Reactions to Terror Attacks: A Heuristic Model, *Advances in Political Psychology*, Vol.40, Suppl. 1, 2019, pp.245–258.

[5]　M. Peffley et al., The Impact of Persistent Terrorism on Political Tolerance: Israel, 1980 to 2011, *American Political Science Review*, Vol.109, No.4, 2015, pp.817–831.

恐怖分子对普遍民众攻击的效果，与游击队对政府军事目标的攻击相比，恐怖分子对民众的袭击效果不大。[①]

最后，恐怖主义会导致民众的精神疾病。有学者将恐怖事件的心理病症称为创伤后应激障碍（PTSD）。但博伊特勒（L. E. Beutler）等对这种归类提出了批评，他们认为，该病症是对越战对老兵所产生的心理影响，战争所产生的心理后果不一定适合恐怖主义。对于影响的受众，他主张应该与首先回应者（first respondent）加以区别。首先回应者包括专业救援者，如消防员和警察，以及志愿者，是第一时间赶到灾难现场，进行救援的。[②]用我们流行的话说，他们是逆行者。他们由于亲身经历了灾难，受到的心理冲击可能更大。也有学者谈到应该注意到老年人、小孩，以及少数族裔等在恐怖事件中所产生的消极心理影响会有所不同，由此所进行的心理咨询与诊治也要有所差异。

（四）政府对恐怖事件的回应

恐怖分子能否通过恐怖事件影响公众的恐惧心理，其关键在于政府的回应。政府的回应是否得当，会影响恐怖事件是否发生，以及发生之后是否会消解恐怖事件所带来的消极影响。

1993年2月26日，美国纽约的世贸大楼也曾经遭受恐怖袭击，当时有6人死亡。但与2001年9·11事件的性质不同。麦考利对这两次袭击作了对比，前者以司法来回应，而9·11事件则以战争来应对。前者被定性为这些恐怖分子违反了司法，是一种犯罪，对犯罪分子需要调查，然后才能审判。战争则适用于政府间，不需要调查。刑事司法的目标是罪犯，战争的目标是国家及其民众。整个群体被看作敌人，至少是一种趋势，小与大的敌人。战争涉及大的敌人，战争涉及死亡威胁，最终的危险需要最终的牺牲，需要国家动员。刑事司法只是一种职业。这导致两者优先性的差异，战争期间获胜是优先的，其他价值和优先性要做出让步。刑事司法要与其他公共利益和优先做竞争。战争由军事人员来完成，与公民有区别。对恐怖分子的战争仅靠绝对优势的兵力并不能有效发现和摧毁敌人。反恐更像是警察所做的工作。警察与

---

① M.Abrahms, The Political Effectiveness of Terrorism Revisited, *Comparative Political Studies*, 45 (3), 2012, pp.366–393.

② L. E. Beutler et al., The Need for Proficient Mental Health Professionals in the Study of Terrorism, In Bruce Bongar, et al., eds., *Psychology of Terrorism*, Oxford University Press, 2007, pp.32–56.

安全部门的合作可能更有效。①

恐怖事件发生后,美国总统小布什、英国首相布莱尔和澳大利亚总理霍华德等西方领导人多采取如下的措施:一是将恐怖分子看作野蛮人,将反恐定性为战争,是文明人与野蛮人的对峙。二是利用恐怖事件片面夸大恐怖分子的威胁,只有消除恐怖分子威胁才能够消除。三是对外对恐怖分子的战争与对内强化反恐措施相结合,包括以反恐为由对人身权利的限制、隐私的破坏,更加严格的安检措施(预防的羁押、登记和监视)。②

恐怖分子与西方各国政府都在争夺民众的心理,恐怖分子试图利用民众的恐惧心理弱化对政府的支持。政府则试图影响民众愤怒的心理,使其支持政府的反恐政策。这里情感的转换非常重要,政府所做的就是给民众信心,希望所采取的措施导致的结果是:尽管恐怖分子很危险,对民众的生活产生威胁,但这种威胁是可以控制的,也是可以最终消除的。那么西方各国政府的这种设想是否能够实现呢?

首先,民众的政治信任很关键。2012年7月22日,挪威一名极右翼分子引爆了一枚汽车炸弹,随后对一个青少年训练营的孩子进行扫射,最终导致了77人死亡。尽管死亡人数很多,但挪威对政府的政治信任程度较高,社会的凝聚力也很强,最终人们相信政府采取的各种措施,因此事件所产生的恐惧是低层次的。③在9·11事件中,人们最初对小布什政府信任程度很高,无论是普遍民众还是政治精英均支持政府的反恐政策,但随着时间的变化,政

① C. McCauley, War Versus Justice in Response to Terrorist Attacks: Competing Frames and Their Implications, In Bruce Bongar, et al., eds., *Psychology of Terrorism*, Oxford University Press, 2007, pp.57–68.

② 相关的研究较多, 可参见 J. Esch, Legitimizing the "War on Terror": Political Myth in Official-Level Rhetoric, *Political Psychology*, Vol.31, No.3, 2010, pp.357–391; K. De Castella et al., Fear Appeals in Political Rhetoric about Terrorism: An Analysis of Speeches by Australian Prime Minister Howard, *Political Psychology*, Vol.30, No.1, 2009, pp.1–26; K. De Castella & Craig McGarty, The War/Crime Narrative and Fear Content in Leader Rhetoric About Terrorism, In S. J. Sinclair & D.Antonius eds., *The Political Psychology of Terrorism Fears*, Oxford University Press, 2013, pp.85–106.

③ Dag Wollebæk et al., Rallying Without Fear: Political Consequences of Terror in a High-Trust Society, In S. J. Sinclair & D. Antonius eds., *The Political Psychology of Terrorism Fears*, Oxford University Press, 2013, pp.246–266.

府信任程度逐渐降低,人们对政府的反恐政策开始出现批评声音。①

其次,与政党和意识形态相关。9·11 事件之后,首先对小布什政府提出疑问的是民主党 / 自由派的认同者,感觉政府发布的信息被操作化了,相关议题被政治化服务于政党或领导者自身的利益,因此他们觉得政府的信息不可信,倾向于对政府的信任抵制、甚至是拒绝。②

再次,与恐怖袭击受到伤害的程度有差异。在以色列,那些直接遭受袭击地区的民众远比其他地区民众心理的冲击大。以色列被火箭攻击到的地区,右翼的倾向要高于其他地区 2%~6%。③

最后,与民众的心理特质相关。如果是种族中心主义者,他们就会将内群体与外群体用善恶的标准来区分,从而支持对恐怖主义的战争。9·11 事件,强化了美国民众的种族主义的倾向,进而支持对恐怖主义的战争。④

也有学者注意到了西方政府采取的以牙还牙的报复措施也会对社会产生消极的后果。以北爱尔兰为例,各种反恐主义的措施,导致了社会的进一步的分裂,以及“被不信任的共同体”的诞生。这些政策使社会的分裂永久化,刺激了对“他者”恐惧的感觉,阻止了和平的进程和社会的整合。再以澳大利亚为例,政府的各种反恐措施导致了 9·11 事件之后不安全的焦虑存在,导致了恐惧的循环。⑤

---

① Virginia A. Chanley, Trust in the U.S. Government and Antiterrorism Policies After 9/11: Are We All in This Together? In S. J. Sinclair & D. Antonius eds., *The Political Psychology of Terrorism Fears*, Oxford University Press, 2013, pp.3-19.

② Shana K. Gadarian, Beyond the Water's Edge: Threat, Partisanship, and Media, In S. J. Sinclair & D. Antonius eds., *The Political Psychology of Terrorism Fears*, Oxford University Press, 2013, pp.51-66.

③ A. Getmanksy & T. Zeitzoff, Terrorism and Voting: The Effect of Rocket Threat on Voting in Israeli Elections, *American Political Science Review*, Vol.108, No.3, 2014, pp.588-604.

④ C. D. Kam & D. R. Kinder, Terror and Ethnocentrism: Foundations of American Support for the War on Terrorism, *The Journal of Politics*, Vol.69, No.2, 2007, pp.320-338.

⑤ R. Monaghan, The Legacy of Fear in Northern Ireland; Anne Aly, A New Normal? Australian Responses to Terrorism and Their Impacts, In S. J. Sinclair & D. Antonius eds., *The Political Psychology of Terrorism Fears*, Oxford University Press, 2013, pp.139-155, 156-170.

CHAPTER ELEVEN

第十一章
政治文化

一、政治文化释义

有关政治文化,阿尔蒙德与维巴解释为特定的政治取向,即"对于政治制度及其各个部分的态度,对于自己在这种政治制度中的作用的态度"。这里所说的文化指社会目标的心理取向,"当我们提到一个社会的政治文化时,我们所指的是在其国民的认知、情感和评价中被内化了的政治制度"。其中认知、情感和评价即是所谓的取向。作者对概念中所涉及的政治制度也作了解释,包括三类:特定的角色和结构,如立法机构、行政机关和官僚;角色的承担者,如特殊的君主、立法者和执法者;特殊的公共政策,决策或决策的实施。①

阿尔蒙德与维巴把政治文化归为一种政治态度,公民对政治制度及自身效能感的态度。从作者的书名也可以看出,"公民文化"的副标题下是"五国的政治态度与民主"。即公民文化实际所谓即是"政治态度",再加上"民主",实际是确立一个标准,即政治态度的标准是西方的民主。

以后更多的学者不是说政治态度,而是价值、规范等。麦克洛斯基和扎勒(John Zaller)把政治文化称为政治气质,指"系列广泛共有的信念、价值和规范,它们是有关公民与政府间的关系,以及公民之间的关系,在影响公众事务方面起着重要作用"。后来扎勒与费尔德曼(Stanley Feldman)合作,给出

---

① ［美］阿尔蒙德、维巴:《公民文化——五国的政治态度和民主》,马殿君等译,浙江人民出版社,1989年,第14~17页。

了相似的解释:政治文化是被政治家、教育者,或者其他观点的领导所倡导的系列价值,赋予了社会中原则性的政治机制以生命。美国包括自由、平等、个人主义、资本主义、民主和其他价值。[1]

对此做出最为清晰表述的是史天健,他把政治文化解释为社会共享的价值和规范,明确提出了正确的政治行为,规定了达到目标的方式,为评估他者的政治表现提供了标准。这里,他把政治文化解释为价值和规范,特意与信念、态度区分开来。两者有三点重要的区别:其一,不同的心理既定倾向具有不同的功能。前者指个体内在标准,后者指对具体目标的评估和信仰。其二,信息的来源和过程不同。前者来源于早期的社会化。后者形成于价值和规范,与政治和社会行为体行为的互动。其三,机遇结构的影响也有差异。态度和信念部分形成于外在的刺激,体制的改变能够轻易改变这些倾向。价值和规范形成于早期,同一环境中保持稳定。外层包括态度和信念,与外界互动容易改变。内层包括价值和规范,抵制改变。文化的实际影响来源于价值和规范的缓慢变化。[2]

也就是说价值是政治文化中最重要的组织部分,即使是阿尔蒙德等在解释政治文化时,也特意把"民主"列上,民主本身就是价值。那么何谓价值?伊利(H. Alice Eagly)和柴肯(Shelly Chaiken)把价值看作"对相对抽象的目标或人类生存的终极目标的态度"[3]。洛奇赤解释为"对存在的终极状态或一种具体行为模式的长久的信念,该信念使个人或社会偏好该模式,胜于其他可供选择的模式"[4]。价值通常被看作比态度的含义要广泛,而且价值之间根据重要性和优先性是呈序列的。[5]进一步言之,社会心理学家把价值看作主旨,或原则的一种,为态度提供了广泛的组织架构。[6]政治学者也认识到价值在理解政治态度方面的作用,他们探讨了诸如自由、平等、有限政府、自由市场

① Stanley Feldman & John Zaller, The Political Culture of Ambivalence: Ideological Responses to the Welfare State, American Journal of Political Science, Vol.36, No.1, 1992, pp.268–307.

② Tianjian Shi, Cultural Values and Political Trust: A Comparison of the People's Republic of China and Taiwan, Comparative Politics, Vol.33, No.4, 2001, pp.401–419.

③ H. ALice Eagly & Shelly Chaiken, The Psychology of Attitudes, Harcourt Brace, 1993, p.5.

④ Milton Rokeach, Beliefs, Attitudes and Values, Jossey-Bass, 1968, p.160.

⑤ Shalom H.Schwartz, Universals in the Context and Structure of Values, In M. P. Zanna, ed., Advances in Experimental Social Psychology, Academic Press, 1992, pp.1–65.

⑥ H. ALice Eagly & Shelly Chaiken, The Psychology of Attitudes, Harcourt Brace, 1993, p.670.

和个人主义等价值的作用。值得关注的是，道德价值与其他价值相比，更加与态度相关。卡茨区分了态度的各种功能，其中之一即是价值表达功能，即态度表达价值，与追求功利最大化的态度相对。

扎勒从政治传播的角度对价值的作用进行了探讨。价值是相对稳定的、个体的既定倾向，能够拒绝或接受某特殊类型的观点。在他看来，每种观点都是信息和价值的结合，信息勾勒出一幅心理的图像，而价值对此做出判断。①

巴尼(Marina F. Barnea)和史华慈(Shalom H. Schwartz)认为，价值是想要超越环境的目标，能够作为人们日常生活的指导原则，不同的价值重要性也有所不同。价值是人们重要的目标和动机的认知表征。②

由此看来，学者们经常用目标、指导原则来解释价值，即价值是人们的行动目标和指导原则，不同的国家和地区，其价值不同，人们的行为会有所不同，体现在政治上就会形成不同的政治文化。

二、政治文化的演变

政治文化的研究在 20 世纪 50 年代曾经辉煌过，以阿尔蒙德和维巴所著的《公民文化——五国的政治态度和民主》为代表，使政治文化的研究由过去仅凭印象转变为可进行验证的假设，即通过问卷调查对相关假设加以验证。但 60 年代以后却走向衰落，衰落的原因有两方面：一是在于其他理论对政治文化研究的冲击。60 年代以后经济变量的分析模式占据主导地位，导致了对文化的地位和作用的低估。二是阿尔蒙德的研究本身也存在问题，他把文化看作是静止的，同时把英美的政治文化看作优于其他国家。譬如，他把人际间的信任看作政治文化中最基本的因素，第二位的才是政治参与。但在英格尔哈特(Ronald Inglehart)看来，信任与现代结构间是鸡与蛋的问题，信任与经济发展互为因果是可能的。信任并不能充分支持大众民主，信任的同时要求民众对民主体制的承诺，在环境恶化时依然支持。这就要对民众从

---

① John Zaller, Information, Values and Opinion, *The American Political Science Review*, Vol.85, No.4, 1991, pp.1215-1237.

② Marina F. Barnea & Shalom H. Schwartz, Values and Voting, *Political Psychology*, Vol.19, No.1, 1998, pp.17-40.

小培养一种发散性的情感,从长远来看,培养对现有制度支持是有益的。文化模式一旦建立,将会影响政治和经济事件。[①]

进入 20 世纪 80 年代以后,学者们又重新认识到政治文化的作用。很重要的原因在于时代的变迁。西方国家经过战后的经济高速发展之后,人们由对物质的追求逐渐让位于对文化的追求,用英格尔哈特的话说现代社会进入了后物质主义时代。他在 1981 年撰文指出,欧美及日本等发达国家已经从过去的物质主义社会转变到后物质主义社会,即从关注物质的营养、安全到注重归属感、自我表达及生活的质量。对此的考察建立在两个假设之上:其一,稀缺性假设。个体的优先性反映了社会经济环境的变化,具体来说把最大的主观价值置于稀缺物品上。其二,社会化假设。社会经济环境和价值优先性存在时间滞后性,在很大程度上,基本价值反映的条件是未成年人占主导的条件。依据马斯洛的需求层次说,经济的繁荣使基本层次需求之上的其他需求成为优先性,而经济衰落时则相反。稀缺性假设有利于后物质主义价值,社会化假设解释价值的变化不是一夜之间发生的。作者设计了物质主义和后物质主义量表,对欧美一些国家在 1970 年和 1973 年进行调查,发现年轻人的后物质主义观念已经超过了物质主义。后物质主义社会直接影响了政治文化的复兴。与物质主义相比,后物质主义并不关注物质的需求,而是支持改革和社会变迁,这种变迁在于满足心理的感觉,个人权利的实现,自我是否受到尊重等。[②]在另一篇文章中,英格尔哈特指出,民主离不开经济的发展,但民主并不单纯依赖经济。他指出,政治文化是经济发展和民主之间最为关键的联结。经济发展如果不与社会结构和政治文化的变迁相伴随,那么民主也就不可能成功。政治文化包括了三个方面:生活满意度、信任与革命。这里所说的革命与理性经济分析模式是相对的,理性经济分析主张经济的发展,但将体制和文化看作是不变的,而这里强调社会结构和文化的变迁。总之,大众民主与经济发展密切相关,但结果取决于具体的文化变迁。民主没有经济的发展是不可能的。但经济发展自身不能产生民主。没有文化和

① Ronald Inglehart, The Renaissance of Political Culture, *The American Political Science Review*, Vol.82, No.4, 1988, pp.1203-1230.

② Ronald Inglehart, Post-Materialism in an Environment of Insecurity, *The American Political Science Review*, Vol.75, No.4, 1981, pp.880-900.

社会结构的变迁,结果不可能是民主。①

政治文化复兴的另一个重要原因在于跨文化的比较。英格尔哈特更多把政治文化的复兴与经济的发展相联系,认为经济发展到一定层次,必然对文化有所追求,包括政治文化。但是也有学者在跨文化的研究中发现了政治文化的重要作用。以儒家文明为代表的东亚经济圈的迅速崛起,在经济上追赶西方的同时,在文化上却保有自己的特色,这引起了学者们对文化和政治文化的关注,特里安迪斯(Harry C.Triandis)等在此比较的过程中突出了个人主义与集体主义的划分。更有学者对儒家文化圈影响下的各个国家和地区之间进行比较。

三、意识形态与公众舆论

如果从 20 世纪初开始算起,政治思潮大体可以划分为自由、保守、激进三派,自由主义派的代表人物有罗尔斯,保守派的如波普尔、哈耶克等,激进派可以划分为激进左派和激进右派,激进左派主张用社会主义取代资本主义,而激进右派以法西斯主义为代表。但是自二战以后,激进右派随着德国、日本和意大利法西斯政权的倒台而逐渐势微,但是激进左派仍然在西方思想界拥有一定的地位,这就是西方马克思主义。

但是理论和实践有一定的差距,思想界的三分法能否用于现实中民众的意识形态的划分呢? 答案是否定的。美国思想家丹尼·贝尔于 20 世纪 50 年代提出了意识形态终结论。他认为,在西方,大家普遍达成了这样的共识,即普遍地"接受福利国家、权力分散、混合经济和多元政治概念。在此意义上,意识形态的论争时代业已结束"②。也就是说,有关意识形态的核心,各方已经普遍认同。对此观点我们可以作三方面的理解:其一,意识形态终结论并不是不存在意识形态的争论,争论过程中大家有一共同认可的核心,即首先接受中间状态,然后偏左或偏右,具体来说,激进的思想被抛弃了,自由或保守的思想得以保留。其二,这里的判断并不主要针对思想界,而是针对现实的政治生活。二战以后,思想界依然存在激进的左派,但欧美各主流政党

① Ronald Inglehart,The Renaissance of Political Culture,*The American Political Science Review*,Vol.82,No.4,1988,pp.1203–1230.

② [美]丹尼尔·贝尔:《意识形态的终结》,张国清译,江苏人民出版社,2001 年,第 462 页。

却不再纠缠于姓社姓资的争论,他们的纲领基本趋同,只是在某些议题上有些差异。直到进入 21 世纪以后,随着移民涌入欧美发达国家,一些极右的政党逐渐兴起,但是他们仍然属于政党的支流,他们的影响力仍待观察。其三,政党意识形态的二分与民众中的意识形态是一致的,这些政党之所以抛弃激进的思想,在于选民意识形态的趋同,二战以后,直到现在,激进的政党偶有兴起,但从未赢得政权。简言之,意识形态的终结只是政治生活中激进的政治意识形态的终结,选民的自由或保守的思想影响着政党的性质。

意识形态的自由与保守的二分影响到政治学的研究。二战以后,行为主义政治学在美国兴起并逐渐占据了政治学研究的主流,他们逐渐介入意识形态的研究,与思想家对意识形态的研究相比,主要有如下三个特征:其一,与思想家的三分法相比,他们用二分法,即自由或保守的维度对思想进行考察。其二,思想家主要是理论的论证,行为主义者试图用问卷调查、访谈等方法对民众的思想和态度进行研究。其三,思想家关注的是"应然",而行为主义者关注的是"是然"。那么民众的意识形态是什么样的? 学者们对此却存在着极大争议。

(一)康弗斯有关意识形态的论述及其争论

争论的缘起始于 1964 年,康弗斯(Philip Converse)发表了"民众信念系统的本质"一文,根据访谈的结果,他把人们运用意识形态解读议题的程度划分为五个层级。第一层级为意识形态者(ideologues),能够运用自由与保守的维度评估政治目标和不断变化的政策。第二层级为近乎意识形态者(near-ideologues),包括两类人:一类人尽管表面上不谈自由或保守,但已经意识到这些维度;另一类人则是对自由或保守的理解存在争议,但实际上已经运用这些维度评估政治目标。第三层级为群体利益(group interest)者,他们并不依赖意识形态评估政党和候选人,而是根据群体的利益做出判断。第四层级为政策的思考者,这些人对某些政策有自己的看法,然后运用这些看法对政党或候选人做出判断。这个层级包括两类人:一类人是受时代特征的影响(nature of the times)者,对政党或候选人的批评主要依据社会的一些基本特征,譬如战争或和平,繁荣或萧条;另一类人是议题的思考者,只是依据狭隘的议题,对政党或候选人或满意或愤慨。第五层级为无议题内容(no issue content)者,对政策的意义一无所知,不关注候选人或政党所说的内容。在康弗斯看来,前两个层级的人可以划入具有意识形态之列,而后三个层级则没有意识形态。通过调查他发现,选民在五类的比例分别为 3.5%、12%、45%、22%、17.5%。也就是说,大多数选民并没有意识到意识形态的存在,他们的思考并不具有持久性。①康弗斯的观点可归纳为一句话:政治精英具有意识形态,普通民众并没有意识形态,他们的政治态度既不持久,也不一致。

那么普通民众是否具有意识形态呢? 康弗斯的观点一发表,立即引来许多学者的热议。大体可以归纳为四种观点:自由认同论、易得性模式、约束性的等级模式、情智理论。

1.自我认同论

费尔德曼(Stanley Feldman)认同康弗斯的部分结论。1976 年总统选举之前,他们对选民进行了五波调查,涉及九项政策议题。结果发现选民们多数在相关政策议题上回答是不稳定的,即对同一个选民来说,五波调查的结果并不一致。这与康弗斯得出的普通民众的政治态度不持久、不一致的观点是相同的。但与康弗斯的解释不同的是,他反对精英与大众的划分。康弗斯认为,精英有意识形态,大众没有意识形态。这里所说的精英指政治精英,即以政治参与的程度来划分精英与大众。但费尔德曼的研究发现,民众之所以在调查中态度出现不一致,并不与政治参与相关,而是与他们掌握的政治信息低、态度不强烈和教育程度低相关。②

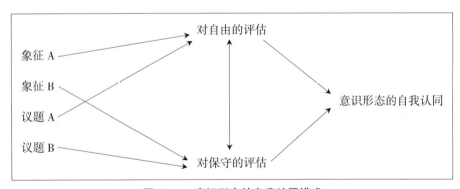

图 11-1　意识形态的自我认同模式

①　Philip Converse,The Nature of Belief Systems in Mass Publics,In David E. Aptered.,*Ideology and Discontent*, Free Press,1964,pp.206–226.

②　Stanley Feldman,Measuring Issue Preferences:The Problem of Response Instability,*Political Analysis*,1(1):1989,pp.25–60.

不但如此,费尔德曼还反对康弗斯的有关自由与保守的划分。他与同事康诺弗(Philip J. Conover)联合发表文章称,过去把自由与保守看作连续统的两极,但实际上两者并不是对立的。在他们看来,自由和保守的选民都拥有共同的知识框架,相区别的只是观察问题的视角。换言之,在他们看来,多数选民首先对大的意识形态是有共识的,大家都承认意识形态的一些基本内容,然后在此基础上区别自由与保守。同时,他们认为,每个选民个体的特质也是有差异的,不同的选民个体在利用意识形态时是不同的。譬如有的可能用单一维度的意识形态,有的可能用社会议题,有的可能用经济议题,有的则运用多维度组织他们的信念。因此,选民如何自我界定他们的自由或保守的意识形态会产生不同的结果呢? 过去的研究恰恰忽略了对自由、保守自我认同的含义,以及对政治行为的影响。在此基础上,他们提出了自我认同论(见图11-1)。①所谓的意识形态的自我认同,即象征和议题的相互作用,会启动民众对自由和保守进行评估,从而最终确定自己的意识形态。与康弗斯的观点相比,自我认同论具有以下三个方面的特征:其一,强调了意识形态的议题倾向。按照他们的观点,不能泛泛而论某个选民具有自由或保守的意识形态,只能说在某个议题上他是自由或保守的。其二,突出了象征,尤其是情感对选民心理的影响。议题如何启动选民的自由或保守的倾向? 是象征。象征可归为两类:认知类型,指与象征相关的客观信息或实质性的内容;评估类型,指象征引发的情感。对于前者,学者们关注较多,但对于后者关注较少。而最有可能的恰恰是这些标签能够产生强烈的正面或负面的情感。其三,自由与保守不是对立的。自由与保守共享一个共识框架,两种意识形态并不是负相关,而且一个人可能同时拥有自由或保守的思想,譬如有可能在社会议题上是自由的,但在经济议题上却是保守的。

自我认同论解释了人们可能受到不同议题的影响,从而导致了态度的不一致。但是仍然有一个问题没有解决:这些议题是如何影响个人决策的? 基于这样的追问,费尔德曼在对自我认同论进行考察的过程中,强调了价值的作用。在康弗斯的论文中,没有解释公众态度和喜好是如何形成的,之所以如此,在于他认为精英的态度被系统的意识形态所影响,而普通的公众不具有意识形态,也就不具有系统的思维。费尔德曼则认为,普通的公众也具

---

① Pamela J. Conover & Stanley Feldman,The Origins and Meaning of Liberal/Conservative Self-Iden-tifications,*American Journal of Political Science*,Vol.25,No.4,1981,pp.617-645.

有意识形态,因此就需要进一步探讨公众的意识形态是如何来的。他认为公众的意识形态并不具有系统性,并不被系统完整的信念和价值所决定,而是由某种重要的信念和价值所决定。也就是说,费尔德曼抛弃了康弗斯的信念和价值的系统性,而强调其重要性。具体到美国来说,他突出了三种价值:机会平等、经济个人主义,以及自由市场制度。其中自由市场制度与其他两种价值的冲突不大,因此对公众的政策及议题的影响不大,影响最大的价值是经济个人主义和平等。所谓经济个人主义,是有关经济过程和社会流动的系列信念,强调个人生活中需要个人付出努力,个人的成绩成为主要的文化价值。在个人主义基础上发展出的是平等的价值。平等强调两点:一是形式上的平等而不是结果的平等;二是机会的平等,工作和地位的升迁必须对所有人开放。在此基础上,个人的贫穷和地位低就是个人失败的结果。[1]之后,他在与扎勒(John Zaller)合作发表的文章中,对此作了更为简洁的描述。多数美国人根据自由、平等、个人主义、资本主义、民主等价值行事,但并不是单纯按照左与右,或者自由与保守行事,而是在许多情况下面临着价值的冲突。譬如自由派无法忽略个人主义和有限政府,保守派无法抛弃平等和民主。但相比较而言,保守者很少出现价值冲突。自由者比较明显,必须调节人道主义,与个人主义和有限政府。[2]个人拥有一定的价值观,而每个议题自身也拥有价值观,个体在接触这些议题时就会出现四种变化:接受、拒绝、改变、弱化。扎勒对这四种情况进行了详细的探讨,提出了三项基本原理:原理一,随着政治意识总体水平的功能不断增加, 个体在既定的时间内接收自由和保守的概率是独立的,接受是真正吸收和理解了信息。原理二,对接收的信息拒绝,体现为以下两种情况:其一,个体的价值和信息所传播的价值距离越远越可能拒绝;其二,个体越可能意识到信息的价值是精英提供的越可能拒绝。原理三,两种类型的观点改变—转变或弱化,都可能发生:其一,接受相反信息,没有接受赞成的信息,将会转变。其二,没有接受信息,或接受两方面的信息,将会弱化。[3]

---

[1]　Stanley Feldman, Economic Individualism and American Public Opinion, *American Politics Quarterly*, Vol.11, No.1, 1983, pp.3–29; Stanley Feldman, Structure and Consistency in Public Opinion: the Role of Core Beliefs and Values, *American Journal of Political Science*, Vol.32, No.2, 1988, pp.416–440.

[2]　Stanley Feldman & John Zaller, The Political Culture of Ambivalence: Ideological Responses to the Welfare State, *American Journal of Political Science*, Vol.36, No.1, 1992, pp.268–307.

[3]　John Zaller, Information, Values and Opinion, *The American Political Science Review*, Vol.85, No.4, 1991, pp.1215–1237.

公众不是没有意识形态，只是在具体环境下所面临的价值冲突导致了他们态度的不一致。这种观点得到了许多学者的响应。泰特洛克(Philip E. Tetlock)提出了价值多元论的模式,该模式宣称人们有可能用整合复杂性的方式对某个议题领域进行思考,即在如下的程度下:议题领域激活的相互冲突的价值,人们知觉是重要的,而且几乎是同等重要的。①巴尔尼亚(Marina F. Barnea)和史华慈(Shalom H. Schwartz)探讨了古典自由主义与经济平等主义两种价值对选举的影响,他们发现在经济发达的国家,人们最关注古典自由主义,经济平等主义对选举的影响不大。但是在经济发展水平较低的国家中,经济平等主义对公众的影响就很突出,从而影响着选举的结果。②

2.易得性模式

扎勒既与费尔德曼合作探讨了价值在意识形态中的作用，也同时提出了有关公众意识形态的另外一种解释——易得性模式。

在其成名作《公众舆论的本质与起源》(The Nature and Origins of Mass Opinion)一书中,扎勒就对人们态度不一致的现象进行了归纳,譬如在不同的时间段询问同样的问题,会做出不一样的答复;访谈场景、问卷中所提问题的顺序的不同, 甚至只是简单的改变一两个词语就会导致人们在答复问题时出现很大的差异。那么人们面对问卷的调查为何反复无常?他并没有像康弗斯那样将其归为人们没有真正的态度,早在 1984 年他在写作博士论文时就意识到公众的政治态度具有如下的特征:人们不断接受各种各样的政治新闻和信息流,他们的评价却可能不同,甚至是相互矛盾的。但对于大多数民众来说,他们对于国家的政治信息并不太关注,因此对于接触到的信息往往不加批判地全盘接受,结果他们大脑中储存的政治观念、主张和考虑事项,可能只有部分一致。当他们接受问卷调查时,这些信息不可能项项都考虑到,只有那些在记忆系统中即刻获得的(immediately accessible)信息 ,即最先跃入脑海的信息才能成为决策的依据。因此,公众在回答问题时在不同时间内出现不一致的情况,那是因为在不同的时期内,考虑的重点事项是不同

① Philip E. Tetlock, A Value Pluralism Model of Ideological Reasoning, *Journal of Personality and Social Psychology*, Vol.50, No.4, 1986, pp.819–827.

② Marina F. Barnea & Shalom H. Schwartz, Values and Voting, *Political Psychology*, Vol.19, No. 1, 1988, pp.17–40.

的;提问问题顺序的改变或措辞的改变会影响公众答复的不同,也是因为它们才导致了回答问题时考虑的突出事项的改变。[1]简言之,他把观点反复的原因归为易得性(accessibility),调查语境的改变导致人们大脑中政治信息易得性的差异。

扎勒与费尔德曼合作对此做出了明确的解释。通过调查他们发现,多数人对待同一议题持模棱两可的态度,都有正反两方面的考量,表达何种态度取决于当时哪种因素变得突出,或者说哪种因素被优先考虑,即最先映入众人脑海的因素在做决策时起着关键的因素,这就是易得性。即每次对问卷的答复只表明在记忆中最容易获得的想法。[2]

自我认同论与易得性的解释角度尽管有差异,但是由于两种模式的作者多有重合,因此他们的观点并不是相互矛盾的,而是一种相互补充的关系,观点的不同在于解释的环境的差异。自我认同论关注价值的冲突,而易得性则关注价值模糊性的情况。易得性的观点得到了许多学者的认同,这些学者都强调了问卷调查中,问卷条目及所具有的环境启动了储存在记忆中的因素,而那些最容易获得的因素往往对于公众在回答问卷中起着至关重要的作用。[3]

3.约束性的等级模式

佩弗利(Mark A. Peffley)与赫维茨(Jon Hurwitz)也对康弗斯的观点进行了回应,提出了约束性的等级模式。与康弗斯一样,他们也划分层级,但不是对选民,而是意识形态本身。他们把意识形态划分为自上而下的三个层级(见图11-2):第一层级是自由主义与保守主义维度;第二层级是不同政策领域总的态度,包括了种族、经济、外交和社会-道德四个大的领域;第三层级为各个领域的具体政策。那么如何来判断公众是否具有意识形态呢?康弗斯

①　John R. Zaller,*The Nature and Origins of Mass Opinion*,Cambridge University Press,1992,pp. 30–36.

②　John Zaller & Stanley Feldman,A Simple Theory of the Survey Response:Answering Questions versus Revealing Preferences,*American Journal of Political Science*,Vol.36,No.3,1992,pp.579–616.

③　Roger Tourangeau & Kenneth A. Rasinski,Cognitive Processes Underlying Context Effects in Attitude Measurement,*Psychological Bulletin*,Vol.103,No.3,1988,pp.299–314;Richard Nadeau & Richard G. Niemi,Educated Guesses:The Process of Answering Factual Knowledge Questions in Surveys,*The Public Opinion Quarterly*,Vol.59,No.3,1995,pp.323–346.

将系统性理解为意识形态的特征,而费尔德曼、扎勒等则将议题倾向看作意识形态的重要特征,而佩弗利、赫维茨则能够将自由或保守等抽象的原则运用于具体的政策,具有这样的能力就可以判断该个体具有意识形态。①

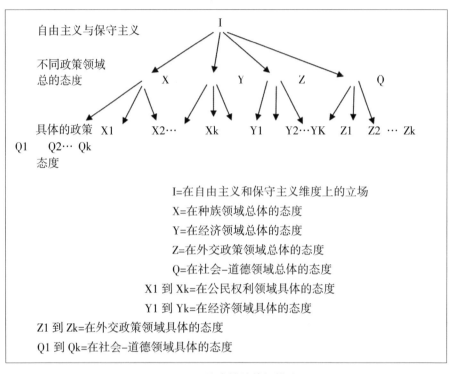

图 11-2　约束性的等级模式

根据这样的标准,他们对公众的意识形态得出了较为乐观的结论,他们认为公众在具体的政策态度上可能会出现前后不一致的情况,但是确实像精英一样具有将抽象原则应用于具体政策的能力。以外交政策为例,那些支持战争的道德,种族中心主义倾向的,共和党背景的,会具有军国主义的,反共产主义的,具有孤立主义的情结的,会支持国防花费,反对武器管控,支持

①　Mark A. Peffley & Jon Hurwitz, A Hierarchical Model of Attitude Constraint, *American Journal of Political Science*, Vol.29, No.4, 1985, pp.871–890.

军事干预中美,反对与俄国搞好关系,以及支持贸易限制。①

4.情智理论

马库斯(George E. Marcus)与其同事提出了情智(affective intelligence)理论,对公众的意识形态进行了分析。所谓情智理论,是探讨情感与理性如何互动,以产生对政治进行深入思考和广泛关注的公民。该理论的中心思想是:在政治领域,当公民遇到新奇和威胁的人、事或议题时,会引发新的评估和政治判断。之所以被称为情智理论,意在强调情感和理性并不是截然相对的,两者是互补的,微妙的互动,保持高度功能性的平衡。②情智理论包括以下三个关键点:其一,情感分为正面和负面,呈现循环模式。③其二,在正面情感下,人们按照既定倾向行事,但在负面情感下监视系统就会启动。④其三,焦虑是两套系统转换的关键。在马库斯看来,情感与理性并不是矛盾的、对立的,当积极的情感,尤其是热情出现时,情感就会处于主导地位,主宰人们的理性。相反,当焦虑出现时,则使人们抛弃原有的认知方式,冷静地思考所面临的问题。⑤

根据情智理论,如何来解释公众的意识形态呢？与康弗斯认为意识形态对普通的选民没有影响的结论相反,马库斯认为,意识形态对选民影响巨大。他把选民归为以下三类:第一类是政党认同,第二类是旁观者,第三类是持久异化者。其中第三类作为社会的异类,很难被各个党派说服。因此,在竞选中候选人依赖政党认同者的支持,同时说服和动员旁观者。⑥选民对政治

① Jon Hurwitz & Mark Peffley, How Are Foreign Policy Attitudes Structured? A Hierarchical Model, *The American Political Science Review*, Vol.81, No.4, 1987, pp.1099–1120.

② George E. Marcus et al., *Affective Intelligence and Political Judgment*, Chicago: The University of Chicago Press, 2000, pp.1–2.

③ George E. Marcus, The Structure of Emotional Response: 1984 Presidential Candidates, *The American Political Science Review*, Vol.82, No.3, 1988, pp.737–761.

④ George E. Marcus, et al., The Emotional Foundation of Political Cognition: The Impact of Extrinsic Anxiety on the Formation of Political Tolerance Judgments, *Political Psychology*, Vol.26, 2005, pp.6949–6963.

⑤ George E. Marcus & Michael B. Mackuen, Anxiety, Enthusiasm, and the Vote: The Emotional Underpinnings of Learning and Involvement During Presidential Campaigns, *The American Political Science Review*, Vol.87, No.3, 1993, pp.672–685.

⑥ George E. Marcus, Democratic Theories & the Study of Public Opinion, *Polity*, Vol.21, No.1, 1988, pp.25–44.

的关注并不是一成不变的,关注程度的高低随着政治环境所导致情感的波动而变化,而且人们对政治的关注并不一定导致对政党的支持。换言之,热情会促进对所认同政党的支持,而焦虑则会促进对认同政党的背叛。[1]也就是说,有些公众还是具有意识形态的,长期以来支持某个政党,但在焦虑的状态下,就会拒绝已有的政党信念。

(二)学者对康弗斯的批评与支持

学术界对康弗斯的批评主要集中在以下两个方面:

许多学者认为,康弗斯的测量方法过于粗糙,导致结论不可信[2],系统地低估了民众的信息层次和认知能力,没有注意到态度有无者的区别,具有态度者的态度是稳定的,并不会任意发生变化。[3]按照康弗斯的研究,多数选民并不理解意识形态,政治态度不稳定,如果按照这样的结果推论,就会带来一系列严重的问题:其一,选民的思想是否会被操纵,少数精英具有意识形态,他们的政治态度更稳定,在公众舆论调查中更能够表达自己的思想,这样少数精英的舆论被夸大了,而多数选民或没有态度,或不稳定,就有可能被政治精英的舆论所操纵;其二,多数选民政治参与不积极,不了解意识形态,这样是否导致选举结果的扭曲,换言之非理性的选民是否导致结果的非理性。

针对此存在一些争论。一些学者持悲观的观点。庞珀(Gerald M.Pomper)指出:"在对政策实施影响方面选民并没有准备好。"[4]奈伊(Norman Nie)和安德森(Kristi Anderson)认为,如果对制度不了解,观点不一致,或者无法理解

---

① Michael Mackuen etal.,The Third Way:The Theory of Affective Intelligence and American Democracy,In W. Russell Neuman et al.eds.,*The Affect Effect:Dynamics of Emotion in Political Thinking and Behavior*,Chicago:The University of Chicago Press,2007,pp.129-132.

② Christopher H. Achen,Mass Political Attitudes and the Survey Response,*The American Political Science Review*,Vol.69,No.4,1975,pp.1218-1231;Robert S. Erikson,The SRC Panel Data and Mass Political Attitudes,*British Journal of Political Science*,Vol.9,No.1,1979,pp.89-114;Rober Luskin,Measuring Political Sophistication,*American Journal of Political Science*,Vol.31,1987,pp.856-899.

③ Robert S. Erikson,The SRC Panel Data and Mass Political Attitudes,*British Journal of Political Science*,Vol.9,No.1,1979,pp.89-114.

④ Gerald M. Pomper,*Elections in America:Control and Influence in Democratic Politics*,Dodd,Mead and Company,1973,p.244.

代表的观点,这样他们就无法控制他们的代表及政策过程,这意味着政治上的有经验者会利用公众的这种弱点。①另外一些学者也作过类似的论述,拉斯基(Robert Luskin)在 1987 年撰文指出:"美国公众对政治极端不成熟,尽管已经过 25 年,但并没有变得更有经验。"②维巴(Sidney Verba)等认为,通过政治参与的方式表达的民众的声音是有限的,也不具有代表性。③

在媒体、公众与政府三者的关系中, 公众能否通过媒体对政府施加影响? 奥尔索斯(Scott Althaus)对此做出了否定性的回答。针对公众舆论的调查,可以划分为两类:一类是媒体所做的调查,另一类是学术机构所做的调查。在美国,民意调查一半来自媒体,另一半中只有11%来自教育和学术机构。换言之,媒体调查成为公众舆论调查最普遍的形式。媒体调查利于记者决定什么是新闻,同时在于揭示公众的看法,以及对领导的问责。媒体调查对领导的影响是明显的,能够向政治精英和政府施加压力。但是媒体的调查是否真正能够反映民意? 答案是不能。公众舆论中更多反映的是通晓政治者的观点,这些通晓政治者多具有以下特点:其一,经济保守、社会自由。其二,很少回答不知道,或者没有观点。其三,很少随意性。这样可能导致过于代表性,以及夸大的影响。④

戈登(Stacy B. Gordon)和塞古拉(Gary M. Segura)坚持认为,民主的最终出路应该是让选民回归理性。那么如何回归理性? 在于选民自身能力和环境两方面的因素。从选民来看,主要是他们的认知能力,以及获得政治知识的动机或刺激。认知能力的获得与教育、职业、收入和媒体的运用等密切相关,动机与外在的环境相关,譬如获取信息的代价小,就愿意获取政治知识。外在的环境包括两方面:一是宪法和政治体系,涉及政党体制和选举制度两方面。二是当政治信息是明确的、丰富的和有用的时,民众会更加有经验。这两方面密切相关。多党体制下的选民比两党体制下的选民收集信息的动机更

①　Norman Nie & Kristi Andersen, Mass Belief System Revisited: Political Change and Attitude Structure, *Journal of Politics*, Vol.36, 1974, pp.541–591.

②　Robert Luskin, Measuring Political Sophistication, *American Journal of Political Science*, Vol. 31, 1987, pp.856–899.

③　Sidney Verba et al., *Voice and Equality: Civic Voluntarism in American Politics*, Cambridge: Harvard University Press, 1995, p.2.

④　Scott Althaus, Opinion Polls, Information Effects and Political Equality: Exploring Ideological Biases in Collective Opinion, *Political Communication*, 13: 1996, pp.3–21.

强,因为前者收集信息的机会多,付出的成本低。瑞典政府虽是多党派的,但比美国政治态度稳定。其原因在于前者给出准确的信息。但政党数量不能无限扩张,政党数量上升到一定程度,效力就会下降,在于政党的区分难度加大,同盟代替了政党政策,选民的信息量加大。在选举制度方面,竞争的选举导致政治上有经验者增加。[1]

贝林斯基(Adam J. Berinsky)提出了这样一个问题:公众舆论是否能够真正反映民意? 他的回答是否定的。与康弗斯一样,他也是从民众自身的特性上进行分析。个体在相关议题上的态度并不是固定的。受调查环境的影响,受访者头脑中建构和表达的有时并不一致。原因可能不知道如何回答,更有可能是,不愿意把自己的政治偏好告诉访谈者,如果表达感觉不舒服,就会选择回避。一些议题在认知上容易,但在社会实践层面上却存在困难。譬如在学校融合方面,多数在观念上有所认识,但在提高黑人地位的政策上却较为犹豫。在特定条件下,一些人是种族保守主义者,但为了避免被认为是种族主义者,在发表观点时可能进行中和。这种现象不但在个体层面,在群体层面也会出现。[2]另外,经济上处于弱势及政治上支持平等者很难形成强有力的和一致的公众舆论,他们倾向于支持维持和扩大社会福利,这在调查中很难得到体现。有关社会福利的争议中,反对政府对经济的作用扩大的舆论占有更大的分量,相信有限政府的保守人士更有可能回答问题。价值冲突更多体现在自由人士,他们回答问题的可能性较小。失业、低收入和低教育者回答问题的可能性较小。[3]

以上悲观的结论是建立在多数选民意识形态无知,对政治参与不积极的基础上。有的则更为悲观,认为即使选民对信息知晓了,也不可能符合民主的要求。克拉森(Ryan L. Claassen)和海顿(B. Highton)以美国医疗改革前、中、后的影响为期,探讨政策讨论与信息效果的关系,结果显示最热烈讨论时信息效果最差,也就是说讨论并没有补偿政治无知,以及使信息不灵者变得更好。在此议题的讨论中,受党派和利益的影响,出现了各种各样的解释,

---

[1] Stacy B. Gordon & Gary M. Segura, Cross-National Variation in the Political Sophistication of Individuals: Capability or Choice? *The Journal of Politics*, Vol.59, No.1, 1997, pp.126–147.

[2] Adam J. Berinsky, The Two Faces of Public Opinion, *American Journal of Political Science*, Vol. 43, No.4, 1999, pp.1209–1230.

[3] Adam J. Berinsky, Silent Voices: Social Welfare Policy Opinions and Political Equality in America, *American Journal of Political Science*, Vol.46, No.2, 2002, pp.276–287.

讨论不但没有使问题明晰,反而越讨论信息越混乱。[①]

一些学者尽管认同康弗斯的调查结果,却持较为乐观的态度。乐观的理由如下:

其一,随着社会的发展,人们的教育程度会不断提高,从而改变民众意识形态无知的局面。德里·卡皮尼(Michael X. Delli Carpini)和基特(Scott Keeter)在对美国选民政治知识的考察中,肯定了教育在政治知识增长中的作用。他们从1945—1957年盖勒普不同的调查中抽取了14个问题用于1989年调查中,任意选取了610名美国居民进行电话访谈。其中的8个问题访谈者能够准确作答,高于以前的4~15个百分点。当教育的变量被控制之后,多数条目都有所下降。[②]

其二,一些学者如费尔德曼(Scott Feldman)和格罗夫曼(Bernard Grofman)认为,个体可能在政治上是没有经验的,但民主有可能是安全的,因为经验是一种"集体的现象"。[③]个体态度的不稳定不代表集体态度的不稳定。有学者研究发现,公众舆论从总体上看是稳定和一致的。[④]

其三,许多学者的研究结果显示,即使选民的信息不是高层次的,也能够成功地运用少量的信息对具体的议题发表观点。或依据自己的情感,或依据当时的政治环境,或依据他们对政治或具体领域的议题的一般性倾向,或依据他们的社会经济地位,或依据最初的态度,个体不必理解所有议题,但理解突出的议题就可以,能够认识到"容易"和"难"的议题与观点间有稳定性和一致性的区别。由此,一些学者对选民是否有能力支持民主做出乐观的判断。[⑤]

---

① Ryan L. Claassen & B. Highton, Does Policy Debate Reduce Information Effects in Public Opinion? Analyzing the Evolution of Public Opinion on Health Care, *The Journal of Politics*, Vol.68, No.2, 2006, pp. 410–420.

② Michael X. Delli Carpini & Scott Keeter, Stability and Change in the U.S. Public's Knowledge of Politics, *The Public Opinion Quarterly*, Vol.55, No.4, 1991, pp.583–612.

③ Scott Feldman & Bernard Grofman, Ideological Consistency as a Collective Phenomenon, *American Political Science Review*, Vol.82, 1988, pp.773–788.

④ Benjamin I. Page, Robert Y. Shapiro, *The Rational Public: Fifty Years of Trends in Americans' Policy Preferences*, Chicago: University of Chicago Press, 1992; James A. Stimson, *Public Opinion in America: Mood, Cycles and Swings*, Westview Press, 1991. pp.1–19.

⑤ Jefferey J. Mondak, Public Opinion and Heuristic Processing of Source Cues, *Political Behavior*, Vol.15, 1993, pp.167–192.

其四,选民尽管对政治信息了解不多,但会运用认知的捷径,即启发。

学者们在围绕着康弗斯所引出的话题争论的时候,关注的范围过于狭隘,忽略了影响公众舆论的其他因素。

议题的不同,人们的反应也会有所不同。譬如,人们对待通货膨胀和失业的态度,对于前者悲观、乐观难辨,但是对于失业,人们多持悲观的态度。[1]即使面对相同的议题,不同阶层、不同亚文化群体的民众,反应也会有所差异。譬如美国民众对于移民的态度,处于社会底层的人往往受到的冲击较大,多持反对移民的态度。但同样处于底层的民众,因西班牙裔和亚洲裔的移民最多,这两个群体的民众与其他民众相比,反而支持移民的政策。[2]性别也会影响公众舆论。与男性相比,女性更加赞成取消社会等级的政策,赞成对弱势群体的社会福利政策,反对暴力,主张保护妇女、同性恋的权利,限制一些传统中不道德的行为。[3]最后要指出的是,精英群体的政治偏好也不是铁板一块。有学者对1937—1993年超过10次任期的16位法官进行了考察,发现他们经历了有意义的变化。这种改变或受其他法官的影响,或受政治环境,譬如总统、议会的影响,甚至受到公众偏好的影响。[4]换言之,不仅是普遍民众的政治态度会有所起伏,精英的政治态度也会有所变化。

近年来,有学者在探讨意识形态时,将其与以前的威权主义研究结合起来进行研究。按照研究威权主义学者的观点,政治保守主义与威权主义性格之间有着天然的联系,政治保守主义容易形成因袭主义。政治保守主义与其所生活的环境相关,即面临着威胁的环境容易启动政治保守主义。体别辩护理论的提出者约斯特(John T. Jost)与他人合作,对保守主义进行了探讨,发现人们应对社会中的不确定性,以及威胁,与政治保守主义的核心价值有着密切的关系。[5]约斯特在对诸多相关研究成果进行归纳的基础上,提出了意

① Pami Dua & David J. Smyth, Survey Evidence on Excessive Public Pessimism About the Future Behavior of Unemployment, *The Public Opinion Quarterly*, Vol.57, No.4, 1993, pp.566–574.

② Thomas J. Espenshade & Katherine Hempstead, Contemporary American Attitudes Toward U.S. Immigration, *International Migration Review*, Vol.30, No.2, 1996, pp.535–570.

③ Alice H. Eagly, Gender Gaps in Sociopolitical Attitudes: A Social Psychological Analysis, *Journal of Personality and Social Psychology*, Vol.87, No.6, 2004, pp.796–816.

④ Lee Epstein et al., Do Political Preferences Change? A Longitudinal Study of U.S. Supreme Court Justices, *The Journal of Politics*, Vol.60, No.3, 1998, pp.801–818.

⑤ John T. Jost et al., Political conservatism as motivated social cognition, *Psychological Bulletin*, Vol.129, 2003, pp.339–375.

识形态的不对称观点:在一些动机的驱动下,人们会更倾向于保守主义。在面临威胁的环境中发生的事件,譬如恐怖主义的攻击、政府的警告、种族人口数量的变化等,都会导致人们发生保守主义的转向。这种转向也存在于其他相关的条件中,譬如与他人分享现实的需求,对内群体共识、集体自我效能的知觉,社会网络的同质性及自己支持的政党执政从而对政府更加信任。[①]社交媒体的出现,对意识形态的不对称也有影响。有学者以推特为例,探讨了政治回音壁的现象,即网民在网络上发言,有点赞和支持的网民,类似回音壁一样。最终的效果是持有同类信念的人会"同类相聚"(homophily)。其中政治上更加保守的人和政治上极端的人,由于对"确定性的偏爱",他们在网上多寻找赞成而不是挑战他们观点者。[②]也就是说,相对于自由主义者,保守主义者对世界的不确定性更加无法容忍,他们需要以某种理论对社会加以清晰的解释,并对此坚信不疑。正是这种心理特质使他们更容易在网上聚积。

四、政治信任

要了解政治信任,我们首先要了解信任。山岸俊男(Toshio Yamagishi)与山岸绿(Midori Yamagishi)对信任的概念进行了辨析,并把美日两国公民的信任水平进行了比较。学术界普遍认为,日本社会和企业中相互信任的程度比美国要高,他们则挑战了这一观点。两国的信任为何会出现差异?他们将其归为研究者对信念理解的差异,以前学者将信任与确信(assurance)相混同,忽视了两种概念的差异。信任是基于合作伙伴个人的特质和意图的互动而进行的推论,而确信是建立在对与合作伙伴关系间的刺激结构(incentive structure)知晓的基础上。他们举例说明了这一问题。譬如我与黑手党过从甚密,我的贸易伙伴知道此事。在贸易中我确信他不会骗我,因为他深知一旦骗我,后果将是被送入太平间。这里对合作伙伴诚实的预期是建立在伙伴自己利益的基础上,而不是相信他是一个善良的人。因此这种关系是确信而不是信任。他们认为,日本即是建立在确信的基础上,而不是个人的良心,因为

---

① John T. Jost, Ideological Asymmetries and the Essence of Political Psychology, *Political Psychology*, Vol.38, No.2, 2017, pp.167–208.

② Andrei Boutyline & Robb Willer, The Social Structure of Political Echo Chambers: Variations in Ideology Homophily in Online Networks, *Political Psychology*, Vol.38, No.3, 2017, pp.551–569.

制裁机制在日本突出,而信息作用在美国突出。日本是相互承诺关系上的确信,而美国则是作为评估不完整信息时偏差的信任。声誉(尤其是信息方面)的预期在美国发挥重要作用,而人际关系在日本的作用明显。与日本人相比,美国人更相信别人,认为诚实更重要。[①]因此,信任是一种稳定、持久的既定倾向,在信息不完整的情况下,仍然相信人的特质和良好的意图。

那么何为政治信任?学者们有不同的解释。有学者将其归为对政府的正面评估倾向,[②]有学者则认为人们根据规范的预期判断政府的运作有多好。[③]而密歇根大学的研究者在作政治信任的调查时,涉及部分伦理标准,譬如诚实,也包括了对领导能力、效能及正确性的考察。[④]麦格罗等区分了怀疑(suspicion)与信任,怀疑是"质疑某事或对某事错误的行为;一种心理不适和不确定性的状态"。有两点重要的区别:其一,强调怀疑是一种临时的状态(或事例),怀疑被唤起是因为具体的环境,然后消退,而对政府的信任是更加稳定、持久的既定倾向。其二,强调怀疑首先是一种认知或"心理"状态,而对政府信任最典型的是(尽管不是普遍的)对政府正面或负面的评估倾向。[⑤]由此可以看出,政治信任作为一种稳定、持久的既定倾向,是对领导或政府的能力和道德的正面的评估倾向。

但是上述学者所谈到的政治信任主要涉及公民对政府或领导的信任,肖尔茨(John T. Scholz)和卢贝尔(Mark Lubell)称之为"垂直的信任",除此之外,还有公民之间的相互信任,他们称之为"水平的信任"。[⑥]因此,政治信任

① Toshio Yamagishi & Midori Yamagishi, Trust and Commitment in the United States and Japan, *Motivation and Emotion*, Vol.18, No.2, 1994, pp.129–166.

② D. E. Stokes, Popular Evaluation of Government: An Empirical Assessment, In H. Cleverland & H. D. Lasswell eds., *Ethics and Bigness. Scientific, Academic, Religious, Political and Military*, Harper, 1962, pp.61–73.

③ A. H. Miller, Political Issues and Trust in Government 1964–1970, *American Political Science Review*, Vol.68, No.3, 1974, pp.951–972.

④ Marc J. Hetherington, The Political Relevance of Political Trust, *The American Political Science Review*, Vol.92, No.4, 1998, pp.791–808.

⑤ Kathleen M. McGraw et al., The Pandering Politicians of Suspicious Minds, *The Journal of Politics*, Vol.64, No.2, 2002, pp.362–383.

⑥ Richard L. Cole, Toward as Model of Political Trust: A Causal Analysis, *American Journal of Political Science*, Vol.17, No.4, 1973, pp.809–817.

既可能涉及公民与政府、领导等之间，也可能涉及公民间，而前者是主要的。

(一)政治信任的功能

信任水平的高低对于维系人际关系来说是密切的。譬如夫妻间，信任的程度对于夫妻间的影响是不一样的。信任程度高的情况，遇到负面的事件时，多从正面为双方开脱，化解负面事件的不利影响；在中等信任的情况下，双方都有所不满，但又想维持夫妻关系，在遇到负面的事件时会互相指责，多把问题归于对方；在低信任的情况下，双方关系已经基本破裂，交流反而变得正面，冷静地分析原因，不会做极端情感的描述，互相觉得彼此是陌路人，不愿意再起冲突。①

同样，政治信任对于一个国家和政府来说是非常关键的。鲁道夫(Thomas J. Rudolph)和埃文斯(Jillian Evans)对此有着详细的论述：行为方面，政治信任能够培养公民对政府的服从；影响公民的投票，譬如对现政府的信任程度决定了对挑战者和第三党的投票；影响公民对体制中权力制衡的信念；对国内政策自由度的支持。也就是说，在政治信任程度高的情况下，政府政策调整的余地比较大；反之，操作的空间会很小。政治信任对政策态度的影响根据政策的代价或风险而有所变化。他们尤其指出在利益进行再分配时，即在广泛的人群受损，只有少数人受益时，譬如政府对穷人提供帮助等，政治信任程度高就会牺牲自己的利益而支持这些政策。②

目前，学术界基本已经达成共识，公民政治信任程度高的情况下，面对政府出台的政策、法令等会自觉服从，减少了惩罚机制的运用。肖尔茨和卢贝尔把政治信任归为垂直与水平两方面，分别谈了两种信任对民主体制的作用：其一，公民与国家间的"垂直的信任"能够扩大合法性权威解决集体问题的范围。一个受到信任的政府机构通过把社会合作的好处扩展到更大范围的集体问题的解决中，这些问题在没有信任的情况下将会付出很大的代价。其二，公民间"水平的信任"能够减少包括维持集体解决下实施的代价。信任度越高，政府运用监视和惩罚机构强制民众服从的需求就会越小。这样

---

① John K. Rempel et al., Trust and Communicated Attributions in Close Relationships, *Journal of Personality and Social Psychology*, Vol.81, No.1, 2001, pp.57–64.

② Thomas J. Rudolph &Jillian Evans, Political Trust, Ideology and Public Support for Government Spending, *American Journal of Political Science*, Vol.49, No.3, 2005, pp.660–671.

通过减少维持合作的代价，信任就会提高社会资本。他们以纳税人纳税为例，对信任与服从的关系进行了探讨，突出了信任的启发作用。信任的积极经历，形成启发，就会在没有外在威胁的情况下高概率服从。[1]之后，他们对积极经历的形成来源进行了分析，发现其与税制改革之后税收的减少有关，他们以1986年的税制改革为例，对300名纳税人在返税前后进行了访谈，发现随着纳税人税收的减少，他们的信任感、缴税的义务感和不缴税会导致惩罚的恐惧感都出现了有意义的增加；反之，税收增加则会呈现出有意义的减少。[2]

米什勒(William Mishler)和罗斯(Richard Rose)认为，信任对于一个政府来说是必要的，一个政府能够有效运作必须有最低限度的公众信心。因为信任，作为"集体权力的创造者"在做决策及支配资源时，不需要强迫公民认同，不必事事都寻求公民的同意。信任能够使政府在此基础上形成新的承诺，从而创造更多的支持，形成良性的螺旋上升。相反，低信任则会形成恶性循环。他们认为，信任对于一个代议制的体制尤其重要，因为他们不可能像其他政体一样使用强权。而且，信任能够使他们在完成符合国家利益的长期目标时有充分的自由度。譬如，当通货膨胀严重的时候，公民充分信任经济和政治机构，能够接受暂时的经济阵痛，以换取未来的经济好转。同样，信任对一个公民社会的建立也是必须的，能够培养公民共同体的感觉，并与政府联系起来。这种信任感对于各种志愿性参加的组织来说，是非常重要的。无论是政治性组织，譬如政党；还是社会和经济组织，譬如工会、商会和教会都需要这种信任感等。[3]

同样的论证来自于布雷姆(John Brehm)和拉恩(Wendy Rahn)，他们认为，民众越信任他者，越会对政府机构有信心。具有高度信任者，并不害怕遵守规则而被利用，因为他们预期他者也会遵守规则。因此，预期他者服从权威者，很容易接受权威的决策，这样政府就不会采取高压手段和强制力迫使公民服从。相反，如果对政府的服从是建立在恐惧而不是内在规范的基础

---

① John T. Scholz & Mark Lubell, Trust and Taxpaying: Testing the Heuristic Approach to Collective Action, *American Journal of Political Science*, Vol.42, No.2, 1998, pp.398-417.

② John T. Scholz & Mark Lubell, Adaptive Political Attitudes: Duty, Trust and Fear as Monitors of Tax Policy, *American Journal of Political Science*, Vol.42, No.3, 1998, pp.903-920.

③ William Mishler & Richard Rose, Trust, Distrust and Skepticism: Popular Evaluations of Civil and Political Institutions in Post-Communist Societies, *The Journal of Politics*, Vol.59, No.2, 1997, pp.418-451.

上,服从的效力就会大打折扣。①

不但如此,政治信任甚至关系到政府的存亡,一旦处于政治信任低的情况下,公民与政府间的关系也面临着破裂,政府的生存就成了问题。阿伯巴齐(Joel D. Aberbach)和沃克(Jack L. Walker)认为,一个政府如果没有民众的忠诚与信任是很难生存的。民主社会尤其如此,因为民主社会用相互理解和公众的同意代替了强制和专断,这种理解和同意是以信任为基础的。与此相反,不信任是民主理想实现的障碍。②埃伯(Ralph Erber)和劳(Richard R. Lau)也发表了类似的观点,但与上述观点不同的是,他们进一步指出,政治信任程度低不仅危及某一届政府的生存,甚至危及整个政治制度。民主制度的合法性部分依赖于选民相信政府在多数时间内的行为是正确的。少数和短暂的不信任会促进选举和社会的改变,但如果多数对政府的不信任,以及长期对政治制度的不满和异化将会挑战其合法性,最终危及其生存。③

应该说,政治制度并不等同于政府,政府的不断更替和政治制度的存亡有时是分离的。但是如果连续几届政府信任的程度处于较低层次,那么政治制度也会被质疑。赫瑟林顿(Marc J. Hetherington)就指出,政府是由机构组成的,机构是由现任领导运作的,对两者的感觉都会影响信任。对政治制度信任的影响是直接的,对体制的支持消失,政府的合法性就会存在问题。如果没有对政治制度支持提供充足的空间,政府很难有效运作。如果民众由于不信任政府而不支持领导,就会使领导动用资源解决问题方面出现困难,政府就很难解决问题。由此言之,不信任政府会为进一步的不信任制度创造条件。如果几届政府皆无办事效率,公民就会质疑政体。④

在肯定信任作用的同时,也有学者认识到信任和不信任的两面性。阿伯巴齐和沃克认为,不信任具有两面性,不信任既可以推动社会发展,也可以

①　John Brehm & Wendy Rahn, Individual-Level Evidence for the Causes and Consequences of Social Capital, *American Journal of Political Science*, Vol.41, No.4, 1997, pp.999-1023.

②　Joel D. Aberbach & Jack L. Walker, Politial Trust and Racial Ideology, The American Political Science Review, Vol.64, No.4, 1970, pp.1199-1219.

③　Ralph Erber & Richard R. Lau, Political Cynicism Revisited: An Information-Processing Reconciliation of Policy-Based and Incumbency-Based Interpretations of Changes in Trust in Government, *American Journal of Political Science*, Vol.34, No.1, 1990, pp.236-253.

④　Marc J. Hetherington, The Political Relevance of Political Trust, *The American Political Science Review*, Vol.92, No.4, 1998, pp.791-808.

导致社会的混乱,这依赖于领导的反应及其他社会因素。如果民众对政府不信任,提出了相应的诉求,这时领导做出积极反应,譬如重新分配社会资源,修改制度以应对新的压力,这样暴力就不会出现。相反,如果民众的不满和诉求无法影响决策者,体制因僵化也无法做出改变,结果就会出现毁灭性的冲突、社会秩序的混乱。[1]信任也是如此,米什勒和罗斯谈到,没有一个政府能够获得完全的信任,也不应该这样。因为每一个政府的权力,即使最仁慈政府的权力都会影响到个体的自由和福利。作者认为,信任也是双刃剑。过度的信任也会导致公民的政治冷漠,失去对政府应有的警觉,最终疏于对政府的监督、控制。[2]

(二)政治信任的来源

有关政治信任的来源,在 20 世纪六七十年代就有三种争论:第一种来自社会化的解释,认为政治信任来自长期的教化。政治信任来自人际信任,来自家庭、学校等的长期互动。如莱恩(Robert E. Lane)认为,政治信任是人际信任的一个特例,如果对人类不信任,也就不会对当选官员信任。[3]第二种来自社会资本,社会资本与信任的关系是学者关注较多的。社会资本强调公民参与各种社会组织,在参与活动中感知人们的善良意图,由此会推及对政府的信任。社会资本强调各种社会组织对人们心理的影响,因此严格来说,社会资本对政治信任的解释是政治社会化的一种特殊的形式,只不过与政治社会化强调政治信任的早期相比,社会资本较多关注成年之后各种组织对人们的影响。第三种来自对政府、政党的反应,包括政府推出的政策及行为,自己支持的政党在某些议题上的态度等,均会对政治信任产生影响。

自从 20 世纪 60 年代以来,至 90 年代,许多调查机构对政治信任作了调查,均得到一致的结论,即美国的政治信任在不断下降。艾布拉姆森(Paul R. Abramson)和费尼弗特(Ada W. Finifter)列举了 SRC-CPS 有关政治信任的 5 个跨时段测量的结果, 自 1964 年以来, 政治信任呈逐年下降趋势。1964

①   Joel D. Aberbach & Jack L. Walker,Political Trust and Racial Ideology,*The American Political Science Review*,Vol.64,No.4,1970,pp.1199–1219.

②   William Mishler & Richard Rose,Trust,Distrust and Skepticism:Popular Evaluations of Civil and Political Institutions in Post–Communist Societies,*The Journal of Politics*,Vol.59,No.2,1997,pp.418–451.

③   Robert E. Lane, *Political life*,Glencoe:Free Press,1969,p.164.

年，72%的美国选民在政治信任指数上的得分为"中等"或"高等"，1968 年为 68%，1970 年为 53%，1972 年为 50%，1974 年受水门事件的影响，更是降为 36%。水门事件之后，政治信任的分值依然不高，1976 年为 34%，1978 年为 33%。①艾尔伯（Ralph Erber）和劳（Richard R. Lau）列出的数据略有不同，但对 政府的信任逐年下降的观点是相同的，1958 年为 78%，1972 年为 53%，1976 年为 33%，到 1980 年仅为 25%。②肖尔茨和卢贝尔也举证说，1960 年阿尔蒙 德和维巴的《公民文化——五国的政治态度和民主》对美国民众的调查结 果，55%的社会信任；1995 年《华盛顿邮报》的调查，下降为 35%。③达米科 （Alfonso J. Damico）等也说，1968—1976 年的问卷调查中，在政府值得信任所 做是正确的条目上，有 20%的下降，仅 1972—1974 年就下降了 14%。④

　　库克（Timothy E. Cook）和格罗克（Paul Gronke）却有不同的看法，他们认 为低信任、低信心，仅仅反映了质疑，而不是不信任，或者犬儒或异化。他们 区分了以下几种概念：Cynics，Skeptics，Mistrust，Suspicion。玩世不恭（Cynic） 者指这样的人：相信人类是逐利的，蔑视、不相信人类的本性和动机，嘲笑、 质疑人类的真诚与高尚。玩世不恭与怀疑论（Skepticism）有区别，后者指这样 一种教条：带着批评的眼镜看问题，是在没有充足的证据前不愿意相信，认 为真知或某一具体领域的知识是不确定的；采用的方法是不急于下结论、系 统性地怀疑。怀疑论（Skepticism）与猜疑（Suspicion）和不信任（Mitrust）也有所 区别。Suspicion 指对真理、真实、公正，或某人、某事的可信缺少信心。Mistrust 指以 Suspicion 为基础的真正的怀疑。他们引用米什勒和罗斯在前 9 个东欧 共产主义国家的调查问卷，运用 7 分值表达对几个政府机构的信任。其中 1 和 2 代表极度的不信任，3、4、5 代表适度的怀疑，而 6 和 7 代表极度的信任。 作者在此基础上设置了 0~10 的分值。0 代表对政府的极度不信任，认为他们

　　①　Paul R. Abramson & Ada W. Finifter, On the Meaning of Political Trust: New Evidence from Items Introduced in 1978, *American Journal of Political Science*, Vol.25, No.2, 1981, pp.297-307.

　　②　Ralph Erber & Richard R. Lau, Political Cynicism Revisited: An Information-Processing Reconciliation of Policy-Based and Incumbency-Based Interpretations of Changes in Trust in Government, *American Journal of Political Science*, Vol.34, No.1, 1990, pp.236-253.

　　③　Wendy M. Rahn & John E. Transue, Social Trust and Value Change: The Decline of Social Capital in American Youth, 1976-1995, *Political Psychology*, Vol.19, No.3, 1998, pp.545-565.

　　④　Alfonso J. Damico et al., Patterns of Political Trust and Mistrust: Three Moments in the Lives of Democratic Citizens, *Polity*, Vol.32, No.3, 2000, pp.377-400.

做事错误;10 代表极度信任,认为会做事正确;5 代表既不是信任也不是不信任政府。然后他们通过2002 年 3 月 11 日至 4 月 30 日的电话访谈考察9·11 事件之后民众对政府的反应,发现美国民众对待政府的态度多数处于中间状态,即他们的态度是怀疑的。

美国人既不期望政府会做事正确,也不认为他们会做事错误,更不急于下结论,两眼紧盯政府的运作情况,以此判断政治体制和政治行为体。以此来看,NES 和 GSS 所作调查,政治信任在过去的三四十年中处于下降并不是坏消息,代表了他们对任何形式的权力都永远质疑。[①]

对于政治信任的下降,学术界基本已经达成共识,但是对于该现象如何解释,即政治信任的下降意味着政府、体制的下降,还是对政党或政策的不满等? 另一种争论,即政治信任下降的来源是什么?

1.社会资本与信任的关系

社会资本指社会关系、网络,以及发生于群体内的人际信任。社会资本包括两方面:一方面是公民在一个群体、州或国家范围内参与活动;另一方面是人际信任,或愿意认为他人是善意的。通过公民参与,会遇到更多的人,在与他们的互动中学习到人际信任。[②]

但是也有学者从政治社会化的角度对社会资本进行了解释。科尔曼(James Coleman)把社会资本解释为群体间的个体通过社会结构化的关系,达到共同目标的行为能力。群体的成员,譬如在家庭和学校中,参加了对共同目标的追求。他认为,社会资本是通过社会网络的闭合达到的。[③]类似的有桑普逊(Robert Sampson)和劳布(John Laub)把社会资本看作源于家庭、学校和其他社会环境中强大的社会关系或社会纽带,他们注意到,这些关系相互

① Timothy E. Cook & Paul Gronke, The Skeptical American: Revisiting the Meanings of Trust in Government and Confidence in Institutions, *The Journal of Politics*, Vol.67, No.3, 2005, pp.784–803.

② 相关定义参见以下文章:Robert P. Putnam, *Making Democracy Work: Civic Traditions in Modern Italy*, Princeton: Princeton University Press, 1993, pp.167–170; Robert P. Putnam, Bowling Alone: America's Declining Social Capital, *Journal of Democracy*, 6:1995, pp.65–78; Robert P. Putnam, Tuning In, Tuning Out: The Strange Disappearance of Social Capital in America, *PS: Political Science and Politics*, 28, 1995, pp.664–683.

③ James Coleman, *Foundations of Social Theory*, Harvard University Press, 1990.

依赖,为个体克服人生中遇到的困难提供资源。①

　　社会资本的一个基本论证逻辑是,政治信任是人际信任的一部分,人际信任来自于公民参与,参与各种社会组织,参与各种政治活动。早在 20 世纪 60 年代,莱恩就提出,政治信任来自于人际信任。他说:"通常来说,一个人如果不能信任他者,就不可能信任那些受权力诱惑者,以及拥有权力的公职人员。对当选官员的信任仅仅是对人类信任的一个特例而已。"②但是莱恩的观点来自理论的论证,并没有强有力的实证材料对此加以佐证。

　　对这方面观点论述较多的是帕特南,在对意大利一些地方政府的考察中,他发现一些政府比另外一些政府更有效率,其原因在于社会资本。他认为在一个继承了大量社会资本的共同体内,自愿的合作更容易出现,这些社会资本包括互惠的规范和公民参与的网络。社会资本,他解释为,指社会组织的特征,诸如信任、规范及网络,它们能够通过促进合作行为来提高社会的效率。"像其他形式的资本一样,社会资本也是生产性的,它使得某些目标的实现成为可能,而在缺乏这些社会资本的情况下,上述目标就无法实现……例如,一个团体,如果其成员是可以信赖的,并且成员之间存在着广泛的互信,那么,它将能够比缺乏这些资本的相应团体取得更大的成就……在一个农业共同体中……那里的农民互相帮助捆干草,互相大量出借或借用农具,这样,社会资本就使得每一个农民用更少的物质资本(如工具和设备)干完了自己的农活。"③该观点一出,得到了许多学者的认同。安德森(M. R. Anderson)发现,一个社区所拥有的社会力量,对政治信任和政治效能等皆有影响,而且这种力量不受教育、性别、年龄和种族等的影响。④更有学者指出,社会资本的增加有利于协商民主的实践。索克黑(A. E. Sokhey)和麦克勒盖(S. D. McClurg)的研究发现,如果民众居住在一个支持性的社区中,即该社区人与人之间互相帮助,民主协商就能够成功实践,一些议题通过讨论得

---

①　Robert Sampson & John Laub, Stability and change in Crime and Deviance over the Life Course:The Salience of Adult Social Bonds, *American Sociological Review*, 55, 1990, pp.609-627.

②　Robert E. Lane, *Political life*, Glencoe: Free Press, 1969, p.164.

③　[美]罗伯特·D.帕特南:《使民主运转起来》,王列、赖海榕译,江西人民出版社,2001 年,第 195~196 页。

④　M. R. Anderson, Community Psychology, Political Efficacy and Trust, *Political Psychology*, Vol.31, No.1, 2010, pp.59-84.

以明晰,一些信息得以补充,这样选民在选举时就会做出正确的投票。[①]

布雷姆和拉恩提出了一个社会资本的结构模式。即相信政府、公民参与、人际信任间处于互动关系。通过 1972—1994 年的总体社会调查(GSS)数据,他们对公民参与、人际信任与对政府的信心三者进行了考察,最后发现,社会资本越丰富,越可能避免强制解决集体利益问题。但这种互动关系又是不对称的(见图 11-3)。人际信任与公民参与间的关系是正向的,但公民参与更能影响人际信任。参与比灌输信任态度更容易,对他人的正面态度更能够使公民更加信任政府。[②]

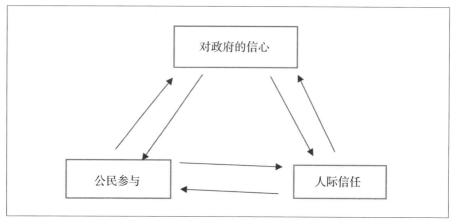

图 11-3 公民参与、人际信任与对政府的信心互动关系

值得注意的是,布雷姆和拉恩不是单纯地把社会资本作为自变量,把人际信任与政治信任作为因变量,而是互为因变量和自变量。尤其是他们指出了信任对社会资本也有影响,信任的降低也会影响公民的参与,即降低社会资本,信任与社会环境的互动影响社会资本。格林(Melanie C. Green)和布洛克(Timothy C. Brock)也发表了类似的看法,他们把信任与社会资本看作双向互动的关系。通过实验验证了以下假设:低信任容易受环境影响。低信任的个体,当情绪积极和朋友关系受益突出时,选择更加真实的社会活动。相反,

---

① A. E. Sokhey & S. D. McClurg, Social Networks and Correct Voting, *Journal of Politics*, Vol.74, No. 3, 2012, pp.751–764.

② John Brehm & Wendy Rahn, Individual–Level Evidence for the Causes and Consequences of Social Capital, *American Journal of Political Science*, Vol.41, No.4, 1997, pp.999–1023.

情绪负面,朋友代价突出时,选择虚拟的社会活动。高信任个体,不管情绪和朋友得失,都相对高度偏好真实的社会互动。这些结果显示正确的介入能够克服低信任、建立社会资本(见图11-4)。[1]

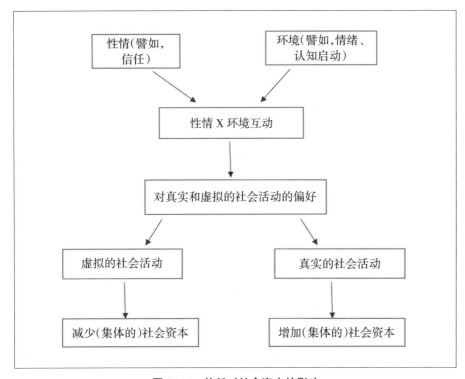

图11-4　信任对社会资本的影响

　　那么社会资本究竟能否解释政治信任呢? 有学者对此持否定的态度。埃里森(E. Erison)和埃里森(C. Erison)给这种观点泼了冷水,他们认为一个群体的凝聚力越强,越会产生"社会泡沫",导致他们不愿意与外群体的人交往,以及在思考相关政策时,也没有顾及其他群体。[2]

　　但多数学者对此持肯定态度。基尔(Luke Keele)指出,社会资本能够解

---

①　Melanie C. Green & Timothy C. Brock, Trust, Mood, and Outcomes of Friendship Determine Preferences for Real versus Ersatz Social Capital, *Political Psychology*, Vol.19, No.3, 1998, pp.527–544.

②　E. Erison & C. Erison, The Effect of Social Networks on the Quality of Political Thinking, *Political Psychology*, Vol.33, No.6, 2012, pp.839–863.

释长期的信任。他将民众政治信任的影响分为即刻影响和长期影响。即刻影响来自政府的表现,而长期影响来自社会资本。相较于政治过程,政府的表现影响信任。没有信任,领导(总统和国会)不能获得公民的服从。领导的表现,譬如领导是否正直,能否满足民众的期望,尤其是经济表现对政治信任的影响巨大。同时丑闻和犯罪都对信任有影响。而社会资本可以解释40年政治信任的动态变化。社会资本是一个广泛的概念思维,影响社会的各个方面。社会资本的每个维度对于政府的信任都有帮助。基尔对政治信任的测量涉及9个条目,结果显示社会资本与政府的表现对于政治信任都有影响,社会资本能够解释过去40年信任下降的因素。①

但是也有学者对过度关注志愿者活动产生社会资本,由此产生社会信任的研究提出了疑问。斯托勒(Dietlind Stolle)列举了这些批评:其一,反对把信任单纯归为社会的责任(即人与人间的互动),批评人际互动会增强信任与合作的体制和国家根源的观点。其二,强调志愿群体之外的互动对信任也有所作用。譬如家庭、学校、工作和社区等都有强烈的影响。其三,批评社会资本理论仅仅聚焦于次级组织过于狭隘,他们强调了第三社团在其中的作用,即朋友和家庭非正式的聚会也能够产生社会资本。②

基于此,许多学者对社会资本的观点进行了修正。他们逐渐认识到,社会资本仅仅是政治社会化的一种特例,社会资本关注的组织不能仅限于志愿者组织,更应该关注家庭、学校的影响。黑根(John Hagan)等对德意志民主共和国和德意志联邦共和国青少年犯罪的隐秘的文化传统进行了研究。他关注到家庭和学校所产生的社会资本对青少年隐秘文化传统的约束。隐秘的传统(subterranean tradition)被权威人士公开谴责,但普通的人群却非常熟悉,并对其有一定程度的宽容,因为它与主流文化有重叠的部分。譬如,青少年犯罪遵循了传统的商业文化,金钱至上。通过考察,他们发现极右翼势力的形成与青少年隐秘的文化传统有着密切的关系。在限制极右翼势力影响的过程中,社会资本会防止失范。德意志民主共和国的家庭发挥着独特的作用,家庭自由度高,思想表达不受限制,人与人之间关系融洽,学生在家庭中

---

① Luke Keele, Social Capital and the Dynamics of Trust in Government, *American Journal of Political Science*, Vol.51, No.2, 2007, pp.241-254.

② R. D. Putnam, Bowling Together, Bowling Alone: The Development of Generalized Trust in Voluntary Associations, *Political Psychology*, Vol.19, No.3, 1998, pp.497-525.

能够体会到安全。同时,德意志民主共和国的学校对集体主义和国际主义的培养,由此形成的社会资本对避免青少年犯罪、限制极右翼方面起了非常重要的作用。相反,德意志联邦共和国强调人的才能发挥,主张人与人之间存在着等级。学校的等级性,反共产主义特征,以及教师的威权主义本性限制了社会资本的形成,助长了极右翼势力的发展及青少年的犯罪。东西德合并之后,德意志民主共和国学生的政治信仰出现了失范,节制青少年的家庭和学校完全放松了限制,为极右翼势力的浸入和青少年犯罪提供了机会。[1]

另一派学者直接对参与志愿者群体的观点进行了修正。斯托勒的关注点有二:其一,志愿性组织的成员身份是否能够促进信任的发展? 其二,具备哪种特征的组织或群体生活最能够体现信任的发展?譬如水平和垂直性的社团相比,前者能够产生面对面的互动、参与组织的积极性,以及促进相互合作,后者则无法创造相互性和平等性的参与。作者于 1996 年和 1997 年,对德国和瑞典的 8 种类型共 30 个社团进行了考察,结果发现,参加社团比不参加更信任;长期加入比短期的参加更信任,但随着时间的增加并不会产生叠加影响。同时验证了以下三项假设:假设一,与参与者少、消极者多,活动多是少数积极分子和领导者参加的组织相比,群体中相当高比例的人们从事志愿性的工作,能够更有效地促进普遍信任。假设二,与不同的人接触,或者与自己社会背景不同的其他成员打交道有利于产生普遍的信任。假设三,组织内成员越多样化,成员间的关系越缓和,成员普遍信任程度越高。[2]

由此,正是因为社会资本与政治信任之间的密切关系,社会资本的下降必然导致政治信任的下降。那么什么原因导致了社会资本的下降呢? 帕特南认为社会资本下降趋势已经超过了 25 年,他列举了许多原因:人们过于忙碌和生活的压力,经济困难或者自感经济拮据,居住地不断迁徙,城市化,妇女加入就业大军,家庭的破裂,20 世纪六七十年代对权威幻想的破灭,以及随之而来的对权威的反抗,福利国家的兴起,代际变迁,公民权利的革命,以及电视的兴起。其中帕特南把电视的兴起看作始作俑者,认为电视占据了公民参与的时间,电视的观看时间与公民参与和人际信任间呈负相关,但报纸

---

① John Hagan et al. , Delinquency and Disdain:Social Capital and the Control of Right-Wing Extremism Among East and West Berlin Youth,*The American Journal of Sociology*, Vol.100, No.4,1995, pp.1028-1052.

② R. D. Putnam, Bowling Together, Bowling Alone:The Development of Generalized Trust in Voluntary Associations, *Political Psychology*, Vol.19, No.3,1998, pp.497-525.

的阅读量则呈正相关。[①]

诺里斯(P. Norris)对电视的整体评价也是负面的,但不同于帕特南的是,他认为信息类节目的增加,会促进公民的参与。[②]沙(Dhavan V. Shah)则认为不能简单地否定电视在社会资本中的作用,他从受众利用媒体的动机入手,对此进行了分析。他的论证思路是:个体的环境和心理既定倾向→使用媒体的习惯和媒体产生好处的信念和预期→媒体选择和消费的行为→经历和可能性价值的评估→获得的好处应用于其他经历和社会行为领域。媒体的功能有四种:信息功能、个体认同功能、整合和社会互动功能、娱乐和消遣功能。前三者都可能对社会资本的形成起到促进作用,只有娱乐和消遣功能会对社会资本产生不利影响。电视节目类型,以及受众利用媒体的方式都会影响社会资本,在他看来,看多少的重要性要少于看什么。[③]

2.信任或支持的维度

巴里(Donna Bahry)等把信任划分为三个类别:第一类是与族群无关的宽泛的信任,这种信任可以包括普遍的信任,共享基本的价值,从属同一道德群体,也包括生活乐观,深信有能力影响生活,对生活满意,相信人与人的平等。同时,这类信任也包括在具体环境下发展出的信任,譬如与邻居、同事打交道。他们称之为中间的信任,以普遍的信任与具体的信任相区别。同时宽泛的信任也包括对政府的信心。第二类信任是基于自己族群基础上对其他族群的信任,包括排他性的规范,遭受外群体的歧视或不公正的待遇导致内外群体信任的差异。第三类信任是对具体外群体的信任。这依赖于对具体外群体的刻板印象,以及与之接触的经历。2002年,巴里对俄罗斯的两个加盟共和国鞑靼斯坦和萨哈–雅库特的2572名居民进行了访谈。结果发现,内群体的信任不一定成为他者或外群体信任的障碍,也会存在内外群体都信任的情况。普遍的信任和内外群体信任是正向关系,证明不是排斥而是补充。[④]

① R. D. Putnam,Tuning in,tuning out:The strange disappearance of social capital in America,*PS:Political Science and Politics*,28,1995,pp.664–683.

② P. Norris,Does television erode social capital? A reply to Putnam,*PS:Political Science and Politics*,29,1996,pp.474–480.

③ Dhavan V. Shah,Civic Engagement,Interpersonal Trust and Television Use:An Individual–Level Assessment of Social Capital,*Political Psychology*,Vol.19,No.3,1998,pp.469–496.

④ Donna Bahry et al.,Ethnicity and Trust:Evidence from Russia,*American Political Science Review*,Vol.99,No.4,2005,pp.521–532.

有关政治信任最经典的归类是戴维·伊斯顿(David Easton)提出的。他在《政治生活的系统分析》中将政治系统的认同分作三个部分:一是政治共同体,指的是由政治分工联合在一起的群体。它的独到价值在于它有一个潜在的含义:在所有的系统功能的背后,一定存在着某种具有内聚力的黏合剂,即系统成员对共同体的感觉或感情。二是典则,指分享政治权利时的游戏规则。三是当局,指或经选举或任命的官员,他们有权制定和实施政治决策。①

对制度的支持可分为两种:特殊性支持和发散性支持。如果一个制度的成员根据制度与自身的利害关系表扬或批评制度,这种支持就是特殊的。而发散性支持是"成员把普遍的信任和信心注入制度的各种对象中,并以这些对象本身为目的"。它是一种无条件的支持,对制度的长久是非常关键的。"发散性支持构建了一个蓄水池,在制度处于危机时,诸如经济萧条、战争、内部冲突,在感受到的利益下降到最低点时,一个制度能够专门从中吸取水源。"②政治社会化的作用在于培养这种发散性的支持。一般而言,最初的社会化的压倒性的突出部分是政治稳定。早期的取向为成员以后提供了坚固的支持性的基础。即使以后的事件使成员对权威结构的幻想破灭,支持的下降率也因此受限制。③对于制度系统的输出方面,他们提出:"如果某种制度能够长久,社会中必须发生这样的过程:一些成员接受知识、技艺和动机以积极参与政治生活。如果没有发生,如果制度无法为成员提供帮助把输入变为输出,和使输出得到落实,结构张力就是其后果。"④

伊斯顿并不排斥发散性支持与政府表现的相关,认为政府表现支持或侵蚀发散性支持。政府表现和政体支持间在刚成立的发展中国家尤其如此。因为政体是新的,与传统的价值和习惯都不一致。政体支持需要现有政府的

① [美]戴维·伊斯顿:《政治生活的系统分析》,王浦劬等译,华夏出版社,1999 年,第 198~261 页。

② David Easton & Jack Dennis, A Political Theory of Political Socialization. In Jack Dennis ed., *Socialization to Politics:A Reader*,John Wiley and Sons,Inc.,1973,pp.45-46.

③ David Easton & Jack Dennis,*Children in The Political System*,McGraw-Hill Book Company,1969,p.287.

④ David Easton & Jack Dennis,A Political Theory of Political Socialization,In Jack Dennis ed.,*Socialization to Politics:A Reader*,John Wiley and Sons,Inc.,1973,pp.32-52;David Easton & Jack Dennis. The Child's Acquisition of Regime Norms:Political Efficacy,In Jack Dennis ed.,*Socialization to Politics:A Reader*,John Wiley and Sons,Inc.,pp.82-104.

表现,尤其是在发展中国家。[1]

伊斯顿和丹尼斯并不专门论述政治信任,而是关注政治支持。但是他们所谈到的支持的维度对政治信任的研究有着深刻的影响。也有学者对这样的分类提出疑问。艾布拉姆森和费尼弗特就认为,总统、政府与体制之间较容易区分,但是国会与体制之间就很难区分,即对国会的支持是对政府的支持还是对制度的支持?[2]许多学者从体制、政策、政党和政府的角度谈论对政治信任的影响,争论也由此而来。

(1)体制对政治信任的影响

米勒(Arthur H. Miller)谈到了政治信任下降所带来的影响,美国民众中存在的不满和政治异化、无力和无序的感觉,会直接导致对领导、政府的体制及政体的敌意,会导致人们追求法律之外的政治行为、政党重组及激进的政治改变。[3]在这里,米勒把政治信任作为自变量,政治信任的下降不但对领导产生影响,也会对政治体制、政体产生影响。

诚如伊斯顿所指出的,在体制转换的过程中,新的体制刚刚确立之际,这时体制对政治信任会产生影响,对政治体制的支持需要政府的表现。米什勒和罗斯的研究对象是后共产主义时期的中东欧国家,他们探讨了政治体制、政治信任与领导的绩效三者之间的关系。中东欧国家,在社会主义时期,政府组织和各种志愿性的组织都在政权的控制之下,对民众的强制导致虚假的政治参与,表面的服从,但导致人们的犬儒主义和对制度的不信任。在后社会主义时期,共产主义的衰落可能导致对新体制的信任。短期来说,对新政权的政治信任来自于对旧有的社会主义的公众态度的影响,即因不信任旧政权而给予新政权暂时的信任。但长期来说,对新政权的信任必须依赖其自身的表现。作者考察的数据来自于新民主国家晴雨表(New Democracies Barometer),研究对象包括中东欧,涉及7个中东欧国家和2个苏联加盟共和国。结果显示,这些国家的公民很少有正面的信任,只有对军队、教会和总

---

① David Easton, A Re-Assessment of the Concept of Political Support, *British Journal of Political Science*, 5, 1975, pp.444–445.

② Paul R. Abramson & Ada W. Finifter, On the Meaning of Political Trust: New Evidence from Items Introduced in 1978, *American Journal of Political Science*, Vol.25, No.2, 1981, pp.297–307.

③ Arthur H. Miller, Political issues and trust in government: 1964–1970, *American Political Science Review*, 68, 1974, pp.951–972.

统处于信任的层次;最不信任的是政党,议会和工会次之。在信任、怀疑和不信任三者之中,怀疑占据了主导地位,不信任也有广泛的支持度,其中除了捷克外,其他国家的不信任程度均超过了信任。尤其以苏联的两个加盟共和国白俄罗斯和乌克兰最为明显。在谈及影响政治信任的来源时,他们发现共产党遗留的影响对政治信任没有影响,相反社会资本对政治信任有影响,譬如,教堂与城镇的规范,人际间的互动对信任有影响。最重要的,他突出了两点:一是政府的经济方面的表现。这些国家的多数公民对宏观经济没有信任,认为共产党领导下的经济更好;二是政治方面的表现,多数感觉政府提供了更多的自由,公正对政府的信任也有影响,但要小于自由。[①]总之,他认为,体制对信任有影响,因对共产党体制的怀疑而赋予了对新体制和政府的信任,但是新体制和政府要想长期获得信任,需要政府自身的表现,政府的绩效直接影响民众对现有体制的信任,具体体现在政治和经济方面的绩效。连续几届政府糟糕的表现,就会使人们产生对体制的怀疑,从而为重新上台的政府获得信任增加难度。

麦金托什(Mary E. McIntosh)和麦克伊弗(Martha Abele Mac Iver)在东欧四国(波兰、匈牙利和捷克、斯洛伐克)的公众对政府决策过程态度的调查中,也得出了类似的结论。调查的时间分别为 1989 年 6 月和 1992 年 1 月。调查发现,各国的政治文化有所不同,譬如匈牙利和斯洛伐克强调社会福利,而捷克和波兰强调自我依赖、责任。随着教育水平的提高,各国的政治文化趋于相同,即对个体的责任支持越来越多。他们强调,这些国家的民众可能会因经济的停滞而对他们刚刚建立起来的制度产生怀疑,但是对共产党体制已经很难重建信任,社会主义制度不可能在这些国家重建。[②]

哈弗迪安(A. Hakhverdian)和梅恩(Q. Mayne)也注意到教育程度与体制信任之间的关系。在一个腐败的社会中,教育水平的提高与体制信任之间呈负相关。但在一个廉洁的社会中,教育程度与体制信任间正相关。而且随着

①　William Mishler & Richard Rose, Trust, Distrust and Skepticism: Popular Evaluations of Civil and Political Institutions in Post-Communist Societies, *The Journal of Politics*, Vol.59, No.2, 1997, pp.418-451.

②　Mary E. McIntosh & Martha A. Mac Iver, Coping With Freedom and Uncertainty: Public Opinion in Hungary, Poland and Czechoslovakia 1989-1992, *International Journal of Public Opinion Research*, Vol.4 No.4, 1992, pp.375-391.

教育水平的提高,腐败对体制的腐蚀性效应会逐渐凸显。①

（2）政府对政治信任的影响

有学者指出政治信任与政府的绩效有关。西特林(Jack Citrin)认为,政治信任的下降可能是针对现任领导而不是政府的体制。②有关政府的表现,穆勒(Edward Muller)归为三个维度:其一,与决策者行为相关的绩效满意度,即推出的政策、法律等是否能够让民众满意。其二,表达性象征的输出,让民众相信他们的决策符合民众的利益。③当然领导本身的特质对政治信任也会产生影响,具体体现为领导的廉洁、能力和魅力。

A.政策的影响

米勒是政策影响信任的坚定倡导者。他根据 1964—1970 年的 CPS 数据,考察了有关种族议题、越南战争议题,以及其他 8 个社会议题,发现是政府在相关议题上采取的政策导致了人们的不满。1964—1966 年黑人信任的增长在于对权利法案的反应。1966 年后,黑人的政治信任下降,在于黑人对政府积极介入的预期没有实现,同时权利意识增强,更加重了对政府的不满。越南战争也是如此,媒体和民调显示,反战成为主流,因此民众会对政府采取的战争政策表示不满。在米勒看来,不在于谁执政的问题,无论谁在台上,两党的左右翼都可能不满,右翼觉得政府采取的政策太左,左翼觉得政府采取的政策太右。而中间派则很少会有不满情绪或异化。④

B.政党与意识形态的影响

政党对政治信任也有影响,如果对执政党忠诚,与怀疑者相比,会更加信任政府。在西方政党更替的制度中,与支持反对党的公民相比,支持执政党的公众,其政治信任的程度要比前者高。

兰伯特(Ronald D. Lambert)等考察了政党变量对效能和信任的影响。在对加拿大政治信任的考察中发现, 支持执政党的受访者在知觉的反应和信

① A. Hakhverdian,& Q. Mayne,Institutional Trust,Education and Corruption:A Micro-Macro Interactive Approach,*The Journal of Politics*,Vol.74,No.3,2012,pp.739-750.

② Jack Citrin,Comment:The political relevance of trust in government,*American Political Science Review*,Vol.68 ,1974,pp.973-988.

③ Edward N. Muller,The Representation of Citizens by Political Authorities:Consequences for Regime Support,*American Political Science Review*,Vol.64,1970,pp.1149-1155.

④ Arthur H. Miller,Political Issues and Trust in Government:1964-1970,*The American Political Science Review*,Vol.68,No.3,1974,pp.951-972.

任方面,与支持反对党相比,得分更高,尽管主要体现在省际层次。受访者喜欢的党是否执政,与政党认同的强度互动,对外在效能和政治信任测量均有影响。[1]艾英戈在对印度的考察中,也得出了类似的结论,政党是影响政治效能和政治信任最强的指标,受到民众支持的政党获胜就会增加效能和信任。[2]

安德森(Christopher J. Anderson)和特弗多瓦(Yuliya V. Tverdova)在考察腐败对民众满意度的影响时加入了政治忠诚。运用的数据来自于1996年的国际社会调查项目(*International Social Survey Program*,ISSP),调查涉及澳大利亚、加拿大、捷克、德国、英国、匈牙利、爱尔兰、日本、意大利、拉脱维亚、新西兰、挪威、俄罗斯、瑞典、斯洛文尼亚、美国。结果显示,国家越腐败,人们越会对体制不满。但政治忠诚在腐败与政治信任之间起着调节作用,政治忠诚对腐败起着弱化作用,对执政党的评价越正面者,越认为体制运转得好。[3]

与政党相关的意识形态对政治信任也有影响。鲁道夫和埃文斯指出,政府信任受意识形态的调节,譬如在同样是帮助穷人的政府中,保守派因支持政府更少的花费,即使在信任程度高的情况下,也会弱化对政策的支持。[4]

C.领导的影响

领导对政治信任的影响是学者们探讨较多的方面。在我们上面所列举的体制的影响中,许多学者也是从领导的角度探讨的,把领导的绩效作为自变量,领导的表现影响着对体制的信任。

赫瑟林顿和鲁道夫认为,领导的绩效影响着政治信任水平,但是领导的绩效有许多指标,譬如领导的外交能力、经济管理水平、道德水平等,这些指标在每个时代的权重是不一样的,从而导致了政治水平的差异。20世纪60年代的美国政治信任水平高,是因为当时的民众把国际议题看作是最重要的议题,譬如当时的越南战争影响到千家万户,成为民众关心的议题。之后

① Ronald D. Lambert et al., Effects of Identification with Governing Parties on Feelings of Political Efficacy and Trust, *Canadian Journal of Political Science*, Vol.19, No.4, 1986, pp.705–728.

② Shanto Iyengar, Trust, Efficacy and Political Reality: A Longitudinal Analysis of Indian High School Students, *Comparative Politics*, Vol.13, No.1, 1980, pp.37–51.

③ Christopher J. Anderson & Yuliya V. Tverdova, Corruption, Political Allegiances and Attitudes Toward Government in Contemporary Democracies, *American Journal of Political Science*, Vol.47, No.1, 2003, pp.91–109.

④ Thomas J. Rudolph & Jillian Evans, Political Trust, Ideology and Public Support for Government Spending, *American Journal of Political Science*, Vol.49, No.3, 2005, pp.660–671.

国际议题的重要性慢慢下降,经济议题的重要性上升,但是随着美国经济的不断好转,经济议题的重要性在下降。这可以解释,美国的经济持续增长30多年,但是政治信任水平却在不断下降。[1]9.11事件之后,媒体开始大量报道国外事务,于是民众开始重新思考美国的国防和对外政策,该议题的突出性影响了民众对美国政府信任的判断。[2]

安布勒(John Ambler)对法国政治信任的研究,突出了戴高乐在政治信任增长中的突出作用。戴高乐为法国带来了秩序和社会稳定,法国信任的增长与他的个人魅力密切相关。法国民众的信任水平会随着戴高乐的上台和下台而出现涨跌。同时对法国宪法的支持与法国民众对戴高乐强大的、个人化领导满意的经历相关。[3]

戴高乐对政治信任的影响,在于其长久以来在二战、国内政治、外交等方面所做出的贡献而累积起来的魅力。但是对于那些没有历史功绩,或者人们对他们并没有印象而走上政坛的领导人来说,要赢得政治的信任则需要多方面的表现。其中很重要的是领导的丑闻对政治信任的影响很大。达米科(Alfonso J. Damico)等发现,1973—1982年美国总统的一系列丑闻,譬如越南战争、水门事件、伊朗人质危机等降低了人们对政府的信任。[4]

布赞(Bert C. Buzan)对墨西哥裔美国人政治上的玩世不恭进行了研究,得出了类似的结论。他研究的假设是生活于墨西哥裔控制的城市展现出高层次的政治不信任。因为整个国家政治共同体的主流是"盎格鲁人",政体由他们创立,政府也由他们控制。为了验证此假设,他以两个城市作为考察对象,其中一个为克里斯特尔城(Crystal City),是墨西哥人控制的城市;另一个为戴维斯顿(Daviston)是两大族群的自由联盟。按照原先的假设,前者的居民应该比后者更加玩世不恭。前者的样本来自7~12年级的780名学生,后者的样本来自于12年级的335名学生。调查的结果有点出人意料,墨西哥裔

① M. J. Hetherington & T. J. Rudolph ,Priming ,Performance and the Dynamics of Political Trust,*The Journal of Politics* ,Vol.70 ,No.2 ,2008 ,pp.498–512.

② M. J. Hetherington & J.A. Husser ,How Trust Matters:The Changing Political Relevance of Political Trust,*American Journal of Political Science* ,Vol.56 ,No.2 ,2012 ,pp.312–325.

③ John Ambler ,Trust in Political and Nonpolitical Authorities in France,*Comparative Politics* ,Vol.8 ,No.1 ,1975 ,pp.31–58.

④ Alfonso J. Damico et al.,Patterns of Political Trust and Mistrust:Three Moments in the Lives of Democratic Citizens,*Polity* ,Vol.32 ,No.3 ,2000 ,pp.377–400.

控制的克里斯特尔城,对总统的评价要高于族群自由联盟的戴维斯顿,对华盛顿政府的玩世不恭方面的评价也比后者低。这与最初的假设产生了矛盾。他的解释是水门事件的影响,克里斯特尔城的调查在水门事件之前,戴维斯顿在水门事件之后。换言之,墨西哥裔对总统及华盛顿政府评价可能更低,但由于水门事件的影响,才出现了与假设不一致的情况。[①]

与政治丑闻相关的是腐败。学者们在对欧美等发达国家的研究中发现,腐败会侵蚀着民众的政治信任。[②]但这项结论能否应用于亚洲呢? 有学者提出了亚洲例外论,认为亚洲一些国家尽管是高腐败,但是与经济的高增长相伴随。即尽管存在着权力寻租,但促进了企业的绩效。统治精英与企业家间的相互依赖,统治者为选择的企业提供优惠的经济政策,以及廉价的公共资源吸引其不断增加投资,而企业会以回扣和不断增长的金融资源使统治者维持自己的统治。统治者为了受贿,以及维持统治,必然有动力促进经济的增长。或企业给服务好的官员送礼,属于礼尚往来,本身就是一种文化,为人们所普遍接收。基于此推论,亚洲的腐败不一定导致人们政治信任水平的下降。是否如此呢? 张介和朱云汉针对有些学者提出的亚洲例外论进行了重新考察,运用东亚晴雨表(East Asia Barometer)中的相关数据进行考察,该数据涉及 8 个国家和地区,他们关注了 4 个国家(日本、韩国、菲律宾、泰国)和台湾地区。结果发现。民众对腐败的知觉减少了他们对政治机构的信任。腐败的腐蚀作用,亚洲并不例外。[③]吕杰在对中国官员的政治信任考察中,主张应该对政府的能力和意图做出区分,认为这两个方面尽管相关,但可能独立起作用的。通过对中国两个城市居民的问卷调查,验证了领导的能力和意图与政治信任程度的差异:民众普遍对政府的意图持肯定态度,但是对于政府能否治理好城市却持悲观的态度。[④]

① Bert C. Buzan, Chicano Community Control, Political Cynicism and the Validity of Political Trust Measures, *The Western Political Quarterly*, Vol.33, No.1, 1980, pp.108-120.

② Christopher J. Anderson & Yuliya V. Tverdova, Corruption, Political Allegiances and Attitudes Toward Government in Contemporary Democracies, *American Journal of Political Science*, Vol.47, No.1, 2003, pp.91-109.

③ Eric C. C. Chang & Yun-han Chu, Corruption and Trust: Exceptionalism in Asian Democracies? *The Journal of Politics*, Vol.68, No.2, 2006, pp.259-271.

④ Jie Lu, A Cognitive Anatomy of Political Trust and Respective Bases: Evidence from a Two-City Survey in China, *Political Psychology*, Vol.35, No.4, 2014, pp.477-493.

除了以上因素之外,是否还有其他因素影响着民众对领导的信任呢? 麦格罗等从政治怀疑的角度对此进行了讨论。他们认为,对领导的怀疑研究需要综合各种因素,不仅考虑领导本身的影响,也要考虑传播的内容,以及受众本身的作用。他们召集了 372 名被测试者,设定了两种报纸,两种公众舆论:弱控制枪支管理,强控制枪支管理。实验材料是一个叫克雷格的人所做的有关枪支是否控制的演讲,让被测试者做出评估,实验设计为 2(角色:议员和高中老师)×3(受众匹配度:一致、不一致和控制)。结果显示:第一,信任传播者的身份至关重要,议员的角色更能引起人们的怀疑。当克雷格是议员时,在任何条件组中都比教师的角色,更能引起人们的怀疑。第二,传播者的观点与受众态度的匹配度。如果两者匹配,就会弱化被测试者的怀疑,反之最容易引起人们的怀疑。第三,受众的党派、年龄(年轻人容易怀疑),以及是否对政治人物有偏见等都会对政治怀疑产生影响,进而影响政治信任。①

综上所述,政治体制、政策和领导本身都会对政治信任产生影响。其中值得注意的是,政治体制对政治信任的影响,要由领导本身及政策的执行来完成,基本的逻辑是:领导的道德、能力、政策的执行→政治体制的信任→领导和政策的信任→政治信任的水平。因此,政策和领导的能力成为影响政治信任的最重要的来源。那么政治信任究竟是受政策还是受领导的道德和能力的影响? 如何调和这两种观点? 艾尔伯和劳给出了答案。他们认为,民众的政治信任受政策还是受领导的影响,主要源于人们长期以来运用什么样的图式来处理政治。譬如,长期以来民众是根据易获得的议题图式(或称为议题惯性)思考政治的,主要根据当时的议题及当时起草的政策考虑问题,评价总统候选人主要根据其提出的政策。而长期以来根据易获得的人图式(人惯性)对政治的思考(和候选人的评估)则主要取决于参与竞选的候选人的人格。②

(三)政治信任与政治效能

何为政治效能? 在坎贝尔(Angus Campbell)等在《选民决定》(*The Voter*

---

① Kathleen M. McGraw et al., The Pandering Politicians of Suspicious Minds, *The Journal of Politics*, Vol.64, No.2, 2002, pp.362-383.

② Ralph Erber & Richard R. Lau, Political Cynicism Revisited: An Information-Processing Reconciliation of Policy-Based and Incumbency-Based Interpretations of Changes in Trust in Government, *American Journal of Political Science*, Vol.34, No.1, 1990, pp.236-253.

Decides)一书中有如下定义：个体的政治行为拥有，或可能拥有的，对政治过程影响的情感。即它值得人们履行自己的公民责任。这种情感使政治和社会改变成为可能，公民个体在推动改变中起部分作用。[1]艾布拉姆森认为，政治效能，可以指规范、有效的行为倾向和行为。当一个人说人们应该能影响政治领导时，他就把效能看作一种规范；当一个人说人们觉得能够影响政治领导时，即把效能看作一种行为倾向；当一个人发现人们实际影响政治领导时，即把效能看作一种行为。[2]兰伯特等认为，政治效能感包括内在效能感和外在效能感两个层面。内在效能感，也可被称为政治效能，或政治能力，包括：第一，个人相信，感觉个人在政治上有多少发言权；第二，个人相信，对政治的理解到什么程度。外在效能感包括：第一，相信立法者对他们的观点感兴趣；第二，立法者是否与他们的选民接触。[3]

比较这两种定义可以看出，坎贝尔和艾布拉姆森主要从内在效能感去解释，即相信有能力对政府产生影响。而兰伯特等扩展了效能感的解释，加上了外在效能感，指政府能够积极回应他们的意见。

有关政治效能感与政治信任的关系，一种是把政治效能作为自变量，政治效能感是政治信任的一项重要来源；另一种是探讨政治效能与政治信任的互动，以此作为评价理想公民的标准。

1.政治效能感对政治信任的影响

许多学者认为，政治效能感与政治信任关系密切，政治效能感的增加会提高政治信任的水平。克雷格（Stephen C. Craig）等谈到，政治效能和政治信任的研究在20世纪50年代最为频繁，当时作为民主制度健康与否的核心指标。在50年代末和60年代早期，多数美国人感觉到政治效能，以及对政府的适度信任，但60年代中、后期和70年代，人们普遍感觉到无力和犬儒主义，有些人担心这些感觉的发展会危及民主制度。[4]其他学者的研究

---

① Angus Campbell, et al., *The Voter Decides*, Evanston: Row, Peterson, 1954, p.187.

② Paul R. Abramson, Political Efficacy and Political Trust Among Black Schoolchildren: Two Explanations, *The Journal of Politics*, Vol.34, No.4, 1972, pp.1243–1275.

③ Ronald D. Lambert et al., Effects of Identification with Governing Parties on Feelings of Political Efficacy and Trust, *Canadian Journal of Political Science*, Vol.19, No.4, 1986, pp.705–728.

④ Stephen C. Craig et al., Political Efficacy and Trust: A Report on the NES Pilot Study Items, *Political Behavior*, Vol.12, No.3, 1990, pp.289–314.

也得出了类似的结论。在崇尚民主的环境下，民众的无力感会导致对政权的敌意不断增加。[1]相反，民众的政治效能感越强，就会对权威越支持。[2]

有关政治效能与政治信任的关系，流行两种解释：一种为现实的解释，即在与政府打交道过程中产生的政治效能感，影响着政治信任；另一种为相对剥夺理论的解释，即对过去、现在和将来的比较，以及与参照群体的比较中产生的乐观和悲观情绪影响着政治效能感，进而影响政治信任。简言之，两种解释实质上是有关政治效能来源的解释。

对于政治现实的解释的较早研究是利特（Edgar Litt）对波士顿和布鲁克林区展开的研究，他发现前者政治信任和政治效能无关，后者则强烈相关。为何会产生这种差异？主要因为前者政治环境比较腐败，后者则相对清廉。[3]贝尼什（Sara C. Benesh）在对美国低层法院的研究中也发现，与法院打交道的经历，对法院程序公正的知觉在解释支持法院的过程中发挥作用。[4]

政治现实的解释部分来自对黑人政治信任的研究，豪厄尔（Susan E. Howell）和费根（Deborah Fagan）引用了密歇根大学社会研究所（Institute for Social Research）的数据，显示自 1968 年以来，黑人的政治信任下降。主要因为各级领导者多是白人，黑人处于权力的边缘地带，这种政治上的弱势地位使他们认为领导者出台的政策很少对其有利。20 世纪 80 年代以后，一些城市出现了黑人市长，黑人的政治信任在增加，对城市领导的信任要高于国家领导。与黑人相比，白人在城市和国家层面的政治信任并没有多大变化，其原因在于他们是多维度看待问题，种族只是其中之一。[5]盖伊（Claudine Gay）对黑人和白人政治信任的研究也得出了类似的结论。[6]

---

① Donald E. Stokes, Popular Evaluations of Government: An Empirical Assessment, In Harlan Cleveland & H. D. Lasswell eds., *Ethics and Bigness: Scientific, Academic, Religious, Political and Military*, Harper, 1962, pp.61–73.

② Meredith W. Watts, Efficacy, Trust, and Orientation Toward Socio-Political Authority: Students' Support for the University, *American Journal of Political Science*, Vol.17, No.2, 1973, pp.282–301.

③ Edgar Litt, Political Cynicism and Political utility, *The Journal of Politics*, 23, 1963, p.321.

④ Sara C. Benesh, Understanding Public Confidence in American Courts, *The Journal of Politics*, Vol. 68, No.3, 2006, pp.697–707.

⑤ Susan E. Howell & Deborah Fagan, Race and Trust in Government: Testing the Political Reality Model, *The Public Opinion Quarterly*, Vol.52, No.3, 1988, pp.343–350.

⑥ Claudine Gay, Spirals of Trust? The Effect of Descriptive Representation on the Relationship between Citizens and Their Government, *American Journal of Political Science*, Vol.46, 2002, pp.717–732.

在尝试用现实政治解释政治信任的同时，有学者开始用相对剥夺理论解释政治信任。阿伯巴齐和沃克试图比较底特律黑人和白人社区的政治信任。底特律在 1943 年和 1967 年发生过骚乱。1967 年，他们对底特律 855 名（394 名白人、461 名黑人）进行了问卷调查。最终发现，总体来说，对联邦政府的信任高于对底特律的信任，但差距不大。底特律政府总体来说，管理得很好，没有明显的政党倾向。根据此研究结果，他们考察了一系列有关政治信任的解释：一是人际间信任作用的结果，二是社会背景因素的影响，三是政治预期的影响，四是相对剥夺的影响。总体来说，政治信任不仅反映个人的人格特征、社会背景，最重要的变量在于社会或政治制度的运作。譬如公民期望在与政府官员打交道时受到公正的待遇，总体的相对剥夺感和幸福感，以及对群体地位的信念，或者说自己群体的成员被社会所接受。这些因素及这些因素的互动会影响信任的层次。而不断的挫折和失望必然会消解信任。具体到黑人和白人来说，影响政治信任的层次会有所差异。低层的黑人，高度的不信任与遭受到政府官员的不公正待遇相关，也与低的政治能力，种族歧视的经历，对政策不公的抱怨相关，也与他们承受了某种形式的剥夺相关。而对于上层的黑人来说，不幸的经历和对现有政绩的不满并不必然导致政治不信任，相反对现有生活不满者比满意者更具信任感。政治不信任最高者是中产阶级的黑人，他们对黑人群体有强烈的认同感，同时又对黑人的现状最有感触。对于白人来说，他们对政治的不信任源于对现有种族关系的仇恨和不满，同时具有一种无力感，觉得政府为了选举的需要，许诺和给予黑人太多，这种给予是以白人的利益受损为代价的。[①]总之，按照作者的说法，无论白人还是黑人，觉得遭受了政府不公正待遇，以及相对剥夺感，影响着对政府的信任，这些都是与政治效能感紧密联系在一起的，换言之，人们的政治效能感影响着政治信任的水平。

艾布拉姆森的解释与此有些类似，比较各项研究成果，他发现多数黑人政治效能低，只有两项成果例外，但研究的样本并不典型。有关政治信任的结论，在引证的 9 项研究成果中，有 7 项研究显示黑人儿童更少信任。针对此，他提出了社会剥夺和政治现实的两种解释：社会剥夺能够导致人们的政治能力感低，政治能力感低能够导致政治效能和政治信任感低，黑人即是如

① 　Joel D. Aberbach & Jack L. Walker, Political Trust and Racial Ideology, *The American Political Science Review*, Vol.64, No.4, 1970, pp.1199-1219.

此。现实政治的解释认为,人们受现实的拥有权力以及领导是否值得信任的影响。譬如黑人与白人相比,拥有很少的权力,因此很少理由相信政治领导。他认为,这两种解释同样可以应用于解释一些白人的政治效能和政治信任低的原因。[1]

科尔(Richard L. Cole)在论证政治效能对政治信任的影响时,加入了人际信任和教育的变量,得出了如下结论:人际信任和政治效能对政治信任都有影响,教育对人际信任、政治效能和政治信任都有影响,教育通过影响前两者对政治信任施加影响。[2]

2.政治信任与政治效能的互动

加姆森(William A. Gamson)设定了信任和效能两个维度,信任决定了一个社会中的民众与政权合作与否;效能感则决定着民众是否参与各项政治活动。根据这两个维度,他把社会中的民众归为四类:效能感与怀疑感的结合(高效能、低信任)产生异化的积极行动者;效能感与信任感的结合(高效能、高信任)会产生忠诚的积极行动者;无力感与怀疑感的结合(低效能、低信任)产生异化的冷漠者;无力感与信任感的结合产生忠诚的冷漠者。[3]

阿布拉瓦内尔(Martin D. Abravanel)和布什(Ronald J. Busch)根据加姆森有关政治效能与信任间关系的分类,把政治能力与信任划分为以下几类:低政治信任低政治能力,产生冷漠者;低政治能力但对制度忠诚者,属于臣民的类型;高政治信任高政治能力的结合,产生公民类型;而高能力低信任的结合,会感觉政府对于他们的诉求没有回应,质疑制度的合法性,从而导致制度的紧张和不稳。1972 年,在对 661 名大学生的调查中,他们发现最自信和最怀疑的学生,最容易采取游行、示威、暴力等非常规的政治活动。[4]

除此之外,法拉(Tawfic E. Farah)和艾尔-萨勒姆(Faisal S. A. Al-Salem)运用同样的维度对科威特的学生与非学生进行了比较,他们发现政治信任、

---

① Paul R. Abramson, Political Efficacy and Political Trust Among Black Schoolchildren: Two Explanations, *The Journal of Politics*, Vol.34, No.4, 1972, pp.1243–1275.

② Richard L. Cole, Toward as Model of Political Trust: A Causal Analysis, *American Journal of Political Science*, Vol.17, No.4, 1973, pp.809–817.

③ William A. Gamson, Power and Discontent. Homewood, Ill: Dorsey Press, 1968, p.48.

④ Martin D. Abravanel & Ronald J. Busch, Political Competence, Political Trust and the Action Orientations of University, *The Journal of Politics*, Vol.37, No.1, 1975, pp.57–82.

政治效能和参与指数的关系强烈。[1]但塞利格森(Mitchell A. Seligson)的结论有些不同。他于1972年和1973年对哥斯达黎加的531名农民进行了考察。他发现体制化形式的参与,譬如投票等体制规定的政治参与,与政治效能相关;而动员式的参与,譬如罢工、占领农地等则与低信任相关。同时效能感也部分解释了农民强占农地的行为。与加姆森的结论相同的是,低信任、高效能感可以解释非常规的活动。但与之不同的是,信任对于体制化的参与并没有实质性的影响。效能对于非常规的活动的影响不如信任影响那样重要,只是发挥部分的影响。[2]

综上所述,一个理想的公民是高效能与高政治信任的结合,即如果一个社会中的公民积极参与体制内的各项政治活动,必须对政府很信任,同时对自己的能力和影响政府的能力高度自信。

(四)政治信任与其他

1.政治信任与价值

信任的下降受社会文化变迁的影响。拉恩(Wendy M. Rahn)与特兰苏(John E. Transue)对1966—1975年的物质主义变迁的考察中发现,过去几十年,民众对物质利益期望过多。最终作者得出结论:无法控制的物质主义改变了美国人的政治、经济和社会生活。物质追求的快速上升,无论个体还是集体,侵蚀了信任。[3]

也有学者探讨了公正与政治信任的关系。柳承宗针对社会资本促进社会信任的观点提出了批评,与群体的团结相比,公正对政治信任的影响更大。公正包括三方面:一是公正的程序,即民众是否能够参与决策,程序是否民主;二是规则的公正实施,规则实施能否保持清廉,防止腐败;三是收入的分配能否公正。他利用80个国家,17000个样本数据的分析,得出了公正对

---

[1]　Tawfic E. Farah & Faisal S. A. Al-Salem, Political Efficacy, Political Trust and the Action Orientations of University Students in Kuwait, *International Journal of Middle East Studies*, Vol.8, No.3, 1977, pp. 317-328.

[2]　Mitchell A. Seligson, Trust, Efficacy and Modes of Political Participation: A Study of Costa Rican Peasants, *British Journal of Political Science*, Vol.10, No.1, 1980, pp.75-98.

[3]　Wendy M. Rahn & John E. Transue, Social Trust and Value Change: The Decline of Social Capital in American Youth, 1976-1995, *Political Psychology*, Vol.19, No.3, 1998, pp.545-565.

政治信任具有显著影响的结论。[1]

2.政治信任与国际关系

近年来,有学者把政治信任与国际关系的研究结合起来。

布鲁尔(Paul R. Brewer)等探讨了国际信任对公民判断世界事务的影响。他认为过去无论是对社会信任还是对政治信任的研究,都忽略了国际信任,国际信任应该是独立于社会信任和政治信任,是人们判断国际事务的一种认知途径。国际信任指本国在多大程度上信任他国,以此构建对世界事务的判断。国际信任越高,越会认为国际氛围友好,国家间充满合作和信任;低层次的正好相反。2001年和2002年在对美国民众的调查中,他们发现,美国民众的国际信任是稳定的、持久的,而且在很大程度上认为美国信任他国方面是悲观的,即国家间的争斗看作是狗咬狗。国际信任影响了美国民众赞成国际主义还是孤立主义,把其他国家看作是友好的还是不友好的,以及是否应对伊拉克采取军事行动。国际信任支持人道援助,与国际合作,反对军事干预。国际信任有自己的运作方式,在影响公众舆论方面发挥着重要作用。社会和政治信任在过去的40年处于下降之势,但国际信任却在增加。[2]

宾宁(Kevin R. Binning)同样探讨了公民的信任对外交政策的影响。但他是从人性的假设入手的。许多世纪以来,西方学者认为,人类是自私的,追逐权力与财富,是不值得信任的。他认为,对不同目标人群的不信任假设,所支持外交的政策是有差异的。究竟是对人类的不信任还是对美国人的不信任呢?应该有所区分。按照他的假设,对人类的不信任可能导致竞争性的外交政策;如果是基于对美国人自身的不信任则可能支持较少竞争性的外交政策。以美国军队在伊拉克虐囚为例,对美国人的不信任会对虐囚持强烈的批评态度,而对人类的不信任则会支持虐囚。[3]

① Jong-Song You, Social Trust: Fairness Matters More Than Homogeneity, *Political Psychology*, Vol. 33, No.5, 2012, pp.701-721.

② Paul R. Brewer, et al., International Trust and Public Opinion about World Affairs, *American Journal of Political Science*, Vol.48, No.1, 2004, pp.93-109.

③ Kevin R. Binning, "It's Us Against the World": How Distrust in Americans versus People-In-General Shapes Competitive Foreign Policy Preferences, *Political Psychology*, Vol.28, No.6, 2007, pp.777-799.

3.政治信任与情感

邓恩(Jennifer R. Dunn)和施韦策(Maurice E. Schweitzer)探讨了情感对于信任的影响。有关情感与判断的影响,他们谈到了两种模式:信息和浸入。信息模式指错误地把情感归因到判断中,尤其是发生在情感来源不突出时。浸入模式出现在认知启发时的信息处理,以及实质信息处理,后者情感通过影响处理方式发挥作用。在一般情况下,幸福和感激(正面情感)增加信任,愤怒(负面情感)减少信任。尤其是他们发现他者控制特征的情感(愤怒和感激),和微弱控制的评估(幸福)影响信任的显著性,大于个人控制特征的情感(骄傲和内疚)或环境控制的情感(悲哀)。这些发现显示情感很可能被错误归因,这发生在情感的评估与判断的任务一致大于不一致时。情感在个体意识到情感来源时,或熟悉受托人时,不会影响信任。①

五、政治宽容

政治宽容也是政治心理学重要的研究内容之一,自从 20 世纪 50 年代开始,美国的学者斯托弗(Samllel A·Stouffer)开始对政治宽容进行研究,至今仍然有大量的文章在探讨政治宽容。政治宽容研究的不断推进与时代的发展密不可分。冷战时期,冷战思维不仅影响到国家间的关系,也对国内群体间的关系产生影响。以美国为例,是否允许将公民权利延伸到共产主义者和无神论者,成为人们争论的议题,究竟有多少人,哪类人反对将公民权利延伸到这些群体? 反对的程度如何? 这些问题不断引起学者们的思考。同样的问题也出现在族群冲突中美国的黑人、三 K 党等这些让民众"讨厌"的群体身上。

冷战末期,随着人们对共产主义和无神论者的了解,在逐渐对这些群体宽容的同时,其他一些问题逐渐显现出来。欧美国家国内的问题凸显出来,譬如族群冲突中黑人、三 K 党等仍然突出,同时一些新的"讨厌"群体不断涌现,譬如"同性恋"群体,不断涌入的"移民"群体,对于这些"讨厌的"群体是否给予公民自由权? 还有,发展中国家在政治转型的过程中,各个群体的地

---

① Jennifer R. Dunn & Maurice E. Schweitzer, Feeling and Believing: The Influence of Emotion on Trust, *Journal of Personality and Social Psychology*, Vol.88, No.5, 2005, pp.736-748.

位发生了改变,以南非为例,1994 年第一次民主选举的实施,黑人逐渐掌握权力,是否会影响白人的政治宽容?

(一)政治宽容的解释及作用

何为宽容? 劳伦斯(David G. Lawrence)解释为允许他者从事政治活动,尤其是指接近法律底线的活动。[1]劳伦斯所说"接近法律底线的活动"指法律上规定的对所有人都适用的政治活动。何为政治宽容? 吉布森（James L. Gibson)和宾汉姆(Richard D. Bingham)认为,政治宽容指公民权利扩展到国家内的所有成员,即给予政治上的不同意见者政治自由。[2]按照他们的解释,尽管不同意某些人的政治主张, 但并不因此而拒绝这些人享有某些政治自由,譬如言论自由。沙利文(John L. Sullivan)等的解释,也是从言论自由的角度表述的,他们说,宽容意味着愿意"忍受"他们拒绝之事。从政治上来说,意味着愿意允许个人反对的观念或兴趣的自由表达。一个宽容的政体,就像一个宽容的个体一样,允许那些与它保持一定距离、挑战其生活方式的观念的存在。[3]

与前者的定义表达的自由的支持不同,科比特(Michael Corbett)认为,宽容是对政治和法律平等的支持。前者是对政府权力的限制,通常是公民自由的范畴;后者落入公民权利范畴。前者要求政府在某些方面不要干预(noaction,如不要阻止公民批评政府的政策);后者要求政府采取行动,防止社会上某些个体、群体,或政府的某个部门对某些个体的歧视。[4]简言之,前者强调公民自由, 后者则强调公民权利。克罗斯(Richard Krouse） 和马库斯(George Marcus)也是从公民权利的角度定义政治宽容的,所谓政治宽容,即愿意根据民主多数的原则,牺牲一己私利和部门的利益,以满足共同善的要求, 同时保护少数人和个体的权利。愿意赋予所有人相同的公民和政治权

① David G. Lawrence,Procedural Norms and Tolerance:A Reassessment,*The American Political Science Review*,Vol.70,No.1,1976,pp.80–100.

② James L. Gibson & Richard D. Bingham,On the Conceptualization and Measurement of Political Tolerance,*The American Political Science Review*,Vol.76,No.3,1982,pp.603–620.

③ John L. Sullivan et al.,An Alternative Conceptualization of Political Tolerance:Illusory Increases 1950s–1970s,*The American Political Science Review*,Vol.73,No.3,1979,pp.781–794.

④ Michael *Corbett*,*Political Tolerance in America:Freedom and Equality in Public Attitude*,Longman,1982,p.3.

利,尤其是对那些与自己有不同意见者。①

其实,无论是享有公民自由还是行使公民权利,并不把不喜欢的人或群体排除在外,这都是宽容的体现。沙米尔(Michal Shamir)和萨吉夫-希夫特(Tammy Sagiv-Schifter)的解释更为全面。何谓宽容?宽容是对讨厌的群体、观念和个体的容忍。政治不宽容体现在政治的压迫中,拒绝讨厌的、不喜欢的和边缘性的群体享有民主社会公认的公民自由和政治权利。②

综合诸位学者的解释,以及几十年来学者的研究成果来看,政治宽容涉及以下两方面因素:谁在什么方面宽容谁?从何种角度体现出宽容?第一个"谁"多指一个社会的主流群体,或是信仰上,或是人数上,或是政治上占主导的群体。第二个"谁"指一个社会中的少数、或边缘群体,他们或是少数族裔,或是生活方式、信仰与主流社会相差异,或是外来社会涌入的移民群体,或一直处于受歧视的边缘性群体,因为这些群体与主流群体格格不入而受到主流群体的讨厌。以美国为例,信仰上极左的共产主义者、无神论者,极右的三K党、纳粹,少数族裔群体如黑人,移民群体如亚洲的、拉美的移民等,都往往成为宽容的对象。"在什么方面"具体指公民的自由和公民权利。"何种角度"指对某些群体的"讨厌"与支持他们享有公民自由和权利的对比,尽管某些群体令人讨厌,但还是觉得应该把公民的自由和权利延伸到这些群体。由此,政治宽容是一个社会中主流群体对讨厌的、不喜欢的或边缘性的群体的容忍,这些群体也应该享有公民的自由和行使公民的权利。

政治宽容与否对于一个社会来说意味着什么?如果用民主评价一个社会的好坏的话,那么政治宽容是民主最重要的原则,由此也就成为评判一个社会的重要依据。普罗思罗(James W. Prothro)和格里格(Charles M. Grigg)等把多数人原则和少数权利看作民主最基本的原则,少数权利很明显属于政治宽容,多数人原则中许多内容也是关于宽容的,即黑人、共产主义者通过竞选当选为市长,是否允许他们就职等。③沙利文等也是从此角度肯定了政治宽容的作用。他们认为,一个宽容的政体普遍被看作一个好的政体,宽容

① Richard Krouse & George E. Marcus, Electoral Studies and Democratic Theory Reconsidered, Political Behavior, Vol.6, No.1, 1984, pp.23-39.

② Michal Shamir & Tammy Sagiv-Schifter, Conflict, Identity, and Tolerance: Israel in the Al-Aqsa Intifada, Political Psychology, Vol.27, No.4, 2006, pp.569-595.

③ James W. Prothro & Charles M. Grigg, Fundamental Principles of Democracy: Bases of Agreement and Disagreement, The Journal of Politics, Vol.22, No.2, 1960, pp.276-294.

有时也被理解为本身就是好的,是一个好的社会基本的特征。不但如此,他们认为,政治宽容会起到稳定政权的作用。一个国家的政体会因为激烈的冲突面临着解体,但如果公民对民主或宪政的程序依然坚守如固,甚至愿意将这些程序(言论、出版和竞选的权利)应用于挑战他们生活方式的人,如果这样的话,政治制度依然会保持稳定。从此意义上来说,宽容是有价值的,因为有利于保持民主政体的稳定。①简言之,政治宽容不仅是判定民主社会的依据,而且对于民主社会的维持也是有作用的。

克罗斯和马库斯把政治宽容看作判定精英民主理论和大众参与理论的主要依据。学术界在研究过程中普遍达成了如下的共识:选民对政治是冷漠的,对政治知识是无知的。精英民主理论据此对传统民主理论提出了批评。针对这些批评,有两种回应:一种认为传统的民主理论只是一种单纯的规范性的"药方",对事实是天然免疫的;另一种则承认现有的证据,但是反对精英民主理论者的解释。他们更多把传统民主看作对未来理想社会的憧憬,指出改变现有的社会结构就会改变普遍民主政治无能,实现精英和民众能力的平等。为了区分代议民主制中精英能力(elite competence)和大众参与(mass participation)理论,他们区分了工具性和实质性(instrumental and substantive)政治能力。工具性能力指有能力发现达到目标的最好方式,以及在他们知觉到的利益中,有能力甄别出满足个人利益的目标。实质性能力可辨别出对个人和社会来说哪一种目标更好,在这里指对民主价值的支持。工具性能力决定最有效的方式,实质性能力决定基本的目的。在工具性政治能力中,议题的一致性(issue-consistency)是评价工具性政治能力的核心标准。议题一致性指把纷繁复杂的政治信息分析整理为密切相关的政治议题,理性的选民会围绕这些议题组织他们的观点,相似的议题会产生稳定的维度,使利益的结盟形成可能。实质性能力,他们将其归为政治宽容。基于此,他们认为,如果精英和民众在政治宽容方面没有差异,那么大众参与的模式是正确的;反之,精英能力的模式获得支持。但是作者认为就现有的结论来说,在工具性和实质性能力两方面,大众的政治能力并没有增长,即并没有支持大众政治能力开放的而不是僵化的观点,即寄希望于未来的观点是站不住脚的。但是修正主义的观点也存在问题,至少在政治宽容方面,精英和大众并没有

① John L. Sullivan et al., An Alternative Conceptualization of Political Tolerance: Illusory Increases 1950s-1970s, *The American Political Science Review*, Vol.73, No.3, 1979, pp.781-794.

实质的不平等。①

（二）精英和大众的政治宽容的差异

在政治宽容的研究过程中,存在着如下的争议:其一,政治精英与普遍大众之间是否存在差异? 具体来说,政治精英是否比大众更加宽容? 其二,随着时代的增长,政治宽容是否也随之增长?

1954年,斯托弗对美国4433名美国人的政治宽容进行了考察,结果发现美国的政治宽容处于比较低的层次,尤其是对共产主义者和无神论者。在影响政治宽容的变量中,他突出了教育和年龄的因素,即教育程度高者比教育程度低者更宽容;年轻者比年老者更宽容,即使同一个人,30岁时比60岁时更加宽容。②可以说,斯托弗对政治宽容的研究具有开创性,他的研究开启了有关问题的争论。③

有关精英和大众在政治宽容方面存在的差异可以分为以下三种观点:

1.精英和大众存在本质的差异

如上所述,斯托弗最早提出了教育程度高者比教育程度低者更宽容的观点。麦克洛斯基(Herbert McClosky)则从政治的角度对宽容进行了阐释,认为政治精英比普遍大众的政治宽容度要高。因为普通选民很难理解程序或法权的重要性,尤其是国家在安全受到威胁的情况下时。精英在选择民主的所有条目上得分都高,更有可能拒绝反民主的情感。政治精英与普遍选民的区别还体现在:精英比普通选民在政治议题上有更多的发言权,对自己的派别有很好的定位,对自己的意识形态有着清醒的认识,而且政治精英的观点前后更趋一致。因此,意识形态方面的无知,更多的指普通选民。何谓意识形态? 他认为,意识形态是呈系统的观念,是精致的、完整的和一贯的,能够论证权力的运作,解释和判断历史事件,鉴别政治上的对与错,详尽地展示政治与其他领域中行为间的相互关系(包括因果和道德上的),为行为提供指导。对于普通选民来说,除非是在危急时期,否则很难关心公共事务,这不是

---

①　Richard Krouse & George Marcus, Electoral Studies and Democratic Theory Reconsidered, *Political Behavior*, Vol.6, No.1, 1984, pp.23–39.

②　Samuel A. Stouffer, *Communism, Conformity and Civil Liberties*, John Wiley, 1955, chap.4.

③　有关精英,学者们的说法不同,最普遍的做法是根据教育程度的高低确定精英与大众;有的则依据政治上掌握权力的程度和对政治的了解程度,掌握权力和了解政治深者称为政治精英。

自私,而是认为是遥不可及的。政治冷漠是多数人的自然状态,自我感觉远离政治中心,效能感差。当然,民主社会并不因大众对民主和宪政的价值误解和分歧而受到影响,因为这些政治冷漠者往往因自己的普通身份而对政治没有影响,他们对民主的生存和损害都很小。①他的研究与同期的康弗斯有些类似,康沃斯同样认为精英和大众在意识形态方面是有差异的,从而导致精英的政治态度比较稳定,而大众的政治态度变化较大。而作者前面的论证逻辑思路与康弗斯是一样的,但论证的目标最后指向了宽容。

之后,麦克洛斯基还与帕尔马(Giuseppe Di Palma)从遵从(confirmity)社会规范的角度探讨了政治宽容。这里所说的遵从,指对主流信念的接受,不同于人们通常所说的受到欺骗,也不同于只会说是者,或被暗示者,甚至也不同于容易被说服者。譬如以美国为例,把言论、集会、结社等自由和权利写入法律,遵从社会规范就意味着更加宽容。根据他们对明尼苏达州1082个样本539个条目的调查,以及全美1484个样本390个条目的调查,遵从者具有以下的心理:社会认同感和心理调适好,对自己的生活满意;更多从事智力活动,更多政治意识,更精于认知技能;高自尊和很少焦虑;更少受攻击和僵化的驱动。②他们在强调智力对政治宽容影响的同时,也认识到了其他方面对政治宽容的影响,譬如对生活的满意度,高自尊和开放的思维等。

当然,麦克洛斯基的观点与斯托弗的观点基本一致,但存在一些差异:其一,斯托弗主要谈教育程度的高低,而麦克洛斯基直接谈政治精英与普通选民;其二,麦克洛斯基在认识到精英与大众区别的同时,也认识到两者的共性。即在政治宽容的抽象原则上,两者都得分有差异,但面临具体的群体、具体的情境时,两者的政治宽容都处于比较低的层次。

劳伦斯对以前斯托弗、普罗思罗、麦克洛斯基等人的研究进行了总结,认为过去研究存在的弊病是当普遍原则落实到具体的环境中时存在着严重的问题。

如何避免此问题?劳伦斯提出了议题相关性。议题相关性指对一个群体或议题的倾向,与涉及这些群体或议题的行为时愿意宽容间的相关性,包括

① Herbert McClosky,Consensus and Ideology in American Politics,*The American Political Science Review*,Vol.58,No.2,1964,pp.361–382.

② Giuseppe Di Palma & Herbert McClosky,Personality and Conformity:The Learning of Political Attitudes,*The American Political Science Review*,Vol.64,No.4,1974,pp.1054–1073.

四个方面:其一,对议题负面,但根据允许性的普遍的规范而宽容。其二,议题负面不宽容。其三,议题正面但不宽容。其四,议题正面宽容。一致性指愿意把普遍规范到应用到具体议题和群体。他引用的数据来自于1971年国家舆论研究中心(NORC)的研究,包括四种具体的行为:请愿、对政府决定的批评、和平示威、封锁街道。关于是否允许他们的行为(总是,有时和从不),议题分为软和硬两种。软的议题有:政府是否防止污染、犯罪是否是严重的国家问题等。硬的议题包括激进学生、黑人军事抗议者、大麻的合法化、政府在租售房屋方面采取行动防止种族歧视。研究得出了如下的结论:其一,规范和议题相比,规范的力量更大。其二,当规范是正面的,议题趋向是中立和负面时,教育的影响最大。其三,民主的精英理论部分被证实,政治积极分子要更加宽容和一致。[①]

2.精英与大众有异有同

此派观点并不是泛泛谈精英与大众在政治宽容方面存在着差别。他们认为精英与大众在某些层面上,政治宽容程度相同;但在另外一些层面上存在着差异。

早在20世纪50年代末,普罗思罗和格里格在对美国两个城市 安·阿布(Ann Abor)和塔拉哈西(Tallahassee)选民的考察中,将政治宽容分为抽象和具体两个层面。抽象层面包括:民主是最好的政府形式,以及多数原则和少数人权利, 这两者被他们认为是民主的最基本原则。在对抽象原则的考察中,无论精英还是大众,大多数都同意,教育程度高者比低者同意程度要高。针对这两项基本原则,他们设定了几项具体的问题,有关多数原则中包括:在城市公决中,只有对问题有所了解的才能被允许投票;城市中有关税收的公决中,只有纳税者才能被允许投票;黑人当选市长的城市,白人不应该让他就职;共产主义者当选的城市,人们不应该让他就职;一些职业团体,譬如美国医学协会,医生有权在一个选区扩大其影响力。少数权利的问题包括:如果一个人在该市发表演讲反对教堂和宗教,他应该被允许发言;如果一个人在该市发表演讲支持城市拥有所有道路和大企业的所有权, 他应该被允许发言;如果一个被认可的共产主义者在该市发表演讲支持共产主义,他应

---

① David G. Lawrence, Procedural Norms and Tolerance: A Reassessment, *The American Political Science Review*, Vol.70, No.1, 1976, pp.80–100.

该被允许发言;黑人不允许竞选该市的市长;共产主义者不允许竞选该市的市长。在这些具体的问题中,不同意者超过了同意者,而且教育对具体的层面没有产生实质性的影响。[1]总之,人们基本普遍同意抽象层面的政治宽容,教育程度对抽象原则的政治宽容有影响,但对具体层面的政治宽容没有实质性的影响。

得出类似结论的还有杰克曼(Mary R. Jackman),他发现,受过良好教育的白人看来比其他族群在抽象指数上更宽容,但在实践指数上却差不多。与此类似,受过良好教育者,与受教育少者相比,在种族融合问题上把抽象的立场转化为实践的立场时,没有显示受意识形态的影响。受教育程度高者在1964—1972年的种族融合中,抽象层次上支持该政策更为迅速,但是在实践层次上此趋势不明显。最后,他提出应该重新评估正规的教育在产生民主公民时的效力。[2]

赫森(Lawrence J. R. Herson)和霍弗斯泰特(C. Richard Hofstetter)在1972年对401名成年人进行了访谈,涉及政治和社会议题,他们发现,教育与收入对三K党的宽容度,初期会增加,但之后会减少,对共产党的宽容度则没有影响。职业地位的降低,宽容度也会随之降低,但是对三K党和共产党的宽容度没有影响。[3]根据他们的结论,教育和职业地位对政治宽容的影响仅仅是部分的,这直接否定了斯托弗的教育在对共产党宽容方面的结论。在他们看来,教育和职业对政治宽容的确有影响,但是对三K党和共产党宽容方面的影响有限。

3.精英与大众没有差异

克罗斯和马库斯认为,在政治宽容方面,精英和大众并没有实质的差异。[4]戴维斯(James A. Davis)通过展示一系列数据表达了同样的观点,运用

① James W. Prothro & Charles M. Grigg, Fundamental Principles of Democracy: Bases of Agreement and Disagreement, *The Journal of Politics*, Vol.22, No.2, 1960, pp.276–294.

② Mary R. Jackman, General and Applied Tolerance: Does Education Increase Commitment to Racial Integration? *American Journal of Political Science*, Vol.22, No.2, 1978, pp.302–323.

③ Lawrence J. R. Herson & C. Richard Hofstetter, Tolerance, Consensus and the Democratic Creed: A Contextual Exploration, *The Journal of Politics*, Vol.37, No.4, 1975, pp.1007–1032.

④ Richard Krouse & George Marcus, Electoral Studies and Democratic Theory Reconsidered, *Political Behavior*, Vol.6, No.1, 1984, pp.23–39.

GSS(General Social Surveys)1972—1973 年的数据与斯托弗 1954 年的数据相比较,他发现宽容度平均增长率约为 23%,教育程度的影响为 4%,代际更替的影响为 5%。但与斯托弗预测的相反,所有群组和教育群体的宽容度都增加了大约 13%。[1]从数据的比较中可以看出,时代的影响最大,教育程度的影响及代际的影响较小。

(三)政治宽容是否增长?

斯托弗在 1954 年曾经预言,随着教育程度的不断提高,城市化、大众传媒的发展、人口流动、职业结构变化等都增加了民众接触不同的价值的机会,人们会更宽容。[2]也就是说,未来的社会中政治宽容会不断增长。但宽容度是否增长,学者们的研究结果却存在着争议。

1.政治宽容增长论

一派肯定了斯托弗的结论。库尔特(Stephen J. Cutler)和考夫曼(Robert L. Kaufman)以斯托弗 1954 年的数据为基础,运用 1972 年有关不宽容的调查数据,同时也运用了一些学者 1966 年和 1973 年的调查数据,得出了如下的结论:其一,年老者比年轻者更少宽容,即他们更少宽容那些意识形态的不遵从者,这也就是验证了斯托弗的预测。只有一点例外,1972 年,年老者对无神论者而不是对共产主义者的宽容度最低。其二,对意识形态的不遵从者宽容度增加, 譬如对共产主义者的宽容。但是在 1972 年与 1954 年的比较中,对共产主义者宽容度仍然是最低,相反对社会主义者宽容度最高。[3]换言之,尽管对共产主义者的宽容度仍然是最低,但 20 世纪 70 年代与 50 年代相比较,政治宽容度仍然有所增长。

小威廉姆斯(J. Allen Williams,Jr)等在 1973 年对斯托弗考察的 4433 名样本中的 3310 名样本进行了重复性调查因变量:愿意宽容不一致者,包括共产主义者、无神论者、社会主义者和不忠诚者。涉及是否同意工作、演讲,

① James A. Davis,Communism,Conformity,Cohorts and Categories:American Tolerance in 1954 and 1972–73,*The American Journal of Sociology*,Vol.81,No.3,1975,pp.491–513.

② Samuel A. Stouffer,*Communism,Conformity and Civil Liberties*,John Wiley,1955,chap.4.

③ Stephen J. Cutler & Robert L. Kaufman,Cohort Changes in Political Attitudes:Tolerance of Ideological Nonconformity,*The Public Opinion Quarterly*,Vol.39,No.1,1975,pp.69–81.

以及有关的书存放在图书馆。结果发现,教育、城市化,以及地区和职业的流动等都促进了宽容度的增加,即斯托弗所有的假设得到了验证。[1]劳伦斯1971年的研究也得出宽容度增加(大麻的议题除外)的结论。[2]

以上有关20世纪70年代的研究中,均得出了较为一致的结论,即随着时代的发展,政治宽容度在不断增长。进入21世纪以来,仍然有学者对上述观点进行了响应,得出了宽容在1976—1998年有限地增长的结论。[3]

2.政治宽容未改变论

沙利文(John L. Sullivan)等对政治宽容增长论提出了批评。他们认为,20世纪50年代至70年代,政治宽容的增长是表面的。因为这些研究对象均无一例外地把共产主义者作为讨厌的对象,但20世纪60年代的各种运动,以及冷战和共产主义议题的下降,有可能使其他群体代替了共产主义者和无神论者作为讨厌的群体。基于这种设想,作者对宽容进行了重新思考。宽容从概念上讲应该是不受内容约束的,每个人拒绝的观念可能会有差异。基于此,他们对宽容的测量进行了修改。新的宽容量表内容包括:①__ 的成员应该被禁止竞选美国总统;②__ 的成员应该被允许在公立学校教书;③__ 应该是不合法的;④__ 应该允许在该市发表演讲;⑤__ 电话应该被政府监听;⑥__ 应该被允许在我们的城市中公共聚会。让受访者自己确定他们反对的群体,从列表内的社会主义者、法西斯分子、共产主义者、三K党、约翰·伯奇协会(John Birth Society)、黑豹党(Black Panthers)、共生解放军、无神论者、赞成堕胎者、反对堕胎者里挑选他们最不喜欢的,这些群体包括可以选择没有列举的。呈现系列陈述,回答同意与否。用同样的方式选择第二不喜欢的。然后与斯托弗等运用的旧版的宽容量表作比较。旧版同样是6条目:①总有一些人,他们的想法被认为是坏的,或对他人有害。譬如有人反对所有教会和宗教。如果这样一个人在你的城市发表演讲反对教会和宗教,他是应该被允

① J. Allen Williams, Jr et al., Origins of Tolerance: Findings from a Replication of Stouffer's Communism, Conformity and Civil Liberties, *Social Forces*, Vol.55, No.2, 1976, pp.394-408.

② David G. Lawrence, Procedural Norms and Tolerance: A Reassessment, *The American Political Science Review*, Vol.70, No.1(Mar., 1976), pp.80-100.

③ Jeffery J. Mondak & Mitchell S. Sanders, Tolerance and Intolerance, 1976-1998, *American Journal of Political Science*, Vol.47, No.3, 2003, pp.492-502.

许还是拒绝?②这样一个人是被允许在大学中教书还是被拒绝?③在你的社会如果有人建议反对教会和宗教的书应该从公共图书馆清除,你赞成与否?④现有,假若一个自称共产主义者的人,我想问一些有关此人的问题。假设他想在你的城市做演讲,你是否允许? ⑤假设他在大学教书,是否应该被解雇? ⑥假设他的书存放在公共图书馆,社区建议从图书馆清除,你是否赞成?1976 年和 1978 年,作者运用新旧两版宽容量表进行了测量。结果发现,尽管对共产主义者和无神论者的宽容度在增加,但是宽容的程度前后并没有多大改变。①

(四)影响政治宽容的因素

综合诸家的成果,我们可以把对政治宽容的影响归为:社会环境、价值、情感、教育、年龄等因素。其中教育的因素前文已述,不再赘述。

1.社会环境

社会环境是影响政治宽容的最重要因素。许多研究政治宽容增长的文章中,均将时代作为影响宽容的最重要变量。

在社会环境影响中,有学者强调了家庭环境的因素。欧文(Diana Owen)和丹尼斯(Jack Dennis) 在 1980—1981 年对威斯康星州 366 名未成年人和366 名父母进行了访谈。结果发现,政治宽容总体而言是相对低的,而未成年人的宽容程度要高于父母。家庭对儿童的政治宽容的发展有所影响,传媒尽管对成年人有影响,但对儿童影响不大。②

更多的学者从社会认同的角度探讨了政治宽容,达成了基本的共识:威胁的环境影响了内群体的认同和外群体的敌意, 从而导致了对某些群体的不宽容。吉布森(James L. Gibson)和古姆斯(Amanda Gouws)连续发了两篇文章对政治宽容进行探讨,他们运用的理论是社会认同理论,样本来自对南非黑人和白人的社会调查。通过调查,他们验证了以下的假设:内群体的正面认同导致强烈的对外群体的负面认同,从而产生对政治反对者的敌意,感觉

① John L. Sullivan et al., An Alternative Conceptualization of Political Tolerance: Illusory Increases 1950s–1970s, *The American Political Science Review*, Vol.73, No.3, 1979, pp.781–794.

② Diana Owen & Jack Dennis, Preadult Development of Political Tolerance, *Political Psychology*, Vol. 8, No.4, 1987, pp.547–561.

这些对手是威胁的,因此对他们不应该宽容。[1]在另一篇文章中,他们通过实验对此进行了再次探讨,验证他们对一次政敌示威游行的宽容,总体的发现是:公民自由争论的具体环境与南非关系不大。实际上的态度倾向,尤其是以前存在的威胁的感觉,决定了宽容判断的所有方面。结论认为社会环境有影响,但这种影响并不总是直接的,具体到南非来说,政敌所导致的威胁的即刻性和现实性更有影响。[2]在后来的文章中,吉布森修正了他的看法。实际上,占人口多数的黑人和少数的白人内群体认同没有激起更多外群体不宽容。而且,群体认同是正向,而不是负向地与对南非的国家认同相关。群体冲突的原因存在于其他地方,而不是群体归属,在他看来,政治的不宽容在于群体的威胁,而种族间的不宽容在于缺少接触。他把两类宽容看作是独立的,两种仅存在微弱的关系。[3]

沙米尔和萨吉夫–希夫特同样运用社会认同理论对宽容进行了探讨。与以前学者不同的是,他们加入了现实冲突理论。即对稀有资源的争夺导致群体的冲突,把外群体看作威胁,同时群体的冲突也会导致内群体的认同加强。威胁和内群体认同导致对外群体宽容的降低。他们探讨了阿克萨(Al-Aqsa)暴动对以色列公众的宽容趋向的影响。数据来自2000年1月(暴动前)至2002年6月的五波调查。探讨第二波暴动(2000年8月)对最不喜欢的群体和以色列阿拉伯裔群体的宽容。巴以之间既有土地资源的争夺,也有象征性的资源如身份的争夺。因此,他们认为可以用两种理论对之进行探讨。结果发现,现实的冲突本身并不会直接影响宽容,要通过两个中介实现对宽容的影响,即现实的冲突增加了对外群体威胁的感觉及内群体的认同,内群体受的压力和对外群体的仇恨导致对不喜欢的群体,譬如阿拉伯裔群体的不宽容。在本案例中,现实群体冲突导致的威胁对不宽容的影响 > 内群体认同形成的压力。对阿拉伯人的不宽容更多于安全而不是认同的忧虑。[4]

[1] James L. Gibson & Amanda Gouws, Social Identities and Political Intolerance: Linkages within the South African Mass Public, *American Journal of Political Science*, Vol.44, No.2, 2000, pp.278-292.

[2] James L. Gibson & Amanda Gouws, Making Tolerance Judgments: The Effects of Context, Local and National, *The Journal of Politics*, Vol.63, No.4, 2001, pp.1067-1090.

[3] James L. Gibson, Do Strong Group Identities Fuel Intolerance? Evidence From the South African Case, *Political Psychology*, Vol.27, No.5, 2006, pp.665-705.

[4] Michal Shamir & Tammy Sagiv-Schifter, Conflict, Identity and Tolerance: Israel in the Al-Aqsa Intifada, *Political Psychology*, Vol.27, No.4, 2006, pp.569-595.

哈奇森（Marc L. Hutchison）和吉布勒（Douglas M. Gibler）同样考察了冲突导致的威胁对宽容的影响。但将问题聚焦于领土的争议，调查对象涉及 33个国家。在国际政治中，领土之争最具冲突和最难解决，会导致国家间的危机、战争及人员的伤亡，由此导致人们对安全的关注甚于宽容。他们提出了三项假设：假设一，卷入国际军事冲突的国家中的个体，与其他国家的个体相比，更少可能在政治上宽容；假设二，卷入因领土之争导致的国家军事冲突的国家个体，与其他国家的个体相比，更少可能在政治上宽容；假设三，国际军事冲突中涉及领土争议，并以此为目标的国家的个体，与其他国家相比，更少可能在政治上宽容。用于验证的数据是 1995—1997 年的世界价值调查，结果支持了关于领土议题重要性的假设。经历领土议题的国家，尤其是以这些议题为目标的国家，公众很少宽容意识形态的不服从者。[1]

2.价值

时代的影响也可能体现为价值的变迁，从而影响政治宽容。如果我们把政治宽容本身也看作价值的一种的话，政治宽容本身可以有许多价值规范构成，政治宽容受政治宽容内许多价值的影响，同时也受外在价值的影响。

布鲁尔（Paul R. Brewer）在对同性恋权利的考察中发现，人们既有倾向的改变影响人们对同性恋的态度，既有倾向中既包括对同性恋者情感的转变，政党和意识形态的改变，同时也包括平等主义、道德传统主义的变化，他根据 1992、1996 和 2000 年 NES 数据解释了美国人既有倾向的改变导致逐渐支持同性恋的权利。[2]

吉布森和宾汉姆也肯定了价值在宽容方面的作用。他们认为宽容本身不是态度，而是假想的结构，在价值冲突的情况下描绘了价值优先的问题。对政治反对者的宽容应该包括如下的价值：言论、集会和结社的自由。他们认识到，宽容是多维度的，这些维度之间，以及独立于宽容的维度（如社会秩序）可能相互作用。[3]

---

① 　Marc L. Hutchison & Douglas M. Gibler, Political Tolerance and Territorial Threat: A Cross-National Study, *The Journal of Politics*, Vol.69, No.1, 2007, pp.128–142.

② 　Paul R. Brewer, The Shifting Foundations of Public Opinion about Gay Rights, *The Journal of Politics*, Vol.65, No.4, 2003, pp.1208–1220.

③ 　James L. Gibson & Richard D. Bingham, On the Conceptualization and Measurement of Political Tolerance, *The American Political Science Review*, Vol.76, No.3, 1982, pp.603–620.

政治宽容还受政治文化传统的影响。韦尔登(Steven A. Weldon)认为,对少数族裔的宽容与主流的种族文化传统相关,并体制化于法律、规则、规范和政策中。他利用 1997 年欧洲晴雨表调查,涉及西欧 15 个国家,加上他单独调查的德国,共 16 个国家。测量了以下三种政治文化传统:其一,集体主义-种族,与传统的种族划分等同。根据血统决定国家,移民很难融入到社会中。其二,集体主义-公民,这是同化主义,共和模式。要求对加入的政治团体忠诚,同时要放弃自己独有的文化传统。其三,个人主义-公民,这是多元主义,或公民多元主义模式。强调宪法而不是社会身份,主张人类个体道德、政治和逻辑的优先。种族和文化看作个人的选择,保护少数族裔的文化传统。根据三种分类,他提出三项假设:假设一,集体主义-种族国家对少数族裔相对低的政治宽容和低社会宽容。假设二,集体主义-公民国家对少数族裔相对高的政治宽容和低社会宽容。假设三,个人主义-公民国家对少数族裔在政治和社会宽容方面都高。他发现,欧洲的宽容总体而言处于低层次,政治宽容略高于社会宽容。集体主义-种族的文化传统下宽容度最低。①

3.情感

库克林斯基(James H. Kuklinski)等基于对情感和认知的重新认识,对政治宽容进行了重新思考。针对理性思考者会更加宽容的观点,他指出,情感与认知相互交织很难分开,认知会影响情感,反之情感也会影响认知的判断。1986 年,他通过实验论证了情感与认知对宽容的影响。被测试者为 553 名本科生,涉及 21 个问题,重点考察了其中的 15 个问题。面对喜欢和不喜欢的群体是判断思考还是情感反应,划分为三类:一类是情感反应组,一类是思考组,一类是没有指示组。在有关言论自由、机遇平等、政府无权检查发表的材料、人们有权选择邻居、公众集会权利的考察中,无指标组与情感组的反应相近,相反思考组宽容度更低。1989 年,他在对 237 名 22~68 岁的居民的考察中也得出了同样的结果。因此,深入思考并没有导致人们把基本权利扩展到不喜欢的群体上的意愿增加。理性并不总是产生一个更加宽容、正义或公正的社会。相反,在实验中让他们仔细考察一些不喜欢的群体行使权利的后果时变得更加不宽容,而且是发自内心的。一些对民主原则(譬如对

① Steven A. Weldon, The Institutional Context of Tolerance for Ethnic Minorities:A Comparative, Multilevel Analysis of Western Europe, *American Journal of Political Science*, Vol.50, No.2, 2006, pp.331–349.

他者行为宽容)钟爱者并没有仔细考察对他们生活带来的可能的影响。①

马库斯(George E. Marcus)等认为情感的平静–焦虑维度,对许多政治判断来说都是关键的,尤其是对于政治宽容的判断。平静–焦虑维度传达了现有的环境是安全、熟悉的还是危险、不平静的。在一个安全的环境中,与一个危险的环境相比,人们很容易抛弃对不喜欢群体的敌意。②以前的研究显示,对不喜欢的群体的行为所导致的焦虑会减少宽容。马库斯等对这种观点进行了修正,进行了因果的倒置:现有的环境导致的情感差异会对同样的现象的判断产生差异。现有的环境引起的焦虑会对不喜欢的群体的行为判断产生影响。面对不喜欢群体的示威游行,焦虑者会受框架的影响,而平静者会坚持已有的倾向。譬如焦虑者面对维持社会秩序的框架(反对言论自由),会更加不宽容;面对保护公民权利(言论自由)的框架会更加宽容。③

霍尔珀林(E. Halperin)等在考察情感与宽容之间的关系时,突出了仇恨的情感,同时与威胁的环境结合起来。他们在对以色列的民众进行考察时发现,仇恨是对外群体不宽容的前提条件,其他一些情感,譬如愤怒、恐惧等皆是以仇恨为中介发生作用的。以色列民众对巴勒斯坦人的仇恨,尤其是面临着生命的威胁时,这种不宽容的作用更加明显。他考察了政治不宽容与三种群体基础上的负面情感(仇恨、愤怒和恐惧)之间的关系:其一,群体基础上的仇恨是政治不宽容最重要的前提条件,即使控制住其他重要的不宽容变量,譬如知觉的威胁之后。其二,其他群体基础上的负面情感,诸如愤怒或恐惧,会通过仇恨或知觉的威胁影响政治不宽容的整体。其三,群体基础上的仇恨对政治不宽容的作用,在面临不断增加的生存威胁,以及没有经验的个体中间(与有经验的个体相比)更具实质性影响。④

① James H. Kuklinski et al., The Cognitive and Affective Bases of Political Tolerance Judgments, *American Journal of Political Science*, Vol.35, No.1, 1991, pp.1–27.

② G. E. Marcus et al., *With Malice Toward Some: How People Make Civil Liberties Judgments*, Cambridge University Press, 1995, pp.101–113.

③ George E. Marcus et al., The Emotional Foundation of Political Cognition: The Impact of Extrinsic Anxiety on the Formation of Political Tolerance Judgments, *Political Psychology*, Vol.26, No.6, 2005, pp. 949–963.

④ E. Halperin et al., The Central Role of Group–Based Hatred as an Emotional Antecedent of Political Intolerance: Evidence from Israel, *Political Psychology*, Vol.30, No.1, 2009, pp.93–123.

4. 年龄

斯托弗在其研究中,认为年龄因素对宽容会有影响。年老者比年轻者更不容易宽容。这点曾经得到一些学者的证实。但是斯托弗等人的研究是从 30 岁到 60 岁的一个比较。至于人们早期的发展与宽容之间的关系则未涉及。

帕特森(John W. Patterson)对生命早期与宽容的关系进行了探讨。他引用了科尔伯格(Kohlberg)的理论,该理论把人们的道德推理划分为前习惯、习惯和后习惯阶段,每个阶段又分别包含 2 个阶段,共 6 个阶段。前习惯阶段包括惩戒与服从倾向、工具性相对主义倾向。避免惩罚和无条件服从权力的原则被尊崇。工具相对主义倾向指满足自己的需求,偶尔满足他者的需求,通常将人类关系看作市场交易,强调公正、相互性和共享,通常以身份实用的方式解读。习惯性阶段,包括人际和谐或“好男孩–好女孩”倾向,以及法律和秩序倾向。前者在于取悦或帮助他者,为他者所称赞。他们按照多数人认可的刻板印象或“自然”的行为行事,行为通常根据动机判断。法律和秩序倾向,是对待权威、既定的规则和社会秩序的维持的倾向。正确的行为包括个人的责任,对权威的尊重,维护既定的秩序。后习惯或原则阶段包括社会契约式的法律倾向,通常带有功利主义的意味,以及普适伦理原则倾向。前者的行为根据普遍的个人权利和个人的标准界定,这些权利和标准经全体社会严格的检验和认可,认识到个人的价值和观点是相对的,因此强调达到同意的程序规则。后者根据自己的良心决定,良心则与自我选择的伦理原则(抽象和伦理的)一致。有关正义、互爱和人类权利的平等,以及对作为个体的人的尊重有一些普适的原则。通过美国中西部一个小镇的 22 名 4 年级学生和 33 名 6 年级学生的访谈,他们发现:道德推理越高越宽容;而道德推理的发展与年龄有关,4 年级的学生还没有发展到道德推理的最高阶段。①

影响政治宽容的因素很多,在上面的论述中我们就列举了教育、程序规范对宽容的影响,当然还有其他因素。赫森(Lowrence J.R.Herson)和霍夫斯泰特(C.Richardrl of stetter)在 1972 年 1 月对 401 名成年人的访谈中,考察了社会参与度、人格、政党倾向对宽容的影响。结果发现,参与各种组织,与不参与者相比宽容度略高,而参与一些非宗教和非工会类的组织会更加宽容。人

---

① John W. Patterson, Moral Development and Political Thinking: The Case of Freedom of Speech, *The Western Political Quarterly*, Vol.32, No.1, 1979, pp.7–20.

格方面包括了失范、效能与威权主义:低失范宽容度最高,其中对三 K 党的宽容度高于共产党;效能感增加宽容度也随之增加,但低效能会增加对三 K 党的宽容度;威权程度越高越不宽容,越低越宽容,但仅适用于三 K 党。政党方面,独立人士最宽容,共和党次之,民主党最差,但民主党对共产党宽容。总体来说,对三 K 党的宽容度要超过了共产党,这可能与冷战的影响相关。[1]

(五)如何摆脱不被宽容群体的影响

如果你身处于不被宽容的群体之中, 如何摆脱不被宽容的群体对自己所带来的影响? 有些学者也试图在此方面做些探讨。

戈莱比奥斯卡(Ewa A. Golebiowska)探讨了不被宽容的个体如何积极主动摆脱自己所属的不受欢迎群体的影响。总体的原则是提供与负面的刻板印象群体不一致的信息,就会导致对个体的宽容,反之就会导致不宽容。同时与该群体不受欢迎的程度高低及时间的把握也有很大的关系。如果该群体不受欢迎的程度处于中等以下, 那么在公布自己成员的身份之前应该向人们提供与刻板印象不一致的信息,这时候首因效应就会起作用,人们会根据该成员个体的属性而不是群体的刻板印象做出判断。如果该群体不受欢迎的程度高,那么应该首先公布成员的群体身份属性,然后提供与刻板印象不一致的信息,这时候近因效应就会起作用。小布什最为明智之处在于提前承认了自己的吸毒史。同时群体成员信息的公布还与地点相关,譬如同性恋者在相对宽容同性恋群体的社区公布, 会得到奖赏; 但是在相对敌意的社区,结果会相反。[2]

---

① Lawrence J. R. Herson & C. Richard Hofstetter, Tolerance, Consensus and the Democratic Creed: A Contextual Exploration, *The Journal of Politics*, Vol.37, No.4, 1975, pp.1007–1032.

② Ewa A. Golebiowska, The Etiology of Individual-Targeted Intolerance: Group Stereotypes and Judgments of Individual Group Members, *Political Psychology*, Vol.21, No.3, 2000, pp.443–464; Ewa A. Golebiowska, Individual-Targeted Tolerance and Timing of Group Membership Disclosure, *The Journal of Politics*, Vol. 63, No.4, 2000, pp.1017–1040.

REFERENCES

主要参考文献

一、中文文献

1.[美]阿尔蒙德、鲍威尔:《比较政治学——体系、过程和政策》,曹沛霖等译,东方出版社,2007年。

2.[美]阿尔蒙德、维巴:《公民文化——五国的政治态度和民主》,马殿军等译,浙江人民出版社,1989年。

3.[美]大卫·理斯曼:《孤独的人群》,王崑、朱虹译,南京大学出版社,2002年。

4.[美]戴维·伊斯顿:《政治生活的系统分析》,王浦劬等译,华夏出版社,1999年。

5.[美]弗里德曼、西尔斯、卡尔·史密斯:《社会心理学》,高地等译,黑龙江人民出版社,1984年。

6.[美]弗洛姆:《生命之爱》,王大鹏译,国际文化出版公司,2001年。

7.车文博主编:《弗洛伊德文集》(第4~5卷),长春出版社,1998年。

8.[英]格雷厄姆·沃拉斯:《政治中的人性》,朱曾汶译,商务印书馆,1995年。

9.[法]古斯塔夫·勒庞:《乌合之众——大众心理研究》,马克利译,中央编译出版社,2000年。

10.[德]哈贝马斯:《作为"意识形态"的技术与科学》,李黎、郭官义译,学林出版社,1999年。

11.[美]赫伯特·马尔库塞:《爱欲与文明——对弗洛伊德思想的哲学批判》,黄勇、薛民译,上海译文出版社,1987年。

12.[德]霍克海默:《批判理论》,李小兵译,重庆出版社,1989年。

13.[美]吉姆·斯达纽斯、费利西娅·普拉图:《社会支配论》,刘爽、罗涛译,中国人民大学出版社,2011年。

14.[美]杰克·普拉诺等:《政治分析辞典》,胡杰译,中国社会科学出版社,1986年。

15.[奥]康罗·洛伦兹:《攻击与人性》,王守真、吴雪娇译,作家出版社,1987年。

16.[美]科恩:《论民主》,聂崇信、朱秀贤译,商务印书馆,1988年。

17.[美]拉斯韦尔:《世界大战中的宣传技巧》,张洁、田青译,中国人民大学出版社,2003年。

18.[美]拉斯韦尔:《政治学:谁得到什么?何时和如何得到?》,杨昌裕译,商务印书馆,1992年。

19.[奥]赖希:《法西斯主义群众心理学》,张峰译,重庆出版社,1990年。

20.乐国安、钟元俊主编:《社会心理学》,中国物资出版社,1988年。

21.刘光华、邓伟志编译:《新社会学词典》,知识出版社,1986年。

22.刘松阳、刘锋:《政治心理学》,河南人民出版社,1991年。

23.[美]罗伯特·D.帕特南:《使民主运转起来》,王列、赖海榕译,江西人民出版社,2001年。

24.[美]马尔库塞:《现代文明与人的困境——马尔库塞文集》,李小兵译,上海三联书店,1989年。

25.[美]马克斯韦尔·麦库姆斯:《议程设置:大众媒介与舆论》,郭镇之、徐培喜译,北京大学出版社,2008年。

26.[美]曼瑟尔·奥尔森:《集体行动的逻辑》,陈郁等译,上海人民出版社、上海三联书店,1995年。

27.[法]孟德斯鸠:《论法的精神》,张雁深译,商务印书馆,1961年。

28.[德]尼采:《权力意志》,张念东、凌素心译,商务印书馆,1996年。

29.[德]叔本华:《作为意志和表象的世界》,石冲白译,商务印书馆,1982年。

30.[荷]斯宾诺莎:《神学政治论》,温锡增译,商务印书馆,1963年。

31.[英]斯宾塞:《社会静力学》,张雄武译,商务印书馆,1996年。

32.[美]泰德·布拉德尔:《政治广告》,乔木译,中国人民大学出版社,2013年。

33.[英]威廉·麦独孤:《社会心理学导论》,俞国良等译,浙江教育出版社,1997年。

34.[美]威廉·F.斯通:《政治心理学》,胡杰译,黑龙江人民出版社,1997年。

35.[美]仙托·艾英戈、唐纳德·R.金德:《至关重要的新闻——电视与美国民意》,刘海龙译,新华出版社,2004 年。

36.许纪霖主编:《公共性与公共知识分子》,江苏人民出版社,2003 年。

37.[美]伊恩·罗伯逊:《现代西方社会学》,赵明华等译,河南人民出版社,1988 年。

38.尹继武、刘训练:《政治心理学》,高等教育出版社,2011 年。

39.[美]詹姆士·戴维·巴伯:《总统的性格》,胡杰等译,四川人民出版社,1991 年。

40.周晓虹:《现代社会心理学史》,中国人民大学出版社,1993 年。

41.朱永新、袁振国:《政治心理学》,知识出版社,1990 年。

二、外文著作

1.Abramson,P.R.,*Political Attitudes in America:Formation and Change*,W.H. Freeman And Company,1988.

2.Adorno,T.W.,*Critical Models:Interventions and Catchwords*,Columbia University Press,1988.

3.Almond,G.A. & Verba,et al.,*The Civic Culture.Political Attitudes and Democracy in Five Nations*.Little,Brown and Company,1960.

4.Altemeyer,B.,*Enemies of Freedom*,Jossey-Bass Publishers,1988.

5.Barber,J.D.,*The Lawmakers:Recruitment and Adaptation to Legislative Life*,Yale University Press,1965.

6.Bennett,W.L.,*The Governing Crisis:Media.Money and Marketing in American Elections*,St.Martin's Press,1992.

7.Bimber,B.,*Information and American Democracy:Technology in the Evolution of Political Power*,Cambridge University Press,2002.

8.Brown R.,*Social Psychology*,Free Press,1965.

9.Carmines,E.G. & Stimoson,J.A.,*Issue Evolution:Race and the Transformation of American Politics*,Princeton University Press,1989.

10.Coleman,J.,*Foundations of Social Theory*,Harvard University Press,1990.

11.Corbett,M.,*Political tolerance in America:Freedom and Equality in Public Attitude*,Longman,1982.

12.Davis,R.,*The Web of Politics:The Internet's Impact on the American Political System*,University Press,1999.

13.Downs,*An Economic Theory of Democracy*,Harber & Row,1957.

14.Easton,D.& Dennis,J.,*Children in The Political System*,Mc Graw-Hill Book Company,1969.

15.Eysenck,H.J.,*The Psychology of Politics*,Routledge & Kegan Paul Ltd,1954.

16.Fromm,E.,*The Working Class in Weimar Germany:A psychological and Sociological Study*,Harvard University,1984.

17.Gamson,W.A.,*Talking politics*,Cambridge University Press,1992.

18.Horgan J.,*The Psychology of Terrorism*,Routledge,2005.

19.Lane,R.E.,*Political Ideology*,Free Press,1962.

20.Tuchman,G.,*The TV Establishment:Programming for Power and Profit*,Printince-Hall,1974.

21.Lenz,G.S.& Lawson,C.,Looking the Part:Television Leads Less Informed Citizens to Vote Based on Candidates'Appearance,*American Journal of Political Science*,Vol.55,No.3,2011.

22.Levin,M.L.,Social Climates and Political Socialization,*The Public Opinion Quarterly*,Vol.25,No.4,1961.

23.Lodge,M.& Hamill,R.,A Partisan Schema for Political Information Processing,*The American Political Science Review*,Vol.80,No.2,1986.

24.Luskin,R.,Measuring Political Sophistication,*American Journal of Political Science*,Vol.31,1987.

25.Malhotra,N. & Kuo,A.G.,Attributing Blame:The Public's Response to Hurricane Katrina,*The Journal of Politics*,Vol.70,No.1,2008.

26.Marcus,G.E.,Democratic Theories & The Study of Public Opinion,*Polity*,Vol.21,No.1,1988.

27.McClosky,H.& Dahlgren,H.E.,Primary Group Influence on Party Loyalty,*American Political Science Review*,Vol.53,No.3,1959.

28.McGraw,K.M.,Contributions of the Cognitive Approach to Political Psychology,*Political Psychology*,Vol.21,No.4,2000.

29.McGraw,K.M.& Lodge,M.,Stroh,P.,On-Line Processing in Candidate

Evaluation:The Effects of Issue Order,Issue Importance and Sophistication,*Polit-ical Behavior*,Vol.12,No.1,1990.

30.Miller,J.M., Examining the Mediators of Agenda Setting:A New Experi mental Paradigm Reveals the Role of Emotions,*Political Psychology*,Vol.28,No.6,2007.

31.Miller,P.R.,The Emotional Citizen:Emotion as a Function of Political So phistication,*Political Psychology*,Vol.32,No.4,2011.

32.Nadeau,R.& Niemi,R.G.,Educated Guesses:The Process of Answering Factual Knowledge Questions in Surveys,*The Public Opinion Quarterly*,Vol.59,No.3,1995.

33.Nelson,T.E.,et al.,Media Framing of a Civil Liberties Conflict and Its Ef-fect on Tolerance,*The American Political Science Review*,Vol.91,No.3,1997.

34.Nelson,T.E.& Oxley,Z.M.,Issue Framing Effects on Belief Importance and Opinion,*The Journal of Politics*,Vol.61,No.4,1999.

35.Nisbett,R. E.,et al.,Culture and Systems of Thought:Holistic Versus An-alytic Cognition,*Psychological Review*,Vol.108,No.2,2001.

36.Oliver,J.E.& Wong,J.,Intergroup Prejudice in Multiethnic Settings,*American Journal of Political Science*,Vol.47,No.4,2003.

37.Oyserman,D.,Sakamoto,I.,Lauffer,A.,Cultural   Accommodation:Hy-bridity and the Framing of Social Obligation,*Journal of Personality and Social Psy-chology*,Vol.74,No.6,1988.

38.Parsons,T.,The School Class as a Social System,*Harvard Educational Review*,Vol.24,No.4,1959.

39.Patterson,J.W.,Moral Development and Political Thinking:The Case of Freedom of Speech,*The Western Political Quarterly*,Vol.32,No.1,1979.

40.Peffley,M.A.& Hurwitz,J.,A Hierarchical Model of Attitude Constraint,*American Journal of Political Science*,Vol.29,No.4,1985.

41.Rahn,W.M.,Krosnick,J.A.,Breuning,M.,Rationalization and Derivation Processes in Survey Studies of Political Candidate Evaluation,*American Journal of Political Science*,Vol.38,No.3,1994.

42.Ray,J.J.,Half of All Authoritarianism Are Left Wing:A Reply to Eysenck and Stone,*Political Psychology*,Vol.4,No.1,1983.

43.Rempel,J.K.,Ross,M.,Holmes,J.G.,Trust and Communicated Attribu-tions in Close Relationships,*Journal of Personality and Social Psychology*,Vol. 81,No.1,2001.

44.Richard,B.& Page,B.,Indifference,Alienation and Rational Decisions: The Effects of Candidate Evaluations on Turnout and the Vote,*Public Choice*, Vol.15,1973.

45.Sanchez-Burks,J.,et al.,Conversing Across Cultures:East-West Commu-nication Styles in Work and Nonwork Contexts,*Journal of Personality and Social Psychology*,Vol.85,No.2,2003.

46.Sanitioso,R.& Kunda,Z.,Ducking the Collection of Costly Evidence: Motivated Use of Statistical Heuristics,*Journal of Behavioral Decision Making*, Vol.4,1991.

47.Scholz,J.T.& Lubell,M.,Adaptive Political Attitudes:Duty,Trust and Fear as Monitors of Tax Policy,*American Journal of Political Science*,Vol.42,No. 3,1998.

48.Sears,D.O.& Valentino,N.A.,Politics Matters:Political Events as Cata lysts for Preadult Socialization,*The American Political Science Review*,Vol.91, No.1,1997.

49.Webber D.,et al.,Deradicalizing Detained Terrorists,*Political Psycholo-gy*,Vol.39,No.3,2018.

50.Zellman,G.L.& Sears,D.O.,Childhood Origins of Tolerance for Dissent, *The Journal of Social Issues*,Vol.27,No.2,1971.

三、外文期刊

1.Abelson,R.,Differences Between Belief and Knowledge Systems,*Cognitive Science*,1979.

2.Abramson,P.R.,Social and Political Change in Western Europe,*Compara-tive Politics Studies*,Vol.4,1971.

3.Abramson,P.R.,Political Efficacy and Political Trust Among Black Schoolchildren:Two Explanations,*The Journal of Politics*,Vol.34,No.4,1972.

4.Abramson,P.R.,Generational Changes in American Electoral Behavior,

American Political Science Review, Vol.68, 1974.

5.Allen, V.L. & Newtson, D., Development of Conformity and Independence, *Journal of Personality and Social Psychology*, Vol.22, No.1, 1972.

6.Baele S.J., Lone-Actor Terrorists'Emotions and Cognition: An Evaluation Beyond Stereotypes, *Political Psychology*, Vol.38, No.3, 2017.

7.Bahry, D., et al., Ethnicity and Trust: Evidence from Russia, *American Political Science Review*, Vol.99, No.4, 2005.

8.Baum, M.A. & Jamison, A.S., The Oprah Effect: How Soft News Helps Inattentive Citizens Vote Consistently, *The Journal of Politics*, Vol.68, No.4, 2006.

9.Bechtel, M.M. & Hainmueller, J., How Lasting Is Voter Gratitude? An Analysis of the Short-and Long-Term Electoral Returns to Beneficial Policy, *American Journal of Political Science*, Vol.55, No.4, 2011.

10.Belknap, G. & Campbell, A., Political Party Identification and Attitudes toward Foreign Policy, *Public Opinion Quarterly*, 1952.

11.Bishop, G.F., Issue Involvement and Response Effects in Public Opinion Surveys, *The Public Opinion Quarterly*, Vol.54, No.2, 1990.

12.Brewer, M.B., In-Group Bias in the Minimal Intergroup Situation: A Cognitive-Motivational Analysis, *Psychological Bulletin*, Vol.86, No.2, 1979.

13.Chen, J., Voter Partisanship and the Effect of Distributive Spending on Political Participation, *American Journal of Political Science*, Vol.57, No.1, 2013.

14.Cook, T.E., The Bear Market in Political Socialization and the Costs of Misunderstood Psychological Theories, *American Political Science Review*, Vol. 79, 1985.

15.Cundy, D., Affect, Cue-Giving, and Political Attitude Information: Survey Evidence in Support of a Social Conditioning Interpretation, *Journal of Politics*, Vol.41, No.1, 1979.

16.Dahagren, P., TV News and the Suppression of Reflexivity, *Urban Life*, Vol. 9, 1980.

17.Darley, J.M.& Gross, P.H., A Hypothesis-Confirming Bias in Labeling Effects, *Journal of Personality and Social Psychology*, Vol.44, No.1, 1983.

18.Eagly, A.H., Gender Gaps in Sociopolitical Attitudes: A Social Psychological Analysis, *Journal of Personality and Social Psychology*, Vol.87, No.6, 2004.

19.Feldman,S.,Measuring Issue Preferences:The Problem of Response In-stability,*Political Analysis*,Vol.1,1989.

20.Fenno,R.F.,The Hourse Appropriations Committee As a Political System,*American Political Science Review*,Vol.56,No.2,1962.

21.Webber D.,et al.,Deradicalizing Detained Terrorists,*Political Psycholo-gy*,Vol.39,No.3,2018.

22.Zellman,G.L.& Sears,D.O.,Childhood Origins of Tolerance for Dissent,*The Journal of Social Issues*,Vol.27,No.2,1971.

后　记

　　我在写作另一本已经出版的《西方政治心理学史》时，就有了写作本书的打算。当时的想法是，如果将所有对西方政治心理学的研究成果介绍放在一本书里，内容太多，仅正文就有百万字之多。于是，就有了按照时间轴和概念轴分别出版两本书的想法：前者以历史上的著名政治心理学者为主，介绍政治心理学的发展史；后者则以概念和理论为主，侧重于介绍当代最新的研究成果。

　　当然也有点小私心，出版一本百万字的著作与现有的教师绩效评估节奏也是不一致的，所谓十年磨一剑者不适合高校生存，有可能宝剑未成人先死。出版一本书的分值远不如发一篇权威刊物的文章，尽管前者付出的精力要大得多。基于此，我分阶段推出了政治心理学的研究成果：《政治心理学导论》(2011年)、《领导心理学》(2015年)、《西方政治心理学史》(2016年)，以及本书。同时，我们试图以政治心理学为基础，寻求政治心理与政治思想的结合，探究政治人物的心理与决策分析。

　　一门学科究竟包括哪些内容？一般有两种写作方法：一是按照其他学科的逻辑来推定该学科的内容，二是对现有的学术研究成果进行概括。在本书写作中，结合了这两种方法，参考了以往政治心理学教材和课程大纲的划分，同时参考了诸多学术研究成果，从权威的期刊和征引率较高的文献中搜索和归纳政治心理学的内容。

　　与《西方政治心理学史》一样，本书同样获得了国家图书出版基金的资助，但出版有点命运多舛，中间经历了一些波折，主要原因是该书文字较多，涉及西方政治心理学的诸多人物、概念等，在介绍他们的成果时，自己也有理解不到位的地方，有些地方需要反复修改，才最终得以出版。

此书的出版，要感谢天津人民出版社的编辑郑玥老师、林雨老师，对于书中出现的错误多有修正。西方政治心理学研究的内容精深、广博、希望与其他师友同切磋、共交流。

季乃礼

2024 年于天津和平住所